慶應義塾大学法学研究会叢書［83］

明治日本の法解釈と法律家

岩谷十郎

慶應義塾大学法学研究会

扉写真：「お札と切手の博物館」所蔵

はしがき

明治国家によって着手された法制度の近代化は、その最初の立法的成果を、明治一三（一八八〇）年公布・同一五年施行の刑法（以下、旧刑法と記す）と治罪法の両法典の施行に見る。お雇い法律顧問であるボアソナードを介したフランス近代刑事法の影響の下に、犯罪と刑罰の実体的概念の全面的改変がおこなわれ、刑事司法手続全般に及ぶ抜本的な制度改革が図られたのである。

ところで、こうした法制度の大きな転換期に際し司法官（とくに裁判官）は、多くの誤判例（「擬律の錯誤」例）を残し、また夥しい数にのぼる伺・請訓・質問などの「問合せ」を司法省宛に発出しその指揮を求めていた（第三章）。当時司法省は、明治初年期からの法解釈、法運用に関わる実務的スキルを蓄積し、また近代化＝西欧化を目指した明治政府内の立法改革を推進する拠点機関でもあった（第二章）。この一方で、司法の現場に配置された裁判官たちは、未知なる新しい裁判規範としての「近代法」にほとんど前知識なく直面させられた（第七章）。彼らは困惑と逡巡の中に新法を解釈し運用する任務を負わされたのである（第三、四、五章）。

本書の基本的視角は、一九世紀後半期の我が国における法制度の近代化＝西欧化の歴史事実的経過を、そこに生きた法律家の「目の高さ」に映じた姿として再現するところにある。彼らは転換する新旧の法秩序の狭間にあって、法律家として新旧双方の法秩序の機制を受ける客体的立場に置かれつつも、同時に、両法秩序の転換そのものを主体的に支え、担い、実現させていった。いかにしてそのことは可能であったのだろうか。

復古王政のイデオロギーに象られた明治太政官政府は、刑事法の制定については、律の伝統の復活――新律綱領・改定律例――にためらいを示さなかった。だがやがて、この中国律を母法とした刑法典は治外法権撤廃の妨げとなろうという認識が現れ始め（『東京日日新聞』一八七九年二月七日付）、民事裁判の方が「開明ノ曙光」に向かい、「外国人ガ日本ノ裁判ニ於テ観察スルヲ徴スルニ民事ニ付テハ稍々其ノ適正ノ判決タルヲ信ズル」に至るであろうとの観測が立てられたのである。

というのも、明治太政官期の法令の世界において（第一章）、日本の民事実定法がおよそ未整備で条文の欠缺がむしろ常態であった当時、条理裁判をおこなっていた、というよりおこなわざるを得なかった民事裁判の方が（明治八年六月太政官第一〇三号布告「裁判事務心得」第三条）、その条理を推考するにあたって「欧米諸国ノ民法」を参酌しやすい、と考えられた。だがこの一方、刑事裁判では「清律・明律・唐律」に遡行せざるを得ず、このことから民法とは「反対ノ方向」に進むおそれがある、と予測されたのである。西洋文明東漸の世に、中国法を母法としたシステムにはもはや未来はなかった。

確かに、東アジアの法伝統の中ではとうとう自生することなく、西欧との接触により初めて極東の法文化圏にある我々の知るところとなった民法（典）という法様式にこそ、西欧化の開明の曙光が現れるという発想も一面の真実ではあろう。しかしそこには、それまでの国内法の欠点や欠漏を繕い補う主体的な改革の姿勢はなく、まさに、国内法の欠如そのものが「開明」的な西欧法を盛り込む空の容器たるシニフィアンとして機能したのである。そして明治国家の進めた「泰西主義」原則の下の法典編纂事業とは、先の引用に現れた「外国人ガ日本ノ裁判ニ於テ観察スル」との西洋人・西洋法からのまなざしを常に内面化・内在化させた秩序形成であった。継受された西欧起源の新たなる法制度の多くは、それこそ当時の日本の法社会・法実務の経験には内在しない、全くもって外在的な技術の移転であり価値の移植でもあったが、こうした逆説の歯車が日本法史の近代期を紡ぎ出す。

尤も歴史の背理と言うべきか、前述の通り、日本法の近代化は刑事法分野から始まった。制度転換期の法律家の役割を主題とする本書のテーマからすれば、まさに旧刑法の成立過程とその前後の時期にこそ、「旧なるもの」から「新なるもの」への実定法的秩序展開に伴う司法運営の変化をたどる好素材が横たわっていると考えられよう（第五章補論・第六章）。

国家法規範の西欧化とは言うほどにたやすい道程ではなかった。法の歴史は、一面での法規範の成熟と精緻化とを伴いつつも、同時にそれは、法を作動させる手続の進展の歴史でもあり、さらにはその手続に携わる人々の歴史でもある。とくに強力な政府主導の推進力の下に、異文化の法規範・法制度が包括的に継受された如上の立法作業は、我が国における裁判や法律家のあり方をも根底的に規定していった。移植された「近代法」は日本におけるその新たなる担い手を求め、「近代法」の学識を備えた法曹の養成とその資格を認定する制度が立ち上がることになる（第七章）。

お雇い法律顧問による外国語を用いた外国法教育が明治日本における法学教育の草創の姿だとすれば、日本語による日本法教育が自明のものとなるには、明治二〇年代まで待たなくてはならない。但馬豊岡の一代言人（弁護士）が残した膨大な訴訟弁護記録群は、大日本帝国憲法を頂点とした国法秩序がほぼ完成した当時、「町の法曹」として地域を舞台に展開していた彼の法実務が、和仏法律学校での彼の学びの実践でありまた応用でもあったことを物語っている（第八章）。

また、江戸時代の公事師としての「歴史的」起源を清算したいと望んでいた代言人は、法律家としての自らの社会的威信を高めるために、近代的な学識法曹であるとの国家による資格認定にむしろ積極的に参与し、新たなる「制度的」起源——弁護士（職）——の創出に奔走した。学識の「近代性」を拠り所とした彼らは、法廷運営における司法官を中核とした従来の「官尊民卑的風潮」に真っ向から対抗し、法廷を在朝・在野の法律家による緊張を孕んだ場として仕切り直してゆく（第九章）。

以上のシナリオに示されたとおり、本書に収めた論考の各編は、従来の法典編纂史——立法史ともそのまま重ならず、さりとて正統的な司法制度史とも言い難く、とくに法制史を専攻する読者におかれては、既存の研究の対象領域中に収まりの悪い印象を抱かれることであろう。法規範を立法的成立の局面ではなく、司法的解釈の側面から扱い、司法をその制度形成の観点ではなく、個々の法廷における実務的運営の視角から描き出す。それゆえ、一書としてそれらを輪郭付けるに際し、「法解釈」と「法律家」という法の主体的契機を前面に押し出す書名となったことをここに記しておきたい。

目　次

第四章 不応為条廃止論考 175

第五章 「擬律ノ錯誤」をめぐる試論的考察 217

第九章　明治刑事法廷異聞――495

第一章

明治太政官期法令の世界

序

本章は、国立国会図書館が作成した『日本法令索引〔明治前期編〕』（http://dajokan.ndl.go.jp/SearchSys/index.pl）が対象とする明治前期（慶応三年一〇月一四日〜明治一九年二月二五日）における法令の形式や種別といった概念について、その歴史的生成過程から解説を施したものである。

明治前期の我が国において、法令の形式化はいかに進められたのだろうか。制度的には次の二つが考えられる。一つは、法令を発出する機関の集権化・組織化に伴う形式化の要請である。もう一つは、発令される規範の内容や範囲に即した形式化の要請である。今日、法令（法律と命令）を定義にするにあたって、制定・発令機関の別に依拠した定義を形式的定義、法令の規範内容に着眼して法令を種別化する定義を実質的定義と言う。明治前期、発令機関の組織化は、そこから発せられる法令の種別を決定したが、やがてそれは、法令の規範内容の範囲を画定するに至った。以下、その経過を略説する。

明治四（一八七一）年七月の太政官の官制改革は、それに先立つ太政官への集権化過程の一到達点であった。この改革では、太政官は布告として、諸省は布達として、それぞれ全国一般に法令を発令できるとしたが、制度条例や勅旨特例に関わるものは太政官の専権とした。

明治六年に入ると、立法事務の特権は、正院（太政官）にあることが明示されると共に、法令の文型として「結文例」が定められた。これは、中央から地方に送達された法令が掲示用のものか否かの選別を、地方官において容易となるように、法令文の末尾に布告か、布達か、達かの別を明記するものであった。また、布告や布達が全国一般を名宛とした法令の形式であるのに対し、達は各庁官員限りを名宛とした形式であることが、初めて確認されることになった。

布告、布達、達などが法令の種別として、明確に政府当局者（法制官僚など）に自覚化されてくるのは、やはり明治八年の元老院設置以降であろう。元老院の議法権限は、太政官の従来からの法令制定権限との抵触を孕む微妙な問題を惹起した。同院はその存続の間、幾たびにも亘って、自らの権限の明確化を求めた。明治一〇年代に入ると、布告は「法律」事項を含む法令形式として認識されるようになり、例外を残しながらも、「法律」事項については元老院の一応の議定を経ることとなった。このことは、布告と法律の規範内容上の実質的な区別を促しはしたが、それを発令する機関が常に太政官である以上、法令の形式は、布告以外にはあり得なかった。

明治一九年の「公文式」に現れた「法律」と「命令」は、その意味で、法令の実質的内容に即した区分であった。大日本帝国憲法下の帝国議会の開設に至るまで、法律制定機関とはなり得なかった元老院は、法律と命令とを形式的に区分する主体性を確立し得なかったわけであり、ここに明治太政官制下の法令の特徴があった。

法令の形式化を促す要請は、今日で言うところの立法技術・法制執務の合理化とも重なった。明治太政官制下に輻輳する法令の世界は、維新以降の変転する政策や制度改革の慌ただしさや、混乱を映し出していた。政策を具体的な法規や法文として示す立法技術の未熟さにより、政策案の内容と範囲とは、法令間（既存法令と新規法令）の関係性（連続／改正・断絶／廃止）として十分に表現され得ず、夥しい数の法令が必要に応じて発出された。しかし、その傍らで、数多くの法令の効力は事実上「消滅」していった。また、膨大な数に上る法令の公示・公知といった煩瑣な文書業務は、その能率化が求められ、上述したような「結文例」が生み出される背景となった。

明治一八年一二月の内閣制の発足によって、明治太政官制は消滅し、翌一九年の「公文式」によって、「法律」「命令」といった今日的な法令の区分が初めて我が国に登場した。この大きな制度的転換を必然とするような、法令の種別や扱い方、すなわち法令の形式化をめぐる長い模索の過程を、維新以降の法令の変遷に読み取ろうとするのが本章の趣旨である。

一　明治前期の法令への視座

「法令」に言及することなく、法の世界を物語ることは出来ない。だが、「法令」は、その姿を歴史や文化の中で変貌させる。(1)

現代の日本の法体制は、明治期以降に展開した我が国の近代化政策の中に、その直接的な淵源を見出す。西欧化のスローガンの下に、慌しく法典の整備を進めた明治政府の政治機構そのものは、復古王政のイデオロギーに基礎付けられた太政官制の下に組織された。この太政官制も、明治一八（一八八五）年一二月の内閣制の確立に伴い廃止されるが、翌年二月二六日の勅令によって定められた「公文式」は、国家制定法を大きく二つに区分し、これを「法律」と「命令」に定めた。(2)このうち「法律」には開設後の議会による制定法が、「命令」には勅令・閣令・省令がそれぞれ含まれ、明治二三年以降に大日本帝国憲法の下に体系化される国家法秩序の枠組みが、先

取りされていた。(3)

この「公文式」は、その発布の前と後という異なる二つの時間枠の中に、明治前期の法令の世界を切り分けた。特に「公文式」以後の上述の「法律と命令」という区分は、今日の法令認識の根本に直結してくる。しかしその一方で、仰・沙汰・布告・布達・達といった種々の形式の下に発出されていた「公文式」以前の「法令」の理解については、特別な歴史認識が求められることになった。こうした事情に鑑み、これまで国立国会図書館において編纂が進められてきた『日本法令索引』もまた、その編纂方式を「公文式」以前と以後とに分け、後者を特に「旧法令編」として別個の刊行対象としたのである。(4) そして「公文式」以前の法令を対象とするのが、『日本法令索引〔明治前期編〕』なのである。

『日本法令索引〔明治前期編〕』は、徳川慶喜による大政奉還の奏聞のあった慶応三（一八六七）年一〇月一四日に始まり、「公文式」施行前夜、すなわち明治一九年二月二五日までの約二〇年間を対象とする（「凡例」（http://dajokan.ndl.go.jp/SearchSys/documents/hanrei/hanrei.html）1．採録の範囲、1－1期間を参照のこと）。そしてその編集の作業は、いわゆる近代太政官期に展開した我が国の独特な「法令」の世界を繙き、索引利用者の前に理解可能な形で提示することに目的を置いている。(5) その作業はまた、過去の法令を、それぞれの特殊な歴史的コンテクストから切り離して、近代法的な制度的規範的な枠組みの下に「再構成」する、すなわち今日的な法理解の下に「翻訳」する過程でもあった。(6)

かくして、『日本法令索引』(7)は、日本の法令の過去・現在を網羅し、かつ未来の法令採録にも開かれた体系を構築したといえよう。本章は、復古王政の下に近代化の黎明を告げた明治前期――明治太政官期――という特徴ある法令の世界を解説するものである。(8)

（1）　一国の法令システム全般に亘って、その概観と共に、法令そのものの表示の仕方や法的文献ないしは情報のレファレンス方法などを、直接の対象として取り上げた研究は多くはない。外国法制については、一般的には、各国における国政上定められた法令の制定手続き、種別などが紹介されるが、法令の指示・表示の仕方についても、各国毎で独自の方法が採られていることが目を引く（田中英夫他編『外国法の調べ方――法令集・判例集を中心に』東京大学出版会、一九七四年、北村一郎編『アクセスガイド外国法』東京大学出版会、二〇〇四年）。法令の表示は、当該国の既存の法システムを前提にした時、それ自体として自明のことのように受け取られがちだが、実はその根底に歴史的文化的形成要因を孕んでいることがある。

こうした法の形式論的な考察は、欧米の近代法モデルの導入と、それとは異なった歴史的文化的伝統との混交を経験した国々（日本もその内に含まれるが）の法制に、「法文化論・法人類学的」な研究関心を見出す端緒ともなると考えられる（北村編前掲書、i―ii頁）。本論執筆の趣旨の一端はここにある。

（2）　石井良助編『明治文化史二　法制』（原書房版、一九八〇年）、二六―三六頁に公文式制定までの簡潔な叙述がある。

（3）　末弘厳太郎・田中耕太郎責任編集『法律学辞典　第四巻』（岩波書店、一九三六年）の、清宮四郎「法律」二四七九―二四八一頁、美濃部達吉「命令（憲法上の）」二六一一―二六一九頁をそれぞれ参照のこと。

（4）　若松邦保「『日本法令索引〔旧法令編〕』の刊行について――日本法令沿革索引審議会の審議を中心として――」『国立国会図書館月報』（第二九七号、一九八五年）。

（5）　前註所掲の若松論文ほか、「日本法令索引」編纂をめぐっては多くの報告書、論説がある。石井五郎「法令の索引について」（『国立国会図書館月報』第一二三号、一九七一年）、若松邦保「日本法令沿革索引の編さん事業」（『レファレンス』第四七九号、一九九〇年）、若松邦保『法令全書』に漏れた太政官時代の法令」（『レファレンス』第五〇三号、一九九二年）、中川文壽「国立国会図書館の法令沿革索引編さん事業――わが国近代法制の沿革系譜を明らかにするために――」（『レファレンス』第五九一号、二〇〇〇年）、六―三二頁など。

（6）そこには当然に、法の歴史学的な認識と、検索システムの開発上避けることの出来ない技術的な制約とが衝突することが生じ、かなり大胆な、ある場合には、これまでの通説的な理解に反するデータの処理を為さざるを得ないこともあった。こうした索引の開発に伴うデータ構築の際に生じた技術上、歴史学上の問題点、及びそれらの克服方法などについては、二〇〇六年九月三〇日に慶應義塾大学を会場として開催された法制史学会第二一四回東京部会にて開陳され、学術的観点から検討に付された。

（7）冊子体では、平成一四年度まで毎年刊行されていたが（同一五年）、平成一六年六月からは国立国会図書館のデータベースとして、インターネット上の情報として閲覧でき、毎年更新されている。国立国会図書館のホームページから、「日本法令索引」に入る。URL は、〈http://hourei.ndl.go.jp/SearchSys/〉である。

（8）中川文壽「明治初年法制沿革序説――東京遷都・北海道開拓関係法令を中心に」（『レファレンス』第六〇五号、二〇〇一年）、四―三二頁は、その副題の示すようにテーマに即した法令を中心にまとめたものである。併せ参照されたい。

※　なお本章では、明治五年一二月三日以降採用される太陽暦（同日を明治六年一月一日とする）以前の日付は、旧暦のままとする。また文中に引用する基本法令は、原則として『法令全書』ないしは『法規分類大全』から引用し、特に註記はしない。

二　太政官期法令の概念

1　法令の表記方法について

(一)　現在の法令形式

今日、法令を特定化《アイデンティファイ》する方法は自明のことに属する。一般的に、各法令には「題名」がまず付せられ、その下に制定年を付した「法令番号」を併記する。この「法令番号」とは、法律では「法律番号」、政令では「政令番号」、そして条例では「条例番号」とそれぞれ称し、当該法令の「種類と制定者の別に従い、暦年ごとにそれぞれの法令に付けられる番号(1)」と理解される。

このように法令を表現する現在の方法は、その内容表示としての題名の他に、制定の来歴や年月日などを端的な形で付記し、当該法令全体に関わる必要な情報を明示する。だが、こうした法令を構成する「形式」自体、従来慣習的に積み重ねられてきたものとされ(2)、いつどのような根拠から、今日のような形に定められたものなのかは、実はこれまでのところはっきりとは分かっていないのである。

(二)　明治前期の法令形式

明治前期において、法令はいかに特定化されていたのか。今日でこそ、法令の種別、すなわち「法律」か「命令」か「条例」かの別は、その法規範の「制定手続に着眼して与えられることが原則(3)」である。だが国家法規範の制定手続きそのものが形成の途次にあった明治前期の状況を前提にすれば、法令の規範としての意味内容についてはさておくとしても、その「形式性」の理解については、種々の困難が伴ってくる。つまり、法令の特定化の方法は、時代や時期の法令認識の深化に呼応して変化するものであろうし、その表記方法が、いかに現在の我々から見て不完全なものであろうとも、歴史的には、それぞれの時代や時期における「必要性」を満たしていたのであろう。したがって、法令の歴史を描こうとすれば、法令表記に関わる形式性そのものの歴史的経過を、全般的に追跡する必要が生じてくる。(4)

本論では、明治太政官期の法令を繙く際に、誰しもが遭遇する法令の種別が、いかなる歴史過程の中で生成されてきたのか、背景となる制度的変化の下に素描してみたい。法令の種別の分化そのものが、それを制定・発出する機構の編成と密接に関わるからである。

2　法令の種別について

(一)　「公文式」による「法令」の区分

(1)　公文式――照合される新旧の法令

一で述べたように、「法律」や「命令」という形式を定めたのは「公文式」であった。明治一八（一八八五）年一二月の官制改革によって太政官制が廃止され、内閣制度が設けられた。これに伴って、翌一九年二月二四日付（官報には二日後の二六日に掲載）の勅令第一号として定められたこの「公文式」には、内閣総理大臣伊藤博文の副署の下、御名・御璽を伴う天皇による裁可・公布文が付せられており、その冒頭には、「朕『法律命令』ノ格式ヲ制定スルノ必要ヲ認」（『　』内筆者）めたとある。法令形式の近代的区分は、憲法が制定される以前の我が国では、天皇の決裁に基づき発祥したのである。

その「公文式」は、「法律・命令の起草、裁可、公布の手続、施行時期などについて規定した勅令」と定義され[5]、十七箇条からなるその全体は、「第一　法律命令」、「第二　布告」、「第三　印璽」の三部から構成される。「第一　法律命令」には、「法律」と「勅令」は上諭のうえ公布すること（第一条）、並びに「法律」や「勅令」の起草は内閣か、あるいは内閣に提出された各省大臣案に基づくが、いずれにしても内閣総理大臣が上奏裁可の申請主体となる（第二条）ことが定められる。さらに「法律」及び「勅令」の公布に際しての親署・御璽の鈐《けん》印《いん》・副署の仕方を定め（第三条及び「第三　印璽」）、「法律勅令」の範囲内での「閣令」や「省令」の発出を認め（第四条）、それぞれの発出主体を内閣総理大臣と各省大臣に定める（第五条）。

これに加え、第八条では、官庁一般に関する規則や、各庁の庶務細則などの制定主体が規定され、第九条ではさらに、内閣総理大臣や各省大臣が所轄の官吏に向けた「訓令」といった種別の法令が現れている。これらはそれぞれ、行政各官庁全体を対象とした一般的規範と、当該の官庁における職務上の具体的個別的規範（「告示」なども含まれよう）として理解できるものである。すなわち「公文式」によれば、「命令」は、勅令、閣令、省令のほか、官庁一般に関する規則や各庁庶務細則、ならびに官吏に対する訓令までを含める、それらの「汎称」として用いられていた[6]。

尤も、明治二二年に憲法が制定され立法府としての帝国議会の憲法上の位置づけが明確化した以降は、以上の「勅令」、「閣令」そして「省令」などは、「一般人民に対して其の遵由すべき法規を定むる」もので、それらを帝

表1　国家法規範形式照合表

<table>
<tr><th colspan="10">国家法規範形式すり合せ</th></tr>
<tr><th colspan="7">公文式以降（今日的理解）</th><th colspan="3">公文式以前（明治初期）</th></tr>
<tr><th rowspan="2">国家法規範種別</th><th colspan="2">形式的定義</th><th colspan="2">実質的定義</th><th rowspan="2">内容</th><th rowspan="2">発令形式</th><th rowspan="2">公文式</th><th rowspan="2">経過概念</th><th rowspan="2">明治前期・太政官期</th></tr>
<tr><th>制定機関</th><th>形式的区別</th><th>規制する対象領域</th><th>実質的区別</th></tr>
<tr><td>法律</td><td>議会・立法</td><td>法規（立法行為）</td><td rowspan="2">国家と人民との間にその双方に拘束力を有する権利義務の基準/一般的・抽象的</td><td rowspan="2">法規</td><td>私人の法的範囲（自由と財産）について定めをなす法則</td><td>法律</td><td>法律</td><td>法律的内容を持った布告</td><td>太政官布告</td></tr>
<tr><td>法規命令</td><td rowspan="2">内閣・行政府</td><td rowspan="2">命令（行政行為）</td><td>執行命令・委任命令・緊急命令・独立命令</td><td>命令</td><td rowspan="2">命令（勅令・他）</td><td>–</td><td>太政官布告・太政官（布）達・各省（布）達</td></tr>
<tr><td>行政命令</td><td>行政組織の内部秩序（行政規則）/個別・具体的</td><td>命令</td><td>組織規則・勤務規則・営造物規則、個々の職務命令など</td><td>命令・訓令・通達・告示</td><td>–</td><td>太政官・各省達・他</td></tr>
</table>

国議会の協賛を経て成立する「法律」に対する観念としての「命令」として狭義に理解する。この意味で、上述した「公文式」第八条や第九条に見られる法形式は、いわゆる「法律」に対比される憲法上の意味における「命令」の観念には含まないと理解されている(7)。

なお、「公文式」は憲法施行後もおこなわれたが、明治四〇（一九〇七）年一月三〇日付で天皇の裁可の上公布された（官報掲載は二月一日付）「公式令」の施行に伴い廃止される。「公文式」の定めた法令の諸形式は、ほぼそのまま「公式令」に受け継がれたが、後者では、詔書・勅書・皇室令を新たに設け、さらに憲法や皇室典範の改正、それに国際条約、予算、官記、位記などについての詳細な規定を置いた。「公式令」は、昭和二二年五月三日、日本国憲法（現行憲法）の施行日に廃止された(8)。

(2)　法令種別の今昔対照

表1「国家法規範形式照合表」を参照されたい。同表では、

現在における法律と命令の区別をめぐる基本的な通説的理解を中心に、「公文式」で示された「法律」や「命令」の区分、さらにそれ以前の明治前期・太政官期の法令の世界の相互参照を可能にしてある。

法律と命令の区別をめぐって、制定する国家機関の別による形式的な基準によれば、これを議会制定の法律と内閣・行政府制定の命令とに区分できるが、制定された規範の内容に即した実質的な基準によれば、「国家と人民との間にその双方に拘束力を有する権利義務の一般的抽象的基準」としての法規と、「行政組織の内部秩序」を対象とする命令とに区分される。したがって、実質的な区分において「法規」内容を持った法規範は、その制定主体として立法・行政双方の機関が想定される。この「法規」を定める法令の基本形式は、今日ではなによりも議会の制定する「法律」であるが、行政府も憲法や法律の授権によって、命令の形式で「法規」を定めることができ、これを「法規命令」と呼称する。この後者は特に、行政組織内部の秩序維持のために行政機関が定める行政規則が基本形式となる「行政命令」とは区別される（表1中の最左欄下）。(9)

明治二二年の大日本帝国憲法は、憲法以外の国家法規範の憲法への適合性を規定する第七六条を置き、そこで、「法律規則命令又ハ何等ノ名称ヲ用ヰタルニ拘ラス此ノ憲法ニ矛盾セサル現行ノ法令ハ総テ遵由ノ効力ヲ有ス」と定める。ここには、立憲制の下の憲法制定後の法体系と、それ以前から存在する法体系との接続場面が想定されている。第七六条中の文言、「何等ノ名称ヲ用ヰタルニ拘ラス……現行ノ法令」の指称するところは、まさしく以下に論じる太政官期、すなわち公文式以前の法令を含むものであった。憲法以前（公文式以前）の法令の憲法適合性を判断するために、公文式以前と以後は、実際の歴史の中でも、やはり照合される対象であったのである。(10)

表1に明らかな通り、「公文式」によって明示された「法律」と「命令」の区分は、表内左方欄の「形式的定

義」に基づく区分に対応する。ただし、「公文式」制定時には、立法府としての議会が開設されておらず、立法権限に種々の制限が付せられていた元老院が存在していたに過ぎない。「公文式」第一条には、「法律ノ元老院ノ議ヲ経ルヲ要スルモノハ旧ニ依ル」とあり、この時点では、法律制定の権限を元老院に限定することなく、内閣＝行政府側に留保していたことが示唆されている。[11]

ここに公文式以前の法令を照合させるならば、表1内最右欄に示される通りとなる。すなわち、布告、布達とは、太政官制の下に編成された中央権力機構＝行政権力一元的な組織によって制定・発令され、その実質的内容からの分類によっても、法規・命令（法律、法規命令、行政命令）の各区分に一対一で照応されるものではなく、それぞれに重畳して位置づけられるものであったことが分かる。

(二) 明治初期法令の種別及び制定機関の変遷

(1)『法令全書』の「編纂例」から

明治初期の法令の範囲を定義付けることは難しい。前述したとおり、それらは国家機関の制定した成文法であるとしても、今日のような法律・命令の区分を基底に置くものでもなく、極めて雑多な名称の下に相互の効力関係もはっきりしないままに、錯綜した様相を呈していた。試みに、明治一九年二月の公文式に至るまでの『法令全書』[12]に収載された「法令」を、その種別ごとに一覧すれば以下の通りである（表2「法令全書収載法令種別表」）。

ここに挙げた全体として四〇例の法令の種別は、『法令全書』の上でその種別が編者によって明示されるもののみを、件数の多い順に一覧したものである。[13]そもそも『法令全書』の編者は、同書の「編纂例」（内閣官報局編『明治年間法令全書』自慶応三年一〇月至明治元年一二月所収）の冒頭にて次のように述べている。

本書ハ慶応三年十月十五日（十月十四日幕府大政返上）ニ起シ明治十七年十二月（十八年一月法令全書創刊ノ前月）ニ迄ル其間「発布ノ法令」ヲ輯録ス（以下略、「　」内筆者・以下同）

表２　法令全書収載法令種別表

種別	件数
達	12,007
布告	2,546
布達	1,352
告示	1,164
沙汰	764
指令	453
省令	353
法律	187
訓令	124
定	103
閣令	64
回答（廻答）	56
条約	43
回答	13
回し	11
仰	9
詔勅	8
決議	8
勅令	8
皇室令	7
裁定	6
約定	4
議定	3
内訓	3
軍令	3
下問	2
政令	2
届	2
申立	1
詔	1
張出	1
通牒	1
太政大臣決議	1
大号令	1
奏議	1
書面	1
公告	1
決定	1
協議	1
規則	1
合計	19,317

すなわち、明治一七年一二月までの『法令全書』に掲載する対象としての法令は、発令された期間の限定こそ為されるものの、何がその「法令」にあたるのかの定義が明示されてはいない。編者はさらに言う。

各官省府県往復文書及稟議指令ノ如キ亦「必要ト認ムル者」ハ之ヲ巻尾ニ付録ス

つまり、先の引用中の「法令」に併せて同書付録中に掲げる「必要」のあるものとして、「各官省府県往復文書及稟議指令」を挙げている。ここに同表に挙がる法令の種別が多岐に亘る所以がある。だが、これらはそもそも「法令」の名にふさわしいものと言えるのかどうか[14]――ここに前述した「公文式」以前の法令を扱う困難さがある。

明治一八年九月七日に刊行が始まる『法令全書』は、もとより、同一六年七月一日から刊行された「官報」に掲載される法令をリアルタイムに掲載する趣旨で創刊されたものだが、それ以前、つまり幕末・明治初年期には遡行して編集をおこなっている。したがって、法令全書の編者の依拠した「法令」の理解も、明治一八年九月当時、すなわち「公文式」直近のものであったと推測はできる。だが、「明確な法令形式についての基準[15]」自体が制度化される途上にあった上記の時期の法令を分類するにあたっては、当時であっても、やはり困難が伴っていた。編者は特に「明治元年ヨリ六年ニ至ルノ間法令ノ名称一定セス」と嘆じ、その間の法令の表記方法については、「太政官日誌等記スル所ニ従ヒ被仰出ハ仰、御布告ハ布、御沙汰ハ沙、御達書ハ達、ノ文字ヲ月日ノ下ニ付載」したと記し、さらに「編纂例」の末尾において、

本書ハ太政官日誌及公文書類、其他諸家記録等ニ拠リ之ヲ輯録スト雖モ維新草創制度未タ整ハス或ハ口達ニ止リ或ハ散佚ニ帰スルナキヲ保セス（中略）文籍完全ナラサルモノアリ

と断りおき、編者は種々の制約から、法令の採録やその条件に限界があったことについて読者の諒解を得ようと思ったのである。今日では『法令全書』こそ、明治初期から中期にかけての我が国の法令とその法文を知り得る最も利便かつ信頼の措ける法令集として用いられているが[16]、そこに挙がる法令は決して当時のままでもなく、またその総てでもないことに留意しなくてはならない。

表３『日本法令索引〔明治前期編〕』出典資料別法令種別表

	布告	布達	達	その他			
				指令	〔定〕	通牒	決裁
法令全書	2546	1352	12007	453	103	1	0
太政類典	※89	231	8163	27	542	43	4
陸軍省日誌	2	1	2314	82	21	2	0
開拓使布令録他	0	483	2311	0	0	0	0
公文類聚	1	0	1315	7	161	29	2
陸軍省達全書	0	1	974	0	0	194	0
法規分類大全	10	15	628	40	115	14	3
海軍省日誌	0	0	333	82	3	1	0
元老院日誌	0	0	308	3	10	129	101
法令類纂	7	10	173	0	8	3	8
計	2566	2093	28526	694	963	416	118
その他	1	20	864	166	70	12	225
合計	2657	2113	29390	860	1033	428	343

註：上記数値は、左欄に挙がる資料からデータ採録された法令を、その種別に基づき分類した表であり、当該資料そのものが収録する法令についてのデータではない。100件以上のものに網掛けをしている。

「その他」の法令欄には、当該資料の他の数値との比較において顕著な特徴を示すもののみ挙げる。したがって上記の合計を示す数値は、当該法令索引の採録する法令件数全部を指標するものではない。また、〔定〕については、『日本法令索引〔明治前期編〕』の「凡例」（7. 法令の種別、法令番号の7-1、法令の種別）を参照されたい。

［備　考］

・この全てが明治4年までに発令されたもの。布告番号などが見あたらないもの。法令全書の編者の見落としか。

ちなみに、表3「『日本法令索引〔明治前期編〕』出典資料別法令種別表」は、『日本法令索引〔明治前期編〕』を編集するにあたって採録した法令を、法令種別毎に典拠資料に応じて分類したものである。同索引のシステムを開発するにあたっての作業基準などは、同システムの「凡例」などを参照願いたいが、『法令全書』を基本的な典拠資料としながらも、それを補完する別途法令資料が参照され(17)、そこからの法令採録も大いにおこなわれたことが看取される。こうしたことからも、『法令全書』の有する資料的制約性が理解され、その参照利用にあたっては注意を要するのである(18)。

(2)　発令権限の集権化と発令主体

江戸時代、「幕府の法令は御触書または

	（④明治10年1月～）		⑤明治14年12月～		⑥明治19年2月（公文式）～				
	法令種別	機関	法令種別	機関	法令種別				機関
全国性	布告（[官庁の廃置]・法律の部分・人民に直接関わるもの）	–	布告（法律規則・他）	太	**法律**				内閣・元老院（法律の一部）（公文式第1・2条）
	？	–	布達		勅令			**命令**	内閣・各省
諸省間・地方官宛	達（職制章程等行政規則に属し人民に直接関わらないもの）	–	達	太／省	閣令	省令	訓令・告示・指令		

註：表内の年月の表記は法令種別の開始時期を意味しない。法令の形式などについて明示された法令が発出された時を示す。

達の形式で発布され、前者は一般に触れ知らせる場合に用いられ、後者は関係官庁に通達する場合に用いられた」[19]とされる。ここで対象とするべきは、大政奉還以降公文式に至るまでの明治太政官期における法令の形式である。前述した通り、『法令全書』が収録対象とした法令の範囲は、その種別において雑多なものがあり、またその数においても総てではない。しかし、法令の形式について、後の「公文式」に至る制度改革の一貫性を持った筋道らしきものは、歴史の中に見いだすことは可能である。以下、表4「明治初期法令種別及機関変遷表」に基づきながら、略説することにしたい。

同表は、法令の種別（布告・布達・達）と法令の発令権限を有する機関の別（太政官・諸省）とを照合したものであるが、実際には、法令の種別性が明確化してくる過程は、発令権限の主体（発令主体）の制度化と密接に関わってくることを示している。布告、布達、達のそれぞれにつき略説していこう。

明治政府が初めて法令の形式を定めたのは、明治元（一八六八）年八月一三日の行政官の布告である。法令の文例として

表4　明治初期法令種別及機関変遷表

	明治以前	①明治4年7月～		②明治6年5月～		③明治6年7月～	
	法令種別	法令種別	機関	法令種別	機関	法令種別	機関
全国性	触書	布告（制度条例・勅旨特例に関わるもの）	太	布告（同左）	太	布告	太
		布達（制度条例に関わらない告諭のようなもの）	（官）省	布達	（官）省	布達	省
諸省間・地方官宛	達	達（？）	太	達（?）	太	達（各省及び官員限りのもの）	太
			省		省		省

「被仰出」「被仰下」「被仰付」「御沙汰」の使用を行政官に限り、大総督府や鎮将府は「御沙汰」のみの使用が認められた。五官（神祇官・会計官・軍務官・外国官・刑法官）や府県が以上の文字を使用するときには、行政官に差し出し、議政官で決議のうえ、行政官から達せられることになった。この趣旨は、同月七日の五官に宛てた（行政官）弁事の達によって、「総テ御沙汰之類重キ御達之儀官々ニテ取扱候テハ御政体ニ相背キ候ニ付以後当官ニ於テ一途ニ取扱」うこととなり、行政官が重要法令の発出権限を掌握したことを背景にしていた。[20]

明治二年七月八日の官制改革により行政官は廃され、その権限は、それまで中央官府の総称であった太政官がこの時初めて一官衙となることによって、太政官に一層中央集権的に強化されて引き継がれた。[21]太政官は翌三年一二月八日に民部省に達し、府（藩）県や一般（国民）宛に、太政官や諸省発出の法令を周知せしめる際の謄写・伝達方などについて定める。また、諸各省に宛てられ、諸官省において廻される太政官発出の法令については、別途、その書式・廻達方法などが定められる（明治四年二月一〇日太政官達、同年五月二九日太政官布告）。そして民部

省が廃止された翌日の明治四年七月二八日に出された太政官史官伝達所達には、

御布告是迄民部省ヨリ相達候処今般同省被廃候ニ付自今従当官相達候条可被得其意候也

とあり、ここに中央官制としての太政官（正院）が、諸官省、府県、国民一般の宛先の別なく法令を一元的に発出し伝達元[22]となる機関として現れてくる。有名な同年七月二九日の太政官の官制改革において敷かれた三院制（正院・左院・右院）の下で、「正院事務章程」の中に次のような定めが置かれたのである（表4中の①の部分）。

凡ソ全国一般ニ布告スル制度条例ニ係ル事件及ヒ勅旨特例等ノ事ノ事件ハ太政官ヨリ之ヲ発令ス
全国一般ニ布告スル事件ト雖モ制度条例ニ係ラサル告諭ノ如キハ其主任ノ官省ヨリ直ニ布達セシム

ここには、「全国一般ニ布告」される法令の発令主体の別が明らかにされている。すなわち、まず太政官であり、法令の内容は「制度条例ニ係ル事件及ヒ勅旨特例等ノ事ノ事件」、次に官省であり、法令の内容は「制度条例ニ係ラサル告諭ノ如キ」ものであるとする。つまり、ここには法令の実質的内容からの区別が見え、その示す政治的重要度が高次のものは太政官から、そうでないものについては「主任ノ」官省から直接に発令されることが示されている（なお、布達を発する「官」とは理論上、神祇官と太政官双方を含むものと解し得るが、前者は同年八月八日に神祇省に格下げされ、後者も後掲の表5が示す通り例外的であった）。また従来、この章程から「布告」（＝太政官発令にかかるもの）と「布達」（＝各官省発令にかかるもの）といった法令の種別が与えられたと理解されている。[23]

明治六年五月二日の太政官制改革に伴って、その正院事務章程中には、「布告」については先の四年の正院事務章程とほぼ同文であるが、「凡ソ全国一般」が「凡帝国一般」に改められ、太政大臣の名の下に正院から発令されることが明記された（表4中の②の部分）。これは、太政大臣及び正院の一層の権限拡充を図った当該官制改革において、太政大臣の法令発令権限の所在の明確化を目指したものであろう。[24] なお、一方の「布達」については定めがないから、おそらく先の明治四年章程と変わるところはなかったのであろう。

（布告・達という言葉について）

なによりも、前掲した明治四年七月の太政官史官伝達所達文に端的に表れているように、「御布告……相達候処……」とあり、布告という言葉が、あたかも達せられる対象としての法令の種別として用いられているかのようであるが、その一方で、右で論じた「正院事務章程」のように、「全国一般ニ布告スル」との用例では、布告はまさしく「一般に知らしめる」行為として理解される。こうした文例については、「各省庁が何々を布告した」という表現として使用され続ける。

なるほど、明治一六年に刊行される「官報」には、記載される項目のひとつとして「官令」が挙がり、そこに「布告」「布達」が見え、またそれに連なり「達」「告示」も掲載される。この使用は、まさしく法令の種別の意味であろう（明治一六年五月一〇日太政官第二二号達）。しかし、先に触れた「公文式」においては、第一〇条に「凡ソ法律命令ハ官報ヲ以テ布告シ」なる表現が見え、その「布告」は明らかに法令の種別としてのそれではなく、「知らしめる」行為と同義である。この意味で、法令の種別性についての観念が、公文式以前の法制執務上に、常に明確なものであったのかは疑問なしとはいえまい。これは現在、例えば、「法律を公布する」とは言い得ても、「〜を法律する」とは言えないことを念頭に置けばすぐに了解が可能なことであろう。

布告・達などが本来持つ一般用語性を払拭しきれなかったところに、あるいはその必要性が切実なものとならなかったという現実の中に、太政官と諸省の発令機関の別を超えて、行政一元的な当時の集権体制の実質を見ることがむしろ可能となろう。このことは、後に元老院の権限、特にその法律制定権の所在についての議論の中に、制度的問題性を孕む難題として為政者に明確に意識されてくる。

(3)「結文例」の制定——法令種別の意識化

法令の形式の制度化は、決して明確な段階を踏まえて進められたわけではない。上述の明治四年の官制改革後でも、たとえば、翌五年五月二日の（太政官）正院達には、「各省ヨリ直ニ地方官へ相達候布告並諸達書等総テ其都度司法省へ可相達候也」とあるように、各省が「布告（並諸達書等）」を「相達」する主体にもなり得るかの表現が太政官からの法令中にも用いられている[25]。

ところが、明治六年七月に入って、掲示すべき法令のうち「全国一般へ相達スヘキモノ」と「各庁限リ可相心得モノ」とを労せず区別する必要が生じ、法令文を結ぶ文型が定められた。同月一八日付の各府県宛に出された太政官第二五四号布告がそれだが、宛先毎に三つの「結文例」が定められた。

まず、「各庁及官員限リ達書結文例」とは、「云々候条此旨相達候事」ないしは、「云々候条此旨可相心得候事」と結ぶ。次に「全国へ布告結文例」とは、「云々候条此旨布告候事」と結ぶもの。そして最後は、「華士族或ハ社寺へ結文例」だが、これは「云々候条此旨華士族へ布告候事」ないしは、「云々候条此旨社寺へ布告候事」と結ぶものであった。さらに布達については、同年八月二八日に各省使宛に（太政官から）達が出され、各省使からの布達も総て上記の第二五四号布告に依るものとされ、「布告ノ字布達ニ換へ可申事」と布告の文例に準じることが明記された。ここに、「達」と「布達」、「布達」と「布告」の区分が漸く見えてくる。

そこでまず「達」であるが、「結文例」の示す語義に忠実である限り、「達」せられる法令には「各庁及官員限リ」のものと「各庁及官員」に止まらないものがあった。

この一方で「布告」は、「全国」に「布告される」ものと「華士族或ハ社寺」宛のものがあったが、この後者はしばらく措くとして、「布告」とは、およそ「全国」に法令を宛てる場合に用いられる結文であることが分かる。他方、先の明治四年七月の段階で、「全国一般」に宛てられる法令については諸省使も「布達」できたが、その場合、法令の実質的内容面では、「制度条例ニ係ラサル告諭ノ如キ」ものに限られた。

ところで、前述の「布達」についての「結文例」を定めた六年八月二八日の太政官達は、各省や県から太政官に宛てられた伺を契機として形成されたものであった。すなわち各省や県は、当初の「結文例」に明示された「各庁及官員限リ」の達については了解したものの、それに止まらずに、各省から全国一般に発出される法令について、さらには中央官省から府県に到達した法令を府県が周知させるための方策などについて、「結文例」が求められたわけである。[26]

先に述べたように、右太政官達が「布告」の場合に準じる形で「布達」の結文を定めたことは、なによりもその公知範囲の全国性・一般性に鑑みたからであろう。ここに、「達」と「布達」、併せて「布達」と「布告」のそれぞれの区分がおぼろげながら見えてくる。だからこそ、明治六年一〇月一五日付の太政官第三四八号布告でも、「布告布達書」を関係部署や府県等地域に直接頒布する部数は定められるものの、各省限の「達書」には、地域宛頒布の部数の割り当てはされていない。さらに、翌七年四月一四日の太政官第四八号達は、高札の廃止に伴い、

法令種別	布達			達			その他	表記なし
発令機関	行政官・太政官	諸省	表記なし	行政官・太政官	諸省	表記なし		
慶応3年	0	0	0	0	16	14	23	57
慶応4年	0	1	0	0	10	1	5	7
明治元年	0	註4)　20	0	46・224	173	524	90	1102
明治2年	0	註5)　18	0	74・240	134	131	148	912
明治3年	0	註6)　91	0	1・286	106	76	111	731
明治4年	0	註7)　24	0	497	176	32	138	737
明治5年	註8)　1	32	1	326	336	7	117	1263
明治6年	註9)　2	33	0	676	832	4	274	1711
明治7年	0	156	0	1193	1905	5	242	29
明治8年	0	158	0	1273	2190	1	228	49
明治9年	0	193	0	1013	2921	2	186	73

註：表内、法令全書を典拠とした法令については、法令全書の編集方針にしたがい慶応4年分は明治元年分に含めてある。

1)：大総督府などからの沙汰

2)：幕府を主体とする布告

3)：大総督府、五官、東京府などをからの布告

4)：東京府、京都府、江戸鎮台府市政裁判所などからの発令

5)：会計官などからの布達

6) 7)：開拓使、民部省、各省などからの布達

8) 9)：大祓執行方（明治5年)、祈年祭祭式、官幣社祭式（以上同6年）をめぐる太政官式部寮布達

各地での法令謄写のために必要な日数を定めたものだが、「自今布告布達共該地到達ノ翌日ヨリ」とあるように、布告・布達とも、全国一般に公示・公知されることを目指された法令であったのである。

以上の説明を、法令の発出の主体面から整理すれば、太政官は「全国」（及び「華士族或ハ社寺」）に宛てて、制度条例に関わる内容を有する法令を「布告」し、各院省使府県などを宛先とする各機関限りでの法令を「達」し、これに対し諸省は、「全国」に宛てた法令については、制度条例に関わらない限りでこれを「布達」し、かつ各省官員限りの法令を「達」した、ということになる[27]（表4中の③の部分）。

このように、「結文例」は確かに法令の文体を様式化したものに過ぎず、しかもその導入は、法令公知の制度化に伴い、当該法令が

表5　『日本法令索引〔明治前期編〕』収載法令に基づく法令種別・発令機関別件数表（～明治9年）

法令種別	沙汰			布告		
発令機関	行政官・太政官	諸省	表記なし	行政官・太政官	諸省	表記なし
慶応3年	0	0	5	0	註2)　4	2
慶応4年	0	0	2	0	0	2
明治元年	50・4	註1)　8	66	67・8	註3)　26	66
明治2年	30・13	1	191	72・55	1	31
明治3年	36	0	177	200	0	20
明治4年	122	0	0	281	0	1
明治5年	70	0	0	296	0	1
明治6年	19	0	0	404	0	0
明治7年	0	0	0	138	0	0
明治8年	0	0	0	210	0	0
明治9年	0	0	0	165	0	0

掲示に値するものか否かを端的に見分ける技術として、極めて実務的な要請から導入されたものであった。なるほど、法令の種別が、その制定・発令主体の権限と法令そのものの効力をも表示するという今日的な法令の形式の成立には、未だ程遠い段階にはあろう。だが、この「結文例」には、当該法令の発令主体及びその法令の内容の実質的性格や公知（＝適用）の範囲などの各要素が複雑に絡み合う様相が窺い見え（後述の「法令番号」の成立についても重要な転機となる）、後の公文式につながる法令形式の概念が成立してゆく重要な前提条件が整えられたと考えられる。

以上述べてきた、明治初年期（～明治九年）の法令種別・発令機関別件数を一覧すれば、表5「『日本法令索引〔明治前期編〕』収載法令に基づく法令種別・発令機関別件数表[28]」のようになる。

なによりも、「沙汰」や「布告」は、それぞれ明治三年までは、発令機関が明示されない法令もあるが[29]、中央の最高行政機関としての行政官や太政官の下に、その発令権限が集中してゆくことがはっきりと分かる。さらに布達については、明治元年から見えるものの、明らかに明治六年と七年を境にして、その発令件数が増加する。これも上述した通り、明治六年の官制改革を背景にした「結文例」などの法令の形式化が進んだことと関連していよう。

また「達」については、上述の限りでも、根拠となる法令によって、その発令の権限（主体）や方式についてのきちんとした定めはなく、太政官（行政官）、諸省の別なく膨大な数が発出されていたことが分かる。だが、これもまた上記「布達」と同様、明治六年と七年を境界として、その数値に大きな変化が表れるのである。むろん表内の数値の示すところは、上記で紹介してきた法令の形式をめぐる基本法令と直ちには連動しない部分もある[30]。ただし、全体として見れば、明治初期の法令をめぐる基本制度は、明治六年を画期として確かに変貌を遂げてゆくことが、以上のような法令発出の数値的な観察からも窺えるのである。

(4)　明治初期立法機関の系譜――左院と元老院

布告や達が太政官及びその傘下の諸省から発出されていたことは、前述の通りである。しかし、明治初年期から太政官制の中ではあるが、「立法」を旨とした機関は存在していた。明治太政官期の法令において、こうした機関は、どのように位置づけられるのか。

ここで、再び表４（「明治初期法令種別及機関変遷表」）を参照願いたい。表内④の部分である。明治一〇年一月一九日付の「本局ヨリ法制調査両局へ通牒[31]」なる資料を左に掲出する[32]。

布告達ノ儀ニ付別紙伺ノ趣御裁決相成候ニ付為御心得写一葉及御回候也

（別紙）

第一科議案十年一月十日

官庁ノ廃置及ヒ法律ノ部分ニ属スルモノ又ハ諸規則等ノ人民ニ直接ナル者ノ類ハ布告トナシ職制章程等行政規則ノ部分ニ属シ人民ニ不直接ナル者ハ達トナスハ従来ノ成規ニ候得共中ニハ服制又ハ官制中一二ノ改正等其事至テ軽キ者モ亦布告トナル者アリ自今法律規則ノ人民ニ直接ナル者ハ布告トナシ其官庁ノ廃置ハ重大ナル者ヲ除クノ外不及布告其他布告ヲ要スル事件ハ其時時議定シ将又同種類ノ事件逐次発表ノ者ハ可成丈数号ヲ合シテ一号トナシ精精布告達ノ数ヲ可減方可然被存候也

上掲の議案には、布告と達の明確な種別分けが見える。布告は、（「従来ノ成規」では、官庁の廃止や設置も含んだがこれはなくなり）、「法律」の部分に属するもの・諸規則中人民に直接宛てられるもの、これに対し達は、官省内部の職制章程などの行政規則であり、人民には直接に宛てられないもの、という定義が与えられている。上記の二2(二)(3)で確認した時点に比較するならば、その区分は、一層その規範内容の点から明瞭化したといえよう。

この議案の背景には、発出される布告等の法令数を減らし、発令業務の合理化を図ろうとの趣旨を読み取るこ

とができるが、ここで問題とすべきは、布告の定義に現れた「法律ノ部分ニ属スルモノ」とは何かということである。(33)

先にも触れたが（二2(二)(2)）、明治四年七月二九日の太政官制の改革で、「議員諸立法ノ事ヲ議ス」機関として置かれた左院は、同年一二月二七日の左院事務章程の改正で「凡ソ一般ニ布告スル諸法律制度ハ本院之ヲ議スルヲ則トス」と定められる。かつての公議所や集議院に比較するならば、その職務は、大いに拡大したと言えるのである。(34)

また同六年六月二四日の左院職制・事務章程の改正によって、国憲や民法の編纂やその他の法案策定も担う機関となり、さらに翌二五日には集議院の廃止に伴い、その建白受理機関としての機能をも引き継ぐことになる。(35)同七年二月一二日の職制・事務章程では「議政官ニシテ正院ノ補佐」機関と位置づけられ、一般に布告される諸法律制度については必ず正院は左院に下し、その利害得失を吟味させることとなっていた。ただし議決の採否権や議員の選任免職権などは、正院の側が掌握してゆくことから、左院はあくまでも太政官制下における議法官、ないしは立法諮問機関的な位置づけを受け、決して今日的な「立法」機関とは断言できない。(36)このことは、次に述べる元老院についても同様である。いずれにしても太政官布告は発令前、つまりその制定段階において、左院の意見を聴取することが手続き的に定められていたのである。

明治八（一八七五）年四月一四日の「立憲政体詔勅」は、政府の漸進的な立憲制への志向を明らかにした。同日の太政官制の改革によって、左院は右院とともに廃止され、新たな「立法」（議法）機関として元老院が大審院と併せて設けられる。同年一二月二八日の太政官第二一七号達で設けられた元老院職制章程では、第一条で元老院を「議法官ニシテ凡ソ新法制定旧法改正ヲ議定スル所ナリ」と規定するが、議案は元老院の議定にかかるものと、検視を経るものの二種あり、その別は内閣が決定したが（第五条）、急施を要するものは太政官（内閣）から便宜布告の後に元老院の検視に付すことや（第六条）、制定した新法案や既存法令の改正意見などもその採否は太政官にあったから、元老院の「法律議定＝議法」権は大いに制限されていたのである。そればかりでなく、予算議定権や行政監督権も与えられていなかった元老院からは、機関権限の明確化を求める上奏案や意見書などが幾度となく提出されてくるのである。

ここでは、元老院の法令に関わる意見書を二つ紹介しておこう。一つは「号外第八号意見書」で、「布令廻達ヲ廃シ掲示規則ヲ設クルノ件」（明治九年七月九日決議意見書並布告案上奏）と題する[37]。内容は、法令を一般人民に公知させるための効果的な方法を模索するものだったが、結論として、布告についておこなわれている区長が各戸に廻達してゆく方法に対して、戸長役場門前に掲示させるというものであった。元老院議官の主張は、「法律」については、行政官側に国民に知らしめるか否かの判断が委ねられる布告（命令）とは異なり（「依らしむべし知らしむべからず」）、法律はより一般的かつ普遍的に国民に適用されるものだから、その周知のために、より適切な方法が考案されるべきであるとする（「法の不知は許さず」）。この背景には、法律を国家契約説的に把握する思想も垣間見られたのだが、結局は、その法律の制定主体である元老院を、太政官とは異なる国家法制定機関として自認したいとの意図に発したものであった。なぜなら、そうした法律を太政官布告といかなる関係に立たせるのか、といったやっかいな問題には一切言及されてはいないからである。

もう一つは、「号外第二十三号意見書」であり、「法律布告式ヲ改ムルノ件」（明治一一年一二月二日上奏）なる表題が付されている[38]。内容は、元老院が制定する「法律」の布告文の書式についてであった。元老院の権限において制定された法令は、そのまま公布・施行されるわけではなかった。太政官において批可された上で、布告なる種別の下で発令されるという現行の手続きに、元老院議官は異を唱えたのである。上述した通り、元老院には、新法を議定したり政府法案の検視をおこなう機能はあったが、その後の布告に際しては、立法府を経由した事実を表記せよとの主張であった。その場合の布告文は、「元老院の『議定』『検視』を経て左の法律を布告する」となるという。審議中、同意見書の趣旨を説明する細川潤次郎は、「立憲政体に取るを以て法律は遂に無上の勢力を有す可き者なり故に此布告式を立るは民をして法律の重きを知らしめ」るためのものであると発言する。ここには立憲政体下における統治権に占める立法権の範囲を主張する姿勢がある。同時期に元老院を場として進められていた国憲調査（憲法制定）との関連性も考えられるが、同意見書では検視制度自体の廃止を主張するものでもないことから、「至極穏当なもの」であるとの評価がされている(39)。

これらの意見書に対し、太政官はなかなか返答しなかったとみえる。『元老院日誌』の明治一一年一二月二三日の項に、元老院から太政官に対し「至急裁可ヲ乞フノ上申」が為されたことが記載されているが(40)、そこに挙がる一〇件の立法意見書のうちに、上述の二つの意見書は含まれている。しかし、太政官はこの元老院からの上申にも直ちには応えなかったと思われる。

(5)　布告と法律の区分

明治一四年一一月一〇日に「官省院使庁府県」宛に出された太政官第九四号達は、新しい太政官事務章程を定めるものであった。その中の「諸省事務章程通則」第四条には、「凡法律規則布達ノ其主管ノ事務ニ属スルモノハ各省卿之ニ副署シ其執行ノ責ニ任スヘシ」とあり、「法律規則布達」といった国民一般に広く公知させる法令については、これまでの太政大臣の署名のみならず（布達は除く）、新たに各省の卿の副署をとり、その実務執行についての責任を負わせようとするものであった。

ここで発令主体をめぐる重要な変化が生じる。そもそも布達については、上述の「結文例」から（二2(二)(3)）、各省がその制定発令権限を独自に有していたが、上記の太政官第九四号達では、各省卿は副署で足りることになった。このことは、「法律規則布達」はすべて、太政官が統括して太政大臣の名の下に発出することを意味した。同年一二月三日の「官省院使庁府県」宛の太政官第一〇一号達が以下のように明文を以て規定した。

本年十一月第九十四号ヲ以テ諸省事務章程通則相達候ニ付テハ法律規則ハ布告ヲ以テ発行シ従前諸省限リ布達セル条規ノ類ハ自今総テ太政官ヨリ布達ヲ以テ発行候条此旨相達候事

ここで注目すべきは、布告する法令は「法律規則」を内容とするという内容定義である。その他、太政官や諸省から「一時公布スルニ止ルモノ」を「告示」として発行し、諸省卿からの府県長官宛の達についてはこれまでの通りとされた（太政官第一〇一号達但書）。

ここで現れた布告される内容としての「法律規則」とは、具体的に何を指すのか。これまでは、上記の二2(二)(2)で述べたように、布告とは「全国一般」に主として「制度条例ニ係ル事件」について太政官（太政大臣）から発出されるもの、との理解であったが、ここにきて「法律規則」であることが明示された。

ところで法律については、二2(二)(4)でも触れたように、立法官としての元老院における法律議定権限との微妙な問題も存在していた。この元老院問題とも絡むが、明治一二年の段階で次のような内閣書記官名の文書が存在する。[41]なお、（　）内は典拠資料では二行割註である。

明治十二年内閣回覧

布告区分ノ儀ニ付大木参議御下問ニ因リ審案候処大要如左

凡ソ元老院ノ議ヲ経式ニ依リ公布スル者ヲ法律トス其類左ノ如シ

一　政府ト人民トノ関係ニ就キ重大ナル者即チ国法（税法徴兵法刑法治罪法諸罰則戸籍法新聞条例司法警察規則公用土地買上規則ノ類）

一　国民ノ権利ニ係ル者（穢多ヲ平民ニ列ス○丁年ヲ定ム○地券発行ノ公布等）

一　人民ノ私事ニシテ一般ニ通行スヘキ者（民法商法）

一　人民ノ営業ニ係リ特別ノ制定ヲ要スル者（銀行条例米商会所規則株式取引条例会社条例ノ類）

一　其事物ニ付特別ノ制定ヲ要スル者（学制海法山林法坑法郵便規則鉄道規則及遺失物規則漂流物規則ノ類）

一　裁判ノ章程（行政ノ章程ハ法律ヲ以テ行ハス只裁判ノ章程ハ立法官ノ議ヲ経人民ヲシテ知悉セシムルヲ要ス）

一　銭貨及度量衡ノ制度（但法ニ依リ銭貨ノ鋳造スルハ政府ノ権トス）

一　国債（従前国債ヲ起スニ未タ法律ノ式ヲ以テセス但タ国債ハ国ノ大事、故ニ立法官ヲ経ルヲ要スヘシ）

一　国界ノ変更（北海道ノ境界ヲ定ムルノ類、○此類、各国建国法ニ於テ必ス法律ノ制定ヲ要ス）

一　府県郡区ノ編成法及ヒ其廃置分合

右ノ類ハ立法官ノ議定ヲ要スルコト各国建国法ノ定ムル所ナリ但事ニ細目アリ此ヲ施スニ軽重アリ故ニ前ノ歴挙スル所亦其細目ニ至リテハ立法官ヲ経ス特ニ政府ノ命令ヲ以テ発行スル者アリ

実に詳細に「法律」の具体的内容を列挙する定義がここにはある。参議兼司法卿であった大木喬任から「布告区分」についての下問があったと始めるこの文書は、[42]元老院に対し、検視であれ元老院自らの議定によるものであれ、およそ「元老院ノ議経式ニ依リ公布スル者」を法律と定義する。この文書は、読みようによっては、二2(二)(4)で紹介した明治一一年の「号外第二十三号意見書」に対する太政官側からの回答であるとも考えられる。

この「回覧」はまだ続く。

凡ソ法ヲ以テ行フ者ハ其事重大ニシテ又一般人民ニ公布スルヲ要スルニ由ル

其事重大ナリト雖モ人民ニ公布スルヲ要セサル者アリ行政官ノ職制章程等是ナリ（但米利堅ニ於テハ諸省ノ章程亦法律ヲ以テ行フ）

又人民ニ公布スルヲ要スト雖モ其事重大ナラス若クハ法ノ細目ヲ疎通スルニ止マルヲ以テ立法官ノ議ヲ経ス専ラ行政官ニ由リテ発スル者アリ（行政警察規則、起業基金出納規則ノ類其他凡諸省ノ布達皆是類ナリ）

又其事重大ニシテ一般ニ公布スルヲ要スルモ国憲ニ於テ其事専ラ行政官ノ権内ニ帰シ立法官ノ議ニ付セサル者アリ宣戦、講和、条約、地方、戒厳、防御線画定、恩赦、官省廃置、勲爵制度等是ナリ

又其事重大ニシテ立法院ノ議ヲ経、法ヲ以テ行フモ一般ニ公布スルヲ要セサル者アリ（沿海府県ニノミ達スル法律、華士族ニノミ行フ法律ノ類ナリ）従前未タ此例アラス其一般ニ公布セスシテ一局部ニ行フニ止マル者ハ法律トナサヾル

ヲ以テ慣習トスルカ如シ然ルニ法ニ一般法アリ局部法アリ故ニ嗣後此一例ヲ開クヲ須要トス

冒頭で、「法」の形式的な定義を掲げ、「其事重大ニシテ又一般人民ニ公布スルヲ要スル」ための国家法規範であることが明言される。しかし、それに続く各項目は、いわばその例外として、立法官（＝元老院）の協賛なくとも行政官（＝太政官、諸省）限りで発令できる場合が、これも細かく列挙されている。この「回覧」が、実際に政府部内にどの程度の範囲に周知されたのかは不明であるが、極めて明細かつ包括体系的な内容ゆえに、元老院の専権事項がすっかり明瞭化されたとも思うのだが、実際は異なったようである。

『元老院日誌』の明治一六年六月二八日の項には、元老院副議長宛[43]に太政大臣からの通牒が載せられ、「布告ハ未必スシモ皆法律ナラサルヲ以テ元老院ノ議定ニ付セラレサルモノアリ」とされた[44]。これを元老院の側に立ち、逆さから読めば、元老院は、もはや布告の内容は法律と同義（布告＝法律）と認識していたところがあるのではないか。しかし実際には、後の行政命令として理解されるような「其事重大ニシテ又一般人民ニ公布スルヲ要ス」事項は、太政官限りでも依然制定し発令することができたし[45]、そもそも元老院の議定に付す事項を法律と定義しても、その法律もまた形式的には、太政官布告として発令され続けたのである。

ただし、どのような規範内容を持った法令が、太政官布告として発令されるかの問題について、その一部を法律事項として明確化する作業が政府部内で進められていたことは特筆すべき事柄であろう。なによりも元老院の議法権限をめぐる文脈の中で、布告か法律かをめぐっての議論は、そのまま議会開設を控えた太政官政府側にとっては、国制上の深刻な問題であったからである。

(6)「公文式」施行以後

「公文式」については既に述べた。二2(一)(2)でも論じたが、「公文式」制定時には、議会が開設されていないために、法律と命令とを形式的に区分するための議会・政府(内閣)の機関区別がたてられない。『憲法義解』でも「十九年二月二十六日の勅令に至て始めて法律勅令の名称を正したりしも、何をか法律とし何をか勅令とするに至ては、亦未だ一定の限界あるに非ざるなり。(中略)憲法発布の前に当ては、法律と勅令とは其の名称を殊にして其の事実を同くする者たるに過ぎず」と解説される。元老院の上述の制約された議法権限は、法律と命令を形式的に区分するための行政府に対立する立法府としての機関性を主張し得なかったわけである。この状況を評し、先の引用に続き『憲法義解』は、「其の名称に依て以て効力の軽重を区別すべからざるは、十九年依然布告と布達と時ありて区別あり時ありて区別なきに異なることなきなり」[46]と記していた。

いずれにしても、上述したように「法律命令」の区分が「公文式」上明記されたことによって、法令の種別としての布告の名称が失われ、布達・達などもその名称の変更を余儀なくされていった。

例えば、明治一九年三月一〇日付の省内の各局課宛に出された内務省書記官通牒では、従前の「布達」や「達」は「省令」に改定され、この「省令」は、第一を「人民一般ニ及フモノ」とし、第二は「庁府県ニ止マルモノ」の二種からなる。つまりそれぞれ布達であり、達の区分に対応するのであろう。また従前の「特達」(一庁に訓令するもの)や、「内達」、「訓示」、「内訓」は、改定後は、「訓令」に一本化される。なお、「告示」や「指令」は従前のままとされた。また司法省では、同年四月一日に同省書記官から警視庁への通牒によれば、従前の「布達」「達(丙号・丁号)」は、これも「省令」に改められたが、司法省では、省令を甲号・乙号・丙号の三種に区分し、それぞれ「人民一般ニ及フモノ」・「大審院、裁判所、庁、府、県、憲兵本部ニ及フモノ」・「大審院、裁判所若クハ裁判所ニ及フモノ」とされた。

（1）例えば「昭和六二年法律第一四号」、「昭和六〇年東京都規則第一四六号」といった類。田島信威編著『法令の仕組みと作り方（立法技術入門講座二）』（ぎょうせい、一九八八年）、九八―九九頁、長谷川彰一『法令解釈の基礎』（ぎょうせい、二〇〇〇年）、九二―九三頁。
（2）田島前掲書、八三頁。
（3）山内一夫「法令形式」内閣官房編『内閣制度七十年史』（大蔵省印刷局、一九五五年）、二一一頁。
（4）堀内節「布告・達の謬った番号標記について」（『法学新報』第九一巻第五・六・七号、一九八四年）、二八頁には、これまで、公文式以前の明治前期の「布告・達そのものについての本格的な論考は発表されていない」との指摘がある。本章では、この堀内論文以降に発表された当該問題について論じた先行研究を参照引用しつつ、同時に『日本法令索引〔明治前期編〕』の編集作業過程から得られたデータ（二〇〇六年一一月一四日現在）に基づき、概説を試みたい。
（5）稲田正次「公文式」『国史大辞典　第五巻』（吉川弘文館、一九八四年）、五一二―五一三頁。
（6）園部敏『行政法の諸問題』（有信堂、一九五四年）、一〇二頁。
（7）美濃部前掲記事「命令（憲法上の）」、二六一一頁参照。もっとも、清水澄『帝国公法大意　第七版』（清水書店、一九三六年）、六四頁には、「帝国議会ノ協賛ハ法律ト命令トノ区別ノ標準ナリ之アルハ法律ニシテ之ナキハ悉ク命令ナリ」との説明が見られ、制定機関の別に基づく形式的な区分として理解されたものもある。
（8）宮沢俊義「公式令」前掲『法律学辞典　第三巻』六九九―六七〇頁、稲田正次「公式令」前掲『国史大辞典　第五巻』、高久嶺之介「公文式・公式令」日本近代法制史研究会編『日本近代法一二〇講』（法律文化社、一九九二年）、八〇―八一頁。
（9）この「法規」概念（Rechtssatz）については、美濃部前掲記事「命令（憲法上の）」、二六一一頁には、「一般遵由の条規」と説明される。また現行の日本国憲法との関係については、園部前掲書、八九頁以下も参照のこと。

(10) この大日本帝国憲法の逐条解説書として伊藤博文著『憲法義解』がある（ここでは、伊藤博文著、宮沢俊義校注『憲法義解』（岩波文庫、岩波書店、一九四〇年を用いる）。これはもともと明治二一年の枢密院における憲法草案審議に際して各顧問官に配付した蒟蒻版の「原案理由書」ともいうべき資料であり、同時期に成立する皇室典範に対する『皇室典範義解』と共に本来は井上毅の筆になるものとはされるが（『憲法義解』（岩波文庫）、一七九―一八八頁の宮沢俊義による解説を参照）、両義解とも刊行の経緯から「半官的性格」を持つ、つまりほぼ公定の理由書といえる性質を持つものと理解される。稲田正次『明治憲法成立史　下巻』（有斐閣、一九六二年）、八五九―八八八頁も参照のこと。

ところで、この『憲法義解』による第七六条の説明は、維新以降、大日本帝国憲法を終着点とする期間に展開した法令の発令や公布についての基本システムの変遷を簡潔にまとめている。要所において引用して解説の便としたい。

(11) 大日本帝国憲法と併せて、その第九条の定める独立命令制定権に基づき発令される命令の実効性を担保するために、強制力を付与する法律が「命令ノ条項違犯ニ関スル罰則ノ件」と題して、明治二三年法律第八四号として制定公布される。公布後に、元老院は内閣からの検視案として同法を審議にかけ、その結果、同法は同憲法第二三条に規定される「逮捕監禁審問処罰」についての法律主義の原則と抵触し「憲法ニ反戻」する旨内閣に通牒したが、同法はそのまま施行に移されていった。同法の成立をめぐっては、明治憲法体制前夜における法律と命令の効力をめぐる制憲構想のうねりが看取できるが、詳しくは、小島和司『明治典憲体制の成立』（木鐸社、一九八八年）、三九五―四四四頁を参照のこと。

(12) 『法令全書』は、「広く一般的に明治以降の諸法令の法文テキストを必要とするときに、最もよく利用される法令集」であり、研究者・実務家を問わないで、「最も権威ある典拠のひとつ」として考えられている（「　」内本註後掲岡田論文、三五頁から引用）。しかし同書は、一定の歴史的条件の下に編纂されたものであることから生ずる特徴を有し、またそれゆえに種々の史料的制約をも背負っている。こうした『法令全書』についての現時における最も詳細な研究として、岡田昭夫「『法令全書』創刊考」（『法制史研究』第四七号、創文社、一九九八年）、三五―五九頁を参照のこと。またその法令集としての編成・編別を『法規分類大全』との比較的視点を以て解説したものとして、山室信一「法令全書と法規分類大全」『日本近代思想大系別巻　近代史料解説・総目次・索引』（岩波書店、一九九二年）、二一―六〇頁を参照のこと。

（13）　本章で掲出する図表は、筆者も客員調査員として加わっての（二〇〇一年一〇月―二〇〇六年九月）、国立国会図書館議会官庁資料課における『日本法令索引〔明治前期編〕』開発の過程で得られたデータに基づいている。同システムの稼働に伴い、その「凡例」も併せて参照願いたい（http://dajokan.ndl.go.jp/SearchSys/documents/hanrei/hanrei.html）。なお、『法令全書』を典拠として本索引のデータとして採録した全法令の件数は、二四、〇四一件に上る。

（14）　例えば、表内に見る「決議」「議定」「決定」「協議」などは、公知・公示された「法令」というよりも、それらの「原本」であったり、あるいは法令制定過程の「決裁文書」としてその沿革を記す資料としても位置づけられよう。他の典拠とした法令集には、「稟議」と記された資料なども見うけられる。こうした「原議」に属するとされる法令資料の資料的性質やその文書保存学的分析については、本章では直接の考察の対象とはしていない。詳しくは、中野目徹『近代史料学の射程――明治太政官期文書研究序説』（弘文堂、二〇〇〇年）を参照されたい。本章では、公布・施行・伝達されたいわゆる「施行された文書」（中野目同前書、一二一―一三頁に言う「文書行政の三過程」中、「文書施行」にあたる段階のもの）に限定した解説を試みる。なお、上記「原議」に関わる資料としての『公文録』『公文類聚』『公文雑纂』『太政類典』などについては、石渡隆之「太政官・内閣文書」『日本古文書学講座九　近代編Ⅰ』（雄山閣、一九八五年）、三三―四八頁も参照のこと。また、中野目徹「日本近代法制史研究と史科学」（『日本近代法制史研究の現状と課題』弘文堂、二〇〇三年）、三九四―四一五頁は、史科学的見地からの法制史方法論が展開される。

（15）　山室前掲論文、三一頁。

（16）　前掲註（12）を参照のこと。

(17)『日本法令索引〔明治前期編〕』の開発のために法令を採録する対象とした資料は、『法令全書』を含め全七二点に上る。そのタイトルとそれぞれの資料的概容については、同システムに付された「出典資料解題」を参照されたい。なお、松村光希子「明治初期法令資料目録」(国立国会図書館専門資料部『参考書誌研究』第五四号、二〇〇一年)、はその解題の先駆をなすものであり、同論説冒頭にて、上記システム開発作業との関係性が記されている。また、明治初期の法令集についての概観的論説として、石井五郎「法令議会資料ノート(一)―(七)、(完) 日本の法令集おぼえ書」(『国立国会図書館月報』第四四―四九、第五一―五二号、一九六四年一一月―一九六五年四、六―七月)も参照されたい。

(18) 若松前掲「『法令全書』に漏れた太政官時代の法令」、岡田前掲論文を、それぞれ参照のこと。

(19) 石井良助前掲書、二六頁、同『日本法制史概説〔改版〕』(創文社、一九六〇年)、三七二頁。

(20) 小早川欣吾『明治法制史論公法之部　下巻』(巌松堂書店、一九四〇年)、五七八頁。なお、本文ですぐ後に述べるように、いわゆる「政体書」体制下、太政官の下に集権化された国家権力は、立法・行政・司法の三権に分立され、行政権を掌るのが行政官を筆頭にした五官であり、行政官は「官制上は諸官と対等の地位にあった」(吉井蒼生夫「中央権力機構の形成」福島正夫編『日本近代法体制の形成　上巻』日本評論社、一九八一年、七二頁)とされるが、法令の発出についてもその中枢的役割を担っていたのであろう。

(21) 吉井前掲論文、七二頁。

(22) 明治前期における法令の伝達方・周知方については、別個の制度史的対象として、本章では必要最小限に留めて記述することにしたい。なお、同分野は、岡田昭夫氏による「明治高札考(一)―(四)」(『早稲田大学大学院　法研論集』第六七―七〇号、一九九三年―一九九四年)、「明治期の東京府における法令伝達制度について(一)(二)」(『東京医科大学紀要』第二四、二五号、一九九八年二月、一九九九年)、「明治法令伝達考(一)―(四)」(『同』第二五―二八号、一九九九年―二〇〇二年)、「法令伝達研究の方法と展望、その射程(一)(二)」(『同』第二七、二八号、二〇〇一年―二〇〇二年)といった一連の先駆的研究が存在する。

(23)　石井良助『明治文化史二　法制』（原書房、一九八〇年）、一二七頁、向井健「布告」前掲『国史大辞典　第一二巻』、一二一頁など。

(24)　吉井前掲論文、八八―九一頁。

(25)　同達形成の契機を成した明治五年四月二五日付の司法省伺を見る限り、太政官から諸官省宛に出される布告・達類を諸官省内で廻達することとは別途に、直接に後者から地方官宛に出される局面を想定したものである（内閣記録局編『法規分類大全　第一編』〔政体門四・布告式〕（原書房復刻版『法規分類大全　第二巻』、以下（巻数）のみ）、一二頁）。

(26)　同『法規分類大全　第一編』（第二巻）、二八―三〇頁。

(27)　三上昭美「新政府の成立と公文書」前掲『日本古文書学講座九　近代編Ｉ』、二八頁。

(28)　ここに挙げる数値は、『日本法令索引〔明治前期編〕』の編集のために採録された法令件数を示している。法令種別の下にある「表記なし」とは、典拠資料上発令機関名が明示されていないものを指す。また法令種別欄の末尾にある「表記なし」とは、典拠資料上法令種別が明示されていないものを指す。前者の発令機関名の「表記なし」は、明治四年あたりまででひとまず収まる。これは、同索引作成にあたって、基本的な典拠資料として用いた『法令全書』が明治三年一二月に至るまで「官省ヲ分タス」法令を採録する編集方法を採用したことも影響している（前掲『法令全書』「編纂例」）。また後者の「表記なし」は、明治六年ないしは七年まで続く。いずれにしても、本文で述べてきたように、法令の形式が徐々に整序されてゆく過程をそこに知ることができよう。

(29)　典拠した資料そのものの「資料的性質」から、発出機関が自明のものとして明示されていないものもある。そうした場合には、『日本法令索引〔明治前期編〕』の編集方針として、あえてその機関名を空欄にした場合もある。同システムの「凡例」を参照願いたい。

(30)　たとえば、明治六年に至るまで「沙汰」なる種別の下に、太政官から法令が発出されていた事実を表内に確認できるが、本文二2(二)(2)で挙げた明治元年の行政官達が、その「結文」を定めていた。ちなみに『日本法令索引〔明治前期編』』に収録される法令の限りで、太政官からの最後の沙汰となったものは「鉄道建築用地所引渡方」（明治六年一月一五日付）である。

(31) 本通牒の発出元は、史官本局であろう。議案を提出した「第一科」とは公文等の「受付伝達」を管掌する（以上、明治八年九月二二日「史官分科」『法規分類大全　第一編』〔官職門二・官制〕（第一〇巻）、一八二頁）。法制局は、正院の下命を受けて法制を起草修正することを旨として、明治八年九月より設置される（同局章程）。調査局は、同一〇年一月に正院の称が廃されるに伴って設置された機関で、財務に関わる諸伺届及び報告書類を受理し政表を作成する部署とされる（同年一月の調査局事務章程より）。法制局、調査局両局とも、同一三年三月三日に六部制の導入により廃局となるが（同日太政官第一七号達）、法制局の職掌は参事院に引き継がれる（同一四年一〇月二一日太政官第八八号達）。

(32) 『法規分類大全　第一編』（第二巻）、五一頁。

(33) 本文にて後述するように、明治八年に元老院が設立された以降、「布告の中何をか指して法律とすべきや未だ明白ならず」という状態が続いた（伊藤前掲書、一二五頁）。

(34) この時期の法令で、左院の議を経たものについては、穢多非人の称を廃する法令、四民平等に関する法令、華士族共職業自由に関する法令などがあるが、左院については、議事録などが発見されていないためにその審議の詳細は分からない、とされる（稲田正次『明治憲法成立史　上巻』有斐閣、一九六〇年、一〇四頁）。

(35) 最近の左院関連の研究として、水野京子「建白書の「政治的」機能と左院――左院受付建白書の分析を通して――」（『青山史学』第二一号、二〇〇三年）、同「第一回地方官会議開催過程における左院と地方官」（『青山学院大学文学部紀要』第四五号、二〇〇四年）等がある。

(36) ただし、左院の機能そのものの歴史的分析は、さらに進められるべき段階にある。先駆的な業績として、松尾正人「明治初期太政官制度と左院」『中央史学』第四号、一九八一年、西川誠「左院における公文書処理――左院の機能に関する一考察」（『日本歴史』第五二八号、一九九二年）、水野前註所掲論文も近時の注目すべき業績の一つであろう。
(37)『元老院会議筆記　前期第三巻』(元老院会議筆記刊行会、一九六八年)、一三三―一五三頁。
(38)『元老院会議筆記　前期第五巻』(元老院会議筆記刊行会、一九六九年)、四三七―四四二頁。
(39) 稲田前掲『明治憲法成立史　上巻』、三四〇頁。
(40) 大日方純夫・我部政男編『元老院日誌　第一巻』(三一書房、一九八一年)、九〇二頁。なお、この元老院から太政官への上申については、本書第四章一八六頁でも触れている。
(41)『元老院日誌　第三巻』(三一書房、一九八一年)、六三五―六三六頁。同文書は、『法規分類大全　第一編』〔官職門一七・官制〕(第一九巻)、八七―九〇頁にも採録されているが、こちらは元老院への「通達」として分類されている。なお稲田前掲書『明治憲法成立史　上巻』、三四一―三五一頁にも全文掲出されているが、これは『法規分類大全』を典拠とした引用である。本章では、『元老院日誌』の記載に依る。
(42) この「回覧」の作成機関である内閣書記官とは、明治一二年三月一〇日にその職制が定められ、それによると内閣書記官長の下に内閣書記官二名を配置する。書記官長の職務は、内閣文書や官内処務の総理にあるが、書記官のそれは、「内閣ノ文書ヲ勘シ詔勅命令ヲ草スルコトヲ掌ル」とある(『法規分類大全　第一編』〔官職門二・官制〕(第一〇巻)、一八九―一九〇頁)。なお、明治一二年四月二五日改の『太政官職員録』によれば、当時の書記官長は中村弘毅、書記官は、大書記官(兼内務大書記官)として井上毅、少書記官として金井之恭の名が見える。
(43) 明治一六年一二月二八日改の『元老院職員録』によれば、当時の元老院副議長は東久世通禧、議長は佐野常民であった。
(44) 前註(41)に同じ。なお、この太政大臣からの通牒に併せて、参議山県有朋からも明治一六年の同日付で元老院副議長宛の通牒が出されていた。本章本文に引用した「回覧」はこの山県の通牒に付けられた「別紙」資料であった。
(45) 法律規則の「規則」とは、上記の三項目を指すと思われる。それ自体行政規則的な内容の法令と言えよう。人民一般に公知させるという意味で、布告(ないし布達)の形式が考えられるのであろう。

(46) 伊藤前掲書、一二四―一二五頁。

三　太政官期法令の形式化

1　法令の特定化について――法令の自己言及の方式

(一)　法令名

今日、法令の形式は、特定の法令を参照する際の指標として機能している。その際に、まず手がかりを与えてくれるものが「法令名」であろう。しかし、明治太政官期に発せられた個々の法令に、名称が与えられていたわけではない。たとえば、明治五年六月二八日の太政官第一九二号布告は「自葬禁止令」と、翌六年一月一四日太政官(無号)達は「廃城令」とか「城郭取壊令」と、さらに同九年三月二八日太政官第三八号布告は「廃刀令」とそれぞれ呼称されるが、これらは発令時にはなかった法令名である。すなわち法令の俗称と考えられる。実際、個々の法令は必ずしも、その俗称通りの内容を主旨とするものではなく、その呼称は、法令内容全体の一部分を対象に名付けられたに過ぎない。したがって、当時の法令の特定化の手段として、法令名は必ずしも適当であるとは言えない。では、当時は、いったいどのような標記の下に、法令のリファレンス(相互参照)が可能であったのだろうか。

㈡　法令番号

(1)　法令番号標記の嚆矢

法令番号、今日ではこれは、法令のレファレンス機能を果たす標記としてあまりにも自明である。この「種類と制定者の別に従い、暦年ごとにそれぞれの法令に付けられる番号」（二1㈠）の前身が明治前期の法令の世界に登場するのは、[1] 次に挙げる明治五年一月八日太政官（正院）達からである。

自今布告ノ順次ヲ以テ本文ノ肩ニ番号ヲ朱書シ差出シ候間各省ヨリ布告致シ候節モ同様取計可有之候且後日取消シ或ハ照準等ノ儀相達候節モ干支第何号ノ布告云々ト相認可申此段相達候也

ここで言う「布告」とは、上述した太政官のみが発令権限を有する法令の種別としての布告ではなく、その文言から明らかなとおり、太政官からの布告・達や各省が発令主体となる布達・達といった法令を「公知する」という動作の意味で用いられている。つまり、そうした中央官省から発令される布告や達などの法令すべてに番号を付すこととしたが、それは後に見るように、法令の種別に無関係に付与される「通し番号」であった。

いずれにしても、上掲の太政官達以降、布告・達等の法令のレファレンスについては、干支による発令年の指定、併せて法令の番号で絞り込むことで対象の法令を特定化する方法が確立してゆく。ちなみに同達を受け、同日八日付の同年第一号の太政官布告は、仙台県を宮城県に、盛岡県を岩手県にそれぞれ改称する内容のものであった。

ところが、上述の二2㈡(3)で言及した、明治六年七月一八日の「結文例」を定めた太政官第二五四号布告によって、布告、布達、達の区分が文例の上に明瞭化されると、太政官は程なくして同年一二月二八日に次のような第四三二号布告を発した。

来明治七年一月ヨリ達書布告ヲ区別シ各自ニ番号ヲ付シ候条此旨相達候事

すなわち、布告と達とを区分して、それぞれに番号を付してゆこうとの方法が示されたのである。本布告は、同年一二月二七日の太政官外史からの伺が契機となって成立したものだが、外史は「事務上ニ於テ更ニ一層ノ簡便」を得る目的からこの番号標記を用いようとしていることが分かる。実は、外史からのこうした法令関連事務「合理化」の要請は、先の「結文例」を定めた同六年の布告の際にも存在し、掲示する法令とそうではない法令の見分け方など「事務繁忙ノ際徒ニ手数ヲ重子無用ノ儀」であることが強調されていた。

明治九年時に権大主記（九等）に任ぜられて太政官正院に出仕していた木下真弘は、次のように報告する。(2)

某県吏人曰く、区戸長、布達類を一々熟読了解し、之を所管人民に諭さんとせば、日も亦足らざるべしと。某県於て、達書一冊を掲示板の側面に懸るを視る。(3)之を土人に問うに、閲みする者甚だ少しと云う。

このように法令番号は、専ら、法令事務を遂行する側からの合理的な事務運営の要請に応じる形で現れた。そこに「結文例」の示す法令文の表示方が跳躍台となって、布告、達の「種別」化が一層進むこととなったのである。

(2)　法令の自己言及方式の確立

そこで、いくつかの実例を『法令全書』の中にあたって、法令番号の機能を検証してみることにしよう。[4]まず次の三例についてである。

①明治四年八月五日太政官布告【第三九五】[5]「商船ノ儀布告書並ニ規則書トモ去庚午正月中相達候処今般船税ノ儀別紙規則書相定候条……」

②明治四年一〇月五日太政官布告【第五一八】「去ル六月家畜伝染病予防法中……」

③明治五年四月二五日太政官第一三四号布告「第百二十九号布告新潟県管下月岡帯刀儀暴動及脱走候ニ付……」

①②の法令は、法令番号が導入される前、すなわち明治五年一月八日以前に出されたものである。③は、番号が導入された明治五年一月以降である。それぞれの表記法の違いが一目瞭然である。①は明治三年一月二七日太政官布告【第五七】中の商船規則を指称したものだが、干支による発令年月と法令内容を適示することによって特定化している。②も同年の月を示しつつ、①と同様である。しかも、②に引用される「家畜伝染病予防法」なる名称の法令は見あたらない。明治四年の『法令全書』に掲載される目録名、「『シベリア』海岸ニ『リンドルペスト』病流行ニ付キ予防法ヲ頒布ス」（明治四年六月七日の太政官布告）がそれなのである。この一方で、③は同年に出た法令の番号を引用しかつ内容を適示して特定化を図っている。

次に、法令番号が現れた以降の布告が、それ以前の布告を引用する場合を見てみる。

④明治六年二月一四日太政官第五一号布告「壬申二月十五日第五十号布告ノ通地所売買被差許候上ハ……」

⑤明治八年四月一四日太政官第五六号布告「任叙ノ儀ハ是迄式部寮ヨリ伝達候処自今正院ヨリ相達候条……」

⑥明治八年九月二五日太政官第一四六号布告「僧尼ト相成度者出願及ヒ免許方ノ儀ニ付明治四年六月十九日布告並同十月十二日達トモ相廃シ候条自今……」

④では、干支と月と法令番号を用いて特定化する。⑤では、当該布告に至るまでの式部寮による仕来りをおよそ改めるという趣旨がみえ、それまでの根拠法令であった明治四年一〇月一二日太政官布告【第五三五】への言及は、いかなる形でもおこなっていない。また⑥は、日付と法令種別を組み合わせた特定化の方法を採用している。

最後に、法令番号が現れた以降の法令間における引用例を見てみる。

⑦明治一〇年二月一九日太政官第一九号布告の布告文「明治八年五月第九拾壱号布告大審院諸裁判所職制章程……」

⑧明治一六年四月一七日太政官第一三号布告「船税規則別冊ノ通制定シ明治十六年七月一日ヨリ施行ス」

⑦では、年月に続いて法令番号と法令の名称が続く。さらに⑧は、法令の名称と施行日が明示された布告文であり、同法令但書には、「但船税ニ関スル従前ノ布告布達ハ廃止ス」との表現の下に法令を特定化することなく、明治四年八月五日太政官布告【第三九五】の「船税規則」や、同七年二月一八日太政官第二一号布告「艀漁船並海川小廻船等船税規則」、及びそれ以降の改正法令を、一括して廃止する旨の表現が用いられる。明治初期に出された法令を後年に抜本的に改革する際の立法処理なのであろう。

①〜⑥に見る限り、法令番号が存在しなくてもそれなりの引用・引照の仕方が見られるが、これに⑦⑧を比較するならば、後二者の引用方法ははるかに明快で歯切れがよい。しかも⑧については、いかにも官報刊行（明治一六年五月一〇日太政官第二二号達）前夜の時期に出された法令らしく、わざわざ施行日を意識して明示している点が注目される。同一六年五月二六日の太政官第一七号布告によって、布告布達の施行期限が、各府県庁に到達する日数の後七日目と定められ、同日付の太政官第一四号布達にて、各県庁への到達日数が各県庁毎に具体的に取り決められる。法令の形式がその公布・施行の方式の組織化に伴って整序されてゆく姿がここにはある。

2　法令の効力の消長

(一)　改正・消滅・廃止

法令の効力には消長が存在する。今日、法令の一部を改める場合に「一部改正」、その全部を改める場合には

「全部改正」ないしは「廃止制定」、そして既存の法令を廃止するについては、これを「廃止」とそれぞれ呼称している。(6)

明治太政官期の法令の効力については、今日のような改廃概念をそのままに当てはめることはできない。先の三1㈡⑵でも述べたが、個々の法令の標記方の確立は、法令相互間のレファレンスの便宜を確かに高め、法令間の関係性の調整に資したと考えられる。ある法令の改正や廃止といった問題も、結局は改廃する法令(改廃法令)と改廃される法令(被改廃法令)相互間の効力関係に帰着する。

今日の我が国では、既存の法令を一部改正する法令は、一つの独立した法令ではあるが、その一部改正法令の改正部分は、元の法令、すなわち被改正法令に溶け込み、既存の法令の条文自体が改正される方式を採用している。つまり、形式的には改正された法令のみが残り、改正した法令は附則にその痕跡(改正した事実の記載)をとどめるのみで、その中味はなくなってしまう、という説明が為されている。(7) これを「溶け込み方式」と称する。これに対して、改正する法令自体が独立した完全な内容を有し、その改正内容が、既存の法令に追加されてゆく方式がある。これを「増補方式」と称するが、その場合、表記される法令としては、既に改正の及んだ旧規定がそのまま残り、さらに新規定、すなわち改正法も併存する形になるので、改正経緯の把握にはたやすいものの、その時点で何が有効な規定かを知るためには、旧・新両規定を相互に見比べる手間が必要となる。(8)

明治前期の我が国では、この後者の「増補方式」的な法運用が為されていたと考えられる。(9) すなわちこの方式では、改正—被改正の別なく、各々の法令の「個体性」が、当該の法令によって構成される規範全体の効力の終焉に至るまで保存されることが特徴である。

『法令全書』の編者は、上記の法令相互間の「関係性」について、欄外表記してこれを示した。その「編纂例」

に曰わく、

凡ソ法令ノ改正廃止ニ係ルモノ之ヲ改正又ハ廃止ト書シ新令旧令相抵触スルモノ等ヲ消滅ト書ス

とある。ここに「改正」「廃止」「消滅」の効力態様が示されている。そして、

凡ソ現行ノ法令ニシテ其一部分ノ加除改廃アル者ハ原文ノ右側ニ「、」ヲ加ヘテ閲者ノ注意ヲ示シ其下ニ改正追加ノ現行文ヲ併記シ以テ数巻繙閲ノ労ヲ省ク（以下略）

として、いわゆる一部改正や法令の一部の効力が失われた場合については、その箇所を傍点で指摘した上で、既存の法令文に併せて改正後の文言を書き込んだというのである。これは上述の「溶け込み方式」とは異なるが、当時の方式の下で、法令のレファレンスの便宜性を高める効果を目指したものであろう。

しかし、改廃の定義づけは、編者の判断にかかるところもあった。先の「編纂例」を続けて編者は、

凡ソ法令彼此相須タサルヲ得サル者及前後相関渉スル者ハ某号参看ト書ス而シテ其漸次ニ沿革シテ改廃消滅ニ就ク者及此ヲ以テ彼ヲ廃スルコトヲ断定シ難キ者モ亦之ニ倣フ

と断りおく。法令間の「関連性」が容易に判別し難い場合には、「参看」なる註記を施し、『法令全書』を用いる

者にその効力の判断を委ねている。それに実際には、『法令全書』中「改正」「廃止」と註記される場合には、法令本文内でそうした言及が明示されていることが多いが、その一方で、「断定シ難キ」場合もあり、その時に「参看」を付したというわけである。いずれにしても、当時の法令の効力の判断は、『法令全書』の編者にとって頭を悩ませる問題であった。

実際に、上記三1(二)(2)で引用した各例のうち、②の法令文をよく読むと、先の引用に続く箇所で、「(家畜伝染病予防法に)最早不及其儀」と達せられるのだが、これが廃止なのか改正なのかは、それぞれの法令文を精査しなければ分明とならない。また、③についても、農民煽動[10]のかどで月岡帯刀を捕縛せよとの第一二九号布告の趣旨が、月岡が捕縛されたことにより、第一二九号布告が当該の第一三四号布告によって廃止されたのか、はたまた第一二九号は消滅したのかは、資料本文上からは窺えないのである。おそらくは、犯人の捕縛により先の第一二九号布告は当然に失効したのだと思われるが、それをどのように定義付けているのかの観念が見えないのである。この意味では、⑤も変わりない。これまでの制度を変更し、任叙の伝達を正院がおこなうという改革が、新旧法令の効力の関係形式に反映されない。以上のような場合には、『法令全書』の編者においての見極めが為されず、欄外は註記されずに空欄のままなのである。もっとも、⑥のように、二つの法令を特定化したうえで、それらを「相廃」することを明示したり、⑦のように、当該明治一〇年太政官第一九号布告が特定化する法令を「改正候条」と明言するものも存在した。

いずれにしても、法令の改廃についての一義的な明確な基準が存在しなかった。この背景には、当時の法制・立法執務作業において、新法令が必ずしも旧法令との規範的関連性(接続であれ断絶であれ)を精査されることなく、慌ただしく生成されていた状況を想定できよう。前述したが、⑧の法令の但書「但船税ニ関スル従前ノ布

表６　年別法令改廃件数表（〔消滅〕・消滅を含む）

〔消滅〕（効力態様・以下同）

公布年→ 〔消滅〕年↓	明治1	2	3	4	5	6	7	8	9	10	11	12	13	14	15	16	17	18	19	合計
明治1	29																			29
2	28	33																		61
3	5	36	25																	66
4	4	85	65	34																188
5	3	13	11	42	30															99
6	11	9	13	31	47	21														132
7	1	1	3	7	29	39	24													104
8		1		12	28	42	48	20												151
9	1	1	1	9	7	16	34	37	36											142
10				3	13	11	18	22	14	10										91
11					2	2	5	9	8	7	3									36
12				1	2	4	8	15	17	9	8	7								71
13			1		2	7	6	11	21	15	8	8	8							87
14					4	5	5	3	7	11	4	11	15	8						73
15		1			6	2	3	6	11	6	7	3	9	5	5					64
16					1	1	2	3	5	2	4	4	4	9	3	1				39
17					6		3	3	5	4		3	6	8	11	7	1			57
18			1	2	2			3	2	3	5	9	5	12	10	10	7	4		75
19			1	1	2		1	6	3	5		2	3	9	19	15	14	24	10	115
合計	82	180	121	142	181	150	157	138	129	72	39	47	50	51	48	33	22	28	10	1680

消滅

公布年→ 消滅年↓	明治1	2	3	4	5	6	7	8	9	10	11	12	13	14	15	16	17	18	19	合計
明治1	49																			49
2	64	77																		141
3	19	41	24																	84
4	9	45	85	39																178
5	10	21	37	42	50															160
6	9	10	18	37	111	116														301
7	3		1	14	36	132	64													250
8		2	9	5	35	100	133	75												359
9			5	3	25	65	58	82	40											278
10			2	3	9	24	37	64	52	40										231
11					9	8	19	49	46	33	18									182
12			1	1	4	17	27	30	32	30	33	14								189
13				1	7	54	41	50	54	57	44	58	37							403
14		1	1	1	3	13	14	44	41	33	34	30	35	25						275
15		1			2	11	17	19	19	15	24	19	16	13	5					161
16				1	6	9	8	19	19	17	23	35	23	17	24	8				209
17			1		6	16	28	26	33	19	12	18	16	25	24	33	19			276
18	2				6	5	1	13	10	15	2	12	27	47	29	27	65	20		281
19				2	7	15	18	20	48	49	42	36	51	69	88	70	118	4	13	650
合計	165	198	184	149	316	585	465	491	394	308	232	222	205	196	170	138	202	24	13	4657

改正

公布年→ 改正年↓	明治1	2	3	4	5	6	7	8	9	10	11	12	13	14	15	16	17	18	19	合計
明治1	21																			21
2	15	31																		46
3	9	26	29																	64
4	13	23	22	48																106
5	13	11	39	56	71															190
6	2	2	23	32	131	147														337
7		1	4	19	66	152	78													320
8		1	8	13	56	77	107	137												399
9	1	1	3	6	15	54	45	142	117											384
10		1	4	6	27	23	18	84	93	73										329
11		1		4	5	18	20	49	73	55	25									250
12			1	1	5	14	15	28	61	29	40	30								224
13			1	1	6	7	7	21	49	37	35	47	42							253
14			2	3	3	7	5	17	36	26	24	25	57	47						252
15				3	3	6	4	18	26	15	22	13	50	57	27					244
16					2	4	2	18	20	4	10	12	30	50	42	37				231
17				1	3	10	5	6	31	9	17	18	29	30	39	94	47			339
18		1		2		1	5	20	19	22	18	12	34	52	30	77	74	69		436
19				3	3	4	1	9	15	14	11	6	8	19	19	29	42	49	9	241
合計	74	99	136	198	396	524	312	549	540	284	202	163	250	255	157	237	163	118	9	4666

廃止

公布年→ 廃止年↓	明治1	2	3	4	5	6	7	8	9	10	11	12	13	14	15	16	17	18	19	合計
明治1	9																			9
2	2	6																		8
3	5	8	4																	17
4	5	6	9	8																28
5	3	7	11	5	13															39
6	1	2	5	9	16	10														43
7			1	3	7	23	5													39
8		2	3	9	15	21	18	12												80
9			1	6	10	7	17	9	3											53
10		1		3	11	11	9	12	9	26										82
11		2	2		8	26	6	10	6	4	1									65
12					1	7	5	3	7	6	1	4								34
13						1	2	10	9	8	4	7	2							43
14					1	2	2	9	9	10	4	5	20	4						66
15				4	5	6	2	4	4	8	5	9	3	13	2					65
16				1	1	2	2	9	13	2	8	6	6	4	11	1				66
17				1	9	7	6	9	10	4	7	6	7	12	11	5	1			95
18			1	1	2		3	5	9	2	3	6	6	13	16	13	13	2		95
19					3	2	4	10	10	10	7	1	6	10	12	18	25	10	4	132
合計	25	34	37	50	102	125	81	102	89	80	40	44	50	56	52	37	39	12	4	1059

告布達廃止ス」は、この意味で、新法令が関連する一切の既存法令の効力を失わせる旨宣言したのだが、何が当該新法令によって影響を受ける既存法令なのかの範囲は示されていない。こうした方法は、明治初年期の規則や制度を後年になって抜本的に改革する際に、旧法令を一掃する方法として用いられたのであろう[11]。

表6「年別法令改廃件数表」は、『日本法令索引〔明治前期編〕』に編集された全法令データを対象にして、作業上、特に「〔消滅〕」「消滅」「改正」「廃止」の効力態様が付与された件数をまとめたものである[12]。

同索引上「消滅」と付与したのは、『法令全書』に欄外註記されているものにほぼ限定されている。「廃止」もまた、『法令全書』の欄外註記にある場合に加えて、法令本文中に被廃止法令が明認できるものに限られている。「改正」については、欄外註記や法令本文にその事実が確認される場合に加えて、欄外註記に「消滅」とある場合でも、それが法令全体の一部のみに係る場合には「改正」と解釈したなど、より広く使用している。〔消滅〕とあるのは、欄外註記もなく、作業上、法令文から推定したものである〔「凡例」12.法令沿革、効力を参照のこと。http://dajokan.ndl.go.jp/SearchSys/documents/hanrei/hanrei.html#12enkaku）。

同表における「効力態様」が、上記のような作業上の定義に基づくものであることを前提にしても、やはり〈消滅〉と「消滅」の合算した数値が、他の「改正」「廃止」を上回ることは特記すべき事実である。なによりも、後二者については、法令文本体になんらかの明文上の根拠があることを前提にした態様付与であるのに対して、「消滅」は『法令全書』の編者が、〈消滅〉は法令索引作業者が、それぞれ解釈したものだからである。つまり、「改正」や「廃止」には、新たに法令を制定するに際し、立法担当者が明文を以て既存法令との関連性（連続性ないしは断絶性）を顧みる姿が見られる。だが消滅は、既存法令の効力の全部又はその一部が新法令と矛盾抵触するものの、それが改正か廃止かの立法担当者の意図を法令文上明瞭に確認し得ない時に、既存法令の効力は、事実上失われたと解釈するものである。消滅を打たれた法令の件数が相当数に上った事実は、新法令が既存法令の手直しや改正、あるいはその廃止といった手続きを踏まえずに、いわば場当たり的に策定されていったことを示している。これを先に引用した木下は次のように記している[13]。

古は一たび令を出して、復た変換せず。今は改正取消等陸続するを以て、強記の者に非ざれば、誤認を免れず。夫れ維新の政百事張興、善に遷り、新に進む、駸々止まず。則ち、令を下す日夜に之を改むるも、固より不可とせず。然ども、誤謬は繁砕に生じ、牴牾は密鑿に出づ。之を改正するも、旧套を補うに過ぎざる者有り。是を以て、人民之を名けて朝変暮改とし、未だ嘗て其の改良新進たる所以を知らず。

司法職務定制改正変遷樹形図

※以下の図は司法制度に関わる主な改革に限っている。
数字は、左から年・月・日の順。

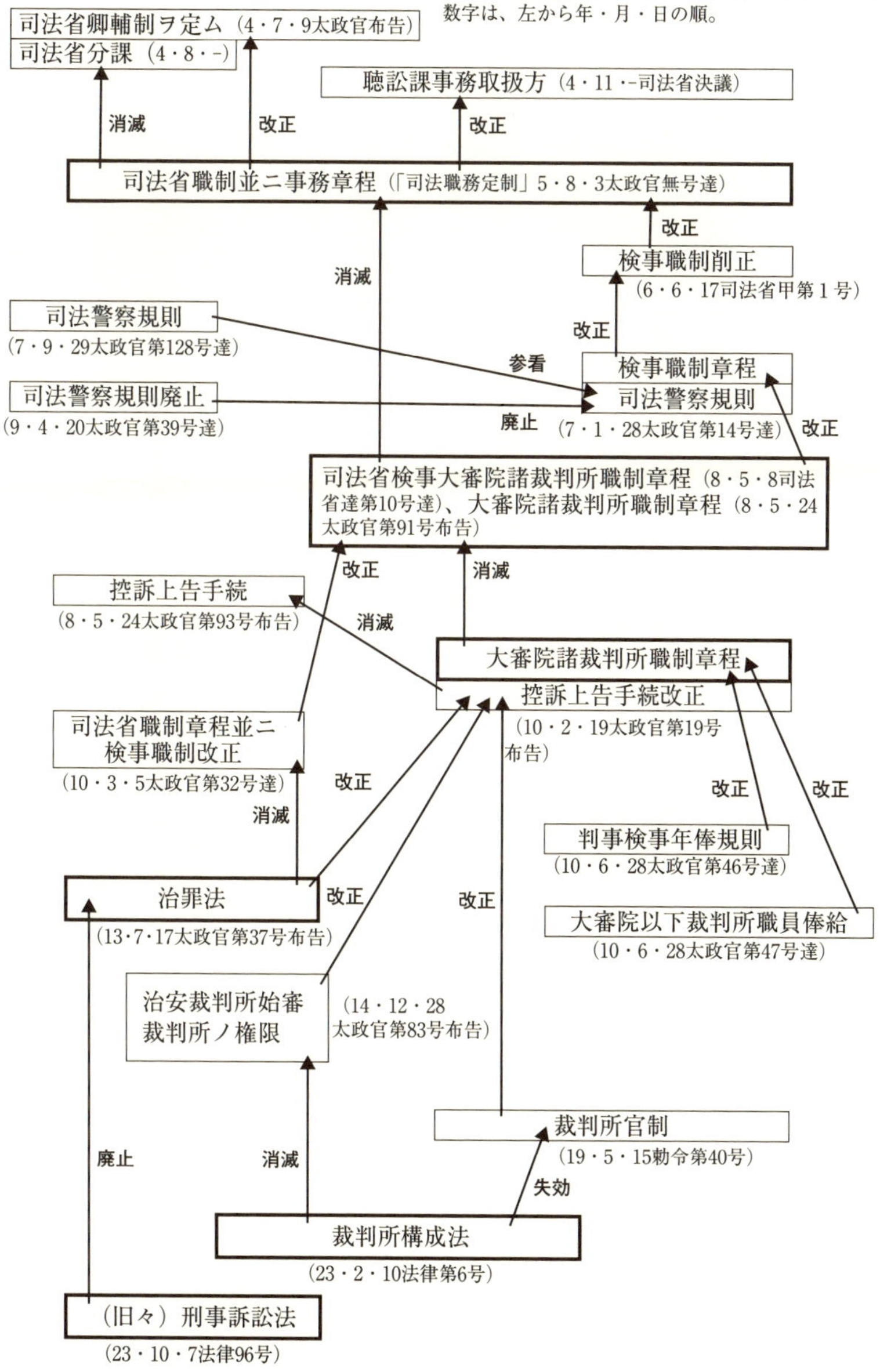
司法省卿輔制ヲ定ム（4・7・9太政官布告）
司法省分課（4・8・-）
聴訟課事務取扱方（4・11・-司法省決議）
消滅
改正
改正
司法省職制並ニ事務章程（「司法職務定制」5・8・3太政官無号達）
改正
検事職制削正
（6・6・17司法省甲第1号）
消滅
改正
司法警察規則
（7・9・29太政官第128号達）
参看
検事職制章程
司法警察規則
（7・1・28太政官第14号達）
司法警察規則廃止
（9・4・20太政官第39号達）
廃止
改正
司法省検事大審院諸裁判所職制章程（8・5・8司法省達第10号達）、大審院諸裁判所職制章程（8・5・24太政官第91号布告）
改正
消滅
控訴上告手続
（8・5・24太政官第93号布告）
消滅
大審院諸裁判所職制章程
控訴上告手続改正
（10・2・19太政官第19号布告）
司法省職制章程並ニ検事職制改正
（10・3・5太政官第32号達）
改正
消滅
改正
改正
判事検事年俸規則
（10・6・28太政官第46号達）
治罪法
（13・7・17太政官第37号布告）
改正
改正
大審院以下裁判所職員俸給
（10・6・28太政官第47号達）
治安裁判所始審裁判所ノ権限
（14・12・28太政官第83号布告）
裁判所官制
（19・5・15勅令第40号）
廃止
消滅
失効
裁判所構成法
（23・2・10法律第6号）
（旧々）刑事訴訟法
（23・10・7法律96号）

(二)　法令の変遷――司法制度の近代化

ここで、当時の法令の改廃について具体例を一つあげよう。図「司法職務定制改正変遷樹形図」を参照願いたい。本図は、『法令全書』に欄外註記される記事を追って関連づけられた諸法令を、時系列に沿って整理して並べたものである。本図の原基点は、明治五年八月三日に太政官無号達として出された「司法省職制並ニ事務章程（司法職務定制）」に置く。その名称が端的に示すように、同章程は、司法省整備の根本法ではあったが、それに止まらず、「司法権の独立がここにその最初の礎石をすえた」との歴史的意義があったと、現在評されている。(14)

そこで「司法職務定制」の内容を一瞥すれば、全体が二二章全一〇八箇条からなり、確かに、省務や本省分課など司法省の組織に関わる条項も少なくないが、第五章は判事職制、六章は検事職制、七章は検事章程と続き、第八章、九章では、府県の司法警察官吏と逮捕に関わる条項を備える。第一〇章では、証書人代書人代言人職制が置かれ、今日の公証人、代書人、それに弁護士の規定が置かれるのである。さらに第一一章から一八章までは、各審級の裁判所の構成について章程が設けられている。初代司法卿であった江藤新平が、御雇い外国人ジョルジュ・イレール・ブスケ（Georges Hilaire Bousquet 1846-1937）の助言を仰ぎながら創案したというこの「司法職務定制」は、「司法省」の組織に止まらない、まさしく我が国最初の「司法」の組織法であった。

本図は、そうした「司法職務定制」の包蔵する様々な近代的な司法制度を構成する要素が、司法上の異なる機能を果たす制度として分化されてゆく様相を示している。(15)

たとえば、明治七年一月二八日太政官第一四号達は、「司法職務定制」の検事や司法警察についての部分の改正法令であり、この法令のうち司法警察の部分のみが同年九月の太政官第一二八号達によって改正され、後に九年四月の太政官第三九号達によって廃止されてゆく。

その一方で検事の部分は、大審院の設置に伴い出された明治八年五月八日の司法省第一〇号達によって改正され、これに吸収され、以後、検事の職制は司法省の職制に連動する（明治一〇年三月五日太政官第三二号達）。なお「司法職務定制」は、この明治八年五月の司法省第一〇号達によって「消滅」したとするのが、『法令全書』の編者の理解である。同月二四日に太政官は、右司法省達の司法省職制部分を除いた大審院諸裁判所に関わる部分のみを全国一般宛に「布告」したのである（第九一号布告）。さらに大審院の設置による、大審院―上等裁判所―府県裁判所といった裁判所の審級制を前提にした、控訴上告の手続きも導入される。また明治一三年には治罪法が制定され、刑事訴訟関係の一般法典が初めて公布される。それに明治一〇年の太政官第一九号布告により改革された大審院諸裁判所職制章程と控訴上告手続も、同一九年の裁判所官制によって改正を受け、同法令もまた明治二三年の裁判所構成法によって失効する。同法の精神の下に制定された（旧々）刑事訴訟法（明治二三年法律九六号）により、治罪法は廃止される。

本図は、司法制度の基本的な事項に関わる法令のみを取り出して作成した。法令の効力の消長をいわば単純に跡づけることで、明治前期の司法制度の系統的な流れを再現することが可能となる。法令効力の相互関連性の再構成は、まさしく法の近代化政策の内容をも写し取っているのである。

（1）（2）　木下真広著、宮地正人校注『維新旧幕比較論』（岩波文庫）（岩波書店、一九九三年）、一七〇頁。

（3）　明治六年六月一三日に、府県宛に出された太政官第二〇四号布告があった。これは、法令がたとえ大部な「巻冊」となっても、同年二月二四日の太政官第六八号布告の定めた「人民熟知」のために三〇日間便宜の地にて「掲示」せよとの趣旨の励行を厳しく促したものであった。木下は人民に熟知させることがうまくいっていないことを指摘しているのである。なお本章では、法令の公示・公知のシステムについては詳論できないが、これについての最新の研究は、上述の二の註（22）にて掲げた岡田論文を参照されたい。

（4）堀内前掲「布告・達の謬った番号標記について」が詳細な考察を重ねている。

（5）この番号は、法令番号が定められた明治五年一月八日の太政官（正院）達以前の法令、すなわち法令番号なき法令を『法令全書』上に採録する際に、その編者が付した整理番号である。法令にもともと付いていた番号ではない。『法令全書』「凡例」には、「明治五年以前諸法令ニ番号ナキ間ハ仮ニ符号ヲ施シ索閲」の便宜とする旨が記される。本章では、【　】で示すことにする。

（6）長谷川前掲書、六九—七一頁。特に「全部改正」や「廃止制定」などの区別については、河野久『立法技術入門講座三　法令の改め方』（ぎょうせい、一九八八年）、一五九—一六四頁を参照のこと。

（7）長谷川前掲書、六九—七〇頁、吉田利宏『法律を読む技術・学ぶ技術』（ダイヤモンド社、二〇〇四年）、三六—四二頁。特に後者の三九頁には、「附則」に改正の「歴史」が記されることが解説される。

（8）長谷川前掲書、六九頁。

（9）手塚豊「明治六年太政官布告第六十五号の効力」『明治刑法史の研究（上）』（慶應通信、一九八四年）、一三三頁には、当時は「溶け込み方式」とは異なる法運用が為されていたことが述べられ、新律綱領と太政官布告を、それぞれ改正法と被改正法との関係に置き、「綱領の一部改正法たる太政官布告は、形式的にも内容的にも独立性を保持するものであった」と記される。

（10）おそらく、明治五年四月四日に信濃川掘割入費取立反対を理由として柏崎県庁へ強訴した農民騒擾を指すのであろう。土屋喬雄・小野道雄編著『明治初年農民騒擾録』（南北書院、一九三一年）、二一五—二二〇頁、青木虹二「明治農民騒擾年表」『明治農民騒擾の年次的研究』（新生社、一九六七年）、三六頁。

（11）被改正法令の側から見て、その後の法令としての消長が分からないが、官制の改革などにより明らかに効力が失われていると思われるものについては、『法令全書』の編者は「制度変革ニ依リ消滅」と欄外註記を施すこともあった。

(12)　同索引には、この他「施行停止」「取消」「正誤」といった効力態様が付せられることになっている。また、他の法令との間で、こうした改正や廃止などの関係性が見いだせない、いわゆる「単体」のままの法令も数多く存在する。その一方で、同一の法令が幾度にも亘って改正を受ける場合には、その度ごとに一件として数えている。同表の数値は、そうした条件下で得られたものである。

(13)　木下前掲書、一七〇―一七一頁。

(14)　福島正夫「司法職務定制の制定とその意義――江藤新平とブスケの功業――」『福島正夫著作集第一巻　日本近代法史』（勁草書房、一九九三年）、八三頁、霞信彦「近代司法制度の源流をたずねて㈨―㈩実像の『司法職務定制』」（『ＮＢＬ』第七六八―七七五号、二〇〇三年）。

(15)　染野義信『近代的転換における裁判制度』（勁草書房、一九八八年）。また近時では、浅古弘「基礎法・特別講義一一　日本法制史――裁判の歴史一―三」（『法学教室』二八〇―二八二号、二〇〇四年）に要領を得た解説が見られる。

結

法令の形式は、単にその内容を表示する機能を負うばかりではない。明治前期、太政官期の法令は、常に流動的で、改編のただ中にあった国家機構を背景に生成され発せられていた。その形式もまた当然に、発令する国家機関の集権化やその権限の配分・階層化による制度的ゆらぎの過程を照射するものであった。

布告・布達・達といった当時の法令の基本的な種別に限っても、以上で論じてきたように、その区分が明確に自覚化され制度化されたのは、やはり元老院創設以降の明治国家の立憲制構想における立法府の位置付けをめぐる権限問題を契機としてではなかったであろうか。議会の審議を経て成立する国家法規範を法律と名付けても、太政官制下の元老院は、その議会相当の機関とはなり得なかった。布告の重要な内容は、法律事項であると定義しても（表1・実質的定義）、その制定の主体性は、常に太政官側にあったのである。その意味で、「公文式」は、その後の「法律命令」といった区分を導入したとはいえ、大日本帝国憲法施行までの過渡期にあっては、その「法律」とは実質的な内容を意味する「法律事項」的なものであり、行政—立法の両権の分立を前提とした、制定機関の別に基づく形式的な法令種別の定義（表1・形式的定義）とはなり得なかったのである。

しかし、太政官制下の諸機関に亘る法令発出権限の輻輳性は、その一方で、法制執務上の合理化をもたらした。政策を具体的な法規・法文として示す立法技術のみならず、公示・公知を旨とする法規範を膨大な数発出し伝達する煩瑣な文書業務を、より能率化し軽減化する工夫は、法令の種別の分化を実務の必要上から促した面を否定できない。穂積陳重は次のように述べる(1)。

明治五年までは、諸法令に番号を付する事が無かったが、同年正月より各法令に番号を付すること〻なった。此の如く、各法令に番号を付し、各条規に其数号を標示するは、法規の索閲、引用に便利を与へるものであるから、法の認識可能性を増すことの大なるは言ふまでも無いことである。

法の認識可能性の増大にこそ、法律の進化の証があるとする穂積陳重の議論における法の認識とは、立法技術や法制執務面での合理化の要請[2]が一般国民にとっては法を知り得る可能性の拡大とも結びつくという、日本法の近代史における新しい画期を拓くものであった[3]。

明治前期の慌ただしい制度改革や政策の変動期にあった法令の世界は、まさに新旧法令の規範内容の重畳や錯綜が、立法や解釈運用の面においても、頻繁に繰り返された。ここにこそ、布告・布達・達の運用や解釈にあたって諸機関の疑義が呈される伺や請訓などの問い合わせや、それに対する指令や内訓といった回答など[4]、本来は個別の具体的事例に即した当該機関内的な判断もまた、当時は広義の「法令」として代表的な法令集に採録される所以があったと思われる。たびたび引用してきた木下はこれを裏付けて次のように述べていた[5]。

或人曰く、法令は改良せざる可らず。民心は安定せしめざる可らず。今諸の官令中、人民必ず遵守すべきものを抜き、之を一編の書とし、各府県に頒ち、各区毎に一部を備え、改正取消等あれば必ず原版を改削し、半歳或は一歳にして之を更頒し、至急切迫の事に非るよりは、必しも一々人民に布達せず。之を其書に記載し、以て人民の見るべきに備う。此の如くせば、布達の繁稍々省き、人民の心志稍々一定し、朝変暮改の疑を氷解し、朝意深く貫徹するに至らん。

これは、「官報」が刊行される以前の言葉である。そこには後に『法令全書』や『法規分類大全』に具体的に結実してゆく法令集編纂の必要を熱心に説く太政官官吏の姿がある。そして国民による法令の認識の便宜を図るというこの思想は、このたびの『日本法令索引〔明治前期編〕』編纂の根底にも流れ受け継がれているものなのである。

（1）　穂積陳重『法律進化論　第二冊（第三版）』（岩波書店、一九二五年）、三三二頁。

（2）　太政官に属しながら内閣の命によって「法律規則ノ草定審査ニ参預スル」参事院が、太政官法制局に代わって設置されたのは、明治一四年一〇月二一日であった（同日の太政官第八九号達）。「法の継続性・整合性を維持する」（西川誠「参事院の創設――明治一四年政変後の太政官における公文書処理」『書陵部紀要』第四八号、一九九六年、五九頁）参事院は、政策を立法化する技術面において、まさしく法制官僚の活躍する場でもあった（山室信一「井上毅と法による支配の系譜」同『近代日本の知と政治』木鐸社、一九八五年）。本章では詳述しないが、法制執務の制度化・合理化をめぐって法制局（法制部）や参事院の果たした役割には大きなものがあったに違いない（参照、笠原英彦「内閣法制局前史小考――法制官僚と行政立法」『法学研究』第七一巻第一号、一九九八年、一七七―一九九頁）。参事院については、山中永之佑『日本近代国家の形成と官僚制』（弘文堂、一九七四年）、野崎昭雄「参事院の設置」（『東海大学紀要文学部』第二一輯、一九七四年七月）、中野目徹「参事院文書の構造と機能」前掲『近代史料学の射程』、四七―八四頁などを参照されたい。

（3）　今日の立法においても、法案審査における法制執務そのものの軽視が成立した法律に多くの過誤を生じさせることがある。国民を名宛とした正確な立法作業の要請は、現在においても変わらないのである（浅野善治「立法の過誤――その背後にあるもの」『ジュリスト』第一二七五号、二〇〇四年、二―五頁）。また異なる視点ではあるが、同様に、松尾浩也・塩野宏編『立法の平易化』（信山社、一九九七年）も、今日の法令に与える明治太政官期の時代的影響を随所に論じている。参照されたい。

（4）　堀内節『身分法第一分冊』（東洋書館、一九五〇年）、三二頁には、特に指令において示された判断を当該官庁の有権的解釈であったとし、伺・指令等を「布告達の立法趣旨及び解釈についての根本資料」であると重要視している。さらに山主政章『日本社会と家族法』（日本評論新社、一九五八年）、一一四頁には、「われわれの立場からすれば指令（あるいはその集積）自体が法であるかないかを決定しようという方法は正しくない。法は法規では勿論なく、またそれは法源とも厳格に区別されなければならないのであって、具体的争訟解決の規範としてなにが動いていたかが重要であるからである」と述べている。こうした先学の意見は、明治前期を対象とした法の動態的な研究にとって、今日的な枠組みを超えて法を広く把握しなくてはならないことを教えている。

より裁判規範に即した局面での伺・指令研究については、霞信彦『明治初期刑事法の基礎的研究』（慶應義塾大学法学研究会、一九九〇年）や、同「明治初期における刑事裁判について――伺・指令裁判体制を中心に」（『法学研究』第七六巻第七号、二〇〇三年）、また、本書第二章「訓令を仰ぐ大審院」では、明治一〇年代初頭の大審院の法判断形成に果たした司法省からの訓令などの役割について実証している。

（5）木下前掲書、一七一―一七二頁。

追記

本章にて図表を作成するにあたってのデータは、国立国会図書館議会官庁資料課立法情報係の提供によるものであるが、データの加工、作表及びその解釈については、筆者によるものである。

第二章

訓令を仰ぐ大審院

序

戦前の最高法衙である大審院が、我が国の近代史上その姿を現したのは明治八年のことである。「審判ノ権ヲ鞏ク[1]」し「法憲ノ統一ヲ主持[2]」することを目的とした同院は、元老院と共に漸次的に立憲政体を指向する明治国家の新たなる統治構想を離陸させるための翅翼であった。[3] しかし大審院はその設立の当初から、例えば「司法権独立は結構であるが、司法省より独立するのは不可である[4]」との跋行した司法権独立論の下に置かれ[5][6]、その制限された「独立」は克服され得ないアポリアとして、以後の司法史上に様々な陰影を投げかけることになった。[7] 本章は、その大審院のごく初期の歩みを窺い知ることを第一の目的としている。[8]

だがしかし、近代日本社会の揺籃期とその展開期にあって、前述のような出発点をしるした大審院が歴史上果たし得た役割を評価するには、司法的権威が最高法衙としての大審院によって象徴され行使されるべきであるという、いわば「司法権」の所在をめぐる権利問題と、諸判決例の中に解釈の統一性を実際に確保してゆくという司法機能（裁判実務）上の事実問題とが、微妙な緊張関係に置かれていたことに注意を向けなくてはなるまい。両者は決して一方が他方に包摂され尽くすことの出来ない領域の問題であった。本章では、この点を考えるについての興味深い一素材として、明治一二年当時の刑事法運用に際し、大審院が法条の解釈・適用について司法省の判断を仰いだ請訓・内訓類を紹介する。司法省——いわば「司法権外」の「行政」機関——からのコントロールが、実際に判決が形成されてゆく過程で、どの程度にまたどの範囲に亘って及んでいたのかを検討することを通じて、「最高」とされる法衙に「期待」された機能と、それが同年時に「実際に果たし得た」権能との懸隔を吟味してみることにしたい[9]。

（1）　明治八年四月一四日太政官第五八号布告参照。
（2）「大審院章程」（明治八年五月二四日太政官第九一号布告、同一〇年二月一九日太政官第一九号布告により改正）、第一条。
（3）「正院職制」（明治八年四月一四日太政官達）では、左右大臣を以て元老大審二院の長官を兼任させることが定められる。つまり「大審院ハ元老院ト並立チ諸省ノ上ニ位」（明治八年七月二日付の司法卿大木から三條太政大臣宛「大審院位置ノ儀ニ付伺」）するが、むろんこれは構想の域を出ず、大審院については「一等判事」がその職責に任じた。なお、その経過については、尾佐竹猛「司法権の独立と大審院の創設」（『法曹会雑誌』第一五巻第一〇号）、一一三頁以下参照、また三阪佳弘「明治九・一〇年の裁判所機構改革」（『法制史研究』第三八号、一九八九年）、六二頁以下、特に八〇頁註19には要領を得た説明が見られる。
　また元老院については、角田茂「太政官制・内閣制下の元老院――職制と勅任官人事を中心に――」明治維新史学会編『明治維新の政治と権力』（吉川弘文館、一九九二年）、同「元老院の成立」（『中央史学』第九号、一九八六年）、藤田正「元老院の権限問題」杉山晴康編『裁判と法の歴史的展開』（敬文堂、一九九二年）、などを挙げておきたい。
（4）　三谷太一郎『近代日本の司法権と政党』（塙書房、一九八〇年）を参照のこと。
（5）　詳しくは、尾佐竹前掲論文、一一六頁。
（6）　菊山正明「明治八年の司法改革」（『早稲田法学』第六六巻第一号、一九九〇年）、三九頁以下。
（7）　三谷前掲書参照のこと。
（8）　なお、現時の明治期司法史研究については、菊山正明「明治初期司法制度史研究の現状」杉山晴康編『裁判と法の歴史的展開』（敬文堂、一九九二年）が、その概観を与えてくれる。
（9）　本文にて提示した課題につき、本章ではまず刑事法領域を手初めに取り上げる。同領域は、明治の極く初期の段階からいちはやく基幹法典の整備とその運用についての制度化が進められており、既定の成文法に「解釈」を施しそれを「適用」するという技術的な操作を、同時代的背景の下に、それとして考察の対象に定めるに優れていると考えるからである。この点で、水林彪「新律綱領・改定律例の世界」(『日本近代思想大系第七巻　法と秩序』岩波書店、一九九二年所収)は、同時期の刑事実体法的側面からの体系的把握をする際に示唆に富む論稿である。なお、以下で掲げる史料は、旧字や異体字などはできる限り新字や常用漢字に改め、変体仮名や合字などは通常の仮名使いに直して引用を施した。また原本の体裁はできる限り尊重するように努めたが、印刷などの種々の制約から、復刻には略号などを用いている。その用法については個々の引用毎に註記してお断りしている。

一　司法省と大審院――「指令」業務と審級制

今日、明治初期の刑事司法システムを「伺・指令裁判」の名の下に理解し、その綿密な史料的再構成が進められている。[1] それは、新律綱領や改定律例の擬律について生じた疑義をめぐり、地方官や各裁判所から司法省(明法寮)[2]に対し、そのつど伺が立てられ指令を仰ぐという実務上の手続きである。そしてそこで下される司法省(明法寮)[3]の判断は、有権的解釈として個々の裁判官の解釈権限を実質的に拘束した。ところが、大審院が創設されるに伴ってこの明法寮が廃止され、従来の伺・指令業務が司法本省に継承される一方で、[4]新設された大審院[5]以下の裁判所の審級制が整うことにより、法判断の最終的な権限の所在をめぐる微妙な問題が浮上してきたのである。その経緯を略述すれば次のようになろう。

司法省は、大審院や諸裁判所及び司法省などの職制章程を定めた明治八年五月一〇日太政官達（第九一号布告）を受けるや同官に伺を立て、当分大審院や各裁判所が右「章程」通りには「調理不相成」と思われるから、司法省がこれまで取り扱って来た「事件半途ノ分ハ司法卿ノ見込ヲ以従前ノ通リ取計」う旨確認を取り付ける。(6) ところで、右達は、大審院に「死罪ノ案ヲ審閲」させ（同院職制　判事　第二）、上等裁判所に「終身懲役罪案ヲ審批」させる権限を与えたものの（同裁判所章程　第四条）、もとよりこれらは、従来は司法省へ伺い出てその処断を求めなければならない事項に属していた。(7) そこで司法省は、同年六月三〇日の日付を持つ太政大臣宛の伺で、以上の二件につき、「審判二途ニ出候姿ニ相成」ることを避けるため、新章程以降の分は各裁判所にておこなわれるものとし、従来からの手続きで受理している伺分についてはそのまま同省にて継続して処理し、関係各部署に改めて「還付」するまでもないとの見込を立て、太政官からの承認を導いた。(8) ところが「懲役十年以下ノ者」については、新章程の前後を問わず、「伺出候分ハ……書類悉皆還付」することに定められた（八月二日付太政官指令）。(9) つまり、上述の事前に司法省の「審批」を仰がなくてはならなかった罪案ではなく、通常の事案に発する伺(10)については、「第百三号御布告第一条ニ拠リ諸裁判所諸府県ニ於テ夫々処分出来」るとの前提から通常の司法判断に委ねられることとなり、司法省の職掌外に置かれることになったのである。

ここで右の「第百三号御布告」とは、明治八年六月八日の「裁判事務心得」(11) であり、なるほどその第一条には、

各裁判所ハ民事刑事共法律ニ従ヒ遅滞ナク裁判スヘシ疑難アルヲ以テ裁判ヲ中止シテ上等ナル裁判所ニ伺出ルコトヲ得ス但シ刑事死罪終身懲役ハ此例ニアラス

とある。この但書には、前述した大審院と上等裁判所の新たなる「審批・審案」事項が触れられているが、その主旨はもはや司法省の権限外のこととされたことを踏まえたものである。しかし同条はより踏み込んで、「従来の指令裁判の排除を明確にしたもの[12]」とまで解され得るであろうか。「遅滞ナク」裁判を進めるにあたって、たとえ「疑難」が生じても「上級ナル裁判所」には伺い出ることが許されなくなったことは伝えられるとはいえ、字義通りに解せば、司法省がここに当然に含意されるとまで見ることにはいささかの抵抗感が生ずる。

実際、司法省は、大審院章程第九条（本文後述）の定めるところをめぐり同八年八月一〇日に太政官宛に伺を立て、その中で、「……従来律上疑義若クハ律無正条モノ并諸規則等諸向ヨリ当省へ伺出候如キハ勿論大審院ニ於テ弁明スヘキ者ニ無之候ヘハ向来何レヘ伺出何レヨリ指令可相成筋ニ候哉尤右等ハ是迄ノ通一切於当省取計可然哉ニ存候ヘ共章程上明文モ無之儀ニ付一応此段相伺候間至急何分ノ御指揮有之度候也……」とも述べていた。つまり、たとえ明文の根拠がなくとも[13]、旧来からの指令業務の存続は司法省において明瞭に確信されていたことがわかる。右章程第九条とは「法律疑条アレハ大審院之ヲ弁明ス」とあって、いわば最上級の法律審たる大審院の下した判断の理由を他の裁判所に対し明示する義務を同院に課したに過ぎなかった[14]。だが「法律の疑条を弁明する」との表現が、未だ不分明な既得権限の行方に強い関心を抱いていた司法省に不安を与えたのは確かであろう。同月一八日付の太政官指令、「是迄ノ通於其省可取計事」を受けて各裁判所府県宛に発せられた九月九日の有名な司法省第二四号達には、

大審院章程第九条ノ儀ハ上告ヲ受ケタル上之レヲ破棄シ法律ノ疑条ヲ弁明シテ他ノ裁判所ヘ示スコトヲ言フモノニシ

テ法律ノ伺ヲ解明スルトハ全ク別ナリトス依テ法律ノ条件ニ付テ解シ難キ儀有之ニ於テハ当省ヘ可伺出候条此旨相達候事（傍点筆者）

との、従来からの伺・指令業務が変わることなく継続されることが——前述の八月二日太政官指令を尻目に——高らかに宣言されたのである[15]。そして各裁判所及び府県がこの司法省の指令や内訓を仰ぐという体制内において、実は大審院も例外ではなかったことは次節に見る通りである。したがって右の司法省達は、法の解釈適用についての統一性を、事前統制的に確保するか、事後的な是正手続きによって実現するかの相違を見事に描き出している。国権の発現態様からすれば前者はまさに行政的作用であるし、後者はいわゆる司法的作用であるといえよう[16]。つまり、ここに、二つの異なる方向からの統制が截然と区別されずに混在する状況が呈されることになったのである[17]。そして明治一〇年一月一二日に定められた「司法省局課分掌」によれば、「凡ソ各所ノ申請刑事ニ関スル事件卿ノ命ヲ受ケ其案ヲ創ス」機関としての議法局刑法課についての明文が現れる。この刑法課こそが、次節以下に取り上げる、明治一二年時とその前後の時期における、大審院やその他の機関からの質疑を受理しそれに返答を送致していた司法省内の部局であると考えられるのである。

このようにして、司法省と大審院との間での機構上の上下関係が[18]、法判断の統一性の形成にあたっていかなる影響を及ぼすかという問題が立ち現れて来ることになった。本章で取り上げ検討を加える資料は、まさにこうした関係にある大審院と司法省との間で照復され交信された跡を記したものなのである。

ここで司法省の明治八年八月二日時の理解と同月一〇日の理解との間には、何らかの齟齬が生じたと見るべきなのであろうか。私は次のように解している。まず第一〇三号布告第一条は、「疑難」が解釈を進めるうえで生じた際に、上級の「裁判所」に伺うこれまでの手続きを禁止したものであろう。すなわち、上訴上告手続きが定められたことにより、事前にではなく事後に、つまり上訴によって、個々の裁判官の為した法判断・判決を是正する途が開かれたからである。となると、理論的には、従前の司法省（明法寮）への伺が明文の上でも常態化されていた時には、おのずと上級の裁判所に「疑難」を伺うルートと、司法省に伺い出るルートの二つがあったはずである（実際、同年九月二四日の埼玉裁判所伺には、「従前区裁判所ヨリ民事刑事裁判ノ疑議《ママ》ヲ生シ伺出ル時ハ相当指揮及ヒ来リ候ヘ共……」と見える）。つまり、実定的に前者の途がここで閉ざされたとしても後者の門は依然開かれたままと推測し得る余地は十分にある。このように仮定すれば、前出の八月二日の太政官指令を求め司法省から伺が出された六月三〇日の時点では、第一〇三号布告により司法省が、彼らのコントロールから手放し得る案件のみを念頭に置き、各裁判所宛に「還付」するとの判断が抱かれたとも考えられる。実際に司法省は同年一二月二八日の磐井県伺に対し、民事ではあるが、先の第二四号達を根拠に、「法律の条件について解し難」いものではないとして「指令」を控える姿勢を示している例があった。さらに司法省は、「……第百三号公布中疑難ノ二字ハ律例正条アレトモ罪状疑シク判然タレトモ正条ニ的セス情法ニ於テ疑難ニ渉ル者ヲ云フ……」（同八年一一月一五日秋田県伺に対する同九年一月二五日指令）との説明を付し、「疑難」の一応の規準を示した。つまりこの「疑難」として分類される限り、以後個々の「裁判官ノ見込」の範囲にて解決（釈）・処理されるべきものとなったのである。したがって「疑難」の射程が定まることが、上訴の過程で是正が加えられる条件を構成したが、それはまた、これまで通り司法省で取り扱われるべき「律無正条」で「法律ノ条件ニ付テ解シ難キ」場合との境界を設定することになった。このことからも、「疑難」とは、依然として存続する司法省への伺手続きを前にしての、審級的司法システムの当時における限界面を画す概念であったと考えられよう。

ところで本章の対象時期である明治一二年時には、上述の司法省と大審院を含む各裁判所との関係に、見逃せないひとつの転機が訪れる。それは、上述の司法省による統制機構の大枠を組み替えるというものではなかったが、少なくとも質疑応答のシステムを、その目的や効果の面から、より詳細に規定するものであった。「内訓条例」（同一二年二月二四日司法省達）がそれである。同条例については第三章で触れるのでここでは詳論を避けるが[19]、その主旨は（［　］内、原文二行割註、以下同）、

凡内訓条例ハ司法卿ト各裁判所［裁判官検事］トノ間ニ於テ用ユル所ノ内規ニシテ専ラ情実疎通事理伸暢ノ為メニ設ルモノナリ故ニ此条例ニ従フモノハ尋常伺指令ノ効力アラサルモノトス

とする同条例第一条に端的に現れ出ているといえよう。これに加え同条但書には、「伺指令ハ各其職務ノ権限ニヨリ発令」されるものに対し、内訓は「職権ニ不拘唯其注意ヲ要スル為ニ発スルモノ」であるから、「必シモ準拠セサルヘカラサルノ効力アラストス」と記されている。まさにこれまで通りの伺指令型の照復手続きの存続を追認しながらも、それとは別個の新たなる両機関相互の連絡関係が構築されたのである。そこでこの点につき次の文書を見られたい。

今般第三百五号ノ通長官ヨリ御書通（従前其院ニ於テ法律上疑義等有之候節ハ本省へ伺出相成本省ヨリ及指令来候処抑大審院ハ法憲ヲ統一スル所ニシテ特リ大審院ノ明弁ノミ法律ノ註脚トモ可謂モノナルニヨリ法律上ノ準拠ハ大審院ノ外他アルヘカラサル訳ニ候ヘハ向後右等ノ儀本省ヨリハ指令ニ不及候尤立院以来未夕歳月ヲ不積法律尚極メテ欠漏ノト

キニ際シ候ヘハ事実或ハ法律上タリトモ疑点不安ノ場有之節一応問疑ニ被及候ハ可然ニ付右等ノ節ハ其長又ハ主副各々ニテモ便宜ニ問疑書〔伺出ノ文体ニアラス〕ノ文体ニ相認差出可有之此段予テ申入置候成候ニ就テハ別紙御伺書〔他人所有ノ樹木ヲ盗伐云々〕之儀モ其儘可及御返却ノ処別書ノ通御指令ノ御決議相成候儀モ有之候間該件ハ右御決議ノ通御取扱相成可然候ヘ共御指令書類ノ儀ハ御一覧済御返却有之度此段及御通牒候也

明治十二年二月一日　渡辺大書記官[20]

大審院長

玉乃判事殿

これは後述する『申明類纂』(甲)に収められた文書である。[21] ここで右文中に引用される明治一二年一月二八日付の「長官」(司法卿であろう)からの「書通」に注目したい。[22] 興味深い点は、「特リ大審院ノ明弁ノミ法律ノ註脚トモ可謂モノ」であるとの、同院「本来」の権能が改めて(?)想起されていることであろう。そしてこの大審院が本来果すべき役割を確認した上で、従来の伺・指令に比しその手続き、運用方及び効力の点でより「便宜」性に富んだ——「長又ハ主副各々」が発信主体となる「伺出ノ文体」ではない——書式が新たに考案されていることである。こうした「書通」の趣旨は、その日付からほどなくして制定される前述の内訓条例を以て明瞭に具体化したのであった。[23]

それにしても右引用に見る、司法省による「立院以来未タ歳月ヲ不積法律尚極欠漏ノ時ニ際」しているとの状況認識は、先学により既に指摘されているように、司法卿の裁判監督権限が明治一〇年前後に強化されるにつき、[24] そのテコとなった理由に一脈通じるものがある。ここで詳しく論じることはしないが、すなわち、司法省(卿)

の裁判への干渉が許される余地は、ひとえに各地方における裁判事務方の人的物的両面での未整備状況及びそれが誘因となって生ずる民衆の裁判不信を回避するという「名目」にあるといわれている。[25]したがって、前掲の状況認識もまさにその立院以来絶えることなく踏襲されてきた。大審院からの「疑点不安ノ場有之節」、司法省（卿）がこれに応答指令するという図式を支えるものとなっている。しかしたとえそれが表面的なものであったとしても、司法省と大審院を繋ぐパイプが上述のような形で複線化したことによって、[26]法の適用における、大審院、ひいては各裁判所の自律的な判断領域が僅かながらでも開かれたであろうことは全くの憶測とはいえまい。[27]例えば「必シモ準拠セサルヘカラサルノ効力アラス」とされる内訓は、それ以前から踏襲される、司法省がその有権的拘束力を以て臨む指令による判断とは異なり、あくまでも「事理伸暢」を旨とした「反復数回」に及ぶやりとりをも予定していたことを銘記するべきである。[28]実際、大審院による訓令の請求と一口に言っても、中には幾度にも亘る司法省との駆け引きを演じながら、法条の含意を徐々に、しかし着実に明確化することに腐心し工夫を凝らす同院判事の姿勢を看取できるものもある。さらに後掲の例に示すように、大審院が司法省の判断をとらえ、自己の見解との相違点を鋭く指摘するものもあった。したがって、大審院判事の擬律操作は、決して司法省の指令による統制下に一元的に埋没していたとまでは断言できないのである。むしろ機構的な一定の緊張関係を孕みながら種々の連絡経路によって結ばれた両者間は、少なくとも具体的な法条の「解釈」の次元においては、判事達の思考が様々にめぐらされる余地は与えられていたと考えられるのである。この点につき、次節以下において検討を加え論じてゆくことにしたい。

（1）　霞信彦『明治初期刑事法の基礎的研究』（慶應義塾大学法学研究会、一九九〇年）、序文参照。なお、霞氏はこの用語を以て、「明治初期のほんのわずかな期間ではあるが、司法省に直属する明法寮（明治四年九月二七日設置、同八年五月四日廃寮）を中心として採られた刑事に係わる裁判体制」と理解される。霞信彦「問刑条例をめぐる若干の考察――法務図書館所蔵『問刑条例』および『各裁判所伺留』を素材として――」（『びぶろす』第四一巻第七号、一九九〇年）、二頁。

（2）　以下それぞれ綱領、律例と略して用いる。

（3）　かかる明法寮とその指令業務についての精緻な研究は、霞前掲書がその水準を示している。その先駆的な研究としては、沼正也「司法省指令の形成をめぐる明法寮の役割」及び「明法寮についての再論」『財産法の原理と家族法の原理（新版）』（三和書房、一九八〇年）、所収。

（4）　「司法省章程」（明治八年五月二四日太政官第九一号布告）第一には、「各裁判所又ハ各裁判官ニ指令スル事」と見え、同寮と司法省内の刑法課（「司法省総則」・明治八年八月三〇日司法省番外達では第三局）との事務継承関係を示唆するのが、沼前掲「明法寮についての再論」『財産法の原理と家族法の原理（新版）』、七三七頁。なお、右布告は、一〇年三月五日太政官第三二号達によって改正されるが、「章程」の同箇所には変更はない。しかし、後者の司法省番外達は右太政官達により廃止される。

（5）　創設当時の大審院判事は、玉乃世履（二等判事）、楠田英世（三等判事）、青木信寅（四等判事）、伊丹重賢（四等判事）、水本成美（四等判事）、鷲津宣光（五等判事）、平賀義質（五等判事）、荒木博臣（七等判事）、小倉衛門介（七等判事）の九人から成っていたという（荒木桜州「創始時代の大審院」『法律新聞』第二〇四二号・一九二二年、向井健後註（14）所掲論文、一〇二頁）。この中で明法寮出身の者は、楠田（寮員当時・以下同、同寮頭）、水本（同寮大法官）、鷲津（同寮権大法官）、平賀（同前）、そして荒木（同寮中法官）の五人を数える（『官員録』明治八年二月二五日改）。つまり、かつての明法寮にて勤務していた者が過半を占めるところを見ても、大審院との人的な連続性が図られていることが分かる。なお、本書第四章「不応為条廃止論考」一の註（10）（13）参照。

付言すれば、この明法寮の廃止後、明治八年九月一五日より司法省内に設置された刑法草案取調掛（当初一一人により構成）の顔触れの中にも、かつての寮員が多数選ばれている（八人）。我が国初の近代西欧型法典の編纂を目的とした同掛に、当時の現行法たる律刑法の運用に優れた者が起用されている事実は、西欧法との折衷を旨とした編纂作業を考えれば興味深いことである。拙稿「旧刑法編纂過程――司法省段階――におけるボアソナァド主宰の端緒」（『慶應義塾大学大学院法学研究科論文集』第二六号、一九八七年）、九四頁以下参照（なお、九五頁表2所掲の福山は福原の誤植である）。

（6）　同達中、大審院・諸裁判所の職制章程については、同年同月二四日に太政官第九一号布告として示される（尤も、一〇年二月一九日の太政官第一九号布告により改正される。なお、三阪前掲論文、六五頁以下に両章程の異同が触れられる）。またこの司法省伺は同月八日に出されているが（翌日付の指令には「伺之通」とある）、これは同達が司法省に対しては同月四日に交付されていたという事情による。『法規分類大全』〔官職門・官制・司法省一〕、一四七頁以下。

（7）　例えば、明治六年八月一〇日太政官第二九五号達参照。

（8）　これは「本年第九十一号御布告前伺書云々ニ付伺」と題される（『公文録』明治八年八月司法省伺一）。指令日付は同年八月二日である。前掲『法規分類大全』〔官職門・官制・司法省一〕、一五八頁。

（9）　この指令にもかかわらず、本文後述の同月一〇日付伺が司法省より発せられていることから、同省はこの判断に屈しかね再び太政官に確認を迫ったものとみえる。

（10）　本文後述の同年八月一〇日付司法省伺を見よ。一般に「律上疑義若クハ律無正条」ものについての伺が頻繁であったのであろう。新律綱領名例律下断罪無正条条には、「凡律令ニ。該載シ尽サヽル事理。若クハ罪ヲ断スルニ。正条ナキ者ハ。他律ヲ援引比附シテ。加フ可キハ加ヘ。減ス可キハ減シ。罪名ヲ定擬シテ。上司ニ申シ。議定ツテ奏聞ス」とある。つまり、こうした実体的な規定が存在することにより当時の裁判官からすれば、司法省への質疑は手続き上むしろ当然の帰結であったのである。同条をめぐっては、本書第四章「不応為条廃止論考」に触れるところがある。

(11) 同「心得」は、民事裁判における条理の法源性を宣言したことにより余りにも有名である。これについては、とりあえず、牧健二「明治八年民事裁判の原則」(『法学論叢』第一七巻第二号、一九二七年)、杉山直治郎「明治八年布告第百三号裁判事務心得と私法法源」『法源と解釈』(有斐閣、一九五七年)、野田良之「明治八年太政官布告第百三号第三条の『条理』についての雑感」『法学協会百周年記念論文集第一巻』(有斐閣、一九八三年)、を参照されたい。

(12) 大河純夫「明治八年太政官布告第一〇三号『裁判事務心得』の成立と井上毅」(『立命館法学』一九八九年、第三・四号)、一九七頁。尤も、本文で後述するようにこれは早計に失した見解であろう。むしろ従来の指令慣行が新たに制定された上告手続きの前にいかなる関係を保ち得るのかという疑問を排除することにあったのではないか。また第五条においても、「指令の裁判所に対する拘束力の否定が明確にされている」と記しているが、逆に本条文の文意から事実上指令が与えられることが前提とされており、その「一般の定規としての拘束力」こそ否定されるが、当該事件についての指令の持つ、「個別指導性」までが否定されたのかは疑問である。なお、右論稿は、『公文録』に収められる同布告の編纂途次をたどりつつ考察を加えたものであるが、同史料は、堀内節「布告・達の謬った番號標記について」(『法学新報』第九一巻第五・六・七号、一九八四年)にも復刻紹介されている。

(13) かつて明法寮の果した、「各裁判所疑讞本省ニ伺ヒ出テ律文ノ疑条ヲ質シ及律ニ正条ナクシテ更ニ定例ヲ要スル者ハ本寮論定シテ卿ノ印ヲ受ケ之ヲ断刑課ニ付ス」(「司法職務定制」第八三条)なる機能は、いかなる形でも明文の上では、大審院設立以降の司法省職制章程内に継承されていない。

(14) 尤も私は、「本来、法の解釈は裁判所のみが判決においてなし得るものであって従来司法省がおこなっていた各府県若くは裁判所からの伺に対する指令という形での法の解釈は極めて変則的なものである。すなわち、近代国家においては裁判所のみが法の解釈、適用をなすということが原則として貫かれねばならないのであるが、我が国においては急速な中央集権化とそれに伴う多数の布告の公布、裁判所機構の不完備等の理由により司法省をはじめ各行政機関が法律解明の機能を果していたのであった。このような法律解釈のあり方に対して章程第九条は法解釈についての近代化を一歩すすめたものということができるであろう」（染野義信『近代的転換における裁判制度』勁草書房、昭和六三年、九五―九六頁）との本条についての積極的評価を閑却しているわけではない。しかし後に本文にて示すように、いわば「変則性」の残存が、事実上強く司法省や大審院により前提とされていることに着眼したい。その意味から同九条についての疑義がボアソナードへも質されその見解が聴取された経過が踏まえられたのである。向井健「大審院の創設とボアソナード意見書」（『法学研究』第四四巻第六号、一九七一年）、一〇五頁、及び『公文録』明治八年七月司法省伺一二「大審院章程第九条法律疑条ノ儀ニ付伺」。

(15) 無論、死罪・懲役終身案件については、その職掌から外れることは前にも確認した。

(16) 中野次雄編『判例とその読み方』（有斐閣、一九九一年）、二〇頁。

(17) 『法規分類大全』（官職門・官制・司法省一）、三二七―三二八頁。

(18) 有名な「大審院順次ノ儀ハ開拓使ノ上諸省ノ次」との位置付けは、明治八年七月一四日太政官第一二三号達にて明らかにされた。

(19) 本書第三章「司法官の近代法適用をめぐる逡巡」一四五頁以下。

(20) 渡辺驥である。明治一二年時には司法大書記官の任にあり、翌一三年二月二八日付けで検事に転任するまで、同省照査課々長の職にあった（法曹会『法曹記事』第二三巻第一一号、一九一三年、一一六頁）。その後、同一三年四月九日付けで、元老院議官をも兼任する。なお、手塚豊「司法省修補課（明治十二、三年）関係資料」『明治刑法史の研究（下）』（慶應通信、一九八六年）によれば、彼は、同一二年二月二四日に議法局内に設置される修補課の課長であったとも推測されている。同課は主に現行法令の不備や欠陥などを修補することを目的とした機関ではあるが、時として「卿ノ命ヲ受ケ」、「臨時諸文書ノ草案」や「内訓文書」をも起草した。尤も最後者については、「但検事及民刑課ノ内訓書ト抵触スヘカラス」と付記され、既存の省中局課機構に追加される形で設置された修補課の位置からすれば、内訓の形成はむしろ同課における従たる職掌であったと考えられよう。

(21) 後掲する表1の整理番号3の事案に添付されたものである。

(22) 「三百五号」との発令整理番号が付されるものの、現段階においてその発令様式やその手掛かりとしての当該「書通」を収録する資料を見出せない。

(23) 司法省丁第一七号達（明治一二年七月九日）には、「諸伺ノ書面判事ヨリ各自ニ差出ス向キモ有之候処自今必ス其庁ノ院所長ヲ経テ可差出此旨相達候事但内訓ヲ請ハ此限リニアラサル事」と見え、その簡便性が示される。

(24) 期限外上告手続きと司法卿による再審請求権がこれである。三阪前掲論文、六七頁以下参照。

(25) 三阪前掲論文、七六頁以下。

(26) 明治一五年当時には、司法省と各裁判所・地方官との間を繋ぐ回路として、「伺—指令」「請訓—内訓」「問合・質問・照会—回答」などの様々な様式があり得た。とくに最後者については実定的根拠すら見出せないのである。本書第三章「司法官の近代法適用をめぐる逡巡」一の註（20）参照。

(27) 私は、こうした司法省の動きの中に、当時の太政官「内閣」への集権化体制において（吉井蒼生夫「中央権力機構の形成」福島正夫編『日本近代法体制の形成（上巻）』日本評論社、一九八二年）、法令の最終的解釈権限の所在をめぐる暗闘があったことも作用していると考えている。この点につき次の法制局による達案の趣旨説明を見られたい。

〔 〕は抹消箇所を、「 」は抹消後加筆訂正された箇所をそれぞれ示す。

法律ノ正シキ説明ハ其重キコト法律ニ次キ仍ホ法律ノ域内ニ在ル者トス故ニ法律ヲ説明スルハ殆ント立法ト同シ蓋シ法律ノ説明ハ人民ヲシテ必ス之レニ遵ハシムルノ力ヲ有セズト雖トモ然ニ其実際ニ動クニ至リテハ其効未タ嘗テ法律ト相同ジカラズンハアラス是レ其當サニ鄭重ニセザル所以ナリ

〔内務〕「各」省〔司法省ノ如キ〕「其関係ノ事ニ付」往々〔裁判官地方官ニ対シ其〕法律上之伺ニ指令ス蓋シ維新ノ後日尚浅ク是等ノ事猶未タ悉ク整頓ニ帰セズ流レテ今日ニ至ル是レ宜シク改メザル可ラズ況ンヤ明治十年第七十五号達ヲ以テ当局ヲシテ特ニ法律説明ノ処タラシメシヲヤ若シ従前之弊〔ニ〕因〔リ〕而改〔メ〕ザレバ則我政

府中法律説明之処〔二〕「数」アルナリ〔二〕「数」処之説明或ハ其相矛盾セザルヲ〔保タズ〕「免レス」恐クハ竟ニ其指令ヲ禀クル者ヲシテ茫〔乎〕トシテ其適従スル所ロヲ知ラザラシムル者アルニ至ラン〔是レ豈ニ殆ント政府自ラ其法ヲ侮ル者ナラズヤ〕因テ此際〔改〕「更」メテ左ノ通リ御達相成度此段上申仕候也

右に示したように、まず抹消部分に注意するならば、この達の本来的な直接の名宛は、司法省と内務省であったことが興味深い。さらに右所掲の資料に続き、内務・司法両省を名宛としていたところを「各省」と改めた達案が綴られている。そこにも、明治一〇年一〇月一三日の太政官第七五号達以降、「法律上ノ疑問ハ都テ法制局ニ於テ説明」するべきところ、「府県及裁判所ニ於テハ往々ノ旧慣ニ依リ」各省に伺い、指令を仰ぐことが続いており、「法制局之専任」である「法律ノ説明」を求めるについては、「民刑ヲ論セズ」直ちに法制局に質問せよと記されていた（以上、国立公文書館蔵『明治十一年法制局考案』より引用。資料には「明治一一年三月七日受」とある。ただし同達案はその後正式には発布されなかったと思われる）。これは明らかに、各「行政官」間に分散する法令の解釈権限を自らの下に一本化しようとする太政官法制局の強い意志が現れたものと理解してよかろう。尤も先の七五号達とは、太政官が「諸法例規則等」を頒布後に、「弁明且指揮」することは「甚タ穏当ナラサル」ものであり、また「文書日々ニ堆積」しその処理は繁瑣を極めるであろうから、むしろ各行政官による柔軟な対応に委ね、「猶疑弐決シ難キモノハ法制起草ノ根本タル法制局長官へ質問」することを趣旨としたものであった。したがって法制局の側から見れば、同局専管の判断事項と各省における自律的な処理に期待される事項とが、自明の基準により分けられていたと見られよう。しかし本註前掲の達案では、少なくとも司法・内務両省は、その指令運用において、かなり法制局の権限を侵犯することがあり得たことが見て取れる。こうした中央権力機構相互間における牽制関係の反射的副産物として、とりわけ最高法衙であるはずの大審院と司法省との間に存する伺と指令によるあからさまな統制・被統制関係を緩和整合させる必要が生じたのであろう。またそこから、より簡便な仕方による連絡関係を定めた内訓条例が制定されることによって、事実上、従前の「伺—指令」手続きにかかる比重を軽減させる意図もあったのではなかろうか。

(28) 内訓条例第六条参照。

二　本章の視角と若干の資料的検討

1　予備的資料解題と方法

本章にて考察の対象とする事例は総て、最高裁判所図書館明治文庫所蔵の『申明類纂』(甲・乙) から抜粋したものである。(1) この資料は、大審院を初めとした各地の裁判所・府県から司法省宛に出された、当時の刑法である新律綱領・改定律例の運用をめぐる様々な疑義とこれに応ずる司法省からの回答を、明治一二年度分 (回答発令時基準) に限り収録している。(2) 事案は、新律綱領を構成する各律名毎に分類され、複数の擬律が問題となっている場合は、同一のケースでも関係各律に重複して収載される。そのためこの基準に従って、本章で取り上げる大審院が疑義発信機関となっている事案も、その他の下級の裁判所からの疑案と共に、区別されることなく、綴り込まれている。(3) 表1にはその総てを掲げた。

次に、考察の方法について一言しておきたい。右に述べて来た大審院の疑義は、そのほとんどが同院に上告され係属した事案に関連するもののはずである。(4) この観点から『大審院刑事判決録』を用いて、(5) 同一二年以降に言い渡された判決の中に、『申明類纂』記録上提示された疑問の発生の原因と、その解決を見出すことが可能とな

表１　明治12年司法省に対し判断を仰ぎ出た大審院刑事判決・その他

	大審院 質疑発信日	司法省 回答発令日	大審院判決日（原審名／上告日， ＋；期限外上告）	上告成果／ 上告人	『大審院刑事判決録』上 の事件名と整理番号
1.	11·12·11 伺	12· 1·18指令	12· 1·23（福島裁山形支／11·8·8）	破・自／検	処断後３日後再窃盗 ·11
2.	12· 1·10 伺	12· 1·16指令	12· 1·21（京都裁／11·7·22）	破・自／検	窃盗３犯・10
3.	12· 1·?2 伺	(12·2·1？指令)	12· 5·30（長崎裁福岡支／11·3·28 ＋）	棄　却／検	林木斫伐・107
4.	12· 5·27	12· 6· 2	12· 6· 7（京都裁大津支／11·12·12）	破・自／検	堕胎・123
5.	12· 5·28	12· 6· 9	12· 6·23（福島裁／11·9·18 ＋）	破・移／検	恐喝取財・157
6.	12· 5·30	12· 6· 6	12· 6·17（大坂裁／11·10·29）	棄　却／被	窃盗４犯・139
7.	12· 6· 2	12· 6·10	12· 6·23（熊本裁豆田区／11·12·27）	破・自／検	詐欺未得罪・162
8.	12· 6·20	12· 7· 1	12· 8·26（京都裁／11·7·30）	破・自／検	私擅用財・291
9.	12· 6·25	12· 7· 1	12· 7·15（松山裁／11·10·26）	破・自／被	詐欺取財・224
10.	12· 7· 7 ※	12· 7·21	12·10·21（弘前裁秋田支／11·12·13 ＋）	破・自／検	官金私借・440
11.	12· 7· 9	12· 7·16	12· 8·13（東京裁／11·11·8）	破・自／検	文書詐偽・272
12.	12· 7· 9 ○	12· 7·17	12· 8·25（松山裁高松支／11·8·3 ＋）	破・自／検	賭博・289
13.	12· 7·29 ○	12· 8· 6	12· 8·25（松山裁高松支／11·8·3 ＋）	破・自／検	賭博・289
14.	12· 8·11	12· 8·20	12· 9·16（高知裁／11·6·19）	破・自／検	重典売田宅・333
15.	12· 8·30	12· 9·13	12· 9·25（大坂裁堺支／11·5·21）	棄　却／被	監守盗・357
16.	12· 9· 5	12· 9·19	12· 9·24（神戸裁姫路支／12·2·5）	破・自／被	窃盗３犯・354
17.	12· 9·11	12· 9·18	12· 9·25（水戸裁栃木支／12·5·2）	棄　却／検	官印偽造・359
18.	12· 9·12 ＊	12· 9·18	12·10· 9（熊本裁大分支／11·12·3 ＋）	破・移／検	秤量偽造・406
19.	12· 9·13	12· 9·20	12· 9·25（大坂裁堺支／11·5·10）	破・自／被	闘殴・362
20.	12· 9·19 ※	12· 9·29	12·10·21（弘前裁秋田支／11·12·13 ＋）	破・自／検	官金私借・440
21.	12· 9·19	12· 9·2?	12·10· 6（熊本裁／11·8·29）	棄　却／検	罪囚再脱監・387
22.	12· 9·21 ＊	12· 9·30	12·10· 9（熊本裁大分支／11·12·3 ＋）	破・移／検	秤量偽造・406
23.	12· 9·30 ●	12·10· 3	12·11·11（弘前裁秋田支／12·8·15）	棄　却／被	官林盗伐・482/483
24.	12· 9· 欠	12·10· 9	12·10·14（松江裁濱田区／11·12·6）	破・自／検	誣告・424
25.	12·10· 6 ◎	12·10·18	12 ・ ・〈記録なし〉		
26.	12·10· 8 ※	12·10·13	12·10·21（弘前裁秋田支／11·12·13 ＋）	破・自／検	官金私借・440
27.	12·10· 9	11·12·30	12·12· 8（仙台裁／11·12·30）	破・自／検	誣告及詐欺取財・565
28.	12·10·11	12·10·21	12·11·21（熊本裁／11·11·25）	破・移／被	謀殺・509
29.	12·10·20 ●	12·10·30	12·11·11（弘前裁秋田支／12·8·15）	棄　却／被	官林盗伐・482/483
30.	12·10·21	12·10·28	12·10·31（福島裁山形支／12·8·21）	破・自／検	証券印税規則違犯・463
31.	12·10·24 ●	12·11· 1	12·11·11（弘前裁秋田支／12·8·15）	棄　却／被	官林盗伐・482/483
32.	12·10·24	12·11· 8	12·11·11（長崎裁福岡支／12·9·22）	破・自／検	賭博・486
33.	12·10·27	12·11· 4	12·11·11（高知裁徳島支／12·3·6）	棄　却／被	盗贓窩主・479
34.	12·11· 7 ◎	12·11·14	12 ・ ・〈記録なし〉		
35.	12·11·11	12·11·19	12·11·27（高知裁／12·8·26）	破・自／検	闘殺・535
36.	12·11·12	12·11·25	12·11·29（弘前裁秋田支／11·9·30）	破・自／検	窃盗・540
37.	12·11·18	12·11·26	12·11·28（長崎裁福岡支／12·5·20）	破・自／検	郷貫氏名詐称・536

典拠：『申明類纂』（甲・乙）、『大審院刑事判決録』（明治12年の各月）

［備　考］

・本表左端の整理番号は、『申明類纂』に綴じ込まれる各資料を日付順に並べ直して付したもの。下線を付したものが「甲」本、付さないものが「乙」本をそれぞれ典拠としている。

・大審院質疑発信日欄内の記号（●、◎、○、※、＊）は、それが同一のものであれば同一事案について複数回の疑義が日を改めて呈されたことを意味する。

・原審名は、例えば長崎裁判所福岡支庁は長崎裁福岡支に、松江裁判所管内濱田区裁判所は松江裁濱田区と略す。

・期限外上告とは、当初明治９年１月31日太政官第８号布告では、司法卿が大審院検事に対し上告期限10日を超えて請求し得るものであり、同年３月２日の司法省第30号達は各裁判所の検事及びその職にある者が随時に上等裁判所検事を介して司法卿の判断を求め得るようになった。

・上告の成果欄の略語は、破棄自判を破・自、上告人は被告人を被、検察官あるいは警部を検で示している。

ろう。[6]

問題は、司法省からの指示とそれを求めた大審院との間における「協働」関係をいかに読み解くかにある。したがってそこでは、一方では原審の判決とそれの問題性が指摘される上告理由、[7] そして大審院の判決に至るという手続き的経過と、他方での司法省への疑義発出とその回答が与えられるまでの経過との、二つの異なる系列より生成された資料を重ね合わせる必要が生ずる。私は、その交錯点を検事[8] あるいは被告人からの「上告ノ主点」（上告理由）に求め、これを疑義の内容やその構成を司法省からの回答と刷り合せて検討する際の起点として定めることとする。つまり上告理由の中に開示される問題性の枠と、対象を「疑問」という形で定式化し質す大審院の観点とを照応することによって得られる両者の一致あるいは「ずれ」の中に、大審院自らが主体的におこなった法律の運用や解釈活動の射程が表象されていると考えるのである。

2 「申明類纂」収録事案の概観

まず若干の数値的把握から始めることにしよう。[9]

明治一二年時に大審院に係属した事件数は、総計で七九八件（内、前年度からの継続・未処理の案件数は二四八件で、新規に受け付けたものは、五五〇件を数えた）である。しかし、一六六件が翌一三年への持ち越しとなった為、一二年時の処理・既決総件数は六三二件である。右事件数に対応する被告人の数は七八七人に上り、この内、上告棄却にかかるものが一五人、願下・死亡その他の理由により審理されなかったものが三〇人であり、残り七四二人は破棄の結果を得た。

右の数値に、本資料より得られた次の数値を重ねてみよう。事件総数は三〇例（表1参照・重複記号に留意されたい）に上り、総人員は三六人、このうち棄却にかかる者は一〇人（七件）であり、不明分一件[10]（表番号25・34）を除く残り総ては、破棄事案であった。要するに、本資料に収められる大審院からの請訓事例は、処理事件総数の内、約四・七％（人員では約四・五％）を占め、破棄については三・二％（人員）であるが、棄却事案については実に約六七％（同前）に上る。すなわち、以上の比較的単純な数的把握からも分かるように、年度を通してみれば、大審院が自らの法判断を形成する過程で訓令を仰ぎその戸惑いを示す記録の中で、結果として上告棄却の決定に至る場合が多いことが分かるのである。

3　質疑主体一覧

前項では、司法省において疑義を受理し回答を準備返送する手続きについての概観を得たので、ここでは質疑者としての大審院判事たちに的を絞ることにしよう。

まず表2に掲出した「質義発信判事名」欄に注目してみたい。そして資料に残された記名を、[11]各月の『官員録』を用いその姓名が判然となる限りで一覧表にまとめれば表3のようになる。こうした人員は、その名称の用いられ方に異同があるものの特に29と34の事例に見るように、「大審院刑事課」[12]に属していたと見てよかろう。[13]そしてその質疑主体は、実際の判決形成にあたっては、その事案の主任判事を務めていることが、最高裁所管の判決原本上の記録との対比から明瞭に読み取れるのである（表2「係判事名」欄参照）。ここに、大審院より司法省にその判断を仰ぐ主体と判決を形成しそれを下す主体はほぼ同一であったと推断してよかろう。[14]すなわち、疑

表２　担当判事名及び資料引用「先例」一覧

	質疑発信判事名	係判事名(主・副／記録者)・『大審院刑事判決原本』上の整理番号(簿冊月数)	資料内引用「先例」(大審院／司法省)
1.	(川村←)	主)川村・副)増田／天野一等属・14(Ⅰ～Ⅴ)	「水戸裁;10・2・8→2・18」(司)
2.	(増田←)	主)増田・副)川村／安達三等属・10(Ⅰ～Ⅴ)	「警視局;11・2・18→2・22」(司) 「大分県;11・11・27→?」(司)
3.	(青木←)	主)青木・副)川村／襧津四等属・101(Ⅰ～Ⅴ)	
4.	(川村←)	主)川村・副)青木／襧津四等属・8(Ⅵ～Ⅶ)	「和歌山県;6・11・27→7・1・28」(司)
5.	(青木←)	主)青木[増田]・副)筧[青木]／鈴木三等属・45(Ⅵ～Ⅶ)	
6.	(川崎←)	主)川崎・副)青木／天野一等属・21(Ⅵ～Ⅶ)	
7.	(川崎←)	主)川崎・副)増田／安達三等属・42(Ⅵ～Ⅶ)	「新潟県;7・5・27→5・29」(司)
8.	筧	主)筧[川村]・副)関[鎌田・青木]／襧津四等属・66(Ⅶ～Ⅷ)	
9.	(川崎←)	主)川崎[増田]・副)川村・[印のみ 青木]／襧津四等属・1(Ⅶ～Ⅷ)	
10.	(関←)	[26に同じ]	「仙台裁盛岡支;10・9・12→9・16」(大)
11.	(川崎←)	主)川崎・副)青木・川村／天野一等属・45(Ⅸ)	「大審院;10・12・6→11・1・26」(司)
12.	(川崎←)	[13に同じ]	「警視局;12・7・8→9・9」(司)
13.	川崎	主)川崎[川村]・副)青木[印・筧]／襧津四等属・62(Ⅶ～Ⅷ)	
14.	筧	主)筧[川村]・副)関[岡内、印・川崎]／襧津四等属・24(Ⅸ)	
15.	鶴峰	主)鶴峰[増田・筧]・副)筧[岡内・関]／襧津四等属・40(Ⅸ)	
16.	関	主)関・副)筧／天野一等属・39(Ⅸ)	
17.	関	主)関・副)筧／笠一五等出仕・44(Ⅸ)	
18.	関	[22に同じ]	「高知県;12・3・29→4・18」(司)
19.	関	主)関[川村・筧]・副)筧[増田、印・鎌田]／笠一五等出仕・45(Ⅸ)	
20.	関	[26に同じ]	「仙台裁盛岡支;10・9・12→9・16」(大)
21.	関	主)関・副)筧／笠一五等出仕・7(Ⅹ)	「仙台裁盛岡支;10・9・8→?」(大・司)
22.	関	主)関・副)筧[印・青木]／襧津四等属・17(Ⅹ)	
23.	鶴峰	[31に同じ]	
24.	関	主)関[青木]・副)筧[増田]／天野一等属・31(Ⅹ)	
25.	筧	[原本に見当たらず]	
26.	関	主)関・副)川崎[筧]／岡谷義一[安達三等属]・42(Ⅹ)	「小倉県;7・7・7→10・19」(司)
27.	筧	主)筧・副)関／笠一五等出仕・22(Ⅺ)	
28.	鶴峰	主)鶴峰・副)青木／笠一五等出仕・38(Ⅺ)	
29.	「刑事課判事」	[31に同じ]	
30.	筧	主)筧・副)関／岡谷義一　副)小島三等属・65(Ⅹ)	「飾磨県;9・4・13→5・4」(大)
31.	鶴峰	主)鶴峰・副)川崎／天野一等属・17(Ⅹ)	
32.	岸良	主)筧・副)関／岡谷一七等出仕・15(Ⅺ)	
33.	川崎	主)川崎・副)青木／笠一五等出仕・22(Ⅺ)	「福島裁;10・7・23→8・10」(司)
34.	「刑事課判事」	[原本に見当たらず]	
35.	鶴峰	主)鶴峰・副)川崎／河野五等属・64(Ⅺ)	「高知裁;?→12・9・17」(司)
36.	青木	主)青木[青木、西岡]・副)鶴峰[川村]／天野一等属・68(Ⅺ)	
37.	青木	主)青木・副)川崎／笠一五等出仕・66(Ⅺ)	「新川県;9・4・15→5・16」(司)

典拠：『申明類纂』(甲・乙)、最高裁判所所管『大審院刑事判決原本』(明治12年の各月)

［備　考］

・左端の整理番号は表１に対応する。

・質疑発信判事名欄に掲げられる判事の氏名については、表３を参照されたい。

・係判事名欄で［　］内に示される姓は、『大審院刑事判決原本』の上で朱線により抹消されたものである。これは事件受理時と判決時の判事が異なるためであろう。［　］内に複数の姓が記入されている場合は、その抹消／交代が複数回行われたことが予想され、最初の姓が先に、次のものが後に抹消されたことを示す。これは表１の上告日を起点として質疑発信日及び判決日を対照すれば、そこにかなりの時間が経過していることがわかるが、例えば５の例の増田は『官員録』上、７月から他所に転出しており、したがって質疑を発信し判決を下すことは他の判事（この場合は副判事の青木が主任判事に移り、代わって７月より移転してきた筧が副判事として名を連ねる）が代替せざるを得なかったからである。

・資料内引用「先例」欄では、裁判所名などの略し方は表１に従う。また矢印左端の数字は伺の発せられた日付を、同じく右端はこれに応える司法省からの指令日付である。なお、35については指令ではなく内訓である。

表３　請訓者とその回数（『申明類纂』記名判事及び大審院刑事判決原本を中心にして）

判事名	請訓回数	大審院判事着任前及び転出後の経過
青木　信寅 （愛知華・ 1835-96）	4	刑法官権判事―刑部大丞―中判事―四等判事―大審院判事―函館控訴裁判所判事長 1869（明治２）.　'72.　'76.　'78. 10. ～　'82. 2. ～
川村　応心 （東京士・ 1838-1906）	2	司法少解部―大解部―七等判事―大審院判事―東京上等裁判所判事―東京控訴院判 1869.　'72.　'76.　'78　'79. 6. ～　'82. 1. ～ 事―宮城控訴院評定官―大審院判事 '88.　～'98. 11. 8 休職
増田　長雄 （熊本士・ ？-97）	1	左院五等議官―七等判事―大審院判事―熊谷裁判所長―広島裁判所長―広島控訴裁 1872. ～　'74. ～　'78.　'79. 4. 25～　'81. ～　'82. ～ 判所判事
川崎　強八 （鹿児島士・ ？-92）	7	司法省検事局九等出仕―少判事―同権中検事―宮城上等裁判所検事局検事― 1872. ～　'74.　'76. ～　'78. ～ 大審院判事 '79. 3. ～'82. 1.
筧　　元忠 （岐阜士・ 1843-1926）	5	弾正台大巡察権少忠―広島裁判所長―鹿児島裁判所長―大審院判事―東京控訴院― （1869. 9～）[1)]　？　'78. 4. ～　'79. 6. ～　'82. 2. ～ 水戸始審裁判所長―大審院判事 '83. 2. 4. ～　'97. 6. 28 休職
関　　新平 （佐賀士・ 1842-87）	10	茨城県権参事―同参事―六等判事―浦和裁判所長・熊谷裁判所長―大審院判事― 1872. 10. 14～　'73. 9. 9. ～'75. 6. 30 ～'76. 9. 23～　'76. 11. 10～　'79. 5. 29. ～ 愛知県令 '80. 3. 8. ～
鶴峰　申敬 （茨城士・ 1841-02）	6	旧茨城藩権少属　―茨城県一四等出仕―司法省―四等出仕――級判事補― 1870. 10. 26～（刑法係）　'72. 2. 3～（聴訟）　'72. 9. 3～（少解部）　'76. ～ 鹿児島裁判所判事―司法省判事―大審院判事―福島裁判所長―静岡裁判所甲府支庁 '77. ～　'79. 6～　'79. 6～　'80. 4. 28～　'81. 10～ 長（甲府始審裁判所長）―長野始審裁判所長―大審院判事 '90. 8. 11～　'90. 11. 1～'99. 1. 18 休職

［参考文献］『百官履歴・下』（日本史籍協会編、1928 年）、『歴代顕官録』（原書房・1967 年）、『府県史料』、『明治過去帳』（大植四郎編、東京美術、1988 年版）、『濃飛人物と事業』（1916 年）、『明治立憲制と司法官』（楠精一郎著、慶應通信、1989 年）、各年毎の『官員録』など。

［備　考］ 本表は表２に対応する（本文参照）。本表は主に『明治過去帳』の記事を基に上記資料を用いて補塡を試みたものであるが、もとより完全なものではない。各員の履歴中の主立った次項を把握することが第一の目的である。本表では新暦に改まる 1872（明治５）年 12 月３日以前の月日についてはそのまま旧暦を用いている。なお、「鶴峰」については、水戸市青柳町在住の桜庭宏氏のご教示を得た。ここに感謝の意を表する次第である。

註１）同月の「職員録」に初めて現れる。また上記『濃飛人物と事業』では、元忠が 1867（明治元）より警報監察司判事の職にあったとしているが、管見の限りではそこには同人の父親、速水の名が記されている。

点を見極めこれを質しそれに対する回答を得た後、自らの法判断形成の「糧」としてそれを判決の全体の構成の中に再び位置付けるという一連の手続きは、ひとりの裁判官の脳裏を介して進められたのである⒂。

　ところで本章の第一節でも示唆したように、大審院の司法省への質問内容は、次節に見るように必ずしも上告理由そのものとは完全には合致しない場合が少なくない。これは、上告理由に挙示される法律解釈上の疑点が、そのまま司法省に伺い出されたのではなく、具体的な判決が形成されるに至る過程で、係判事による「正しい」法律操作のための能動的な模索の営みが為された結果、新たなる、あるいはその判事にとって未知なる問題性が発見されたことを意味するのである。したがって、「何が」司法省に質されたかという観点に対し、そもそもその疑問が「如何にして」発見され判決の具体化の過程において昇華されたのかという観点を加味することにより、当時の大審院判事の法解釈活動に取り組む姿勢が見えてくると考えるのである。以下、具体的に検討を進めてみたい。

（1）（2）　甲の分冊の中表紙には、「律例申明類纂　明治十二年」と記されており、熊本裁判所の蔵書印が押されている。使用用紙は司法省の朱の一三行罫紙に墨書されたものであり、調査時（一九九三年）には、両分冊とも虫食いにより甚だしく破損・癒着しており、判読不明の箇所が少なからず見受けられた。

（3）　たまたま私が手にすることが出来た本資料が明治一二年時のものを収めているということであって、各年毎に編集が進められたことも考え得る。ちなみに、本書第三章「司法官の近代法適用をめぐる逡巡」では、同種の『刑法申明類纂』なる資料を用いている。これは同一五年時に限ったものであるが、その内容や趣旨は本章で用いる『申明類纂』とほぼ同一である。本書第三章を参照されたい。

また一言しておけば、その性質上、残存する「綴り」がその時期の当該資料の総てを網羅しているとも断言することは出来なかろう。したがって、得られる数値的な把握は、あくまでも現時における仮説的なものであることをお断りしておきたい。

（4）　本章一でも触れたように、大審院の機能として、「各上等裁判所ヨリ送呈スル所ノ死罪案ヲ審閲シ批可シテ送還ス其否トスルモノハ更ニ律ヲ擬シテ還付」（明治一〇年時に改正された「大審院章程」、第七条）することが挙げられる。表1に明らかな通り、判決録上その「結果」が行方知れずの事案が一件ある（整理番号25・34の事例）。これは、右第七条の手続きに該当する場合であると考えられる。

（5）司法省蔵版『明治前期大審院刑事判決録』である。本章では、一九八七年五月以降、文生書院より写真復刻された版のものを利用する。尤も本章で引用するについては、底本の体裁・様式（月別巻号・頁数等）に依拠する。

（6）この場合、『大審院刑事判決録』各号の目次の利用が手掛かりとはなるが、提示される疑義は、必ずしも上告趣旨や、中心となる擬律に関わらないものも少なくない（尤もここに、本論の関心のひとつがあるのではあるが）。また、本文にて後述するように、私は判決の係判事名を探索する必要から、最高裁判所保管のいわゆる判決原本を参照したが、その分類は司法省より印刷に付された同院『判決録』の索引分類とは異なっている。むろんこれは後者が通年の通し番号を付しているのに対し、前者が月別簿冊毎に番号を改めているからではあるが、検索についてはこうした原本との対応関係に留意する必要はあろう。

（7）「控訴上告手続」（明治一〇年二月一九日太政官第一九号布告）、第一〇条には上告の理由として、「裁判所管理ノ権限ヲ越ユ」「聴断ノ定規ニ乖ク」「裁判法律ニ違フ」ことが列挙される。

（8）「控訴上告手続」第三六条には、「検事上告スル時ハ趣意明細書及其文書類ヲ直ニ司法卿ニ逓送シ司法卿ハ上告趣意明細書及其文書類ヲ相当ノ検事ヲシテ之ヲ大審院ニ附セシメ」るとある。ここに、いわゆる「大審院詰検事」の職務が記される。『大審院刑事判決録』の記録上では、上告検事（ないしは警察官）の「理由」をめぐり、極めて短くかつ要領良く、その論点のみを抽出して大審院に付している。本章での検討に際して、判決の内容と刷り合わせをおこなうについてはこの大審院詰検事の上告文を主たる対象と定めた。なお、被告人上告については、こうした手続きは踏まえられない。

（9）本節における数の把握には、『司法省第五刑事統計年報　明治一二年』を用いている。

（10）前掲註（4）参照。

（11）この記名とは、後掲する資料上記される通り、司法省からの内訓文面にその名宛人として現れているものである。

交信相手の具体名が記されたのであろう。

（12）「大審院職制」（明治一〇年二月一九日太政官第一九号布告、本註以下「新職制」と略）、第一条には、「院長ハ課ヲ分チ主任ヲ命」ずるとある。これは同院が創設された時の同院職制（明治八年五月二四日太政官第九一号布告）第一二条に、民事課・刑事課の二課が置かれ、「務メヲ分ツ」ことが明記されていたことを事実上受けているのであろう。したがって、部署の名称についての規定は「新職制」上見当たらないが、事実上の呼称としては継続して使用されていたとみてよかろう。なお、後註も参照されたい。

（13）「刑事課」の人員はどのような配置が為されていたのか。前掲表3の顔ぶれの他、現時の調査の限りで判明するものを以下に列挙しておく。

岡本豊章　判事　四月から七月まで
藤田隆三郎　判事　四・五月
西岡逾明　判事　従五位　年度中異動なし　民・刑事双方の判決原本上にある

これはまず、明治前期大審院判決録刊行会編『明治前期大審院民事判決録4』及び『同判決録5』（三和書房、一九六八年復刻）の各判決索引に掲出される、明治一一年度民事事件全般の同院担当裁判官の氏名を、各月に亘って『官員録』上に登載された大審院判事の名から差し引いた時、現れてくる名前である。そしてその中には西岡や、表3に挙がる箟のように、民・刑事共に名を連ねているものもある。むろん、そうした若干の例外はあるものの、当時の大審院では法の解釈及び運用をめぐる職能的分化がかなりの程度意識化されており、そのことは民・刑事各分野毎の法技術的専門化の可能性を促し、その到達点を判決録の中に検証することを動機付けよう。

（14）記名のある者のうち一例のみ異なる場合が見受けられる。それは表番号31の岸良である。

（15）『申明類纂』上記名が残らない場合も、主任の判事名が一つの手掛かりを与えるであろう（表内矢印で示す）。表2はこうした事情を踏まえて作成されたものである。

三　大審院判決の形成と司法省のコントロール

原則として法律審であった大審院の職務は上告にかかる原審の、「不法な」法律適用を破棄し便宜に自ら審理をおこなうことにある。したがって原審における法律適用上の問題性はその上告理由の中に端的に現れ出ているわけであり、それを踏まえた上での質疑が司法省宛に出されたはずである。そして司法省より回答を得た大審院は判決の中になんらかの形でそれを織り込んでいったのであろう。以下では、各事例の中でも私の観点から著例と思われるものを引用・紹介しつつ、資料の全容を把握することに努めたい。

1　破棄判決の形成と司法省によるコントロール——上告理由・疑義内容・判決の緊密な連絡関係

まず、いくつかの典型的な例を挙げておきたい（なお、以下引用に際して〔　〕を用いる場合、原本では二行割註であることを示している）。

〔事例1〕（表番号4）

大審院〔十二年五月二七日伺・同年六月二日付〕

士族ニシテ他ノ処女ト姦シ堕胎セシムル者改定律例第百十四条ニ依リ処分スルハ勿論ナレトモ破廉恥甚ヲ以テ論スルトノ明文律例ニ之レナキニ依リ如何処分致シ可致ヤ

右の引用に見る通り、この「伺」は改定律例上の明文根拠を確認したものである。いささか敷延すれば、「故サラニ、堕胎スル者」を懲役一〇〇日に処す旨定めている律例第一一四条の従犯として処罰することは問題はないとしても、士族という身分に与えられる換刑処分である閏刑律(1)――律例第一三条――の適用をめぐって、明文が見当たらないというのである。同一三条には、華士族の犯罪は禁獄に換刑される明文とともに、「若シ姦盗等ノ罪ヲ犯シ廉耻ヲ破ルコト甚シキ者ハ除族シテ本刑ヲ加」えることが規定される。しかし堕胎させた罪がこの破廉恥甚だしき場合に含まれるかどうかという点が疑問とされたわけである。(2)そこで上告理由を参照すれば、原審の熊本裁判所大分支庁の判断については、

其発意者ノ従トナシテ論シタルハ不当ニアラサルモ禁獄ニ処断セシハ不当ノ裁判ト考量ス

とあり、それは、この場合「破廉恥甚ヲ以テ論シ除族シテ懲役ニ処ス可キ者トス」との解釈を妥当とする大審院詰検事の主張が裏書する不服の評価であった。(3)以上を見れば明らかな通り、大審院から司法省に宛てた疑義内容は、上告理由として検察官により示された問題点にそのまま帰着してゆく。そして司法省は、他例を示しつつ「内訓」の形で次のような回答を示した。

右審案スルニ別紙参照（和歌山県［六年十一月廿七日付・七年一月廿八日付ス］(4)）士族他ノ処女ト姦シ堕胎セシムル者破廉耻甚ヲ以テ論シ可然ヤ「指令」第三条伺ノ通）ノ例ニ依リ左ノ通可然ヤ

内訓

士族ノ堕胎セシムル者ノ儀ニ付別紙申請ノ趣ハ例第十三条姦盗等ノ罪ヲ犯シトアレハ姦盗ニ止マラス堕胎若クハ謀故殺等ノ如キモ其中ニ含蓄スル者ト看認メ然ルヘシ(5)

これを受けた大審院は原審を破棄し、「改定律例第百十四条ニ依リ懲役百日ノ処従タルヲ以テ一等ヲ減シ士族ナルニ付破廉恥甚ヲ以テ論シ改定律例改正第十三条ニ照シ」、「除族ノ上懲役九十日」と自判したのである。この例は、大審院への上告の趣旨と司法省へ示される疑義のそれぞれの輪郭が極めて明確に合致しており、かつそこで得た内訓が判決形成上直截に響いてくることを示した、いわゆる司法省主導型の法運用を字義の上で理解するための好事例ではなかろうか。次の例もこの範疇に属する。

〔事例2〕（表番号7）

大審院［十二年六月二日伺・同年同月十日付］

賊盗律詐欺取財条凡官私ヲ詐欺シテ財物ヲ取ル者ハ并ニ贓ニ計ヘ窃盗ニ準シテ論ストアリ其已ニ詐欺シテ未タ財物ヲ取得サリシ者ハ如何処断スヘクヤ律ノ明文無之ニ付此段内訓ヲ仰キ候也

詐欺の未遂を処罰するについての明文根拠を求めた疑義である。文中、なるほど詐欺の科刑にあたって計贓する仕方は窃盗に準じることが定められているものの（参照、改正七贓例図）、それが未遂に終わった場合については詐欺取財条は沈黙している。これを大胆にも「罰スヘキ条款ナシトシ之ヲ釈放(6)」する判断を示したのが、原審の熊本裁判所管内豆田区裁判所判決であった。上告理由は、いうまでもなくこの点を不服とするものであって、窃盗条の「凡窃盗。財ヲ得サル者ハ。笞四十。」に準拠して処罰することを求めていた。司法省は次の内訓を以てこれに応じる。

右審案スルニ別紙参照［新潟県七年五月廿七日伺・同年同月廿九日付］ノ例ニ依リ左ノ通可然ヤ(7)

内訓

詐欺シテ未タ財物ヲ取得サル者ノ儀ニ付別紙申請ノ趣ハ窃盗財ヲ得ザル者ニ準シテ論スル儀ト心得ベシ

ここに表明された解釈には(8)、五年前の新潟県宛に出された指令が付記されていることから、司法省の当該論点に臨んでの一貫した方針が示されたものであろう。そしてこれを受けた大審院はもはやためらうことなく、原審を破棄し所定の「笞四十（懲役四十日）(9)」の判決を下したのである。こうした法条欠欽の補塡を求める例は他にもあり（表番号35(10)）、その他適用法令の効力の有無を確認するものも見受けられた（表番号15(11)）。また、被告人からの上告に基づき原審の事実認定を再吟味した結果、大審院が原審を破棄し自判するため、新たなる擬律が判決の中で模索されたものでも、実は事前に司法省の訓令による「お墨付き」を得ていたものもある（表番号19(12)）。確かに種々の論点は細かく多岐に亘るが、ここに挙示し得る類例は等しく(13)、大審院があたかも法律適用上の難点をそのまま司法省に送達しその指示を十分に体して判決内容を確定させることに腐心するのみの単なる取次機関であるかの様相を示しており、上記の〔事例1〕〔事例2〕と同列のものとしてそれらを位置付けることが可能となる。

2　「協働」する司法省と大審院——大審院による問題発見

〔事例3〕（表番号3）

他人所有の樹木を伐採したが未だ運搬する前に発覚した事案について、原審の長崎裁判所福岡支庁が綱領、戸婚律棄毀器物稼穡条（「凡人ノ器物ヲ棄毀シ。及ヒ樹木稼穡ヲ毀伐スル者ハ。贓ニ計ヘ。窃盗ニ準シテ論ス。（以下略）」）に擬律したことに対して、賊盗律盗田野穀麦条（「凡田野ノ穀麦菜菓。及ヒ人ノ看守スルコト無キ。器物ヲ盗ム者ハ、并ニ贓ニ計ヘ。窃盗ニ準シテ論ス。（以下略）」）を適用するべきことを理由として上告が為された。ところで大審院はその質疑の中で、伐採したという態様に着眼すれば前者の適用があろうし、盗伐しようとした点については後者の「未得財」[14]として評価されるから両者は競合関係にたち、二罪倶発を以て論ずることを提言する。しかし大審院の疑義はこれにとどまらず、被告人が平民か士族かの各場合における擬律の仕方を細論することまでに及ぶのである。同院の解釈によれば、もし平民の場合には「一ノ重キ者ヲ以テ論」ずれば棄毀器物稼穡条（懲役六〇日）[15]が、士族であれば閏刑の適用から「破廉恥甚ヲ以テ論スヘキ罪」[16]としての盗田野穀麦条（除族の上懲役四〇日）[17]が、それぞれ宣告されるべきであろうが「為念相伺候」というのである。ところで大審院の判事からすれば、この事件の被告人は平民であることはむろん既知の事実である。だとすればこうした疑問は判旨に直接関わらないにもかかわらず立てられたことになる。司法省からの回答は次の通りであった。

> 右審案スルニ其樹木ヲ斫伐スルモ未タ運搬セサレハ棄毀器物稼穡条ニ依リ已ニ運搬スレハ盗田野穀麦条ニ依リ得財ヲ以テ論スルハ允当ナラン因テ左ノ通可然ヤ

指令

　伺ノ通

大審院の疑念の存するところは、なによりも競合する（と同院によって見立てられる）両条のどちらかを選択すべきか、そしてその擬律の操作に際し、行為主体の身分上の相違がいかに考慮されるべきか、との二点であったが、司法省のこの指令はそのどちらにも満足に応えるものとはなっていない。「伺ノ通」とはいえそれは一方が平民の場合でかつ重きに従って論じたその結果が、他方での「運搬」の有無という観点から截然と使い分けする思考と、結論の上でたまたま一致したことを把えているに過ぎないのではないか。このくいちがいは些細なものではあるが、大審院がその判決の中で、

……残リノ六本ヲ運ハントスル際事主彌一郎ニ取押ヘラレシ者ナレハ既ニ盗伐セシハ明瞭ナリト雖トモ未タ全ク運搬セサリシ者ナルニ因リ盗ヲ以テ論スルノ限リニアラサルヲ以テ[18]……

との理由から結局棄毀器物稼穡条を適用しているのを見れば[19]、ここに司法省指令―大審院判決のラインの見事な整合関係の一方で、司法省への伺の中に読み取れる大審院の質疑内容がちぐはぐな構図を呈していることが示される。しかしこうした不一致は、当該事件解決の枠内に収まらない問題性が大審院によって抱かれたものと考えられる。あるべき擬律は司法省によって提示されるとしても、正しい擬律を目指しての解釈の営みは――その巧拙は別にして――大審院も模索するところであったと思われる。

以下、この点に関して類例を挙げてみよう。

〔事例4〕（表番号18・22）

免許を得ずに他人の求めに応じて秤量の製造販売やその緒紐の付け替えをしていた者について、原審が綱領、詐偽律偽造斛斗秤尺条を適用したのに対し（懲役五年のところ情状が酌量され懲役二年が宣告）、明治九年二月一九日太政官第一七号布告度量衡改定規則第三条（「違令」として犯情重き場合には懲役四〇日、軽き場合は三〇日）に問擬すべきものであるとして上告が為された事案。大審院の疑義は、「凡斛斗秤尺ヲ偽造スル者ハ。流一等。」[20]なる綱領詐偽律の余りに広い規定は、本案の犯情に照らしたとき適当ではなかろうとの心証が形成されつつあったことを暗示するものであった。

例えば、「官ノ検査印ナキ秤量」を製造していた被告人は、無検印の秤量の使用が禁止されている今日、いわゆる偽造を完成させたとはいえないのではないか、とか、あるいはむしろ「其使用ノ□ラサル品ヲ以テ他ヲ欺キ金円ヲ詐取セシ廉ニ依リ詐欺取財ヲ以テ論スル」可能性すらあることが、大審院によってそれぞれ検討される。こうした問題性は、前例と同じく、検察官の上告理由とは直接に連環性を持たない。したがって、「官ノ検印」の有無とか詐欺取財条の擬律の示唆は、この事案の限りで、大審院により「発見」された解釈の「可能性」なのである。

そこで司法省はこれに回答するに際し、四月一八日付の高知県への内訓[21]を別紙に引用し、その例の示す通り「形質ハ偽造スルモ官ノ検印ヲ模擬セサレハ偽造秤尺条ノ限リニ在ラス不応為ニ問フテ可然」旨述べている。そして詐欺についてはその「詐取スル情アリト云ヘハ」その罪を重きとしてこちらが適用されるべきことが示される。ここで興味深いのは、司法省により詐偽律偽造斛斗秤量条の適用は否定されたものの、これに代えて、綱領、雑犯律不応為条の適用が新たに提示されたことである。これは、当該事案の処理の限りで、大審院にとっては未知の擬律方法であった。ところがその一方で、上告理由において検察官によって指摘された度量衡改定規則により罪を問うという論点は置き去りにされていた。そこで再び、大審院は司法省に訓令を仰ぐ。

……則チ右不応為ニ問擬スヘキハ勿論ノコトト存シ候得共明治九年二月十九日布告度量衡改定規則第三条（条文略——筆者）[22]ニ拠テ見レハ前段罪犯ノ如キハ或ハ又右三条ニ反違スルモノトシテ違令ニ問擬シ可然様ニモ有之……

右に明らかな通り、今回の疑義は度量衡規則の適用可否に絞られている。したがって大審院においてもその問題は解決済みではなかったのである。しかもその論調は同規則適用に消極的であるといえよう。すなわち、ここで大審院が上告の趣旨に反対し、これを退ける決定を抱きつつあったことが窺えるのである[23]。そしてむしろ「販売代金受納スルニ於テハ其偽造ノ事ヲ買者ニ告ケサル廉ニ依リ」、詐欺による処罰に固執しているかのように前回と等しく繰り返しその適否の判断を求めているのである。これに応える司法省の姿勢は、規則第三条をめぐる大審院の解釈を容れたものの、偽造の事実を告げないだけでは「詐欺ノ情状」があるとは見做せないとして、明文の根拠はないが「情理」に照らし「為スヲ得応カラサルノ事ヲ為ス者」であるから、前回同様不応為の擬律が適当であると内訓を下した。以上をまとめれば、司法省と大審院の二回に亘る交信の中で、①「官印の偽造がなければ詐偽律偽造斛斗秤量条には擬律しない」、②「詐欺の犯情がなければ詐欺律詐欺取財条には擬律しない」という認識が共有され、③上告検察官の求める度量衡改定規則第三条の適用はされないという確認が成立した。

かくして大審院は破棄差戻しの判決を下した。その理由はこうである。「抑モ右秤量ヲ偽造セシト云フハ官ノ検印ヲモ偽造シ以テ之ニ押用セシヤ又ハ如何様ノ印ヲ押用セシヤ将タ秤量ノ形質ヲ模擬セシノミニシテ何等ノ印ヲモ押用セシニハアラサリシヤ口供ニハ只秤量ヲ偽造シ云々トノミアリテ其製作ノ景状如何ヲ知ルニ由シナシトス」[24]、つまり事実審理が尽くされていないと判断したのである。(①に対応)。それに度量衡規則第三条への問擬は判決の中で一顧だにされていない[25]。それは大審院が、検察官の定式化した上告理由の個別的な枠を越え出て、司法省の判断を仰ぎながらも原審の法律判断全般に亘る細かな吟味と配慮とを巡らした結果である。次の事例もそのひとつに数えられよう。

〔事例5〕(表番号6)

事案は、窃盗三犯で懲役一〇年の服役者が、獄外で土砂運搬の使役中に係留中の土砂船に忍び込み物品を盗取し、帰獄後発覚したというもの。原審はこれを窃盗とし、それが四犯目を数えることから所定の「懲役終身」を言い渡し[26]、これを不服とした被告人が上告した。その理由は、「烟草入其外品盗取候始末有体自訴」したのだから、懲役終身の宣告は「実ニ奉驚候自首仕候廉何共歎ケ敷候何卒格之御仁恵ヲ以今一応御裁決被為成下度此段奉歎願候[27]」というものであった。要するに自首による減刑措置を期待しての上告であったが、大審院の請訓は次の通りであった。

大審院〔十二年五月廿日伺・同年六月六日付〕

運漕中舟子偶々事故アリ海岸河岸等ニ船ヲ繋キ他ニ行ク偸児其人ナキニ乗シ船ニ属スル必要ノ器械(「帆櫂舵等ノ類」)

及ヒ舟子等常ニ携帯スル（［紙入烟草入手拭等ノ類］）品物ノ船中ニ在リシヲ窃取スル者ハ窃盗ト同シク論スヘキヤ又ハ盗田野穀麥条ニ依リ準窃盗ヲ以テ論スヘキヤ

大審院疑問ニ左ノ通御内訓相成可然ヤ

内訓

……前段見込ノ通窃盗ト同ク論スヘキ者トス此旨及内訓候也

すなわち、原審の擬律が点検されており、疑義はそこに生じたことが分かる。しかし上告の主意たる自首の成立については何ら触れられていない。にもかかわらず判決の理由には、「犯跡発露シ推問ニ因テ申立」てたのであって発覚前に「真ニ罪ヲ悔ヒ首出スル者」ではないから自首免罪にはかからないと明示していた。つまり上告の理由なしとして棄却の判決が出される過程で、恐らくその結論は大審院により既に先取りされていたのであろう。大審院の審理着手は直接的には上告を契機とするものながら、司法省に尋ね合わされるほどの法判断上の疑義の所在点は別個に存したといえる。(28)

このように司法省が提示する解釈は大審院によって常に有権的な最終案として受け取られたわけではなく、同院の進める法判断のプロセスの中で自覚的にその場所を定められてゆくものであったことが分かる。(29)そこで、このように「発見」された問題の解決をめぐり大審院と司法省がいかに「緊密」な協働関係にあったのか、そのことを証する事例を次に掲げる。

〔事例6〕（表番号10・20・26）

左表上欄には判決理由と判決を、下欄には大審院と司法省間の交信記録を掲出してある。七月、九月、そして一〇月と日を追って三回に及んだ照復手続きを通じて、次第に判決の骨格が露になってゆく過程が窺える。なお、判決文とその理由は全文掲出したが[30]、主たる論点の展開を明確化するために下欄の資料はその一部を抜抄し[31]、あるいは大意の形で短文化してそれぞれの対照を可能にしてみた。

弁明

〔I〕橋本正一カ所為ヲ審理スルニ副区長在職中区内ノ農民佐藤長太郎佐々木佐太郎カ未納ノ貢租石代ノ県庁ニ完納セシメンカ為メ既ニ徴収シテ区務所ニ在ル諸税金ノ内百四拾三円ヲ私借シ之レニ自己所有ノ金壱円八拾三銭四厘五毛ヲ加ヘ合計金百四拾四円八拾三銭四厘五毛ヲ自己ノ所有金ト詐リ而シテ之レヲ長太郎ト佐太郎ニ貸与ヘ月弐歩ノ利子ヲ納ル、ノ契約ヲ結ヒタリ然ルニ爾後正一ハ該職ヲ解カレ後守屋伴男ヘ情実ヲ告ケ金百四拾三円ノ預リ証書ヲ区務所宛ニ認メ差入レ置キ追テ完償スル能ハサルヨリ県庁ヘ自首シテ尋テ内金四拾八円を還納シタル者ナリトス

a　大審院［十二年七月七日伺・同年同日廿一日付］

……（仙台裁判所盛岡支庁一〇年九月一二日付伺／司法省同年九月二六日付）御指令ニ依リ其事主タル則チ其県庁ニ右乙丙ヘノ貸金証書ヲ送付シ自首スルモノハ首免ヲ与ヘ可然トハ被存候得共官金ニ係ルニ依リ聊疑義ヲ生シ候ニ付請御内訓候也

（司法省による審案文略）

内訓

区長税金ヲ私有物ト詐リ他ヘ貸付ケ後チ完償スル能ハス其証書ヲ以テ自首スル者処分ノ儀申請ノ趣ハ未必ノ証書ヲ以テ現贓トナスヘカラサレハ首免ヲ与フルノ限ニアラス此旨及内訓候也

〔Ⅱ〕右正一カ犯罪ハ其私借金百四拾三円ノ内ニ於テ還納シタル金四拾八円ヲ扣除シ剰金九拾五円ヲ贓ニ計ヘ以テ明治十年四月廿五日司法省丁第三十二号達シニ明治九年五月第七十四号公布ヲ以テ私借官物律例廃セラレ候ニ付右処分方ノ儀太政官ヘ伺出候処監臨主守官ノ金穀ヲ私ニ使用融通スル者ハ監守盗ヲ以テ論ス可キ旨御指令有之候ニ付為心得此旨相達候事トアルニ照準シ賊盗律監守自盗条監臨主守自ラ監守スル所ノ財物ヲ盗ム者ハ首従ヲ分タス贓ヲ併セテ罪ヲ論ストアルヲ以テ論シ懲役七年ノ処自首シテ贓徴スヘカラサルヲ以テ名例律犯罪自首条第一項ニ凡罪ヲ犯シ事未タ発覚セスシテ自ラ出首スル者ハ其罪ヲ免ス贓アル者ハ仍ホ追徴シテ官物ハ官ニ入レ私物ハ主ニ給ス又第五項ニ若シ自首シテ贓徴スヘカラサルハ二等ヲ減ス又改定律例第六十四条凡罪ヲ犯シ自首スル者仮令ハ窃盗贓百円五十円ハ仍ホ現在シ五十円ハ已ニ費用シテ追徴スルコト能ハサレハ五十円ノ贓ニ二等ヲ減シテ罪ヲ科ス其余ノ贓罪モ亦之ニ準ストアルニ依リ其追徴スルコト能ハサル九十

b　大審院〔十二年九月十九日伺・同年同月二十九日付〕

……（大意／当該証書は親類数人の加判、戸長の奥印もある確かなものである。またその追徴は乙丙の子孫にまで及ぶであろうから）自然既必ノモノトセサルヲ得ス（しかし返済期限がまだ到来していない事、また債務者と連帯債務者が「身代限」を差し出した時は）一時ニ其之レヲ取立ルコト□難ケレハ……則該証書ハ未必ノモノナリトシテ首免ヲ与ヘサル儀ニ候ヤ果シテ然ラハ甲ハ其贓徴スヘカラサル者ニ依リ該金ハ悉皆甲カ費用シタルモノトシテ直チニ処分シ可然ヤ（以上第一条）右ノ如ク若シ該金ヲ悉皆甲カ費用シタルモノトシテ処分シ可然モノトセハ該証書ハ直チニ甲ヘ下付スル迄ノコトニ止ムヘキモノニ候ヤ或ハ又甲ハ所刑中ナルニ付甲カ代理人ヨリ則チ其負債者乙丙ヘ対シ民事ノ訴訟ヲ為サシメ乙丙ニ於テ其義務ヲ尽シ或ハ身代限ヲ以テ償還スル時ハ其金額ハ官ニ没入シ猶ホ其元金ニ不

余円ノ贓ニ二等ヲ減シ其官金ヲ私借シタルハ他ニ転貸シテ区内ノ貢租ヲ完納セシ《ママ》ト欲スルノ意ニ出ルヲ以テ其本罪ノ情状ヲ酌量シ三等ヲ減シ通シテ五等ヲ減シ士族ナルニヨリ改定律例第六十七条凡華士族罪ヲ犯シ自首スル者破廉恥甚ニ係ルト雖モ本条自首ヲ聴ス可キ者ハ一体ニ罪ヲ免シ除族スルノ限リニアラストアルニ依リ閏刑ニ換ヘ禁獄一年半ヲ科スヘキモノナリトス

〔Ⅲ〕而シテ正一カ私金ト詐リ長太郎外一名ニ貸与シタル二通ノ貸金証書ハ該事主即チ地方官ニ送付シ地方官ニ於テハ其証書ハ既ニ返償期限ヲ経過為シヲ以テ直チニ其負債主及ヒ請証人ニ係リ時宜ニ依リテハ民事ノ訴訟ヲ為シ各身代限リノ処分ニ至ルマテ返償ノ義務ヲ尽サシメ而シテ尚ホ其九十五円ノ金額ニ充タサレハ其負債主身代持直シ次第又ハ其子孫ニ掛リ其九十五円ノ全償ヲナサシメ而シテ後チ残リ証書面ノ金額四十九円八十三銭四厘五毛ハ正一ヨリ長太郎外一名ヘ掛リ正一カ直ニ之レヲ自分ニ受取ルコトヲ許スヘキモノナリトス

〔Ⅳ〕然ルヲ弘前裁判所秋田支庁ニ於テ監守自盗ヲ以テ足スルアルニ於テ又其加判人ヘ掛リ同様訴訟ヲ為サシメ其加判人ヨリ弁償スル金モ亦同様官没シ可然ヤ（以上第二条）

右審案スルニ第一条ハ其貸借ニ於テハ判然ナリト雖モ其証書ヲ以テ正贓現在トナスベカラス依テ贓徴スベカラサルヲ以テ直チニ処分シ第二条ハ他ニ償フヘキ財産ナキトキハ該証書ハ資力中ニ加ヘサルヲ得サレハ後半ノ通処分シ可然哉因テ左ノ通

大審院詰
判事　関　新平

官金ヲ私借シ自己所有ノ金ト詐リ他ヘ貸付ケ後ヲ自首スル者処分ノ儀ニ付申請ノ趣第一条ハ見込ノ通第二条ハ後半見込ノ通心得べシ此旨及内訓候也

c　大審院〔十二年十月八日伺・同年同月十三日付〕

……（大意／前の請訓の第二条の通りであると）罪人ヲシテ其贓金請求ノコトヲ出訴セシムル訳ニ相当リ

何分穏当ナラサルヲ覚エ故ニ刑事ニ於テハ前段ノ如ク該証書ノ金額悉皆甲ニテ費用シ贓徴スヘカラサル者トシテ直ニ其処分ナス迄ニ止□該証書ハ則チ其地方官へ送付シ該官ニ於テ更ニ民事ノ訴訟ヲ為シ其返償ノ金額総テ該官ニ於テ直ニ之レヲ受納セシムル方可然様ニモ被存右尚ホ又疑義ヲ生シ候ニ付別紙相添此段内訓ヲ請ヒ候

右審案スルニ別紙参照（小倉県伺〔七年十月指令〕）ノ例ニ依リ事主ハ乃チ官庁ナルニ付該証書ハ其地方官へ送付シテ可然ヤ因テ左ノ通

大審院詰

判事　関　新平

官金ヲ私借シ自己所有ノ金ト詐リ他へ貸付ケタル後自首セシ者処分ノ儀ニ付別紙申請ノ趣ハ見込ノ通該証書ハ其地方官へ送付スル儀ト心得へシ此旨及内訓候也

論シ贓金九十円余懲役七年原私借スルハ他人ニ転借シテ区内ノ貢租完納ナラシムルノ情ニ出テ毫モ営利ノ念ナキヲ以テ情状ヲ憫諒シ五等ヲ減シ懲役一年半自首シテ贓徴ス可カラサルモノニ依リ名例律犯罪自首条ニ照シ閏刑ニ換ヘ禁獄一年半ヲ科シ処断申渡シタルハ不当ナリト雖モ固ヨリ其監守自盗ヲ以テ論スヘキモノタルハ勿論ノコトニシテ自首シテ追徴スルコト能ハサル九十余円ノ贓ニ二等ヲ減シ又其本罪ニ付キ情状ヲ酌量シ三等ヲ減スルモ通計五等ヲ減スルコト故ニ到底其刑ニ軽重ノ差ナキヲ以テ右ハ破棄ノ限ニ非スト雖モ其貸金証二通ハ取上ケ該事主即チ地方官へ送付スヘキモノナルヲ之レヲ以テ直ニ其本犯正一ニ付与シタルハ不適当ノ裁判ナリトス

判決

右ノ理由ナルヲ以テ明治十一年八月二十五日弘前裁判所秋田支庁ニ於テ正一へ貸金証書二通ヲ付与シタル部分ヲ平翻スルコト左ノ如シ

橋本正一
右ハ前ニ弁明スル如クナルニ因リ佐藤長太郎佐々木
佐太郎両人ヘノ貸金証書二通ハ取上ル

事案は、かつて副戸長在職中に、納税未納の区民に代わって、私借した官金とそれに自己の財産を合わせた額を、すべて自己の所有金であると偽って支払ったものの、解職となって、返済が滞り自首したもの（上欄〔Ⅰ〕）。原審は、綱領、賊盗律監守自盗条に擬律したが[32]、（その詳細は同前〔Ⅳ〕）、上告した検察官の異議を唱えるところは、自首の扱いをめぐってであった。自首は犯罪が未発覚時に免罪の効果が与えられるが、その場合でも贓物の返還が不可能の場合は刑を二等減じるにとどまる[33]。この事案では、新旧戸長事務引き継ぎ時に新戸長に残した「預かり証書」[34]それ自体が、返還されるべき贓と等価的な対象物と見做し得るのかが核心であった。原審はこれを不可とし、これを不服とする検察官は「正贓現在スル者ト見做シ追徴シテ事主ニ還付ス可キ」ことを求めていたのである。

大審院の請訓の前半はこの点をめぐって展開した。aを見れば明らかな通り、大審院は当初、仙台裁判所盛岡支庁の例を引き[35]「証書」の効力についてはほとんど迷いなく、これを肯定して把えていた。ところが意外にも「未必ノ証書ヲ以テ現贓トナスヘカラサ」るとの内訓が送達され、その理由は示されないままであった[36]。そこで大審院は、かかる「証書」が債権回収の確実性の観点から有効（既必）なものか否かを検証せざるを得なくなった。これがbの第一の論点（—第一条）となった。そこに明らかな通り、「証書」は貸借関係をはっきりさせるものではあるが、「正贓現在トナスベカラス」との司法省の立場は変わらなかった。尤も以上の大審院が示した擬律をめぐる躊躇は、判決理由の上では「自首シテ贓徵スヘカラサルヲ以テ……二等ヲ減シテ罪ヲ科ス」との確信に満ちた立論の陰にその片鱗すら覗かせていない（〔Ⅱ〕）。しかしこれに到達するまでの過程には、司法省との間の「見込み違い」を大審院なりに読み解く営みがあったことを思うべきであろう。

今一つの論点（―第二条）は、「証書」が「未必」のものであり被告人が服役した場合、「証書」の還付先、すなわち被告人の持つ債権の代位取立方（b）とその債権の帰属主体は誰か（c）ということである。いずれも「証書」の贓徵能力を前提にしていた上告検察官には、湧いて来る余地のない疑問であった。こうした大審院の一連の疑問は、判決理由の立論構成に全く一致する。この「証書」をめぐる大審院の立場は〔Ⅲ〕で展開される。だが、こうした判決の展開を仮説的に予見し法判断の一貫性を紡ぎ出してゆく過程で、大審院が司法省に求めた役割は、いったい何であったのか。次に、「先例」の引用について若干の考察を踏まえる中でこのことに触れてみたい。

3　確保される判決の斉一性――引用される「先例」の意義

大審院と司法省との間で「先例」が引用されることが少なからずある。本章にて紹介してきた事例にも引例が見られた。そこでまず次表を参照されたい。

この表は右欄の「『先例』引用主体・事案」を除けば既に前表1と2に示した結果をまとめてみたものにすぎない。しかし、上告主体と「先例」引用主体、及び判決成果の三者間の関係について、次のことが指摘できるであろう。すなわち、大審院が明治一二年時に司法省に宛てて提出した疑義案件の極めて多くのものは、破棄結果、

表4　明治12年時の訓令システムの運用と「先例」の用いられ方

判決成果		表1所掲の事例整理番号	上告者による分類 被告人／検察官		「先例」引用主体・事案 大審院か司法省か	
破棄	自判	1. 2. 4. 7. 8. 9. 10. 11. 12. 13. 14. 16. 19. 20. 24. 26. 27. 30. 32. 35. 36. 37.	被	9. 16. 19.	大	
					司	
			検	1. 2. 4. 7. 8. 10. 11. 12. 13. 14. 20. 24. 26. 27. 30. 32. 35. 36. 37.	大	20. 30.
					司	1. 2. 4. 7. 10. 11. 12. 26. 35. 37.
	差戻し	5. 18. 22. 28.	被	28.	大	
					司	
			検	5. 18. 22.	大	
					司	5. 18.
棄却		3. 6. 15. 17. 21. 23. 29. 31. 33.	被	6. 15. 23. 29. 31. 33.	大	
					司	33.
			検	3. 17. 21.	大	21.
					司	21.
記録なし		25. 34.			大	
					司	

そのうちでも自判に連なっていること。そしてそのほとんどは検察官による上告を経たものであること。さらに司法省はその疑義に対する回答の中に、かつての指令を引用する場合が表中群を抜いて多いことである。これらの事実の中にいかなる内在的な関連性を仮定できるのか、詳論は後に譲るが、ここには確かに「先例」の引用が必要視される構造があったといわねばなるまい。しかもそれらは大審院が訓令を仰ぐコンテクストで引用されるか、あるいは司法省が具体的な擬律を指示するコンテクストで見出されてくるものか、その意味合いも異なってこよう。以下、「先例」の引用の態様を中心に論じてゆく。

〔事例7〕（表番号35）

酔狂に乗じて争論中、尋問を求めた巡査に対し暴言を為し、勾引されんとしたときに頭髪を摑むなどの暴行を加えた事案である。原審の高知裁判所は闘殴律闘殴条「手足ヲ以テ人ヲ殴チ。傷ヲ成サザル者ハ。笞二十（律例第一条で懲役二〇日―筆者註）」を適用したが、これを不服とする上告の理由は、警官に対する罪を加重して処罰する他律――律例罵詈律罵官吏条例第二三七条――との権衡から、本来先の闘殴条にはこうした加重についての明文がないけれども、二等を加え罰するべきであるというもの。大審院はこの上告主張のままに率直に、その明文の根拠を問うて司法省に請訓する。(37) これに対する司法省の内訓を審案文から挙げれば、

右審案スルニ別紙参照（高知裁判所へ内訓〔十二年九月十七日〕）ノ例ニ依リ左ノ通リ

大審院詰
鶴峰申敬

巡査ヲ殴ツ者ノ儀ニ付申請ノ趣ハ凡闘殴条ニ依ル尤モ違警罪ヲ犯シ拒捕ノ場合ニ於テハ闘罪ノ重キニ加等スル儀ト心得ベシ此旨及内訓

というものであった。なによりも当該内訓は審案文に高知裁判所の「例ニ依」ることが明示されている。(38) 高知裁判所は、闘殴律中判任官以上の者を殴ることは加重され罰せられる明文があるが、(39) 巡査などの等外吏の規定はなく、やはりその場合でも他律――上記、罵詈律――との権衡から二等を加えるべきか躊躇していた。(40) しかして同裁判所に応える司法省の内訓は先の大審院宛のそれとほとんど変わることがなかった。(41) それにその審案文には、熊本裁判所大分支庁への同年八月二七日付内訓の例に依拠したことが明記されてもいた。(42) 左はその時の内訓である。

内訓

巡査ヲ殴ツ者ノ儀ニ付別紙申請ノ趣ハ例第二百三十七条ノ権衡ニ依レハ福岡県ヘ指令ノ如クナレトモ八年第百三号布告ヲ以テ準擬スヘカラス律ニ明文ナキニ付凡闘殴条ニ依ルヘシ尤違警罪ヲ犯シ拒捕ノ場合ニ於テハ闘罪ノ重ニ加等スル儀ト心得可シ此旨及内訓候也

右を見れば、更に福岡県への指令（明治八年三月九日付）[43]にまで遡り得ることが分かるが、本章でも既述した明治八年の太政官第一〇三号布告の施行により、その指令の立場を変更する旨が触れられる。[44]しかしそれに続く文意は以後そのままの形で踏襲され、上述の大審院への内訓の淵源を形成したのである。つまり当該問題をめぐって、大審院は、司法省から既成の型の回答を機械的に与えられたに過ぎないのである。このように、資料内に引用される「先例」が裁判所の判決ではなく、なによりも司法省からの裁判所に向けての判断（指令・内訓）であったことを想起するならば、こうした「先例」から「先例」への一貫した探求可能性こそ、司法省サイドにおける法判断を裁判所に向けて説得的に了解させるための最も有効な正当化根拠であったことが分かろう。

〔事例8〕（表番号5）

大審院もまた司法省の指令や内訓の動向には敏感に気を配っていた。むろんそれは過去の類似案件を探索し、引用するという行為に現れようが、本事例は若干その趣を異にする。姦夫に対して、姦婦の夫が恐喝して「詫金」を要求した事案であるが、大審院は福島県令山吉盛典が宮城上等裁判所検事宛に出した上告趣意書中に引用した[45]同県令からの求めに応えた司法省指令が、果して係属している当該事件にも有効か否か請訓を立てたのである。その部分を左に掲げれば次のようになる（（　）内筆者）。

茲ニ甲アリ乙其妻ニ姦ス甲怒リ乙ヲ恐喝シテ謝金トシテ弐百円ヲ要求スル乙即時調達シ兼子借用証書ト為ス今之ヲ処スル該証ヲ直チニ得財ト為ス乎否

但甲ナル者該証ヲ抵当ト為シ他ヨリ金借ニ及フニ於テハ之ヲ処スル本条ニ異同アルヤ

指令

伺ノ趣法律明文ナキニ依リ糺治スヘキニ非ス（以上請訓内引用、以下請訓部分）

右ハ徳次郎カ姦夫久兵衛ヲ恐喝シテ詫金ヲ要求シタル件ニ付テノ御指令ニ候哉為念別紙一件書類相副請御内訓候也

この請訓の趣旨は、これまでも掲出してきたような上告理由を契機とした原審の「不法」性を直接に吟味することではなく[46]、他の一件書類と併せて提出される上告趣意書に引用された司法省指令が本件にも関わるものか否かをその発信元に問い合わせるというまさに形式的な確認作業にあった[47]。尤も、司法省はこの問いに応え、「伺文中姓名記載ナシト雖トモ辰次郎ノ事件ニ適用スルコトヲ得可シ」との内訓を返送する。判決はこの確認を踏まえ立論され、結局原審の事実認定の不備を指摘して破棄・移送の結論を示した。

こうした判決に向かう一連の展開の中で、大審院が請訓によってその確証を欲した事柄は、なによりもまず原審に与えられた司法省の法判断であった。むろん同一事件の審理であるとはいえ、それが下級の裁判所宛のものであっても注視に値するものであったに違いない。確かに既述のように、そこで得られた回答が実際の判決にいかに影響力を及ぼすかは、なによりも質疑主体たる大審院の問題設定の仕方に関わることであった。しかし、各司法的機関と直結したルートを保持する司法省の示す判断はそれでも度々想起され、探索され、そして引用されることを通じて、大審院と他の下級裁判所との司法審級上の上下関係を越えて、それ自体として顧慮されるべき権威性を、事実上、発揮していたのである。(48)

では大審院はこうしたシステムの中、解釈の自己指針を眠らせたまま、ひたすら司法省の判断に盲従していたのであろうか。次の事例に目を向けてみたい。

〔事例9〕（表番号23・29・31）

事案は官林を盗伐し、その共犯関係が問題となったものである。上告した被告人達は、互いに共犯関係にはなかったことを主張していたが、大審院の九月三〇日付の請訓はそうした事実関係を離れ、専ら擬律に関わる疑義であった。請訓文面は、「甲ノ発意ヲ以テ乙丙共ニ官林ヲ盗伐シ贓金百拾円以上ニ該ル者アリ右甲乙丙ノ処分如何相心得可然哉」というもので、その余りにも平準な質疑の型は今日の試験でいういわゆる「一行問題」に比せられる程であるといえよう。これに応える内訓も、「賊盗律盗田野穀麥条」の適用と、(49)それぞれ「贓」を計えた上で首犯者には懲役七年、乙丙には五年の宣告を促すものであった。これも全く簡明な判断のように思える。だが、一〇月二〇日付の大審院からの請訓を読めば、前回の訓令を求めた同院の疑点が奈辺にあったのかがはっきりと浮かび上がってくる。

要約すれば、これまで「官林盗伐者処分ノ儀各裁判所並各県ヨリ伺」が出されていたが、司法省の「御指令」はこれを、ある時は、窃盗に準じ官物ゆえ一等を加えたり、またある時は盗田野穀麥条に依って窃盗に準じこれまた官物ゆえ一等を加えたり、あるいは賊盗律常人盗条に準じるなど(50)「区々」に対応してきた。そしてこの度の内訓も盗田野穀麥条[51]により首従を分けて論じる旨指図されたが、大審院は従来これを「常人盗」で処理して来ている。ところがこの常人盗条は官物を盗むについては「窃盗ニ。一等ヲ加」えるが、正犯・従犯の区別を立てないことを規定している。[52] ここに請訓が再び発せられる理由があった。

……盗田野穀麦律《ママ》ニ依リ首従ヲ分チ加等セス処分スヘキ旨御内訓之レアリ右ニ拠テ見レハ官私ヲ分タサル者ト御改定相成タル儀ト存候果シテ御改定相成タルモノトセハ其旨趣各所ヘ御内訓相成候様致度左ナキニ於テハ依然両様ノ御指揮ニ基キ処断可致然ル時ハ犯人ノ不幸ハ論ヲ竢タス又御指令モ一途ニ出ス候テハ如何ト存候抑官林盗伐犯者各地方共数多有之処何ヲ経サル向ニ於テモ総テ各所ヘノ御指令ヲ援引加等シテ処断致候哉ニ相見ヘ候条此段上申仕候也

大審院詰

刑事課判事

右の請訓に明らかな通り、「官物」であるがゆえの加等処分は既に広くおこなわれているところであり、先の内訓によってその処分方が「御改定相成」ることとなったのであれば、その旨各所に通知して「両様ノ御指揮」を「一途ニ出」すよう、大審院からの強い要請が為されたのである。司法省の判断は斉一的であるべきであるとするそうした期待は、司法官衙の頂点に立つ大審院からすれば当然すぎることであったに違いない。右文中には、行為者当人や各所におけるこれまでの運用方に与える混乱が挙示され、法の一義的な解釈・運用に——その正統性の所在はともかくとしても——ことのほか注意が払われていることが伝わろう。これに対する内訓は、官林盗伐者処分ノ儀区々ノ指令有之不都合ニ付確定ノ指令内訓相成度上申ノ趣ハ明治八年第百三号布告以後指令援引不相成ニ付別段内訓ニ及ハス候此旨可相心得候也

というもので、明治八年の太政官第一〇三号布告により指令が「将来裁判所ノ準拠スヘキ一般ノ定規[53]」としての拘束力を否定された以後は、「犯人及ヒ検事ニ於テ不当ト見込旨ハ上告ノ道モ有之」から「大審院ニ於テ相当ノ処断可及ニ付別段各所へ内訓ニ及ハスシテ可然哉[54]」との判断が示されたのである。ここに当該事例で顕わになった司法省指令間の不整合は、右布告解釈上、規範論的にはあり得ないこととされ、それでも事実上生じてきた問題の解決はそれこそ大審院の任務に属するものとして退けられてしまった。

ところがこの内訓を受ける前に、大審院は三度目の請訓を立てていた。要旨のみ記せば、樹木を伐採してその場に放置しただけであれば戸婚律棄毀器物稼穡条が適用されようが[55]、この条文は「官物」であれば加等する規定を持つ。しかし盗田野穀麦条であれば、伐採後運搬して他材に加工して贓を得たとしても「官物」であるための加等がないため、「伐採シテ其場ニ差置キタル者ニ重ク権衡平ヲ得サル様相考候間今一応仰御内訓候也」というものであった。初回の請訓に比せば細かな解釈に関するものとなっているが、司法省からの第一回目の内訓を問題視する点では異なる所はない。内訓は次の通りであった。

大審院詰
判事　鶴峰申敬

官ノ竹木ヲ盗伐スル者ト毀伐スル者トノ処分方権衡平ヲ得サルノ儀ニ付申請之趣ハ竹木ヲ盗ム者官ニ係ルト雖トモ真

盗トナシテ論ス可キ者ニ非サレハ盗田野穀麥条ニ依リ準盗トナシ論セサル可カラス而シテ該条ニ官ニ加等スルノ明文ナシ棄毀器物条ト権衡同シカラスト雖トモ改正ニ至ル迄ハ各本条ニ依テ処断スル外ナシ此旨及内訓候也

司法省は、もはや立法で改正を期さねばならないとの所見を表明したのである。それにしても大審院は三度にも亘る請訓を通して、自己の擬律・解釈の正当性を主張した。それに三度目の請訓は司法省からの二度目の回答を待たずに重ねて出されたのである。二度目のそれが手続き的な観点からの正当化であれば、三度目のそれは法理論的な観点からの正当化であった。しかしこれらの問いかけに対し、司法省からの二度目の内訓が「大審院ニ於テ相当」と判断されるいわゆる純然たる司法権限の範疇に預けてしまい、三度目のそれが立法上の改正に期する態度を示した時、大審院は果して自らの法判断を正当化する根拠を、本来「正統」な司法機関である自己を取り戻した上で見出すことができたのであろうか。そしてこの限界的な事案において大審院は、果敢に、自己の判断に基づく解釈を支えにしたその固有の覆審機能を果たしたのであろうか。当該事例に関する限り、その答えは否である。判決にあたって原審の事実認定と法律操作を詳細に検討した後、大審院は司法省内訓をそのまま繰返したのであった[56]。ここには、二度目の請訓にて司法省に詰め寄った勇ましいとすら評し得る大審院の姿はなく、判決に至る曲折をいまや知る我々からすれば、潔いまでの変貌ぶりとして写る。

結局、司法省と大審院の法運用方の不一致が認識されるや、後者は前者にその判断の整合性を問い[57]、逆に前者は後者に対してかつての自己の判断を――それを審級上の上下関係を考慮することなく――「先例」として引用することを、それぞれためらうことなくおこなっていた。もとより両機関の法条解釈がすべてに無矛盾であるということはあり得まい。大審院は、その場合、既定の法解釈に沿いこそすれ、それを破る確信にまではなかなか到達することができなかったのである。では、そうした「先例」を索ねる大審院に対し司法省の優位的関係が見え隠れする構造の背景に、いかなる当時代的な条件を読み込むことができるのか。この点について次例に注意を向けたい。

〔事例10〕（表番号11）

まず左に請訓―内訓の全文を掲げる。

大審院［一二年七月九日伺・同年同月十六日付］

茲ニ甲某アリ窮迫ノ余リ其婦ト熟議シ品川宿貸座敷へ娼妓出稼ヲ為サントス然トモ妻ノ名称ニテハ鑑札受取方ニ差支ユルニ付本籍戸長乙某ニ依頼スルニ該宿三渡世取締会所ヨリ照会ノ節妹トシテ回答アランコトヲ以テス戸長ハ不宜コトハ知リナカラ甲某ノ情実ヲ愍レミ其請ヲ許諾シ妹ノ名義ヲ以テ右取締所へ回答ニ及ヒ且妻ヲ妹ト詐為シタル該偽寓居証ヲ戸長丙某ニ差送レリ右戸長乙某詐偽官文書律余ノ文書ヲ詐為スル者ニ擬断スヘキ哉又ハ官ノ文書ヲ詐為スルトハ官ノ文書ヲ作ルヘキ職掌ナキ者例ヘハ常人ガ官吏ノ文書ヲ詐為スル等ヲ云フモノニテ右戸長乙某ハ職掌上ニテ戸長ノ文書ニ詐偽ノコトヲ記載セシ者ニ付余ノ文書ヲ詐為スル者ニ擬断スルノ限リニ在ラスト心得可然哉

右審案スルニ別紙参照（大審院［十年十二月六日伺・十一年一月廿六日付］）ノ例ニ依リ余ノ文書ヲ詐為スル者ニ依リ左ノ通可然哉

内訓

戸長公文中詐偽ノ事ヲ記載セシ儀別紙申請ノ趣ハ寓居証ヲ詐為スルニ係ラハ前半見込ノ通余ノ文書ヲ詐為スル者ニ依リ処分スル儀ト心得可シ　右及内訓候也

一読して明らかな通り、司法省により依拠される「先例」とは、かつて大審院が自ら発した伺とそれに対する指令なのである。請訓の内容は、本節2で紹介した諸例に比定されよう。大審院は、詐偽律詐為官文書条[58]の解釈について複数の可能性を立て、その中から妥当なものを司法省に拾い上げさせている。少なくとも同院の問題の設定・解決の姿勢は能動的であると評せよう。だが当該事例で扱われた問題性は、かつて大審院自らがその判断について司法省の指令を求めたものであって、いわば同院にとっては既知の事柄に属するもののはずであった。では、どうしてこうした再度に亘る問い合わせが為されざるを得なかったのであろうか。

推測するならば、前〔事例9〕と同じく既知の法適用とはいえ、司法省側に擬律の不統一が認められる場合、あるいは事件の具体的個別的性格を考慮したときに従来からの法条の用い方では対処不能な状態が生じた場合などが、まず考えられよう。そのためここでも判決の経過などにいささか立ち入らねばなるまい。上告の理由は原審が律例第二四六条に問い懲役三〇日を言い渡したことを不服として、詐偽律詐為官文書条の適用を求めていることである。論点は、戸長乙が偽造した「寓居証」が詐為官文書条に規定される「余ノ文書」（前註（58）参照）に該当するか否かということであった。ここで明治一一年一一月八日大審院に上告するために、権中警部橋詰敏が認めその後司法省に送付された上告状には[59]、次の件りがあった。

……是則詐偽律詐為官文書条ニ依リ余ノ文書ヲ以テ論スヘキモノト存シ候今其例ヲ挙ルトキハ明治七年中愛知県[60]並京

都裁判所[61]白川県[62]筑摩県[63]伺中ニ区戸長ノ送籍状及荷物送状又ハ証書奥書ノ類総テ余ノ文書ヲ以テ論ス可キノ御指令アリ其他御省日誌第七百四十一号大審院伺書ノ中余ノ文書トアルハ云々一職一吏ヲ以テ行フ区戸長等ニ至ルマテノ文書ヲ指スモノナルヤノ御指令ニ伺ノ通ト有之……

すなわち橋詰は、これまでの司法省指令を探求し、そこに当該条文の常態的な運用方を確認している。そして興味深いことに、内訓で引かれた大審院伺とそれへの指令についても言及があり、当該問題をめぐる司法省指令の方向は一貫性を持ったものであることまで述べている。ところで以上の上告状は当然大審院担当判事の手にするところであり[64]、したがってそこに引用された「御省日誌第七百四十一号大審院伺書云々」ももちろん判事の目に触れたことであろう[65]。しかも、とりわけて当該事例が法理上特殊な考慮を要するものとは認められない。換言すれば、この事例がこれまでの当該法条の適用範囲から著しく逸脱するほどには個性的であるとは考えられないのである。だとすれば「司法省指令録」上にも見出せるかつての大審院伺が同院自らによって顧みられなかったことは[66]、それが単純な担当判事の法情報検索能力上の問題ではないとすれば、司法省と大審院との間における見込みの違いに起因するものと考えるほかなかろう。しかもこの場合、原審の判断を不服とする上告の理由付けを司法省が支持する形で内訓が発されており、大審院の同律運用をめぐる過度なまでの慎重さがかえって不自然に際立つ結果となってしまっている。そこで次に、そうした確認の文脈の中で、大審院がそれまで用いていた擬律操作に誤ちが存したことを図らずも知らされることとなった例を示そう。

〔事例11〕（表番号37）

本事例の問題とする法律上の疑点は、左の引用に尽くされる。

大審院［十二年十一月十八日・同年同月廿六日］

第一条　明治七年十二月十八日太政官第百三十四号布告創定名例律断罪無正条々例凡罪ヲ断スル正条アリト雖モ所犯情状軽キ者ハ仍ホ情法ヲ酌量シテ軽減スルコトヲ聴シ減シテ五等ヲ過ルコトヲ得ストアリ右軽減スルコトヲ聴シトアル軽減ノ法ハ死罪ヨリ懲役十日迄ノ刑名ノ範囲内ニテ止ムルコトト為シタトヘハ死罪ニ該ル者死ヲ出シ懲役終身乃至三年迄五等ヲ軽減スルコトヲ得ルモ懲役五十日ニ該ル者ニ五等ヲ軽減スレハ無科ニ至ルニ付軽減スルコト四等ニ止メ又懲役十日ニ該ル者仮令酌量スヘキ情状アリトモ一等モ軽減スルコトヲ得サル儀ニ候ヤ

第二条　前条ニ述ル如ク死罪ニ該ル者スラ情状ヲ酌量シテ軽減スルトキハ死ヲ出懲役終身乃至三年ニ軽減スルコトヲ得ヘキナリ年ニ該ル者ニモ五十日迄軽減スルコトヲ得ヘキナリ然ルニ懲役三十日ニ該ル者ハ軽減ヲ得ルコト二等ニ止リ懲役十日ノモノニハ一等□タ□モ軽減スルコトヲ得スト□□□重軽罪者等シク軽減ヲ受クヘキモ重罪者ニ厚クシテ軽罪者ニ薄ク権衡其平ナルコトヲ得スト謂フベシ依テ軽減ヲ為シ得ルニ五等ヲ以テ範囲内トシテ重軽罪ニ通用シ懲役五十日以下ノ者ニモ其情状ニ因テ減尽シテ無科ト為シ得ヘキ儀ニ候ヤ

右第二条ノ如ク当院ニ於テ是迄判決致シ来リ候得共第一条ノ儀相発シ疑惑ヲ生シ候条如何処分シ可然哉

明治七年一二月一八日太政官第一三四号布告の全文を冒頭に掲げた請訓であり、その内容も断罪無正条条例運用上の疑問を質すものとなっている。そもそも同条例は、絶対的法定期刑を定める律刑法では「犯情百出ニシテ其情状或ハ酌量軽減セサレハ実ニ情法允当ナラサル儀モ有之」ことから、「裁判官ノ見込ヲ以テ定律ノ外一等ヨリ五等迄酌減ヲ許」す趣旨から制定されたとされている。(67) すなわち、固定的な律文の運用に際し、裁判官の裁量の働く余地を与えたものであり、情状の個別的な判断を加味しての弾力的法適用を目指したものなのである。(68) ところがそこにジレンマが生ずる、というのである。法定刑に照らして減等を施すとき、死罪でさえも最高懲役三年まで減じ得る。しかしその一方で、もし懲役五〇日以下の場合、これを情に照らして五等減の結果を得ようとすれば、それは減じ尽くされて「無科」とされてしまう。したがって、そうした時には酌量の余地をいくら残そうとも、懲役日数をゼロにすることを避けるための処置として減等を緩めたとしたら、「重罪者ニ厚クシテ軽罪者ニ薄ク権衡其平ナルコトヲ得」まいというのである。(69) ここで特筆されるべきことは、右請訓末尾に「右第二条ノ如ク当院ニ於テ是迄判決致シ来リ候得共（以下略）」と記されたようにこれまでの大審院の同条例をめぐる定見的解釈に、当該事例を契機として、ある種の疑念が生じその確認を司法省に求めていることである。その疑念は、大審院にとっては裏目の結果に結びついた。

右審案スルニ第一条ハ別紙参照［（新川県九年四月十五日伺同年五月十六日付）］ノ例ニ依リ第二条ハ軽重罪者等ク減軽ヲ受クヘキモ重罪者ニ厚クシテ軽罪者ニ薄ク権衡平ヲ得サルカ如シト雖モ極軽罪ニ至テハ等級尽テ減スルコト能ハス仮令酌量スヘキ情アルモ法ニ於テ減スルコト能ハス故ニ裁判官ニ於テ情ト法トノ適度ヲ酌量セシメシ所以ナリ且有罪者ヲ減シ尽シテ無科ト為スハ却テ権衡平ヲ得サルト謂フベシ尤モ律ニ於一二等減ノ明文アルハ格別ナリ右ノ理由ナルニ由リ左ノ通リ

大審院詰
判事青木信寅

情法ヲ酌量シテ五等内軽減スル儀ニ付申請ノ趣ハ仮令酌量スヘキ情状アルモ法ニ於テ有罪者ヲ減シ尽シテ無科トナス能ハサル儀ト心得ベシ此旨及内訓候也

つまり、これもまた大審院の見込み違いということであるが、前〔事例10〕と比較して重大なる相違は、本事例での同院の解釈は他の事例においてこれまでも踏襲されてきたであろうことが窺知される点である。まさにそうした法律の「誤操作」が大審院によって気付かれず繰り返しおこなわれていたところ、大審院がたまたま発した質問によって自らが気付くところとなりそれを是正する機会に結びついたのである。ただし右引用にも明らかなとおり、この問題については明治九年の段階で新川県伺とそれに対する司法省指令という「先例」が存在しており、[70]ここでも大審院によって何故この「先例」が顧みられなかったのかという疑問が依然として残る。[71]いずれにしても、「先例」はここにおいても司法省の解釈と原審に不服を申し立てる上告者とを貫流して、両者を一律の理由付けの下に結び合わせる機能を果すかたわら、大審院における判断の正誤すら映し出す規準でもあったことが分かる。この〔事例11〕は、確かにある具体的な一事案が処理される一連の経過のうちにあって、まさにその断片を描写するものではあろうが、大審院において常態的に運用されている擬律方法には潜在的に誤謬が含まれ、それが一片の内訓により顕在化する可能性があったことをも例示しているのである。[72]

（1）明治一〇年一一月二日太政官第七六号布告による改正後のものである。『法規分類大全』〔刑法門一・刑律三〕、三二六頁以下。

（2）いわゆる和姦の罪については、明治六年一月一八日の太政官第二一号布告により私生児の戸籍記載が義務づけられたことから、その届出によって犯罪が露見することがあってはならないとして（同年一月三一日付司法省伺）、不処罰化されていた（同年二月八日太政官第四三号布告）。『法規分類大全』〔刑法門一・刑律二〕、二四三頁以下参照。

（3）　大坂裁判所編纂『刑事類纂（乙編）』（明治一〇年一二月刊）、二四三頁。なお、質疑応答にて引用されるこうした「先例」の機能については、本文にて後述する。

（4）　以上の上告理由及び以下の大審院判決は、前掲『大審院刑事判決録』（明治一二年五・六月）、五一二頁以下。

（5）　掲出した司法省による内訓とその理由（審案）の部分は、原本では朱字で記録されている。

（6）　前掲『大審院刑事判決録』（明治一二年五・六月）、九四二頁以下。

（7）　当該箇所のみを抜抄すれば、「官私ヲ詐欺シテ財物ヲ取ント欲シ已ニ手ヲ下シテ未タ財ヲ得サル者ハ如何処断スヘキ哉」との伺に対し、「詐欺シテ財ヲ得サル者窃盗財ヲ得サル者ト同ク論ス」と指令が出されていた。『司法省日誌』（第百号、一八七四年）、一八―一九頁、前掲『刑事類纂（乙編）』、六二三―六二四頁。なお、こうした当時の「先例」探索の用具としての「司法省日誌」の果たした機能については興味の尽きない課題であるといえるが、これについては、霞信彦「『司法省日誌』考――第一期刊行分を素材として――」（『法学政治学論究』第四号、一九九〇年）や同「司法省日誌記事をめぐる一試論」慶應義塾大学法学部『慶應義塾大学法学部法律学科開設百年記念論文集（法律学科篇）』（慶應義塾大学法学部、一九九〇年）により、詳細な研究の端緒が開かれた。

（8）　ところで以上の事例1・2で提示された運用上の疑義は、ことのほかの難問というよりは明文上の根拠を単純に確認したまでのもので、事例そのものも、法条が欠缺しているとはいえ、全く意外性に満ち溢れたものではなかろう。そもそも司法省によって引用されたかつての指令―運用例がそれを示しているように、それらは以前から、あるいはその時点に至るまでにも、実務上その類例にこと欠かなかった事例に属するのではないか。この点につき、私は個々の判事における法認識の深浅の程度に差異があったことに着眼してみたい。本文にて後述するところである。

（9）　改定律例第一条を参照のこと。

（10）　この事案は〔事例7〕として本文で後述する。

(11) 郵便為替取扱規則違反として処罰されるか、あるいはいわゆる普通刑法典としての綱領・律例の賊盗律監守自盗条の適用を受けるかが問題となったもの。同規則について、「一般ノ公布無之者ニテ布告布達セサル罰則ハ裁判官ノ承知セサル義ナレハ監守自盗ヲ以テ論スルヲ至当ト存候」とする司法省内訓を受け、大審院は「国法ニ依リ」同条を適用した。

(12) 刃傷されまいとして防御に出て、攻撃者の陰嚢を摑み負傷させたところ、原判決では闘殴律闘殴条、「陰陽ヲ毀敗スル者ハ、流三等（律例第一条により懲役一〇年—筆者註）」が宣告された。しかし大審院は医者の診断書などから、「二週間ヲ経レハ全愈ノ見込トアリ且其傷ハ既ニ全愈シテ生育ヲ妨クル等ノ将来癈疾ニハ係ル患ヒナキ証憑アリ」と認定し、同律同条「凡闘殴、手足ヲ以テ人ヲ殴チ、（中略）、傷ヲ成ササル者ハ、笞三十（同前により、懲役三〇日—筆者註）」を適用するとの「見込」みを表したもの。

(13) 所見によれば、いままで本文及び註で言及してきたものに加え、表番号14、17、21、22、37等が数えられる。

(14) 〔事例2〕を参照のこと。

(15) 律例、改正七贓例図参照。ちなみに「未得財」を以て論ずる盗田野穀麥条によれば、懲役四〇日となろう。

(16) 〔事例1〕を参照のこと。

(17) 律例第七五条の「（略）二罪倶発スレハ一ノ破廉恥甚ヲ以テ重ト為シテ論ス」を参照せよ。

(18) 『大審院刑事判決録』（五・六月）、三三七頁。

(19) 手許の記録の限りで、この案件の行為者の主観面が検討された件りはない。この判決も運搬の事実を以て「盗」か否かの分岐点とするが、もとより盗取の意図から伐採し運搬にかかろうとしていたわけであるから、大審院の疑義は当然のものとして現れて来よう。

(20) 改定律例第一条により懲役五年に改められる。

(21) 表2を参照のこと。『申明類纂』（乙）に収められる。

(22) 度量衡改定規則第三条には「製作所売捌所官許ノ外ニ器製作売捌一切不相成事」と見える。そして第六条に「第二条以下ノ禁令ヲ犯ス者ハ其品取上ケ律ニ照シテ処断スヘキ事」とあるから、綱領雑犯律違令条が適用されるのである。『法令全書』（一八七六年）、一〇頁。

(23) その理由は、同条が禁止するのは、製作免許を請け負う営業者などが指定場所以外で製造販売することであって、「該場外ニ於テハ秤量ヲ模擬シ及其之レニ官ノ検印ナク売捌ヲナスヲ禁止スルトノ明文之レナキ」ものであるとされるからである。

(24) 『大審院刑事判決録』（明治一二年一〇月）、三五五頁。

(25) その理由は前述の通りであろう。尤も判決では、秤量の緒紐などの付け替えを罰した同規則の第四条違反（これは前註（23）に見るような主体の制限がない）の可能性は指摘されている（同規則第三条と同じ刑罰）。したがってもし詐偽律に問われれば法条の競合が生じ、重き罪、すなわち後者の罪が確定する。

(26) 「凡窃盗四犯財ヲ得ル者ハ贓ノ多寡ヲ論セス懲役終身」との定めが、明治六年七月二三日太政官第二六六号布告によって、宣言されている。『法規分類大全』〔刑法門二・刑律三〕、三五六頁。

(27) 『大審院刑事判決録』（明治一二年五・六月）、六九一—六九二頁。

(28) けだし内訓条例の趣意に沿うものであろう。本章七四頁以下参照。

(29) このように原審への不服点を指摘した上告の理由に直接響かない問答の往還は、表番号2、8、9でも認められる。

(30) ただし文中を各段落に分け冒頭の〔I〕から〔IV〕を付し、注意箇所に傍点などを付したのは筆者である。

(31) ひとつの疑義が罫紙数葉に亘る長いものがある。なお、引用文中、傍点を付したり、（ ）内に見る要約文は筆者によるものである。

(32) その正文は「凡監臨。主守。自ラ監守スル所ノ。財物ヲ盗ム者ハ。首従ヲ分タス。贓ヲ併セテ。罪ヲ論シ。窃盗ニ。二等ヲ加フ。」である。職制律私借官物条は同律の廃止に伴って、賊盗律監主自盗に併合された。なお、この職制律廃止に触れるものとして、原禎嗣「明治九年太政官第四八号布告をめぐる若干の考察」（『法学政治学論究』第七号、一九九〇年）、二一六頁以下、後藤武秀「職制律等の廃止と官吏懲戒例の制定について」（『敦賀論叢』第四号、一九八九年）、九一頁以下。

(33) 綱領、名例律自首条「若シ自首シテ。贓。徴ス可ラサルハ。二等ヲ減ス。」。

(34) 後述の例のように、区民への貸付証書のごときものであったようであるが、被告人の口供書の限りでは判然としない。

(35) 指令のみ掲げれば、「（伺ノ通）貸金証書ヲ事主ニ下付シ自首スル者ハ首免ヲ与フル儀ト心得可シ」というものであった。前掲『刑事類纂（続編）』（明治一一年六月刊）、一〇三―一〇四頁。

(36) 盛岡支庁の事例との異同が司法省により全く示されない。

(37) この意味でこの事例は、本節1に掲げた類型に属しよう。

(38) この例は、明治一二年八月三〇日付の請訓であって『申明類纂』に収録されている。なお、本〔事例7〕の原審も同裁判所であるがその判決日は同月二五日であった。考えられることは上告決定が為されたとき、自らの擬律結果に不安を抱いた同裁判所判事により確認が求められたのかもしれない。

(39) 律例、殴官吏律、第二一六条以下。

(40) 罵詈律との権衡から二等を加えるといっても、「更□重要ナル法理ノ許サヽル比附援引ヲ為スノ類ニ非スシテ律ニ明文ナキ即チ律外ノ律ヲ作為スルノ疑ヲ免ルコト能ハサルナリ……其罪ヲ断スルニ依ル所ノ律条ヲ明示セスシテ判文ノ確的ナラサルヲ致サンヨリ寧ロ法律ニ明文無キ者ハ罰セサルノ□理ヲ守」るべきだし、「予メ人民ニ告達セラレ其巡査等ニ係ル者ハ凡人ヨリ重キコトヲ周知セシムルニアラスンハ不都合ナルベシ」との理由付けから、高知裁判所では従来から加等せずに処理して来ている旨、示している。ここには契約説的な理解に基づく刑罰論の片鱗が展開されていると思われる。

(41) 「巡査及ヒ等外吏ヲ殴ル者……」と記される。

(42) 『申明類纂』に収録。請訓日は同年八月五日。

(43)　『司法省日誌』(第三八号、一八七五年)、二〇頁に「三月九日分」として〔福岡県へ達書〕が載せられ、その第二条には「邏卒万人ヲ殴ツ者ハ凡人ニ二等ヲ加フ折傷以上ハ凡闘殴ヲ以テ論ス」とある。これはもともと明治七年七月三一日付の同県からの伺に対する指令を改定したものである。『司法省日誌』(第一五三号、一八七四年)、六一七頁参照。

(44)　すなわち同布告の第五条、「頒布セル布告布達ヲ除クノ外諸官省随時事ニ就テノ指令ハ将来裁判所ノ準拠スヘキ一般ノ定規トスルコトヲ得ス」が想起されたのであろう。

(45)　同裁判所検事宛に出された、明治一一年七月一八日付の具状書である。『大審院刑事判決録』(五・六月)、八八三頁以下。

(46)　「大審院章程」(明治一〇年二月一九日太政官第一九号布告)、第一条参照。

(47)　これも本節1の分類に含められよう。

(48)　上告は原審が詐欺律恐喝取財条に問擬したことに異議は唱えない。しかし姦夫が押印した未払いの「詫金」証文は「恐喝暴威ヲ言外ニ逞シ遂ニ貸借証券ニ押印」させたものだから無効の単なる「空券」であるにもかかわらず(したがって恐喝未得財で論ずる)、原審がこれを「贓」として捉えた点を不服としたもの。

(49)　前註(44)所掲の明治八年太政官第一〇三号布告第五条を参照。

(50)(51)　どちらも官物が盗まれたことについての加重規定の明文はない。おそらく次註に掲げた「常人盗」を類推したものであろう。

(52)　「凡常人。官ノ財物ヲ盗ミ財ヲ得サル者ハ。笞五十。財ヲ得ル者ハ。首従ヲ分タス。贓ヲ併セテ。罪ヲ論シ。窃盗ニ。一等ヲ加フ。」。

(53)　その第五条である。前註(44)を参照のこと。なお、明治七年一月二〇日の司法省達によれば、『司法省日誌』を判決文内に引用するについては、「律文ノ伺指令トモ全載スル者ニ限リ援引比擬不苦候」と述べ、いわゆる指令の一般的拘束性が認められていた。

(54)内訓に付された審案文より抜粋。
(55)〔事例3〕を参照のこと。
(56)原審は本文の大審院請訓にもある通り「常人盗」で処断したが、新たに盗田野穀麥条を適用しても科刑上違いが生じないため、棄却の決定が為されたのである。
(57)表番号37もこれに属す事例である。本文にて後掲する。
(58)その正文は「凡官ノ文書ヲ詐為シ。及ヒ増減スル者ハ皆徒三年。省台寮司府藩県ノ文書ハ。二等ヲ減シ。余ノ文書ハ。五等ヲ減ス。」とある。
(59)権中警部橋詰敏による。『大審院刑事判決録』(明治一二年八月)、一七七頁以下。
(60)『司法省日誌』(第一〇六号、一八七四年)、七頁以下。
(61)『同前』(第一二五号、一八七四年)、八七頁以下。
(62)『同前』(第一二八号、一八七四年)、三頁以下。
(63)『同前』(第一五三号、一八七四年)、一一頁以下。
(64)前表2からも明らかなとおり、副判事名に異同があるものの、主任判事の交代はなかった。
(65)「御省日誌」とはあるが、周知のように『司法省日誌』は明治九(一八七六)年第六六号を以てその刊行を閉じる。同号には同年五月分までの記事が掲載されている。したがって、この一〇年時の当該大審院伺とそれに対する指令は、少なくとも同『日誌』上に求めることはできないはずである。これは、おそらく上告者が『日誌』廃止後に大審院以下各裁判所に頒布された「指令録」と取り違えたものであろう(明治九年一〇月二六日司法省第七二号達、七七号達参照)。なお、同「指令録」も一一年には印刷を停止していたようである。
(66)『司法省指令録』(刑事部)、第一六号、一三—一四頁。
(67)『法規分類大全』(刑法門二・刑律三)、三四五頁。
(68)こうした律系統の刑法における絶対的法定期刑主義と綱領・律例の運用上の問題を意識的に追及した論策として、

後藤武秀「新律綱領『不応為』条の一考察――明治六年より同九年に至る事例分析を通して――手塚豊編著『近代日本史の新研究Ⅱ』（北樹出版、一九八七年）、及び同論文の続編、『近代日本史の新研究Ⅲ』（北樹出版、一九八九年）。

(69)　本事例は、宿帳に偽名偽住所を用いたことにより、律例第二五九条、「凡郷貫名氏ヲ詐称シテ、客塵ニ宿スル者ハ、不応為軽（懲役三〇日）ニ問フ」を適用することについて、原審の長崎裁判所福岡支庁が情状酌量から三等を減じて「無罪」としたことを不服として、上告されたものである。『大審院刑事判決録』（明治一二年一一月）、一一二一頁。

(70)　『司法省日誌』（第六〇号、一八七六年）、五頁、前掲『刑事類纂（甲編）』、一〇六八―一〇六九頁。

(71)　当時各裁判所には、『司法省日誌』や同省指令録、及び大審院判決録などが頒布されていた（前註（65）参照）。そうした資料がいわば各裁判所の備品とされていたことを前提とすれば（守屋克彦「明治初期の裁判資料について」『刑事裁判の理論』日本評論社、一九七九年）、後はそれを検索使用する主体側の問題が併せ考えられよう。

(72)　ここで「誤謬」とは述べたが、それはあくまでも司法省の正統的な解釈の前でのことである。しかし、当時の実務では司法省と大審院とに代表される解釈が二様に存したことは事実であり、当該内訓を受けた後、大審院がいかに事態を収拾してゆくのかに関心が湧くが、ここではその指摘に止めておきたい。

結――明治一二年の最高法衙とその判事たち

1　解釈・適用主体としての大審院

大審院が疑義の対象とした第一の点は、いわゆる法条が欠缺していると思量される状態において明文の根拠そのものを問うことにあった。それは時として、問題化された当該法令そのものの効力——単行法令による改廃の範囲がそれに及ぶか否か——の確認を求める姿勢にもつながった。「正条ナキ」場合において司法省によって発揮される擬律の嚮導は、もとより同省に専属する固有の権限であったことは、前述した通りであった(1)。明文の根拠や欠漏を伺う質疑については、それを補完する形で司法省の判断が下され、このことが判決形成の重要なファクターとなっていたことは否定できない事実である。

この一方で大審院からの疑義は、第二点として、上告理由と併せて原審の法適用の吟味、さらに自判に際しての擬律をめぐって発生することがあった。ただし、場合によっては、司法省に質された疑義の内容と上告理由に開示された問題性とが一致しないこともあった。これを逆さに言えば、司法省からの応答は、大審院においては、常に上告理由の適否を判断する決め手となったわけでもなく、また判決形成に際して必ず依拠されたわけでもない。大審院は自らの進める法判断の必要性に応じて訓令を求めたのであって、この限りで、大審院における訓令を仰ぐ「自由」——法解釈・適用上の主体的姿勢を認められよう。その上、司法省の示した判断は大審院において常に無批判的に受容されるわけではなかった。大審院は場合によっては司法省に疑義を呈することから勢い反論の姿勢に転じることもあり、そうした数度に亘る質疑と応答の往復の中で、当初同院の示す論点が偏在している状態——したがってこれも上告の趣点に固着していない——に次第に絞りがかかり、順次、判決の骨格が形成されてゆく例もあった。

ひとつの判決が得られるまでに両者が協働する関係は、もはや否めない事柄であろうが、少なくともこうした「姿勢」の限りでは、大審院がその法判断の自己指針を眠らせたまま、ひたすら司法省に盲従するだけの傀儡的な存在ではなかったことは了解される。本章の考察の対象である、疑義を質しその回答を得るという手続きは、結局、質疑者側からの様々な問題状況の把握や設定の仕方により、それに与えられる回答・訓令もまた、判決の実際の形成にあたって様々な位相をもち得たということを理解させるものとなっていよう。大審院が必ずしも上告理由を構成した法律操作に限ることなく、原審における法律構成全般を検証しその問題発見に努める姿勢は、「法憲の統一」という「重責」を課せられたことを自認した上での目配りとして評価できようし、その場合の司法省の「関与」といっても、具体的な判決文の上には明示的にその効果が表れないという意味では相対化され、ある場合には消極的であったと評する余地すら残るのではなかろうか。

2　「先例」の果たす機能

以上記してきたような大審院の法運用をめぐる統御活動の実際は、しかし、そこに引用される「先例」の果たす機能から見れば、かなり条件付けられたものであったことが分かる。明治八年太政官第一〇三号布告第五条に明記されるように、「頒布セル布告布達ヲ除ク外、諸官省随時事ニ就テノ指令」を裁判規範とすることが禁じられ、ここに司法省指令なども含まれることは論を待たない。しかし、本章で掲げた資料の限りでもその引用・参照の跡は散見された。過去に出された指令の「先例」的役割とは、緻密な理論的反省によって高度に抽象化されたものとは言い難いにしても、類似するケースにおける法条の適用や解釈の上で、でき得る限り斉一性が確保されるための方向性を与えることにあったのであろう。事実、かつて司法省が下した指令に齟齬する内訓が司法省自らによって形成された折には、大審院は躊躇なく請訓の中にそれを指摘し解釈の一貫性を問い糺した。その一方で司法省においても、かつて自らが示した判断を、それが大審院宛のものか下級審宛のものかの区別なく、自らの判断の「同一性」を証示する根拠としている。

これらを見るならば、司法省の指令や訓令のシステムは、確かに法的安定性の確保には優れているとはいえ、それは大審院を頂点とした諸裁判所から成るヒエラルヒーを度外視するところに成立し、こうした各司法機関と直結する連絡関係を介して、司法省はいわゆる近代法的な意味での行政／司法間のあるべき隔壁を超絶して、権限を行使し得たのである。そして大審院をもそのひとつとして含むところの司法機構全般における司法判断には、およそこうした事前統制の途が開けていたとすれば、同時期の主な政治事件における司法省（卿）によるあからさまな裁判干渉も決して不自然すぎるほどの帰結とまではいえなくなろう[2]。ここにも明治期の国制や政治史の座標軸上で司法の占める位置を模索する動機が与えられるが[3]、序にて一言した通り、これは本章の直接的な論点でもまたその確認が本章の終着点となるものでもない。むしろそれは大審院の誕生より与えられた歴史的与件として、本章の行論の起点において確認済みの事実であった。

3 請訓内容の「非意外性」と大審院判事──総括的考察

ところで、『申明類纂』に収録される大審院・司法省間の往復文書は、年間を通じて同院が処理する刑事事件総数との百分比が、僅か四パーセント弱であることをここで改めて想起しておかねばならない。たとえ資料上の限界やもろもろの制約などを差し引いたとしても、たまたまに資料として現在に伝えられるに至ったそうした三〇余例が、大審院と司法省との相互関係に止まらず当時の司法全般に亘る何程かの言及を許す例証力を持ち得るとしたらそれはどのようなものであろうか。

確かに大審院に上告され係属した事件の中でもその処理方法をめぐって司法省に疑義を発信するまでに至ったものであれば、そこに容易には解き得ない特殊な難問に苦悩する判事の姿を思い浮べよう。だがこれまで挙示してきた諸例を含めて手元の文書にはそうした「難題」が常に記されていたわけではない。むしろ上掲した一例にあるように、一文にまとめられた擬律の示唆や一片の「先例」が示されることで事足りてしまう疑義であれば、少なくとも既存の法を運用する上で既知の問題としてこれまでも繰り返し問われてきた構造があったのであろう。かつての指令が「先例」として引用が可能であったのはまさしくこうした前提があるからこそである。そこにはもはや司法官衙の最高位を与えられた大審院の勇姿はなく、他の司法機関との差等なく従前からの司法省の指令統制下に服属する一裁判所としての頼りなげな面持ちがあるとはいえないであろうか。この限りで創設後四年を経過した一二年時の段階において、大審院は――刑事に限っても――その法判断を形成するについての解釈的指針を、旧来からの司法省における経験的実績としての「先例」の厚みの中にひとまず求めるほかはなかったと考えるべきなのであろう。

ここで、訓令を仰いだ大審院刑事課の判事達に視点を向けるならば、彼らはその法的素養をいわゆる組織的な法学教育システムの中で育んだわけでは一切ない。それに我が国の法状況が急展開し、西欧近代法に範を求めた立法が希求されるに伴い、その担い手層を自覚的に創出するための国家による法学教育が推進されていた時、[4]既に判事の職にあった彼らはそれらの動きとは一応切り離された形でおかれていた。[5]そもそも、大審院や控訴院といった司法上層部への専門的な法学識を備えた者の人材登用が顕著な傾向として指摘できるようになるのは明治三〇年代を待たねばならず[6]、それと相前後して始まるいわゆる老朽司法官の淘汰処分はまさに新旧世代の交代を象徴する出来事であった[7]。

そこで前掲の表3を再びご覧いただきたい。そこに掲出される人員はなるほど明治の極く初年度から司法官吏としての職歴を重ねていった者ばかりである。しかし必ずしも多いとはいえないその人員の限りにおいても、それぞれの大審院判事としての去就時期はかなり流動的で定まっていなかったといえよう。この点、さらに同表を見るならば、川村や増田が東京上等裁判所や熊谷裁判所に転出していることに筧や関などの同院への配置が呼応していることが分かるし、これを表2と対照すれば川崎や関に顕著に現れている請訓の回数頻度が集中する傾向は、実は彼らの就任時期と対応関係があることを示しているのであろう。これは在任期間が最も長い青木の場合[8]が、ほぼ全期間に分散されて現れるのに対比すればよりはっきりと見て取れる。つまり特に大審院判事着任直後の期間、彼らは訓令をしきりに仰ぐ行為に出たのである。この事実から、確かに着任期間の長短が法律操作上の巧拙を条件付けたことはあり得たに違いない。ただし表に掲げた総ての判事たちの前職が検事をも含む司法官であることを思えば、やはりそこに大審院判事としての特殊な職務が彼らを待ち受けていたのであろう。それに各々の在任期間も青木などを除けば、残りは皆一様に一カ年にも満たない短期間のうちに他所に転出している[9]。官員録を繙いて、明治一一年から数カ年に亘って大審院判事の任免についての定着率を試算すれば、二年目では初年度の約半数近くが、三年目では前々年度の九割以上が他の裁判所に転任する。いわゆるヒラの大審院判事の陣容は三年間ですっかり入れ替えられることになっていたのである。

こうした当時の大審院判事の人事にいかなる司法政策的背景があったのかは、本論では詳かにすることはできない。だがそこにどのような理由があるにせよ、極めて定着性に乏しいといわざるを得ない同院の人的構成では、最上級裁判所の裁判官として修得されるべきスキルがかなり短時間でしかも容易に継承されるような形で制度化されていなければ、「法憲ノ統一ヲ主持スル」ことを目指した大審院は常に機能不全に陥る危険性にさらされていたはずである。法学教育の体系的自立の下に与えられる一定の法学識も制度の安定化を促進させる大きな要因となろうが、上述したように、その効果が試される時期は未だ到来していない。それに大審院判事に就任した者は各々の経験に学びながら職務に当たった、というよりか当たらざるを得なかったわけで、どの程度大審院としての指針を個々の判断の中に、司法省の判断に抗うことまでして、自覚的に織り込み得たのかは大いに疑問とされよう。

以上のように、人的側面からのかなり雑駁な一瞥を加えた限りでも、訓令システムがその「教導的」役割を果すべく期待されざるを得なかったことが分かる。そしてその制度への依存性は、既存秩序の安定性への強い志向性によって条件付けられる余り、例えばそれが常用される擬律方法であればあるほどに、その用い方や解釈の変更には十分に確認の手続きが求められる一方で、他方での具体的正義の実現に向けての創造的運用に乏しい結果が予測されたのではなかろうか[10]。

かくして「法憲ノ統一」を確保する当時代的システムとは、再言を厭わず述べれば、司法省との協働関係をなかば不可避的に求めるものであって、もし大審院が司法権の唯一なる担い手としての理念像を身に体しようとしても、実際には、制度上機能的に分化した刑事課配属の個々の判事たちの専門的熟練度に、未だ強く規定されていた段階にあった。なによりも法条適用の形式的統一性は、個別事件の内容において求められる実質的価値あるいは具体的妥当性の実現という裁判本来の要請と常にせめぎあうものであることは、今日疑念の余地はない[11]。そうであれば、それはもとより、個々の裁判官の自由な解釈活動の中でこそ昇華されるべき問題のはずであろう。

そのためにはなによりも固有の意味での裁判（官）の独立が達成され、その前提として我が国における法解釈の主体的契機の確立が求められなければなるまい。[12] しかしそもそものこと自体が、明治国家によって果たされるべき課題として意識されていたのかという問いを含めて、我が国における近代法の整備及び法律学の自足的充実という大きな主題の下に、当該問題の系譜的探求が重ねられるべきであろう。

（1）本章一参照。
（2）例えば、「西南戦争叛徒処分」（田中時彦執筆）『日本政治裁判史録（明治・前）』（第一法規、一九七六年版）、四一五頁以下。
（3）菊山前掲「明治初期司法制度史研究の現状」、一一三頁以下。
（4）明治九年四月に設置された司法省法学校速成科は、その第一期卒業生四七名を同一二年九月に世に送るが、そのほとんどは司法省出仕として採用されたという。手塚豊『明治法学教育史の研究』（慶應通信、一九八八年）、一一三頁。また、本書第七章も参照のこと。
（5）手塚前掲註書、一四五頁以下参照。
（6）楠精一郎『明治立憲制と司法官』（慶應通信、一九八九年）、二五三頁以下。
（7）例えば、一二年に大審院から司法省へ質されたものの中で、同時期司法省内にて当時の現行法令の不備・欠陥を補正することを使命とした議法局修補課で建設的な方向で意見書としてまとめられたものはひとつとして見当たらない。同課は裁判実務に従事していた者を中心として組織されていたのであって、それゆえ、法適用上の極めて実際的な問題点が明るみに出されていたはずである。手塚豊「司法省修補課（明治十二、三年）関係資料」『明治刑法史の研究（下）』（慶應通信、一九八六年）、二六九頁以下参照。
（8）青木は当時、「大審院首席判事」であったとも伝えられる。大植四郎編『明治過去帳』（東京美術、一九八八年版）、二二八頁。

（9）　表3で示されるように、例えば川村、筧、鶴峰などは、後半再び大審院判事に復職する。特に筧は、再度の同院判事の職にあった明治二五年時には、児島惟謙を初めとした当時の大審院判事が花札賭博をおこなったことについて、同二七年にはいわゆる同院判事千谷敏徳転補抗命事件についての、それぞれ懲戒裁判所判事を務める。尤も、この三者ともかの司法官刷新処分にて休職を命ぜられており、結局旧世代の裁判官として一線を退くことになる。また、愛知県令関新平については、「明治十五年頃、政府が民権家を敵視して圧迫を加へた当時、尤も辛辣を極めた地方官中の三酷吏」の一人に数えられたという。宮武外骨『府藩県制史』（名取書店、一九四一年）、二六〇頁。なお、原嘉道述『弁護士生活の回顧』（法律新報社、一九三五年）、一〇八―一五六頁には、明治一一年当時の司法部の回顧談が載っている。

（10）　無論、本章では成文の刑事法を対象として論じているがゆえの、裁判官の法文への被拘束性を考慮の外に置いているわけではない。

（11）　前掲『判例とは何か』、一六頁。

（12）　三ケ月章「法の客体的側面と主体的側面」『自由の法理』（有斐閣、一九六三年）、二五七頁以下。

第三章

司法官の近代法適用をめぐる逡巡

序

我が国で初めての西欧型法典――旧刑法典の公布・施行（明治一三年・同一五年）は、確かに日本法史上に近代的展開を促したという意味で画期的な事件であったといえよう。だが当時の新聞各紙は、一様に慎重な態度でそれを受け止めた。例えば沼間守一[1]率いる改進党系の『東京横浜毎日新聞』には、「未タ遽ニ之ヲ称揚讃歎ス可カラズ」として、特に「昨日職ヲ兵部ニ奉シ今日椅子ヲ法庭《ママ》ニ移スノ士」や「昨日任ヲ行政部ニ帯ビテ今日坐ヲ法庭《ママ》ニ転スル者」から寄せ集められた「法官」では、「法律ヲ解釈シ曲直ヲ審判スルノ際其熟練ヲ欠クナシト云フ可カラザル」を得ず、「法部ノ学識ト経験」に乏しい「現時ノ日本タル法律部局ニ在ツテハ材料ノ不足ヲ告グルノ時」であると論難する[2]。また帝政党―政府系の『東京日日新聞』や『明治日報』[3]でさえ、それぞれ「法律ノ制定スルハ易ク法律ヲ執行スルハ難シ……司法官ハ之ヲ得ルニ難シ」[4]、「法律虚シク行ハレズ其人ヲ得テ始テ行ハル法文ハ改良シ易シト雖トモ法官其人ヲ得ルハ蓋シ難シ」[5]という具合に、制定・公布された刑法や治罪法の実効性の前提には、なによりも「現場」に配置される司法官という人的条件の整備が不可欠であることが等しく問題化されている[6]。

法典を定立する傍らに、それを運用する主体的条件を早急に改善する必要性は、無論、司法省においても認識され取り組まれるべき課題であった。実際、司法官の数も明治八・九年以降漸増しており、それに見合って各年の司法経費総計における司法人件費も、一五年前後からかなりの支出額を示すようになる[7]。人的改革は進められつつはあった[8]。だが問題は、その数や規模だけではなく「資質」にも関わってくるのである[9]。

明治二〇年代後半から三〇年代前半にかけて老朽司法官淘汰処分の対象となった司法官に与えられた「新律綱領時代の遺物」[10]とのレッテルは、推移する時代の特徴をある程度的確にとらえている。新律綱領・改定律例（以下、綱領・律例とも略記する）の律様式刑法から「近代」西欧型刑法への法典の転換が単にテクストの上だけではなく、その内在的価値や法原理に及ぶ深みを持ち得るか否かは、ひとえにそれを解釈・適用する司法官の力量にかかるといえる。[11]そこで近代法についての十分な「学識ト経験」に乏しいと判断された者は、淘汰される運命に定められた。ただし法典の施行直前は言うに及ばずその直後からかなりの期間は、まさに綱領・律例時代に育成された人材が刑事司法の実務にあたっていたはずである。[12][13]そうであれば、実務上基幹となる法典の変換はまた、少なくとも彼らをとりまく法環境に多大な影響を及ぼす結果となったに違いない。[14]そこには転換期における制度的改編に伴う法技術的要請と、個別法規上の法概念の組み替えに止まらない、それらの法価値的背景にまで至る根本的な法思考上の模索が、司法官に課せられたことが予想される。本章では、まず我が国における法史上の近代的転換の実際を、当時の司法官の目の高さでとらえ再構成することを目的としてみたい。[15]

（1）沼間については、石川安次郎『沼間守一』（毎日新聞社、一九〇一年）を参照のこと。
（2）「刑法治罪法ノ発行」『東京横浜毎日新聞』（一八八〇年七月二一日付）。
（3）いずれも政府系の新聞である。西田長寿『明治時代の新聞と雑誌』（至文堂、一九六一年）、一〇五頁以下。
（4）『東京日日新聞』（一八八二年一月一二日付）。
（5）『明治日報』（一八八二年一月一〇日付）。
（6）その他、例えば「新定ノ刑法治罪法」『郵便報知新聞』（一八八〇年七月二四日付）。
（7）各年度毎の司法省の歳計予算に占める各審級の裁判所における俸給支出の割合は、明治一三年、五五％、同一四年、六二%、同一五年、六二%、同一六年、六四%という数値を示すが、予算総額から見れば後二年分については前二年に比し約九%増が見込まれている。他方実際の支出総額に占める割合から見ればほぼ横這いではあるが、同一五年支出総額の前年度比増加分のうち俸給には六五%もが当てられている。『法規分類大全』〔財政門・予算二・歳計予算二〕、『司法省経費報告書』(明治一五年度)参照。

(8) 手塚豊「司法省法学校小史」『明治法学教育史の研究』(慶應通信、一九八八年)、一一〇頁。

(9) 楠精一郎『明治立憲制と司法官』(慶應通信、一九八九年)。なお、三阪佳弘「明治三〇年代初頭における裁判所・裁判官統制強化論の法史的意義」(『阪大法学』第四〇巻第一号、一九九〇年)、二三頁以下も参照のこと。

(10) 楠前掲書、二五五頁所掲の日本弁護士協会「司法官淘汰に関する意見書」(一八九八年)より引用。

(11) Hirsch(E.E.), Rezeption als sozialer Prozeß, Berlin, 1981, S.23-24.

(12) 例えば法典施行当時、司法省法学校速成科第一期卒業生(明治一二年九月。ちなみに二期卒業生は、同一六年七月)の総数は四七名であり(これに同八年八月の同省正則科第一期卒業生を加えたとしても、六六名)、仮にこれらの人員総てが実務に携わったとしても、当時(明治一四年時)の司法官総数九七三人の僅か四・八(六・七)%しか充たさない。いわゆる自由任用による司法人材登用の時代であったことが分かる。また当時は私立法律学校も司法人材供給源になり得ていなかったことについては、手塚豊「讒謗律の廃止に関する一考察」『明治刑法史の研究(下)』(慶應通信、一九八六年)、三五七頁註2。

(13) 第一回判事登用試験がおこなわれたのは明治一八年八月であるが、それ以前に司法官職に就いていた者に対しても、順次同試験受験の道が開かれてはいた。手塚前掲「司法省法学校小史」、一三一頁以下。なお、この判事登用規則成立については、本書第七章及びそこに掲げた参考文献を参照されたい。

(14) 手塚前掲「讒謗律の廃止に関する一考察」、三三六、三五二頁以下、三五九頁註22、同「明治一五年刑法施行直後の不敬罪事件」『自由民権裁判の研究(下)』(慶應通信、一九八三年)、三〇頁、同「『施行セズ』という死刑判決――明治一五年一一月一日・大審院判決を巡る一考察――」(『慶應義塾創立一二五年記念論文集(法学部法律学関係)』慶應義塾大学法学部、一九八三年)、四七八、四七九頁註6、7。また、寺崎修「酒屋会議檄文事件の裁判について」(『法学研究』第六四巻第一号、一九九一年)、一三八頁に、当時の誤判の一般的要因として、法体系の急転換を問題対象として据える視点が示されている。

(15) こうした問題意識を展開したものとして、本書第五章の「『疑律ノ錯誤』をめぐる試論的考察」を著した。参照頂ければ幸いである。

一　明治一五年前後の訓令システム概観

明治初期刑事法の司法的運用実態の把握には、擬律について様々な疑義が生ずる毎に、地方官・裁判所から司法省(明法寮)に対しそのつど伺が立てられ指令を仰ぐという、当時のいわゆる「伺・指令裁判体制」の解明が不可欠であることが近時明らかにされてきている。[1] これに従えば当時実際に適用された法条の規範内容を窺い知るためには、文理上の理解を越えて、そうした運用状況を背景として集積した先例の中に、時間経過的な再構成が進められなくてはならない。この当時代的な独特の刑事司法システムと実体的条文内容[2]とを動態的に関連付ける視角は、本章の対象とする明治一五年前後においてもかなり有効であると考える。

実際、「近代」型法典を運用するに際し当時の各地の判検事(大審院すらその例外ではない)は、後述のごとくの多くの「ためらい」の跡を今日に残している。法典施行直後、判決例が未だ全く現れない段階で、彼らは新法の解釈・適用の指針を何に求めたのか――ここに従来の訓令（内訓条例）システムが揺ぎなく踏襲され、司法省への「質問（伺）」とそれに対する「回答（指令）」という極めて個別的、場合対処的な仕方で、事案ごとに適用されるべき法が確証されてゆく手続き[3]が存続する余地が残された。それについては本章二節以下で検討を加えるが、ここではまず考察のための道具立てとしての以下の諸文献につき若干の解題的検討を加えておく。

1　各種訓令収録史料の解題的考察

現在、最高裁判所図書館明治文庫には、『刑法申明類纂』（三分冊）[4]、『刑法訓令（第四）』[5]、『刑法伺指令』（「西條治安裁判所」と表書）[6]、『刑法ニ関スル伺指令写』[7]、「西條治安裁判所」と表書きされた『刑法申明類纂』[8]、及び『松山始審裁判所分　刑法治罪法伺指令内訓』[9]などが保管される。これらは総て墨書浄書された和装本であるが、この他に刊本では、『刑法令訓集』（一六年一月印行）、『刑法訓令類纂並附則』（一七年八月印行）がある。以上いずれにも新法[10]適用に際して疑義を質す各裁判所等とこれに応答する司法省との間のいわば「交信記録」が綴られる。そこで次の表1を参照されたい。

ここでは主に司法省宛に送達・送信された刑法典の総則関連[11]の疑義に対し、何らかの応答が為された期日を基準として、各史料に収録される個々の事案を月別に分類してある。これはまた、各史料の成立時期を推定する一つの手掛かりともなる。さらに同一事案が同時に複数の史料に採取される例も夥しくみられ、そうした各史料相互間の包含関係を明らかにすることも、性格の異なる史料の目的に応じた使い分けを可能にする一条件となろう。ところで、ここに挙げた各記録は私がたまたま披見し得たものばかりであり、これで当時の請訓・訓令類の総

表1　各月別収録対象事案数（延べ数）一覧（回訓日基準・総則規定に限る）

	申明類纂	訓令類纂	小計	刑法訓令	西條本・1	豊岡本	西條本・2	松山裁本
14年 －	20	15（7）註1)	28	－	28（16・5）	－	4（3・1）	－
15年1月	58	39（30）	67	－	28（27・1）	39（32・4）	2（2・0）	2（1・0）
2月	43	47（29）	61	－	6（5・1）	29（20・8）	1（1・0）	3（1・0）
3月	54	61（38）	77	－	10（10・0）	－	－ 註4)	－ 註5)
4月	33	44（21）	56	－	－ 註2)	－	－	－
5月	12	22（6）	28	－	－ 註3)	－	－	1（0・0）
6月	22	38（14）	46	－	－	－	－	－
7月	37	18（14）	41	8（7）	－	－	－	1（0・0）
8月	32	16（13）	35	16（16）	－	－	－	－
9月	45	17（14）	48	15（15）	－	－	－	－
10月	47	21（16）	52	4（3）	－	－	－	－
11月	18	16（9）	25	－	－	－	－	－
12月	0	－	0	－	－	－	－	－
不明	2	1（1）	2			1（0・0）	1（1・0）	
小　計	423	355（212）	566	43（41）	67（58・7）	69（52・12）	8（7・1）	7（2・0）
未重複分小　計	157 註7)	143	註6)	2	2	5	0	5
調査事案総　計	580							

［備　考］

註1）（　）は内数で、『申明類纂』収録分との重複件数を示す。

2）（　）内の右の数値は、『刑法訓令類纂』のみに重複する分を示す。左の数値は註1に同じ。

3）ちなみに同史料収録総数は109であり、表内の数値には総則以外の事案数は含めていない。

4）前註3）同様、同本収録総数は16であり、総則関連疑義事項として見做し得るもののみを表に掲げてある。

5）同本は、刑法治罪法双方に関わる事案を含む。全19を数える。

6）この「小計」の数値は、『申明類纂』と『訓令類纂』の合算から、重複分を差し引いて得られたものである。

7）この数値は、右欄6史料の未重複分の総計である。

てが——総則に限っても——網羅されることを意味するわけではない。史料相互間の採録事案には未重複分がかなりの数残り、各史料毎の編集方法・方針が異なることに思い至らざるを得ない(12)。また当年代の『刑事統計年報』なども、もとより公表になじまないとされた訓令など(13)(14)の発令総数を窺うには適当とはいえない。しかし表1の結果では、『刑法申明類纂』と刊本『刑法訓令類纂』は、それらの収録事案総数と他の史料との重複事案数の上からも、最も浩瀚かつ豊かな情報源であるとは言えよう。[15] そこで本章において試み、提示する数的把握については、実際の「発令総数」を伝える有力な史料が他日発見されることに期し、とりあえず既述の各史料の限りで得られたものであることをお断りしておきたい。

2　新法施行前後の刑事司法システムの実定的根拠

(一)　内訓条例周辺

ここまで見てきたように、当時数多く集積されたそれら疑義案件は、いかなる手続きの下に形成・提示されたものであろうか。

まずその直接的な根拠は、なによりも明治一一年一一月一四日の司法省達により定められた「内訓条例[16]」であると考えられる。[17] 右条例は、大審院長諸裁判所長各検事及び省中諸課長宛に達せられており、その性格として「司法卿ト各裁判所（裁判官検事）トノ間ニ於テ用ユル所ノ内規」であり、「専ラ情実疎通事理伸暢」を目的とする旨、第一条に定められる。「凡民刑上疑問疑讞且裁判百般ノ事情注意ヲ要スルモノハ総テ」本条例に基づくものとされ（第二条）、その手続きは、裁判官から司法卿宛の場合には「末文内訓ヲ請フ」（請訓）（第三条）と記し、逆の場合には「末文内訓ニ及」ぶ（第四条）と記すことが規定される。ところでこうした書式も、およそ「尋常伺文」や「尋常ノ指令」から「殊別」されるために従われるべきものであるとされる（同前二条）。では「伺—指令」と「請訓—内訓」が相互に「殊別」される理由は何か。それは、両システム間の効力の差異が問題とされるからである。[18] 第一条の但書には、「但伺指令ハ各職務ノ権限ニヨリ発令」し、他方「該（内訓）条例ハ職権ニ不拘唯其注意ヲ要スル為ニ発」するものだから「必シモ準拠セサルヘカラサルノ効力アラストス」と見える[19]。ただし「其従フヘカラサルモノハ其事理ヲ詳悉シ再ヒ之ヲ請ヒ反覆数回妨ケナキヲ以テ其定ル所ヲ待ツヘシ」（第六条）とあり、なによりも「事理申暢」（第一、六条）を眼目とすべきことが説かれている。実際には、疑義を呈する様式として「伺」や「内訓」の他に、「質問」・「問合」・「照会」など[20]の種類もあり、それらに対しては「回答」が照応する応答形式であった。尤もこれらの照応関係は流動的なものであり、「伺」に対し「内訓」を、「請訓」に対し「指令」を、という具合に司法省サイドの裁量でその形式は決定し得た（第五条）[21]。

次に機関である。疑義をもたらす機関は主に裁判所であり、具体的には判事・検事（あるいは警察官）がこれを担当する。一五年五月には、警視庁・府・県も内訓条例に従う旨、明文を以て規定された[22][23]。さらに各省からの司法省への照会もまた事実上為されていることが分かる。ではもう一方の司法省側の担当部局はどこか。システムの機軸としての当該条例を考えたとき、その制定時の司法省官制においては、議法局内刑法課（「凡ソ各所ノ申請刑事ニ関スル事件卿ノ命ヲ受ケ其案ヲ創ス」）を想定することがまず自然であろう。しかし、右条例と同一日付（一二年二月二四日）を以て同前議法局内に新たに設置された修補課[24]の一職掌として、「卿ノ命ヲ受ケ内訓文書ヲ創ス　但検事及民刑課ノ内訓書ト牴触スヘカラス」との規定[25]も見逃せない。とはいえこの修補課も、翌一三年四月一六日の司法省達[26]により議法局自体が廃止されるに及び、刑事局・民事局の二局がこれに代わり、元修補課の刑事に関する事務は同日付の内に、刑事局に協議引継が為されることになった。しかるに同一四年一一月二八日にはまたもや省内が改組され、本章の対象時期である一五年前後には、「刑事ニ関スル一切ノ伺指令内訓照会回答ノ文案ヲ起草スル」第四局がその事務を承継したものと思われる[27][28][29]。結局のところ内訓以下の質議応答形式は、「伺―指令」に比べ、その運用様式においてもまたその拘束力についても、かなり「簡便」かつ機動的で柔軟性を旨とした対処(30)を目指したものであったことが分かる。

・〔補論〕 内訓条例の廃止

右に述べてきた「内訓条例」は、明治二三年一一月二六日に廃止される。司法省編纂『司法沿革誌』(法曹会、一九六〇年)、一二九頁の同日の項に、「内訓条例ヲ廃止スルモ検事局、警視庁、北海道及府県庁ハ尚内訓ヲ請フコトヲ得セシム」との記述があることがその根拠である。前述の通り、この「内訓条例」は、当時おこなわれていた司法省と各裁判所との指揮命令関係を前提としたものだが、当時のこうした司法卿による指揮命令は、判事、検事の別を問わず、判決の形成や法の解釈や運用に及んでいた。無論、こうした伺・指令や内訓などは、裁判の独立を建前とする近代立憲国家の理念とは背馳するものであり、上掲の『司法沿革誌』の記事は、明治憲法ならびに裁判所構成法の施行の同年に当該条例が廃止された事実を伝えたのである。

そこで、「内訓条例」の廃止について、法務省所蔵『甲府地方検察庁都留支部(谷村区裁判所)所蔵文書』にあたって確かめるならば、「一、法律・命令・訓令・通牒類聚」の「(一) 明治二三年訓令類聚」には、明治二三年一一月二六日付にて司法大臣山田顕義から「裁判所・検事局宛」で、「司法省文第二七一五号」なる文書番号の下に「内訓条例ヲ廃ス」との文書を確かに見出すことが出来る。だが、同日の「検事局宛」としてやはり山田から出された「司法省文第二八二六号」なる文書には、「検察官ニ在リテハ尚ホ内訓ヲ請フコトヲ得」と見え、検事においては内訓を請求することが依然認められることが明記確認されたのである。上述した『司法沿革誌』の記事では、この「内訓条例廃止」をめぐる二つの文書が一文にまとめられて記載され、本来は宛先の異なる別系列の文書であったことの面影が失われてしまっている。

周知のとおり、戦前の司法制度では、司法行政の面においては判事も検事も等しく司法大臣の監督下に置かれていたが（したがって裁判所・裁判官を名宛とした司法行政関係の訓令等文書も数多く存在する）、特に検事は、その職制や職務の性質上、司法大臣に至る上官の指揮命令により強く服属する関係にあった。前掲の法務省所蔵資料に編綴される諸文書は、司法行政にとどまらず、刑事実体法や手続法の解釈や運用等、検察実務に関わるあらゆる事項に亘る内容を有しており、当時の検事局事務の実際を窺うための好資料といえよう。

(二)　新法第三条第二項と関連諸準則

旧法と新法がそれぞれ異なる組成原理を持ち、その外観も一変されたことに伴って、様々な経過立法措置が講ぜられることになった。その着手は新法の草案[31]が元老院に付された直後から既に為されていた。

例えば刑法草案審査局[32]の明治一三年三月一〇日の伺は、新法（治罪法も含む）の施行期限を布告で定めるよう法制部に上申したものだが[33]、同時に「頒布ノ前後ヲ以テ処分ヲ異ニスルモノ」を法適用上整合させる手続きの大枠を確認する内容となっている。これはなによりもまず、新旧法の転換時に生じる犯罪時法を以て処断するのか、あるいは裁判時法を基準とするのかとの問題に縫着する。これについて新法は第三条第一項に刑罰の不遡及原則を置き（犯罪時法）、第二項にその例外を記す。「若シ所犯頒布以前ニ在テ未タ判決ヲ経サル者ハ新旧ノ法ヲ比照シ軽キニ従テ処断ス」、すなわち「軽い」新法の遡及適用を認めたのである[34][35]。ここにおいてわれわれは両法体系の比較による、いわば刷り合わせ的法運用・実務の実際に迫ることになる[36]。だがこうした「新旧ノ法ヲ比照スルノ明文有之候」（一四年六月二五日法制部伺）限りは、「新旧法比較表」が法適用の手引として予め用意されていなくてはならないであろう。そして犯罪と刑罰を定める普通刑法典の完成は、いわゆる特別法としての「従来頒布

表２　刑法典章節・月別事案分類表

	14年	15年											計
		1月	2月	3月	4月	5月	6月	7月	8月	9月	10月	11月	
法例	13(14)	31	16(17)	25(26)	15	6	11	3	6	11	11	4	152(154)
刑名	0	1	0	1	0	0	1	1	0	0	0	0	4
主刑処分	3	1	3	8	6	2	9	7	4	9	5	3	57
附加刑処分	0	4	0	9	9	3	10	6	3	1	11	5	61
徴償処分	3	1	2	3	3	2	2	5	3	5	1	1	28
刑期計算	1(2)	4	5	5	5	2	5	5	10	4	9	1	56(57)
仮出獄	1	0	1(2)	3	1	2	0	0	0	0	0	1	9(10)
期満免除	1	1	4	4	0	0	0	1	0	2	0	1	14
復権	0	0	0	0	0	0	0	0	0	0	0	0	0
加減例	1	2	5	1	3	0	1	1	0	0	0	2	16
不論罪及宥恕減軽	0	2	6	6	2	1	3	3	3	0	3	1	30
自首減軽	1	1	4	4	6	5	2	3	1	1	7	3	38
酌量減軽	0	0	0	0	0	0	0	0	0	1	0	0	1
再犯加重	2	17	10	1(2)	4	1	0	0	3	0	2	0	38(39)
加減順序	0	0	0	0	0	1	1	0	0	0	0	0	2
数罪倶発	1	2	2	1	0	1	1	5	2	2	2	2	21
正犯	0	0	0	2	1	1	0	0	0	0	0	0	4
従犯	0	0	0	0	0	0	0	0	0	1	0	0	1
未遂犯罪	0	0	1	1	1	0	0	0	0	0	0	1	4
親属例	0	0	1	1	0	1	0	0	0	1	1	0	5
計	27(29)	67	60(62)	75(77)	56	28	46	40	35	38	52	25	549(555)

［備　考］
・（　）内は、他の事項にも重複して分類されているものを加えた数である。
・前掲表１の調査事案総数の580とは、１事項に複数回の質疑応答が交わされる場合、その総てを数え上げた延べ数である。

ノ諸罰則」のうち自らと抵触するものを「総テ御改正」の対象とし、矛盾のない自己完足的な体系性を保持してゆく要請を生み出す(37)。かくして前者は同一四年の太政官第八一号布告(38)に、後者は同年の太政官第七二号布告にそれぞれ結実してゆくのである。

(1)　明治一四年太政官第八一号布告

前述の第三条第二項の要請から「比較表」を構想する際に最も考慮されるべきことは、両法の刑罰体系の転換に関わることである。旧法の笞・杖・徒・流（以上は改定律例では懲役に一本化）・死の五刑から、新法では重罪・軽罪・違警罪の罪種上の区別がもたらされ、それぞれの主刑として死刑・徒刑・流刑・懲役・禁獄・禁錮・罰金・拘留・科料が定められ、また附加刑も剝奪公権・停止公権・禁治産・監視・罰金・没収の各種が用意された。問題は刑期の規定のされ方にもあった。明治一四年六月二四日の司法省上申には、「新法ニハ刑期ニ長期短期罰金科料ニ多数多寡アリテ旧法ニハ刑期一定シ云々」とあり、それぞれいわゆる相対的法定期刑と絶対的法定期刑の対照が明らかにされているのである。ここに「其組織ヲ異ニスル」両法の刑罰の軽重を比較衡量するために「一定ノ規則」が求められ、そのための「刑法第三条第二項附則（案）」・全一一箇条が司法省においてまとめられた(39)。同案はその後、参事院(40)の勘査(41)にかけられ、少なからず補訂が施された上で同年一二月二七日に布告案が完成し、翌二八日に第八一号布告として発布されるに至った。

(2)　明治一四年太政官第七二号布告

次に新法施行前から存していた法律規則・諸罰則と新法典との比照が可能にされなければならない。しかし、一四年一二月二三日付の参事院上申書に窺えば(42)、従来の罰例には、「刑ノ権衡平準ヲ失」し、相互に「抵触」し合い、「刑法ノ総則ヲ以テ直ニ諸罰則ニ適用スヘカラサルモノ」、「罰目ヲ設ケスシテ違令違式等ニ問擬シタルモノ」（新法第五条）や、「刑ノ最上限ノミヲ定メテ其最下限ヲ示サス」、「五〇有余件」にも上るこうした罰則の総数から見ても、その改正はにわかには達成されまい、少なくとも翌一月一日からの新法の施行には間に合わなかろう、との認識が見られ、ここに「一時便宜ノ方法」、すなわち本布告が考案され、「焦眉ノ急ヲ救」うざるを得ない所以があったのである。

当該布告の内容の概略を紹介すれば、法律規則に規定された従来の「懲役」・「禁獄」・「禁錮」・「罰金」・「科料」などを一定の基準に従い、それぞれ新法による「重禁錮」・「軽禁錮」・「拘留」・「罰金」・「科料」に処することを定め（同布告第一―三条）、また「法ニ照シ律ニ照シ若クハ違令違式ニ照シ処断ス」とか「咎可申付」という表記の罰例は、総て罰金刑が代替することになった（第四条）。その他、法律規則違反者には新法の再犯加重・数罪倶発の例を用いず（第五条）、また新法にも正条があるものは新法の方を適用する旨（第六条）などが定められた。

（1）霞信彦『明治初期刑事法の基礎的研究』（慶應義塾大学法学研究会、一九九〇年）において、著者は、「新律綱領および改定律例の施行下において、明法寮廃寮までの間、同寮を中心として行われた、刑事に係る『伺・指令裁判』の研究が「新たな法制史分野の創造への起点」ともなろうと、同裁判体制の構造の解明に強い意欲を示されている（『同書』「はじめに」より）。

（2）本章にて設定した旧法適用期の法運用をめぐる実体的側面からの分析として、例えば、中山勝『明治初期刑事法の研究』（慶應通信、一九九〇年）、所収の「新律綱領および改定律例に与えた清律例の影響」などは、いわば外国法たる清律が参照援用された事案を分析しており、同一法系の異国法秩序間における借用的法運用の実際を知るために示唆に富む。同様に、後藤武秀「仮刑律下における他律の援用」（『法学新報』第八九巻第一一・一二号、一九八三年）も参照されたい。

（3）無論ここでは、ある種の「先例」性――類似案件に対する指令の中に用いられ一貫して反復される「定型的判断」――が事実上生じたことは忘れていない。なお、明法寮のそれについては、霞前掲『明治初期刑事法の基礎的研究』、二一四頁参照。本章本文でも若干言及するところである。

（4）本文後掲の同名書との区別から、以下本章で言及する場合には「申明類纂」と略称する。その史料内訳を記せば、一分冊目には「法例」（明治一五年七月まで・同月以降双方が分載）、二分冊目には「主刑処分」、「付加刑処分」、その他総則関連事項、皇室に対する罪に始まる各則の諸規定（同一五年七月以降）、三分冊目には、各則の続き、「違警罪」、「刑法附則」、「集会条例質問録」が綴られる。収録される事案の日付の最下限は、同一五年一一月中である。なお、「申明類纂」写本編集作業は、当該史料面に残る印影などから、岡田（千秋）、島谷（吉郎）、帆定武の官員らで進められたと考えられる。岡田は同一六年二月二八日改の『司法省職員録』に、島谷は同年九月二九日改の『官員録』に、それぞれ一〇等属として初出している。帆定については調査中であるが、それぞれの官員の任用時期と写本化（合本化）の作業は密接に関連するに違いない。表には「申明類纂」と略す。

（5）同文庫に所蔵の綴りは二分冊になっており、他の一冊は治罪法関連の訓令集である。どちらも史料の伝存経緯を窺う手掛かりはない。「刑法訓令」と表中略してある。

（6）判心に「松山始審軽罪裁判所」の文字のある赤黄色の一三行罫紙を用いる。表には「西條本・1」と略す。

（7）「乾・坤」の二分冊からなる。どちらも「姫路始審軽罪裁判所」の一三行罫紙が用いられている。「乾」はその表紙に「神戸軽罪裁判所豊岡支局」の蔵書印があり、中表紙には「総則・法例・刑例」と墨書され、また「刑法申明類纂」の題字が記される。一方「坤」は、「豊岡軽罪裁判所」の蔵書印がその表紙に押され、「刑法」とのみ中表紙に墨書される。その内容は、各則についての訓令を収める。「豊岡本」と表には略す。

（8）同史料名と、「西條治安裁判所」の名、及びその蔵書印が見られる。「松山始審軽罪裁判所」と判心に文字のある、朱の一三行罫紙が用いられる。表には「西條本・2」と略す。

（9）前註所掲史料と同じく、「西條治安裁判所」の名と蔵書印が見られる。罫紙も同様式のものを使用。「松山始審裁判所分（傍点）」とは、ある一定期間、同裁判所が請訓（質問）発信地となったものを収録したという意味である。表には「松山裁本」と略してある。

（10）以下、旧刑法を「新法」、綱領、律例を総括して「旧法」と呼称する。

（11）ここで総則規定（一一五箇条）に一応考察の対象を限定したのは、本文で後述する通り、刑法典全四三〇箇条につき三分冊に亘り綴り込んだ『刑法申明類纂』も、その収録事案の半数以上を総則諸規定に充てているからである。しかもそのうち「法例」部分のみでも、約三割を占める。

(12) 例えば、刊本『刑法訓令類纂』と『申明類纂』双方に収録される同一案件でも、前者への収載時点で「理由」が削除されたり、文言・表現などを簡略化されることがしばしばある。これは、少なくとも後者が前者の厳密な意味における底本ではないことを示しており、また後者ももとより写本であることから、本史料とは別に原本（例えば訓令発令簿のようなもの）の存在を措定し得ることは確かである。また本文前掲の各史料は、各地の裁判所・地方官と司法省との交信であり、それらの写本的性格を持つものである。ただし前註（9）所掲の史料のごときものも存することに注意したい。

(13) 「内訓」は非公開が原則であった。本文後述の「内訓条例」及び、明治一二年二月二四日付の以下の司法書記官通知（省内各局課長宛）を参照のこと。「今般内訓条例別紙ノ通リ御定相成候処右ハ全ク内訓ノ儀ニ付新聞紙雑誌等へ掲載ノ儀不好候義《ママ》ニ付属員ヘモ厚ク御示諭相成置度此御注意可有之様可及御通達旨長官ヨリ被命候間此段及御通知候也」

(14) なお、『法規分類大全』（刑法門一・刑律四）には、請訓、内訓以下の多くの質疑応答が記録される。無論、そこには、本章にて検討の対象としている事案も含まれているが、その収録時の選別規準として、「一時ノ事ニ止リ例規トスルニ足ラサルモノハ概シテ之ヲ採ラス」（「法規分類大全編纂例則ヲ定ム」、国立公文書館蔵「諸帳簿・記録局諸則沿革録第二編全」）とある。「内訓」に見られる法判断の個別的性格と採録（公開）にふさわしいとされる「例示」的性格の判断主体は、多様であったと解するべきか。

(15) 以下本文中にて事案を引例する場合、特に断らない限りこの二つの史料からの引用である。

(16) 『法規分類大全』（官職門・官制・司法省二）、一八三―一八四頁。

(17) これとは別に「官院省使府県」を名宛として、法令上の疑義であるとかその明文根拠を法制局まで伺い出たり、質問するシステムはあった（明治一〇年一〇月一三日太政官第七五号達。尤もこれは、同一三年六月二九日太政官第三五号達により改廃され、この後者も同一四年一〇月二一日太政官第八八号達により法制部他五部が廃止されるに及んで消滅する）。

(18) 第一条にも内訓条例は「尋常ノ伺指令ノ効力アラサルモノトス」との直截的な表現が見えており、逆に当時の「伺—指令」手続きの下の通例化された実務慣行の状況が推知される。

(19) したがって、この往復手続きの中で指示された法運用がそのまま「現地」において採用され、実施されたのかは別途確認する作業が必要となろう。

(20) これらの形式についいては管見の及ぶ限りではその実定的根拠を見出し得ない。したがって、その効力についいては明瞭な規定が欠ける状態といえるが、少なくとも「伺—指令」は勿論のこと、「請訓—内訓」ほどの拘束力はないと考える。

(21) 中には、疑義を「伺」の形で呈しながら、司法省は「回答」を以てこれに応えた事案もある。かく司法省が「見込ム」実質的規準はどこにあるのか、各事案の細かな検討に俟ちたい。

(22) 同月五日の司法省丙第一九号達を参照。

(23) ここで明文と断ったのは、それ以前からも地方官などからの質疑は実際には受け付けられていたからである。

(24) この修補課の機能の一つとして、特に現行法令の不備、欠陥などを補訂する作業の側面からは、手塚豊「司法省修補課（明治十二、三年）関係資料」（初出、昭和三六年）前掲『明治刑法史の研究（下）』、二六一頁以下所収が詳しい。

(25) 明治一〇年一月一二日司法省達（「同省局課分掌」）、『法規分類大全』〔官職門・官制・司法省一〕、三二七—三二八頁。

(26) 同日付司法省達、同右『法規分類大全』、三三七頁以下。

(27) 手塚豊前掲「讒謗律の廃止に関する一考察」、三五九頁註27、本書第五章「『疑律ノ錯誤』をめぐる試論的考察」三の註（17）。

(28) 本文にて後掲するとおり、新法第八五条の解釈をめぐる質疑が集積した段階で、司法省側で提示される解釈・適用の指針に変更がもたらされる。これは明治一五年一〇月四日、司法省内訓として大審院・裁判所・警視庁・府県・憲兵本部宛に発せられるが、その原案は同年九月二五日に同局が起案した経緯がある(二の註(32)参照)。さらに、刑事とはいえ事柄が民事に関わるような場合には——例えば贓金徴方については新法では民事手続きに準ずるという方針の変更など——、指令形成の際に第三局(民事及行政裁判ニ関スル一切ノ伺指令内訓照会回答ノ文案ヲ起草スルヲ掌ル)の意見が徴される必要があった(15・8・5伺、10・11指令、若松始審裁判所判事)。

なお、右例のごとく、以下本文においても、事案の引例については、(年月日(交信態様)・疑義発信機関)の順に略記する。

(29) 同局々長は、権大書記官鎌田景弼であった(『郵便報知新聞』一八八一年一一月三〇日、同日付の『朝野新聞』のそれぞれ「雑報欄」参照)。尤も、彼以外の同局構成員は依然不明のままである(手塚前掲「讒謗律の廃止に関する一考察」、三五九頁註27)。なお、鎌田は「法律規則ノ増補改正ニ関シ之ヲ調査スル」第八局々長も兼ねており、こうした配置は第四局における法の運用状態に即した立法的対処を目指したものではなかろうか。

(30) 例えば、明治一二年七月八日の司法省丁第一七号達には、判事からの諸伺書面は必ず「其庁ノ院所長」を経て差し出さなくてはならないが、「内訓ヲ請ハ此限リニアラサル事」と見える。また、前後するが、内訓条例が制定された同日に司法書記官より各局課長に出された通知には、内訓であるがゆえに「新聞紙雑誌等へ掲載ノ儀不好候」とあり、あくまでも部内確認的手続きとして同条例が位置付けられていたことが分かる(前掲『法規分類大全』(官職門・官制・司法省二)、一八四頁)。

(31) これは「刑法審査修正案」であり(杉山晴康・吉井蒼生夫・浅古弘・藤田正編『刑法審査修正関係諸案』早稲田大学比較法研究所、一九八四年)、明治一三年三月一日に同院の議定に付される。

(32) 前註所掲書「解説」及び浅古弘「刑法草案審査局小考」(『早稲田法学』第五七巻第三号、一九八二年)、三七九頁以下参照。

(33)「刑法審査修正案ノ儀ニ付伺」と題するこの上申書は、国立公文書館蔵『公文録』(一八八〇年三月・刑法審査局)、前掲『法規分類大全』〔刑法門二・刑律四〕、四四三頁。以下文中で括弧付きで引用する箇所は、総て当該伺から抽出してある。

(34) 新法により旧法の厳格な刑罰が軽減されたり廃止されるのは、新法の施行により社会が行為者を処罰する既得権を放棄するという考えに基づく(ボアソナード氏起稿『刑法草案註解』、三七頁、宮城後掲二の註(2)所掲書、五五頁)。なお、律例第一〇〇条、断罪依新頒律条例との法理解の上での接続性も含めて、その理論的背景については今後の課題とする。

(35) したがって、新法下での旧法の適用が当然のごとく予定されることから、旧法の効力については「別段廃止ノ御布告ハ無之儀」(明治一三年三月三一日付指令参看)とされる。こうした経過措置は、その形式面からすれば、両法の連続的解釈・運用を念頭に置いた処置といえよう。

(36) これは、明治八年九月二七日の司法省におけるボアソナードのフランス刑法講義時に既に問題化されている。『仏国刑法講義』(司法省蔵版・一八八一年)、一〇頁。なお、本講義及びその同省編纂過程全体における位置付けについては、拙稿「旧刑法編纂過程——司法省段階——におけるボアソナァド主宰の端緒」(『慶應義塾大学大学院法学研究科論文集』第二六号、一九八七年)を参照されたい。

(37) 新法第五条「此刑法ハ正条ナクシテ他ノ法律規則アル者ハ各其法律規則ニ従フ　若シ他ノ法律規則ニ於テ別ニ総則ヲ掲ケサル者ハ此刑法ノ総則ニ従フ」を参照のこと。

(38) 本文後掲のごとく司法省の上奏案段階では、「第三条第二項附則」と呼ばれていた。同条同項の原理に基づく関連立法であることが明白である。

(39)「刑法第三条第二項附則ノ儀ニ付申奏」、前掲『公文録』(一八八一年・司法省)。なお字句レベルの修正を越えて両案の大きな相違は、第八一号布告第一条及び第一〇条に相当する箇条が「附則(案)」中には求められないこと、逆に同案の第六・七条(布告では第七・八条)に具体的な用例を示した二行割註が付されているのに対し、布告では抹消されている点である。全体として司法省案から受ける印象は冗長ではあるが、比照操作の解りにくさを少しでも具体的に説明することに努めているのに対し、布告では確かに簡潔かつ明瞭ではあるもののいささか抽象的すぎる点も指摘できなくもない。実際に集積する疑義のうち、こうした規定そのものの意味を問うものも少なくない。立法技術的配慮も問題とし得よう。

(40) 手塚豊「明治一六年・参事院の刑法改正案」『明治刑法史の研究（上）』（慶應通信、一九八四年）、二二二頁以下、中野目徹「参事院関係文書の検討――参事院の組織と機能・序――」（『北の丸』第一九号、一九八七年）、三頁以下、山中永之佑『日本近代国家の形成と官僚制』（弘文堂、一九七四年）、二一八頁以下。

(41) 後掲二の註（8）参照。

(42) 前掲『法規分類大全』（刑法門二・罰則）、一四九―一五〇頁。

二　差異の目録化――新旧両法間の対比・継承・矛盾・断絶

本章では前述の訓令システムに基づき集積された質疑・応答事案について、一定の観点からの分類整序を試みてみる。まず前出の表2を参照されたい。[1] 前節にて解題を付した「申明類纂」及び「訓令類纂」を中心に用い、新法の総則（第一編）を構成する章・節毎に、関連する疑義を呈した案件を類別した結果である。

そこに明らかな通り、最も多く疑義が集中する事項として、まず「法例」（新法第一編・第一章・第一～五条、以下数字のみ）が挙げられよう（今回の調査案件総数の内約28％・以下同）。以下順に「附加刑処分」（一・二・三・

三一～四四、11％）、「主刑処分」（一・一・二・一二～三〇、10％）、「刑期計算」（一・一・五・四九～五二、10％）、「再犯加重」（一・五・九一～九八、7％）及び「自首減軽」（一・四・二・八五～九〇、7％）、「不論罪及ヒ宥恕減軽」（一・四・一・七五～八四、5％）、「徴償処分」（一・二・四・四五～五二、5％）、「数罪倶発」（一・七・一〇〇～一〇三、4％）などが続く。ここで該当する条文の数に単純に比定すれば、圧倒的に「法例」[2]部分に疑義が集中する傾向をまず指摘できよう。そこで次に「法例」に関連して立てられた質疑をまず紹介し、上掲の各項目の内、自首や不論罪などを中心に調査結果を略説した後、新法典の施行という秩序転換／再編という契機が、全体的視野からいかなる形で司法官たちの法実務・運営を条件づけたのか、試論的に考察することにしよう。

1　法例をめぐる疑義内容の傾向性

(一)　第三条第二項の運用方について

新旧法の比照のための経過立法である、第七二号・第八一号布告については、大略前述した通りである。ただしそれらが布告された日付は新法施行のわずか三日前であった。そこで「新旧比較表」の手引が未だ示されていなかった明治一四年一一月一八日には若松始審裁判所長判事から、「其之ヲ比照スルハ専ラ裁判官ノ見ル所ヲ以テシ可然哉右ハ新旧比較表ヲ製セラレ別ニ御布達相成ルヘキ哉」との請訓が出される。無論、司法省は翌月五日、「刑法新旧比較表ノ儀ハ已ニ編纂相済太政官ヘ上申ニ付不日御頒布可相成儀ト考量候」との内訓を発令する他はなかった。同一四年中に出されたこれに類似する質疑は複数見られ、中には、第三条第二項の「頒布以前」とは同一三年七月一七日の新法公布以前か否かを問うものすらあり（15・1・6?、熊本始審裁判所長判事、1・26請訓、開拓使札幌本庁〕（以下引例時の略号の用い方については、一の註（28）に記したところに従う）、逆にこうした手引が直前まで示されていなかった司法官側の慌ただしい対処情況が伝わってくる。

またその経過立法の解釈をめぐっても少なからず疑義は集積されている。例えば、明治一五年一月一〇日の名古屋控訴裁判所の検事長の伺は、第八一号布告の新旧法比較表の見方を問い、同月日欠の岡崎始審裁判所判事の質問は、旧法の収贖金を新法の罰金・科料に対照させる旨確認を求めたものである。また、逃罪（一〇年第七六号布告参看）につき旧法の棒鎖に新たに拘役を併科する処分は、新法では第八一号布告第六・一〇・一一の各条により附加刑は除棄される内訓が形成されたり〔1・31請訓、松本軽罪裁判所判事[3]〕、他方第七二号の各条により綱領・律例の懲役もまた拘留として処断されるか否か伺が出され〔15・1・25、山鹿治安裁判所〕、無論当該布告は諸罰例のみに関わるため、「旧両律」には及ばないとする指令〔1・13〕が出ている。

以上いささか形式的に過ぎるともいえる疑義内容であるが、この他、比照の結果旧法の適用が為されるとき、「刑名ハ新刑名ニ換ヘルカ」との疑義も複数呈されていた。また一定の操作の下に、新法施行後でさえ旧法が効力をもち続け得るとはいえ、どの範囲で従前のままの処分を継続してよいものか。このことについて、一五年一月二八日に伺を立て、「旧刑名ヲ言渡ス可シ」との指令を受けた〔2・2〕松江始審裁判所判事・検事は、その直後の二月六日に再伺を呈する（この場合は検事・高野孟矩の名が記される）。それは「二月二日付の指令に従い宣告した。そして旧法の刑名を用いた。しかしその施行方については、改定された監獄則と第八一号布告に照らして処分するのか、それとも改定前の監獄則によるのか[4]」との疑問であった。これに対し「前段の通り」との指令が下る〔3・28〕。事柄は監獄則にも関わるため、司法省の指令形成中、内務省との交信も取られたのである[5]。なお、この二月二日の松江裁判所宛の指令は、この事柄に関するリーディングケースとなったと見られ、三月一三日の宇和島軽罪裁判所検事伺にも引例される。

比照の優れて技術論的問題として若干の典型例を挙げておく。第八一号布告第一二条[6]の「本法」は新旧とも酌量減軽（断罪無正条）を施した上で比照にかけるべし、との判断が名古屋始審裁判所判事の「質疑」に対する回答として示される〔15・11・9〕。同様に旧法の窃盗・賭博の再犯以上の者への加等を施したものが「本刑」とされる〔15・9・21請訓、鹿児島県警部〕。更に旧法にて詐欺取財と詐偽官文書を併合して犯した場合、新法の第三九〇・二〇三条のそれぞれでの比照をおこなうのか、それとも各法毎に数罪俱発の操作をおこないその結果を比較するのか〔15・5・26問合、岡崎始審裁判所判事〕、という疑義などは比照の基本的操作に関わる[7]が、そうした確認を求めるものも少なくない。

次には、機械的な比照操作を背景として、「大ニ組織ヲ異ニスル[8]」法典の原則上の転換を敏感に捉えた疑義提出者が示す解釈の試みの中に、かなり個性的な見解に至る可能性を持ったものを挙げてみる。

(二)　不応為の比照

これについては後章にて若干考察を試みている[9]。したがって、ここでは法典の採用する当該法理に関わる原則上の転換が比照作業時にいかに考慮されようとしたのかを示す具体例を二、三挙げておきたい。

この不応為[10]は新法第二条の罪刑法定主義に直接関係してくるのである。明治一四年一二月一〇日の「相川支庁」（新潟裁判所）検事の伺には、「新法中刑名ノ正条アルモ旧法条例ナキモノハ之ヲ罰スルヲ得サル」が、旧法が不応為条の場合はどうか。律例により明文化したもの[11]ならともかく、それは「素ト正条ト為トニ足ラサル」ものであるから、新法の第二条の原則の前に、新法実施以後はおよそ引用してはならないのか、疑義を呈している。

さらに、同一五年一〇月の名古屋始審裁判所判事からの伺にも「正条ト云フ可カラス」と評価が下され、比照の対立項にはならないとの目算さえ立てられるのである。けれども、旧法（行為時法）の観点で不応為条該当が考えられるとしたら、その不応為条（笞三〇・懲役三〇日／杖七〇・懲役七〇日）[12]が比照の対照項とならなくてはならなかったのである。確かに旧法の不応為は明文の定型的根拠なくして罪を問うものであり、この法運用のありようはいうまでもなく新法の原則の罪刑法定主義には著しく背致する。つまり、本来ならば行為時法としての旧法下での擬律が素直に想定されるべきところ、施行直前あるいは直後の裁判時法としての新法の原則／その転換が強く意識され過ぎたため、その新たなる原則の前に不応為条が余りに否定的な存在として思念されたことに起因した躊躇であったといえる。[13]

ただし、こうした背景には次のような理解もあったことが指摘されなくてはなるまい。園部（京都）始審裁判所検事からの請訓である（15・3・9）。新法第一九〇条（偽造変造の紙幣であることを知って殊更に取受し行使する）と、同じく新法第三二六条（人の住居する家屋に放火するとの脅迫）に比応される旧法の正条が存しないため、[14]律例の第九九条の不応為条[15]が考えられようが、前掲二例の理由付けから不処罰にせざるを得ない。しかし、これを不処罰にするのは「実ニ不権衡ナリ」、したがって処罰すべきではないか、と提言するものであった。つまり請訓者自身において把握された法典の原則上の転換から帰着する「不処罰化」の早合点な観測に対し、請訓者自身がそのかえって非合理な結果に疑義を呈する形になっている。

明文の根拠がなければ有罪を宣告し得ないという新たなる原則と、明文の根拠がなくとも「情理」を勘考して一定の刑罰を科することを容認する旧来の体系とは、理論的には相容れない性質のものであり、法原則上のこのような大きな転換の意味について、現場の法適用者は十分過ぎるほど認識していたに違いない。だが実は、その認識に深ければ深いほど、裁判時におこなう新法第三条第二項に定める新旧両法の比照操作に躓くことに繫がった。彼らは、行為時法である旧法の解釈が新法の否定する原則——不応為条のごとく——を援用せざるを得ず、かつ比照の結果、その旧法が新法よりも「軽い」とされ新法施行下で適用を見ることに、かなりの躊躇を覚えていたと思われる。

新法第三条第二項において比照されるべきは、解釈の「結果」であってその「方法」ではない。ひとつの「犯罪事実」を行為時の旧法と、裁判時の新法とで、それぞれの解釈原則に基づき別個に評価した上で、両者の刑罰の「重さ」を比較により量り出す——たったこれだけの操作であったにもかかわらず、現場では多くの混乱が生じていた。そこに旧、新の両法間の「差異」を見比べた司法官たちの存在があった。

三　既存の諸法律規則・罰則との効力関連

ところで旧法下で、諸規則により可罰的とされていた行為が新法典においては廃止され、あるいは吸収されたり、あるいは不可罰と処分されることをめぐる疑義もかなり多く集積している。[16] それぞれにつき著例のみを挙げておこう。

例えば、「各府県庁ヨリ布達スル所ノ条規ニ違犯スル者ハ裁判官ニ於テ壹円五拾銭以内ノ罰金ヲ科スヘシ」との明治一〇年一月二九日太政官第一三号布告の運用につき、同一四年中に、石川県〔10・11伺〕、岩手県〔10・22伺〕、新潟県〔11・4伺〕、群馬県〔11・7伺〕、若松始審裁判所長判事〔11・21請訓〕などから疑義が出されている。もとより極めて包括性に富んだ規定ゆえ、新法・違警罪などとの抵触が問題とされたが、[17] 当該規則は同年一二月六日太政官第六二号布告により新法施行の同日廃止されることになった。[18] 司法省側からのいずれの疑義に対する返答も、同号布告の発令日を待って為されている。

また、明治八年六月二八日の太政官第一一〇号布告の効力も問題とされた。この「讒謗律」につき、福島軽罪裁判所検事〔15・6・5請訓〕及び水戸始審裁判所検事〔15・7・24請訓〕に対する司法省側からの回訓は、同律と新法の重複部分についてはその効力は吸収され否認されるというものであった。[19] この限りでは讒謗律は新法後も部分的には有効とされていたと見る余地は残ろう。

これに加え、明治五年七月一〇日の太政官第一九七号布告（人民の実印預け預かり禁令）[20]の規定する「屹度可及処置」なる「刑罰」は、第七二号布告に照らし、いかに処断すべきかの問題もかなり生じていた。[21] 鹿児島県は、再度に亘って伺を立てた。その大意は「実印の不正使用により証書の偽造が頻繁である。ところで第七二〇号布告第四条には規定が見えない。[22] したがって新法第二条の罪刑法定主義により罪は問えまい。だがこれは、『裁制力アリテ刑名ナキノ法律』『緊要ナル禁令』であって、新法以前には違令違式に問えた。[23] 警察の取締上の都合から至急に指令を求めている」〔15・2・9伺、4・12再伺〕というものであった。これに対し指令は、「明文のなき限り総て不問に付すべし」との定型的な見解が、それぞれの伺に対し繰り返されたのである〔3・7、4・29〕。ここには罪刑法定主義原則にまで遡る法理への理解が見えるが、質疑側には旧罰例下で可罰的とされた価値基準を新法秩序の下でも求めようとする強い意思が窺える。これに類する一例として、明治四年六月一七日太政官第二八五号布告／改正・同一二年五月二二日太政官第二三号達（菊紋章用方違反）もある。「以前は違令に問い、その物件は没収していたが新法には当該行為の規定が見えない。不問におくか」との警視総監の伺〔15・2・6〕に対し、罰するべき法がないとして、不問におく旨司法省は返答せざるを得ない〔15・3・18〕。

以上、新法の施行に伴い従来の可罰類型に不処罰化の変更がもたらされ、その確認とともに、場合によってはそうした不処罰化に対する強い疑問が提示されていたことが分かる。

(四)「存留養親・老疾収贖条」の効力

次に新法に成文の根拠がないが、その効力が存続するか否かを問う極めて多数の疑義が集中した案件の一例として「存留養親」[24]を挙げる。

当初、この「恩典」〔14・12・13、神奈川県宛指令〕について、「(新法は)与ヘラレサルカ如シ」とされ、「旧法ニ依テ処断シタル者」[25]に限り認める先例が集積される。したがって新旧比照の操作——第八一号布告第四条——の結果、旧法による処断が決定されれば認められるとされた。また、旧法下から服役中で明治一五年に入って存留養親を出願した者へも許される。この背景には、「本年一月一日前ニ犯罪ニ係ル者ハ留親ヲ聴ス可シ」〔2・2、鹿児島始審裁判所判事宛指令〕との理解があった。ところがこの点について、司法省サイドの姿勢に変更が現われた〔15・3・21、岡山始審裁判所検事宛内訓〕。すなわち、同一五年以降に同条が許されるのは、旧法によって同一四年一二月三一日迄に「処断」されたものだけに限られるというのである[26]。これに伴い、先に出された「指令」との抵触を是正するため、先の鹿児島始審裁判所へ変更の内訓[27]が出されたものの〔15・3・14、同裁判所長鳥居直樹宛〕、その間、変更前の司法省の判断に基づくかなりの数に上る「先例」が集積されていたのである。

注目するべきは、「祖父母父母ヲ憐ムノ精神」は新法の宥恕減軽の趣旨とは異なり、それを採用しない新法が施行されればこの適用はないと主張する問合〔15・1・11、甲府始審裁判所検事〕がある一方で、例えば明治一五年四月二四日の秋田始審裁判所判事の請訓のように、旧法の適用者にこうした恩典を与えるのは「法理当然」であり、こうした被告人の利益に関する旧法は新旧の別なく総て現存するものとしたらどうかというものもあった。

法律変更に伴う効力の確認事案ではあるが、いうまでもなく本条は、儒教的孝養の精神[28]に連なるものであり、たとえ新法がそれを許さぬとしても、なかには存留養親を「願フコト切ナル者」に対し、質問者自身が「聊カ疑團ヲ生シ」ながらも、特赦（治罪法第六編第三章）などを用い、特別に許してやりたいとの伺もあったのである〔15・2、京都始審裁判所判事〕。

2　自首――旧法的思惟の継承

自首条は、旧法の律系統刑法典に特有な規定として、悔悟改悛の情から自ら犯罪行為を申告した者に刑の減免を与え、犯罪者を善導することをその目的としていた[29]。新法でもこの趣旨は、紆余曲折を経ながらも立法化され[30]、その運用における疑義の多くは純然たるいわば解釈論的関心に集中した。例えば、新法第八五条[31]の「(未)発覚」について。明治一四年一二月一七日の静岡裁判所伺に対する翌一月一三日の指令は、「被告事件」の発覚ではなく「被告人」の発覚であり、それは社会一般が了知するのではなく、あくまでも「官」に対するものである。そしてその「官」とは「予審判事検察官司法警察官」の他、「酒造検査官」や「民事裁判官審理」時に発覚した場合も含むのである〔15・2・6、若松始審裁判所判事宛内訓[32]〕。一月一七日の滋賀県伺も同旨だが、それに応える二月七日の指令は「新法自首法ヲ設ケタルハ官ノ手数ヲ省キ他人ニ冤罪ヲ及ホササル主意」であるとする。立法段階におけるボアソナード流の社会功利的観点[33]が窺える。

また新旧法の転換に関わる疑義として、新法実施前の犯罪を、明治一五年一月以降に自首した場合、旧法・新法それぞれに自首減免の操作を行った後に比照することとなるが、その際全免の効果を生ずる旧法の適用がたいてい示唆されることになる（15・5・3、滋賀県警部宛回答）。さらに従来の諸罰則において自首の援用が否定されていたところ、新法により総則に自首規定が置かれたことに起因する抵触問題も生じた。例えば、地券書換手続罰則（同八年一〇月九日太政官第一五三号布告）[34]は従来その性質上首免は与えなかったが、新法第五条第二項[35]により自首減軽を与えるのか否か（15・3・15請訓、山田軽罪裁判所検事）[36]、同様に同一五年六月三〇日の太田治安裁判所判事補の伺では、かつて「酒造規則違反者」（同一三年九月二七日太政官第四〇号布告、酒造税則罰例を指すのか）に自首は与えない旨の内訓[37]があったが、新法により与えるのか、というものである。答えは総て、与える、なのである。[38]ただし同年七月二四日の司法省内訓（4・18請訓、秋田始審裁判所検事）では、「旧法ノ自首ハ免罪ニ帰シタルモ新法ノ自首ハ其罪ヲ免スルニ非スシテ只一等ヲ減スルノミナレハ（酒）税則ノ効力ヲ縮減スルニ至ラス却テ之レカ為メ自首ヲ促シ税則ノ主意ヲ全フスルニ至ルヘシ」との配慮を滲ませる。ともあれここに、総則の自首規定が従来の適用領域を越えて新法の下にその新たなる領域を著しく拡大させてゆく傾向を指摘できるのである。

最後に旧法的理解による新法の解釈の指針を求めた例として、旧法に明文の定めのある代理による自首、「代首」の扱いがある。その効果は新法でも発生するが、「本人ノ意」[39]にでた場合に限るとの判断が形成される。

3　「生年知者生月不知者」の扱いにみる「（新）法の欠缺」

さらに新法においては実定的根拠がなく、その際旧法の思考が想起され引例される場合として、新法第七九条以下の刑事責任年令の起算方法がある。疑義提出者の側からのいわゆる「法の欠缺」とは、生年は知っているが、生月を知らない者の年令算定方法なのである。これは、旧法・律例第九三条に明文があるものの新法には「準拠スヘキ明条無之」〔15・2・6伺、横浜始審裁判所検事〕ゆえ、その処分については「改定律例九三条ニ比準」[40]しそれを「適用」するのかと伺い出たのである。[41]このように、新法の解釈において不分明なものについては、慣れ親しんだ旧法的発想からの関連付けが試みられたという一例であると考えられる。ここでは先に述べた不応為などとは対照的に、新法の施行が原則の相違に発する強い「断絶的契機」を法の適用や解釈の場面にもたらすのではなく、従来の運用方や法思考に補われた実務上の連続性が志向される姿勢を窺えよう。

（1）明治一五年次に限っては月別にも分類しており、経過立法の順次整備されるに伴い生じた疑義の内容面における変化を追跡出来るようにしている。解題作業が各則に及び、全体的な数値が得られることを待った上で分析を試みたい。
（2）宮城浩蔵『刑法正義』（一八九三年）（明治大学創立百周年記念学術叢書 第四巻、一九八四年復刻）、二五頁には、「『法例』とは刑法を適用するときの例則の如きものにして之を一言すれば、総則中の小総則なり」とある。
（3）本請訓については、後註結の（2）も参照されたい。
（4）明治一四年九月一九日太政官第八一号達による改定後の監獄則。新法及び治罪法に関係する部分については、同二法施行日に併せて施行される旨定められていたが、伺は旧法の適用があることから、監獄則も明治五年制定のそれを用いなければならないのか、疑問を呈したのである。
（5）三月八日付けで司法省から内務省宛に照会が為され、同月一四日に回答が出される。
（6）その規定は「新法ト旧法トヲ比照スルニハ各其本法ニ照シ加減シタル者ヲ以テ本刑ト為ス」である。
（7）この点の基本操作に関する疑義、「錯誤」が最も多いと考えられる。
（8）第八一号布告（第三条第二項附則案）の司法省申奏案に対する、明治一四年一二月二七日付けの参事院議案。

『法規分類大全』〔刑法門一・刑律四〕、四四六頁。

(9)　本書第四章「不応為条廃止論考」を参照されたい。

(10)　その正条は「凡律令ニ正条ナシト雖モ。情理ニ於テ。為スヲ得応カラサルノ事ヲ為ス者ハ。笞三十。事理重キ者ハ。杖七十。」である。

(11)　本書第四章「不応為条廃止論考」二の註（8）参照。なお、旧法の同条については、後藤武秀「明治初期における不応為条の適用件数について」（『敦賀論叢』創刊号、一九八六年）、同「新律綱領『不応為』条の一考察――明治六年より同九年に至る事例分析を通して」『近代日本の新研究・Ⅵ』（北樹出版、一九八七年）。

(12)　改定律例第一条参照。

(13)　本書第四章「不応為条廃止論考」二〇四頁以下。

(14)　尤もこの前者については、明治一〇年改正の律例第二四九条・改正偽造宝貨律が明文で存する。請訓者の見落しである。

(15)　本書第四章「不応為条廃止論考」一の註（1）参照。

(16)　旧罰例と新法との整合関係については、本章、一2㈡⑵にて前述した通り、新法第五条と第七二号布告に関連してくる。

(17)　同罰則の効力は、新法に抵触しない限り存続することを前提にしている（本文中群馬県の例）。

(18)　同布告形成過程中、明治一四年一一月一八日の参事院上申には、当該規則は「改正刑法」の違警罪目及び第四三〇条に従う旨記される。

(19)　しかし、どの限りで讒謗律の効力が残るかについての具体的指示が為されていない。内訓の簡便な運用の一例であろう。なお、手塚前掲「讒謗律の廃止をめぐる一考察」を参照。

(20)　「人民実印ノ儀ハ……妄ニ他人ヘ相預ケ候者有之ニ付間々奸詐ノ訴訟差起リ……以来実印相預候儀固被禁候条万一心得違ノ者有之候節ハ預ケ人預リ人共屹度可及所置候事」と規定される（傍点筆者）。

(21) 本調査では一六例ほどが採取された。

(22) 同条には「法ニ照シ律ニ照シ若クハ違令違式ニ照シ処断ストアリ及ヒ咎可申付トアルハ総テ二円以上百円以下ノ罰金ニ処ス」とあり、「咎度可及処置」なる罰令の処断方が見えない。

(23) 明文で違令・違式が定められていたわけではない。実務上の慣例として成立していたと見られる。

(24) 正条は「凡徒流ヲ犯シ。発配スヘキニ。祖父母。父母。年七十以上。及ヒ廢篤疾ニシテ。家ニ待養ノ子孫ナキ者ハ。所司。事実ヲ推問シ。徒流。並杖一百実決シテ。余罪ヲ収贖シ。存留シテ。親ヲ養ハシム」である(新律綱領名例律下犯罪存留養親条)。

(25) つまり、「本犯」が旧法時に為されていればよい。処断時が新法であるわけだから、ここに比照の必要が生ずる。

(26) したがってこの場合、比照作業を要しない。

(27) そこでは別途立法段階にあった明治一五年四月四日司法省丙一三号達に従う旨、明示される。同一五年二月一〇日、陸軍卿大山巌から太政大臣宛に出された「軍人軍属役限内老疾収贖及存留養親ノ儀ニ付伺」が三月二九日に同官の「裁令」を受け、「常人ニ付テモ右ニ照準処分スヘキ儀ト心得」べく同達が形成された。そして、抵触する指令内訓は取り消される旨宣言される。その趣旨は新法によって廃止された制度ではあるが、同一四年一二月までに願い出の分、未だ願い出をしていない分(以上、旧法等処断者)、及び、比照の結果、旧法適用者を対象として、許可していくものであった。したがって、比照作業による旧法適用者を除外して考える司法省の理解は狭きに失しているといえよう(尤も〔15・4・26伺、5・22指令、熊本始審裁判所判事〕では、正しく? 含めている)。

(28) 小早川欣吾「新律綱領及び改定律例の編纂過程と其の判決に就いて」『続明治法制叢考』(山口書店、一九四四年)、六九頁。

(29) 小早川前掲論文、八二頁、霞前掲書、六三頁以下。

(30) 新法における自首条の立法については、矢野祐子「旧刑法における自首条の成立(上・下)」(『早稲田大学大学院法研論集』第五六・五七号、一九九〇・一九九一年)がある。

(31)　その正条は「罪ヲ犯シ事未タ発覚セサル前ニ於テ官ニ自首シタル者ハ本刑ニ一等ヲ減ス但謀殺故殺ニ係ル者ハ自首減軽ノ限ニ在ラス」である。

(32)　尤も、同年一〇月四日には、この発覚とは「官ニ限ラス被害者ニ於テ犯人ノ誰タルヲ認メタル」場合を含む旨、司法省内訓が出される。なお、この内訓を起案したのは第四局であり、同年九月二五日が上申日である。

(33)　ボアソナードのかかる観点とその立法的諸帰結、並びに律の原則――改悛に基づく犯罪者の善導・責任の全免――に立ち返る日本人委員との議論については、矢野前掲（上）論文、九七頁以下、中山勝「鶴田皓関係資料断片㈠――鶴田皓の『自首』論――」（『西日本文化』一二〇号、一九七六年）、一〇頁以下。なお、後註（39）も参照されたい。

(34)　尤も本罰則は、明治一三年一一月三〇日太政官第五二号布告、土地売買譲渡規則の制定により廃止されている。旧名称を用いたものか。

(35)　前掲一の註（37）参照。

(36)　その理由として、同規則違反者はそもそも「自ラ申出ルニ非サレハ発覚セサル罪ナル」ことが請訓中に挙げられる。

(37)　明治一四年一〇月一日付とするこの司法省内訓は現時では管見の限りでは見出せない。なお、これを同月一〇日とするものもある〔15・5・24伺、松本始審裁判所判事〕。

(38)　明治一五年五月一九日には、「通常犯罪者ト同視シ難キ者アル」諸罰則違反者につき、新法第八五条による自首（一等減）の適用を認めるべきか、「至急御指揮有之度」旨、司法省より伺が出されている。これは無論、本文でも若干紹介した疑義の集積から発せられたものと考えるが、これに「伺ノ通」とする太政官指令は翌月一九日に出されている。同指令形成途次の参事院議案にも「改過自新ノ路」とされた自首は、罰則中、自首を与えない旨明文のない限り認められるべきであるとしていた。『法規分類大全』〔刑法門四・罰則〕、一五一頁。ちなみに本文で触れた両罰則も明文を備えていたわけではない。

なお、これに関する疑義につき司法省からの応答は、上記指令日以降に集中して出されているが、本文所引の山田軽罪裁判所検事宛の内訓は、五月二〇日付である。この日付は発令日であるとすれば、当該内訓の形成過程（同検事の請訓は三月中である）において太政官への伺の契機があったとみられよう。その「簡便性・可変性」を前提とすれば、下される指令いかんにより先の内訓の取り消しも考えられていたのであろう。

(39)（15・3・11請訓、4・6内訓、小倉治安裁判所判事補）、綱領では親属間での相容隠を得る者も代首し首免を受けられた。しかし新法では本人が「疾病」その他やむを得ざる場合に限るとする。立法段階でのボアソナードの見解については、早稲田大学鶴田文書研究会編『日本刑法草案会議筆記』第一分冊（一九七六年復刻）、二七八頁、矢野前掲（第五六号）論文、一〇四頁註20。

(40) 正条は「凡生年ヲ知テ生月ヲ知ラサル者ハ生年ヲ以テ半年ト為シテ計算ス」である。

(41) その年の一二月を生月と見做して計算する方式が取られている。

結

以上、新法の適用をめぐって集積された、本来ならば膨大な数に上るはずの疑義のうち、極めて僅かを拾いあげ、問題関心のおおよその枠組を呈示した。ここで補論的な考察を加えておきたい。私が分析の対象としている五百数十例にも及ぶそうした疑問は、一見極めてカズイスティックな様相を帯びながらも、確かに一定の秩序の再編を背景として生じて来たことは、もはや疑う余地はなくなった。内訓に示された判断は事実上先例化されることはあっても、訓令のシステム自体は原則的には横のつながり——公開性——を欠いた法の確証・明認方法である。[1] それは個々の法主体によるあくまでも個人的な法の明認作業であり、公判にて一度誤れると判断された場合には、上告により大審院の判断を仰ぐという是正処置が取られなければならなかった。しかしこの大審院とても、司法省サイドとの法認識において齟齬を来すこともあり、法令の最終的な解釈権限の所在が複元的ではっきりしない状態が未だ呈されていたのである。[2] ともかくも、こうした法実践の上で顕在化する個体差は、[3] 法の運用能力及び技能の平準化を目的とした組織的な近代法律学の普及によって克服されることが望まれる。

実際、疑問を呈する側において、「法律の精神」[4] を推究するために、ある時には司法省段階の草案に遡り、またある時には太政官刑法草案審査局の成案も比較参照しているのも見られた。[5] さらに「村田氏ノ註釈」[6] を初めとした各種註釈書を繙たものもある。[7] 中には、フランス刑法を引用するものさえあった。[8] 先の新旧両法の原則理解において、その転換への対応が勇み足に失した例に見たように、あるいは、たとえ旧来からの処置への執着が示されようとも、少なくとも旧法的思惟をひとまず相対化して新たなる法原理を捉える視点は着実に定着していることが分かる。異なったシステムへの変化にいち速く呼応しようとする実務法律家の姿がここにはあろう。新法施行直前に制定された太政官布告等の経過立法とは、まさに法の運用主体による逡巡や「ゆらぎ」の幅を狭める役割を負っていた。ただしその目的が、実際いかなる程度に果たされたのかという総体的な評価については、いずれ新法——明治一五年刑法の全編全条に亘る検証を俟って再論することにしたい。

（1）「旧法時に初犯で処分され、新法時に再犯を重ねたもの」につき当初、明治一四年一一月一九日の段階で若松始審裁判所判事から請訓が出される。一二月一日の内訓では、「追テ何分ノ儀訓示スヘシ」とある。ところがその後、同月一七日付けの山田始審裁判所長判事の請訓には、同一五年一月一一日付けで内訓が出されており、対応が固まっている。ところでペンディングにしていた若松の方へは何も音沙汰がなく、一月四日付けで同地から「至急ノ御明示」を求める連絡が出されていた。これに対し、一月一九日にようやく先の「先例」に拠りつつ内訓が出された。この一例が示すとおり、こうした訓令システムは個々の裁判所と司法省との閉ざされたやりとりに終始し、司法官全体の斉一的な法運用の確立を、当初においては、直接的には目指していなかったことが分かろう。

（2） 事案は、明治一四年中に逃走した受刑者についての、新旧法の比照問題。旧法（律例第二九九条）では棒鎖一日と新たに拘役（新拘役）を科すことが規定されるが、新法の第一四二条では一月以上六月以下の重禁錮である。ところで、旧法の「新拘役」はむしろ原犯に属するものとみて、逃走罪の新旧比照では旧法では棒鎖を本刑と定め（律例第三〇三条では、自首により逃走罪は免罪になるものの、新拘役が残ることの反対解釈として）、新法の重禁錮と対応されるべきではないのか、ということである〔15・1・14伺、松本軽罪裁判所判事〕。棒鎖の換刑方法は律例第五条に従い、新法の懲役日数と対照される。これに対し司法省も同旨の見解であった〔1・31内訓〕。この点での理解の相違から検察官から上告が為された。そして結果的に破棄にまで至らなかったものの、「棒鎖ト従新拘役トヲ併セテ逃走罪ノ本刑」とする大審院判事により、「不法ノ裁判」とされる（『大審院刑事判決録』明治一五年六月）。そこで、「内訓ト律意大ニ齟齬セリ以後何レニ従フ可キ哉」という再度の請訓に対し〔7・3、同裁判所判事〕、司法省は慌てて「先度ノ内訓ノ通心得ヘシ」「大審院ニハ本省ヨリ通牒ニ及フ」〔8・7付〕と内訓で応じた。

（3） 前註の同一裁判所における、判事―検事の間における齟齬も一例である。いわゆる法曹三者の立場の相違が、こうした法秩序転換に際していかに顕在化してくるのかも興味深い。

（4） 〔15・1・15請訓、15・3・2内訓、山田始審裁判所検事〕、〔15・3・28回答、警察使〕。

（5） 剥奪公権について監視をも含めこれを時効にかからないとして、「日本刑法草案」（司法省段階の確定草案・明治一〇年一一月上呈）、並びにおそらく「刑法審査修正案」（同一二年六月二五日上進）を比較参照しているものにつき（監視が追加されたのは、「刑法再訂本第一編」・同一一年五月前後?である）、〔14・12・22伺、15・2・16指令、福島裁判所米沢支庁検事〕。なお、前掲一の註（32）所掲の浅古論文を参照。また新法第三一条第四の公権剝奪を検討するために参照された草案が、おそらく前例同様司法省の確定草案であろうものとして、〔15・9・21伺、10・27指令、鹿児島県警部〕がある。

（6）無論、村田保『刑法註釈』（内田正栄堂、一八八〇年）である〔15・2・9請訓、3・24指令、鹿児島県〕。未遂が問題とされる。

（7）ボアソナードの註釈書を用いたものとして、本書第五章「『擬律ノ錯誤』をめぐる試論的考察」参照。

（8）〔15・3・3請訓、3・29内訓、福岡始審裁判所判事〕。フランス刑法第六〇条、教唆犯についてである。

第四章

不応為条廃止論考

序

明治九（一八七六）年七日六日、八月一七日及び二三日に、元老院において「不応為律ヲ廃スルノ件」が審議・決議[1]され、後日、太政官に上申された。この不応為条[2]は断罪無正条条（比附援引[3]）と並び、「新律綱領」「改定律例」（以下、綱領、律例、総称して、初年刑法・旧法）の中国律様式の刑法を特徴付ける律文であり、絶対的法定刑（固定刑）を以て臨む同様式刑法の弾力的運用の為には、その存在は必要不可決であったことが立証されている[4]。

ところで、この不応為条は、「法律なくして犯罪なし」という罪刑法定主義の主旨とは対極に位置するもので、同主義を採用した明治一五年刑法（以下、新法）を我が国に施行された最初の「近代的」法典とすれば、その前段階としての旧法を前「近代的」と性格付ける役割を果たしている[5]。筆者は、かかる旧法が未だ「現行法」として効力を有している段階に、「新法」としての一五年刑法の立法作業が着手せられたものの、新法施行直前（一五年一月一日施行）に至るまで、不応為・断罪無正条の両条が結果として「廃止」されることなく機能していた事実に注目したいのである[6]。またこの時期は、マクロの比較法の観点から、日本法秩序は、「支那法族から西欧法族」へと移行したという一般的な図式の下に語られている[7]。だとすれば、西欧法に学び、「法律ニ正条ナキ者ハ何等ノ所為ト雖モ之ヲ罰スルコトヲ得ス」（第二条）ことを基本原理とする新法の立法過程において、いかなる経過態様を辿り、不応為・断罪無正条の両条は法典上不要とされていったのか。さらには外観的にはその様相を根本的に異にする両法を[8]、例えば新法第三条第二項[9]の要請から比較対照させる必要が生じたとき、法律構成及び法律適用にあたる司法官は、従来の旧法的思考と新法典に内在する思考とのはざまにあって、いかなる困難に直面したのであろうか。

このように不応為・断罪無正条の両条を、明治一五年刑法立法期と施行後の解釈・適用期にも関わるものとして、両期に亘って考察する意義が開かれてくるのであるが、以下では、まず、元老院における不応為条廃止をめぐる諸論を通観することにより、同条廃止の意味とその実効性について少しく考察しておくことにしよう。

（1）　明治九年七月六日に「号外第一一号意見書　乙、不応為律ヲ廃スルノ件」として、その他の甲（有妻更娶律条ヲ設クルノ件）、丙（将屍図頼律例ヲ廃スルノ件）とともに、細川潤次郎により提出された。この「不応為律ヲ廃スルノ件」は、八月一七日の第二読会から「号外第一三号意見書」として論議される。以下では、明治法制経済史研究所編『元老院会議筆記　前期第三巻』（元老院会議筆記刊行会、一九六八年）収録の議事記録を用いる。

この決議を直接にとり上げる論文として、佐伯千仭「元老院の不応為律廃止論――明治初年における罪刑法定主義――」（『立命館法学』第七五・七六合併号、一九六七年）、一頁以下。また、これに触れるものとして、手塚豊「讒謗律をめぐる二つの大審院判例」『明治刑法史の研究（下）』（慶應通信、一九八六年）、三八四頁註37。

（2）　新律綱領雑犯律不応為条の律文は、「凡律令ニ正条ナシト雖モ。情理ニ於テ。為スヲ得応カラサルノ事ヲ為ス者ハ。笞三十。事理重キ者ハ。杖七十。」である。

（3）　新律綱領名例律断罪無正条条の律文は、「凡律令ニ。該載シ尽サヽル事理。若クハ罪ヲ断スルニ。正条ナキ者ハ。他律ヲ援引比附シテ。加フ可キハ加ヘ。減ス可キハ減シ。罪名ヲ定擬シテ。上司ニ申シ。議定ツテ奏聞ス。若シ輙ク罪ヲ断シ。出入アルコトヲ致ス者ハ。故失ヲ似テ論ス。」である。

（4）　後藤武秀「新律綱領『不応為』条の一考察――明治六年より同九年に至る事例分析を通して――」手塚豊編著『近代日本史の新研究・Ⅳ』（北樹出版、一九八七年）、二三七頁以下。同「明治初期における不応為条の適用件数について」（『敦賀論叢』創刊号、一九八六年）、八四頁以下。滋賀秀三『清代中国の法と裁判』（創文社、一九八四年）、七四頁以下。また、中村茂夫「不応為考——『罪刑法定主義』の存否をも巡って——」（『金沢法学』第二六巻第一号、一九八三年）、同「比附の機能」『清代刑法研究』（東京大学出版会、一九七三年）、一五一頁以下所収。

（5）例えば、吉川経夫「日本における罪刑法定主義の沿革」東京大学社会科学研究所編『基本的人権　四』（東京大学出版会、一九六八年）、八頁以下。

（6）初年刑法と一五年刑法（及びその編纂過程）間の連続性、断絶性の関係を探索する意義を提言したのは、新井勉「旧刑法の編纂㈠」（『法学論叢』第九八巻第一号、一九七六年）、五四頁である。

（7）「ローマ」「英国」法族を「進行法」とするのに対し、支那法族を「遅延法」と位置付けるのは、穂積陳重「法律五大族之説」（初出、一八八四年・『穂積陳重遺文集・第一冊』岩波書店、一九三二年、二九二頁以下所収）である。しかも翌年の論文「万法帰一論」では、支那法族は劣法として亡滅する法族であり、自然陶汰の結果、優法のみが生存し得るとするなら、立法の範として「ローマ」法族に依る他はないと断言するに至る（『同遺文集』三五九頁以下）。そして続けて、我が国も支那法族を脱して「ローマ」法族に移行したことを述べる。同じ趣旨は、Hozumi(N.), Lectures on the New Japanese Civil Code as material for the Study of Comparative Jurisprudence, rev. ed., Tokyo, 1912, pp.37-38にも窺える。尤もそこでは、「ローマ」法族ならず、"Family of European Law" とある。本論ではこれを「西欧法族」と訳出したのである。同書を語るものは多いが、例えば五十嵐清「法系論と日本法」（『東西法文化（法哲学年報・一九八六）』、有斐閣、一九八七年）、二二頁以下で触れられる。

（8）手塚豊「元老院内における新律綱領、改定律例復活反対意見書」『明治刑法史の研究（上）』（慶應通信、一九八四年）、二六一頁。

（9）明治一五年刑法第三条は、第一項として、「法律ハ頒布以前ニ係ル犯罪ニ及ホスコトヲ得ス」、第二項として、「若シ所犯頒布以前ニ在テ未タ判決ヲ経サル者ハ新旧ノ法ヲ比照シ軽キニ従テ処断ス」を規定する。なお、このような新旧法比照についての本文で述べた如くの問題関心は、手塚博士により従来から指摘されているところである。本文にて後述するところであるが、例えば「讒謗律の廃止に関する一考察」前掲『明治刑法史の研究（下）』、三五二頁以下、及び三五九頁註22の指摘を参照のこと。また、本書第三章「司法官の近代法適用をめぐる逡巡」参照。

一　元老院における不応為条廃止の決議

1　不応為条廃止をめぐる諸論の概観

元老院では、同院議官細川潤次郎提出にかかる「不応為律例《ママ》ヲ廃スルノ意見書[1]」をめぐって、主として細川に代表される「不応為条廃止」の立場と、同条廃止を「時期尚早」とする立場とが意見を闘わせた。尤も、この二つの見解は結論こそ対峙するが、その前提となる認識において異なるところはなかった。以下、関連する資料を用いて、その大筋を跡付けてみたい。

会議中、細川自身が語るところによれば、彼は意見書を作成するにあたり、前年、すなわち明治八（一八七五）年中に、大審院から発せられ、司法省を経由して、太政官に上申された伺[2]を常に念頭に置いていたふしがみられる。当時、太政官法制局に出仕していた彼は、「指令ノ文案」まで用意したが、「今尚正院ニアラン[3]」と当時を回顧する。そして、大審院ノ論ハ断罪無正条ヲ廃シ併セテ不応為律ヲ廃セントスルナリ……而シテ余ハ断罪無正条ヲ廃スルハ他日ニ譲リ先ツ不応為律ヲ廃セントス乃チ司法ノ伺ニ取捨ヲ加フルニアリ。[4][5]

との彼の発言は、同意見書が、「大審院→司法省」筋の伺を基底としていることを判然とさせる。しかし、それでも両者の著しい相違点は、大審院の「両条廃止」に対して、細川が廃止の対象を不応為条のみに絞る結論を導き出していることであろう。

そこで、その「大審院」伺と覚しき、細川潤次郎旧蔵「吾園叢書」第四〇冊中に収録される一写本[6]を、次に掲げておこう。

断罪無正条律例及不応為律ヲ廃止スルノ伺

臣等謹テ案スルニ。律ヲ用フルノ法二アリ。秘用ト顕用トナリ秘シテ之ヲ用フル者ハ。人民ニ知ラシメズ。我国古昔以来。及ヒ支那是ナリ。故ニ大宝養老ノ律。徳川政府ノ刑典。当該官吏ニ非ルヨリハ。之ヲ読ムコトヲ得ス。支那亦然リ。現時ノ律。六部則例。現行則例ノ如キ。亦当該官吏ニ非ルヨリハ。之ヲ見ルコトヲ聴サス。故ニ康熙ノ律雍正ニ至テ。始テ世ニ出テ。道光ノ律。咸豊ニ至テ。始テ世ニ出ツ。之ヲ秘用ト謂フ。其用既ニ秘ス。故ニ罪ヲ断スルニ。正条ナキ者ハ。他律ヲ援引比附シテ。罪名ヲ擬定ス。顕ハシテ之ヲ用フル者ハ。頒布公示シテ。人民ト約ス。欧米各国是ナリ。故ニ犯罪アリテ。律文正条ナキ者ハ。法ノ以テ其罪ヲ断ス可キ無シ。故ニ其一犯人ハ。其罪ヲ問ハズシテ。新タニ例ヲ創シ。例定テ世ニ公布シ。更ニ人民ニ約スルニ。今後此罪ヲ犯ス者アレハ。断スルニ此例ヲ以テスルコトヲ約ス。之ヲ顕用ト謂フ。我国明治巳酉[7]以来。律例ノ販売ヲ准ルス者ハ。欧米各国ノ用法ニ倣ヒ。律例ヲ人民ニ約センコトヲ欲シテナリ。已テニ人民ト約シテ。猶ホ律ニ正条ナキ者ハ。援引比附シテ。罪名ヲ擬定シ。又不応為ノ律アリテ。人民ト約セザル。意量外ノ罪ニ処スルハ。秘顕両用シテ。人民ニ約セザルト。以テ異ナルコト無シ。秘用一定ノ愈ルト為スニ如カス。然リト雖モ。既ニ販売ヲ准ルシテ。人民ニ公示スレハ。亦欧米各国ノ法ノ如ク。律ニ正文ナキ者ハ。其犯一人ハ不問ニ置キ。新例ヲ創シ。人民ト約シテ。然ル後之ヲ施行センニハ。因テ断罪無正条律例内五等減ノ例ヲ除クノ外。及ヒ不応為律例ヲ廃止シ。又例文中。不応為軽重ニ問フノ文ヲ。並ニ懲役三十日七十日ノ刑名ニ御改正有之度。伏而仰裁候[8]

八年六月

右のとおり、日付を除く他、起案者名、あるいは伺を発した機関名等を知る直接の手掛かりは、伺文面中に求められない。しかし、会議において、大審院の「不応為・断罪無正条」（以下、両条）廃止案を「大抵余ノ起草」と述べた水本成美議官[9]は、明治八年五月一〇日に四等判事に任ぜられ大審院への出向を始めており[10]、他方の「指令ノ文案」を草したという細川が、法制局一等法制官として任ぜられるのが、同年九月二二日であるので[11]、「八年六月」の日付は、水本を「同伺起草者」[12]、細川をそれに対する「指令起案者」[13]として設定することを妨げない[14]。また、両条廃止を求める大審院伺に「取捨ヲ加へ」[15]、結局断罪無正条条存置を「不応為」廃止の条件とする細川が、旧蔵していた「吾園叢書」内の一資料であるところからも、彼自身の起案でないにしても、彼が「指令起案者」として同資料を閲覧・保管し得る立場にあったことが推測できよう[16][17]。

内容的に概言しておけば、刑法を予め頒布公示し、「人民ト約ス」手続きが踏まえられるか否かを基準として、「律ヲ用フルノ法」が「顕用」と「秘用」とに分けられる。ところで、明治六年以来、我が国では、「律例ノ販売ヲ准ル[18]」しており、これは前者の「欧米ノ主義」に倣ったものであるが[19]、それにもかかわらず、未だ「比附援引・不応為」を存置、使用していることは顕秘両用であり、主義の一本化を図る為にかかる「秘用」に通ずる両条を法典から放逐する必要を説いている。この一方で、細川の意見書、及び会議内発言はこれに比較し、より一層政策的色合いの濃いものとなっており、民権伸長期に際会し、「従前圧制ノ時」に已むなきものとされた「不明ノ文」たる両条は、時として政府や裁判官の擅断を許す、「体裁ニ於テ甚耻スヘキ[20]」ものとして位置づけられる[21]。

ところで、こうした認識は、元老院で発言に立った各議官の共有するところであった。例えば、時期尚早を主張する秋月種樹議官にしても次のような論調が見られた。

> 若シ之（不応為律―筆者註）ヲ廃スレハ罪犯ノ夥多ナルコレヲ比擬スルニ当リ律ニ正条ナク忽チ差支ヲ生スルアラン固ヨリ之ヲ廃スルヲ不可トスルニ非ス廃スルノ期ヲ早シトス願クハ他日人民知識開進律例亦緻密ナルノ日ヲ待タン[22]

これに対し、細川は、断罪無正条条を存置すれば、不応為条を当時において廃止したとしても、法典の実質的運用は比附の機能により従来通り担保される旨請け負い、不応為条のみの廃止にとどまる漸進的改革論を主張するのである[23]。

しかし、細川の提案にはいくつもの疑問点を見出せる。なによりもまず、「不応為」＝「名状スヘカラサル者ヲ罰スル律」を法文上消滅させたとしても、断罪無正条条の援用により「不明」の法条は依然人民には知らしめられないままとなりはしないであろうか[24]。「比附援引ノ事ハ類推スル故漫然タル者ニ非ス[25]」とはいえ、その「類推」の観念自体は、同時期にボアソナードによって厳しく拒斥されていた[26]。そして、なによりも不応為のもとよりの存在意義が、細川や水本等[27]の主張する如くに、他条の機能に還元し尽くせるものなのか。個別代替的立法を始めとした、必要的経過措置を講じたとしても、その運用の実際は煩瑣を極めたものとなるのではないか——ここにむしろ「既ニ刑法全部ノ改正ニモ際スレハ其刑法完備ノ日ヲ待[28]」つ、との尚早論の余地が依然残されたままとなる。しかも、この点についての廃止論からの反論は頗る歯切れが悪い。津田真道、河野敏鎌両議官[29]も、そうした時点での不応為条廃止論の実効性については、尚早論と立脚点を同じくせざるを得なかった[30]。

しかし、数年後には実現される新法典の抜本的改革を前にして、彼らがそれでも可及的速やかな不応為条の廃止を主張して止まない背景には、ひとえに「不応為ノ如キハ文明国ノ律ニナシ……不応為ヲ廃スルハ僅カノコトナカラ文明律ニ移ル初歩ニテ至極結構[31]」との言が示す、「文明律」への強い憧憬が貫流していたのである。と同時に該条は、「一種正体ナキ」「律書中ニ存シテ見ルニ忍ヒサル[32]」ものという仮借のない否定的評価の下に、「文明律」以前の刑法を象徴する存在として、位置付けられることとなるのである。

2　「不応為律例ヲ廃スルノ意見書」提出のその後

この「号外一三号意見書　不応為律ヲ廃スルノ件」は、明治九（一八七六）年八月二三日の同議案第三読会席上、多数を以て採可され同日太政官に上申された[33]。法制局[34]がこれを受理したのは二日後の同月二五日である。公文録等[35]には二三日付けの元老院から太政官への上申書（元老院議長有栖川宮熾仁親王から、太政大臣三条実美宛）、及びその後に上奏書が綴られている。これに、「不応為律例ヲ廃スルノ意見書」「布告案」が続くが、両者共、上記細川提出案（註（1）所掲）に、会議中提示された表現上の修正を若干施しただけなので、ここでは全文を挙げないでおく[36]。該上申書を受理した法制局は、同「意見書」「布告案」を同年八月二六日付けで、右大臣岩倉具視の名で、司法省（司法卿大木喬任宛）に下問した[37]。しかして、司法省はこの意見書並びに布告案について如何なる判断を下したのか。司法省からの上申書[38]を次に挙げよう。

不応為律例廃スル儀御下問ニ付上申

不応為律例ヲ廃スルノ儀元老院ノ上奏ヲ以テ先年御下問ニ依リ審按中彼是遷延ニ至候処今般新刑法御頒布相成候ニ付テハ別段意見陳述ヲ要セス該書類返上候也

明治十三年七月廿六日

司法卿　田中不二麻呂《ママ》[39]　印

ここに明らかなとおり、司法省は下問のあった時からこの上申に至る四年もの間、同省に元老院意見書・布告案を留め置き、太政官に対しなんらの回答も与えていなかったことが分かる。右上申書の日付は明治一五年刑法が公布されてから九日を経た時点であることを示している。そして、同年八月七日付けで、

法制部[40]　印

別紙元老院上奏不応為律例廃止ノ儀審按候処既ニ新刑法御頒布ノ上ハ別段御廃止ニ及ハサル儀ト存候且司法卿ヨリモ別紙ノ通上申有之候ニ付此儘御留置相成可然哉仰高裁候也

なる「法制部議按」が成り、結局「別段御廃止ニ及ハサル儀」に決し、元老院の意見書は葬り去られることとなったのである。併せて、同月九日付の太政大臣三条、及び元老院議長有栖川宮の花押と、岩倉と内閣書記官の捺印のある回議書が綴られている。

ところで、村岡良弼『明治刑制因革略』の伝える「(一三年)八月元老院不応為律ヲ刪ルノ議ヲ上ル、報セズ、刑法ノ施行近キニ在ルヲ以テナリ」[41]なる記述から、先に見た明治九年時の元老院決議とは別に、同一三年に「元老院の再度の決議」が存したことが従来から説明されている。[42]しかし、『明治九年元老院議事一覧表』(九年一二月二二日付)には「決議後未公布」[43]と記され、また『元老院日誌』の同年八月の記録中にも、会議が開催されたなんらの形跡も窺えないのである。[44]それゆえ、上掲の一連の史料が物語る通り、「一三年八月」とは、「法制部議按」ないしは「回議書」の日付であり、いずれも司法省が「審按中彼是遷延ニ至」った同九年八月二三日上申の元老院決議案に関係するものであるとみてよかろう。[45]

この間元老院も、ただ腕を拱いて事の成り行きを傍観していたわけでは勿論なかった。『元老院日誌』の中には、明治九年一二月一五日と同一一年一二月二三日の二回に亘って、それまで上奏した意見書の採否を問い、それぞれ「内呈書」[46]、「上申書」[47]を太政官に送致していることが看取されるのである。前者の文面には「本院ニ於テ衆議決定スル所ノ意見書別紙九件上奏ニ及置候末如何ノ御運ヒニ相成候哉」とあり、その九件の中に、「不応為律例ヲ廃スルノ意見書」が見える。驚いたことに、二年後に出された後者の上申書は「一昨年来本院ノ意見書ヲ上リシモノ凡数件尚御評議ノ上御裁可相成候様企望致候」(以上、傍点筆者)と記し、しかもそこに挙げられる一〇件中八件は九年度上奏分なのである。これも、元老院が「立法府」としての権限を、いかに軽視されていたかの一証左といえようが、そこにも「同律例ヲ廃スル意見書」の項目を認めることが出来るのである。

このように、意見書の可否について、再度に亘って問い合わせを重ねる元老院に対し、刑法の頒布を見るまで太政官に回答を送致しないという司法省の態度は、余りにも対照的であるといえよう。これには、確かに政府内の微妙な権力関係も作用しているのであろうが、それに留まらず、上で見たように当該「意見書」の実質的審査が司法省の手に委ねられていたことも考慮されなければならない。

ではなにゆえ、司法省は回答を「新刑法御頒布」まで延引し、[48]しかもその回答は否定的であったのか。憶測の域を出ないが、まず、不応為条の擬律運用において果たす実際的な機能が、無視し得ない程に大きな意義を有していたことが考えられる。不応為条は、結局、新刑法典施行まで立法的には廃止されぬまま、統計上多くの事例において援用されたことが確認され、[49]その裁判規範としての有用性は依然として確固たるものがあったと考えられる。これに加え、伝統的中国法（中国律様式の刑法）の系列に連なる刑法の特質としての、新律綱領における各律文の具体的・細分的規定方法、及びその固定刑主義の採用から帰結する、法典運用上の「硬直性」を前に、不応為条が実際には「法の欠缺補充機能」及び「減刑機能」を果たし、以て初年刑法運用の上に「柔軟性」が確保されていたことが近時の実証的研究の成果として明らかにされている。[50]これを前提とすれば、そういった不応為条を不要のものとするためには、まずもって該条の機能と存在とを必要とせざるを得ない中国律系統刑法典の様式そのものの改編・消滅に目が向けられなくてはならなかったことであろう。この意味で、司法省における刑法編纂が本格的に展開してゆく時期に、かかる「意見書」が提出され、結果として退けられた意味を考えておくことは、「旧刑法の編纂」行程を捉える新たなる視角を模索することに他ならない。[51]そこで以下では、『日本刑法草案会議筆記』を用いて、ボアソナード提出草案を旧法的思考で理解する日本側編纂委員の発言の中に「不応為」の面影を尋ねてみることにする。

（1）　明治九年七月六日の第一読会の席上、細川によって提出された「意見書」及び「布告案」は、次のとおりである。

不応為律例ヲ廃スルノ意見書

謹テ案スルニ明治巳《ママ》酉以来律例ノ販売ヲ許サレ且律例ノ改正アル毎ニ之ヲ布告シテ天下ノ人民ニ示ス猶政府ト人民約束シテ此事ヲ為ス者ハ此条ヲ以テ之ヲ罰ス可シト曰フカ如シ然ルニ不応為条ノ如キ不明ノ文ヲ掲ケテ其中ニ混スルハ又猶都合ニ由リ之ヲ罰スルコトアル可シト約束スルカ如シ此約束ハ或ハ一方ニ便ナレトモ必ス一方ニ不便ナル者ナリ故ニ裁判官ノ為〆之ヲ論スレハ此律アル至テ便ナルカ如シト雖トモ援引ノ際区別シカタキヲ以テ人民ノ為ニハ幸不幸ノ大差ヲ生シテ其甚シキ者ハ無罪ヲ有罪トシ又重罪ヲシテ軽罪ニ至ラシムルコトアリ此ノ如キ不測ノ罰ハ論究シテ当然ノ罰ヲ用ユルノ愈レリトスルニ如カ〆之ヲ国典ニ掲クルハ人民ノ権利ヲ抑圧スト曰フモ決シテ過キタリストセス因テ請フ不応為律例ヲ廃止シ又例文中不応為軽重ニ問フノ文ヲ並ニ懲役三十日七十日ノ刑名ニ改〆且改定律例第九十九条ヲ改正アランコトヲ謹テ裁可ヲ乞フ

「布告案」

新律綱領改定律例中不応為律例ヲ廃止シ例文中不応為軽重ニ問フノ文ヲ並ニ懲役三十日七十日ノ刑名ニ改〆改定律例第九十九条左ノ通改正候条此旨布告候事

改定律例第九十九条改正案

凡律例ニ罪名ナク令ニ制禁アル者各所犯ノ軽重ヲ量リ違令違式ヲ以テ論シ情罪重キ者ハ違制ニ擬ス

前掲『元老院会議筆記　前期第三巻』、一八八―一八九頁。また、「明治九年元老院議事一覧表附録、意見書起草一覧表」国立公文書館蔵『元老院日誌　第二巻』（三一書房、一九八一年）、八〇七頁参照。

（2）　前掲『元老院会議筆記　前期第三巻』、二一八―二二一頁以下に見る、細川、中島（信行）、楠田（英世）、水本の各議官における発言に明らかである。また、佐伯前掲論文、四七八頁以下。

（3）（4）同前書、二一八頁。なお、傍点は筆者による。

（5）その三つとは、「其一ハ即チ無正条ヲ存ス其二ハ従前販売ヲ許シ此度ハ布告スレハ人民ト約束スルナリ其三ハ不応為律ニ擬スル罪ノ軽重ニ従テ懲役ノ日数ヲ定メ或ハ違令違式ニ問フ是ナリ且改正律九十九条ノ如キ不応為違令違式等一々掲ケタレト凡制禁アルヲ犯ス者ハ違令違式ニ問ヒ其他条例中往々不応為ニ問フノ文アルハ並ニ懲役三十日或ハ七十日等ニ換レハ宜シカラン……」、前掲『元老院会議筆記　前期第三巻』、二一八―二一九頁。

なお、本章では引用に際し、「ヿ・𬼀」は、コト・トモに、また、漢字も特別なものを除き、現在引用されているものに改めた。

（6）版心に文字のない青の一〇行罫紙を使用した、浄書本である。また、同史料の前には「不応為、不応為条例第二八九、二九〇、二九一条及び断罪無正条条例第九九条」の各条を記したものが綴られている（「吾園叢書目録」法務図書館編集『図書月報』第二〇巻第一号、一九六九年、附録、一八頁。なお、法務図書館蔵『貴重書目録（和書）』、一九七三年、二六頁参照）。

（7）この干支は「癸酉」（明治六年）の誤りであろう。

（8）すなわち、明治七年一二月一八日太政官第一三四号布告、断罪無正条条例である。その律文は、「凡罪ヲ断スル正条アリト雖所犯情状軽キ者ハ仍ホ情法ヲ酌量シテ軽減スルコトヲ聴シ減シテ五等ヲ過ルコトヲ得ス」である。

（9）前掲『元老院会議筆記　前期第三巻』、二二一頁。

（10）該伺について、「余大審院ニ在テ断罪無正条ト不応為ノ二律ヲ廃スルヲ議シ……大抵余ノ起草ナリ」と述べる水本であるが、大審院創設時の判事には、玉乃世履（二等判事）、楠田英世（三等判事）、青木信寅（四等判事）、伊丹重賢（同前）、鷲津宣光（五等判事）、平賀義質（同前）、荒木博臣（七等判事）、小倉衛門介（七等判事）が、水本の他にいたとされる（荒木桜洲「創始時代の大審院」『法律新聞』第二〇四二号・一九二二年一〇月二五日、向井健「大審院の創設とボアソナード意見書」（『法学研究』第四四巻第六号、一九七一年、一〇二頁）。

ちなみにこれらの人員の中で明法寮出身者は、楠田、水本、鷲津、平賀、そして荒木の五人であった（『官員録』

明治八年）。また、『司法省分課職員録』（明治八年一〇月八日改）一八頁には上記の内、小倉の名は見えず、別に大田黒惟信（四等判事）、高木勤（七等判事）小島充均（同前）が加わる。

(11)(12) 国立公文書館蔵『元老院勅奏任官履歴原書』、細川廣世『明治政覧　完』（一八八五年）、一二三頁。

(13) 尤も沼博士は、水本が同月四日に廃止された明法寮の「残務整理」を終了する時点を同年六月一二日あるいはそれより若干後とされており、また、彼の四等判事任命後の五月二七日に「付」された指令には、まだ彼の印章が見られるといわれる。さらに博士は、「大審院刑事判決原本」に彼の名が初出するのは、「明治八年六月二五日」の判決であるといわれる（沼正也「家族関係法における近代的思惟の確立過程（その一）」『財産法の原理と家族法の原理（新版）』、三和書房、一九八〇年、三六四頁註39）。これを前提とし、また、本文にて言及する通り、各発言にみる「大審院伺」とこの一史料が同定出来るものと仮定すれば、水本は、就任してまだ日の浅い大審院における「実務的」経験よりはむしろ、明法寮時代にかかる伺案に結実する腹案を抱き始めたとも推量し得る。

水本については、手塚豊「明治法制史上に於ける水本成美」『明治文化の新研究』（亜細亜書房、一九四四年）所収、を参照のこと。

(14) 叙上の水本の大審院就任日から推考し、かかる大審院の上申を、「八年の後半」であったとするのが、手塚前掲「讒謗律をめぐる二つの大審院判例」、三八四頁の註37である。なお、手塚博士は、本文所掲の史料については触れていない。

(15) 「法制局職制章程」（明治八年九月日欠）では、法制局を「正院ノ下命ヲ受ケ法制ヲ起草修正スルノ所」と規定し、かかる伺の受理及び処理については、第二条の「元老院及ヒ省使ヨリ正院ニ献議スル所ノ起案ハ正院ヨリ本局へ下シテ議ヲ取リ其修正ヲ要スル者ハ修正案ヲ草セシム」の主旨が踏まえられたのだとすれば、「今尚正院ニアラン」との細川の作成にかかる「指令ノ文案」とは、この「修正案」を指すのだろうか。しかし、これについて、国立公文書館蔵『法制局　考案簿』（自明治七年至同十年）等には、全く手掛かりがない。

(16) 「吾園叢書」所収の各記録と細川潤次郎の関係については、手塚博士の手になる一連の史料紹介（「明治法制史料雑纂一一一〇」『法学研究』第三四巻第三一一二号、一九六一年）において考証され記されるとおりである。とりわけ「『公会条例』および『公会罰則』草案」（『法学研究』第三四巻第四号）においては、一等法制官時代の彼が同罰則立案に関与したことを推測されている。

(17) 本文にて提出した記録に前後して、「将屍図頼、同条例、私和人命、同条例」の正条や、仏刑法第三四〇条（重婚罪）の邦訳条文のみを記す文章が綴られる。細川が前註（1）で挙げた意見書を作成した時に、参考にしたものか。

(18) 初年刑法の民間書肆による印行販売の許可は綱領頒布後、明治四年三月以降為されていたが、改定律例の時は刑法典の内容公開についての特別の許可処置は為されなかったとされる（手塚豊「新律綱領、改定律例註釈書」前掲『明治刑法史の研究（上）』、一八二頁）。

このことと関連して、穂積陳重博士は、綱領・律例の上諭にそれぞれ「内外有司其之ヲ遵守セヨ」「爾臣僚其レ之ヲ遵守セヨ」とあるのをとらえ、二法典とも「臣民に公布して其遵守を命ぜられたものではなく、只人民の犯罪を処罰する準則を官吏に訓示したに過ぎぬものである」が司法省において、官版として公刊した事実から（明治五年一〇月以降、官版「新律綱領」の一般向け販売が許されたこともある。手塚前掲「新律綱領、改定律例註釈書」、一八一頁以下）、この二法は「秘密法と公布法との中間に在る刊布公示法であって、本質上、直接に人民に法禁を告知して其干犯を警めたものではないが、人民が之を知って法網に羅らざらんことを欲して之を知るの便を図ったものである」と結論する。穂積陳重『法律進化論　第二冊』（原形論、岩波書店、一九二四年）、一三一一一三二頁。傾聴に値する指摘であると考える。なお、後註も参照のこと。

(19) この認識にはいささか疑問が残る。前註でも触れたように、綱領の民間書肆による印行販売は、明治四年三月から、許可されている。手塚博士は、もとより「秘密法主義」（「刑罰法規官庁訓示主義」）を採用し一般人民には公知を予定していなかった綱領であるにもかかわらず、この「重大な基本方針」が頒布（同三年一二月二七日）後わずか三カ月で崩れ去ったところに、激しい時代の流れを感ずるとしておられる。ところで、筆者は、こうした方針の転換は、同三年一一月二三日の大学南校英人教師リング刃傷事件を始めとした邦人による外国人殺傷行為を鎮圧するという極めて現実的な必要に起因するものと考える（例えば同事件を収拾するための、参議佐佐木高行と英国公使パークスの対談（東京大学史料編纂所編纂『保古飛呂比　五』（佐佐木高行日記）自明治四年正月至同年五月（東京大学出版会、一九七四年）、六三頁）、及び、『明治天皇紀　第二』（吉川弘文館、一九六八年・明治四年三月二七日の項、四三七―四三八頁）の記録等を参照）。したがって、これが、社会契約論的な理解の上で、「人民ト約ス」ことを旨とする「欧米各国」刑法と、理念上も帰一し得るものかどうか一応留保しておきたい。

なお、田中時彦「大学南校雇英人教師襲撃事件――攘夷事件に対する通常謀殺罪の適用――」『日本政治裁判史録（明治・前）』（第一法規出版、一九六八年）、一八四頁以下参照。加えて、『司法省日誌』（第八七号、一八七四年）、一二一―一三頁の、埼玉県伺（同七年五月五日付）は、「不学ノ民固ヨリ法律ノ何者タルヲ知ラス仮令之ヲ知ラシメント欲スルモ不能読、又不能解」故、綱領・律例の主要な条項から、順次、布達説諭し、法典全体の熟知に及んだ時に、「不知シテ犯罪者ナキニ至」るであろう、という論旨を展開している。様々な解釈も可能かと考えるが、本文との関連からも注目したいところである。

(20)　前掲『元老院会議筆記　前期第三巻』、二一八頁。

(21)　元老院の「立法官」（議法官）としての権限は、行政官たる太政官（正院）との関係から、その創設当時より、極めて微妙かつ制限されたものであったことは周知のとおりである。しかるに、細川も、同院の権限問題には敏感であったと見え、一〇年には「意見書取扱手続キ改正スヘキノ議」を、翌年には連名で「法律布告式ヲ改ムルノ議」を発案し、いずれも同院で可決されている。これらは、同院の権限明確化あるいはその拡張を求める動向の中に位置するものと考えられ（大日方・我部後掲「解題」、七五三頁）、また民選議院の不存在の指摘と共に不応為条廃止を通して、政府・司法官の擅断的行為を立法官の立場から抑制していく該意見書の趣旨（前掲『元老院会議筆記　前期第三巻』、二一八頁）と方向を同じくするものではないであろうか。

元老院の創立の経緯については、尾佐竹猛「元老院の性格」前掲『明治文化の新研究』所収、稲田正次『明治憲法成立史（上）』（有斐閣、一九六〇年）、近時では、角田茂「元老院の成立」（『中央史学』第九号、一九八六年）、六四頁以下。また、元老院の廃院に至るまでの活動、機能を全般的に論じたものとして、大日方純夫、我部政男「解題」国立公文書館蔵『元老院日誌 第四巻』（三一書房、一九八二年）、七五二頁以下が利便である。さらに、山室信一『法制官僚の時代』（木鐸社、一九八四年）、一五五頁以下は、当時の法政思想における、同院の進歩的側面を活写している。参照されたい。

(22)(23) 前掲『元老院会議筆記 前期第三巻』、二一九頁。

(24) 不応為条の機能をそのまま断罪無正条条が代替し、具体的な「違法行為類型」が定型的に示されないままであるとすれば、なによりも「律例」を「従前販売ヲ許シ此度ハ布告スレハ人民ト約束スル」ことと擬制する前提そのものに反することとなろう。

(25) 前掲『元老院会議筆記 前期第三巻』、二二六頁。

(26) 「罪刑法定主義」の理念からは、蓋し当然であろう。例えば、ボワソナード講義、井上操筆記『校訂増補 性法講義』（一八八一年）、一九頁。ボアソナードは、断罪無正条条を「刑律ノ全備セザルノ国ニ於テ、律ニ正条アラザルノ犯罪ヲ犯シタル者アルトキハ、他律ヲ援引シ、其類似ノ適不適ニ従テ加フベキハ加へ、減スベキハ減シ、且上司ノ検査保障ヲ待テ其刑ヲ申擬スルハ、固ヨリ可ナリトスル所ナリ」と述べている。しかしこのことも、「此度新定ノ日本律ニハ、定メテ諸般ノ犯罪ハ悉ク拾聚シテ掲載セラルベシト信ス」と彼の言うように、新法施行までの暫定的な容認にすぎない。「刑律ニ正条ナキ犯罪ヲ罰スル事ニ関スルボアソナード氏答議」と題するこの資料は、「明治九年六月四日」の日付を持つが、これも、彼の「主宰」する新法編纂がおこなわれている時期にあたり、「立案者」としての新法に対する展望を述べたものとも解せる。なお、この資料は、井上毅の質疑と併せて、国学院大学日本文化研究所編『近代日本法制史料集 第九』（ボアソナード答議二）（東京大学出版会、一九八七年）、一八九頁以下に収録され、また、吉川経夫「ボアソナードと罪刑法定主義」（『法学志林』第七一巻第二・三・四合併号、一九七四年）にも紹介される。

(27)(28) 前掲『元老院会議筆記 前期第三巻』、二二一頁。

(29)（30）　同前書、二二五頁。なお、津田は、本来ならば「違令違式違制」もまた、改正されるべしとするが、これは「刑法全部ノ改正」の折りに総て善処されるであろうとして、まず不応為条改正に着手することとは、「僅カノコトナカラ文明律ニ移ル初歩」であると高く評価する（同書、二二一頁）。松岡八郎「津田真道の法理論について」（『東洋法学』第三一巻第一・二合併号、一九八八年）も参照されたい。

尤も津田は、明治一六年に「刑法治罪法ヲ廃シテ新律綱領改定律例ヲ復セランコトヲ請フノ儀」なる元老院意見書の原案を起草したとされ（号外第三六号意見書）、綱領・律例に則った新法の大幅な修正を企図していたとされる（手塚前掲「元老院内における新律綱領、改定律例復活反対意見書」、二六二頁）。

（31）　前掲『元老院会議筆記　前期第三巻』、二二二頁。

（32）　同前書、それぞれ、二二〇、二二六頁。

（33）　「元老院第二期報告書　本院意見書ノ部」前掲『元老院日誌　第四巻』、六二五頁。

（34）　前註（15）を参照のこと。

（35）　国立公文書館『公文録目録　第五』自明治一二年至明治一四年（一九八二年）、一五二頁、「明治一三年元老院八月　不応為律例ヲ廃スル意見ノ件」、及び同『太政類典目録　下』自明治一一年至明治一四年（一九七七年）、「太政類典第四編第五七巻索引　元老院不応為律例ヲ廃スル意見書刑法已ニ頒布ニ付其儘留置　一三年八月九日　元老院」とあるものを用いる。なお、同館蔵『刑法決裁』（明治一三年自三月至一二月）にも「不応為律例廃止ノ儀」として収録される。

（36）　佐伯前掲論文、四八二頁、註1。

（37）　前註（15）「法制局職制章程」（八年九月日欠）第二条、及び第四条「法制ノ事案ニ付省使府県主任ノ官員ニ向ヒ本局ヨリ直ニ照会シ若クハ喚問スルコトヲ得」が踏まえられたのであろう。

（38）　『太政類典』では、「司法省上答」とある。

（39）　大木は明治一三年二月二八日、司法卿の任を去り、これに代わり、田中が同職に就任するのは同年三月一二日で

ある。司法省編纂『司法沿革誌』（原書房、一九七九年）、五一頁。

(40) 法制部は、法制局に代わって、明治一三年三月三日太政官第一二号達により設置された。『法規分類大全』（官職門二・官制・太政官内閣二）、二七九頁。

(41) 同書、六六頁。また、同起草『大政紀要・第六七巻』にも見える。

(42) 佐伯前掲論文、九頁、また佐伯千仭・小林好信「刑法学史」『講座日本近代法発達史・第一一巻』（勁草書房、一九八〇年）、二二二頁の指摘。他に、典拠を明らかにされていないが、小早川欣吾『明治法制史論・公法之部』下巻（厳松堂書店、一九四四年、改訂再版）、一〇〇五頁も同じ見解を採る。

(43) 前掲『元老院日誌　第二巻』、八〇六頁。

(44) 手塚前掲「讒謗律をめぐる二つの大審院判例」、三八四頁註38も同旨である。

(45) 国立公文書館蔵『司法省第五処務年報　明治十二年』（明治一五年一〇月付）、一四頁には司法省が意見（回答）を上陳するのは同一三年四月と記録されるが、管見ではそのような事実を確かめることはできない（あるいは、同月一六日の刑事局設置に関係するものか）。

(46) 前掲『元老院日誌　第一巻』、五二〇頁。

(47) 同前書、九〇二頁。

(48) 本文で触れた「元老院意見書」として上奏されたが、明治一一年一二月に至っても採否を回答されないものの一つに、「賊盗律夜無故入人家条及例第百五十五条第百七十二条及捕亡律改正意見書」（同九年一一月九日上奏）があった。これは、改めて司法省に下問する手続きはとられなかったが、同意見書に対する「法制局議案」（同年一一月二八日）には、「新纂刑法モ已ニ緒ニ就キ遠カラス大成ニ至ラントスルノ際ニ候ヘハ今特ニ改正スルヲ緊要トセス」なる一文が見え、並行する刑法編纂作業に解決を委ねた形で、該時点での改正の不要の理由付けとしている（『公文録』明治九年自七月至一二月元老院伺）。同様の理由付けは、同院意見書「死刑ヲ絞ニ止ムルノ件」（同九年七月九日上奏）、「改定律例第二百四拾九条第一項改正ノ件」（同年一〇月一二日上奏）に対する「法制局議案」にも窺われるようである。なお、採否定かでない同院意見書の内、綱領及び律例上の律文の改正・立法に関するもので、かつ太政官から司法省に下問されたものは、管見の限りでは、不応為条廃止の案件のみである。

その他、司法省伺に対しても、右同様の判断を下した法制局指令も見られる。例えば、「守衛ノ兵卒ヲ罵言スル者ノ処分方伺」（同八年一〇月四日）、「公認セサル僧尼ノ盗犯処分方伺」（同一二年一月二三日）では、複数の律文間に亙る煩瑣な改正立法を必要とすることから、刑法典改正を待つべきことが指令されているのである。

(49)　例えば、『明治十二年第五刑事統計年報』以下、明治一四年までの『刑事統計年報』には、「不応為及違制違令違式」の項目が設けられ、三カ年に亘る各年の「常事犯」総数に占める割合は、同一二年以下それぞれ、一二、一一、一〇パーセントの高数値を示した。同項目には四〇数例前後の類型が詳記され、後藤前掲「明治初期における不応為条の適用件数について」、八八頁註4に見る指摘のように、「不応為」のみを特定することは極めて困難と思われる。しかも、それら諸類型にもあてはまらない例があったと見え、「各種ノ犯罪」の総称下に、同項目における最高の数値が記されているのである。しかし、本章の場合は、数値の特定化にではなく、不応為条が新法施行まで変わらず用いられていたという事実を窺知することに目的が置かれている。それゆえ、「不応為ヲ廃スルナラハ違制違令違式ノ如キモノモ廃シテ可ナリ」との、元老院会議で楠田や津田の為した進言の趣旨を踏まえれば、不応為条も他の違制違令違式と相俟て、正条なきものの犯情を酌量し罪を問うところの「不明ノ文」を構成していたとも考えられる。したがって、こういった範疇を「共ニ之ヲ廃スルヲ可」とすれば、先の高い数値（使用頻度）から見ても、確かに「他日刑法全部ノ改正ヲ竢」つ必要があったといえよう。

なお、後藤論文、八四頁以下では、明治九、一〇両年の『刑事綜計表』を用い不応為条の適用件数を特定し、両年の「刑事訴追総数」中に占める割合が、それぞれ約三・三、二・九パーセントであったことを算出されている。参照されたい。

(50)　後藤前掲「新律綱領『不応為』条の一考察」、二六七頁。

(51)　例えば、新井前掲「旧刑法の編纂㈠」、五六頁、註5、6、7の指摘。

二　近代刑法原則に比照される「不応為」の諸相

1　司法省編纂過程への一瞥

新法の編纂[1]は、明治八（一八七五）年九月一五日に司法省内に「刑法草案取調掛」が設置され、さらに翌年五月中旬以降ボアソナードをかかる編纂作業の中核に迎えることにより、作業行程全体に確実性・迅速性が確保された結果[2]、六月末には第一編の「第一稿」の上呈を見るに至る。元老院の不応為条廃止に関する「意見書」が同省に下問された同九年八月二六日とは、まさに同年一二月に上申される「第一稿」（第四編まで含む）[3]成稿に向けて鋭意討議が重ねられている時なのである。以下、かかる編纂過程中に引照された「不応為」三例について詳述する。

まず第一例である。ボアソナードが、仏刑法第四三七条[4]の「建造物橋堤ノ全部又ハ一部ヲ滅尽及ヒ崩壊セシメシ者云々」なる趣旨を紹介し、我が国刑法「決水ノ罪」の立法上、その「取捨採摘スヘキ条件ヲ議」すに及んだ時[5]である。

例へハ天然洪水ノ時其沿川ニ相対スル甲乙ノ両村互ニ水害ヲ防カンカ為メ甲村ノ人民ニテ其堤防ヘ砂籠ヲ突キ出シ又

ハ堤防ヲ高ク築キ立テ水勢ヲシテ自ラ乙村ノ堤防ヲ崩潰スル等ノ処為ヲ為ス事往々之アリ右ハ畢竟相互ニ田畑ヲ保護スル一心ヨリ為ス所為ニシテ別ニ他人ヲ害スル悪意アルニアラス（Ⅳ二六五五―A）

と、日本人編纂委員が従来の処断例を具体的に提示した上で次の如く質問した。

然シ従前ハ先ツ不応為位ノ罪トナセリ今後ノ刑法ト雖モ之レヲ以テ決水ノ罪ノ本条ニ当テ論スルハ少シ愍然ナラントス如何（Ⅳ二六五五―B）

これに応えるボアソナードは、かような行為については、そのことから人の死傷等が結果しない限り刑法上の問題とはせず、行政指導及びその他堤防に関する別個の行政規則を定め、これに委ねるべきであると進言した。またこの一方で、日本人側は、次の様にも発言した。

又日本ニテハ例ヘハ戯レニ堤防ノ砂籠ヲ破リ又ハ堤防ノ柵杭ヲ抜ク等ノ処為ヲ為ス者アリ従前ハ之レヲ杖七十位ノ刑ニ罰セリ之レハ如何（中略）若シ右等ノ小事ハ違警罪ニテ罰スヘキカ又損害ヲ求ムル而已ニテ是レ亦タ刑法上ニ問フヘキ事ニアラサルカ（Ⅳ二六五五―D）

ここで注意されるべきは、こうした日本人編纂委員からの一連の疑義は、改定律例、戸婚律棄毀器物稼穡条例、第一一一条の律文、「凡故ナク河防ヲ決潰シ水柵石籠ヲ毀損スル者ハ情ヲ量リテ不応為ニ問ヒ軽重ヲ分ツ」を想起せずにはおかないことであろう。しかるに、「不応為位ノ罪」と思念された一行為を行政規則に包摂させ、また、これまで「杖七十位ノ刑」なる「小事」を委ねるのは違警罪か民事賠償かという弁別の契機が、編纂過程中現れたことをここに指摘しておこう。

次に第二例である。仏刑法第二三七条以下に規定される「越獄脱監即囚徒ノ逃罪」について討議が及び、既にボアソナードから「第一案」(6)が席上に提出された後のことである。同案第五条は、既決ないしは未決の囚徒、あるいは「裁判所へ告発セラレタル者」に対し、そのことを知った上で、ことさらに隠匿所を供与するか、あるいは他所へ逃避せしめた者を処罰する旨規定したものであったが、日本人編纂委員が次のような疑問を提示した。

既決囚ト未決囚ト裁判所へ告発セラレタル者トノ三種ノ外例ハ人ヲ殺シタル犯人ノ直ニ其身ヲ投シ隠匿シテ呉レルヘシトノ依頼ヲ受ケ已ヲ得ス其犯人ヲ隠匿シタル者ハ之ヲ全ク無罪ト為スカ(Ⅱ八六三—C—D)

元来、仏刑法には、「人ヲ殺シタル犯人ノ直ニ其身ヲ投」するような、未だ当局に認知すらされない行為者を隠匿した者を処罰する明文はなかったことは、同刑法第二四八条(7)の正文から明らかなのである。だが、ボアソナードは、かかる場合に、隠匿を職業的に反復する者とか、逃亡者の犯罪の完成を容易ならしめる目的から隠匿を為す場合を除き、それが専ら「一時ノ慇諒心ヨリ」出た時に限り無罪として結論付ける(Ⅱ八六三—C)。その前後に彼は、「日本ニテハ従前之ヲ如何セルヤ」と日本人委員側の意見を求めていることに注意したい。これに対する回答は、

日本ニテモ之レハ不応為ニ問フ而已ナリ（Ⅱ八六二—D）

とするものであった。ここに前述の日本人委員の発言内容とも関連して、改定律例、捕亡律蔵匿罪人条例、第三一一条の後段部分、「若シ罪人、未タ官司ノ追喚ニ係ラス、若クハ、已ニ追喚スル者ト雖モ、未タ知ラスシテ、蔵匿隠避セシムル者ハ、倶ニ情ヲ量テ不応為ニ問ヒ、軽重ヲ分ツ」の一文に想到することは、臆見に過ぎるだろうか。なお、改定律例は、不応為の適用を受ける犯罪行為を具体的に若干数例示するに至ったが、上掲の二例の不応為もまた、そうした「類型化」を経たものであることに注意しておきたい(8)。

そして第三例は以下のとおりであった。「偽証ノ罪」をめぐる一連の審議過程において、明治九年一二月に上申された「第一稿」をめぐり日本人編纂委員は、偽証の教唆犯を処罰する旨規定した第二七一条を疑問に付した。同条第一項で「人ヲ教令シ又ハ嘱託シテ偽証又ハ詐偽ノ鑑定通弁ヲ為サシメタル者モ亦偽証ノ刑ニ同シ(9)」と規定したことはよいとしても、問題はその第二項に見える「其未タ遂ケサル者ハ未遂犯罪ノ例ニ照シテ処断ス」（Ⅱ一二七六—B）とある未遂規定の趣意であった(10)。もともと偽証罪には未遂が生じ得ないものと認識した日本人編纂委員に対し、ボアソナードは、起案者の意図として「偽証ノ教令シタル者而已ニ係ルヘキ積ナリ」とし「偽証ヲ教令スル為メ賄賂ヲ贈リタルノ類ヲ云フ故ニ他ノ罪ノ未遂犯罪トハ大ニ異ルニ付殊更ニ特書セサルヲ得ス」との考えを披露する。だが、日本人編纂委員もこれに鋭く切り返す。彼らは教唆犯を正犯同様に処罰する旨規定した既に審議済みの第一一五条（「第一稿」）を前提にしつつ、「本犯」（正犯者）が実行行為に着手する以前の段階で「教令者」（教唆者）を処罰するとの趣旨は、国事犯等の重大な犯罪においては別としても、「通常ノ罪ハ其教唆シタル而已ニテ本犯ノ其罪ヲ犯サヽル時ハ其教唆者モ亦同シク罰スルヲ得サルヘシ」と反駁した。これに対し、さすがのボアソナードも答えに窮した様子で次のように日本人編纂委員に問いかける。

日本従前ノ刑法ニテハ其本犯ノ罪ヲ犯サヽル時ハ其教唆者ヲ如何セサルヤ（Ⅱ一二七七―D）

前二例とは異なり、ここではボアソナードから日本人編纂委員側に対し、当該の処罰行為を規定化するにあたって「日本従前ノ刑法」の内に正当化の根拠を得ようとしている。これに対して日本人編纂委員は、「之レハ未タ其罪ノ成立サル者トシテ罰セサルナリ」と先の原則理解を繰り返すのだが、ボアソナードはさらにたたみかけるようにして、

然シ現ニ賄賂ヲ贈テ犯罪ヲ教唆シタル者ヲ全ク無罪ト為スハ不都合ナルヘシ（Ⅱ一二七八―A）

と日本人編纂委員に詰め寄る。そこで日本人編纂委員は次のように返答した。

日本ニテモ其罪ノ事柄ニ依リ或ハ不応為位ニテ罰スル者ナキニアラサレトモ刑法ノ正条ニハ其明文ナシ（同前）

明文による実定的根拠があくまでも「日本従前ノ刑法」には見当たらず、それでもあえて処罰するとしたら、「不応為」くらいが適当であろうとの観測が示されている。ただしここで日本人編纂委員は、綱領・律例において「不応為」と評価された行為を新法の中に明文で実体化しようとまでは考えてはいない。むしろその逆に、ボ

アソナードによって提案された新設規定を退ける文脈で「不応為」に言及している点が興味深い。実はボアソナードの提案は、当時のフランスにおける偽証の教唆をめぐる判例や理論の展開を背景として為されたものと考えられ[11]、自らの立場を日本刑法の編纂の場で自覚的に表明したものと思料される。だが結局、この第二項の採用は見送られ草案からは削除されてしまう。

ボアソナードによって起草される新法の草案には、仏刑法に直截に淵源を見出せる条文と、ボアソナードの創造にかかる条文との双方が含まれていた。こうした未知の法思考が新しい日本刑法の素材として軟着陸を果たすためには、まずは綱領や律例の中に類似する明文的根拠が見出される必要があった。それによって、日本人編纂委員もボアソナードも、規制の対象とする犯罪行為の形式的な枠組みを確認し得たし、その確証が得られないときには、実質的な違法観—違法感情のレベルにおける処罰行為の類型化が模索され検討された。ここに「情理ニ於テ為スヲ得応カラサルノ事」、すなわち「不応為」が想起される所以があったのである。

以上は極めて限られた例証でしかない。しかし、こうした実例は、編纂過程中、幾多の「可罰的諸類型」がボアソナードによって創出されてゆく中で、それらと類似（または、微妙に相違）し、あるいは機能面で等価値と目された初年刑法的思考との通理解の途が開かれることがあり、「不応為」もまた、その例外ではなかったことを示している。新法における「不応為」の実体的規定の消滅は、かような新法的構造に包摂されてゆく中に、その条件の一端を見出せるのではないか。尤も、旧法の不応為条が広汎な適用領域を有していたことを考慮すれば、むしろ編纂過程記録中、ことさらに「不応為」なる輪郭が明示されぬまま、新法において法文として「形」の与えられた場合がかなり多いはずであることは、容易に想像ができる[12]。その意味で、右の例の如く、すでに律例にて「類型化」された「不応為」だけでは、事柄の極く僅かな面しか捉えられないことはいうまでもないことである。

2　新法典完成・施行後の「不応為」

前項では、新法においてもはや見出し得ない不応為条が、その立法段階に「解消」されていく一態様を素描してみた。新法公布後、発刊された多くの「刑法典解釈書・理論書」はこうした「不明ノ文」を持たない新法の理解の為に、とりわけ新法第二条（罪刑法定主義）の趣旨と、旧法下の不応為条及び断罪無正条条を好んで比較の俎上にのせている。確かに、新旧両法典をその相違点から特徴付けるのに、これ程顕著な例は他には見当たらないといえよう。例えば、井上正一によると新法において第二条が定められたのも、立法者が「全ク文明ノ法理[13]」に基づいたからである、という。そして同条は、「擅断主義ノ刑罰制度云々（の）弊習ヲ全廃」し、「比附援引ノ宿弊ヲ掃除」し、以て「刑法ノ一大変革[14]」が示されたとするのは、富井政章である。岡田朝太郎もまた、第二条は、「裁判官ニ実質ノ具ハルヲ理由トシ有罪判決ヲ下スコトヲ禁」じ、したがって「裁判官ノ職権ハ絶対的ニ犯罪ノ形象ヲ認否スルニ止メラ」れるに至り、「裁判官ノ職権ノ一大改革[15]」をしるしたとする。その他「註釈書」もまた、旧法は「律書残缺其（完全ノ法律）存スルモノ甚タ多カラス[16]」、「未タ法律ノ完全ナラサル[17]」ゆえに、「不応為」「比附援引」を必要としたが、「本条（第二条）ハ新法ニ於テ始テ見ル所ノ条ニシテ未曾有ノ進歩[18]」であり、明文により「旧例ヲ一洗[19]」する意図を表したものとしている（（　）内筆者）。さらに、「通俗解説書[20]」の類もこの例外ではなく、新聞もまた、そうした旧法との対比から、新法の「至善至美完全無缺」を礼讃するもの[21]もみられた。

だが、以上の表現からも十分に感得の可能な法典の急激な変化は、旧法時代から実務に携わる裁判官に何程かの思考の混乱を惹起せずにはおかなかったのではないか。かかる転換期を特徴付ける法律操作としての、新法第三条第二項の手続き[22]を素材として、問題の所在のみ指摘しておこう。以下の二資料は、いずれも、最高裁判所図書館明治文庫所蔵『刑法申明類纂　第壱編』[23]に収載されるものである。それぞれ、新法施行直前と、施行後に司法省に出された伺である。

相川支庁検事（十四年十二月十日伺・十四年十二月二十八日付）

新法実施以前ノ所犯ニシテ其処断新法実施以後ニ係ル者ハ仮令新法中刑名ノ正条アルモ旧法条例ナキモノハ之ヲ罰スルヲ得サルハ勿論ニ候得共若シ所般ノ情状ニ依リ旧法不応為条ニ該ルト思量スルモノニテ新法中アルモノ、如キ（仮令ハ他人ノ訟事ニ閲シ偽証ヲ為シ因テ事ニ害アルノ類）ハ尚ホ新旧ノ法ヲ比照シ其罪ヲ問フヘキ儀ニ可有之哉将又旧法不応為条ノ如キハ素ト正条ト為スニ足ラサルヲ以テ（但旧法百十一条二百四十六条二百五十八条等ハ此限ニアラス）新法ノ原則（法律ニ正条ナキ者ハ何等ノ所為ト雖トモ之ヲ罰スルコトヲ得ス）ニ依リ新法実施以後ハ渾テ引用スヘカラサル儀ニ可有之哉

右審按スルニ前段伺其当ヲ得タルモノト考量ス因テ左ノ通[24]

指令

前段伺ノ通

名古屋始審裁判所判事（十五年十月　日伺・仝　年十一月二日付）

刑法第二条法律ニ正条ナキ者ハ何等ノ所為ト雖モ之ヲ罰スルコトヲ得ストアリ旧法新律綱領中不応為ノ律アリト雖モ之レヲ正条ト云フ可カラス果シテ然ラハ旧法ニ正条ナク新法ニ正条アル者仮令ハ刑法第百六十四条電信ノ機械柱木ヲ損壊シタル者ノ如キ新法実施以前ニ在ルハ之ヲ問ハサル乎

右ハ左ノ通リ(25)

回答

不応為律ニ該ルヘキモノモ新旧法ヲ比照シ軽キニ従テ処分ス電信ノ機械柱木ヲ損壊シタル者ハ明治七年第九十八号布告電信条例第四条ニ正条アリ

以上の二つの伺で示された躊躇には、ある共通な傾向が認められよう。すなわち、旧法（行為時法）の観点で不応為条該当が「思量」されるとしたら、その不応為条が新法（裁判時法）の要求する条文との間で比照が試みられなければならないところ、「素ト正条ト為スニ足ラサル」不応為条は、「新法ノ原則」に背致するから、新法との対照項にならないのではないかと疑問が呈されたのである。なるほど、旧法の「不応為」は、明文の定型的根拠なくして罪を問うものであることはもはや云うまでもない。だが、新法第三条第二項の「新旧ヲ比照シ軽キニ従テ処断ス」の手続きは、ある犯罪的行為について、それに該当すると覚しき罪名、条文が新旧両法間に亘って見出し得ることを前提として(26)、両条（あるいは、それ以上の複数条）の規定する刑罰の軽重が比較され、判断されるものである(27)。したがって、たとえそれが新法とは異なり、犯罪となる行為を具体的に明示しない「不明ノ文」である不応為条であったとしても、該条の定める刑罰である、笞三〇（懲役三〇日）か杖七〇（懲役七〇日）(28)がこの場合の対照項とされるべきであったのである。しかし、右の二例で、不応為条を「正条ト云フ可カラス」

表1　明治15年　大審院刑事判決録における不応為比照例

旧法	不応為（一般）（律例　99・289条・軽重を分けず）						不応為（類型化）（律例　246条）					（同259条）	
新法	2条	210条 2項	218条	231条	320条	413条	208条 1項	208条 2項	210条 1項	210条 2項	388条	2条	231条
原審判決破棄・大審院自判にかかる比照の場合	15 (5)		1 (1)	2 (1)				1 (1)	4 (1)	1	2	1	1
上告棄却・原審の比照例を基本的に認容する場合		2			2	2	1	1	27	2			

典拠：『大審院刑事判決録』（明治15年度）

［備　考］

・本表の比照は総て、新法第3条第2項及び、明治14年12月28日の太政官第81号布告に依拠されて行われる。
・本表には、大審院がその判決中、「不応為」と新法の比照について判断を示した場合のみの事案数を網羅的に収めている。したがって、原審が破棄され、他の裁判所に事案が移送された場合、あるいは、上告棄却の場合は本表に含めない。
・原審の判決が明治15年以前であっても、大審院の自判時が同年以降の場合は新法の適用が為され、新旧法の比照が必要とされる。14年12月28日太政官第82号布告（『法規分類大全』治罪門一・刑事諸則、201頁）、及び、大審院長15年1月12日伺並びに同月16日付司法省指令（本文註（24）（25）所掲『刑法訓令類纂』、6頁）を参照せよ。
・反対に破棄にかかる原審の判決も、当裁判所での審理着手時が新法施行後の時には、原審でも両法の比照が為されている（表中（　）で内数を示した）。14年第82号布告参看。
・数罪倶発（法条競合）の場合でも、「不応為」と新法での該当条が見出せる限りで、本表に分類してある。
・特に明文の挙げられない「不応為」比照例の場合は、「不応為（一般）」に分類する。

とする視点は、新法第二条の主旨に立脚することから生ずるのである。伺文に窺われる躊躇は、つまりは、本来なら行為時法としての旧法下での擬律が素直に想定されるべきところ、施行直前あるいは施行後の裁判時法としての新法を必要の範囲を越えて意識し過ぎたため、その新たなる原則の前に、不応為条がなによりも否定さるべき存在として映じたことに起因するといえよう。右に掲出した二つの伺は、予め司法省がその判断の誤りを正しているため、おそらく事無きを得たのであろうが、不応為条が結局、新法公布・施行後も、新旧両法の原理的法思考の対照性を際立たせる契機となり得たことを良く伝えていると思われる。

そこで表1を見てみよう。明治一五年度の大審院の判決弁明中、不応為が比照されたものを同年の『大審院刑事判決録』から採取したものである。多言を避け、顕著な傾向のみ指摘しよう。(29) まず、旧法の「不応為」は、いわゆる「不応為一般」と、

「類型化された不応為」[30]（律例第二四六条及び、第二五九条）とに大別するのが適当と思われる。その結果、新法において前者は六つ[31]、後者は五つの類型[32]にそれぞれ照応されていることが分かる。とりわけ、前者の内、新法第二条が適用されその限りで無罪とされたものの一五例総てが、原審の判決を破棄し大審院が自判したものであることに注意したい。その一方で、律例第二四六条を新法第二一〇条第一項に比照させるという原審の判断を支持する判決が、二七例と多いことも看過できない。すなわち、律例による「不応為」の「類型化」は、新法内に比照可能な類型を、原審—上告審が一致して発見することを比較的容易にしたのに対し、律例に例示されるに至らなかった「不応為」については、原審における「不応為」の擬律そのものも安定を欠いており[33]、また、なによりも、新法に比照項を見出せない場合が、相対的にかなり多く存したのである。

ともあれ、「不応為」は、新法公布・施行後も旧法との比照が必要とされる限り、依然として（法律操作上仮設的にも）蘇生され続け、さらに、不応為条が新法に比して「軽」とされる場合には現実的に効力を有し得たのである。だが、上で述べてきた法典の「主義」のこうした大きな転換は、それまでの旧法を新法との比較から、客観的にそれとして捉える経過的段階を通じ、旧法的法思考が次第に不要とされてゆく中で、法の解釈・適用者たる裁判官達の新法的法思考への適合の努力及び訓練等が前提となって、初めて実効性を持ち得るものであろう。そこで、最後に、当時の司法省法学校（速成科）の「擬律擬判」の授業で用いられた教材、『刑事問題』、『刑事答案』[34]における「不応為」と新法の比照例を見ておこう[35]。

表2を参照されたい。左欄から順に、「目録番号」、「犯罪事実の態様」、「旧法（による処断例）」、「新法（による処断例）」をまとめた。旧法下で如何なる行為が「不応為」とされたのかも興味深いが、ここではなによりもそれらがかなりの程度において、新法では実体的な条文の形の下に類型化されたことに注目しておきたい。その

表2　擬律教材に見る「不応為」をめぐる新旧比照例

目録番号	犯罪事実の態様（『刑事問題』・『刑事答案』より）	旧　法	新　法
第5号	抵当が設定された木材を窃伐する。	不応為軽	第2条
第14号	服役中の囚人が、別の囚人の懇嘱に応じ、その越獄を助ける。	不応為重	第146条
第16号	贓物を牙保する。	不応為軽	第399条
第26条	「無官であるにもかかわらず有官と詐称」し、酒食代金不払いのまま逃走を試みる。	（詐称官・不応為軽）、賊盗律詐欺取財条	第390条
第31号	幼女を略買し娼妓と為すため、「官に対し年齢を詐称して申告」。	（不応為軽）、賊盗律略買人条	（第231条）、第341条
第33号	偽仏を以て参詣人の賽物を騙し取る。	不応為軽	第2条
第38号	畏怖せしめる目的から詐称誘導し、平浅の河川を渡らせた結果、意外の景況から被誘導者が死亡。	不応為軽	第2条
第40号	死体の損壊。	不応為重	第264条
第41号	「畏怖せしめる目的から、竹杖を以て暴行せんとしたところ」、被害者の櫛を損壊した上産後の衰弱から死亡。	（不応為軽）、棄毀器物稼穡条	第326条第2項、（第421条）
第45号	虚偽の診断書を作成し交付。	不応為軽	第215条
第54号	金策の一方途として、強盗を教唆したところ、実行行為者は逃走のために犬に切り付けたが図らずも傍らの者を傷し、死亡させた。	不応為重	第105条、第378条、（第317条）
第56号	巡査に対し住所姓名を詐称。 脱獄教唆。	不応為軽 不応為軽	第231条　第142条
第62号	自己の典物を騙取。	不応為軽	第2条
第69号	「死体毀棄」及び死体からの窃取。	雑犯律改正得遺失物条、（不応為条）	（第264条）、第385条
第72号	傷害の幇助。	不応為軽	第300条 第2項、第302条、第109条
第77号	「他人所有の負債証書を毀棄するが、直に悔悟し再発行する」。その後自首する。	不応為軽、名例律犯罪自首条	第424条
第84号	雇主所有の湖沼で、知人の依頼を受け、その垂釣を黙認した。	不応為軽	第372条、第373条、第112条、第113条第2項、第109条、第110条
第93号	娼妓の身受け金を出さしめ、その後奪い去る為に、身受け金支払い者を白刃で畏怖させる。	賊盗律詐欺取財条、（改正弓銃殺傷人律・不応為重）	第390条、（第326条第2項）
第96号	キリスト教の広まりを憤り、説教場にて、キリスト像を損壊する。	不応為律	第2条
第97号	乗合馬車営業者、鉄道馬車会社の開設に依って、営業が衰微、恨みから鉄棒を鉄道の上に置き、その往来を妨害する。	不応為条	第2条
第107号	養子に対し、自殺の教唆を為し、短刀を渡す。養子、割腹するが、悔悟の念から中止せしめ一命はとりとめる。	不応為重	第2条
第112号	家資分散の際、第三者に勧めて虚偽の契約を締結せしめた。	不応為条	第388条第1項、（第401条）

註：数罪倶発の際には、適用されないものの方に（　）を付す。
　犯罪事実の態様中、旧法にて不応為とされる部分、あるいは、それと覚しき箇所は、「　」を付す。

一方で、やはり新法においても明文の根拠を見出せないとして第二条により無罪とせざるを得ない設例も少なくはなかった。ここには確かに法の解釈や適用をめぐる方法上の大きな転換が生じていたことが分かり、とくに当時の司法官の大部分が旧法的思考に慣れ親しんだ者であれば、そこに多くの問題の発生が予想されたであろうことは想像に難くないのである。

（1）明治一五年刑法の編纂については、新井前掲「旧刑法の編纂㈠㈡」㈡は、『法学論叢』第九八巻第四号、一九七六年）、浅古弘「刑法草案審査局小考」（『早稲田法学』第五七巻第三号、一九八二年）等を参照のこと。

（2）司法省における、この編纂方針の転換を必要ならしめた諸要因については、拙稿「旧刑法編纂過程——司法省段階——におけるボアソナァド主宰の端緒」（『慶應義塾大学大学院法学研究科論文集』第二六号、一九八七年）で検討している。併せ参照されたい。

（3）すなわち、まず「第一編」（総則）が六月末に上呈され、次いで違警罪を除く残りの計四編が完成し、明治九年一二月二八日太政官に仮に上申されるのである。その過程の細かなあらましについては、新井前掲「旧刑法の編纂㈠」、六三頁、及び、早稲田大学鶴田文書研究会編『日本刑法草案会議筆記』第一分冊（早稲田大学出版部、一九七六年）所収の「解題」も参照のこと。

（4）翻訳局訳述『仏蘭西法律書』下巻（一八七五年）、一三〇四頁には、同条第一項として、「何レノ方法ヲ論セス人ニ属スルコトヲ知リシ建造物、橋、堤ノ全部又ハ一部ヲ故意ヲ以テ滅尽シ及ヒ崩潰セシメシ者又ハ蒸気器械ヲ破裂セシメシ者ハ徒刑場内に於テ使役スル刑（réclusion　筆者註）ニ処セラレ且損失償高ノ四分一ヨリ多カラス百『フランク』ヨリ少カラサル罰金ノ言渡ヲ受ク可シ」と訳出される。

（5）これより『日本刑法草案会議筆記』からの引用は、本文、註の別を問わず、『「日本刑法草案会議筆記」校異表早大本・京大本・最高裁本』（早稲田大学出版部、一九七七年）の凡例にならい、順に、巻（分冊番号・Ⅰ～Ⅳ）、頁、位置（上右欄＝A　上左欄＝B　下右欄＝C　下左欄＝D）と簡略化する。「決水ノ罪」の記録は、Ⅳ二六五〇―A から収録される。

(6) 編纂は、仏刑法の逐条的な解説を導入とし、ボアソナードと日本人編纂委員が、仏刑法の規定と従前の我が国刑法のそれぞれの立場から討議し、その成果を踏まえ、まずボアソナードから粗案が提出された。これが、「第一案」である。

(7) 前註（4）と同様に、第二四八条第一項には、「施体ノ刑ニ処セラレル可キ重罪ヲ犯セシコトヲ知リ其犯人ヲ隠匿シ又ハ隠匿セシメシ者ハ三月ヨリ少カラス二年ヨリ多カラサル時間禁錮ノ刑ニ処セラル可シ」とある。

(8) 本文で挙げたものの他、私借官物条例第一〇六条、兇徒聚衆条例第一五二条、詐偽官文書条例第二四六条、偽造宝貨条例第二五八条、詐称官条例第二五九条、不応為条例第二八九、二九〇、二九一条、蔵匿罪人条例第三一一条である。尤もこれらは、「単なる例示規定」にすぎなかったことであろう。後藤前掲「新律綱領『不応為』条の一考察」、二三七―二三九頁。

(9) 仏刑法第三六五条、「証人ニ嘱託シテ偽証ヲ申述セシムルノ罪ヲ犯シタル者ハ第三百六十一条、第三百六十二条、第三百六十三条、第三百六十四条ニ記タル差別ニ従ヒ其偽証者ト同一ノ刑ニ処セラル可シ」（元太政官翻訳局蔵版・元老院議官箕作麟祥増訂『増訂　仏蘭西法律書　訴訟法・商法・治罪法・刑法』一八八三年、博聞社蔵版、一〇七八頁）« Le coupable de subordination de témoins sera passible des mêmes peines que le faux témoin, selon les distinctions contenues dans les articles 361, 362, et 364. », in: Royer-Collard (M. P.), Les codes français conformes aux textes officiels avec la conférence des articles entre eux, Paris, 1868 の正文を下地に、ボアソナードは当該条文の起草をおこなったことは明白である。なお、一八一〇年制定当時の仏刑法の同条では、偽証の教唆行為（provocation）を偽証の正犯よりも一等加重して罰していたが、一八三二年四月二八日の法律によって上記の条文に改められた。すなわちボアソナードが参照した第三六五条がそれである。

(10) この第二項は、「第一稿」以前の「第一案」「第二案」においては見られなかった条項であり、それゆえボアソナードの側で「第一稿」上申直前に付加したものであろう。

（11） 一八一〇年刑法の施行以降、フランスでは判例上、偽証もその教唆も一つの目的に向けて連動する行為である点をとらえ、正犯への共犯の従属性を厳格に解釈して、偽証の教唆は正犯の成立を待って初めて成立するとする判断が踏まえられていた。だが、偽証そのものとそれを教唆する行為とは本来それぞれ別個の性質を持ち合わせているのだとして、やがて「偽証の被告人の無罪放免はその教唆者の処罰になんらの妨げにならない」との判断も一八五七年七月二日の破毀院判決に現れていた。理論書によっては、この傾向を好ましく捉えるものもあったが（Chauveau (A.) et Helie (F.), Théorie du Code pénal, tome 4e, Paris, 1872, p.540 et suiv.）、逆にむしろ従来通りの厳格な運用を目指すべく、前註（9）にて掲げた第三六五条に「被教唆者が偽証を現におこなった限りにおいてのみ教唆者が処罰される」旨を明文で書き加えるべきであるとの意見もあった（Peret (H.), De la réforme du code pénal, Paris, 1889, p.54）。

本文で紹介したボアソナードの提案は、偽証罪正犯への従属性を緩和する解釈の下での教唆者処罰に途を開くものであり、その意味で当時のフランスの実務理論的な新しい状況を加味しそれに即応する立案であったことが分かる。なお、仏刑法の第三六五条は、その後一九四九年七月二八日の法律によって改正され、偽証の教唆は「その効果を生じたと否とを問わず（que cette subornation ait ou non produit son effet）」処罰されることが規定されたが、表現は異なるものの、偽証の成否を問わずに教唆者を処罰するというその趣旨において、ボアソナードの試案に先取りされていたと考えられよう。

（12） その他、「不応為」であると明言されたものは、Ⅲ一五三六―Aに「官吏ノ不応為」なる表現が見える。一五年刑法第二七六条に連なる「第一稿」審査討議席上でのことである。

（13） 井上正一『訂正日本刑法講義』（明法堂、一八九三年）、三七頁。

（14） 富井政章『刑法総論　全』（一八八九年）、二二頁。

（15） 岡田朝太郎『日本刑法論　完』（有斐閣、一八九四年）、一二二―一二三頁。

（16） 小笠原美治註釈『刑法註釈』（弘令社、一八八二年）、一三頁。

(17) 三阪繁人著『日本刑法詳説』第一冊（萬字堂、一八八二年）、一四二頁。これは、高木豊三『刑法義解』（一八八〇年）からの抜抄である。
(18) 山内正利校閲・福井淳註釈『鼇頭参照伺指令内訓　刑法治罪法註釈』（田中宋栄堂、一八八九年）、二一〇頁。
(19) 同前書、二三二頁。
(20) 例えば、岡田浚註解『通俗刑法註釈』（一八八二年）等は、各条文の傍らに極めて簡略な「註釈」を付しているが、それでも第二条については、「旧刑律ノ如ク或ル悪事ニシテ之ヲ罰スベキ明文ナキ者ハ外ノ律ニ引キ較ベテ之ヲ罰シ又ハ不応為ト云フ箇条デ罰スル等ノコトナキナリ」との見解を忘れていない。
(21) 例えば、『明治日報』（一八八二年一月一〇日付）の論説、常賀速水「法律虚シク行ハレズ其人ヲ得テ行ハル」等。
(22) 前掲序の註（9）にその条文を掲げておいた。なお、本書第三章「司法官の近代法適用をめぐる逡巡」も参照されたい。
(23) 同資料は、各地方の始審、軽罪、治安裁判所の判検事等が新法適用の際、旧法との関係上生ずる疑義について、「伺、請訓、照会、問合」の形で司法省の判断を仰ぎ、これに対し同省が、「指令、内訓、回答」等の形で応答していたことを伝える、全三巻に亘る和綴じの浩瀚な記録集である。主に明治一四年後半から同一六年までに及ぶ日付を持つ記録がそのほとんどであると考えられる。本資料については、本書一四三頁を参照されたい。
(24)(25) 原文では、以下朱筆である。また、引用文中の（　）は、原文では、二行割註であることを示す。前者の記録は、司法部内同盟編纂『刑法訓令類纂』（一八八四年）、五頁に、また後者も、同書二頁及び、『刑法令訓集　完』（一八八三年）、二頁に採録される。
(26) 宮城浩蔵『刑法正義』（明治大学創立百周年記念学術叢書第四巻・原本は一八九三年版・一九八四年覆刻）、五四頁以下参照。
(27) 新旧両法の異なる性質を有する規定を比照するために、予め「新旧法比照ノ例」が定められた。明治一四年一二月二八日、太政官第八一号参照（『法規分類大全』刑法門一・刑律四、四四三頁）、宮城前掲註書、五六頁参看。

(28) 改定律例名例律五刑条例、第一条。

(29) 前註(8)にも挙げたが表中律例第二八九条は、不応為についての「従犯」を規定する旨、明示したものである。それゆえ、具体的な犯罪行為を「例示」してはいないので、「不応為(一般)」の方へ分類した。また、同第九九条は、「凡律例ニ罪名ナク令ニ制禁アリ及ヒ制禁ナキ者各諸犯ノ軽重ヲ量リ不応為違令違式ヲ以テ論シ云々」とある。

(30) 律例第二四六条は、「凡私ノ文書ヲ詐偽スル者ハ情ヲ量リ不応為ニ問ヒ軽重ヲ分ツ」とあり、また、同第二五九条は、「凡郷貫名氏ヲ詐称シテ客廛ニ宿スル者ハ不応為軽ニ問フ」とある。

(31) 表中順に、罪刑法定主義(第二条)/私書偽造行使(第二一〇条第二項)/法廷偽証(第二一八条)/官署に対する身分詐称(第二三一条)/自殺教唆(第三二〇条)/自己利益を意図した決水行為(第四一三条)、であり、様々な類型が現れる。

(32) 前註と同じく、順に、私印偽造行使(第二〇八条第一項)・他人の印影の盗用(同前条第二項)/権利義務証書偽造行使(第二一〇条第一項)・私書偽造行使(同前条第二項)/家資分散時の財産の蔵匿脱漏(第三八八条)、及び、罪刑法定主義(第二条)/官署に対する身分詐称(第二三一条)、であり、前註の場合と比較すれば、旧法の第二四六、二五九の各条との対応関係は理解しやすい。

(33) 表に掲出した一五例の内、一〇例は、原審で「不応為」以外の擬律を受けたものであり、大審院で「平翻」されたものである。

(34) 司法省第七局編纂にかかる、この教材は、明治一六年一一月に印行されていることから、同校速成科第三期生(同一六年一〇月以降選考)に用いられたとされるのは、手塚豊「司法省法学校小史」『明治法学教育史の研究』(慶應通信、一九八八年)所収、一四三頁、註62である。同期の同科の講義一覧、及びその状況は、同論文、一二四頁以下に紹介される。

(35) 「此書ハ元本省法学生徒教課ノ為メニ時々設問シタルモノ也今更ニ編纂シ以テ後学生徒ノ参考ニ供フ」(『刑事問題』緒言)とあるこの書は、速成科自体が、大量の司法官の急速な養成の必要性に応ずる目的から設置されたこともあって、極めて実用的色彩が濃いものとなっている。総数が一二〇までを数える掲載事案について、「答案第一号ヨリ第十九号迄ハ旧法ニ擬シ新刑法ニ参照シ第二十号ヨリ第百二十号迄ハ新刑法ニ擬シ旧法ニ参照シ而シテ第七十六号即チ明治十五年一月以降ノ問題ニシテ犯罪ノ年月同十四年十二月盡日以前ニ在ルモノハ新旧法比照ノ例ヲ用ヒ別ニ参照セス」（『同』緒言）とする方針は、まさに、同書が新旧法転換期の必要書であったことを物語っていないであろうか。なお、同書は、手塚豊「近代日本の絞首台」、「生き返った死刑囚とその処置」前掲『明治刑法史の研究（上）』所収、それぞれ、二九七頁、註12、三一四頁にも引用される。

結

旧法の施行下にあって、元老院意見として決議された不応為条の廃止は、ついに同院に明確な回答が与えられぬまま、新法の公布・施行を迎えた。結局、同条の廃止は、そうした旧法典に代わり、その様式を根本から改めた新法典を施行するという大きな立法的画期が待たれねばならなかったのである。ここに、「文明国ノ律」を希求した元老院決議の言外に込められていたはずの、「不明ノ文」（不応為、断罪無正条の両条）の完全なる廃止が実現したのである。(1) しかしその過程は、少しく誇張して言えば、この不応為条を法典上放逐し、立法手続き的に、新法第二条をそれに代置させて事足りるという程に単純な問題ではなかった。不応為条と第二条の比照方をめぐる、二例の司法省に対する伺に見られる「両原則」の混線はそのことを暗示しているとはいえないであろうか。

すなわち、「不応為」条の立法的消滅に留まらず、罪刑法定主義原則を採用する新法の前に、旧法時代の擬律を旧法的思考のままに認識し、その上で、新法と比較するという二重の手続きを可能ならしめるような、適用面における、新旧両法に通じたすぐれて法技術的な要求が満たされなければならなかったと考えられる。

尤も、当時は、判検事の中には未だ「西洋法律学の知識に乏しい人が多く[2]」、その結果、新法（治罪法も含む）の誤った法律操作をする場合が少なからずあり、先の二例もまた、そういった当時の裁判官・検察官の資質問題一般に還元させることによって、例外的に位置付けることもあるいは可能かも知れない[3]。しかし、新法の施行される明治一五年一月一日の前日まで、旧法を用いていた彼らは、新法施行前から施行後一定の期間に亘って、新旧両法の運用をめぐる様々な多くの伺、請訓の類を司法省に送致している事実は看過できない。さらに上で見てきたように、「不応為」が、必ずしも新法内の関連条文との間で、一対一の対応関係を有していたわけではないこと等に鑑みれば[4]、「中国律」様式の刑法から西欧型刑法への刑法の様式的構造的転換は、やはり法思考上の相当な模索と修練とを、彼ら司法官に課しまた促したのではないであろうか。そして、このことは、立法によって、法典の原理上の断絶が図られる傍ら、そうした裁判規範を間断なく解釈し運用しなければならない者に通有して抱かれる切実な問題として現われたのである。

（1）　元老院会議では、両条を法典の体裁上好ましくないものであるという評価付けに「廃止論」「尚早論」主張者間に違いはない。不応為条のみをとりあえず廃止するのは、両条廃止論とその対極である尚早論を架橋する意味を持ち得た。

（2）　手塚豊「『執行セズ』という死刑判決——明治十五年十一月一日・大審院判決を巡る一考察——」（『慶應義塾創

立一二五年記念論文集（法学部法律学関係）』慶應義塾大学法学部、一九八三年）、四七九頁、註6、7参照。

（3）例えば、手塚前掲「讒謗律の廃止に関する一考察」、三五一頁等の指摘を参照。

（4）もちろん、このことは、「不応為」に限られたことではない。池上三郎編纂『刑法対照　全』（萬字堂、一八八〇年）には、新法に比照不能の旧法の律文が相当数、巻末にまとめられている。

第五章

「擬律ノ錯誤」をめぐる試論的考察

序

我が国で施行された最初の西欧型法典である明治一五年刑法（以下、新法）は、それ以前に効力を有した中国律様式の刑法である新律綱領・改定律例（以下、旧法）とは、確かに根本的にその様相を異としていた。そして、新法の採用する「罪刑法定主義」（第二条）は、それ自体で新法の「近代的」な性格を象徴する反面、「不応為」や「断罪無正条（比附援引）」との法理上の対極的相違から、その構成上むしろ不可避的にそれらの存在と機能とを前提にせざるを得なかった「旧法」を、「前近代的」と特徴付ける役割を果たすこととなった。

だが、こうした新しい法典のいわば「完全周備」性が無条件的に礼讃されることがあった一方で、かかる法典（治罪法も含む）の転換がもたらす実務上の諸々の混乱も、当初から当然予想されるところとなっていた[1]。とりわけ、旧法時代から法の解釈・適用の任にあたった裁判官・検察官達は、この状況下では、新旧両法に目配りを必要とする法適用・法思考の上での相当な模索を強いられたと考えられる。筆者は、前章でそうした擬律上の「混乱」の若干例を挙げて、両法典の主義上の相違が当時の判検事に如何なる影響を与えたのかという観点から、旧法→新法の変革期を検討の対象とした[2]。本章も、やはり同時期に照準を合わせて、当時の地方の一裁判官が書き残したと覚しき裁判の「理由書」（本文後掲）を手掛かりにして、その内在的視点からかかる変革期を素描してみたいと考えている。

（1）「刑法治罪法ノ発行」『東京横浜毎日新聞』（一八八〇年七月二一日付）、「新法実施」『東京日日新聞』（一八八二年一月一二日付）等。

（2）本書第四章「不応為条廃止論考」。

一　問題の所在

1　「理由書」紹介と若干の解題

ここで紹介する文書は、国学院大学図書館梧陰文庫に所蔵されており、版心に司法省の文字のある朱の一三行罫紙、四葉に亘って浄書されたものである。(1) 以下、若干の解題を付しておきたい。

後掲する如く本文書には、その末尾に「明治十五年一月三十日」の日付があるものの作成者の記名が見えず、またその語られる事件の内容を具体的に窺知せしめる記述はほとんど為されていない。しかしおよそ、判決の「理由書」を作成することの出来る立場にいた者として当時のその裁判所の判事、判事補等がまず考えられるし、(2) またなによりも後掲文中「明治十五年一月廿四日被告人桂幸太郎ニ対シ言渡シタル裁判ハ目今上告中ニ係ルヲ以テ……」（傍点筆者、以下同）の一節が伝えるように、同事件は後に上告審たる大審院に係属されたことから、(3)『大審院刑事判決録』の中に手掛かりを求め得よう。その結果、山口軽罪裁判所で判決が言渡された後、同年三月二日に上告され、四月五日に大審院の判決を受けた、〔詐欺取財ノ件（事件番号・四三七号）〕として収載される記録と、[4]原審における判決日や被告人氏名等から同定することが出来る。さらにそこに引用される原審の裁判言渡書と、同じく原審の検察官によって提出された上告状（上告趣意書）[5]からと思われる抜粋から、原審の担当裁判官、並びに検察官の氏名が、それぞれ山口軽罪裁判所[6]判事補遠山嘉又、[7]同裁判所検事補渡辺渡[8]であることが知られる。したがってこの無記名の「理由書」も、同裁判所の他の判事との合議の上に練られたものである可能性が高いとしても、[9]直接的には判決言渡判事である遠山判事補個人の手によって起草されたものとみてよかろう。そこで、以下に遠山判事補提出と覚しき「裁判ノ理由書」を掲出しよう。[10]

明治十五年一月廿四日被告人桂幸太郎ニ対シ言渡シタル裁判ノ理由書[11]　　（　）内は、原文二行割註

凡ソ刑法ニ正条ナキノ所為ニ対シ類似ノ条ヲ比擬援引（ママ・以下同）シ以テ之ヲ罰スルハ旧法ノ時即チ刑法不備ノ時ニ行フヘクシテ新法施行以来ニ行フヘカラサルハ固不俟論ナリ何トナレハ比擬援引スルトキハ刑法第二条ニ於テ特ニ明文ヲ掲ケシ効益アラサレハナリ今此一論題ヲ決セント欲セハ宜シク先ツ其時代ニ就テ区別セサルヘカラズ第一成文ノ刑法即チ人定ノ刑法アラサルノ時第二刑法不備ノ時ニ正条ナキモ人間ノ道徳ニ背キ及ヒ社会ノ公益ヲ害スルノ所為ハ総テ之ヲ罰セサルヘカラス然レトモ是レ成文ノ刑法アラサルノ時即チ第一ノ場合ニ行フヘクシテ既ニ成文ノ刑法アリテ未タ備ハラサル時即チ第二ノ場合ニ行フヘカラス何トナレハ第一ノ場合ハ全ク成文ノ刑法アラサルノ時ナルヲ以テ縦令ヒ正条ニ遺漏缺欠アルモ比擬援引シテ其罰ノ依準スル所ヲ示サヽルヘカラサレハナリ是レ第二ノ場合即チ旧法ノ時ニ於テ比擬援引ノ已ムヘカラサル所以ニシテ旧法ニ於テハ刑法第二条ノ如キ明文ナク又旧法ノ本源タル清律ニ於テ比擬援引ヲ用ヒタルハ

諸註釈書ニ因リ明カナリトス客歳頒布セラレタル刑法ハ其本源ヲ仏国ノ法ニ資リ完備周密遺ス所ナク特ニ其第二条ニ於テ法律ニ正条ナキ云々ノ一句ヲ明示スル時ハ刑法ニ正条ナキ者ハ之ヲ罰スヘカラサルハ勿論ニシテ毫モ比擬援引ヲ用ユヘカラサルナリ（他ノ法律ニ別名アル者ハ格別）故ニ法律ニ正条ナキカ為メ其罪悪ヲ倖免スル者ナキヲ得サルベシト雖トモ是レ法律ヲ増補シ以テ将来ヲ防クノ外ナカルベシ此主旨タルヤ刑法草案註解ニ於テボアソナード氏詳カニ之ヲ論述シ且第二条ノ原則ハ欧州一般ノ公論ナリト云ヘリ其挙クル所ノ例左ノ如シ(12)

例ヘハ仏国ニ於テ千八百六十三年刑法改正ニ至ルマテハ債主ニ典シタル物品ヲ悪意ヲ以テ奪ヒ取リタル者ヲ罰スルコトナカリシト云フ其典物ヲ奪ヒタルハ即チ自カラ所有物ヲ奪ヒタル者ニシテ他人ノ物ヲ奪ヒタルニ非ス故ニ窃盗ト異ナリ是レ昔日ハ窃盗ノ刑ヲ援引シテ之ニ施シタル者ナレトモ其援引ノ法既ニ廃セラレテヨリ久シク正条ナキヲ以テ罰スルヲ得サリシナリ

又典売又借用ノ約束ヲ以テ占有セル物品ヲ窃取若クハ消費シタル者ノ如キ背信ノ罪ニ類似スト雖トモ千八百六十三年マデハ罰ヲ受クルコトナカリシト云フ此時已ニ附托ヲ受ケタル者其約ニ背キ又ハ貸借シタル者其約ニ背キ若クハ之ヲ窃取シタル者ヲ罰スルノ法アリタレトモ之ヲ以テ典売及借用約束ノ約ニ背キタル罪ニ援引スルヲ得ス該年（千八百六十三年）改正ニ至テ此欠ヲ補ヒタリ云々

由之観之レハ此刑法ノ本源タル仏国ノ法其他欧州諸国ニ於テ比擬援引ヲ用ヒサルハ明カニシテ此刑法ノ精神タル亦タ比擬援引ヲ用ヒサルコト判然セリ

明治十五年一月廿四日被告人桂幸太郎ニ対シ言渡シタル裁判ハ目今上告中ニ係ルヲ以テ聊カ其裁判ノ根拠スル所ヲ弁明セントス

被告人ノ罪タルヤ二罪ニシテ一ハ借用物ヲ売却シタルノ罪一ハ宿泊料ヲ払ハスシテ逃走シタルノ罪即チ食ヒ逃ケノ罪

ナリ借用物ヲ売却シタルノ罪ハ旧法ノ雑犯律費用受寄財産条刑法ノ第三百九十五条ニ依ルヘキ者タルヤ疑ヲ容レズ且本論ニ必要ナラサルヲ以テ姑ラク之ヲ論セズ宿泊料ヲ払ハズシテ逃走シタルノ罪即チ喰ヒ逃ケノ罪ハ旧法ニ於テ賊盗律詐欺取財条ニ比擬シタルハ概シテ諸裁判所一般ノ成例ナリト雖トモ往々其比擬ノ太過ナルコトヲ論スル者アリキ然レトモ是レ一般ノ成例ニシテ旧法ノ時即チ刑法不備ノ時ナルヲ以テ姑ラク詐欺取財条ニ比擬スルモ或ハ可ナラン然レトモ目下新法施行ノ日ニ当リ宿泊料ヲ払ハスシテ逃走シタルノ罪即チ喰ヒ逃ケノ罪ニ刑法第三百九十条ヲ適用セン歟該条ノ明文ニ毫モ合スル所ナキ而已ナラス諸家ノ註釈ニ据ルニ該条ノ精神ハ全ク右等ノ罪ヲ包含セサルヤ明カナリ且ツ日本刑法草按直訳（第四百三十四条）ニ据レハ起草ノ精神モ全ク右等ノ罪ヲ詐欺取財ノ条ニ包含セサリシコト判然ナリトス故ニ刑法第三百九十条ヲ適用スヘキ者ニ非サルヤ疑ヲ容レス然ルトキハ何等ノ刑罰ヲ適用スヘキ歟刑法及ヒ他ノ単行ノ刑律罰例ニ於テ適用スヘキ者モアルコトナシ然ルトキハ右等ノ所為タルヤ人間ノ道徳ニ背キ社会ノ公益ヲ害スルハ固ヨリ不俟言シテ右等ノ刑罰ヲ増補スヘキハ当然ナリト雖トモ現今ニ於テハ法律ニ正条ナキカ為メ右等ノ所為ヲ罰スルコトヲ得ス是レ単ニ借用物ヲ売却シタルノ罪ヲ罰シ宿泊料ヲ払ハスシテ逃走シタルノ罪即チ喰ヒ逃ケノ罪ヲ罰セサルノ理由ナリ

明治十五年一月三十日

以下では、右の「理由書」で語られる擬律が、「錯誤」と認定され是正される経過を追跡し、後述する「理由書」の内在的観点からの把握を進める際の問題視角を提示しておきたい。

2　事件の概略と問題となる擬律操作

まず事件の概略を原審の検察官による「上告状」の表現で示せば次のとおりである。

抑被告桂（ママ）幸太郎ハ山口県周防国吉敷郡諸井町山本佐助方ニ於テ他人ノ所有ニ係ル人力車ヲ賃借シ人力車逸ノ営業ヲナシタル際明治十二年六月中該車ヲ逸逃ナシ同郡水場旅人宿明村熊吉方ニ止宿シ宿料拾五銭ヲ払ハス右人力車ヲ該家へ捨置逃去リタリ[13]

次に遠山判事補による擬律を見てみよう。

旧法ニ於テ被告人カ人力車ヲ挽キ逃ケシタルハ費用受寄財産ト同ク論スヘキモノニシテ懲役二十日ヨリ一等ヲ減シ懲役十日又宿泊料ヲ払ハス逃走セシハ即チ喰ヒ逃ケヲナシタルモノニシテ旧法ニ於テハ詐欺取財ニ比擬シ窃盗ニ準シテ論スヘキモノナリ依テ一ノ重キニ従ヒ懲役五十日ニ該ルモノ[14]（改行筆者）

新法ニ於テハ喰ヒ逃ケヲ罰スル正条ナシ依テ之レヲ罰セス然レトモ借用物ヲ費消シタルハ壱月以上二年以下ノ重禁錮ヨリ一等ヲ減シ二十二日以上壱年六月以下ノ重禁錮ニ該ル乃チ旧法ノ軽キニ従ヒ被告人桂幸太郎ヲ拘留十日ニ処スルモノナリ

犯罪行為時法（旧法）と、裁判時法（新法）の双方を視野に置き、両者のうち軽い方を適用することを定めた新法第三条第二項の趣旨に従った擬律の態様が良く表されている。次に、関係する諸条文の組み立てについて一瞥を加えておこう。[15]

旧法では、新律綱領（以下、綱領と略）、雑犯律費用受寄財産条[16]（以坐贓論、一等減）及び賊盗律詐欺取財条[17]両者について、改定律例（以下、律例と略）、改正七贓例図（に照らしそれぞれ懲役一〇日、五〇日を導出）を援用、更に綱領、名例律二罪倶発以重論条（「一ノ重キニ従ヒ」）によって両条のうち後者の適用がまず結論される。以上が旧法における擬律操作である。

次に新法では、まず「無銭飲食・宿泊」を罰する正条がないとして第二条の援用、「借用物費消」については第三九五条[18]（一月以上二年以下の重禁錮）を適用。さらに、行為者の犯罪時の年齢を考慮して第八一条により一等減、その減等方法については第七〇条に従い（この場合刑期の四分の一を減ずる）、二二日以上一年六月以下の重禁錮を導出する。

そこで新旧法の比照であるが、その前提として「借用物費消」については両法それぞれに対応する条文を見出し得るものの、「無銭飲食・宿泊」についてはは新法内には明文規定が存しないとの先の判断から、専ら前者間においてその軽重が量られ、論じられる。[19]その過程で、明治一四年一二月二八日太政官第八一号布告第一条第一三項[20]を引照し、旧法の懲役一〇日は新法では拘留一〇日にあたることを確認、そこで、先の新法の擬律にかかる二二日以上一年六月以下の重禁錮との軽重が量られ、その結果、より軽い旧法の適用を導くに至る。

ここで問題とすべきは、この「無銭飲食・宿泊」の行為を新法に照らした時、正条が存しないとして、第二条（罪刑法定主義）の趣旨から無罪を導く判断についてなのである。[21]検察官はまさにこの点を不服とし、「擬律ノ錯誤」を理由に上告に至る。[22]そして大審院もこの「上告趣意」を一部容れる形で、原審の審理不尽的な問題性を指摘したうえで[23]広島軽罪裁判所に当該事件を移送[24]するのである。かくして同裁判所は審理の上、無銭飲食・宿泊を、新法において旧法の賊盗律詐欺取財条に比定される第三九〇条[25]、詐欺罪の適用を妥当とし、この件に関しての有罪が確定されるに至るのである。

ところで、以上概観した如くの、いわゆる「擬律ノ錯誤」を理由に上告され、大審院によって是正を受けた下級審の判決は、明治一五年以降の『刑事統計年報』等によっても、当時は夥しい数に上っていたことがわかる[26]。これは、手塚博士の指摘されるとおり[27]、旧法から新法への転換の過渡期に生じた本事案同様の、新法第三条第二項の手続きを必要とする事犯に集中的に起こり得た現象であろう。したがって、本章ではそうした「錯誤」例の中に、我が国の近代法制移行期に固有な解釈論的風景を読み込んでみたい。

（1）　国学院大学図書館『梧陰文庫目録』（一九六三年）、一二五頁、「被告人桂幸太郎ニ言渡シタル裁判ノ理由書写」（B–1946）。本文書が如何なる経路で、明治一四年一〇月二一日より参事院議官に任じられている井上毅が入手し得たのかは、はっきりしない。しかし、当時同院には、司法省から三好退蔵・名村泰蔵・鎌田景弼等が出向しており、大審院を含む各裁判所からの疑義・問題を同院に諮っていたとも推測し得る（参事院職制・第八条二参看）。本文書の性格の一端が窺えるであろう。

（2）　明治一〇年二月一九日太政官第一九号布告に定められる大審院及各裁判所の職制と控訴上告手続きについての諸準則中、上等裁判所、地方裁判所の各職制には、「判事補　事ヲ判事ニ受ケ審判スルコトヲ掌ル」とあり、この趣旨は治罪法施行後の同一六年二月二日の司法省内訓にも踏襲された。後註（5）を参照。

（3）　前註所掲第一九号布告の控訴上告手続第二条には、「控訴ハ民事ニ止マリ刑事ニ及ハス」とある。治罪法第四章は「控訴裁判所」を規定するが、これも「当分ノ内実施セス」とされたため（明治一四年一二月二八日太政官第七四号布告)、当分は大審院への上告の途のみが残された(同年一二月二二日参事院議案)。
(4) 司法省蔵版『大審院刑事判決録・明治一五年四月』(明治一七年三月印行)、八三―八八頁。
(5) 前註所掲の『大審院刑事判決録』、八五頁には、原審検察官が「明治一五年二月一日附ヲ以テ司法卿ヲ経由シ本院検事ヨリ送致シタル上告状ノ旨趣左ノ如シ」と記される。本文後掲の「理由書」でも触れられるが、原審の判決日は同年一月二四日である。こうした判決日から「上告状」日付までの日数、及び司法卿に送致する手続き等からみて、前述の明治一〇年二月一九日太政官第一九号布告第二九・三六条に従ったものであろう。とすれば、先の「上告状」は第二九条規定の「上告趣意明細書」と思われる。なお、後註(22)も参照されたい。治罪法施行以前の「旧法」の手続に従う場合は、同一四年一二月三一日以前に起訴され審理が開始されたことを示している(同一四年一二月二八日太政官第八二号布告)。
(6) 治罪法第五四条には、「始審裁判所ハ軽罪裁判所トシテ其管轄地内ニ於テ犯シタル軽罪ヲ裁判ス」とあり、山口軽罪裁判所も同始審裁判所に開設されたのである。
(7) 「山口軽罪裁判所判事補遠山嘉又」とは、始審裁判所詰を召命していた同氏が(結の註(6)参照)、治罪法第五五条の定めにより軽罪裁判所の職務を遂行していたことを示すものであろう。
(8) 『司法省職員録』(明治一五年二月改)、四二六頁には、「山口始審裁判所検事補、山口県警部」とある。先の明治一〇年二月一九日太政官第一九号布告には、検事による上告について、「検事ナキノ地方ハ警察官之ニ代ルコトヲ得」とある。治罪法施行以後の実際もこのような兼任が続けられたものと見られる。
(9) 前註(2)参照。『司法省職員録』(明治一五年二月改)、四二五頁には、山口始審裁判所長古荘一雄判事、島田政邦判事の名が見える。なお、治罪法第五七条には「判事差支アル時ハ其他ノ判事又ハ判事補其職務ヲ行フ」とあり、例えば、手塚豊「明治十五年刑法施行直後の不敬罪事件」(門田平三事件)『自由民権裁判の研究(下)』(慶應通信、一九八三年)、八八頁には、当時の下級審での判決の言渡しは、担当裁判官のみの判断によったのではなく、裁判所長の決裁を経た上で為されていたとある。

(10) 現在の山口地方検察庁には、当該公判、訴訟関係の資料は亡失しており、また同事件が確定した差戻し審たる広島軽罪裁判所に原本等が保存されていたと考えられるが、広島地方検察庁においては、同裁判所における判決書原本のみあり、その他関係する一切の記録は廃棄処分にされた。それゆえ、原審での法律適用及び事件の事実状況については、先の『大審院刑事判決録』内の抄録を唯一の資料として用いざるを得ないのである。なお、こうした当時の下級審裁判所判決例収集の困難さは、霞信彦「明治一五年刑法三一一条に関する一考察」（『法学研究』第五二巻第一号、一九七九年）、六三頁以下にも触れられる。また、刑事司法資料についての史料論的分析は、本書第八章「刑事弁護士研究」、及び同章補論「刑事裁判記録と歴史学」を参照されたい。

(11) 以下、引用に際し、「ヿ・𪜈等の合字はコト・トモに、また漢字についても特別なもの以外は、現在一般に使用されているものに改めた。また、文中の濁点及び漢字表記の不統一はすべて原文のままに復刻している。

(12) 史料中程にて一段下げて引用されるボアソナードの『刑法草案註解』の一節は、史料原本では朱字で筆写されている。

(13)(14) それぞれ、前掲『大審院刑事判決録』、八六頁、八五頁。

(15) 「若シ所犯頒布以前ニ在テ未タ判決ヲ経サル者ハ新旧ノ法ヲ比照シ軽キニ従テ処断ス」。

(16) 「凡他人ヨリ。財産畜産ノ寄託ヲ受ケ。輙ク費用スル者ハ。坐贓ヲ以テ論シ。一等ヲ減ス。罪。徒一年半ニ止ル。死失ト詐言スル者ハ。窃盗ニ。二等ヲ減シ。罪。徒三年ニ止ル。并ニ物ヲ追シテ。主ニ還ス。其水火盗賊ニ費失セラレ。及ヒ畜産病死スル者ハ。論スルコトナカレ。」。

(17) 「凡官私ヲ詐欺シテ。財物ヲ取ル者ハ。并ニ贓ニ計ヘ。窃盗ニ準シテ論ス。罪。流三等ニ止ル。二等親以下自ラ相詐欺スル者モ。亦親族相盗律ニ依リ。逓減シテ。罪ヲ科ス。（中略）若シ人ノ財物ヲ。冒認シテ。己ノ物ト為シ。及ヒ誆賺。局騙。拐帯。スル者モ。亦贓ニ計ヘ。窃盗ニ准シテ論ス。罪。流三等ニ止ル。（以下略）」。

(18) 「受寄ノ財物借用物又ハ典物其他委託ヲ受ケタル金額物件ヲ費消シタル者ハ一月以上二年以下ノ重禁錮ニ処ス若シ騙取拐帯其他詐欺ノ所為アル者ハ詐欺取財ヲ以テ論ス」。

(19)「借用物費消」並びに「無銭飲食・宿泊」の両行為について、新旧法とも正条を見出し得た場合に、それぞれの「以重論」により選択される条文間で比照が試みられる。

(20)『法規分類大全』〔刑法門一・刑律四〕、四八一―四八二頁。

(21) そして、「理由書」の議論の中軸もここに設定されているのである。引用文中、綱領、雑犯律費用受寄財産条と新法第三九五条の引照の適否については、（自明のことゆえ）「本論ニ必要ナラサルヲ以テ姑ク之ヲ論セス」とし、本「理由書」起草の主眼が、後論の「無銭飲食・宿泊」の擬律に置かれていることを暗示している。

(22) 本「理由書」の性格は、検察官からの上告理由に専ら答弁するかの如くの形で「其裁判ノ根拠スル所ヲ弁明セントスル」内容のものであり、当該公判にて実際に言渡されたものではなく（尤もこのことは、公判日が明治一五年一月二四日なのに対して、同「理由書」が同月三〇日の日付を持つことからも了解可能である）、判決を導いた担当判事の法的推論の骨子を、（自ら正当化する意図で）表明したものであることに注意したい。ただ当時、検察官からの上告時にこうした判決言渡判事による「理由（弁明）書」が一般的に作成されていたかは定かではないが、はや二日後の二月一日付けで司法卿に上告趣意明細書が逓送されていることから、後日司法省や大審院筋からの請求に応じたものではなく一連の上告手続きにかかった「文書類」に付帯する一部として提出されたものと考え得る。

(23) 同判決に臨んだのは、大塚正男、鳥居断三、及び山根秀介の各判事であった。最高裁判所保管判決原本参照。

(24) 同年六月一二日判決。担当判事は、波多野敬直である。広島地方検察庁保管判決原本参照。

(25)「人ヲ欺罔シ又ハ恐喝シテ財物若クハ證書類ヲ騙取シタル者ハ詐欺取財ノ罪トナシ二月以上四年以下ノ重禁錮ニ処シ四円以上四十円以下ノ罰金ヲ附加ス」。

(26) 明治一五年以降の『司法省刑事統計年報』から、筆者の試算によれば、各年度の破棄判決の中で、軽罪事件についての「擬律ノ錯誤」を上告理由としたものは六割強から七割弱に達していたことがわかる。

(27) 手塚豊「讒謗律の廃止に関する一考察」『明治刑法史の研究（下）』（慶應通信、一九八六年）所収、三五九頁註22。

二　無銭飲食・宿泊事例をめぐる新旧両法の擬律

1　「理由書」にあらわれた旧法下の「成例」

ここでは、遠山判事補によって展開された推論が、「錯誤」に導かれた筋道を明確化する前提として、同判事補がその「理由書」で示した旧法での擬律認識——旧法ニ於テ賊盗律詐欺取財条ニ比擬シタルハ概シテ諸裁判所一般ノ成例ナリ——を吟味したいと考える。その為に無銭飲食・宿泊行為をめぐる旧法による擬律操作の一般的態様を、限られた資料から、まず再構成しておこう。

管見の及ぶ限りでは、明治六年九月一二日の日付を有する、東京裁判所伺[1]がまず挙げられよう。

　金銭其外押テ借受祢夛リ取或ハ無代ニテ酒食致シ候者窃盗ニ準シ士族卒ハ庶人ニ下スト辛未正月東京府ヨリ相伺候節御指令有之右ニ照依処置致シ来リ候処今般改定律例御頒布後モ右等ハ従前ノ通相心得処断致シ可然哉（以下、別件についてなので、略）

右伺中、「辛未正月東京府ヨリ相伺候節」[2]と見るように、「無代ニテ酒食」を含む三種の行為をめぐり、既に、綱領頒布直後の明治四年一月に伺が発せられ[3]、その処分方が、指令の上、定まっていたことが明らかになる。そこで、上記の伺に対して、同六年一一月七日に付せられたと思われる司法省指令は[4]、次の通りであった。

金銭等押借リ子ダリ《(ママ)》取或ハ無代ニテ飲食スル者ハ恐喝詐欺取財ヲ以テ論シ華士族ハ改定律《(ママ)》第九十条ノ通リ心得ヘシ

すなわち、ここで、「無代ニテ飲食スル者」は「詐欺取財」とされることがわかる。加えて、翌七年七月五日には次のような島根県伺(5)が出された。

旅籠屋并割烹店其他飲食ノ物ヲ販売スルノ家ニ就キ飲食ノ末代価ヲ払ハス其隙ヲ窺ヒ逃走重テ払出タスノ念ナキモノハ贓ニ計ヘ窃盗ニ準シ処分可然哉相伺候也

これに対する同年八月二五日の指令は、「伺ノ通」とするものであった。この「准盗」とする判断と、前例の「詐欺取財」とする判断とを併せ考慮すれば、細かな事実状況は不明とはいえ、そこに想定される律文の構成から察して、綱領、賊盗律詐欺取財条に擬律されることがほぼ明らかとなろう。筆者の知り得た限りにおいて、この応対を載録する「伺―指令」集の類は、少なくない(6)。同時期の「無銭飲食・宿泊」に関する擬律態様の一典型をここに見ることは、過分な推測であろうか。また、次のような場合も無視し得ない。明治九年一月一七日の三重県伺である(7)。

客塵ニ投宿シ或酒楼ニ游湯シテ其酒食代価ヲ払ハス逃走スル者ノ如キハ詐欺取財条ニ依リ窃盗ニ准シテ論シ可然哉

これに対する同年二月二五日の指令は、

其犯情ニヨリ窃盗又ハ詐欺取財ヲ以テ論ス

というもので、当該行為は詐欺取財条（准盗論）にとどまらず、窃盗条[8]にも問擬される可能性があったことが窺える。すなわち、「盗に准ずる」とはいえ、両者は、「詐欺ハ其取ル所因アルヲ以テ真盗ト同シカラス（伺ノ通）」[9]との、別の案件における指令に示されるように、判然と区別されていた。右掲の指令中に見られるその「犯情」も、もとより、先の極めて簡略な伺文からは伝わらず、詳細は不明であるが、そこには先の両条間における「法的構成」を前提とした、無銭飲食・宿泊行為をめぐる、ある程度細かな事実認定の仕方が存したことが推知されよう。[10]これについては、「盗」についての律文形式として「直接『盗』を謳っているもの」、「盗を以て論ずる（以盗論）」、「盗に准じて論ずる（准盗論）」の三種系統を有する、律様式刑法の構造的特徴[11][12]とも深く関わってくるものと思料するが、[13]ここではこれ以上立ち入らないこととしたい。そこで、次に表1を見てみよう。

表1にまとめた二〇の事例は、[14]旧法下でのいわゆる無銭飲食・宿泊行為が、先の「詐欺取財」、及び「詐称官」の擬律を受けていたことをよく伝えている。確かに、その「詐欺取財」とは、「人ヲアザムキ物ヲ取ル」[15]ことであることに異論の余地はなく、また、問擬される綱領、賊盗律詐欺取財条[16]も「詐欺シテ、財物ヲ取ル者」という極めて包括的文言からなるとしても、その各事例に反復して見られる擬律のパタンを拾い出すことが可能となる。すなわち、飲食・宿泊後、直ちに代金が支払われない結果が生じた時、その前後に見られた、宿帳、代金一時支払い延期証文等への虚偽記載や「初メヨリ代価ノ貯有ナキ」こと等の客観的事実状況を、かかる結果（財産的損

表１　旧法による無銭飲食・宿泊行為をめぐる擬律

典　拠 事件番号	上　告　日 原審裁判所名	大審院判決日	a. 事実態様。b. 争点／［詐欺ノ念慮］の明示。 c. 法的評価。	擬律態様
12年12月 613号	12年12月 6日 東京裁判所	12年12月23日	a. 支払不能・虚偽記帳。b. 立替約束の成否。 c. 詐称宿泊・無代酒食。	例 § 259 詐欺取財
13年1・2月 7号	12年12月 1日 小倉区裁判所	13年 1月12日	a. 虚偽記帳・支払い不能。b. 立替約束の成否／［喰ヒ逃ケノ念慮］。c. 無銭飲食・宿泊。	例 § 259 詐欺取財
13年3・4月 205号	13年 4月14日 福島裁判所	13年 4月26日	a.〔宿料払ハス逃去〕。b. 宿料立替約束の成否／［喰ヒ逃ケノ念慮］。c.	詐欺取財
13年5月 158号	13年 5月13日 東京裁判所	13年 5月17日	a.〔無代ニテ遊興〕。b. 第三者への支払い依頼の成否／［無銭遊興心得］。c. 無代遊興ノ罪。	詐欺取財
13年10月 627号	13年 8月 9日 長崎裁判所	13年10月 2日	a.〔止宿料不払逃走且ツ蝙蝠傘ヲ詐キ取タル……〕。b. 残金支払い一時猶予約束の成否。c.	詐欺取財
13年11月・上 765号	13年 8月26日 横浜裁判所	13年11月 1日	a.〔金銭ノ貯ナク無銭遊興〕。b.（原審、当該行為の認定あり）。c. 無銭遊興ノ罪。	詐欺取財
同　上 772号	13年 9月19日 水戸裁判所	13年11月 1日	a. 人力車運賃一部支払い、帰路残額を払う旨約束に違い、不払いのまま帰宅。b.［償還ノ渋滞］か、［詐取ノ情念］か。c. 無賃乗車。	詐欺取財
同　上 815号	13年10月 5日 堺県（警察署）	13年11月 9日	a. 巡査と詐称し、飲食料不払い。b.（原審、当該行為の認定はあり）。c.	詐称官
14年2月 197号	14年 1月29日 熊谷裁判所	14年 2月17日	a.〔警視監獄授産場逃走、無銭飲食〕。 b.　c.	詐欺取財
14年4月 475号	14年 4月13日 東京裁判所	14年 4月21日	a. 姓名の詐称、〔現ニ金銭ヲ携ヘス遊興〕。 b. 無代遊興の念慮。c. 無代遊興。	詐欺取財
14年6月 790号	14年 5月12日 広島裁判所	14年 6月13日	a.〔金銭の貯無ク料理店ニ登ル〕、虚偽記載の借用証書作成。b.　c. 無代遊興。	詐欺取財
同　上 861号	14年 6月 3日 前橋裁判所	14年 6月24日	a.〔旅籠代金喰逃スル〕。b. c.	詐欺取財
14年8・9月 1021号	14年 6月18日 奈良区裁判所	14年 8月 5日	a.〔郷貫氏名詐称・宿泊支払金所持ナキ〕。b. 支払い督促に応ぜず／［喰逃可致存意］。c.	詐欺取財
同　上 1046号	14年 7月14日 静岡裁判所	14年 8月23日	a. 金銭不所持酒食。b. 支払い延期約束の成否。 c.（原審の無罪判決を平翻）。	詐欺取財
14年12月 1602号	14年10月10日 大阪裁判所	14年12月28日	a. 郷貫氏名詐称、止宿料不払い逃走。 b.（自首の成否）。c.	例 § 259 詐欺取財
15年1・2月 1号	14年10月27日 静岡裁判所	15年 1月18日	a. 自首を予定して、〔無銭ニテ乗車・飲食〕。 b. 自首の成否。c.（故造ノ悪意故免罪ナラズ）。	詐欺取財
同　上 132号	14年12月 9日 東京裁判所	15年 2月22日	a. 郷貫詐称、無銭宿泊。b.［詐欺ノ念慮］。 c.〔初メヨリ代価ノ貯有ナキ耳ナラス他ニ亦其代料ニ充ツヘキ資力ナキヲ知リ加フルニ郷貫氏名ヲ詐称スルヲ以テ見レハ事主ニ対シテ損害ヲ被ラシメサルモノト為スコトヲ得ス因テ固ト詐欺ノ念ヲ以テ飲食等ナシタルモノト認定ス〕	例 § 259 詐欺取財

典　　拠 事件番号	上　告　日 原審裁判所名	大審院判決日	a. 事実様態。b. 争点／[詐欺ノ念慮] の明示。c. 法的評価	擬　律 態　様
15年3月・上 217号	15年1月28日 宇都宮区裁判所	15年3月7日	a. 郷貫氏名詐称、宿料不払いのまま屋根づたいに逃走（観念して交番に出頭）。b.（悔悟の念の存否）。c.（自首を認めず）	詐欺取材
15年3月・下 404号	15年1月20日 高知裁判所	15年3月31日	a. 郷貫氏名詐称。b.〔食料延払ノ示談〕の成否。c.	例 §259 詐欺取材
15年4月 417号	15年1月7日 神戸裁判所	15年4月4日	a.〔土木課役員〕と詐称、金銭不所持のまま飲食。b.　c.	詐 称 官

典拠：司法省蔵版『大審院刑事判決録』（明治12年―15年度）

［備　考］

・本表への記載は、出来る限り原文の表現を活かすよう努めており、その際には、〔　〕及び［　］の括弧を付してある。また、分類にあたっては、主として大審院判決の「理由」、及び上告理由等に依拠したが、記録によっては分類になじまぬものもあり、その場合は、空欄にしてある。
・「擬律態様」に掲げるものの内、「新律綱領名例律二罪俱発以重論条」によって適用が為された方に下線を付してある。
・当該行為について、詐欺取材その他の擬律に問題の無いときには、該当事項を（　）で示す。
・表内引照条文

○新律綱領　詐偽律　詐称官

凡無官ニシテ。有官ト詐称シ。或ハ官司ノ差遣ト詐称シテ。人ヲ捕ヘ。及ヒ官員の姓名ヲ詐冒シテ。求為スル所アル者ハ。徒二年半。犯ス所軽キ者ハ。杖七十。（中略）

若シ財ヲ得ル者ハ。贓ニ計ヘ。窃盗ニ準シ。重キニ従テ論ス。罪。流三等ニ止ル。

○改定律例　詐偽律　詐称官条例（表中、例 §259、及び郷貫氏名詐称と略記）

第二五九条　凡郷貫氏名ヲ詐称シテ客塵ニ宿スル者ハ不応為軽ニ問フ

害）発生との間で、それぞれ、手段及び動機として構成し関連づける機能を担った「詐欺ノ念慮」なる「主観的要件」の如きものを見出せるのである。表現は様々とはいえ、ほぼ総ての事例においてその認定が求められ、上告理由として、被告人―検察側双方がその存否をめぐって鋭く対立する争点であったことをみれば、詐欺取財条への無銭飲食・宿泊行為の包摂にあたって、かなり重要な鍵となる概念であったと考えて差し支えなかろう。(17)

　さらに、新法が施行される前年、明治一四年の詐欺事犯全般の処断（者）総数は、『司法省第七刑事統計年報・（明治一四年）』によれば、六九三五人であった。この内、「無代ニテ飲食及客店ニ投宿或ハ乗車ス」の処断（者）数は八三七人であり、全体の約一二パーセントの割合を占める。この値は、決して低いものではなかろう。詐欺事犯全般の中で、「詐欺シテ人ノ金銭衣類物品ヲ取」という、いわゆる「通常の詐欺」を除く中で、最も高い数値を示しているのがこの無銭飲食・宿泊並びに無賃乗車である事に注意したいのである。[18] それゆえ、『大審院刑事判決録』に採録されない（即ち上告されない）、当該行為を処断した当時の下級裁判所の判決例は数多く存在し、その擬律態様や、事実認定等の過程も、大審院の場合のそれから大きく離れるものではなかったと考えられるのである。

ともあれ、本節冒頭で引用した遠山判事補の法認識の背景には、当時において定まった擬律操作が存し、それを「成例」として、裁判官は用いていたことが了解される。「旧法ノ時……姑ラク詐欺取財条ニ比擬スルモ或ハ可ナラン」との、遠山判事補の理解も、この限りでは、「成例」をそれとして尊重してゆく姿勢と矛盾するものではなかろう。このように同判事補は、新法の適用を受けるべき事犯につき、当該行為の旧法における擬律を想定し、その際、従来の「成例」に示された擬律のパタンを一応踏まえるのだが、さらにその上で、新法と旧法の基本原理の違いに想到し、「新しい」刑法典の下でのあるべき「解釈」の方向を模索し、指示していった。[19] そこで次に、新法施行以後の同行為に関する擬律の一般的傾向を、前述の『大審院刑事判決録』の中に窺ってみよう。

2　新法施行直後の擬律

表2は、明治一五年中に新旧法比照の上、上告にかかった無銭飲食・宿泊行為をめぐる原審での擬律と、それを不当とし大審院の判断を求めるにあたっての上告理由、及び同院の判決内容を簡略化してまとめてある。前述したとおり、[20]『大審院刑事判決録』に引用された原審の記録は抜抄でしかなく、そこからは事実態様についての極めて僅かな事柄しか窺知出来ない。しかし、表中、「詐欺ノ念慮」「喰逃ス可キ念慮」「無代価酒食スル念慮」等の旧法下での擬律でも見られた「主観的要件」が、依然、当該行為をめぐる新法第三九〇条の「詐欺取財」の

擬律に際しても求められていたことは注目に値いしよう。さらには、第二条に照らして無罪を導く判断を示したものが幾つかあることに注意しておきたい。というのも、むしろこうした事例にこそ、第三九〇条の適用の可否をある程度詳細に検討するよう、大審院によって判示される機会があり、その際、当該行為の認定方についての何程かの示唆が与えられるはずだからである。実際、例えば、栃木軽罪裁判所判決（同一五年九月二日付）に対する破棄理由として、「金銭ナクシテ飲食スルハ一概ニ詐欺取財ヲ以テ論シ難シ」とし、被告人の「金銭ナク旅亭ニ投宿、飲食」し「金策ノ為、即時還ルト偽リ逃走」したという一連の行為から、「詐欺ノ形跡顕然」としても、これに加え「被告人カ心情如何ヲ推究シ果シテ当初ヨリ無代価飲食スルノ念慮アリシヤ否ヤヲ判定スル」ことが肝要である旨示されていた(21)。この点で、遠山判事補の場合も、かなり具体的に判示されている(22)。

旅人宿明村熊吉方ニ宿泊シテ旅籠料ヲ払ハス遁逃シタル所為ハ最初ヨリ企図スル所アリテ遂ケタルモノ乎将タ他ニ事故アリテ為セシモノ乎到底偽謀偽名又ハ本籍身分ヲ詐称スル等ノコトナキ乎宿泊帳其他事実ヲ推究シ然ル後初テ詐欺取財ナルヤ否ヲ審判スヘキヲ緊要トス

右の引用に明らかなとおり、前表で掲出した諸事例に共通して見られた認定されるべき事実が列挙されていることがわかる。ここから、「最初ヨリ企図スル所アリテ遂ケタルモノ」か否か（いわゆる「詐欺ノ念慮」の存否）を「宿帳其他事実ヲ推究」し認定する手続きは、無銭飲食・宿泊行為を「詐欺取財」として構成するにあたって、ともかくも新旧両法間に一貫して要請されていたことが推断し得るのである(23)。ところが、遠山判事補は、「宿料ヲモ払ハス逃走セリト判定(24)」した上で、旧法による擬律に際し「諸裁判所一般ノ成例」として綱領賊盗律詐欺取

表2　明治15年度中に上告に係る無銭飲食・宿泊事例の原審に於ける擬律と上告の成果

典　拠 事件番号	原審裁判所名 判　決　日	上　告　日 判　決　日	a. 原審の擬律、判断。b. 上告理由又はその「趣意」／（検察官・被告人、それぞれ検・被と略）	判決内容
15年4月 437号	山口軽罪 15年1月24日	15年3月2日 4月5日	a. §2適用により無罪。b.〔他ニ所用アリト申シ為シ該家ヲ立出タル儘逃走シタルヲ見レハ初メヨリ之ヲ払ハサル存意ナルヤ分明ナク已ニ之ヲ払ハサルノ存意アリテ之ヲ払フモノト同一ノ手続ニ依リテ投宿シ此営業者ヲシテ之ヲ払ウヘキモノト信セシメタルハ其所為営業者ヲ欺罔シテ財産ヲ騙取シタルモノ：§390〕（検）。	破棄移送 審理不尽
15年7–9月 881号	濱田軽罪 15年1月14日	15年2月9日 7月28日	a.〔郷貫氏名詐称シ客店ニ宿泊〕§2で無罪。 b.〔§390の誤解である〕（検）。	原審破棄 自　判
5年10・11月 960号	福島軽罪 15年1月13日	15年2月15日 10月27日	(〔無代飲食を詐欺取材とすることについては争いはない〕)。	
同　上 961号	濱田軽罪 15年2月28日	15年3月28日 10月27日	a.〔某方ヘ宿泊シ其宿料酒肴料ヲ払ハサリシ点ハ刑法ニ正条ナキヲ以テ：§2〕。 b.〔該犯既ニ宿泊ヲ乞ヒ現費ヲ払フ約定ニテ宿食シ該金払ハス家主ノ隙ヲ窺ヒ窃カニ逃脱スルヤ人ヲ欺罔シ財物ヲ騙取スルノ部分ニシテ：§390〕（検）。	原審破棄 自　判
16年1–3月 264号	大津軽罪 15年3月15日	15年6月13日 16年3月19日	a.〔無銭ニテ旅舎ニ宿泊飲食セシモ喰逃ス可キ念慮ニ非サル者ト〕認定・無罪。 b.〔無銭ノ情ノ隠蔽〕として、§390（検）。	上告棄却
同　上 329号	福岡軽罪 15年5月15日	15年9月27日 16年3月31日	a. 無銭飲食を§390とする。b. 逃走中取り押さえられた場合は未遂である（検）。	上告棄却
16年4・5月 409号	高知軽罪 15年5月6日	15年11月2日 16年4月17日	(〔無銭酒食逃亡〕について§390・394の適用に争いなし)。	
16年9・10月 1342号	栃木軽罪 15年9月2日	15年11月28日 16年4月17日	a.〔持合セナク直ニ払フコトヲ得ズシテ飲食シタル場合ノ如キ未タ以テ詐欺ノ情アルモノトスルヲ得ス何トナレバ物主ヲ欺キテ故ラニ信用ヲ生セシメザレバナリ：§2〕。b. §390の〔欺罔ハ其意義頗ル汎クシテ〕（検）。本表備考参照。	破棄移送 審理不尽
同　上 1483号	秋田軽罪 15年6月20日	15年12月20日 16年10月22日	a.〔飲食代金ヲ払フヘキ念慮アリ〕し、〔罪トナラサル所為〕とし、無罪。b. 判決理由不明示・治罪法§304（検）。	原審破棄 移　送
同　上 1557号	福島軽罪 15年10月3日	15年12月11日 16年10月30日	(〔無銭遊興〕を詐欺取財とするのに問題なし)。	
16年11月 1612号	土浦軽罪 15年9月15日	15年12月16日 16年11月6日	a.〔金銭有之体ヲ為シ酒肴ヲ誂ヘ無代価酒食スル念慮ニテ飲食セシコト：§390・394〕。b. 未遂を疑う（検）。	上告棄却

典拠：司法省蔵版『大審院刑事判決録』（明治15年―16年度）

［備　考］・本表に使用した括弧類は、表1の用法に従う。
・栃木軽罪裁判所判決は、宇都宮地方検察庁栃木支部保管の判決原本から引用した（担当裁判官は、池田正成判事補である）。尤も、同案件は、差戻し審たる浦和軽罪裁判所熊谷支庁での審理の結果、「……金無キヲ不顧……投宿シ……酒食ヲ為シ翌（日）同家ノ勘定場ニ至リ諸払ヒハ持合セ金無之ニ付キ近傍ニテ金調シ来ル旨ヲ詐言シ……同家ヲ逃走シタル……」との事実が明らかにされ、有罪が確定する（浦和地方検察庁保管判決原本参照、18年1月10日判決、担当裁判官は、西川四郎吉判事補である）。

財条に擬することは認識しているが、その一方で新法における第三九〇条の適用の可能性については、被疑事実を改めて検討することなく直ちに否定してしまう。これは、遠山判事補における「新法ニ於テハ喰ヒ逃ケヲ罰スル正条ナシ」との認識から直接的に帰結する判断なのだが、その当否については、次に検討する。

（1）　法務図書館所蔵『各裁判所伺留　四』（一八七三年）、第二七九号（司法省調査課『和漢図書目録』、一九三七年、二一〇七頁）。該史料は、罫線のない用紙と、版心に東京裁判所の文字のある青の一〇行罫紙の二葉からなり、前者に指令、後者に伺の文面がそれぞれ記される。なお、本史料を含めた、当時代の「伺―指令」録については、霞氏後掲註諸論文により詳密な解題が進められている。

（2）　この東京府からの伺とこれに対する指令は、管見の及ぶ限りでは見出せなかった。この指令を発令した機関は、おそらく司法省の前身である刑部省（明治四年七月九日廃止）であったと考えられるが、周知の如く刑部省関係史料の極めて多くのものは、戦災により焼失している（法務図書館蔵『貴重書目録（和書）』、一九七三年、六〇―六一頁）。

（3）　綱領―律例が同時並行的におこなわれたことについては、手塚豊「明治六年太政官布告第六十五号の効力」『明治刑法史の研究（上）』（慶應通信、一九八四年）、一三八頁以下の参照のこと。なお、同書一四〇―一四一頁には、律例の施行により、綱領の改正、追加法である太政官布告、太政官指令等、そして司法省達もその効力が否定、廃止された（改定律例・六月二三日太政官第二〇六号布告、前文）ことが明らかにされる。本文所引の伺も、「綱領新例ニ正条無之者ハ更ニ可伺」（同前文）に則ったものであろう。

（4）　二葉目欄外に、「十一月七日付ス」とある。この「付ス」の解釈及び該指令を司法省のそれと見做すことについては、霞信彦「児島惟謙『賭博罪廃止意見』に関する若干の考察」『法史学の諸問題』（慶應通信、一九八七年）、三五七頁註2、及び同「明治七年司法省第一〇号布達の成立をめぐる若干の考察」（『法学研究』第六〇巻第二号、一九八七年)、二〇九頁註4に倣う。

(5) 法務図書館所蔵『府県伺留　一七』(自明治七年六月至同年八月)、第三五二号(前掲『和漢図書目録』、二〇二六頁)。

(6) 前註所掲の史料以外に、大阪裁判所蔵版『刑事類纂(乙編)』(一八七七年)、五二五頁、警視局蔵版『刑事彙纂』(一八七七年)、四八―九頁、『質疑類聚　巻一』(活版・編纂者、年等不明)、二〇九丁表、近藤圭造編著『増補皇朝律例彙纂　巻三』(一八七六年)、五七丁裏―八丁表。また、『司法省日誌』(明治七年第一四〇号)、一九頁にも掲載される。

(7) 前掲『質疑類聚』一八九丁表には、「酒食ノ代価ヲ払ハス食逃《ママ》ケスル者ハ窃盗ニ准シテ可論カ但シ士族ハ破廉耻ニ処スルカ」(判事局問合)とあり、これに「御問合之通」とする「回答」とともに、同じく「准盗」の扱いを受けることが確認される。

(8) 前掲『刑事類纂(乙編)』、六三二頁、近藤経長・海原憐平・原田彌三平合纂『擬律指令類纂(賊盗律部)』、一八七七年、四二頁。

(9) 『司法省日誌』(明治八年第四七号)、一八―一九頁に明治八年三月二七日の分として載る、同年三月八日の鳥取県伺に応える指令。

(10) なお、『質疑類聚(丙編)』、一四一丁表―裏には、「嚢中貯蓄ナキヲ顧リミス登楼ニ及ヒ酒食ノ料ヲ還算スルニ臨ミ取締所小使ト詐称シ一時其場ヲ逃レントシテ縛セラル、不応為軽ニ問擬シ懲役三十日酒食代ハ追徴シテ事主ニ給付ス」(六年第五七号東京裁判所へ指令)との記載が見える。

(11) 綱領が、清律という法典の基本構造と形式にとどまらず、広く清代の法律学説の影響を受けていることは、中山勝「新律綱領の編纂の典拠について――新律綱領に与えた清律の影響を中心として――」手塚豊編著『近代日本史の新研究Ⅰ』(北樹出版、一九八一年)所収を参照。

(12) 隈崎渡「盗の古代法的解釈――律の『准盗論』の罪を中心に――」(『法学新報』第一六巻第九号、一九五三年)、一頁以下。

(13) 「無銭飲食・宿泊」の同一の案件にもかかわらず、それを「窃盗」の項か、あるいは「詐欺取財」の項か、上掲の「伺―指令」集によって、分類が異なっている場合がある。「准盗論」の両義的な性格を反映するものか。

(14) 本表には、原審処断時が旧法の効力下にあったものをまとめてある。

(15) 前掲『増補皇朝律例彙纂 巻三』(賊盗律、詐欺取財)、七四丁裏。

(16) 前掲一の註(17)に所掲の同条正文を参照されたい。

(17) 本章では、新旧両法における「詐欺取財」、更には財産罪一般の法理を実体的に探究するところに目的は置かれていない。限られた事例から極めて雑駁ながら、帰納的に両法を連接する仮説的視座を定立するものである。

(18) 本書には、他に「詐欺シテ人ノ金銭衣類物品ヲ取・四九六六」「恐喝シテ人ノ金銭衣類物品ヲ取・四三二一」「身代限ノ際財産ヲ隠匿シ及其情ヲ知テ紹介ヲ為ス・四八」「金銭衣類物品ヲ冒認及拐帯ス・六二四」「金銭衣類物品ヲ誆賺及局騙ス・二九」(数値は処断者数)が記される。

(19) 「理由書」の構成は、前半部で大局的な視点から新旧法を論じ、それを踏まえて後半の個別的な擬律論が展開され、それ自体ではかなり整序された印象を与える。

(20) 前掲一の註(10)を参照のこと。

(21) 前掲『大審院刑事判決録』(自明治一六年九月至同年一〇月)、一九九頁以下。

(22) 同右書(明治一五年四月)、八七―八八頁。

(23) 本事例は、表に明らかなとおり、当該行為と第二条の関連を問題とした最初のものではないが、大審院が新法施行後に、新旧両法比照を用いて「無銭宿泊」についての判断を示したということでは、最初のものなのである。

(24) 同右書、八四頁。

三　「正条ナシ」とされる無銭飲食・宿泊行為

1　新法第二条との関連を索ねて

本節では、何ゆえ「理由書」が新法第三九〇条の適用を退けたのか、同法第二条（罪刑法定主義）との関わりの中で検討しておこう。

実は、新法施行後半年を経た時点で、いわゆる無銭飲食行為の詐欺罪構成が第二条との関連で論じられる機会があった。すなわち、明治一五年六月二八日の大審院から司法省宛の伺と、それに応える同年七月七日の同省指令である。[1] その指令の「理由」部分を左に掲出しておこう。

> 刑法第三百九十条ニ欺罔云々トアルハ汎ク詐偽（ママ）ノ所為ヲ網羅セシモノニシテ旧律例ニハ誆賺拐帯局騙等孰[2]レモ詐欺ノ罪ノ内ニ在リ其手段ヲ分析スレハ幾十百種ノ別アルヘシ故ニ之ヲ盡書スルコト難キニ因リ刑法ハ一言以テ之ヲ蔽ヒシモノナルヘシ然ルニ律ニ正条ナキ者ハ罰セストノ原則ヲ詐偽ノ場合ニ適用セントスルハ頗ル拘泥タルヲ免カレス夫レ金銀モ飲食モ財物タルニハ相違ナシ而ルヲ詐テ飲食ヲ為シ代価ヲ払ハス或ハ初メハ順正ノ心ニテ飲食ヲ命シ中間ニシテ虚隙ヲ窺ヒ悪意ヲ生シ遁逃セントスル如キ詐欺ニ非スシテ何ソヤ（人ノ物品ヲ拐帯スルト其性質同シ）教師ニモ其罪ノ悪ム可キコトハ明言セリ且又此事件ニ付テハ多ノ先例アルニ因リ本文ノ如シ（傍点筆者）

確かに、右文中で示唆されるとおり、「初メハ順正ノ心ニテ……中間ニシテ虚隙ヲ窺ヒ悪意ヲ生シ遁逃」する如きの場合のように、前掲の二表にて掲げた「詐欺ノ念慮」を認定するについての物証が容易には発見されにくい状況も考えられる。また、大審院が伺の中にいう「無代価飲食ノ者処分方ノ儀議論区々ニ渉リ難決」との認識は、「詐欺取財」の構成をめぐる、当時としての限界的な事例であったと推測し得る。[3] このことは、大審院が、ボアソナードの「最初ヨリ代価ヲ償フコト能ハサルコトヲ知テ飲食ヲ為シタル後其代金ヲ払ハサル事」[4] と題する「答書」[5] を同伺中、「別紙」として付している――しかもそれが相当個別的な論点を主題として展開されているだけに――ことからも感得されよう。そこではボアソナードは、まず冒頭で仏刑法における一八七三年七月二六日の法律[6] について触れ、次に我が国新法第三九〇条の適用の可否に言及する。以下、その全文を掲げておこう。

最初ヨリ代価ヲ償フコト能ハサルコトヲ知テ飲食ヲ為シタル後其代金ヲ払ハサル事

飲食店ニ於テ自ラ代金ヲ払フコト能ハサルコトヲ知テ飲食ヲ為ノ弊ハ仏国ニテモ実ニ甚シキ景況ヲ現ハシ遂ニ千八百七十三年七月二十六日ニ至テ新タニ之ヲ罰スル法則ヲ設クルニ至レリ

右ノ罰則ハ彼ノ窃盗ヲ処スル規則ヲ記載アル第四百一条ニ之ヲ記入セリ然トモ是レハ立法者ノ誤謬也

蓋シ盗罪ノ主要タル性質ハ悪意ヲ以テ他人ノ物品ヲ窃取スルニ在リ然ルニ右ノ場合ニ於テハ固ヨリ其悪意アルヤ明カナリト雖モ決シテ窃取ノ所為アリト云フ可カラス他ノ語ヲ以テ之ヲ云ハンニ人ヲシテ己ニ物品ヲ渡サシメタルナリ決シテ自ラ之ヲ取リタルニ非ス

故ニ右ノ罰則ハ必ス詐偽取財第四百五条ノ所ニ之ヲ記スルヲ至当トス

日本ニ於テハ右ノ所為ヲ窃盗ト看做シテ罰スルコトヲ得ス如何トナレハ其窃取ノ所為ナキカ故也之ヲ詐偽取財トシテ罰

スルヲ得ル乎
刑法草案第四百三十四条ニ記スル所ハ新刑法第三百九十条ニ記スル所ヨリ一層広濶ナリ草案第四百三十四条ニハ証書又ハ其他ノ有価物ヲ渡サシムル総テノ偽計云々ト記載アリ之ニ反シテ刑法第三百九十条ニテハ無根ノ危険ヲ畏怖セシメ又ハ無実ノ利益ヲ希望セシメテ詐偽ヲ行フタル場合ノミニ限リ詐偽取財ノ罪アリト為セリ故ニ本条ヲ以テ右ノ所為ヲ処分スルヲ得ス
人或ハ云ハン草案第四百三十四条モ亦右ノ詐偽ニ之ヲ適施スルヲ得ス如何トナレハ其所為ニハ少シモ偽計アリト云フ可カラサルカ故ナリ（但シ其飲食ヲ為シタル者自ラ充分ノ金銭ヲ有スル模様ニ見セ懸ケタル時ハ此限ニアラス）飲食店ニ至リテ己レノ為メニ其飲食ヲ出サシメタルノ所為ノミヲ以テ決シテ一ノ偽計ナリト看做スコトヲ得スト然レトモ草案委員中ノ一人ナル下名ノ者ハ当時評議ノ際ニ於テ右ノ如キ場合ハ必ス第四百三十四条ノ文意中ニ含入ス可キモノナリト論定セシコトヲ記憶スル也）（当時常ニ仏蘭西成典ヲ参観シタルヤ明カ也）
草案第四百三十四条ヲ以テ本件ニ適施スヘキヤ否ヤノ論ハ最早ヤ無要ノ問題ナリ如何トナレハ新刑法ニテハ単ニ二個ノ場合ノミ之ヲ限リタルカ故也
今日ニ於テハ右ノ如キ事件ニ付キ唯民事上ノ訴訟ヲ為スノミニ止マル也刑法草案註釈ニハ第四百三十四条ニ付テ右ノ問題ヲ論弁スルコトヲ怠ラサルヘシ
千八百八十二年二月十五日　　　東京　　ボワソナード

フランスでは、当初より支払い不能であることを知りながら飲食店等で飲食物の供与を単に申し込むだけの行為は、同国一八一〇年刑法第四〇五条（詐欺罪）規定の欺罔行為（manœvres frauduleuses）に該当させ難く、さりとて奪取行為(soustraction)とも言えない限りは盗罪の性質をも認め難いとして、右の法律制定以前は無罪判決が言渡されざるを得なかった。[7] かくして、そうした「法の欠缺の前に司法官の無力が露呈」[8]された以上、立法的解決が企図され、本法律が制定されるに至ったのである。そこでボアソナードは、新法第三九〇条の司法省段階における編纂会議席上、同法律の趣旨を活かすべく同省段階の「確定稿」(日本刑法草案)、第四三四条の「文意中ニ含入ス可キモノナリト論定セシコトヲ記憶」[9]していると明記している。しかし同条は、後の太政官段階で修正[10]を受け、条文のさらなる抽象化簡略化が施された結果、彼の目からは第三九〇条の正文には、叙上の趣旨は読み込めぬとして当該行為を処罰し得ず、「唯民事上ノ訴訟ヲ為スノミニ止マル」ことが結論されたのであった。[11]

以上の一例が証示するように、また『日本刑法草案会議筆記』に記録されるように、同条をめぐる立案審議は、「詐欺ノ方法ニハ各種各様ノ仕方アリ」という認識から、「之ヲ一々掲クルヲ得ス」という共通の前提に立脚しつつも、仏刑法の書法に倣い例示的制限的な「一段ヲ掲ケ之ヲ概言」することに苦心するボアソナードと、「成丈簡単ニ記ス」ことを旨とし包括的かつ抽象的文言に努めて還元してゆこうとする日本人側との双方の方針が対蹠的に絡み合っているのである。[12] 言うまでもなく後者の態度は上掲した司法省指令(理由)に、的確に踏襲されてゆく。すなわち、「旧律例」(綱領を指すのであろう)下の諸態様の列挙と共に、広汎な内容を示された「詐欺取財」を第二条との関連で問題とすることを「頗ル拘泥タルヲ免カレス」と退け、「欺罔ノ情状ハ裁判官ノ判任」に委ねるという同指令の趣旨が帰結されるのである。

そこで遠山判事補は、そういった第三九〇条の文言に照らし、当時の諸註釈書を繙き「該条ノ精神」を探求し、更に『日本刑法草案直訳』[13]を介し「起草ノ精神」を窺うことまでして、同条の当該行為に対する適用可能性を仔細に検討した結果、「正条ナシ」を確言するに至った。つまり、ボアソナード起稿の『刑法草案註解』内の一節に依拠して第二条を「欧州一般ノ公論」として尊重し、無銭飲食・宿泊行為についての擬律が、その経過の当否はともかく、結果としてボアソナードのそれと軌を一にしたのである。無論、筆者は、同判事補が「理由書」で言うところの当該行為についての分析や認識が、ボアソナードのそれに比肩し得る問題視角をその基底に持ったものであったとまでは述べるつもりはない[14]。それに、新法公布以降同時期までに、第三九〇条との関連で当該行為について、細かい理論的な視角から触れた註釈書等[15][16]を、管見の及ぶ限りでほとんど見出せない。新法の理解に深みをもたらす理論書も未だ現われぬ当時の日本にあって、条文を文理的な意味にとどまらず規範論的に解釈する技術など、おそらく現場に配置された司法官には期待できなかったに違いない。とはいえ、「理由書」に記された遠山判事補による新法の「読み」が、右に述べてきたようにいかに表層的であったとしても、「新法ニ正条ナシト断了」した彼の罪刑法定主義（新法第二条）に対する、ナイーブだが直截的な姿勢にはここで注目しておかなくてはならない。遠山判事補における罪刑法定主義の理解は、同時期の他の司法官と比較するならば、どの程度の特殊例と位置づけられるのか、次に検証してみよう。

2　新法施行直後の「伺、請訓」に見える当該行為

実は、遠山判事補によって表明された疑問は、彼と同時期の判検事においても共通して抱かれ、司法省の判断（指令・内訓・回答）[17]を仰いだ諸例[18]が『刑法申明類纂　三[19]』（第五編）の中に散見されるのである。表3を見てみよう。

右資料に収載される記録の多くのものは、「新法典」の各条文の規定趣旨確認を目的とするものであるが、こ

れと併せて、新法第三条第二項の要求する、新旧法の比照作業に伴い生ずる疑問もかなりの数見受けられる。同資料内の無銭飲食・宿泊に関する記録は、表に掲出した七例が総てであるが[20]、それらもまた新旧法比照時に生じた疑義なのである。本章の二で見てきた無銭飲食・宿泊行為の、原審における事実認定の痕跡と司法省側からの画一的な返答として「当初からの詐欺の情」が全例に亘って繰り返されることがまず確認される。

ところで、かかる七例の質問者のいずれもまた、旧法下で「詐欺取財」の擬律を受けた無銭飲食・宿泊行為を、第三九〇条にせよ第三九五条にせよ、新法において「詐欺取財」を構成する条文の適用をひとまず考慮することを、忘れてはいない。しかも、この場合、「刑法中適条無之」あるいは「該当スル正条無之カ如ク相考候」等の認識が導かれるのは、ひとえに無銭飲食・宿泊行為そのものを犯罪として構成する明文の根拠を——少なくとも第三九〇条とは別の形で——新法に求めているからであることは明白である。さらに「不問」「無罪」の結論を得るに至るのは、表中記したとおり、これを「法律ニ正条ナキ者」として第二条の適用を予想したからである。

以上のように跡付けるならば、ここに、先に掲げた遠山判事補の場合とほぼ同型の推論様式を見出すことが可能となろう[21]。この限りで、同判事補の推論は当時として極めて異例であったとまでは決めつけられない。それに、細かな点ではあるが、公判での遠山判事補は、「無銭宿泊」の他に「借用物費消」の件でも擬律をおこない、後者の場合には新旧法比照時に何等の支障も生じていなかった。同判事補の擬律操作には、確かに「審理不尽」的側面を指摘できるとしても、それはあくまでも「無銭飲食・宿泊」をめぐる新旧法比照の操作においてのみなのである。

そこで、今一度「理由書」に立ち戻ると次のような表現上の差異が注意を引く。「借用物ヲ費消シタルノ罪ハ旧法ノ雑犯律費用受寄財産条[22]刑法ノ第三百九十五条[23]ニ依ルヘキ者タルヤ疑ヲ容レス」とする一方で、「喰ヒ逃ケ

表３「刑法申明類纂」に見る、無銭飲食・宿泊事例に関する擬律伺、及びその指令等

質問者	月　日	質疑応答内容
仙台軽罪裁判所 検　事	15年2月10日問合 15年2月14日回答	〔無代価ニテ喰逃シタル者〕は§390の適用か？ 〔一概ニ問フ可キ者ニ非ス〕 〔詐欺ノ情〕あれば、詐欺取財。
仙台始審裁判所 判　事	15年2月15日照会 15年2月17日回答	〔無代価喰逃〕を詐欺取財とする明文と理由は？ 初めからその目的を以てしたら、欺罔故、詐欺取財の罪。
仙台始審裁判所 検　事	15年2月10日伺 15年2月28日指令	〔一金ノ貯ナクシテ飲食シ其代金ヲ払ハス逃走〕 旧法：詐欺取財条、新法：§2？あるいは、§390と見込む？ 初めより詐欺の情でなければ、〔詐欺律〕ではない。
秋　田　県	15年2月24日伺 15年3月29日指令	投宿後旅籠料不払い・家台店前における飲食後不払い逃走＋無資力弁償の途無し：〔最初ヨリ人ヲ欺ク念慮〕として§390の適用か？ 初めより詐欺の情でなければ、詐欺取財でない。
小倉治安裁判所 判　事　補	15年3月11日請訓 15年4月6日内訓	宿料の一部を払い、密かに逃走。§395のその他の詐欺に含む？ （郷貫氏名詐称、金銭所持を装うなら〔詐欺ノ所為〕）：§2で無罪？ 初めより〔詐欺ノ情〕なら§390。
新発田始審裁判所 検　事	15年3月28日請訓 15年4月14日内訓	飲食店、旅店での不払い逃脱・郷貫氏名詐称・詐称官・富豪を装う：〔詐欺ノ術〕、騙取といえるが〔恰当スル正条無之〕で不問か？　あるいは§390の適用か？ 最初より詐欺の目的なら§390。
静岡始審裁判所 検　事	15年4月11日請訓 15年4月25日内訓	飲食後該価払わず、金銭不所持、ひらきなおる。旧法なら詐欺罪、新法では？（〔欺罔スルノ悪意ナキニアラサル〕から§380の適用か？） 最初より詐欺の情なら§390。

典拠：最高裁判所図書館明治文庫所蔵『刑法申明類纂　三』・第五編

［備　考］
・本表に使用した〔　〕の括弧は、前二表の例に従う。

ノ罪ハ旧法ニ於テ賊盗律詐欺取財条ニ比擬シタルハ云々」とあり、後者を比附援引（断罪無正条条）の作用に依るものと規定する点がそれである。これは、すでに指摘してきた他面での第二条に勇み足であった姿勢と密接に関連すると考える。

上掲のとおり、「理由書」は、旧法と新法をその「本源」に遡りそれぞれの依拠する原則の対極的相違を説き起こすところから始まる。新法を「完備周密」とし、旧法を「不備」と位置付ける観念は、当時としてはかなり普及していたものの如く見え、[24] そのことは、遠山判事補による擬律に際しても、旧法的価値への強い否定的契機[25] として作用したのではないかと思われる。したがって、旧法時の擬律を比附援引に依るものとの見方を前提とすれば、その比附（類推）を法理的には許

容し得ない新法の原則（罪刑法定主義）の下であれば「無銭飲食・宿泊」を定型的に処罰する明文の根拠を、直截に新法典内に求める態度につながったのであろう。かつて筆者も指摘したとおり、同資料中、旧法において不応為条に擬律される行為が、新法では、いかなる条文の適用を受けるべきかという疑問もあった。[26]そこでは、新旧両法典の転換期に、両法の対立する主義を視野に収めた擬律を進めるにあたって、当時の判検事が「混乱」に陥ったことを窺ったが、遠山判事補の擬律もまた、その例外ではないことが了解される。

（1）『法規分類大全』〔刑法門一・刑律四〕、四八一―四八二頁。なお、以下のボアソナード答書を含めた同資料を登載する当時の『訓令集』はかなり多い。

（2）前掲一の註（17）所掲の賊盗律詐欺取財条を参照されたい。

（3）表2に掲出したとおり、この大審院伺が出された時期に上告に係っており、直接「無銭飲食・宿泊」に関連するものは、濱田・大津の両軽罪裁判所判決であるが、とりわけ「喰逃ス可キ念慮」を認定されなかった後者の処断方について、同院が問題としたものか。なお、現在の大津地方検察庁にはこの判決資料は保管されていない。

（4）今日的に見れば、この欺罔行為の性質についてはさほど異論の余地のない場合であろう。

（5）このボアソナードに回答を求めた質問者は定かではない。ただ、この「答書」が同年二月一五日の日付を持つことから、あるいは遠山判事補の擬律を問題としたものか。前掲一の註（10）で述べた事情から確たることは分からないにしても、被告人は人力車の一部を売却した為、多少の所持金はあったように見受けられる。

（6）箕作麟祥増訂『増訂仏蘭西法律書　訴訟法・商法・治罪法・刑法』（博聞社、一八八八年）は、「何人ニ限ラス全ク弁済スルコト能ハサルヲ知リテ飲食ノ為メニ設ケタル設立場ニ於テ飲食又ハ食料ヲ給与サシメ其全部又ハ一部ヲ消耗シタル者ハ」云々と訳出する。なお、同法律については、Couchard, Des délits commis au détriment des hôteliers, restaurateurs, cafetiers, etc. (exament de la loi du 26 juillet 1873), Revue pratique de droit français, 1874, pp.36-50 に解説される。

（7） 新倉修「フランス刑法と罪刑法定主義」（『早稲田法学会雑誌』第二八号、一九七七年）、二五九頁以下参照。cf. Garraud (R.), Traité théorique et pratique du droit pénal français, t. V, Paris, 1894, pp.223-226.

（8） Journal officiel du 4 Juillet 1873.

（9）「答書」では、ここで日本刑法草案確定稿（明治一〇年一一月二八日上呈）、第四三四条の編纂論議を想起し、「証書又ハ其他ノ有価物ヲ渡サシムル総テノ偽計 « par toute autre manœvre frauduleuse »」に含めたとするが、早稲田大学鶴田文書研究会編『日本刑法草案会議筆記』第四分冊（早稲田大学出版部、一九七七年）には、それらしい形跡はない。なお、第四三四条の正文については次註参照のこと。

（10） 第四三四条は、「人ヲ欺罔シテ無実ノ成功ヲ希望セシメ又ハ無根ノ事故ヲ畏怖セシメ其他偽計ヲ用ヒテ動産不動産若クハ義務ノ証書義務釈放ノ証書及ヒ収納ノ証書ヲ騙取シタル者ハ詐欺取財ノ罪トナシ」云々とあるが、太政官段階の「刑法草案修正稿本第三九〇条」（早稲田大学鶴田文書研究会『刑法審査修正関係諸案』早稲田大学比較法研究所、一九八四年、一一四頁）は、「人ヲ欺罔又ハ恐喝シテ其他偽計ヲ用ヒテ財物若クハ証書類ヲ騙取シタル者ハ」と、行為、客体とも簡略化されている。新法同条の正文は前掲一の註（25）。

（11） ボアソナードは、その『刑法草案註釈』（巻之下）、七三四頁以下で先のフランスの立法に倣った正文を設けている。代価なきを知って飲食を供与せしめる行為は、「客ノ未タ飲食セサルノ前ニ其飲食物ノ代価ヲ請求スルノ慣習ナキ」ところから生ずるとして、背信（任）罪との類似性から、« abus du crédit alimentaire » と命名する。

（12） 前掲『日本刑法草案会議筆記』第四分冊、二四五〇、二四六二頁以下。

（13） ボアソナードが起案し、磯部四郎が訳した同書は、前出「確定稿」の仏文原案の直訳といわれているが、筆者は些かの疑問を感じている。

（14）「理由書」には、「宿泊料ヲ払ハズシテ逃走シタルノ罪即喰ヒ逃ケノ罪」とあり、無銭飲食・宿泊の細かな事実態様の分析が、すべて「喰ヒ逃ケ」として把握されている。

(15)　筆者も主に国立国会図書館刊『明治期刊行図書目録・第二巻』（一九七二年）所掲の文献の中で、明治一、一五年前後に限っては、理論書の類では、高木豊三義解『校訂刑法義解』（一八八二年）のみである。そこには、先のボアソナード「答書」と類似の問題関心が見られる。

(16)　その他、例えば、貞方氏藏版『刑法擬律問題』（一八八一年）は、旧法における当該問題を、また『法律叢談』第三七・四〇号（一八八二年一一月、一二月）や、渋川忠二郎閲・村上義友編纂『指令類褋』（一八八三年）、司法省蔵版『刑事問題』『刑事答案』（同年）等は、新法や新旧比照との関わりで扱うが、実用的目的が主で、理論的深みはない。

(17)　明治一四年一一月二八日の司法省達により省中は九局に分かたれ、「刑事ニ関スル一切ノ伺指令内訓照会回答ノ文案ヲ起草スル」職掌は、第四局に属することとなった。

なお、手塚前掲「讒謗律の廃止に関する一考察」、三五九頁には、同局々長は権大書記官鎌田景弼（前掲一の註（1）参照）であろうとされるが、同局に属する指令原案起草者等の氏名は推定できないとされる。

(18)　明治一二年五月五日の司法省達丙第一九号は、内訓条例を定める。第一条には、「司法卿ト各裁判所裁判官検事トノ間ニ於テ用ユル所ノ内規」としての内訓は、「尋常伺指令ノ効力アラサルモノ」と規定され、即ち、「必シモ準拠セサルヘカラサルノ効力」はなく、「其事理ヲ詳悉シ再ヒ之ヲ請ヒ反復数回妨ケナキ」（第六条）ものとされていた。その他の「照会」「問合」についての明文規定は見出し得ないが、内訓よりさらに簡便を旨としたものであったのではなかろうか。また、同一五年一一月一四日の司法省達も参照されたい。

(19)　本史料については、本書第三章「司法官の近代法適用をめぐる逡巡」、一四三頁以下に触れている。

(20)　幾つかのものは、例えば、滋賀県警察本署出版『刑法治罪法伺指令録』（一八八三年）、司法部内同盟編纂『刑法訓令類纂』（一八八四年）等にも収録される。

(21)　尤も、伺、請訓あるいは問合という形で、審理着手以前に疑義を正す場合と、それを経ないで判決に及ぶ（遠山判事補の）場合とは、大いにその姿勢が異なることに注意したい。

（22）（23）前註それぞれ一の（16）、一の（18）を見よ。
（24）例えば、本書第四章「不応為条廃止論考」、二〇三頁以下参照。
（25）「旧法ノ時即チ刑法不備ノ時ナルヲ以テ姑ラク詐欺取財条ニ比擬スルモ或ハ可ナラン然レトモ目下新法施行ノ日ニ当リ……刑法第三百九十条ヲ適用セン歟該条ノ明文ニ毫モ適合スル所ナキ」云々との一節は、そのことを窺わせる。
（26）その後『刑法申明類纂』の解題作業に伴い、新たに「園部始審庁検事」（明治一五年三月九日請訓、同月三一日内訓）の例に遭遇し、この機会に付け加えておく。

結

「擬律ノ錯誤」とは法律適用の誤りを意味し、明治一五年に刑法典と共に施行された治罪法典は、その第四一〇条・一〇号に上告理由の一つとして数え上げた。もとより認定された事実に基づき下される法律判断に誤りがあってはならないことは当然だが、旧法と新法の双方に目配りを必要とする新法第三条第二項（軽い事後法の遡及適用）の操作は、経過的措置であったとはいえ、[1]当時の司法官にとってはかなりの重圧となり、法律適用＝擬律に際して思わぬ躓きの跡をしるすことになったのである。

「法律ニ正条ナキ者ハ何等ノ所為ト雖モ之ヲ罰スルコトヲ得ス」——遠山判事補がその「理由書」に示した新法——すなわち西欧型の刑法典——の基本的価値原則の表明たる罪刑法定主義の理解は、おそらく彼の独習によって得られたものであった。(2) 法典の起案者であったボアソナードの註解書が繙かれ、表面的にではあるが、しかしある意味では忠実にその文意がなぞられた。本来ならば遠山判事補は、「無銭飲食・宿泊」行為が旧法下で詐欺罪に問われてきたことを前提に、新法においても詐欺罪として処罰されるべく該当条文（第三九〇条）の解釈を進めるべきであった。だが彼は、「人ヲ欺罔シ又ハ恐喝シテ財物若クハ証書類ヲ騙取シタル者ハ詐欺取財ノ罪ト為」すとの同条の文辞の限りにおいても、あるいは新法典の他条全般を見渡しても、いずこにも「無銭飲食・宿泊」が「正条」の形において規定されていないとの理由から、前述の罪刑法定主義原則に則り当該行為については無罪を言渡さざるを得ないと推断したのである。

確かに、前述したとおり、新法の第三九〇条は包括的に過ぎる条文であり、司法省における立案段階から、より具体的な規定を望むボアソナードと、より抽象的な規定を主張する日本人編纂委員側との間で意見の食い違いが生じていた。またフランスにおいても、「無銭宿泊・飲食」行為を一般の詐欺規定で論じることは難しいとして、一八七三年七月、当該行為を処罰するために特別な法律が立法されていた。ボアソナードはこうしたフランス本国の立法事情に照らしつつ、新法の第三九〇条の条文構成では「無銭飲食・宿泊」のあらゆる行態を包摂できないと述べていたが、奇しくもその結論は、新法――西欧型刑法典――についての前知識をほとんど持ち合わせていなかったはずの遠山判事補(3)のそれと一致した。

だが、ここで想起されるべきは、遠山判事補がその「理由書」において、旧法下で「無銭飲食・宿泊」行為に賊盗律詐欺取財条を適用して処断することは「成例」となっていた（つまり通例であった）ことを認識しつつも、その適用の根拠に「比擬（附）援引」――正条なきときに他の条文を類推して適用すること――を挙げ、それを許容する中国律様式の刑法に固有な法解釈方法（綱領、名例律下・断罪無正条条）に依ったものであると断定した件りである。つまり遠山判事補によれば、「無銭飲食・宿泊」行為を直截に処罰する規定は、新旧両法ともこれを持たず、そのため旧法においては「比附援引」によって詐欺罪に問うていたが、新法ではもはやそれが許されないと理解しているのである。ところが、本章の表に挙げた諸例や、その他管見の及ぶ限りにおいて、旧法下で「無銭飲食・宿泊」が比附援引によって詐欺罪に問われていたことを仄示する資料は皆無であった。それに、これもまた前述したが、擬律に関わる種々の問い合わせに対する司法省側からの回答には、旧法新法の別を問わず、繰り返し「詐欺ノ念慮」（あるいは「詐欺ノ情」）の事実認定が求められていた。この「詐欺ノ念慮」とは、ここでは仮に犯罪を構成する主観的要素と見做すならば、当然に「詐欺罪」の成立を念頭に同罪を構成する一要素としてその確認が求められていたと理解するべきであろう。であるならば旧法における「無銭飲食・宿泊」の評価は、もとより賊盗律詐欺取財条に直截に問擬することこそが「成例」なのであって、遠山判事補が述べるところの、擬律の全過程が「正条」なき場合に処罰を根拠づける比附援引の操作に向けられ、結果として賊盗律詐欺取財条に「比擬」（遠山判事補による「理由書」より）されていたのだ、とする認識には大いに疑問が残る。だとすれば、遠山判事補による「擬律ノ錯誤」は、結局のところ彼が旧法下の法運用に疎かったがゆえの「思い違い」[4]に――すなわち比附援引に依っていたという誤解に――発する、法条の単なる誤操作に過ぎなかったのであろうか。

新法を立案審議し、新旧両法の運用上の疑義に回答する立場にあった司法省の側には、「無銭飲食・宿泊」事例は、新旧両法がその法形式においてたとえ相違する構造を有していたとしても、両法下で等しく処罰されるべきであるとの、処罰の意思における「連続性」が認められる。これに対し、依拠すべき実定的基準が一昼夜にして転換した司法の現場では、前夜までの実務的経験知がどこまでそのまま有効とされるのか、それまでの「自明性」が大きく揺らぐことが懸念されたに違いない。むろん新法はそれ自体が仏刑法の翻訳ではなく、仏刑法と律様式刑法の「折衷」として立法されたから、旧法と新法は立法・立案過程上の素材事実の問題としては「断絶」はしていない。だから、旧法下での擬律処罰例は「連続」する新旧両法の規定間の限りにおいて、新法下でも当然に処罰を旨とした解釈が為されるべきであるとするのが、司法省による擬律指導の方針であった。

だが、法規範の理念上の問題としては、新旧両法はやはり大きく隔たっていたといわざるを得ない。近代化＝西欧化のスローガンの下に様相が一変された刑法を目の当たりにした司法官たちは、「完備周密遺ス所」なき新法の第二条に謳われた刑法の近代的原則を、遠山判事補の如くに字義通りに読み取り、司法省にその当否を質す行為に出た。そこにこそ彼らの「自明性」の限界があったと見るべきなのであろう。彼らにとって新法は、そのすべてが不可知なわけではなく、旧法に発する思惟の延長上に「連続」する地平面に現われた。(5) 旧法下で従来から処罰対象となっていた行為は、新法下でも当然に処罰対象となる――この「自明性」の思惟枠組が新法の西洋起源に発する新しい法原則の下に相対化＝否定される局面で、司法官たちは不可測な領域に足を踏み入れざるを得なくなり、解釈指針の確認に奔走したのであった。

なお、遠山判事補は、現山口地方裁判所保管の履歴書によれば、判事補に任じられたのは明治一四年一二月一二日であり、(6) 同職としての旧法下での実務経験には厚みがない。この事情に、同判事補の旧法の擬律に対する認識の浅さの原因を帰すことも出来るが、またそれだからこそ、司法省に対し擬律の指揮を仰ぐことなく第二条の適用にためらいを覚えなかったのだとも解釈できる。遠山判事補は旧法の「自明性」から自由であったために、却って近代法原則の字義通りの適用に潔かった。(7) この若い判事補に見られる、新たな原則の適用には勇み足ではあったが、旧法的思惟に対しては決然とした相対的＝否定的な評価姿勢を示す構えの中に、司法の近代化を担う新し

い世代の司法官の姿が現われていたと考えられよう。(8)

（1） 治罪法第一一条には、軽罪、重罪の公訴期満免除が、それぞれ三年、一〇年と規定され、新旧両法の比照の必要性は次第に減じていったはずである。田中秀夫氏は、明治一八、九年頃を回顧して、そうした比照を「極く稀に」おこなったと述べている（日本法理研究会『明治初期の裁判を語る』一九三二年、二四頁）。両法比照の手続きはあくまで経過的な措置であったことを想起すべきであろう。

（2） 当時、司法省は裁判事務の便宜として同省蔵版の諸書籍を増刷し、各裁判所の求めに応じ有償あるいは無償で頒送していた。明治一〇年一二月二〇日の司法省丁第八八号達、同一三年一二月九日の司法省丙第一七号達、同一四年一〇月二〇日司法省甲第六号布達等参照。この点で、守屋克彦「明治初期の裁判資料について」『刑事裁判の理論』（日本評論社、一九七九年）、四六七頁以下は極めて示唆に富む。遠山判事補においても、そうした書籍・資料による勉強の機会は当然にあったに違いない。

（3） 例えば、『九大法律学校大勢一覧』（東京法友会、一八九八年）、一六六頁以下の「法科大学以下各学校卒業生姓名」に、「遠山嘉又」の名前を見出せない。彼はそうした学校機関で、体系だった法学教育を受けていないのである。なお、右書については、手塚豊「明治三十年頃の慶應義塾法律科――『九大法律学校大勢一覧』による――」『明治法学教育史の研究』（慶應通信、一九八八年）、二三七頁以下に解説がある。

（4） 尤も、遠山判事補の「理由書」内には、旧法下でも当該の擬律をめぐっては、「往々其比擬ノ太過ナルコトヲ論スル者アリ」とする一文も見え、他の司法官においても遠山判事補と同様の認識を形成していた例があったことを示唆している。

（5） 新旧両法が転換するこの時期に「擬律ノ錯誤」が頻発した理由としてこれまで、両法を繫ぐ経過立法の不備と、その擬律にあたる司法官における近代法律学の学識の欠如が挙げられてきた（手塚前掲「讒謗律の廃止に関する一考察」、三五一頁以下）。だが本章で言及してきた遠山判事補の例などは、近代法的学識に乏しくとも、旧法の「雑犯律費用受寄財産条」と新法の第三九五条との「比照」は全く問題なく済まされている。同時期の司法官においてもそのほとんどが近代法的学識を体系的に学んでいなかったのではあるが、該当する犯罪行為を新旧両法ともが定める場合、彼らは両法の対応する条文間においておこなわれる「機械的」な擬律には失錯することがなかったと思われる。すなわち旧法的思惟の限りでもとりあえずの新法の運用は可能であったわけである。

（6）本文にて触れた彼の「履歴書」によれば、明治一四年二月三日に一六等出仕として、広島裁判所詰を命じられ、同月二二日には広島区裁判所詰を命じられる。その後、同年五月一二日から山口区裁判所詰を命じられ、判事補に任じられたのは、同年一二月一二日であった。同日、山口始審裁判所詰を命じられた。なお、右「履歴書」の複写を入手するについては、山口地方裁判所事務局長（当時）亀山哲夫氏のご配慮を受けた。ここに記して感謝の意を表したい。

（7）例えば「理由書」には、「右等ノ所為タルヤ人間ノ道徳ニ背キ社会ノ公益ヲ害スルハ固ヨリ不俟言シテ右等ノ刑罰ヲ増補スヘキハ当然ナリ」と「無銭飲食・宿泊」行為の可罰性は普遍（不変）である旨断言しているが、これをたちまちに翻して、「現今ニ於テハ法律ニ正条ナキカ為メ右等ノ所為ヲ罰スルコトヲ得ス」と、罪刑法定主義原則への潔い適従が宣言されている。

（8）遠山判事補は前掲「履歴書」によれば、本件後、山口治安裁判所長を命じられ、明治二〇年三月二八日には、判事登用試験に及第してその証状を授与されている。その後、同二五年一一月二〇日付で高等官六等（判事従七位）に叙せられ、同二〇年代末から三〇年代にかけてのいわゆる「判事検事刷新処分」にもかかわらず、大正二年五月一四日付で休職の辞令を受けたことが分かる（当時、洲本区裁判所判事、同年同月一五日付『官報』・二三六号）。まさに彼の活躍の場は、新法の施行期間と重なっていた。なお、判事登用試験については、手塚豊「司法省法学校小史」前掲『明治法学教育史の研究』、一三三頁以下、及び本書第七章「近代日本法史における『学識』判事の登場」、右記した「刷新処分」については、楠精一郎『明治立憲制と司法官』（慶應通信、一九八九年）、八七頁以下参照のこと。

補論　刑法典の近代化における「旧なるもの」と「新なるもの」

序

旧刑法は、一方でフランス刑法を受容しつつも、他方ではそれまでの明治初年の律型刑法的思惟を下地に作成された。以下に記すようにその過程は単なる法文化の与え手／受け手という二元論では描きにくい。それにボアソナードの手許に残された仏文草案の系列と邦文のそれとを見比べても、両者は決して、原典／翻訳という同位の関係には立っていない。その内容の細部に目を凝らすならば、両系列はむしろ異なる段階にそれぞれの草案を生産するのであって、相互に螺旋的な弁証法的対置関係を維持しつつ編纂が進められていったことが分かるのである。つまりここでも単純な二元論は成り立たない[1]。

今日、「ボアソナード民法典」の傍ら「ボアソナード刑法典」ということばがあまり用いられないのは、たしかにフランス法の影響が主流を占めたといっても、そのこととは裏腹にフランス刑法の影響をそれとして論じ得ないある種の「歯切れの悪さ」が、旧刑法を問題にする場合、つねに隠されているからにほかならない。実際、旧刑法施行直後に現れた法典批判に対し、これを擁護する側は、旧刑法は旧来からの法改正の延長上にあり、しかも「立案者《ボアソナード》ノ精神ノ貫徹セシモノニ非サル」ことを力説した[2]。だが、その意思がむしろ「貫徹」されないことが望まれた立法者像とはいったい何を意味するのか[3]。

本節は、「旧法」＝新律綱領・改定律例から、「新法」＝旧刑法への転換を視野において考察する。旧刑法の立法作業とは、一八一〇年フランス刑法[4]と明治初年期の我が国における中国律型刑法という洋の東西の法文法が生み出した異なるふたつの法様式を前提として初めて可能となった。そしてその両者を結び合わせる契機は、ボアソナードと日本人編纂委員による「対話」としての立法過程の内にあったのである。

1　新旧二法典を「関連」づける視点

新旧の法システムの入れ替わりは、現場の裁判官の目からすれば、一昼夜にして成し遂げられた転換点として映ったに違いない。池上三郎の『刑法対照　全』（萬字堂、一八八〇年）という資料がある。この本は、新旧の法典の転換に際して、個々の判事が新法典の使い勝手をスムーズにするためのマニュアルとして執筆され、極めて実用本位に編集されている。

ところで同本は、新法典の各条を条文番号順に配列し、それに照合――比照――させる形で当時現行法であった「律」刑法典の条文を配置引用する。それは、未知の新法典の理解のために、既知の「律」刑法の諸カテゴリーを摺り合わせる方法であり、後者に依拠することによって新法典の意味内容が伝わることを企図している。つまり、慣れ親しんだ思考の枠組の内側から外の世界をとらえるというこのやり方は、新法典の整然とした条文配列の前に、もはや「律」刑法の様式を決定していた紐帯がその緊張を維持できなくなり、新律綱領全一四律・一九二箇条に及ぶ律的な体系的世界が崩壊してゆくプロセスを示している[5]。実際、個々の律条はかなりカズイスティックな仕方で、新法典の「類比可能」と目された条文に関連づけられてゆく。

尤もこの「関連づけ」の作業は、条文のかなり素朴な文理解釈を前提としており、それぞれの母法――一八一

○年フランス刑法・明清律――に遡るならば、これらの両法様式は、その依拠する概念、用語、カテゴリー、体系そして法構造の基礎において本来著しく相違していることは明白である。しかし適用する法の背景にあるそうした歴史的文化的制約を過度に考慮することによって、裁判官たちが現実の法判断を躊躇することは許されなかった。彼らの法判断を導く灯火は、ひとえに彼ら自身の経験知の中に求めざるを得なかった。彼らは「旧なるもの」の制約からとき離れ、彼らにとって「新なるもの」の理解にいちはやくかつ大胆に立ち向かったのだが、その理解のためにはもういちど「旧」に立ち返り、そこからの距離・それとの差異が測り出されなくてはならなかったのである。

このような意味で旧法は新法の――少なくとも実務的次元における――理解を進めるうえでの「観念的所与」として立ち現れていたといえよう。明治一五年に新法が施行された後は、同法第三条第二項の規定、すなわち旧法時に為された犯罪に対しては軽い旧法の遡及適用を認めたことにより、両法典の比較作業が実際に求められた。[6] 私達は、彼らによって試みられた比較の営みの中に、二つの異なる法秩序間を、それらの「構造／体系」の位相からではなく、その現実に果たす「機能／問題」から相互に関連づけようとの方法を読み取ることができる。[7] 以下では、主として早稲田大学鶴田文書研究会編『日本刑法草案会議筆記』を用いて、立法過程――司法省段階――において展開したこの「関連づけ」の視点のいくつかを摘記してみよう。[8]

2　刑法における「東」と「西」をつなぐもの

㈠「人を殺害した者についての法的評価は如何にあるべきか」というまさに基本的な犯罪行為の態様を、彼我の法的思惟は異なるカテゴリーの下にとらえた。(9) 発端は一八一〇年フランス刑法第二九五条（故意による殺人／故殺）以下の諸規定にボアソナードの説明が及んだときである。第二九五条・故殺、第二九六条・謀殺、第二九九条・尊属殺、第三〇一条・毒殺など、フランス刑法上の殺人罪（homicide）の諸態様が紹介される。律型刑法の知るところでもあったそれらについて日本人側は格別疑義を呈しはしなかった。

しかし、問題は生じた。それはボアソナードが第二九五条の「故殺」を以て殺人罪／人命律の基本類型としてその冒頭に掲げる旨提言したことに起因する。日本人側はただちに、その故殺とは「日本従前の刑法にて云う所の故殺」とは異なると断じ、立法の指針を従来からの新律綱領人命律にある、謀殺・故殺・闘殴殺・戯殺・誤殺・過失殺・詐称殺という七種の「殺」の区別と順序に従うべきであると発言した。しかも両者の見解にさらなるほつれが生ずるのは、「闘殴殺」をめぐり議論が紛糾したときである。日本人側は、あくまでこれを「殺」の中で故殺と併置関係にあるものとしてとらえてゆく。一方ボアソナードは、「謀殺毒殺等は皆故殺中の細目」として位置づける。だから、ことのほか「闘殴による殺」を設けるとしたら、それは殺人罪のカテゴリーをはずれて、暴行・傷害の結果的加重類型として論じてゆく姿勢を断固として崩さないのである。現在の我々はこの後者のボアソナードの意見に親近感を持つが、その理由は次の通りであろう。

すなわち、右で述べてきたフランス刑法における「故殺」とはむしろ「故意殺（homicide *volontaire*）」を指す。これは「非故意殺（homicide involontaire）」の対立概念であり、後者に闘殴などの手段により殺人の結果が生じた場合が入ろう。そしてこの「故意殺」の内訳が、「謀殺（assassinat）」と、いわゆる「故殺（meurtre）」に分けられるのである。したがってこの謀・故殺関係はよいとしても、分類の中項目である「故意殺」とその下位区分である「故殺」との混同から議論が生じたと見るべきなのであろう。日本人側の謀・故殺は、それぞれ「モクロミコロス」・「デキゴコロニテコロス」との区別こそ立てられてはいたが、それらを取り結ぶ上位概念としての「故意により為された殺人」というカテゴリーを知らなかったのである。

こうして殺人という頗る基本的な概念すら、その各態様の目録をそれらの背景で統合する原理のレベルにおいて互いに相違することにボアソナードと日本人委員両者ともが気づき始める。かくして「対話」は妥協点を模索しつつ展開することになる。記録の限りでは、ボアソナードは、共通理解である謀・故殺の軽重関係に立ち返り、「故（意）殺」を冒頭に出すことを諦め、律刑法／日本人側と同様、「謀殺」をこれに代える。しかしこの場合興味深いのはそうした処置を正当化するためにボアソナードは、ドイツ刑法の例に範を求めたことである。むろん、日本人側に異論の余地はない。その代わり「闘殴殺」については、なじみ深い従来からの考え方からひとまず離れ、暴行・傷害罪に含むこととして、その経緯を別途注釈書などで断りおくことになった。今日、私達が旧刑法の殺人罪の冒頭に謀殺の規定を見るのは以上のような経過があったからである。

(二)　旧刑法は「正当防衛」を我が国で初めて規定した刑法典であり、かつ一八一〇年フランス刑法の顕著な影響を例示する事実として、「正当防衛」が今日的理解とは異なり、各則上に置かれたことが指摘されてきている（一九九四年施行のフランス改正刑法では、「正当防衛」は総則の中に移し入れられた）[10]。

「日本法はいかなる仕方で、自己（又は他人）が不正の攻撃により危険にさらされる緊急状態に際し、それらを守るために殺傷行為を以て攻撃者に対抗した者の罪責を定めるべきか」――フランス刑法の第三二八条を前に、当初日本人の編纂者たちはこのような「問題」に直面していたと思われる。なぜなら「律」の刑法においては、正当防衛規定が明文の形で存在していなかったからであり、殺人や傷害を正当化する一般的な法原理はまず、律刑法の思考によって、いくつかの具体的なケースに分節化されて把握されていた。たとえば「強姦を拒んで人を殺す」「捕吏罪人を格殺する」「盗を防いで人を殺す」など、それぞれ賊盗律・人命律・闘殴律・捕亡律などの各カテゴリーの予定する例外的状況として捉えれば足りるのであって、正当防衛の包括的な条文はいまさら必要ないとの意見すら出されていた。実際、当時の新律綱領・改定律例の適用事例の中にこうした正当防衛的事案についての対処方法を探ってゆくと、たしかに、「闘殴律」や「捕亡律罪人拒捕捕吏格殺条」[11]などが援用（類推＝比附援引！）される形で、宥恕による罪責の減軽や、免除、あるいは「罪を論ぜず」との法的評価が引き出されていたのである。

結局、明治初年の刑法には実体的な条文の根拠こそなかったが、法の適用上は「正当防衛」と機能的にほぼ等価値な観念は存在していたといえよう。フランス刑法との接触は、そうした観念を従来の法的思考枠組の中から掘り起こす触発契機であり、次第にはっきりとした輪郭を持つひとつの法理が自覚されてゆくためのいわば促進契機となったのである。

この条文をめぐるボアソナードと日本人編纂委員との「対話」も興味深い。フランス刑法第三二八条に対し日本人側はまず「己の身体を防衛し又は親の身体を防衛すること」は、まさに「正理」に基づくことである。この限りでボアソナードも同じ出発点に立つ。ところが両者は、「他人のための防衛」の把握をめぐって対立を露にする。つまり日本人委員には、一面識もない人を防衛することが、自己の規定した「正理」のニュアンスになかなか合致してこないのである。すなわち自己についてはともかく、ここの「他者」の範囲は、「親の救助」をその限界としていたのである。しかもこのことがいっそう問題化するのが、尊属親に対する正当防衛が認められるかという限界事例に両者が触れたときである。ボアソナードは「人生自然の情からすれば親疎を分かたず」等しく認められるべきである――即ち自然権的自己防衛本能の発露――と主張するが、日本人側はこれに対し深い難色を示す。

要するに日本人側のよって立つ「正理」には、明らかに儒教倫理の影が見えている。つまり、「自己―他人」の図式の下、等しく自然権的な自己防御が可能であることが「法律の原則」である、とのボアソナードの主張と、これに対し、尊属は卑幼との関係において、常に防衛行為の主体として（あるいは卑幼による防衛の保護客体として）現れ、決して侵害主体になり得ないとの日本人側の主張とは、相互に妥協を許さない深刻な対立を含んでいた。すなわち法の下の平等原則と儒教的長幼秩序の相克である。結局、「他人のための防衛」は設置された。その制度の趣旨はむろん個人的な自己防御権を承認したものとはなった。だが、これとは引き替えに、旧刑法編纂の最終段階で、親に対する正当防衛は認められないことが、ボアソナードの合意をとりつけることなく突然に決定される（旧刑法第三六五条）[12]。この「矛盾」は、同時代の刑法学者によって手厳しく批判の対象とされてゆく[13]。しかしまた、法典内のこの「不協和音」は、法の具体的な規定の受容にあたって、西洋的法価値が体系内に浸透する中で儒教倫理的思考があわてて失地の回復に出たことを推測させる。果して、こうした例外をもつ限り、「正当防衛」はその原則において正しく継受されたといえるのだろうか。

㈢　さらに右㈡に類する問題として自首がある[14]。これまで、この制度の趣旨は「悔悟改悛の情から自らの犯罪行為を申告した者に刑の減免を与え、犯罪者を善導すること」と理解され、そこに儒教的勧善懲悪思想、すなわち東洋的法理の現れが語られてきた[15]。これを「未だ各国に比類なき良法」であるとして、自首制度に興味と賛意を表したのは、他ならぬボアソナードであった。しかし、彼がこの制度に注目したのは、専らそれの果す社会功利的な社会秩序維持機能に着眼したからであった。犯罪者が官憲に自ら投降してくることを促す自首は、それだけ捜査負担の軽減と社会秩序の早期回復を図ることができるというのである。もはや多言はできないが、こうしたボアソナードの視点は、律型刑法の定める自首関連の特徴的な規定と真っ向から対立した。しかし社会秩序の維持と改悛者の善導はけっして両立しない要請ではなかったのである。両者を自首という同一のシステムの理解において、日本人編纂委員によって常にそこへと立ち戻られた伝統的制度理念と、ボアソナードがそれに付与した功利的な「新しい」意味付けとが、互いに相手を排除しない限りにおいて両立し得たのである。東洋的法理とされる自首が今日まで残された、といわれるとすれば、その歴史的評価にあたっては、この両者のどちらかに与することによって、後世に「残された」法価値の解釈は全く異なってこよう。

㈣　新旧二法典双方とも、統治・秩序維持の目的において等価な機能を果たすべく期待されていたはずである。そこで、両者間において、その著しく異なる法表現のゆえに発動される国家の刑罰権に何ほどかの影響が生じたのだろうか。通常の刑法犯として放火や器物損壊などを含まない財産犯——財物領得犯の統計的推移を追跡した結果の若干例を示しておこう。

第一に総計数からみれば、明治八年からの財産犯増加傾向は一時同一五年に下降するものの（明治八年次、二四、〇六六件・同一四年次、四一、九五二件・同一五年次、三七、一八七件）、翌年には回復し（同一六年次、四五、四八三件）、同一七年頃からさらに鋭角に切れ上がってはゆく。だがその全体の動向の中に、同一五年を境に刑法の規定する犯罪の類型が改変された結果、たとえば可罰評価の仕方に顕著な変調がでた、などの現象を明確に読み取ることはできない。むしろ国家は、法典の新旧の別を越えて、激増する犯罪への対応に追われていることを窺わせる。第二にその体系の相違を念頭に置きつつも宣告される刑罰の「量」からみた場合、新法によるものの大半が、全体の増加傾向を反映する形で旧法時代のそれぞれと接続をみせる。したがって、発動される全体の処罰権の割合に大きな変化もない。つまり、新法は旧法時代からの処罰化の傾向にうまく順応していると評せる。

そもそも律刑法は贓を計りその多寡によって刑罰量が客観的一義的に割り出されるスケールをもっていた。むろんこれは律の法定主義を示すものだが、通常の窃盗行為であっても贓の金額によっては無期、ないしは死刑すら宣告される可能性があった。その旧法時代に多数宣告されていた終身刑が弧を描くように明治一五年には減少をみせる（同一三年次、九七二件・同一四年次、七九五件・同一五年次、四四件）。ここに刑罰体系の変化がみられる。つまり新法では強盗などの傷害や死亡などの重大結果が伴う場合にのみ重罪として認定されるのであって、単なる財産の領得行為は軽罪の評価をうけるに過ぎなくなったからである。すなわち、律のシステムにおいて、贓の金額という一元的な尺度によって量化され得た刑罰権は、新法では重罪と軽罪という司法手続きの上でも質的に異なるカテゴリーの中に取り込まれることになった。したがって、旧法によって単純窃盗でありながら無期刑以下が言い渡されていた分は、すべて新法による軽罪の中に押し込められたのである。この点だけを取り上げれば、当罰価値は著しく減少したと評し得ようし、新法は驚くほど寛刑化したともみなし得るのである。だがこのシステムの転換は制度的にはたしかに大きな意義をもつが、統計数値の上に顕著な形では反映されない。この背景には旧法のシステムが新システムによって代替されたとしても、その運用においては、ほぼ機能的に等価な結果が目指されていたことが推測される。

しかしそれにしても、こうした増加傾向の本来的な原因を犯罪社会史的関心の中に考えてみる余地はありそうである。新法はその条文の包括性の故に、かえって犯罪の検挙——有罪化率を上げたとの解釈もできようが、逆に犯罪の抑止効果に薄かったという当時の現場からの呟きも無視できないのである[16]。

結

「中国法家族から西洋法家族へ」。同時代の穂積陳重によって歯切れよく宣言された、法の進化論の上で我が国の法秩序が歩むべき方向性は[17]、刑法の分野でいち早く達成された。陳重によって亡滅する運命に見定められた中国法家族からのテイク・オフは、その様式を一変させた刑法典によって象徴された。この様式の転換の実際はしかし、転換される制度の内側からこれを見れば——この補論で取り上げた僅かな例に限っても——、まさしくケース・バイ・ケースであり、その叙述も極めてカズイスティックなものとならざるを得ない。なぜならば、編纂作業の当事者にとっては、それぞれのバック・ボーンとなる法体系相互間にいかなる「差異」が介在しようとも、そしてそこに彼我の思想的対立が結果として生じようとも、その「差異」への立ち返り自体が彼らの作業目的ではないことは明白だからである。彼らの作業に働いた極めて高度な実践思考は、「体系」からではなく「問題」からの出発という点において常に一貫していた[18]。ボアソナードと日本人編纂委員の「対話」とは、まさしくこの「問題」を共有するという前提の下に可能になったといえよう。もし各々の「体系」に引きこもれば、「問題」の方が選択される。すなわち、そこに生じた議論のきしみやすれちがいは、すべて「体系」間の相違に還元されてしまう。しかし、もし両者が「問題」に立脚していたとすれば、それを解決するに適当な「体系」が求められていったに違いない。しかもそれが異なる法文化間に起こり得たからこそ、双方の立脚する視点の違いから「問題」を発見しかつその解答を模索する文脈中に複眼的でいっそう豊かな素材が提供されたのだとすれば、そこに「場」として求められた／創出された刑法は、もはやフランス刑法か律型刑法かという母なる体系への二者択一的回帰を果たし得ない第三の「体系」であった。それは律型刑法とフランス刑法とのアマルガムといえるのである。

(1) 拙稿「内閣文庫所蔵　旧刑法手稿仏文草案──ボアソナードの編纂過程関与の実態──」（『法学研究』第六四巻第九号、一九九一年）。
(2) 手塚豊「元老院内における新律綱領、改定律例復活反対意見書」『明治刑法史の研究（上）』（慶應通信、一九八四年）、二六六頁。施行直後から旧刑法に及んだ批判については、吉井蒼生夫『近代日本の国家形成と法』（日本評論社、一九九六年）、一〇三頁以下参照。
(3) このボアソナードの編纂過程における役割をいかに位置づけるかという問題については、拙稿「旧刑法編纂過程──司法省段階──におけるボアソナァド主宰の端緒」（『慶應義塾大学大学院法学研究科論文集』第二六号、一九八七年）、同「二つの仏文刑法草案とボアソナード」（『法学研究』第六四巻第一号、一九九一年）を参照のこと。この問題については藤田正「旧刑法の編纂におけるボアソナードの役割」（『北海学園大学・学園論集』第七二号、一九九二年）にも論じられるが若干ニュアンスを異にする。藤田論文をも参照されたい。なお、拙稿「二つの仏文刑法草案とボアソナード」は、一部手直しの上、「仏文刑法草案からみた旧刑法編纂過程の展開」として、西原春夫・吉井蒼生夫・新倉修・藤田正編『日本立法資料全集第三〇巻　旧刑法㈡』（信山社、一九九五年）に収められた。
(4) むろんこの補論で対象とする一八七〇～八〇年代に至るまでにこの刑法に及んだ改正などの変化を考慮の外においているわけではない。しかし以下の叙述に関する限り、その法典の基幹的構造は同一であったとの認識の下で論じてゆきたい。
(5) 水林彪「新律綱領・改定律例の世界」石井紫郎・水林彪編『法と秩序　日本近代思想体系7』（岩波書店、一九

九二年)、四五四頁以下には、律刑法の構造をでき得る限り法典内在的視点から体系的に整序して解説する試みが為されている。尤もそこで分析のために使用される概念には、多分に現代刑法学上の理解を前提にしたものが混入されている。それは、異なる法家族に属している(歴史的な)法を認識するにあたって、それを今日的に理解の可能な表現の下に再構成する方法であろう。しかし、本論が問題にするように、時系列に従って律刑法の内側から「近代」刑法としての旧刑法=新法をとらえる視角からは果してその方法が常に有効かは疑問である。旧法の中に新法の萌芽を、あるいは新法の中に旧法の素地を見出す本論の立場は、ある意味カズイスティックで歯切れの悪い叙述方法に終始せざるを得ないと考えている。

(6) この問題については、本書第四章「不応為条廃止論考」、本章「『擬律ノ錯誤』をめぐる試論的考察」、さらに、第三章「司法官の近代法適用をめぐる逡巡」を参照のこと。

(7) 大木雅夫「比較法における『類似の推定』」藤倉皓一郎編『英米法論集』(東京大学出版会、一九八七年)。

(8) 本論は、第四四回法制史学会研究大会二日目(一九九六年一〇月六日、於同志社大学)におこなわれたミニ・シンポジウム「近代日本の法典編纂――一八八〇年刑法(旧刑法)を再読する――」(『法制史研究』第四七号、一九九七年)において、筆者のおこなった報告「旧刑法の編纂における『旧なるもの』と『新なるもの』」(『同前』収録)を一部修正の上掲載したものである。旧刑法の編纂過程についての概観は、右シンポにおける吉井蒼生夫氏の「総論――一八八〇年刑法(旧刑法)再読の視角」や、藤田正氏の「明治一三年刑法の近代的性格」(それぞれ『同前』収録)を参照されたい。なお、本論では、主として司法省段階の編纂会議録を用いて議論を進めてゆく。

(9) 早稲田大学鶴田文書研究会編『日本刑法草案会議筆記』第Ⅲ分冊(早稲田大学出版部、一九七七年)、一六一四頁以下。

(10) いささか旧稿にはなるが、拙稿「旧刑法第三一四条編纂過程とその『素材的事例』の関係――『正当防衛』の摂取――」(『慶應義塾大学大学院法学研究科論文集』第二三号、一九八五年)に、その一部を論じている。以下の叙述は、前掲『日本刑法草案会議筆記』第Ⅲ分冊、一七一〇頁以下参照。

(11) 例えば新律綱領闘殴律闘殴条には、「若シ闘ニ因テ、互ニ相殴傷スル者ハ、各其傷ノ軽重ヲ験シテ、罪ヲ定ム、後ニ手ヲ下シテ、理直ナル者ハ、本罪ニ、二等ヲ減ス」、また捕亡律罪人拒捕条には、「若シ罪人、凶器ヲ持テ、拒捕スルニ、捕吏之ヲ格殺シ……（並ニ）論スルコト勿レ」とある。

(12) 矢野祐子「旧刑法における『祖父母父母ニ対スル罪』の成立」前掲『裁判と法の歴史的展開』所収。

(13) 例えば宮城浩蔵『刑法正義』（講法会、一八九三年）（明治大学創立百周年記念学術叢書第四巻、明治大学、一九八四年、七一一―七一二頁）。

(14) 前掲『日本刑法草案会議筆記』第Ⅰ分冊、二六四頁以下参照。

(15) この問題については、古くは、小早川欣吾「刑法典及び刑事訴訟法典並びに陪審法典編纂過程」『明治法制史論公法之部・下（第二版）』（巌松堂書店、一九四四年）、一〇一三頁以下、中山勝「鶴田皓関係資料断片㈠――鶴田皓の「自首」論――」（『西日本文化』第一二〇号、一九七六年）、矢野祐子「旧刑法における自首条の成立（上・下）」（『早稲田大学大学院法研論集』第五六・五七号、一九九〇・九一年）、山火正則「現行『自首・首服』規定の成立過程」（『神奈川法学』第三〇巻第一号、一九九五年）、また、当時の律型刑法の裁判実務における「自首」の取り扱いとその視点からの立法過程へのまなざしは、霞信彦『明治初期刑事法の基礎的研究』（慶應義塾大学法学研究会、一九九〇年）、六三頁以下を参照。

(16) とくに賭博罪が現行犯とされたことは、その検挙にあたって捜査実務上極めて活動しにくい結果となった。我部政男編『地方巡察使復命書（上・下）』（三一書房、一九八〇・八一年）、の記録に散見される。

(17) 穂積陳重「法律五大族之説」「万法帰一論」（初出それぞれ一八八四、八五年、『穂積陳重遺文集　第一冊』、岩波書店、一九三二年に収録）。

(18) 以下の叙述には、テオドール・フィーヴェク、植松秀雄訳『トピクと法律学』（木鐸社、一九八〇年）、植松秀雄「問題思考と体系思考（法哲学の側から）」、江口三角「問題思考と体系思考（実定法学の側から）」星野英一・田中成明編『法哲学と実定法学の対話』（有斐閣、一九八九年）、エァンスト・A・クラマー、桑田三郎訳「トピクと比較法」ディーター・ヘーンリッヒ編『西ドイツ比較法学の諸問題』（中央大学出版部、一九八八年）などを参照。

第六章

判決文の近代化——「冗長」と批判された判決書の分析

序

これまで、裁判の歴史は書かれるにしても、判決書の様式の歴史はほとんど語られてこなかったのではなかろうか。かつて『日本語学』という法律学の領域ではそれほどなじみの深くない雑誌が、「判決文」を特集した(1)。そこでは、判決とはそもそもどのようなものなのか、ということから始まり、判決文の歴史・文体・語彙などがそれぞれ民・刑事の区別が立てられた上で、実務家を中心とする法律家により多角的に論じられている。

つまり、「判決文」に国語学的分析が加えられるわけだが、周知のごとくその一般的評価は極めて低いのが現実である。論者たる法律専門家たちは、難解な法律用語を駆使せざるを得ない状況を訴えながら、その一方で「冗長である。文体が堅い。文章の一節が長すぎる。一つの主語で始まる一節に、あらゆる状況を折り込もうとして、文章が複雑になり、一読しただけでは判読不可能である(2)」判決文を、なんとか読みやすいものとするよう色々な工夫を凝らしている。

判決書は誰のために、何のためにあるのだろうか(3)。訴訟法学的にはあまりにも自明なこの疑問も、改めて「日本語学」の視点から再考すれば、思考のふくらみも一段と増してこよう(4)。これに加え、昨今の司法資料の保存と利用をめぐる議論状況とその行方は、まさに歴史史料としての判決書の存在を強く訴えるものであっただけに、法史にとどまらない多くの歴史研究者の注視の中にあるといえる(5)。つまり判決書はひとたび司法過程から生産された後は、社会のさまざまなコンテクストにおいて読み解かれるべき存在として受け取られてゆくのである(6)。

本章では、我が国における近代法制の嚆矢ともいうべき刑事二法典——旧刑法・治罪法——が、明治一五（一八八二）年一月に施行された直後に宣告された一刑事判決文をとりあげる。ただし、その判決の表象することが歴史社会的に重要な「事件」であるからではない。問題とする判決は、（刑事）判決の様式そのものが治罪法によって大きく転換していく過渡期を背景として形成された。そしてその判決が形成された背後には制度の転換期に生きた裁判官がいた。彼の判決は、その内容ではなく、その不完全な形式ゆえに司法省の手厳しい批判を浴びることになる。以下では、この判決文をその形成過程からできるかぎり内在的に吟味してみたい。そのことによって、そもそもセンテンスとしての判決／法が当時の日本社会のいかなるコンテクストにおいて受け取られるよう「発信」されていたのか(7)、あるいは受け取られるように「期待」されていたのかという問題、すなわち判決文（体）の近代史(8)を考えるための、私なりのよすがとしたいのである。

（1）『日本語学』（第一三巻第一号、明治書院、一九九四年）。
（2）河上和雄「判決文の文体――刑事――」（同右誌）、四七頁。むろんこうした問題は、とくに法曹実務家により、これまでも繰り返し論じられてきている。例えば、千種達夫「法および法文書の平易化(一)・(二)」（『法曹会雑誌』第一一巻第一一・一二号、一九三三年）や同「判決文の自己判断」（『法学セミナー』第四〇号、一九五九年）（千種氏の法律・判決文などの平易化に関する多くの論稿については、『成蹊法学』第五号、一九七三年に掲載される「業績目録」を参照されたい）、倉田卓次『続裁判官の書斎』（勁草書房、一九九〇年）、同『続々裁判官の書斎』（同前、一九九二年）所収の諸論稿など、また、林大・碧海純一編『法と日本語――法律用語はなぜむずかしいか』（有斐閣、一九八一年）は、こうした問題の所在を知るには最も適当な文献であろう。
（3）畔上英治「判決書」（『法律時報』第三九巻第一一号、一九六七年）、一一六頁。
（4）本章所引のもの以外では、例えば、森岡健二編著『改定　近代語の成立・語彙編』（明治書院、一九九一年）、同

『近代語の成立・文体編』（同前、同年）には、法令なども素材として我が国の近代語成立一般における法文書の位置付けも忘れられていない。

（5） この問題については多くの論説が著された。その一例として、浅古弘・岩谷十郎「司法資料保存利用問題」（『法制史研究』第四四号、一九九五年）を挙げる。同論文における浅古氏により掲げられた引用関連文献を参照願いたい（なお、本書第八章に補論として収録した「刑事裁判記録と歴史学」参照）。

（6） 加藤周一・前田愛編『文体　日本近代思想体系16』（岩波書店、一九八九年）、三〇一頁以下（山本芳明氏解題）には、明治一二（一八七九）年一月に判決の言渡しのあった、いわゆる「高橋お伝事件」に関わる様々な言説を紹介する。当時の新聞に掲載されたお伝自身の「口供書」を基本に、それを語るメディアによって「事件」が異なる仕方で綴られ、伝達されてゆく様が描かれる。

（7） 加藤周一「明治初期の文体」前掲『文体　日本近代思想体系16』では、明治の文体が漢文調を用いざるを得なかった状況や、それへの西洋流の文体の影響が指摘されているが、なによりも明治の言論界における「公衆」の誕生が演説・論説を不特定の二人称複数への「呼びかけ」調にしたこと、これと関係して意見主体としての「我」が文体表現上現れてきたことが、特筆されるべきこととして述べられている。明治期における法的な言論やメッセージが、こうした一般的な状況の中でどのような位置を占めてきたのか、法史上の課題として今後究明されるべき事柄であろう。

（8） 本章において引用するものの他、島方武夫『刑事判決書の研究』（巌松堂書店、一九四一年）、六頁以下に明治初期からの判決書の様式に着眼した歴史的叙述が見られる。

一　判決形成過程の分析と判決文の構成

1　東京横浜毎日新聞筆禍事件[1]のあらまし

㈠　事件の発端は、東京横浜毎日新聞紙上、明治一五（一八八二）年四月二六日より二九日までの四日に亘って連載された「文部卿ノ指令」と題する社説にある。[2]本社説が辛辣な筆法で問題視したのは、時の文部卿福岡孝弟が熊本県令からの伺に応えた「指令」であった。左にその「指令」とこれを求めた伺を掲げてみる。[3]

伺　諸般ノ集会ヲ挙行スル為メ学校仮用ノ節取締ノ儀ニ付客年第三十八号御達相成候処言論ノ猥褻詭激ニ渉ト否トハ実際挙行ノ上ナラデハ予メ難確認義モ有之ニ付政談演説若クハ政党団結ノ為メ有志者集会其他ノ名義ヲ以テスルモ其行為ノ遊興弄戯ニ属セサル者ト思量スル分ハ予メ充用セシメ差支無之義ニ候……（以下略）。

指令　学校ヲ以テ政談演説若クハ政党団結ノ集会ニ充用セシメザルハ勿論其他ノ名義ヲ以テ集会スル者ト雖トモ其旨趣等予メ取糺シ言論ノ猥褻詭激ニ渉ルノ恐レアル者ハ許可セザル儀ト心得ベシ

熊本県令の伺は、学校を政談演説や政党団結の場とすることにつき、同一四年の文部省第三八号達[4]の趣旨をかなり制限的に解し、「遊興弄戯」に流れぬ限り許可を与えてゆこうとの姿勢が示される。ところがこれに対する指令は、そもそも学校をそのような政治目的の下で使用することは許されないのであって、たとえ別の「名義」を立てたとしても、「予メ取糺シ言論ノ猥褻詭激」に及ぶ者には、一切許可を与えないことを周知させる。つまり熊本県令の伺が、あくまでも第三八号達の解釈の次元にとどまるのに対して、文部卿の指令は、その達の文理的理解の範囲をはるかに越える政策意図をあらわにしている。この点に社説は舌鋒するどく嚙みついたのである。つまり、こうした学校施設の政府による使用制限の妥当性とその根拠、及びそうした指令を文部卿において発令する権限の根拠や由来などが、詳細にかつ執拗に指摘され論難されることになるのである。

(二) 前述の社説が世に出された翌月の一六日には、当該事件をめぐる第一回公判が、東京軽罪裁判所において開かれていた。その初公判の冒頭にて同裁判所検事[5]によって申し立てられた公訴理由の中から、当該筆禍事件に関わる部分を摘示してみよう。[6]いったい何が「徹頭徹尾官吏の職務に対し侮辱したるもの[7]」として「官吏職務侮辱罪[8]」の被疑事実とされたのか。社説の論調の一端を示してみる。[9]

まず日本の言論はここ三・四年間に二つの大きな「厄運」に見舞われたとする。その一つが明治一三年四月五日太政官第一二号布告による集会条例の発布であった。[10]これによりそれまで享受されていた「人生固有ノ自由」としての集会言論の自由は著しく制限されたが、このたび「＊天下自由ヲ慕フ者ノ為メニ不幸ノ上ノ不幸トモ云フ可キ第二ノ厄運ニ遭遇セザルヲ得ザルコトト」なったのが「文部卿ノ指令」だというのである。

「自然ノ道理」から推せば、官費により運用される学校ならばいざしらず、地方税より専ら支弁される学校施設であるならば、その「所有者タル地方人民」が本来の学事に支障を来さぬ限りで利用の自由を得るのは当然で、熊本県の「伺」もまたその意味では当を失したものであった。したがって、「＊文部卿タル者伺ノ通ノ三字ヲ以テスルコソ至当ノ指令」であるところ（傍点本文のまま）、実際の「指令」は「＊第一ニハ熊本県民ノ所有権ヲ害シ第二ニ全国人民ノ所有権ヲ害」する内容である。そして、ブラックストン（William Blackstone, 1723-1780）[11]の著書、『イギリス法釈義』（Commentaries on the Laws of England, 1765-1769）の一説、

所有者ヲシテ其所有物ヲ受用セシメズ又ハ其受用ヲ不鞏固ニナストキハ其行為全ク所有者ヲ逐ヒ去ルニアラザルモ之ヲ十分強奪ノ罪アリトス

を引用し[12]、「＊強盗剝奪ノ政府ナルト云フモノア」りとの直截的な表現の下に非難する。かような学制と所有権の混同甚だしき文部卿の判断を基礎とする本「指令」は、その「＊権限外ニ出ツル」ものであり、この過干渉は「＊全国教育ノ発達ヲ制止」する結果に至るものと言わざるを得まい、と厳しい語調で批判する。

こうして社説記者においては、政談演説が政府において「罪視」される「愚」を説くことに意を用いている。その際、前述の外国の法律書のみならず文部省職制章程や学校統計なども参酌されることが忘れられておらず、いささか強弁の感もなくはないが、全体としてもかなりの分量をもった読みごたえのある論説となっている。そこで次に、本件に対する東京軽罪裁判所の判決を検討しておこう。

2　判決文の構造と問題点

本件についての公判は判決の言渡しまで含めれば全部で四回開かれた。東京横浜毎日新聞によれば、初公判は

前述したとおり、五月一六日の午後二時より、その翌一七日午前九時より第二回公判、さらにその翌一八日午前一〇時半より第三回公判が開かれた。初公判から四連日続いた審理の最終日、一九日は正午に開廷し[13]、以下に掲げるような判決の言渡しがあった[14]。いささか長くはなるが、本章で触れる中心的な資料のひとつなので、その全文を本項で復刻する[15]。

こうした判決の様式が、当時一般のものであったのか否かという疑問は後述するとしても、当判決直後に司法省の辛辣な批判を浴びる対象となったことは、予めここで述べておいてもよかろう。いったい何が問題とされたのか。本章の後半における論点として、その時に扱うことにする。

公判言渡書

高知県土佐国土佐郡鷹匠町
三十三番地士族勝久長男
東京府京橋区元数寄屋町
二丁目十番地毎日新聞社
仮編輯長
被告人　祖父江　勝定[16]
二十二年四ケ月

被告人祖父江勝定カ官吏ノ職務ニ対スル侮辱犯事件検察官野崎啓造ノ公訴ニ依リ審理ヲ遂ケ茲ニ之レカ判決ヲ為スコト左ノ如シ

〔Ⅰ〕『被告人ニ於テ明治十五年四月廿六日発兌東京横浜毎日新聞第三千四百号及至第三千四百三号へ掲載セル文部卿ノ指令ト題スル文章ハ文部卿ノ職務ニ対シ侮辱トナルモノニ非スト思量シ掲載シタリト陳述シ』『弁護人角田真平高梨哲四郎ハ更ニ之レカ弁護ヲ為シ其弁論護説多シト雖モ帰結スル所ノ大要ハ右文章ハ文部卿ノ指令ニ対シ当否ヲ論セシモノニテ乃チ被告人ハ文部卿ノ指令ヲ不当トスル故ニ之レカ非駁弁難ヲナシタル議論ニ止マリ文部卿ヲ誹毀シタルニ非ラス又其職務ヲ侮辱シタルニ非ラス議論ハ各人ノ思想ニ出テ往々官吏ノ意旨ト反対スルコトアリ然レトモ是一ノ議論ニシテ侮辱ニ非ラス之レヲ侮辱トセハ官吏ニ反対スル論ハ一モナスコト能ハサル可シ即チ右文章ノ如キモ文部卿ニ反対スル一ノ議論ナレハ異同相較シテ真理ヲ発見スルノ益アルモ職務ニ対スル侮辱トナス可カラス況ヤ是新聞記者即チ被告人一個ノ思想ニ過キサレハ之ヲ以テ公衆ノ感覚ヲ定メ其論ニ服セシムルノ力アルニ非ラサルニ於テハ到底被告事件罪トナラス』ト云フニ在リ

〔Ⅱ〕　抑右文章ハ頗ル長文ニシテ掲載四日ニ亘リ其間婉曲ノ語アリ激烈ノ辞アリ抑揚頓挫波瀾起伏一ニシテ足ラス其一句一語ヲ採リ以テ直ニ論旨ヲ定ム可ラサルモ平心虚懐全文ヲ通読シテ其大旨ノ在ル所ヲ観察シ来レハ福岡文部卿カ熊本県令ノ伺ヘ付シタル指令ヲ不当トシ非駁弁難セシモノナルコトハ瞭々トシテ明ナルノミナラス被告人弁護人等ノ自白ヲ以テ愈疑ヲ容レス然ハ則チ今審究ヲ下ス可キハ此非駁弁難ノ文字果シテ人々為シ得ヘキ一ノ議論ニ止リ文部卿ノ職務ニ対スル侮辱トナラサルヤ否ヤノ点ニ在リトス（①⇒）『凡ソ議論ハ各人ノ意思ニ発シテ相同シキヲ得ザルヲ以テ官民ノ間往々旨趣反対スルコトアル怪シムニ足ラス異同相較シテ真理ヲ発見スルコトアルハ論理ノ通則ニシテ亦弁ヲ竢タス然リ』ト雖トモ日本帝国ノ人民ニシテ其議論ヲ公発シ以テ当路ヲ官吏ニ其異同ヲ試ミントスル者必ス其方法如何ヲ顧ミサル可ラス其方法至当ナレハ則チ善シ若其方法当ヲ失ヘハ則チ刑憲立コロニ蒙ル今夫府県会ニ於テ原案主任ノ官吏ト論ノ異同ヲ較論スル議員即チ人民アルモ又公判庭ニ於テ法律ノ弁論検察官ト反対スル弁護人即チ人民アルモ規律ヲ犯スニ

非ラサルヨリハ官之レヲ怒ラス民之ヲ怪マス法之ヲ罰セス啻ニ罰セサルノミナラス之ヲ以テ要用トナス是他ナシ其議論発用ノ方法至当ナレハナリ（②⇓）然ルニ今本案文部卿ノ職務ヲ以テ為シタル指令ニ至リテハ被告人之レカ当否ヲ弁明スルノ責任アリヤ決シテアラス之カ是非ヲ論述スルノ権アリヤ亦決シテ之アラス既ニ其責任ナク又其権利ナシ然ラハ則チ議論発用ノ方法亦ナキヤ是ナキニ非ラス上書建白ノ門言路開通ノ路アリ此途ニ出テ此門ニ由リ以テ其議論ヲ発用セハ満胸ノ思想ヲ吐出スルヲ得テ以テ亦国民法ニ遵フ大義ヲ誤ラス然ルニ茲ニ出スシテ彼ニ出テ非駁排撃ノ文ヲ新聞紙ニ掲載シ社会公衆ニ播布シタルニ至テハ名ヲ異同ヲ較シ真理ヲ覓ルニ仮ルト雖モ其実文部卿ノ職務ニ瑕瑾アリトテ之ヲ社会公衆ニ播説シ以テ侮辱シタルモノト断定セサルヲ得ス（③⇓）『然シテ其新聞記者即チ被告人一個ノ思想ニ出テ其説公衆ヲ服セシムルノ力有ルニ非ラサルヲ以テ罪トナラス』トノ弁護ハ殊ニ法理ヲ失スルモノトス何トナレハ侮辱罪ナルモノハ其所為ニ因リ必ス公衆ノ感覚ヲ定メ服セシムルヲ待テ方ニ成立スル者ニ非ラス若シ果シテ公衆ノ感覚定服スルヲ待テ成立ツモノトセハ刊行ノ文書図畫又ハ公然ノ演説ヲ以テ官吏ノ職務ニ対シ侮辱シタル犯人アルニ当テ先ツ公衆ノ服否ヲ精査シ後ニ其罪ヲ論セサルヲ得ス豈如此ノ理アランヤ故ニ公衆ノ服否ハ侮辱罪ノ成立スル要件トナス可ラサルヲ以テ公衆ノ感覚ヲ定メ服セシムルノ力ナキ一個人ノ論ナリトテ罪ヲ脱ルコトヲ得ス若シ理ヲ以テ云ハヾ公衆ノ感覚ヲ定メ服セシムルノ力ナキ一個人ナルニ因リ其罪方メテ成立ツモノナリト云ヒ其語ヲ倒用ス可キモノアリ何トナレハ議論ヲ公発シテ是非ヲ判別シ之ヲ以テ公衆ノ感覚ヲ定メ服セシムル程ノ力アルモノニ出テハ其論決シテ罪トナル可カラス宛モ公判庭ニ於テ衆人列座ノ中ニ罪ヲ論定スルカ如シ被告人ハ大ニ之レニ異リ一私人ノ力ヲ以テ擅ニ官吏ノ職務ヲ非難公布ス是其侮辱罪トナル所以ナリ

〔Ⅲ〕　以上判定ノ理由ナルニ依リ被告人ノ所為ハ刑法第百四十一条官吏ノ職務ニ対シ其目前ニ非ラスト雖モ刊行ノ文書ヲ以テ侮辱シタル罪ニ該ルヲ以テ乃チ一月以上一年以下ノ重禁錮ニ処シ五円以上五十円以下ノ罰金ヲ付加ストアル刑

ヲ以テ罰スヘキ者ナリ（④⇓）又被告人カ同新聞第三千三百九十号并ニ三千三百九十二号ニ掲載セル石川島ノ景況ト題スル文章ハ『石川島監獄署ノ官吏ヲ侮辱シタル者ニ非ラス是只一ノ記事ニ止リ且指ス所何人ナルヤ定マラサルニ於テハ被告事件罪トナラサル旨弁護人角田真平高梨哲四郎ト共ニ陳弁ス』ト雖モ該文章ハ単ニ記事ニ止マラスシテ獄吏ノ罪囚ヲ待ツ苛酷ニシテ保護ニ意ヲ用ヒサルヲ非難シタルモノナルハ該紙上ニ現出セル文字ニ於テ認知スヘシ然シテ其指ス所定マラスト云フト雖モ既ニ石川島監獄ト明言アリ即チ其典獄安村治孝(17)ノ告訴アルニ依レハ亦刑法第百四十一条官吏ノ職務ニ対シ侮辱シタルモノト断定ス乃チ数罪倶発ニ係ルヲ以テ刑法第百条ニ照シ犯状最重キ文部卿ノ職務ニ対スル侮辱罪ニ従ヒ被告人ヲ重禁錮二月ニ処シ罰金二十円ヲ付加スルモノ也

明治十五年五月十九日

東京軽罪裁判所
判事補　大蔵　将英(18)
書　記　清久　巌造

ここでは判決の構成を見ておこう。右判決は便宜上三つの部分に分けることができる。それぞれは、〔Ⅰ〕被告人の主張の概要、〔Ⅱ〕裁判所側の法の適用や判断、〔Ⅲ〕量刑と刑の宣告、として示されよう。しかし前述したように、今日の判決様式を前提にしたとき、この判決では主文―理由の区分が明瞭でないことと相俟って、事実と法律判断のめりはりも定かではない。特にその傾向は〔Ⅱ〕に著しく現れる。そこでは被告人の主張する事実が数箇所引用されており、復刻に際しては文中全体に亘って、そうした被告人側の弁論を裁判官において引証・再認したとおぼしき箇所を『　』でくくって特記した。さらに①～④の番号は、裁判官による法律的判断（適用条文へのあてはめ）が示された部分に付したものである。

そこで、三回に亘って開かれた弁論の実際のやりとりはどうだったのか。それは、右判決文を起草した裁判官が終始そこに臨み、その経過を指揮した場でもある。そこでの議論の何が採られ何が捨てられたのか。当該判決文形成の主体的な側面に注意を向け、一言しておくことにしよう。

3 担当判事による判決形成——被告人側主張への応答

第一回公判冒頭に検察官は起訴理由として、合計一二箇所に上る「最も甚だしき」侮辱表現を示した。ところで三回の公判を通して弁護側からの申立ては終始、「侮辱」の事実の立証を検察側に求めることになった。弁論の口火を切った代言人角田真平(19)の、「先づ侮辱の何者たるを明らかにし而る後如何なる点を侮辱となすやを証すべし」との請求に、検察官は「其は法律論なり文字論なり故に之を弁ずるを要せず」と突っぱね、これに併せて問題の社説は「平易なるがゆえ一読すれば分明ならん」としてとりあわない姿勢を示していく。しかし、そもそも、およそ法廷における議論が「法律論なり文字論なり」に関わらないですまされようか。現在の感覚からしても、角田の次の発言にこそ理があることは明白である。

元来事実ありて而る後其事実が法律に触る、と言へば則ち事実と法律とは相密接せしものなり且つや数葉の新聞紙を持ち来りて之を読み聞かせたるのみにて未だ事実を証明せしと云ふべからず希くは如何なることが侮辱なるか侮辱とは何者か詳かに弁明あらんことを請ふこれに対する検察官の答弁は、「侮辱」とはこの場合「文部卿を悪く言ひたるものなり」と言うに止まる。しかしこれでは角田が求めた法律的な定義を示したことにはなるまい。角田は第三回公判における最終弁論においても、「侮辱の註釈を乞ひしも遂ひに明答を得ず」と歎じるのである。

結局、この点についての議論はかみ合わないまま訴訟が進行したのだが、これには裁判官が第一回公判にて弁護人の方に向きなおり、「検察官に於て……明言せられしも未だ之に満足せざるや」とのとりなしによる指揮があったことを述べなくてはならない。というのは、こうした裁判官の発言が、公判では常に弁護人の主張の後に挿入されることに気付くからである。例えば、角田が検察官により指摘された社説の問題箇所につき答弁を済ました直後、裁判官は角田の議論を要約して、「斯く言ひたるものなるか」と確認を求めている。さらに、第三回公判中、もう一人の弁護人であった高梨哲四郎[20]による問題表現のひとつひとつの細かな反駁が一段落つくと、すかさず、

（判事曰）弁護人高梨の陳述する処は頗る冗長なれども之れが要旨を撮言するときは毎日新聞は社会に於て人々各自の思想を言論し或は筆記するもの自由区域内に在て真理を発見せんが為め事実を論弁したるに過ぎず乃ち之を換言すれば文部卿が処置に対し幾分か反対の意見を有するよりその疑を筆して江湖に質せし迄なり決して之を彼の悪事醜行を摘発公布せしものと同視すべからざると言ふにありや

との「総括」が付される。高梨は、これに「然り」と答えるが、このことはこの裁判官による「総括」が要領を得たものであったことを物語る。

ここでこの「総括」が、判決文を構成する段落の〔Ⅰ〕にそのまま活かされていることは明らかである。そしてこの〔Ⅰ〕で展開された趣旨は、第二段落の〔Ⅱ〕の①と②において敷延され吟味される。そこで引かれる弁護人側の主張についても（文中、『　』で示す）、上述してきたように、新聞の記事の中に再現される発言が判決文起案の過程で練り上げられた結果与えられた文章であることが分かる。そして、懸案の侮辱罪の成立要件が③で示される。これも第三回公判における高梨の発言に応答した言説であるが（文中、『　』）、そこで述べられていることは、上述の検察官の応対に比較すれば格段の相違が認められるほどに説明的であると評価できる。

つまり、この判決を貫くひとつの大きな特徴は、被告人側の弁論に対して逐一裁判官によって駁論が試みられ、形式の上で、前者を論破する手続きを介して最終的に刑が言渡される（〔Ⅲ〕）、という展開が見られることであろう。問題はこうした判決の特徴が、当時の判決様式一般の文脈の中でいかなる位置付けが与えられるかということであろう。司法省は次に見るように、この判決を厳しく批判したのである。

（1）　本筆禍事件については、斎藤昌三編『現代筆禍文献大年表』（粋古堂書店、一九三二年）には見えない。また宮武外骨『改訂増補　筆禍史』（朝香屋書店、一九二六年）、一七五頁以下（その復刻版・『宮武外骨著作集第四巻』河出書房新社、一九八五年では、一九五頁以下）に収められる「新聞雑誌処罰略記」に付される年表――明治八（一八七五）年から同一三（一八八〇）年まで――にも、もちろん見出すことはできない。また、宮武には「府県長官誹謗侮辱事件　新聞雑誌記者筆禍表」同『府藩県制史』（名取書店、一九四一年）、二二五頁以下（同前復刻版・第三巻、一九八八年では三七三頁以下）があるが、そこにも見えない。さらに、宮武の「明治筆禍史資料㈠～㈢」（『新旧時代』第一年・第一冊～第二年・第三冊）は、宮武一流の筆致で綴られた当時の筆禍事件一般についての極めて示唆に富む論稿であり、本件のような「官吏侮辱」も含む記述が見られるが、これもまた主として讒謗律・新聞紙条例の施行期を扱うもので、本事件についての叙述を見出すことはできない。しかし以上の文献の他、旧刑法が施行される前における筆禍事件をとりわけ、讒謗律第四条「官吏ノ職務ニ関シ讒毀スル者ハ云々」の適用例の中に論ずるものとして、西田長寿「筆禍に現はれた大小新聞の性質——明治十一年に於ける——」『日本ジャーナリズム史研究』(みすず書房、一九八九年)、一二五頁以下を併せ参照するならば、当時の筆禍事件を含む言論統制の実態が読み取れる。この点で、奥平康弘「日本出版警察法制の歴史的研究序説一—七」(『法律時報』第三九巻第四—一一号、一九六七年)は必読文献である。また、讒謗律の適用をめぐる法史研究として、手塚豊「讒謗律の廃止に関する一考察」及び同「讒謗律をめぐる二つの大審院判例」『明治刑法史の研究(下)』(慶應通信、一九八六年)所収も重要文献である。

(2) 本社説は、「其ノ一」から「其ノ四」に分かれる。かなり長いものなのでその全文をここに掲げることはできない。本文では後章の叙述に関連する限りで要点のみ記すことで満足する他ない。また本章は、当時の明治政府による言論出版統制に焦点を絞り込むものではないから、事件そのものの時代史的な背景や、その政治史的意義づけなどについても最小限の言及に止まらざるを得ないことを予めお断りしておく。

(3)『東京横浜毎日新聞』、一八八二年四月二三日付(第三三九八号)、雑報欄より引用。

(4) 同達は明治一四年一二月二八日の日付を持ち、その全文は、「従来学校等ヲ仮用シテ諸般ノ集会ヲ挙行スル向モ有之候処其行為ノ遊興弄戯ニ属スルモノ竝ニ言論ノ猥褻詭激ニ渉ルモノハ教育上妨害少ナカラサル儀ニ付右ニ充用セシメサルハ勿論都テ学校監督上ニ不都合無之様取締可致此旨相達候事」とするものである。『法令全書』(明治一四年)、八四一頁。

(5) 野崎啓造である。彼は、嘉永五(一八五二)年生まれの広島県士族である。明治八(一八七五)年より一四等出仕として司法省に勤務、同一〇年には東京裁判所検事局検事補、同一四年に検事に進み、同一五年に東京始審(軽罪)裁判所検事となる。その後、大審院検事に転じ、各地方裁判所の検事正ないし検事長を勤め、大審院検事総長に進む。明治四三(一九一〇)年に没。以上、大植四郎編『明治過去帳』(東京美術、一九八八年版)を参照。

右略歴に明らかなとおり、彼はいわゆる組織的な近代法律学教育を受けていない、いわゆる「特進組」に属していた（手塚豊「司法省法学校小史」『明治法学教育史の研究』慶應通信、一九八八年、一四七頁）。こうした事実は、本文にて後述するように、彼の法廷における弁論に余り深みが感じられないことの背景的な事情を形成したのかもしれない。

(6) 本件の起訴事由は、二つの事実からなる。本章で取り上げる「文部卿ノ指令」についての告訴者は同卿代理吉村書記官である。また、本章では触れないものとしては、明治一五年四月一二日から一六日まで同新聞雑報欄に四回に亘って分載された「石川島監獄獄中記」（後掲の判決文中には、「石川島ノ景況」なる表題を持つ一文として引用されるが記事にはそのような題はつけられていない）ともいうべき投書記事が問題となった。こちらの告訴者は東京軽罪裁判所検事である。ともに「官吏職務侮辱」の併合罪として罪に問われることになる。

(7) 『東京横浜毎日新聞』、一八八二年五月一七日付（三四一八号）。

(8) 寺崎修「明治十七年・星亨官吏侮辱事件の一考察」（『駒澤大学政治学論集』第一六号、一九八二年）、二七頁以下は、星亨の「官吏侮辱事件」について、克明に事件経過を解明している。とくにその刑事司法過程を記す各文書は、当時の刑事訴訟手続きのおよそ全般に亘る貴重なものである。参照されたい。

(9) 以下、本文にて＊を付した引用箇所は、「官吏職務侮辱罪」適用の直接的な対象となった部分であることを示す。

(10) ここで素朴な疑問が湧く。集会条例が施行されたのは、本来は同社説が書かれる二年前であって、およそ言論に加えられる統制の強化を三・四年前まで遡らせて理解する本社説の趣旨はどこにあるのだろうか。

　おそらくそこに明治一二年五月九日太政官達による「官吏政談演説禁止」を念頭に置いているからであろう。つまりこの社説の記者が、「吾人ノ舌ハ三四年前ニ此厄運ニ遭遇シタリ吾人ノ耳ハ三四年前ニ此厄運遭遇シタリ」と繰り返し表現していることに鑑みれば、彼は同布達の統制の及ぶ最も近い場に当時いた人物ということにはなろう。この限りで同新聞社社長、沼間守一の可能性が浮上する。彼は元老院権大書記官当時より嚶鳴社を興し政談活動に勤しんだが、同布達以前の同年二月二七日に元老院権大書記官を辞している。尤も、同年八月三〇日までは同院雇として隔日出仕していたといわれ、この時期「耳……此厄運遭遇」したろうし、更に同布達直後にはこれを批判する演説をもおこなっており（「傍聴者諸君ニ告ク」『沼間守一先生高談集』巌々堂、一八八〇年）、この点で「舌……此厄運ニ遭遇」したことにはなろう。

しかし、もとより本記事が無記名の上、沼間はほとんど社説を書かなかったといわれ（明治一六年からの三年間に一回だけ書いた）、本章の「筆禍事件」が起きる同一五年頃の同新聞主筆であった、島田三郎の可能性も高い。彼はいわゆる同一四年の政変で文部権大書記官を辞し野に下る。また島田以前の主筆は肥塚龍であり、島田が同社に迎えられた以降の社説は「大抵」島田によって書かれたとされるが、肥塚の可能性もないとはいえない。なぜなら本文や次註にふれるように、本社説にはブラックストンの著作からの引用が挿入されており、このことからイギリス学に対しての造詣が深い人物が考えられ、この意味で英書の翻訳書のある島田や肥塚が念頭に置かれるのである。以上、久木東海男『新聞先覚評論』（立命館出版部、一九三二年）、九三頁以下、及び、山室信一『法制官僚の時代』（木鐸社、一九八四年）、一四九頁以下参照。

（11）　社説には「学士ブラクトン氏ノ法語ヲ明示ス可シ」と引用される。しかし、文意などからそれがHenry de Bracton（1216?-1268）とは考えにくい。むしろ「ブラクストン」の誤記と考えたい。社説の記者は本文に掲げる引用を「第四巻第二章」とするが、これを原書にあたり探したところ、次註に示すとおり、第四巻の第一七章に関連箇所とおぼしき一節を見出した。なおこの書は明治六（一八七三）年に星亨により、『英国法律全書』として抄訳（原著は大著ゆえ学生向けに短くしたものを翻訳）される。しかし筆者の管見の及ぶ限り、同訳書の第一編（巻）・第三編（巻）はともかくとして、残りの第二編（巻）・第四編（巻）が所蔵されている図書館等を見出すことができない。社説の一文は、おそらくはこの第四編（巻）中の一節からの引用かとも思われるが、現時では確証がない。大方のご示教をお願いしたい。

（12）　原書に遡り、関連するとおぼしき箇所の試訳をのせる。「強盗（robbery）の成立するために必要とされる、畏怖させる（putting in fear）ということは、強取される側において極めて高い程度の恐怖心を起こさせることを意味しない。それは危険に対する恐れを生じさせたり、その人をして自らの意思なくしてあるいは意思に反して、自らの所有物から隔てられることを義務づけるに足る言葉か行為による力ないしは脅しが為されるだけで十分なのである。かくして、もしある人が事前の予告なくいきなり殴られたり、あるいは、無意識に、つまり彼が畏怖されたとは決して言い得ないにもかかわらず、所有物が奪いさられる場合、それでも疑いなく強盗が成立するのである。」(Blackstone (W.), Commentaries on the Laws of England, Book the Fourth, Oxford, 1769, Reprint, The University of Chicago Press, 1979, p.242.

(13) 初公判から、『東京横浜毎日新聞』は連日その「雑報欄」に、「敝社仮編集長公判の始末」と題して法廷風景の詳細な描写を掲載する。初公判の記事は同紙の一七日付、第二回公判は一八日付及び一九日付、第三回は二〇日付、二一日付及び二四日付の各号に掲載される。なお判決は一九日に下るが、これが掲載されるのは二一日付の同新聞である。本文でおこなう同新聞からの引用に際しては、公判期日とその記事の掲載号の対照をそのつど示さないので、右の対応関係に留意されたい。

(14) 『東京横浜毎日新聞』、二一日付「雑報欄」。本件について本章の用いる法廷状況を伝える記事などは、みな同新聞記事からの引用である。同時期の判決原本などの利用・閲覧状況については、浅古・岩谷前掲「司法資料保存利用問題」を参照のこと。

(15) 当時の一般的な書法として段落の別はない。復刻に際し、本文後述の通り、いくつかの記号を付し説明の便とした。

(16) 祖父江勝定について、筆者は、ほとんど知るところがない。現在、高知県立図書館に所蔵される「御侍先祖書系図牒　一一巻」には、勝定の父勝久までの家系図が見られるが、勝定本人については、「総領保馬勝定」とのみ記されるにすぎない。また、高知市立自由民権記念館に問い合せてみても、勝定のことは現時のところ、判明しないとの回答を得た。両館のご高配に感謝致したい。なお、宮武外骨・西田長寿『明治新聞雑誌関係者略伝』(みすず書房、一九八五年)、一一九頁には、「中江兆民の仏学塾で発行している『欧米政理叢談』の創刊号(明治一五年二月発行)から一六年一〇月第四七号までに纂訳人并出板人と署名」とあるが、詳細は判明しないのが現状である。大方のご示教を願う次第である。

(17) 当時の警視庁石川島監獄署長。重松一義著『名典獄評伝』(日本行刑史研究会刊、一九八四年)、七〇頁以下参照。なお、同「警視監獄署の史的役割」(『明治法制史政治史の諸問題』慶應通信、一九七七年)、五二九頁以下も本判決の行刑史的背景を理解するのに利便である。

(18) 大蔵将英は静岡県士族であり、明治一二(一八七九)年九月、いわゆる司法省法学校速成科を二カ年の修業期間を経て第一期生として卒業した(それ以前の「官員録」には彼の名は見当たらないから、彼の司法官としての職歴はここから始まったのであろう)。司法省の法学校においてこうした速成教育が企図されたのは、当時、判・検事ら司法官の数の倍増が予想されたため、この現実的な要請に応える趣旨であった。授業のカリキュラムは、「諸般ノ法理ヲ研究シ、裁判ノ方法ヲ練習セシメ」るもので、今日判明している限りでは、性法・フランス民法をボアソナードが、「法律の原旨」・「英国普通法」をヒルがそれぞれ担当したが、擬律擬判の担当者はわからない(以上、『司法省職員録』明治一五年七月改、六六丁、手塚前掲「司法省法学校小史」、一〇八頁以下)。

大蔵は卒業時の席次は四七人中九番という成績で決して悪くはない。卒業後彼はすぐに東京裁判所出仕となり、明治一三(一八八〇)年より判事補に任じられるが、同二八(一八九五)年にいわゆる司法官淘汰処分にかかり(楠精一郎『明治立憲制と司法官』慶應通信、一九八九年、二五七頁参照)、三月七日付で退職を命じられる。当時は大阪控訴院判事であった。遺憾ながら大蔵について筆者の知るところはまことに僅かであり、生年すら分明ではないが、司法省法学校速成科入学条件のひとつが二〇歳以上三〇歳以下とあるので、退職時の年齢はおよそ、三九から四九の間と推測できる。

(19) 角田は、安政四(一八五七)年沼津に生まれ、生家は農業を営んでいた。一三歳で沼津兵学校にて洋学に接し、その後上京し嚶鳴社の創立に加わる。ここで沼間との知遇を得たのであろう。彼はまた、明治九(一八七六)年三月に設立の代言社、「遵義舎」に入り「書記」の役をこなしつつ法律を学んだという。この「遵義舎」とは、同九年二月に高知裁判所判事の職を辞した大島貞敏が、その実務経験をいかして詞訟代言業務を行う結社で、次註にも触れる高梨哲四郎もまたここに属していた。同一三（一八八〇）年八月に代言人試験に合格。能弁家で知られたとのことである。その後、同一五（一八八二）年には改進党の結成に加わり、その二年後には東京府会議員に当選。また同二三（一八九〇）年以降代議士や東京府会議員などに幾度も当選し、進歩党や憲政本党の幹部として活躍。大正八（一九一九）年に没（以上、日下南山下編述『日本弁護士高評伝　全』誠協堂、一八九一年、七三頁以下、奥平昌洪『日本弁護士史』巖南堂、一九七一年版・初刷は一九一四年、一六四頁、及び手塚前掲「讒謗律をめぐる二つの大審院判例」、三七八頁註7参照)。

(20)　安政三（一八五六）年江戸に生まれる。沼間守一の弟。明治維新直後は横浜で英書を学び、明治五（一八七二）年には大蔵省の翻訳局に奉職し、そこで田口卯吉や島田三郎らと交友を深める。しかし同局が廃止されるに至って職を辞し、前註の角田同様、遵義舎に入り法律の研究と共に代言事務もおこなうようになる。同九（一八七六）年、代言人の免許を得る。彼の名を高らしめたのは、同一四（一八八一）年三月に起きる東京代言人組合の東京日日新聞(福地源一郎社長）を相手どっての名誉回復事件である。「健訟の弊風」を矯正すべく代言人を検束せよとの同新聞社説（同月一四日付）に対し組合として提訴すべく、高梨は当初よりその発議に与していたにもかかわらず、様々な経緯から被告側の弁護につくことになる。この高梨の行動には賛否両論巻き起こるが、当時高梨と共に被告側の弁護人として現れるのが、前註の角田であった。したがって、本東京横浜毎日新聞の筆禍事件は刑事事件であり、しかも沼間主宰の新聞であることもあるが、言論サイドに身をおいて、「名誉ヲ毀損シ営業上大ナル影響ヲ生シタリト云フモ一モ其証ヲ挙ケサルモノナリ」という口頭弁論を展開する方式では類似の構造を持つものと言える（以上、原口令成編纂『高名代言人列伝』一八八六年、七三丁以下、奥平前掲『日本弁護士史』、三四二頁以下参照)。

二　「判決批判」分析――「判決理由」の位置付け

前節で紹介したとおり、本件は当時頻発していた新聞人による筆禍事件のひとつであり、それを裁く判決の論旨に関する限り、従来の類似の事件と比較してもけっして特徴的とはいえないのである。しかしそれでも本判決が明治期の法史上ユニークな位置付けを得られるとすれば、それは判決の内容にではなくその様式に着眼する場合であろう。司法省はこの判決「書式」を、以下に示すような強い語調で批判した。そこで本節では、この判決をめぐる当時の批判的文脈をまず紹介し、その吟味を通じて、当該判決をその様式論的な側面から捉える視点を提起してみたい。

1　司法省内訓のとらえる「判決」像――批判と統制

判決の下った日から一週間後、司法省内では、当該の判決を厳しく問題視する動きが見られた。その結果、当時の司法省による裁判官の法判断をコントロールする一態様として、「内訓（案）」が形成される。この資料によって、司法省により同判決のいかなる点が批判の対象となり、その改善が唱えられたのかが分かる。本節では、その「内訓（案）」を紹介するが、まずその形成過程の議論（趣意）を示す一資料を左に掲げることにしよう(1)（以下「趣意書」と仮称する）。

明治十五年五月廿六日　　第七十一号

第八局長［鎌田印］

卿［大木印］　　第八局属［高谷印］

輔［細川署名］［岸良印］

刑事裁判言渡書ハ已ニ治罪法ニ規定スルヲ以テ裁判官タル者ハ皆之ニ照准ス可キ筈ナレトモ法律ノ旨趣ヲ誤ルヨリ往々不都合ノ言渡書ナシトセス已ニ此頃諸新聞ニ掲載セシ東京軽罪裁判所ニ於テ毎日新聞社仮編輯長祖父江勝定ニ言渡シタル裁判言渡書ノ如キハ頗ル体裁ヲ失スル者ナリ右裁判ハ刑ノ言渡ヲ為シタル者ナリ然ハ治罪法第三百四条第一項ニ従ヒ事実ト法律トヲ掲ケ言渡ノ理由トナシ且其證憑ヲ明示スルニ止ル者ナリ而テ其事実タルヤ裁判官ニ於テ認ムル所ノ者ヲ掲クル耳ニシテ被告人等ノ申立ニ付テ其弁解ヲ為ス可キ者ニ非ラス然ニ東京軽罪裁判所言渡ハ弁護人ノ陳述ニ付テ一々其弁解ヲ為シ又犯罪組成ノ原素迄モ説明シ殊ニ舞文弄筆或ハ譬喩ヲ取テ弁論シ頗ル冗長繁雑ニ渉リ其体裁ハ判決ニ非ラスシテ新聞論説ノ如シ其レ如此ナルトキハ独リ法律ノ旨趣ニ背クノミナラス裁判ノ尊厳ヲ失ヒ人民ノ信用ヲ缺クニ至リ実ニ不体裁ト謂ハサル可カラス蓋シ此弊タルヤ独東京軽罪裁判所ニ止マラス諸裁判所ニ於テモ往々之レナキヲ保チ難タシ而テ此弊ハ今日ニ生セシニ非ラス已ニ旧法ノ時ニ胚胎セシ者ナレハ斯新法施行ノ機ニ乗シ速ニ之ヲ矯正セサレハ遂ニ裁判ノ体面ヲ汚スニ至ラン因テ左案ノ通御内訓可相成哉仰高裁候也

右文中(2)に明示されるように、批評のやりだまに挙げられるのは「東京軽罪裁判所ニ於テ毎日新聞社仮編輯長祖父江勝定ニ言渡シタル裁判言渡書」であることが確認される。そしてこれを「頗ル体裁ヲ失スル者」と論難する内訓の起案主体は、「第八局」と記される。

この第八局とは、明治一四（一八八一）年一一月二八日の司法省達（「司法省各局分掌規程」）によれば、「法律規則ノ増補改正ニ関シ之ヲ調査スルヲ掌ル」機関である。[3] さらに同年一二月一五日に定められた同局の処務規程第一条によると、やや詳しく「本局ハ常ニ法律規則ノ改良ニ注意シ総テ其増補改正及ヒ創制スヘキ者ハ之ヲ調査シテ卿ニ具申シ其裁決ヲ受テ之ヲ処弁ス」（傍点筆者、以下同）とある。ここで、本「趣意書」の大きな関心事は、その書き出し部分と文末の部分が端的に物語るように、施行直後の治罪法の運用の行方にあったとみられよう。つまり、「法律規則ノ改良ニ注意」するとは、将来に向けての立法意見の具申などだけではなく、[4]「改良」の後、既定のものとなった法規の運用をめぐる目配りも含まれていた。[5] こうして、治罪法により刷新された裁判手続きを裁判官が十分に励行しているか否かが吟味・評価され、その結果あぶりだされた「旧法ノ時ニ胚胎」した弊害を将来に向けて除去することを宣言するという、本「趣意書」の骨子が与えられるのである（この点、次項にて再論）。

そこで次に、「趣意書」の構成と内容について簡単な予備的検討を加えておこう。そのために同資料後段の、「其レ如此ナルトキハ独リ法律ノ旨趣ニ背クノミナラス裁判ノ尊厳ヲ失ヒ人民ノ信用ヲ缺クニ至リ実ニ不体裁ト謂ハサル可カラス」なる一文に注目したい。ここでは、当該判決が「不体裁」であるとの総体的評価が示されるのであるが、その結論を導く二つの判断の系が互いに絡み合っている。一つは、「法律ノ旨趣ニ背ク」との判断（認定）、もう一つは、「裁判ノ尊厳ヲ失（う）」との判断である。判旨をその構造から理解する目的で、それぞれの判断に直接に結び付く言説をまとめてみると次のようになる（表1参照）。

ここでいささか微妙なのは、cの位置付けである。前後の文脈からa・bがIの理由となっていることは明らかであろう。しかし、それに続くcが「殊ニ」という副詞によって導かれており、このこともあって、その後の「趣意書」の文脈的展開が、先に引用した判決に対する総体的評価の一文へと、一気に高揚していく効果が得ら

表1

Ⅰ 治罪法第三〇四条第一項違反という認定——「法律ノ旨趣ニ背ク」
a 理由1 判決が弁護人の陳述に一々弁解を加えている
b 理由2 判決が犯罪を構成する「原素」にまで説明を加えている
＊
c 判決が「舞文弄筆或ハ譬喩ヲ取テ弁解シ頗ル冗長繁雑」である
←
Ⅱ 裁判の尊厳を失い人民の信用を欠くに至るとの判断

れている。つまりcは、起案者の「裁判（司法）ノ尊厳ヲ失ヒ人民ノ信用ヲ缺ク」（Ⅱ）との懸念を発火させるべき位置付けを、「趣意書」全体の中で与えられていると考えられる。(6)これを、前段の「法律ノ旨趣」を吟味する枠組の中に押し込めて理解することはかえって適当とはいえまい。(7)

そこで、この「趣意書」はもとより以下に掲げる「内訓（案）」を発令するために起草されたものであるから、次に両者の資料間の内在的な連環を検討してみることにしよう。

内訓案

裁判所

刑事裁判言渡書ノ事ハ既ニ治罪法ニ於テ夫々規定有之儀ニ付右ニ照准可致ハ勿論ナリ例ハ刑ノ言渡ヲ為スニハ治罪法第三百四条第一項ニ定ムル如ク事実及ヒ法律ニ依リ其理由ヲ明示シ且一切ノ証憑ヲ明示ス可キ者ナリ而テ其事実ナル者ハ裁判官ニ於テ認定スル所ノ者ヲ簡明ニ掲クルニ止リ被告人弁護人ノ陳述ニ付キ一々弁解ヲ為ス可キ者ニ非ラス又其法律ナル者ハ其罪ニ適スル正条ヲ掲クルニ止リ立法ノ旨趣ヲ説明ス可キ者ニ非ラサルナリ然ニ新聞紙上等ニ掲載スル宣告文ヲ観ルニ間ニハ被告人弁護人等ノ陳述ニ付一々其弁解ヲ為シ又ハ犯罪組成ノ原素立法ノ旨趣ヲ説明シ又ハ殊ニ漢語ヲ交ヘ冗長ノ文字ヲ弄シ裁判言渡ヲ為ス者アリ右ハ啻ニ法律ノ旨趣ニ背クノミナラス反テ言渡ノ意旨不明瞭ニシテ人民之ヲ解スルニ苦シミ遂ニ裁判ノ尊厳ヲ失フニ至ラン此等兼テ裁判所ニ於テ心得可有之事ナレトモ猶ホ一層注意可致此段及内訓候事

明治十五年六月二日　　司法卿大木喬任

この「内訓（案）」は、ある特定の裁判所や裁判官からの請訓や問い合わせに応じた個別的性格のものというより、広く「裁判所」を名宛としているところから、司法機関一般において注意されるべき内容を含んだものとして発令されたと解するべきであろう。(8) 尤も、こうした内訓は、元来公表になじまぬものとして扱われていたこともあって、この「内訓（案）」が実際に発令されたことを確証する文書を、現段階で見出せないままにある。しかし、一例のみ示せば、当時の治罪法運用に際し現場の判事達におおいに活用されたとおもわれる、堀田正忠・高谷恒太郎同輯『治罪法異同弁』（第七八号・明治一七年）には、「明治一五年司法省ヨリ此弊ヲ防カン為メ諸裁判所ヘ左ノ如ク内訓アリシト聞ク」との前置きの一文とともに、右「内訓（案）」がそのまま掲げられている。これは、同「内訓（案）」が実際に内訓として発信されていたことを示唆しているものといえよう(9)。

そこで本資料の構成を検討してみよう（内容的考察は次項で扱う）。全体の議論の流れは、ほぼ「趣意書」のそれを下地にしていると言ってよい。ただし若干の言い回しに変化が見られる。第一に、治罪法第三〇四条の主意は、まず、①認定事実の簡明な説明と、②適用条文を明示する、という二点にあると断定したこと。第二に、前述の①に当該「判決」が一々弁護人の主張に応じていること、②に犯罪の組成や立法の理由などをくどくどと説明していることなどを対応させていること。しかし第三に、より細かなことであるが、「趣意書」に見られた「舞文弄筆或ハ譬喩ヲ取テ弁解シ頗ル冗長繁雑ニ渉」るとの手厳しい表現が、「漢語ヲ交ヘ冗長ノ文字ヲ弄」すとの、むしろすっきりとした表現に縮められていること。そして第四に、「趣意書」の論法が、裁判の尊厳が失われることから人民がこれを信用しなくなる、とするのに対し、漢語を交えた弄文ゆえに人民が理解できず、裁判の尊厳が失われるとの表現が用いられること。

以上の第一と第二は、すでに先に検討を加えた「趣意書」そのものの構成が「内訓（案）」の基調となっている部分でもあり、この限りで両資料間の隔たりは感じまい。そして次項では、この点につき第三〇四条の立法趣旨などに言及しつつ検討を加えるつもりでいる。しかし、第三と第四については、いささか趣が異なってきているとはいえないであろうか。つまり「内訓（案）」は、繰り返しになるが、「漢語表現を交えた冗長な文が人民にとって難解であることが、裁判の威信を失墜させてしまう」との見解を採用しており、ここに、司法省が人民において理解可能な文体・文意による判決作成を促す姿勢を看取できるのである(10)。

2　判決の様式が治罪法第三〇四条違反であるとの批判について

本項では、上述してきたような司法省が当該判決に対して下した評価が、当時の司法実務――特に判決文起案に関して――のいかなる現状を背景にして示されたものなのかを（前掲「趣意書」における「此弊ハ今日ニ生セシニ非ラス已ニ旧法ノ時ニ胚胎セシ者ナレハ斯新法施行ノ機ニ乗シ速ニ之ヲ矯正セサレハ云々」という状況の認識）、そして司法省による「批判」の背後に、当時において、いかなる様式の「判決（文）」があるべきものと思念されていたのかを、それぞれ読み込んでみたいと考える。

㈠　まず、司法省による批判の第一点は、判決の書法が治罪法第三〇四条第一項違反であるということにあった（前項表1のI）。そこで同条の正文を見れば、

裁判所ニ於テ刑ノ言渡ヲ為スニハ事実及ヒ法律ニ依リ其理由ヲ明示シ且一切ノ証憑ヲ明示ス可シ（以上、第一項）
免訴ノ言渡ヲ為スニ付テモ亦同シ（第二項）

という、今日ではおよそ刑事判決（文）であれば通常言及（記載）されるはずの事項が掲げられている。また同法第四一〇条の九項には後にも触れるように、第三〇四条違反が上告理由のひとつとして数えられ、ともかくも罪となるべき事実の摘示とそれに基づき適用される法律の明示が、判決の言渡しに際してなによりも為されるべきものとして宣言されている。

ところで、明治一四（一八八一）年九月刊行の『治罪法比鑑』（東京上等裁判所蔵版）は、公布されていた治罪法典の条文を最下欄に、淵源となったフランス治罪法の関係条文を最上欄に、そして従来からの「現行法」を中欄にそれぞれ配し、各欄を照合させつつ新法の趣旨を理解させるよう構成されたものである。だがこれによれば、その著者により上述の第三〇四条に比定される従来からの条規が見出せないとの判断からか、「現行法」の欄が空欄のままなのである。[11] これを前提にするならば、刑事判決書[12]に何が記されるべきかの法的な根拠は、維新以降、治罪法の本条以前には存しなかったことになる。しかしいうまでもなく、それまでも刑の宣告は為されてきたし判決も多く書かれてきた。だとすると、その書法は個々の裁判官の全く個人的な習慣的作業に委ねられるだけであったのか。そこで、表2を見られたい。明治初年の刑事（公判）手続きに関わる基本法令を通覧する限りで、いかなる統一的な様式が判決の下される際に目安とされていたのかを簡単にまとめてみた。[13]

(二) 維新政府において、刑事に関わる手続きを初めて網羅的に規則化したのは、明治三年（一八七〇）五月二五日の「法庭（獄庭）規則」[14]であるといわれるが、[15] 判事が白洲にて「刑名宣告」を読み聞かせるとあるから、事前に宣告文などが認められることが通常であったのだろう。その翌年四月二〇日には、「罪文」の書式が定められるが、これは宣告する刑罰の軽重に応じて一定の数種の表現を用いるべきであることを規定したものであって、[16] すくなくともそれらは、判決の中では何が具体的に言及されるべきかという「作成要領」や「雛型」などを示したものとまではいいきれない。その後、同五年八月三日の「司法職務定制」中の「断獄順序」により、判事は「罰文」を言渡すことと定められ、その年の一〇月三〇日には「罰文」の雛型書式として「罰文案」数例が司法省より達（無号）せられる。この「罰文案」は翌月には、司法省第四五号達により若干表現が改められるが、左

表２　明治初期「判決書」の様式と申渡し形式

〔刑事手続きの基本法則〕

明治３・５・25
「法庭規則」（刑部省定）
“刑名宣告ハ判事為読聞候事”

明治５・８・３
「司法職務定制」第 93 条
断獄順序：“初席―未決中―口書読聞セ―落着”
“判事口書ニ拠リ律文ヲ照シ刑名ヲ擬定シ流以下ハ専決シ死罪ハ本省ヲ経奏裁ヲ受ケテ後判事検事解部連班シ判事罰文ヲ言渡シ囚獄ニ附シ決放ス”

明治６・２・24
「断獄則例」
第２則“…判事専ラ推問ニ任シ解部口供ヲ登記シ…”
第６則“…判事囚ノ貫趾姓名年齢及ヒ祖父母父母ノ在没妻子ノ有無ヲ問ヒ…其犯罪ノ顛末ヲ推訊ス解部囚ノ供ニ随テ之ヲ詳記シ案成リテ…解部式ニ依リ罪案ヲ草シテ判事ニ提ス…”（第７則、第８則）
第22則“罪囚ヲ処決スルハ第六則ノ例ヲ照シテ定員堂ニ陞リ監視ノ検部ト公同シ判事罰文ヲ読了テ刑場ニ解スヘシ”

〔刑の申渡し形式〕

〔罪文〕
↓
〔罰文〕
（罪案）
↓

〔刑の申渡し書式〕

明治４・４・20
「罪文軽重書式」（刑部省定）

明治５・10・30
「処刑申渡罰文他書式」（司法省達）
“…爾後一一別紙文案ニ準ヒ罪状ノ要領ヲ簡明ニ書シ施行可致候事”

明治５・11（日欠）
「罪案書式」
「罪案凡例」
「改訂・罰文案」
（司法省第45号達）

明治６・２・14
「改正・罪案書式」
「改正・罪案凡例」
（司法省第 16 号達）
“罪囚前ニ在リ法ヲ按シ罪ヲ定ムルニ其以テ議擬論定スル処ノ者一ノ供状ニ拠ルノミ…今供状ヲ以テ罪案トナシ…之ヲ律ニ照シ塡スルニ字眼ヲ以テ（す）…”
第１条“凡ソ罪案ハ獄成ルノ後推問書ニ於テ律ニ照シテ討論ヲ加ヘ刑名ニ関スル緊要ノ節目ヲ摘取シテ之ヲ作ルヘシ”

典拠：内閣記録局編『法規分類大全　治罪門㈠』原書房覆刻版

にその一例を挙げると、

本　籍
苗　字　名
其方儀刃物ヲ携ヘ誰某宅ヘ押入リ家内ヲ威シ金何十両奪取ル科持兇器強盗律ニ依リ斬罪申付ル

というもので、これが「囚獄」に言渡されたのである（「断獄則例」第二二則・明治六年二月二四日司法省無号達も参看[17]）。しかし、この一文は確かに「罪状ノ要領ヲ簡明ニ書」（前掲司法省無号達）き記したものではあるが、この短文中には犯罪の日時や場所、それに被害者の氏名（誰某、誰某宅とはあるにしても）すら見えはしない。この事情は次に述べる「罪案」の存在と深く関わる。

そこでこの「罪案」とは、明治国家における最初の「刑事記録作成要領[18]」ともいうべき前述の司法省第四五号達（これは翌六年二月一四日司法省第一六号達にて若干改正される。本章の引用については改正後の達からおこなうものとする）において現れる記録名で、いわば「自白調書」というべき文書であった。この文書は、主として判事がおこなう「推問」（その内容及び方法は「断獄則例」第六・七・八則を見よ）に対する「罪囚」の供述を解部が「詳記」し、それを「式」すなわち「罪案書式」及び「罪案凡例」（両者とも前述の司法省第一六号達）に照らして、当時の公用の文型に整序して作成されるものであった。[19]周知のように、当時の刑事基本法のひとつである改定律例は「凡罪ヲ断スルハ口供結案ニ依ル」（第三一八条）と規定し、自白証拠主義[20]を高らかに謳っていた。したがって、まさにこの「罪案」は、「一字ノ上一言ノ下ニシテ生殺ノ分定マル供状」を以て成案されるものであるから、「一字一言ノ際モ勉メテ冗ヲ去テ簡ニ就キ蕪ヲ鋤テ潔ニ従」って作成されなくてはならないものとされるのである（以上、「罪案凡例」）。

以上のようなはなはだ雑駁な考察でもわかるように、いわば「事実」の部分は、「罪囚」の供述を雛型に照らし公式記録化したものをそのまま添付した「罪案」[21]を用いた。そしてこの「罪案」は、「罪囚」本人に読み聞かせられた後、本人の「寃枉ナキヲ証スル」ために拇指紋ないしは爪印などが押されることによって、いわゆる被疑事実が確定された。すなわちここで本人自らによる服罪の承認が取られたことになり、ここに後の治罪法第三〇四条に記されるような「事実及ヒ法律ニ依」る「理由」付けは、裁判官（所）において積極的に明示される根拠はなくなるのである。かくして、前述した、僅かな「罰文」のみが言渡されるこの時代の極めて具体性に乏しい判決の様式の下では——尤も、実際に残る判決文を見る限りその様式は必ずしも一様ではなかったようではあるが[22]——、犯罪事実の確定と適用条文の選定を事実上関連付ける「罪案」が果たした役割は極めて大きかったことが分かるのである。[23]

㈢　司法省は治罪法の施行により、こうした従来の判決形式との間にはっきりと区切りをつけることを、当初より企図していた。一例を挙げれば、被告人が検事の起訴事実に全く異議を唱えず、「其罪ヲ犯シタリ自カラ申立」てそれが裁判官において「真実ノ白状ナリヤト」認定し得る場合、「従前ノ振合ニ依リ簡単ナル式ヲ以テ之（判決――筆者註）ヲ言渡」してもよいかとの、明治一四（一八八一）年一一月一九日の若松始審裁判所長判事の請訓があった。これに対し司法省は、「従前ノ振合ニ依リ簡単ナル言渡ヲ為ス時ハ裁判上ニ於テハ便利」ではあるが、「従前ノ言渡ハ別段式ナル者ナキヲ以テ其最モ簡ナル者ニ依ル時ハ裁判ノ不体裁ヲ招クニ至ラン」と述べ、なによりも治罪法第三〇四条に依るべき旨が示され、その限りで従来の「式」の存在すら軽視される結果となってしまった。つまりこうした判決の言渡しに止まらず他の手続き総てが治罪法により改まる以上、「裁判言渡ノミ旧慣ニ依ルハ翻テ不都合ト考量候」との内訓を同年一二月五日に発令したのである。[24] ここでは、来る翌年一月一日からの同法の施行直前にあって、新法の定める判決（文）の様式を具体的に思い描くことができず、従来の方式の延長の上にイメージしようとする判事と、これまでのやり方を「旧慣」として一蹴する司法省とが鮮やかな対照性を示していよう。

ここでいうまでもなく、こうした司法省が新法の励行に努める姿勢は、上の「趣意書」や「内訓（案）」においても、その構成や、より直截的な表現の下にあらわになっていたことは前項で指摘した通りである。大蔵判事補の判決の場合も、司法省はそれを、形式的には第三〇四条違反としながら、その一方でもっぱら「旧慣」とされるしきたりに従って形成されたものと見做していた（前項参照）。

なるほど「内訓（案）」の指摘するように、判決は「被告人弁護人等ノ陳述ニ付キ一々其弁解ヲ為」すことが官吏職務侮辱の事実の認定と混淆して現れ、判決文そのものの理解をかなり妨げてしまっている。それに、いわば「犯罪組成ノ原素」のみならずその「立法ノ旨趣」にまで及ぶ「理由」を述べた箇所は、確かにこれを冗慢であるとする司法省の評価も正鵠を射ていると認めざるを得まい。このことは、本章一3で既に指摘したように、公判における大蔵判事補の「介入」があたかも「判旨」の形成を目的とした確認のステップであったことに対応してこよう。つまりこの判決文は、担当判事の心証の形成過程をそのまま再現したために「冗長」なものとなってしまったのである。[25]

だが、この判決を一判事補の複雑な心証経過を記した「資料」であるとしても、そこに記されたものはもはや従来からの「罰文」をはるかに越える内容と構成を持つものであることは、とりあえず認めざるを得まい。[26]また、適用条文の操作は申し分なく踏まえられているし、さらに法律の適用理由として「犯罪組成ノ原素」に照らすことは、そもそも第三〇四条の立案趣旨には合致することであった。

第三〇四条は、草案段階での複数の条文を簡略化し、さらにそれらを一カ条に統合することによって成立した。[27]同条の草案段階たる第三五四条第一項の後段には、「被告事件ハ法律ニ定メタル罪ノ性質ニ因リ之ヲ明示シ罪名ヲ以テス可カラス」とあった。これについてさらにボアソナードによる原案に即した表現を、彼がフランス語で記した治罪法のコマンテール、« Projet de Code de Procédure criminelle pour l'Empire du Japon »[28]やその「直訳」に求めるならば、「被告人の責めに帰せられる諸事実は法律に規定された構成的諸特徴によって罪名が決定されなければならない」[29]と読めるのである。このことから、先の草案第三五四条内の「罪名ヲ以テス可カラス」という一文は、おそらく日本人編纂委員の側で注意規定として加えたものではあるまいか。そこには、同時代の治罪法の註釈者においても、[30]「事実ト罪名トハ決シテ之ヲ混ス可カラス」、「夫ノ強盗ト云ヒ誹毀ト云フハ罪名ニシテ事実ニ非ス」とあえて記述せざるを得なかった、克服されるべき背景的前提がひとしく横たわっていたと考えられる。つまり、それが前述の「罰文」―「罪案」書式の下の判決様式に関連してくるのであろう。

ところが、公布・施行された治罪法典上の第三〇四条の文言上には、右の事情はいっさい反映されてはいない[31]。そして、これまで書式上――それが求められていなかったということで――自明の事柄のように扱われていた「事実」と「法律」の両者間のつながりを、これからは「判決理由」として判事は積極的に明示しなくてはならなくなったのである。つまり、自らが事実認定をおこない、それがいかに法律に定められた犯罪の構成要素に合致するのかを彼ら自身で確証し文案化する仕事に直面することになったのである。そしてその「理由」が判決文の中に言及されることによって、所与の法文と当該の事実との関連付けについて、「解釈論」上の論点の所在がはっきりと示されることになり、当該判決の妥当性が一般的な形で（あるいは被告人の立場から）批判・験証され得る可能性が開けてくることになる[32]。しかし、実務上旧来からの方式に馴染んだ判事たちにとってみればこの作業は、そうたやすいことではなかったのではあるまいか。

それならば治罪法第三〇四条が、その運用の上で、当時の判事たちにとってどの程度に新たなる規範として立ち現れていたのか。同法第四一〇条九号には、上告理由のひとつとして、「事実及ヒ法律ニ依リ言渡ノ理由ヲ付セス又ハ其理由ノ齟齬アル時」という規定がある。そこで同号を理由とした上告が当時の統計上いかなる数値を示していたのか、表3を見られたい。

細かいことについては表註を参照願いたいが、大審院における破棄事案のうち上の第四一〇条第九号を理由としたものの数値が、治罪法の施行年から数年間、ほぼ二割から三割を示していることに気付く。ただし明治一六（一八八三）年に限っては一四パーセントという低い数値が見られるが、それも上告理由として同条に挙げられる事項が一一を数える中のひとつとすれば、相対的に高い数値を示していることは他年度と変わりはない。また

表３ 治罪法施行直後の上告・破棄状況一般と同法第410条９号による上告とその成果

		明治15(1882)年		同16年		同17年		同18年		同19年	
上告総件数[1]		2169[2]		6645		8775		7390		8213	
上告既決件数		337		2679		5585		4090		7342	
(内) 破棄件数			予 3		予 48		予 66		予 104		予 139
		131	重 0	852	重 36	1475	重 88	1568	重 227	3055	重 478
			軽 128		軽 768		軽1321		軽1218		軽2397
(対上告既決件数比)		(39%)		(32%)		(26%)		(38%)	違 19	(42%)	違 41
破棄理由			予 0		予 2		予 16		予 22		予 29
	「事実及法律ノ理由ヲ明示セサルニ付」[3]	27	重 0	118	重 9	395	重 26	423[4]	重 86	1052	重 144
			軽 27		軽 107		軽 353		軽 310		軽 882
	(対破棄件数比)	(21%)		(14%)		(27%)		(27%)	違 5	(34%)	違 1

典拠：明治15年～同19年の各年度毎の『司法省刑事統計年報』

註 1) 非常上告（治435）や、哀訴（治436）・再審（治439以下）による上告は除く。

2) 治罪法施行前に起訴されたり各裁判所に係属済みの事件が当年上告された件数は、1010件である。これらの案件は旧法（新律綱領・改訂律例）施行下の諸規則が適用されるが（明治14年12月28日太政官第82号布告参照）、当時の上告理由に、本論で展開する趣旨を読み込むことは困難であるため（例えば明治10年2月19日太政官第19号布告第2章第10条には、「裁判所管理ノ権限ヲ越ユ」「聴断ノ定規ニ乖ク」「裁判法律ニ違フ」の3つが列挙されるにとどまる）、表の数値には含めていない。

3) 明治15年時には、「法律ニ依リ言渡ノ理由ヲ明示セサルニ付」という表現が用いられていた。

4) この年度から、治罪法第304条の正文、「事実及ヒ法律ニ依リ言渡ノ理由ヲ付セス又ハ其理由ヲ齟齬ス」のうち下線部理由による上告が加算された。

治罪法施行後における同理由の絶対数として見た場合には、年々増加の傾向を示す数値の中で突飛に少なすぎる数との印象も受けない。つまり、原審における判決に「事実及法律ノ理由」が明示されないとか、その「理由」に齟齬があるなどといった「欠陥」が、結局大審院によっても認められるケースが割合多いことが指摘できよう。それも数値の約三分の二は検察官による上告であり、残り三分の一は被告人によるものであった。そして軽罪裁判所の判決のそうした「欠陥」が圧倒的多数であったことが表中に示されるが、これには前述したように同裁判所配属の判事一般[33]の法実務能力にとどまらず、法の解釈的運用技術の巧拙も関係しているのであろう。いずれにしても、上告件数・破棄件数とともに年を追う毎に増えてゆく数値は、判決の「理由」を構成する仕事が、にわかな経験的習熟によっては満たし得ない、かなり学理的な背景的知識に基づき修得されるべき技術として、旧法以来実務にあった判事たちの面前に立ちはだかっていたことを窺わせるのではあるまいか。

そこで、われわれは大蔵判事補の判決にいま一度立ち戻りその評価を下さなくてはなるまい。彼の判決が第三〇四条違反であることを司法省は「批判」のひとつの根拠としていた。しかし同条を以て旧弊を一新させようとの司法省の企図とこの判決は、すくなくとも判決の「作者」たる判事補の主観に視点を置いて考える限り、矛盾はなかったのではないか。そこには新たなる判決様式を模索しつつ、判決文がはっきりとした名宛人に対して発せられる公用文書であるとの意識と、刑罰が科される「理由」を——その文体や内容の巧拙は別にしても——被告人において明瞭に認識させようとの判事補による主体的な役割意識が強く感じられると思うのである。ここで「宣告ノ文タル丁寧周到ニシテ言亦甚ダ繁シ」とは、「判文ノ疑案」と題する東京横浜毎日新聞の社説内の一文であった。[34]むろんその論調は、有罪判決への厳しい批判で綴られるが、すくなくとも被告人側の不服はもはや「理由の不明示」には置かれずに、「明示された理由」の根拠や説得性をめぐる疑義・批判という、対象を絞り込んだ形をとっている。[35]このことは論争点の所在をめぐる座標軸が、被告人に対しては、確かに当該判決によって与えられたことを意味するのであろう。

ただし本章では、当該判決における適用された実体法の解釈そのものの問題性——とくに「議論発用ノ方法」が「至当」ならずという点——は、これを指摘するに留めざるを得ないし、この事件がはたしてその後上告に付され、そこでいかなる法律的判断が与えられたのかということは、[36]調査の現段階では明らかにできないことを付言しておかなくてはならない。[37]

（1）　本資料は、本文後掲の内訓案とともに、法務省図書館所蔵の文書、司法省刑法局「諸向達録、諸達訓令書、起案書類、中奏書類」（自明治八年至同十七年）のうちの「諸達訓令」（明治一五年分）、第一〇号「裁判所へ内訓刑事裁判言渡書ニ犯罪組成ノ原素立法ノ旨趣ヲ説明スル者アルモ右等ハ法律ノ趣旨ニ反クヲ以テ一層注意ス可キノ件」と題して収められている。司法省調査課『和漢図書目録（和書）』（一九三七年）、二二四一頁。使用罫紙は、本文中に後掲する「内訓（案）」ともに、版心に司法省の文字のある青の一三行罫紙である。

（2）本章では、当該の資料を以下、「（内訓）趣意書」と仮称する。

（3）本文以下、『法規分類大全』（官職門・官制・司法省一）、三三七頁以下参照。

（4）前掲「第八局処務規程」第一条、三には、「法律規則ノ改正等ヲ要スル者」についての手続きが記される。前掲『法規分類大全』（官職門・官制・司法省一）、三三九頁。

（5）前掲「第八局処務規程」第一条、二には、「起案ヲ要スヘキ者ト見込ムトキハ先ツ之ヲ卿ニ具申シ命ヲ得テ起案ス」とあるが、本資料は、同但書き、「但シ小事ハ直チニ起案シテ卿ニ具申スルコトヲ得」が踏まえられたのであろう。

（6）ここで、「ノミナラス」という接続詞によって両者が結ばれていることに注意すれば、「当該判決の問題点は法律違背にとどまらず裁判そのものの威信失墜に関わる」とのニュアンスとして読め、文意のアクセントがおのずから文の後半にかかるものと考えられる。

（7）もとより治罪法第三〇四条の違反が、直ちに「裁判の威厳」そのものの価値を損なう、という趣旨には読めまい。本項におけるこうした構文論的な読みは、次項にて展開する内容のいわば意味論的考察の予備作業でもある。

（8）明治一二年二月二四日制定の「内訓条例」によれば、内訓とは「司法卿ト各裁判所（裁判官検事）トノ間ニ於テ用ユル所ノ内規」である（本書第三章「司法官の近代法適用をめぐる逡巡」一四五頁参照）。明治一五年以降、刑法や治罪法の施行下でも同条例は効力を認められていた。ただし司法省内の第八局とは、「法律規則ノ増補改正ニ関シ之ヲ調査スル」ことを職掌としている。これは本来、「刑事ニ関スル一切ノ伺指令内訓照会回答ノ文案ヲ作成スル」第三局が管掌すべき事柄ではある。しかし本案の、先の「第八局」が起案機関となっていることは、個別の「伺―指令」などの形式による質疑内応答を越えて、既存法規（治罪法第三〇四条）の解釈内容に、より公定的な方向付けを盛り込もうと司法省側が意図したからではあるまいか。前註（5）のとおり、「第八局」には起案の必要性を見込む権限や「小事」についての即時起案権限が認められており、これはあがってきた問題に回答する姿勢では本来なく、むしろ問題を発見して即時に規制を加える監督権限であるといえる。

（9）尤も堀田はこの当時、大審院検事正八位で司法実務の側にあった。このことを考えれば、伝聞調で記されることには注意を要しよう。例えば、「裁判所」とあるのみで、「大審院」が名宛にされていないことや、あるいはこれは判事に限られたものであり、検事には示されなかったのかなど疑問は尽きない。さらには市販に付される刊行物であることを考慮して、内訓が官内部の情報であることから、直接的な表現を避けたのかもしれない。いずれにせよ、内訓が本来、非公開的性格を持つものであることは注意してよかろう。なお、ボアソナードとその門弟としての堀田との関係については、法政大学大学史資料委員会編『法律学の夜明けと法政大学』（法政大学、一九九二年）、九八頁以下に詳しい。

（10）ある意味では「内訓（案）」とその起案過程に位置付けられる「趣意書」とでは、もとより論調なども異なろう。後者における統制意思の赤裸々な表現は前者においては弱められると考えるのが普通であろう。

（11）治罪法公布以前においても、「総テ治罪ニ関スル公布ヲ蒐輯シ自本篇至附録通計凡三百余条」を収める、山内豁朗編纂『治罪要録』（明治一〇年六月印行）などを見る限り、判決書の様式について直接それを定める布告・達などの法令類を確認することはできない。尤も本文でも後述するが、「罪案書式」についての関連法令はかなり細かく掲載されている。

（12）「判決書」なる名称が登場するのは、明治二三（一八九〇）年施行のいわゆる旧々刑事訴訟法からであるが、実際は様々な名称が用いられている。本章ではいわゆる「判決書式」を示す用語としての「判決書」なる表現をあまり厳格に意識せずに用いることもあることをお断りしておきたい。

（13）前掲『日本語学』（第一三号、明治書院、一九九四年）には、奈良次郎「判決文の歴史――民事――」、萩原太郎

「判決文の歴史——刑事——」が掲載される。本章に関連するものとして、後者に要領を得た説明がなされていることを記しておく。

(14) 内閣記録局編『法規分類大全』〔治罪門一・刑事諸則〕、五三頁。本事件で問題となる判決書様式の背景的な考察として、以下この点につき若干の検討をしてみよう。

(15) 小早川欣吾「刑法典及び刑事訴訟法典並びに陪審法典編纂過程」『明治法制史論　公法之部・下巻』(巌松堂書店、一九三四年)、一〇六〇頁、石井良助『明治文化史二　法制』(原書房、一九八〇年復刻版、初版は一九五四年)、二五八頁以下。なお、この時期の刑事手続きの変化を通観するものとして、例えば横山晃一郎「刑罰・治安機構の整備」福島正夫編『日本近代法体制の形成(上巻)』(日本評論社、一九八一年)、三一五頁以下、「明治初期刑事法・旧刑法と治罪法」日本近代法制史研究会編『日本近代法一二〇講』(法律文化社、一九九二年)の第一九講(山田勉氏執筆分)、「刑法と治安法制」山中永之佑編『日本近代法論』(法律文化社、一九九四年)の第五章(吉井蒼生夫氏執筆分)、また司法環境の全体的な制度化についての概観を得るためには、「裁判所の創設と訴訟法」牧英正・藤原明久編『日本法制史』(青林書院、一九九三年)の第二部「近代法」の第一章八節(浅古弘氏執筆分)など。

(16) 前註(14)所掲書、一三頁。例えば、梟示の宣告を導く文末には、「重々不届至極」が、また斬や絞については、「不届至極」が、徒や禁錮については、「不埒」がそれぞれ対応した。

(17) 同前、五七頁。

(18) 横山前掲「刑罰・治安機構の整備」、三一五頁。

(19) 司法職務定制の「断獄順序」では、「口書」とある。

(20) 周知のように同条の存在が、自白を得るための「拷訊」を必要なものとしていたのであるが、明治九(一八七六)年六月一〇日太政官第八六号布告により、同条は「凡ソ罪ヲ断スルハ証ニ依ル」と改められた。

(21) 前掲「罪案凡例」に載る「施行順序」には、当時のいわゆる「伺・指令裁判体制」下での「罪案」の果す役割も記される。例えば、「一　各裁判所死罪ヲ申請スルハ罪案二通(本紙写書)ヲ浄写シ本省ニ出ス本省擬律シテ写書ノ紙尾ニ刑名ヲ書シ諸員検査ノ印ヲ押シ天裁ヲ経ルノ後其擬律シタル写書ハ省中ニ留メテ編纂シ本紙ニ刑名ヲ書シ省印ヲ押シ下付ス但シ各裁判所流以下断刑モ是ニ準シ罪案二通ヲ作リ本紙刑名ニ長官押印シ処決ノ後写書一通ハ本省ニ申スルニ擬ス」、「一　本省ニ申請スルニ罪案ノ外ニ別ニ式ノ如ク裁判所課長判事ノ断刑伺一紙ヲ添フヘシ」の如きである。つまり死罪案や断刑についての伺には、必ず「罪案」の他、司法省における擬律の結果としての「刑名」が付され回付される手続きが窺える。なお、当時の「伺・指令裁判体制」及びその下に集積された各「伺留」などの資料についての厳密な考証については、霞信彦『明治初期刑事法の基礎的研究』（慶應義塾大学法学研究会、一九九〇年）がその水準を示す。

(22)　島方前掲『刑事判決書の研究』にも、明治初年期の「申渡書」の実例が引用されるが、本章の序の註（6）にても触れた明治一二年一月三一日に言渡された、高橋お伝への判決文を掲げ、証拠方法が列挙された上（後註（32）の事情による）、いささかなりとも説明的な内容をもったものであるとの評価が加えられる（同書、一一頁以下）。したがって、「罰文」の様式はあくまでも当時の裁判官の思惟様式に強い影響は与えたが、実際の判決の様式は必ずしも一様ではなかったのであろう。尤も、次註を考慮すれば、種々の公的書式にかなり忠実である場合もあり得たことになる。

(23)　井上五郎「明治初期の名古屋における刑事裁判書拾い読み」（『法律のひろば』第三九巻第三号、一九八六年）、五九頁以下には、明治一一年七月一日の日付をもつ「罪案」（被告人の指印があるという）に「罰文」が付された判決書が復刻の上掲載される。まさに本文でも述べた同六年に改正された「罪案書式」に基づく様式が忠実に踏襲されている。なお、この時期の地方裁判所において下された刑事判決書を今日研究上用いようとしても、その保管状況や存在そのものが全く公にされていない。その意味で井上氏がかつて名古屋地方検察庁検事正（八六年当時、最高検察庁総務部長）であった時に残されたこうしたレポートは、まことに貴重である。

(24)　司法部内同盟員編纂『治罪法訓令類纂　並監獄則』（明治一七年一一月）、九一一頁。

(25)　堀田正忠・高谷恒太郎同輯『治罪法異同弁』第七八号、二頁には、第三〇四条における「事実」とは、「裁判官ノ認定セシ所ノ事実ナリ即チ裁判官ノ心証ニ感覚セシ所ノ事実ヲ簡明ニ記載スヘキモノナリ」と記し、不採用の証拠やその理由などにいちいち言及する必要はないと断言している。この点で本「資料」は心証の「結果」だけではなく、その錬成過程もまた弁護人の弁論との対応関係から容易に把握し得る。大蔵判事補の個人的特性を感得できよう。

(26) ここではその判決の形式・内容についての客観的精度を問題にしてはいない。判決文というひとつのセンテンスに盛り込まれる情報が、裁判官の自由な心証により形成されるものであるとの治罪法により確立された新たなる原則（第一四六条）の枠内で示された実例のひとつであることを、評価に際し忘れてはなるまい。

(27) 『草案比照　治罪法　完』（大審院書記局、明治一九年）、二三七頁。

(28) 同書は、明治一五年に出版されている。つまりボアソナードが編纂に関与した旧刑法や治罪法の施行年に世に出されたのである。このこともあって、同書のはしがき部分（avertissement）には、治罪法典の編纂過程に止まらず、旧刑法典の編纂についての彼の「意見」も多く見られる。二法典のいずれも、日本人編纂委員による草案の大幅な削除が為され、これに対して原案を維持する側に立たされるボアソナードの不満が書き連ねられている。

(29) これは筆者の試訳である。原文は、« Les faits reconnus à la charge de l'inculpé y seront qualifiés par leurs caractères constitutifs, tels qu'ils sont déterminés par la loi » であるが、『治罪法草案直訳』では下線部を、「法律ニ定ムルカ如ク其構―成（コンスチチュチフ）ノ性質ヲ以テ之ヲ名―状（カリプヒエー）ス可シ」とある。

(30) 堀田正忠『治罪法釈義』（警視庁蔵版、自第二七号至第四一号、明治一三年）、二七七頁。

(31) この削除の真意は不明である。あまりにも自明のこととされたためか、あるいは裁判官の実地の訓練の場で修得されるべきこととして不要と考えられたのかは分からない。その正文については、本節冒頭に掲げてある。

(32) 尤も前註（20）で述べたように、「自白」（「被告人真実ノ白状」）は明治九年八月二八日の司法省第六四号達により、他の物証と併せて専ら裁判官の心証（「信認スル所」）により判断される証拠のひとつとなったが、実際はかなりの場合、被告人の自白が唯一の証拠として挙げられる判決が多い。当時の大審院における破棄判決の多くに、被告人の自白調書を引用するケースが目にとまる。

(33)　軽罪裁判所においては、裁判所長により任命された一名あるいは数名の判事が執務にあたるが（治罪法第五五条）、場合によっては任命を受けない判事や判事補が代行することもできた（第五七条）。
(34)　『東京横浜毎日新聞』、一八八二年五月二四日付。
(35)　手塚豊「明治十五年刑法施行直後の不敬罪事件（大槻貞二事件）」『自由民権裁判の研究（下）』（慶應通信、一九八三年）、七〇頁以下には、演説による不敬罪事件、安濃津軽罪裁判所判決（明治一五年一〇月言渡し）が挙げられ、そこには「天皇陛下ニ対シ不敬ノ演説ヲ為シタル事ハ警部補箸尾喜三太ノ告発書並ニ演説臨席聴取書巡査桜井貞蔵ノ上申書及ヒ被告カ上野警察署ニ於テ為シタル口供等ニ因リ証憑充分ト判定ス」とあるのみで、具体的な事実がいっさい触れられておらず、この判決を不服としていわゆる「理由不明示」を理由とした上告が、当時としても、為し得たであろうことが、考証されている。
(36)　明治一四年一二月二八日の太政官第七四号布告により、「治罪法中刑事ノ控訴ニ関スル条件ハ当分ノ間実施セス」と規定され、大審院への上告の途のみが残される。
(37)　公刊に付された大審院刑事判決録には、その痕跡はなく、また東京横浜毎日新聞紙上、上告の事実を伝える記事は発見されない。

結

(一)　これまで、司法省により「冗長」と批判された判決文と、その判決を批判する視点そのものの分析を進めてきた。その際、なによりも判決文の起草者である判事補の踏まえた様々な法活動の各ステップを、主として判決形成の主体的契機を中心に、限られた資料の中から描き出してきた。その結果、司法省が当該判決を治罪法第三〇四条違反であるとする結論的評価の当否はともかくとしても、[1]少なくとも同省が同条の励行により目指していたことと判事補の主観／態度は、ともに「旧法」的様式からの脱却という点においては、共通のものが認められた。しかし、司法省が右条文の抽象的な文言をより具体化するような法的指針や、あるいは具象化するような「雛型」を示さぬ限りは、[2]転換期の個々の判事の個人レベルにおける試行錯誤が繰り返されざるを得なかったはずである。[3]とくに治罪法施行前後は、旧来からの判決様式を変更するについてもその底流に法的思惟様式そのものの転換を孕むものがあり、本章では大蔵判事補の取組を一例として紹介したのである。そしてこれまで検討した「内訓（案）」は、既に新聞に掲載済みの判決を批判することによって、事後的にしかも消極的に、司法省によるあるべき判決（文）像を示唆したとみられるのである。

ただし、判決文の歴史を見る視野をさらに広角度に取るならば、明治初年から現在に至るまで、その様式は確かに一律化する傾向を強めつつ変化してきている。[4]そうした変化は、個々の判事の個人的工夫の集積から紡ぎ出されたと考えるより、[5]ある時期国家による統制の一定の影響が及んだことによって与えられたと考える方が自然であろう。そして当該判決文へ加えられた司法省の批判も、おそらくはこうした流れの中に位置付けられるものと考えられる。これに加え当時の立法資料によれば、司法省は民・刑事判決書の様式を外国法の参照の下に統一化しようと意図していたことも事実である。[6]大蔵判事補による判決書も以上のような過渡的な時代状況が背景としてあったからこそ、[7]判決起草者の個性的特徴が本来「国家機関の意思表示」[8]であるはずの判決の形式的枠組を越え出る――と司法省により判断される――ことに結びついたのであろう。

(二)　だがここで想起するべきは、「趣意書」や「内訓(案)」が、判決の文体中「漢語」表現が極めて多用される点を、ひとしく「裁判ノ尊厳」や「体面」を汚すものとして批判していたことである(本章二1)。しかし当時の政府により発令される布告や達などの法令文[9]、さらに大新聞の論説などを含めて[10]、ほとんどその文体は「漢文直訳体」によって認められていた。明治初期にはそれまで書きことばの世界として存在した「漢語」が話しことばにおいても多用されることになった。これには法令などの官庁文書が「漢語」をとくに用いたことも影響しており[11]、「蛇使い」などと同じように「漢語使い」などという表現すら現れるほどに「高尚ナル支那語」[12]の爆発的な流行に対し、早くから批判が現れていたが、そうした漢文表現の制限を訴える側には、つねに「書きことば」の世界も、話しことばの世界におとらず漢語使用に苦しむ庶民の実態があった[13]のである。司法省も明治七(一八七四)年には、「罪案」が形成される過程で、「口書」作成にあたって解部が「往々勉テ漢語ヲ雑用」するため、それを本人に読み聞かせても理解できない弊害が生じ、「無益ナ文飾」を控えるよう達していた[14]。このように「話しことば」と「書きことば」が一致していない、すなわち言文の不一致が司法判断に及ぼす影響も「官」の側からも当然認識されていたのである[15]。したがって、本章で紹介した資料は司法省の「漢文自重論」というべき姿勢を示したものと見做し得ようが、その法史上の評価については明治期の国語政策論や文体論の展開一般を踏まえたうえで他日再論の機会を得たいと思っている[16]。いずれにしても、目下試みられている基本法典の「口語化」の作業は[17]、そうした明治期以降の我が国における「近代法」生成の特殊事情を今日的に克服しようとの企てなのであり、それ自体すぐれて歴史内在的な「課題」であるといえるのである。

(1)　尤もこれとて、被告人からの不服申立てがない限り、すくなくとも被告人個人に対する問題としては浮上してこなかったことになろう。

（2）　たとえば、司法省法学校速成科における「擬律」のためのテキストであった司法省蔵版『刑事問題』・『刑事答案』（それぞれ明治一六年一一月刊行）を繙けば、一二〇問からなる設問のほとんどが被疑者の「自白調書」からの抜粋であることに気付く。さらに設例にて適用される法典は、新律綱領や改定律例から旧刑法へと展開し、これに呼応し手続法も治罪法型に転換するかとも思われるのだが、「答案」の基調には、いっこうに変化が見られないのである。尤も、本テキストの趣旨は具体的な判決文起案練習におかれたのではなく、既存の「自白調書」を前にしての仮設的な法律の適用や解釈の訓練にあったとすれば別である。しかしこのことは『刑事問題』緒言にある同書の方針からは判明してこない。なおこの『刑事問題』『刑事答案』については、第四章「不応為条廃止論考」二の註（35）を参照されたい。また大蔵判事補が速成科卒業生であることは本章一の註（18）において触れた。

（3）　横山鑛太郎「忘れたま丶を」（『法曹会雑誌』第一六巻第一二号、一九三八年）、九七頁には、父親（横山高成）が治罪法施行が切迫してきた頃、「上席検事の宅に寄々会合しては、互に刑法及び治罪法の会読輪講を始めたものであった」という一文が見える。高成は当時安濃津始審裁判所検事補（『司法省職員録』、明治一五年改）であり、鑛太郎は中学生であったという。新法施行前夜の実務家の様子が伝わるが、こうした自主的な勉強会を通じて新法の趣旨が個々の法実務家に受容されていったのであろう。

（4）　司法省調査部編『刑事判決書集成（自明治十四年至同四十五年）』（一九三一年）、などを見れば、確かに治罪法施行後や旧々刑事訴訟法施行後（明治二三年法律第九六号）に、その変化が著しいことが分かる。それに判決様式の上で、今日のように「主文（判決）―理由」をはっきり分けて書くようになったのは、明治二五年後数年の間と見られる。尤も、総ての判決書を見ぬ限りは（しかしそれは実際不可能なことではあるが）、こうした知見は常に「傾向性」を以て語られぬに過ぎない。ちなみに『法律新聞』第二四八号（一九〇四年）には、当時の刑事訴訟法の実定的な規定があるにもかかわらず（旧々刑事訴訟法第二〇三条―治罪法第三〇四条と同旨）、依然有罪理由が判然としない判決があとをたたないことを歎じる記事が見られる。本書第九章「明治刑事法廷異聞」五一三頁以下も参照されたい。

（5）　既述のとおり、明治初年の「罪案」・「罰文」の凡例・書式が定められた頃も、次のような判決文もあり得たのである。それは被告人が「唖にして且つ跛の片輪者」であったため、当人に読ませることを第一義と考えたことから、判決全文が片仮名で書かれたものである。それは明治六年八月二七日の東京裁判所判決である。以下に掲出してみる。

トウキヤウダイ、チダイクハチシヤウクミナミコンヤチヤウウマレトウジヤトナシ　ヘイキチ
ソノホウギヌスミイタシロクヂウタタカレソノノチフタ、ビヌスミイタシトラワレルセツヤマヒモチユヘキンゴク
三十ニチニシヨセラレル、ミブンニテナヲマタオ、カンニオイテオ、ライニンノフトコロノキンセンヌキトルゾウキ
ンイチエンヨノトガセツトウリツニヨリチヤウエキ七ニチモウシツケル
（『郵便報知新聞』、一八七三年八月二九日付より）

徹底した片仮名書による判決文ではあるが、やむをえぬ事情があったとはいえ担当判事による個人的判断が濃厚に現れたものとなっていよう。なお本判決については、山崎佐『法曹瑣談』（文光堂、一九三七年）、二三九頁以下参照のこと。

（6）　たとえば法務図書館『貴重書目録（和書）』（一九七三年）には、「英国裁判書式」「英仏裁判書式并付録」「仏国裁判言渡書式」などといった資料名が散見されるし、「仏訳書雑類」の中にも「民事裁判書式」「刑事判決文例六例」などの資料が見られる。

こうした立法的準備の成果からか、とくに刑事とは異なり訴訟法典の完備が遅れる民事では、「民事裁判言渡書式」が明治一八年三月六日の司法省達で示される。同達「凡例」の冒頭には、「凡裁判ハ訴訟人ヲ甘服セシムルヨリ要ナルハ莫シ而シテ訴訟人ヲ甘服セシムルニハ裁判ノ事理ヲ明白ニ説明スルニアラサレハ能ハス而シテ裁判事理ノ明否ハ言渡書ノ体裁宜ヲ得ルト得サルトニ関スルモノ少シトセス是裁判言渡書ノ書式ヲ頒ツ所以ナリ」とある。司法省蔵版『類聚法規　第八編中巻』（同一九年刊行）、七六〇―七七六頁。この一方、同時期の刑事についての「雛型」書式は見当たらない。

(7) 手塚豊「『執行セズ』という死刑判決――明治十五年十一月一日・大審院判決を巡る一考察――」(『慶應義塾創立一二五年記念論文集(法学部法律学関係)』慶應義塾大学法学部、一九八三年、四七三頁以下)には、明治一五年二月二八日に東京軽罪裁判所にて言渡された判決文が載せられる。被害者名や事件についての時・場所などの簡単な記述は織り込まれているものの、全文で僅か二〇〇字前後の極めて短い様式である。大審院には誤判を理由に上告されるが、手塚氏はそれも本判決文の「稚拙」さゆえのことであると述べている。

(8) 野瀬高生『刑事判決書の実証的研究』(司法研究報告書、第六輯第十号、一九五二年)、四五五頁、また裁判官の判決起草についての「個性」と形式の問題については、前掲『法と日本語』、第二章に所収の中野次雄「判決の文章」、五四頁以下、及び河上前掲「判決文の文体――刑事――」、四七頁以下をそれぞれ参照のこと。

(9) 松井利彦「太政官布告の漢字」佐藤喜代治編『漢字講座第八巻　近代日本語と漢字』(明治書院、一九八八年)、二八頁以下。

(10) 梶原滉太郎「新聞の漢字――とくに初期の様子について――」前掲『漢字講座第八巻　近代日本語と漢字』、五七頁以下。

(11) 外国法の翻訳語として多くの漢字熟語が、中国の古典籍から借用されたり、または新たに鋳造されたことについては、たとえば大久保泰甫「法の継受と言語」前掲『法と日本語』所収、同「西洋法継受における翻訳と造語」(『法学セミナー』一九八五年一一号)、七〇頁以下や、拙稿「異法文化接触のウチとソト――明治期翻訳法律語成立事情断片――」(慶應義塾大学通信教育部『三色旗』、一九九二年、九月号)を参照されたい。

(12) 飛田良文「明治時代の漢語意識」近代語学会編『近代語研究　第六集』(武蔵野書院、一九八〇年)、六八二頁。

(13) 同前、六八一頁。

(14) 明治七年三月二日年司法省第四号達。前掲『法規分類大全』〔治罪門一・刑事諸則〕、三八頁。なお、「罪案」については本章二―2を参照のこと。

(15) 堀田正忠はその『治罪法釈義』(明治一三年)、二三七一頁の中で、「吾邦ニ於テハ文章ト言語トハ全ク其法ヲ異ニスルカ故ニ書記ニ於テ裁判官ノ言渡セシ所ヲ直チニ遺漏ナク録取スルコトヲ得ス」と述べ、これを治罪法第三一四条二項（弁論終結後、言渡し前に判決書を作成しておくこと）の理由として説明する。これも言文の不一致と、その司法過程への影響が法律家によって問題視された一例である。

(16)　明治中期に始まる言文一致運動が法律文の世界にいかに響いていたのか、そしてそうした国語・文学界における動向と戦前における判決の口語化運動（「国語協会法律部」の時代的役割）との思想的連環、さらに明治以降閉ざされた国語的環境の中で自己体系化を完成した法律学が、その後民衆の語る生活世界の中との間でいかなる実際的な関連性を回復し得たのか、興味は尽きない。

(17)　平成七（一九九五）年に入り、新聞各紙が伝える報道として、例えば次のような記事を拾うことができる。「法制審、刑法の表記平易化答申、尊属加重規定を削除――今国会に法案提出」（『日本経済新聞』、一九九五年二月一四日付朝刊）、「刑法の口語化案を答申――法制審議会八八年ぶり大改正へ」、「『贓物』消え『博徒』残る――難しかった『やさしい刑法』」（両記事とも『朝日新聞』、一九九五年二月一四日付朝刊）、「騒擾→騒乱、憫諒→酌量　法制審議会　刑法の用語平易化案答申」、「〈余録〉刑法は重々しい文語体調」（縮刷版目次タイトルによる）、「刑法――平易化の次は改正論議を」（それぞれ『毎日新聞』、一九九五年二月一四、一五及び一九の各日の朝刊）、「刑法の表記、現代語化　法制審議会　尊属加重処罰は削除」、「刑法の現代語化改正案を閣議決定」（それぞれ『東京読売新聞』、一九九五年二月一四日朝刊、三月一四日夕刊）など。〔その後、「刑法の口語化」は果され（平成七年五月法律第九一号）、また「民法の現代語化」も達成された（平成一六年一二月法律第一四七号）。それぞれ、松尾浩也『刑法の平易化』（有斐閣、一九九五年）と、池田真朗編『新しい民法――現代語化の経緯と解説』（有斐閣、二〇〇五年）に詳細である。――筆者補筆〕

第七章

近代日本法史における「学識」判事の登場——第一回判事登用試験顚末

序

明治一三（一八八〇）年七月一七日に刑法典（以下旧刑法典、旧刑法）と治罪法典が公布された。これは法典の単なる新調ではなかった。両法典は、それまでの中国律を基調とした明治初期刑事法体制——新律綱領・改定律例、及び関連の太政官布告・布達、各省布達・達など[1]——と比較するならば、法典を形作ることば、概念、カテゴリー、体系、構造等において著しく様相を異にする。[2]このシステムの転換期に際会した司法の現場——判事・検事・警部——からは、右の新しい西洋的近代法原理を採用した法の理解や解釈、そしてその適用をめぐって、夥しい数に上る伺、請訓、問合が司法省に向けて発せられた。被疑者・被告人がまさに眼前に控えている各地の実務の現場からの問い合わせに、司法省もいちはやく対応し、場合によっては電信・電報の手段により、指令・内訓・回答を慌ただしく回付した。[3]もとより旧刑法は、国家刑事法規範の基幹的位置づけを占める法準則として構想され制定されたのだが、[4]その規範内容の「現実化」の検証には、実務の末端レベルにおける解釈や適用の実践の機序をつぶさに検討しなくてはならない。

ところで法の継受がテクストの表面上の変化に止まらずに、いかにその内在的な価値や法原理に及ぶ深みをもって実現するかは、ひとえにそれらを解釈し適用する器としての個々の司法官の力量や資質に条件付けられよう。ここに「近代法」の制定とともに、その近代の法の「学理」と「運用」とに通じたいわゆる「学識法曹」の育成・創出が望まれる所以があった。

本章では、明治一七年に制定される「判事登用規則」の下に数年に亘って展開したいわゆる「判事登用試験体制」を考察の対象と定め、その前後を通じて法の「学識」の測量化がどのように制度化されたのかを考察してみたい。

（1）その全容のイメージは、石井紫郎・水林彪編『法と秩序　日本近代思想体系7』（岩波書店、一九九二年）に網羅される。

（2）松尾浩也「日本における刑事手続の過去、現在、そして未来」（『刑法雑誌』第四九巻第二・三号、二〇一〇年）では、中国律型の刑法の実質は実体法にあったとし、その意味で近代日本における「治罪法典」の制定は、「無からの創造」と言ってもよく、その出現は幾分とも「唐突」であり「飛躍」であったと評している。

（3）本書第三章「司法官の近代法適用をめぐる逡巡」を参照のこと。

（4）拙稿「明治時代の罪と罰」（水林彪他編『新体系日本史2　法社会史』山川出版社、二〇〇一年所収）、四四六頁以下。

一　判事登用試験施行前夜

1　近代法転換期の司法官

(一) 司法実務と近代法

我が国の法システムの「近代的」転換とは、実際どのような「経験」として司法実務の現場では受けとめられたのであろうか。昭和一三（一九三八）年に、前横浜地方裁判所長・弁護士であった横山鉱太郎[1]は回顧して次のように語っていた。

明治一三年七月に刑法（旧刑法）と治罪法とが発布せられ、同一五年一月から実施せらるゝことゝなった。その間、父は再び松山の本庁に戻り、次で安濃津地方検事局へ転じた。それは明治一四年だったが、いはゆる新法（旧刑法）実施期がいよいよ切迫してゐる際のことゝて、父もそれには相当の関心を有ってゐて当時言はゞ次席検事といったような地位にゐた父と、父の次の検事補と、もう一人、後に判事となった人と三人で、上席検事（今の検事正に当る）の宅に寄々会合しては、互に刑法及び治罪法の会読輪講を始めたものであった。[2]

この引用に現われる横山の父親、横山高成は、明治のごく初期から木更津県や千葉県に出仕して、聴訟課、断獄課で裁判事務に従事していた。明治八年、彼は上官との意見の食い違いから一時官を辞して代言人を営むが、翌九年に司法省に出仕し松山裁判所に赴任する[3]。その後高成は多度津区裁判所に転任し、右引用内で語られる時期にはいったん松山に戻るものの、同一四年中に安濃津地方裁判所に今度は検事として赴任している[4]。この時期にいわゆる西欧化された法典を目の当たりにしたわけである。右引用には、その実施が「いよいよ切迫」した時期に、裁判所の検事たちが「相当の関心」を以て上席検事[5]の家に集い「会読輪講」に勤しむ姿が活写されていよう。もともとこの懐旧談を語る鉱太郎自身は、当時はまだ一五歳の中学生であったのだが、父親の許しを得てその勉強会を「傍聴」していたといい、自らが「抑も法律書といふものを読み始めたのは実にこの時に始まる」と述懐する。日本における近代法の黎明期、ひとりの青年が法律家の志を立てるその起点に、刑事法典の転換という「事件」が位置づけられていることは興味深い(6)。

ここで当時の「時代証言」的資料をもう一つ引用しておこう。大審院判事を務めた芹沢政温の回顧談である。

其頃は県庁が裁判を兼ねて居つたので新律綱領を手にしたのが法律学の入門であった、今より考へれば夢の様であるが其時分に見るべき本も無かつたのだ、条理には二つは無いと信じて公平を保つた積りだ其内に愛知裁判所が置かれて更に判事専門と為つて職責も愈々重くなつた、司法省でも茲に見る所が有つて始終巡回教師を置いて法律の講義を為さしめるし一方には「ボアソナード」の二回講義だの性法講義などを頒布して頗る法律思想を鼓舞されたのだ、箕作氏の仏国六法など棒読みにしたのも此時代だ(7)。

芹沢は明治九年二月に愛知県七等出仕兼判事を命じられたとも述べている(8)。当時はまだ各地で各府県庁に裁判事務が委ねられていた。この一方で司法省が前年五月以降敷設を進める府県裁判所も併存していた（同八年五月二四日太政官第九一号布告「大審院諸裁判所職制章程」）。右の芹沢の談は、愛知県において県庁が裁判事務を兼ねた時期に任官し、やがてその裁判権・裁判事務が司法省により接収され(9)、同九年九月一三日以降、いわゆる全国的な司法組織の下の「名古屋裁判所」に統合されるのだが（太政官第一一四号布告による「地方裁判所」として）、彼自身の判事としての職掌は変わらず続いていったことを記している(10)。

まさに司法の集権化に伴う機構的大編成が進行する傍らで、芹沢は判事としての日常を、現場の司法実務において粛々と紡ぎ出していた。その実務の場に、法律の趣旨を講義するための「司法省による巡回教師」が始終訪ね、法律をその思想的核心から理解するために「ボアソナードの二回講義[11]」や「性法講義[12]」が届けられていた。ここで触れられる「法律」とは、先の引用箇所に続けて箕作麟祥の「仏国六法」、すなわち『仏蘭西法律書[13]』が併記されていることからも、もはや旧来からの経験知の内部からでは及び得ない異文化の思考と価値に連なる内容のものであったはずである。先の引用は、当時中央政府内（司法省）で進められる西洋法を模範とした法改革の「精神[14]」が、地方各地の司法現場に波状的に行き及ぶ一局面を描き出していよう。

尤も「近代法」の教育は明治初年より始められていた。明治五年に司法省内の明法寮で始められたフランス法教育は、やがて同八年より司法省法学校として改組拡充される。そこでは、ブスケやボアソナード、アペールといったお雇い法律顧問によるフランス語を用いた講義を基軸とした修業年限を八年とする正則科コースと、これに併設して同一〇年に本格的に編成された、主に日本語を用いた講義を二年間（実際は三年の場合もあった）に亘って履修する速成科（変則科）コースに分かれていた。前者のコースの卒業生には、後年、欧米に留学し、帰国後は学者として、あるいは政府や司法官僚のエリートとして名を馳せた者が多数みられるのに対して[15]、後者のコースは、はっきりと司法官の人材供給を旨としていたため、数多くの実務法曹が輩出された[16]。

右のような「官立」の法律学校は、当時、他に東京大学法学部を挙げることが出来たが、組織的な近代的法律学教育を施されたうえで司法官に登用される途は、この段階、すなわち明治一三～一五年前後では、まことに限られていたといえよう。先に挙げた横山や芹沢も、そうした組織的な法学教育の修養を経験せずに独学により新法の知識を備えなくてはならなかった者たちに属する。

だからこそというべきか、当時は実に様々な判事たちがいた――言語に不自由な被告人に対してカタカナだけで書いた判決文を読ませた判事。[17] 被告人側の主張の論点をひとつひとつ丁寧に「論破」し、心証形成のすべてを入念に語り尽した判決文を書き上げたところ、司法省から「冗長」であるとの厳しい叱責を受けた判事。[18] また新法（旧刑法）をめぐり「擬律ノ錯誤」（＝法令適用の失錯）をしたにもかかわらず、自らの法解釈がいかに正当であるのかを整然と意見書の中で開陳する判事。[19] そして大審院をも含むこうした現場の判事たちが、刑事法――新律綱領・改定律例・旧刑法――の解釈・適用に際して生じた疑義を請訓や伺などにより、頻繁に司法省に提出しその「指揮」を求めていた事実など。[20]

右に例示した判事たちの多くは、当時整いつつあった近代法教育の成果を直接に身に付けた者ではない。司法実務の運営における「安定」と「偏向」は、それまでの個々の司法官の実務的習熟度に強く規定されていたと想像される。この意味で次節以下にて論じる組織的体系的な方法に基づく法学教育と資格認定の制度化は、司法官の法学識や技量の個体差の平準化とその「向上」をもたらしてゆくのである。

(二)　司法官任用の方法

ここでは、明治一七年に判事資格認定の試験制度（「判事登用規則」）が導入される以前――いわゆる「自由任用」時代――の司法官登用方法について一瞥を加えておこう。

明治太政官期の法令の中で、司法官の任用に関わる実定的制度として確認できるものは、最も古いもので明治五年六月一二日の司法省達ではなかろうか。もっともそれは、司法省の官員一般の任用手続きであり、必ずしも判事に限ったものではなかったことに注意を要する。[21] このことを前提に同達を見れば、「官員登用ノ儀ニ付可然見込之者有之候ハ、別紙之通相認撰挙可申出候也」とあり、撰挙人（推薦者）はその「別紙」に被撰挙人の「性行履歴之概略ヨリ其学識才能之所長」を記すこととされていた。右達文の限りで登用にあたって「学識才能」が吟味されたことは分かるが、認定する具体的対象やその方法についてはなんら明示されるところはない。ただし右方式の導入により、司法省が当初見込んだ数以上の「撰状」が寄せられたとみえ、翌六年五月二日の同省番外達はそのあたりの事情を、「欠員有無等ニ不拘撰挙状差出来候」と記している。今後は「欠員有之歟又ハ新置官有之節」、すなわち人事手続きの必要が生じた時に招集される「衆議」（会議）の決定にしたがって「撰状可差出事」とされたのである。ここには従来の推薦方式を踏襲しつつも、司法省官員人事の手続きがより計画性を帯びたものになりつつあったことを確認しておこう。

さらに明治八年二月一二日の司法省第三号達は、この「省員選挙之儀」につきより詳細にその試験方法を設け、採用手続きとしての「選挙」は「欠員等有之」時に申し立てられることとなった。そこで同達第一条を見れば、まず「撰状」の吟味がおこなわれ、それを経た後に「人ヲ出タシ」、その冒頭で「其志ノ在ル所ロ（ママ・以下同）ヲ問フ」とあり、次にこの「志」に基づき「其技ノ至ル所ロ如何ンヲ試ム」という。では、ここで問われる「志」と、試みられる「技」とは何か。第二条でそれがはっきりする。左にその部分を掲げてみよう。

其志サシ果シテ聴訟ニ在ル者ハ即チ本課ニツイテ其既ニ落着セシ所ロノ一事ト他ノ例案トヲ取リテ之レヲ示シ之レカ裁案ヲ作ラシメ其志サシ果シテ断獄ニ在ル者ハ亦タ本課ニ就ヒテ其既往ノ一件ト他ノ例案トヲ取テ之レカ断案ヲ擬セシム

ここでは「志サシ」の所在は聴訟か断獄か、すなわち民事裁判か刑事裁判かのどちらかにあるとされ(22)、前者においても後者においても、ある事案の判決例を基にして作題された仮設事案についての判決案を書かせるという内容の試験が課されている。これが試みられる「技」であった。この出題方式は今日でいう事例問題であり、当時はこれを「擬律擬判」と称した。ここには明らかに裁判官を念頭に置いた任用が想定されており[23]、採用にあたってはこれまで通り「撰状」を提出させるも、その人物について「実際ニ就ヒテ能否ヲ試ミ其果シテ志サス所ニ背カサルヤ否ヲ検スル」(同条)との技能認定の方法が明示された。これはそれまでの推薦方式を前提にしながら、その人物の技能面に対する客観的評価を加味した、当時としては画期的な任用方式であったといえよう。

その後も右の方法には種々の改良が加えられていったと見られ、現在国立国会図書館憲政資料室に所蔵される大木喬任文書内の一資料には[24]、

試験方法ノ儀ハ新ニ従前ヨリ一層精密ノ方法ヲ設ケラレ試験的当ノ輩ハ先ツ三ケ月間等級ヲ定メス猶実地ニ試験シ最初見込ノ等級ニ相当スルヲ検確スレハ其試験官ノ申請ニ因リ本官或ハ相当ノ出仕ヲ命セラレルヘシ若シ不相当ニシテ他日進用ノ見込コレナキモノヘハ直ニ出仕ヲ免スベシ
但シ試験ハ本省或ハ各所ニ於テスルモ皆卿輔ノ指揮ニヨルベシ卿輔ノ指揮ニ非レハ試験スルヲ許サス尤人ヲ官ニ撰挙スル撰挙状ハ別ニ雛形ヲ製シテ兼テ達シ置ルヘシ

なる一文が見られ、判決起案に合格点をもらった者も実地における三カ月に亘る試用期間を踏まえなくてはならず、その結果「不相当ニシテ他日進用ノ見込」なしとの判定を受ければ出仕を解かれる運命に定められた。したがって判事職志願者において見定められるべき技能とは、単なる判決案起草の巧拙にとどまらない裁判所を舞台

とした総合的な実務能力であった。

こうした司法官任用の資格試験化は、当時、官途を志す人々にとっては大いに注目の的となった反面、当局によるその実施運用の適正さについては様々な憶測の対象としても語られた(25)。だが、やがて制定され実施される「判事登用規則」は、任用される判事に対し当時のいわば「国際標準」に照らした高度な学識性を要求するものであり、如上の「撰状」に基づく人物の適不適の吟味とともに、実務的「技能」の巧拙を個別に考査するという任用審査の風景は一変し一新されてゆくのである。

2 判事登用試験の成立

(一) 条約改正と司法官の資質問題

(1) 裁判管轄権の回復と日本判事

法典編纂という国内法を統一する国家事業が、その本来の内政的性格付けを越えて常に外政上の重要課題として位置付けられてきたのが、明治前期から中期にかけての我が国であった。現場にあった司法官たちが独習によってその内容を窺い知った旧刑法や治罪法は、日本法が西洋化/近代化を果たしたなによりの指標として、日本側にとっては不平等条約改正を前進させる大きな一歩のはずであった。

領事裁判権を撤廃し裁判管轄権の回復を図るという条約改正の長く困難な道程に踏み出した外務卿井上馨は、明治一二年一二月一七日に太政大臣三条実美と右大臣岩倉具視に宛てて上申書を提出する。その中で彼は、なにゆえ各国公使が領事裁判を主張するのかを述べ、その理由を「刑事之裁判ニ傍聴ヲ許サレサルト陪審ヲ置クノ法ナキト代言人ヲ許サ、ルト裁判官ノ不練熟ナルトノ四件」にあるとした。[26]

井上は、これらの四点は当時すでに太政官での審査を終えた（旧）刑法草案と、まさに審査過程中にあった治罪法草案[27]によって改正されるべき対象であろうから、「右草案取纏早々御下付相成候様」、求めたのである。だが、ここに明治国家の最大の外交課題である不平等条約の改正条件が西洋法的近代法典の立法によってだけでは満たしえず、「裁判官ノ不練熟」なる問題性が明確に認識されてきたのであった。

実際これ以降、日本の裁判官の資質をめぐる疑念が、条約当事国の公使たちからたびたび表明されており、例えば明治一三年七月二二日にはフランスの代理公使「ド・バロアー」（de Balloy）は、外務卿代理として対談に臨んだ上野景範外務大輔に次のように釘をさした。

刑法治罪法布告ハ一大進歩ト云フ可シ然レトモ之ヲ擬施スル裁判官果シテ其人アリヤ我仏蘭西ニ於テモ人凡三十歳位ニテ始メテ裁判官ト為ル位ニテ学識徳望経験等其人ハ一朝ニテ得可キニ非ラス貴国ニ於テ善良ナル法官ヲ得ル容易ナラサル可シ

近代的刑事二法典の公布に伴い違警罪ほどの軽微な犯罪についての裁判管轄権を回収しようとの日本側の企図を一蹴する構えを見せた代理公使に対し、上野は、「我法官不能ナリト雖モ彼領事裁判ニ降ルトモ覚ヘス」と反論するものの、「善良ニシテ経験アル法官ヲ得ル容易ニアラス」ことは認めざるを得なかった。[28]元来、法律の専門家でもない領事の主宰する裁判の不合理性を突く日本ではあったが、良質な裁判官を自らの側に備えていない事情が苦しい外交交渉を余儀なくさせていた。

だが、やがて裁判権をめぐる外交交渉の過程に、ひとつの「落とし所」が見えてくる。それが外国人判事任用によるいわゆる「混合裁判所」の構想であった。[29] 明治一四年四月一日付けの上野外務卿代理から森有礼駐英公使宛の次の訓令が[30]、そのロジックを物語る。

我邦ニ於テハ民法、刑法、治罪法ヲ始メ其他各般ノ条例規則ニ至ルマテ現今欧州文明諸邦ノ例ニ倣ヒ我邦ニ適当シタルモノヲ漸々ニ施行スルナリ尤外国政府ニ於テハ我裁判官ノ其任ニ勝ヘサル一点ニ懸念スルモノアリ併近来我邦人ハ欧米ノ法学ヲ研究シ現ニ海外ニ留学シテ法学ヲ卒業セシモノモ少カラス又我邦ニ在テ外国教師ニ就キ法学ヲ学ヒシモノモ多シ

すなわち明治初年期からの泰西主義原則に基づく立法に伴い、日本の裁判官の中には欧米の法学を修めた者や、海外留学の経験者も現れ、さらに外国人教師に法学を教わった者も多くいるとの状況が説明される。だがこれに続き、「然レトモ我王政維新以来僅カニ十三ケ年ノ星霜ヲ経ルニ過キサレハ其間ニ於テ夫ノ至難ナル法学ノ深奥ヲ極メ欧米各国ノ老練ナル法律士ト比肩スルカ如キニハ至ラス故ニ我法律家ハ尚ホ経験ニ乏シキノ一失ナシトセス」と記されて、当時の日本の裁判官が西洋近代法運用において力量不足であることを正面から認識する内容となっている。そこで訓令の示す解決案は、

因テ我政府ハ毎開港場及ヒ開市場ニ於テ外国人ヲ裁判ス可キ裁判所ニハ必ス外国ノ法律家ヲ雇入レ之ヲ吾裁判官ト為シ又日本法律学士ノ中ニ就テ十分合格ノ試験ヲ経且最モ経験ニ富ミタルモノ三四名ヲ択ヒ之ヲ以テ裁判所ヲ組織ス可シ

との混合裁判所のシステムであった。そして文中の「法律学士」とは司法省法学校正則科卒業生に与えられる称号であり、彼らこそ前述のとおり当時の我が国において望み得る最高水準の「法学エリート」[31]たちであったが、外国人裁判官に比肩し得るほどの能力の保持者か否かについては、彼らの中からさらに「十分合格ノ試験ヲ経テ「最モ経験ニ富ミタルモノ」」を選抜することを考案するものであった。かくして「現在我諸開港場ノ領事裁判所ヨリモ遥カニ良好ノ裁判所ヲ得可シ」との見通しが立てられたのである。

周知のとおり、翌一五年一月から井上馨外務卿を議長とする条約改正予議会が開催され、外国判事の任用・分任や民・刑事の外国人を被告・被告人とする渉外事件における外国判事多数法廷の採用（日本人被告、被告人の場合はその逆）などが提案の内に盛り込まれる。[32]この裁判管轄をめぐる改正提案の骨子は、同二〇年七月二九日に無期延期が各国公使に通知されるまでの井上外交交渉の基調を成していった。[33]

(2)　森有礼意見書

本章は、条約改正――日本裁判権の回復――と判事資格試験制度との背景的関連性を示唆することに目的を置いており、改正経過の祖述にこれ以上紙面を費やすことはしない。だがその目的の限りにおいて注目すべき資料を次に掲げておこう。この文書は、国立国会図書館憲政資料室所蔵森有礼関係文書の中に収められ、「在英国日本公使館」の罫紙を用いているが、日付や作成者の名は見当たらない。考証によれば、特命全権駐英日本公使の森が、明治一四年二月以降本格化した英国外相グランヴィルとの会見に臨んでいた頃に認めたものであるとされる。[34]

法官任免条例ヲ建ツルノ議　〔　〕は抹消箇所・［　］は加筆箇所

曰法ハ国人上下一般ノ心身ヲ安全鞏固ニシ以テ其幸福ヲ増進スヘキ所以ノ一大要具ナリ故ニ法律善良ナラス法官純正ナラサレハ則国人危難ノ念ヲ抱キ政府ヲ信用依頼スルコト能ハス吾邦近年司法ノ制稍整ヒ刑法治罪法已ニ発行外人其完良ナルヲ称賛スル者多ク将サニ欧米諸国ニ同キ文明ノ域ニ入ラントスルノ勢アリ然リ而テ法律ハ体也法官ハ用也苟クモ法官ニシテ其人ヲ得而其人ニシテ其職ヲ尽スコトヲ得サレハ則法律ハ善也美也ト雖トモ未タ以テ司法ノ重ヲ加ヘ内外国人ノ信用ヲ得ルコト能ハサルヤ明カナリ看ヨ条約改正一件ノ如キ已ニ十余年ノ久キヲ経ルモ談判尚ホ未タ其結末ヲ収ムル能ハサル〔所以〕［ノ者］ハ司法ノ組織未タ其当ヲ得サルニ原由スル者ノ如シ故ニ今日ノ急務ハ法官ノ任免ヲ鄭重ニシ法官ノ奉職ヲ固保シ之ヲシテ方正忠直謹厳威重ナラシムルニ在リ聊カ之カ目的ヲ概言スレハ政府ヨリ法官［独立］ノ地位ヲ固保スルト法官ヲシテ自ラ信シ自ラ励ミ自ラ進マシムヘキ道ヲ開クトノ二事是也茲ニ方法ノ大略ヲ陳ヘ以テ広堂諸賢ノ参考ニ供ス

以上が本文書の趣旨にあたる部分であり、「刑法治罪法」の二法典を「体」とするなら、「(司)法官」こそその「用」を為し、日本司法への内外国人の信用を獲得するためには、資質ある法官を任免する方法を完備せよと提唱する。そしてなによりも「看ヨ条約改正一件ノ如キ已ニ十余年ノ久キヲ経ルモ談判尚ホ未タ其結末ヲ収ムル能ハサル〔所以〕［ノ者］ハ司法ノ組織未タ其当ヲ得サルニ原由スル者ノ如シ」との一文が、上述の裁判管轄権をめぐる前途険しい条約改正交渉過程の只中に本文書が産み落とされたことを証示していよう。

本資料のむしろ興味深い点は、右の趣旨文に続いて列挙される一七を数える具体的な提案事項にあろう。その冒頭で、司法官の任免・昇級・監督の権限は司法卿に収斂させつつも、「内閣ヨリ直ニ干渉セサルコト」と司法

行政権の内閣からの相対的な独立が謳われたが、とりわけて、

一　法官候補ノ資格ハ定規ノ法学卒業生ハ試験セスシテ可ナリト雖トモ其他ハ皆試験ノ結果ニ因リテ取捨スルコト
一　現今在職ノ法官ハ新任官所ニ依リ更ニ之ヲ命スルコト
一　法官候補試験委員ヲ司法省中ニ置クコト

とする三つの項目は以下に論ずる「判事登用規則」によって実現される試験制度体制の骨格をこの時点で先取りしていた。それらについてはすぐ後に述べるとしても、ここでは右の第一項目に掲げられた受験者要件について一言しておこう。

文中、試験を免除される「定規ノ法学卒業生」（傍点、筆者。以下同）とは、当然に当時の官立系法律学校であった司法省法学校正則科ないし東京大学法学部の卒業生を指すものであろう。彼らは特権的に無試験で「法官」となり得た一方で、試験を課される「其他」とは私立法律学校や司法省法学校速成科の出身者、あるいは在籍者を指していた。混合裁判所設置の暁には、実際に外国人裁判官と肩を並べ得る内国人裁判官のリクルート源は、この前者の「試験免除者」の中に求めざるを得なかったことは上述のとおりであるが、ではその混合裁判所とは規模にしていったいどれほどのものが想定されていたのだろうか。井上馨による明治一五年の「条約改正予議会議事要領」(35)には、

東京、大阪、長崎、函館ノ控訴裁判所ニハ外国判事各二名ヲ置キ大審院ニハ三名（此他ニ必要ノ補欠員ヲ加フ）横浜、

神戸両港ノ始審裁判所ニハ外国判事各一名ヲ置キ又タ右両港ニハ外国治安判事各一名ヲ置クヘキ事

とあり、まず大審院の三名、次に四箇所の控訴裁判所にそれぞれ二名ずつで計八名、さらに二箇所の始審裁判所に一名ずつで計二名、そして治安判事もそれぞれ一名ずつで計二名、合計一五名の外国人判事を配置する司法運営が仮定されていた。なによりも混合裁判所では内外の裁判官数が均衡することが望まれていたであろうから、日本人裁判官については、法学士・法律学士の内から「十分合格ノ試験ヲ経」て「最モ経験ニ富ミタル」人材（前述の森宛上野外務卿代理訓令）、一五名を選抜すれば事足りる規模であった。

明治一五年当時の法学士・法律学士の総数は六三名（各々三八名・二五名）[36]であり、その二年後には二倍近くの一一〇名に達する。[37]むろん彼ら全員が司法官となったわけではないが、この数は少なくとも混合裁判所を構成する判事を選抜するに耐えない分母数では決してなかったはずである。すなわち井上外交において領事裁判撤廃の代償として提示された内外国人判事で構成される裁判案は、その実現に向け、この時点での現実味をそれなりには帯びたものだったと言えよう。そして法典編纂が未だ緒に就いたばかりの近代日本の黎明期から、外国法を外国語で学び得た法学士・法律学士こそ、まさに治外法権の水際で外国人裁判官と対等に渡り合う実力を兼ね備えた「法学エリート」と思念されたし、またそうあるべきだったのである。こうした彼らにはそもそもに能力判定試験が免除されるという森有礼の提案は、すぐ後に述べる「判事登用規則」にそのまま受け継がれてゆく。そこで同規則の制定過程とその規定趣旨について略言しておこう。

(二) 判事登用規則の制定

(1) 制定の趣旨――その近代的「判事」像

判事登用規則（以下、「規則」とも略記）は、まず、明治一七年一一月二五日、司法卿山田顕義から太政大臣三条実美宛てに上申案が提出され、その後参事院に廻され同院の修正に付される。一二月一二日に参事院議長福岡孝弟から三条宛てに同規則修正案が上申され、翌一三日、太政官における審議に付される。そして同月二三日に太政官から天皇への裁可が求められ、二六日、同一七年太政官第一〇二号達として成立する。(38) そこでまず、司法卿山田から太政大臣三条に提出された上申書を見てみよう（説明の便宜のため、引用に際し、以下段落を四つに分けて掲載する）。

判事登用規則設定ノ儀ニ付上申

司法事務ヲ改良シ裁判権ヲ確立セント欲スル事項一ニシテ足ラスト雖モ其関係スル所最モ重大ニシテ且至急ヲ要スルモノハ登用規則ヲ以テ首トス抑国ノ独立ハ裁判権ノ確立ニ資リ人民ノ安危ハ裁判ノ当否ニ因リ裁判ノ当否ハ判事ノ能否ニ繋ル而シテ能否ノ分ハ登用ノ始ニ決ス然則登用ノ法慎マサル可カラサルナリ

彼欧州諸国ヲ観ルニ其裁判官ヲ登用スル或ハ試験ニ或ハ候補ニ尤モ丁重ヲ致シ必ス法学士若クハ代言人ニシテ学識経験兼備シタル者ニアラサレハ之ヲ採ラス是ヲ以テ内能ク其国民ヲ信従セシメ外能ク與国ヲ畏服スルコトヲ得

顧テ我国ヲ視ルニ判事登用ノ法未タ其宜ヲ得ス故ニ其職ニ任スル者往々学識経験ニ乏シク或ハ法律ニ明カナラス裁判其当ヲ失フコトアリ内ハ人民ノ信頼ヲ繋クニ足ラス外ハ欧州諸国ノ軽侮ヲ招キ常ニ彼ヲシテ治外法権ヲ回護スルノ口実トナサシムルニ至ル豈ニ慨嘆ニ堪フ可ケンヤ今者条約改正ノ期ニ値フ切ニ望ム宜ク速ニ宿弊ヲ一洗シ良法ヲ定メ判事其

人ヲ得テ裁判権ノ確立ヲ謀ルヘシ実ニ必要ノ急務ト謂フ可キナリ

依テ別紙判事登用規則布達案取調説明書相添仰高裁候至急御布達相成度此段上申候也

明治一七年一一月二五日

司法卿　山田顕義

太政大臣　三条実美殿

右上申書は、その冒頭の段落で「抑国ノ独立ハ裁判権ノ確立ニ資リ人民ノ安危ハ裁判ノ当否ニ因リ裁判ノ当否ハ判事ノ能否ニ繫ル」の一文が端的に示すように、裁判権の対外的確立に最終目標を定めている。そのための判事の能否判定方法としての登用試験は「彼欧州諸国」のそれと遜色ないものでなくてはならず（第二段落）、我が国における従来からの「未タ其宜ヲ得」ない判事登用の方法では、「欧州諸国ノ軽侮ヲ招キ」、彼らが治外法権の撤廃要請に応じない理由となっている（第三段落）。それゆえに「条約改正ノ期ニ値フ切ニ望ム宜ク速ニ宿弊ヲ一洗シ良法ヲ定」めるべきであると提言する。すなわち上で見てきたとおり、「規則」制定の直接的な動機は、当時の井上馨による条約改正交渉との連動性の中に、外因的に胚胎していたことは明らかなのである。

もっとも、この上申に付帯して提出された司法省による「判事登用規則説明」（以下、「説明」とも略）を繙くならば、そうした外政的要因に関連する記述は少しく影をひそめるものの[39]、その一方で、判事資格付与のための試験制度の整備が今なにゆえに必要なのか、全一〇か条から構成される同「規則」の実質的な理由付けが逐条的に詳述される。つまりこの「説明」は、司法省による同「規則」制定の意思を示す文書ということが出来よう。

そこで以下では、この「規則」が想定する司法官（判事）像に迫りつつ、その制定の趣旨を窺うことにしよう。

・学識ヲ要スルノミナラス其道徳アルヲ貴フ

まず「説明」はその書き出しに「判事ハ品行方正ニシテ法律上ノ学識ヲ具有スル者ニ非レハ其任ニ当ルコト能ハサル」と、およそ判事職に相応しい人物像とは、倫理性（「品行方正」）と学識性（「法律上ノ学識」）とを兼備した存在であると描いている。

ところでこの倫理性についてだが、実は「規則」が太政官の審議に付される同日、司法省は「大審院裁判所職員考績条例」を定め（明治一七年一二月一三日司法省号外達）、判事や裁判所職員などの人事評価規準（「四善十最三殿」）を明文化した(40)。今、この規準の制定経過は詳らかにはできないが、その趣旨は、右の「説明」の冒頭文や、「規則」第三条に挙がる判事資格欠格要件(41)と明らかに照応したものであるといえよう。「説明」は「規則」第三条につき、「本条ニ云云スル所以ハ裁判官ニ望ム所ノモノ独リ法律上ノ学識ヲ要スルノミナラス其道徳アルヲ貴フヲ以テナリ」と解説し、「規則」が学識の判定方法とその基準の客観化にとどまらず、人物の倫理的人格的資質をも測り出すシステムを目指していたことを伝えている。

・法学士代言人ヨリ登用スルヲ以テ正則ト定ム

次に「説明」では、維新以降、「判事ニ任セラル、者悉ク法律上ノ学識ヲ具有セリト謂フヲ得ス」との現状認識に立ちながら、「東京大学ニ司法省法学校ニ彬々法学士ヲ養生スルノミナラス欧米諸国ノ大学校等ニ留学シ法学士状師ノ称号ヲ受ケ帰朝シタル者少カラス」と述べ、彼ら「法学エリート」の存在には格別の位置づけを与えている。ここまでならば、本「規則」の趣意も前述してきた条約改正交渉の文脈内に収まりきる。

だが、先の引用に続けて「説明」は、「加フルニ東京大学法学部別課生徒(42)及ヒ司法省速成生徒其他私立法学校等ニテ学習シタル法学生輩出スルニ至ル」と、明治一〇年代後半においていよいよ裾野を広げつつあった法学教育の現況を視野に入れ、「今ヤ恰モ是レ法官ノ選任ヲ改良スヘキ時機到来セリト謂フ可シ」と続ける。すなわち「博ク欧米諸国ノ方法ヲ参考シ自今判事ハ法学士代言人ヨリ登用スルヲ以テ正則ト定ム可シ」としながら、「目下直ニ法学士代言人ノミニ限ル時ハ猶未タ其需用ヲ充タスヘキ人員ヲ得ルコト難カルヘシ」、ゆえに、

暫ク便宜ニ因リ別ニ試験ノ一途ヲ開キ凡ソ法学ヲ修メ法律ヲ知リ法官タラント欲スル者ヲ募リ充分ノ試験ヲ行ヒ其学識判事ノ職ニ適スヘキ者ヲ銓定シ併セテ之ヲ登用セハ実際ニ於テ障碍ナク且漸進以テ目的ヲ達スルヲ得ヘシト確信ス此則チ本規則ヲ設ル所以ナリ

との本「規則」制定の趣意がここに明らかにされる。

以上、我が国で近代法的学識の測定を目指した最初の裁判官任用規則は、「法学士（当然、後述のごとく法律学士も含まれる。）」と「代言人（この内容については後掲(2)を参照）」からの判事登用を正則＝原則と定め、彼らには受験義務を課さない一方で（「規則」第一・二・九条）、目下の人材不足を補うためには「暫ク便宜ニ因リ」、試験による選抜制度を導入し（「規則」第一・二条）、その方法を制度的に編成（第四・五・六・七・八条）する内容を有していた。この限りで前述した森有礼の意見書内の「法官候補ノ資格ハ定規ノ法学卒業生ハ試験セスシテ可ナリト雖トモ其他ハ皆試験ノ結果ニ因リテ取捨スルコト」の趣旨が矛盾なく実現したことを確認し得よう。

では、「規則」はどのような具体的な判事登用資格要件を定めたのか。その正条と「説明」とを読み合わせながら以下検討することにしよう。

(2)　判事登用資格要件

表1に、判事となり得る資格要件を一覧してみた。同表を参照しながら以下説明を加えてゆく。

・「法（律）学士」・「代言人」と「試験及第者」

前述してきた「規則」の描く判事像は、その第一条、第二条に具体的に表れている。

第一条　判事ニ登用スルハ法学士代言人及ヒ試験ヲ行ヒ及第シタル者ニ限ル可シ
但外国ニ於テ法学士状師ノ称号ヲ受ケタル者ハ尚ホ試験ヲ行フヘシ
第二条　法学士代言人及ヒ試験及第者ヲ登用スル時ハ先ツ始審裁判所ノ御用掛ヲ命シ一年以上務ヲ命シ一年以上事務ヲ見習ハシメ判事定員ノ缺アルニ随ヒ其本官ニ任スルモノトス
法学士ニシテ代言人タル者ハ二年以上其他ノ代言人ハ五年以上其業ヲ務メ学識経験卓絶ナル者ハ判事定員ニ缺アル時直ニ其本官ニ登用スルコトアル可シ
御用掛服務一年以上ノ者ハ時宜ニ因リ検事ニ登用スルコトアル可シ

第一条には、前述のとおり「法学士」「代言人」のいわゆる無試験枠をまず冒頭に設定し、「試験及第者」はそれに続くカテゴリーとして観念されていた。なお「説明」によれば、この法学士には、次のように当然法律学士を含むものと理解されていた(43)。

表1　判事登用資格一覧（「判事登用規則」第1条関係）

該当者				出身学校	学識性	経験性	判事試験受験義務	採用時職位	採用の可否	
									規則（参事院）	司法省
学士	法学士			官立法律学校	○	×	無	御用掛・判事試補	○	○
	法律学士				○	×	無	御用掛・判事試補	○	○
代言人	学士	法学士			○	○	無	御用掛・判事試補	○	○
		（法律学士）[1]			(○)	(○)	無	御用掛・判事試補	(○)	(○)
	その他	非学士	（東大法別課）[2]		×		無	御用掛・判事試補	○	×
			（正則科）[3]		×		無		○	×
			（速成科）[4]		×	△	無		○	×
		免許〔試験及第者〕		私立法律学校	×	△	無	御用掛・判事試補	○	×
試験及第者					×	×	有	御用掛・判事試補	○	△

註1）・註3）：明治19年2月から無試験で代言人の資格付与
註2）：同17年11月から無試験で代言人の資格付与
註4）：同20年12月から無試験で代言人の資格付与

法学士トハ東京大学法学部若クハ司法省法学校ニ於テ卒業シ法学士又ハ法律学士ノ称号ヲ受ケタル者及ヒ将来官立大学校又ハ官立大学校ニ準スル法学校ノ設立アル時ハ其卒業生徒ノ学位ヲ有スル者ヲ包含シテ謂フ

・二種ある代言人——法学士号の有無による区別

ところが「代言人」については、「説明」はこれを二種からなるものとし、第一種を「法学士ニシテ代言人ト為リタル者」（以下、「法学士の代言人」[44]とも呼称する）と、第二種を「従来司法省ノ試験ニ及第シ免許ヲ得テ代言人ト為リタル者」（以下、「免許代言人」とも呼称する）と、それぞれ定めた。

この分類の趣旨は、両タイプの代言人において「其学識大ニ懸隔」しているとの認識に基づき、「本規則ノ目的トスル所ハ主トシテ法学士ニシテ代言人ト為リタル者ニ在リ」との、判事任用時における両者の差別的な扱いを進めることにあった。つまり司法省の挙行する代言人試験に合格したという資格は、代言人という名称において同一であっても、「法学士」（の代言人）に匹敵する「学識」を備えた者、とは決して見做されない構造があった。そして司法省の意図するところは、前述のとおり、まずはこの「法学士」と「法学士の代言人」たちに対し無試験による判事登用の途を開くことにあった。

確かに「説明」は続けて、司法省の側には判事詮衡方法の制度化を契機として、当時の代言人試験をいっそう厳密にしてゆこうとの改革意志もあったことを伝えてはいる。(45)だが結局は、官立法律学校出身者であっても法学士（法律学士）号を得られなかった代言人——東大法学部別課法学科や司法省法学校速成科の出身者——や「免許代言人」は、司法省の企図した制度趣旨においては「第一種ノ者ニ相当スヘキ資格アルニ非レハ之ヲ選抜セサルモノ」とされていた。後述するように、「規則」第二条第二項には、彼ら「其他ノ代言人」を判事に採用する枠が規定されていた——五年以上の実務経験と「学識経験卓絶ナル者」（本文後述）——にもかかわらず、司法省の思惑は異なっていた。なぜこのような齟齬が生じたのか。

・試験及第者の射程——非法学士（非法律学士）たち

そもそも試験合格を果たして登用される場合、そこにどういった受験資格者が想定されていたのか。「説明」によれば、それは「東京大学法学部別課生徒司法省法学校速成生徒ヲ始メ凡ソ法学ヲ修メ法律ヲ知リ判事タラント欲スル者」であったが、彼らはあくまでも「判事定員ノ補欠ニ要スル人員」として募られるのであった。このことに関連し、試験合格後御用掛（見習い）として任用される期間を定めた前掲の第二条の規定趣旨につき「説明」には次のような件があった。

法学士タル者已ニ学識ニ富メリト雖トモ未タ実務ノ経験ニ乏シク代言人ハ稍々実務ニ従事スルト雖トモ未タ必スシモ

裁判事務ニ練熟シリト謂フヲ得ス試験及第者ノ如キハ其学識素ヨリ未タ法学士ニ及ハス経験亦法学士ニ異ナラサルヲ以テ此三者ヲ登用スルノ際直ニ判事ニ任スルコトヲ得ス

つまり、起案者としての司法省の意思に基づけば、試験及第後であっても試験及第者は相変わらず「学識素ヨリ法学士ニ及ハス」との評価を受け続ける。もとより判事職にこれから就こうとする右「三者」に十分な予めの裁判実務経験を求め得るものではない。なるほど代言人であれば訴訟事務に通じてはいようが、それは判事の立場に立ったものではない。またこの三者の中で実務経験が皆無である法学士はその限りで試験及第者と同列に置かれていたのである。

ここで代言人から判事への直接任用を規定した前掲の第二条第二項を見る限り、「学識経験卓絶ナル者」との要件は、「法学士の代言人」と「其他ノ代言人」、それぞれ二年以上、五年以上の実務経験のある双方に係るものとして読めるが、「説明」の語る司法省側の想定する制度の射程はそれとはかなり異なっていた。すなわち「説明」には、「代言人ノ内ニハ法学士ニシテ其業ヲ務メ学識経験卓絶ナル者アルヘシ」と記されており、「学識経験卓絶ナル者」とは「法学士の代言人」のみに係るものと理解されていたのである。

そもそも当初から司法省からの上申案には、「代言人二年以上其業ヲ務メ学識経験卓絶ナル者（以下同）」とのみ記され、司法省はこの「代言人」を第一条の規定する一般的総称として理解し、これに「学識経験卓絶ナル者」と限定を付すことにより「法学士の代言人」を想定していたのである。ところが参事院は、「二年ハ短期ニ失スルノ恐レアリ故ニ判事補ヲ登用スルト同シク五年ト改ム」と修正を加え、司法省上申案での第二条第二項の「代言人」は、学士号を持たない官立法律学校卒の代言人ないしは「免許代言人」と解釈した。なぜなら参事院は続けて、「但法学士ニシテ代言人タル者ハ原案ノ通ニテ然ルヘシ」と記し、司法省の原案の文言を復活させてまで、「法学士ニシテ代言人タル者ハ二年以上」なる一文をわざわざ新たに書き加え、「規則」第二条の上掲した条文の完成を見たからである。

かくして「規則」第一条の文言を受けた第二条第二項に対する参事院の修正により、「代言人」には、ともかくも司法省が当初から念頭に置いていた「法学士の代言人」とその他の代言人（官立法律学校卒の学士号を持たない代言人と「免許代言人」）の二種があることを条文上明示することに繋がった。参事院は、「法学士の代言人」であろうとその他の代言人であろうと、実務経験期間の長短につき一定の差等を前提にしつつも、「学識経験卓絶ナル者」との要件は双方の代言人に等しく及ぶものとして理解していた。これに対し司法省の上申案（原案）は、あくまで「法学士の代言人」を判事に直接任用するとの原則的思考に発しており、その他の代言人からの登用は例外的な位置づけにとどめようとの意図であった。

要するに、司法省の制度趣旨を検討する限り、導入時の判事資格認定の基準については、その測定すべき「学識」は二重構造を成していた。その上級のもの（いわゆる「第一種」）は、無試験にて御用掛（見習い）ないしは判事試補[46]に任用される資格としての、いわゆる後の「帝大法科特権[47]」を形作っていった。そして彼らこそが、新時代を担う「学識」ある判事の第一の供給源と見做されたのである。

その一方で、官立法律学校卒ではあるが学士号（法学士・法律学士）を持たない者や、主に私立法律学校にて「凡ソ法学ヲ修メ法律ヲ知リ判事タラント欲スル者」（いわゆる「第二種」）は、たしかに登用試験合格によって判事職に相応しい学識と人格とを認定されるものの、彼らはあくまでも欠員が生じた際の補充人材の供給源として位置づけられていたのである。

・〔補論〕　司法省法学校生徒の代言人資格要件の拡大と判事登用規則

法律職に関する国家による資格認定制度の導入は、判事に先駆けてまず代言人について始まった。明治九年二月二二日の司法省甲第一号布達「代言人規則」は、その第一条に示すように、「凡ソ代言人タラントスル者」を一般的な名宛人とする準則であった。志願人の条件に関わりなく均一の「検査（試験）」方法を定めるその方針は、「基本的」には同一三年五月一三日の司法省甲第一号布達「改正代言人規則」にも踏襲された。

　だが右の原則は、明治一二年五月一九日の司法省丙第七号達により例外が設けられる。同達は、「文部省所轄東京大学法学部ニ於テ法律学卒業ノ者該校ヨリ受タル卒業免状ヲ証トシテ代言営業出願」をする者については、代言人規則第二条中、第一項「布告布達沿革ノ概略」、第二項「刑律ノ概略」、第三項「現今裁判上手続ノ概略」のそれぞれに通じているか否かの「検査（試験）」を免除すべき旨定めた[48]。これは同年二月の内務省甲第三号布達（「医師試験規則」）がその第三条で、「日本官立大学」、すなわち東京大学（医学部）、あるいは「欧米諸国ノ大学校」の医業卒業証書を得た者については、試験を経ることなく医師免許資格が与えられる旨規定していたことに呼応し、「法学部卒業ノ者モ同様ノ振合ニ相成度事ト思考シ」、同年三月二七日付で文部大輔田中不二麿から司法卿大木喬任宛に求められた処置であった（なお、明治一六年七月に設置された東京大学法学部別課法学科卒業生にも、同一七年一一月より代言人免許が与えられたことは、註（42）を参照せよ）。

　翌一三年一一月二九日の司法省丙第一六号達は、右に述べてきた同省丙第七号達を改正し、法学士の代言免許申請については、「改正代言人規則」中出願期月を定めた第一七条と、試験科目を定めた第一八条にそれぞれ「関セス」免許状の授与が認められることとなり、ここに代言人資格認定についての一般則とその例外的取扱いの二元的体制が確立してゆく。

ここで特記すべきは、文部省から法学士の無試験の扱いを求められた司法省は、司法省法学校にて「即今法律学就業ノ生徒モ卒業ノ上ハ」、試験を要さず代言人免許が与えられるべく太政大臣に明治一二年四月七日付で伺い出ていることであろう。[49] しかもその四日後、司法省は先の伺文内の「当省法律学就業ノ生徒」とは、「仏国法律学生徒」ではなく、「十年九月ヨリ募聚イタシ専ラ現行ノ諸法律及諸規則ニ拠リ裁判実際ノ方法ヲ修業サセ有之生徒ノ儀」であることを確認している。すなわち司法省の目論見では、正則科ではなく速成科生徒をも念頭に置いた代言人資格付与制度であったのである。だが、先に掲げた同年五月一九日の司法省丙第七号達の文面からは、当面は法学士のみが対象となる制度として成立したことが印象付けられる。

この一方で司法省法学校正則科を成業して法律学士の称号を得た者については、前述の通り、司法省は「判事登用規則」においてこれを法学士と同様の扱いの下に置き、無試験にて判事に登用する途を開いた。実はこの判事についての処置が波及し、代言人についても、法律学士の称号を得た者とただ成業証書を得ただけの者とを問わず、無試験でいつでも資格の付与が認可される手続きを生み出したと言われている。これは布達や達という形で明示されることなく、上述の明治一三年司法省丙第一六号達に準じる趣旨で、同一九年二月より実施されたらしい。[50]

なお、上述した司法省法学校速成科卒業者に対する代言人資格の付与は、明治二〇年一二月一三日の司法省訓令第二六号で漸く明文化した。既述のとおり、同一二年時に確認された事柄が成文として規則化するまで、どうしてこれほどの時間を要したのかの詳細は不明だが、これについては、司法省が、「変則卒業の者に就ては秘して之を発布せざりき当時変則卒業の者は皆十四五円乃至二十円の月給にて司法省に出仕せるを以て無試験にて代言人たるを得しめば続々辞し去らんことを恐れた[51]」ためである、との説明が為されている。

表２「判事登用試験体制」一覧

	施行日（筆記試験）	募集人員	合格者数	内訳・他註）
第１回	明治18年８月１日	30名	３名	明：２　速Ⅱ：１
第２回	明治19年11月１日	30名	35名	明：６　東専：２　速Ⅱ：23　代言人：１　不明：３
現任者	明治20年１月７日	—	299名	（現任者に限る）
臨時	明治20年６月１日	—	77名	速Ⅲ：62（別課：12、不明：３）
第３回	明治20年10月１日	—	268名	現任・非職司法官吏：219　他：49

註）表内の略語は以下の通りである。明：明治法律学校、東専：東京専門学校、速Ⅱ：司法省法学校速成科第２期（明治13・３～16・７）、速Ⅲ：司法省法学校速成科第３期（明治16・７～20・10）、別課：東京大学法（政）学部別課法学科（明治19・４に司法省法学校速成科Ⅲに合併）なお、表中「第１回」「第２回」及び「臨時」のそれぞれの試験合格者氏名等については、本書巻末資料編に掲げる。併せ参照されたい。

(3)　いわゆる「判事登用試験体制」について

明治一七年一二月二六日に制定された「判事登用規則」は、同二〇年勅令第三七号「文官試験試補及見習規則」（同年七月二三日公布・翌二一年一月施行）により、丸三年の施行期間を経て廃止される[52]。本章では、いわゆる「判事登用規則」の下に司法官のリクルートが展開した時期を、以下、いわゆる「判事登用試験体制」と仮称し、その概要をここに素描しておこう（表２「判事登用試験体制」一覧を参照のこと）。

・第一回・第二回・第三回判事登用試験

第一回の判事登用試験については、明治一八年一月二〇日の「試験出願人心得」（司法省甲第二号告示）により試験実施の要領と願書の書式などを含む受験手続きが、五月二七日付で試験科目（司法省甲第四号告示）がそれぞれ発表され、七月七日には試験委員長と委員が決定する（表３「判事登用試験委員」一覧を参照されたい。以下同）。そして八月一日から実施された試験の合格者は、募集人員三〇名のところ三名であった（各人については次節にて詳述する）。

次に第二回の判事登用試験については、翌一九年五月三日に「試験出願人

表３　判事登用試験委員一覧

委員氏名	職掌・所属等 [1]	専修外国法 / 出身校 [2]	試験施行前後出講先法律学校 [3]	判事登用試験 [4]				
				第１回	第２回	現任 [5]	臨時	第３回
西　成度	判事、大審院刑事第一局長、東京控訴院長			◎	◎	◎	◎	
南部　甕男	司法大書記官、民事局長			○	○	○		◎
栗塚　省吾	司法少書記官、翻訳課長	仏法 / 司・正・Ⅰ	東大法	○				
菊池　武夫	司法少書記官、司法大臣秘書官	英法 / ボストン大	英吉利＊、東大法	○	○	○		
横田　國臣	司法少書記官、刑事局長心得		東大法	○				
岡村　輝彦	判事、横浜始審裁判所長	英法 / ミドルテンプル	英吉利＊、東大法	○				
加太　邦憲	司法権少書記官、学務課長	仏法 / 司・正・Ⅰ	司法学	○				
河津　祐之	司法省刑事局長	仏法 /（洋書調所）			○	○		○
井上　正一	司法書記官、文書課長、民事局	仏法 / 司・正・Ⅰ	明治、司法学		○	○	○	
宮城　浩蔵	司法省参事官、民事局	仏法 / 司・正・Ⅰ	明治＊		○	○		○
江木　衷	司法省参事官、刑事局	英法 / 東大法	英吉利＊		○	○	○	○
山田喜之助	検事、東京控訴院	英法 / 東大法	英吉利＊、東京法			○		○
古賀　廉造	検事、東京始審裁判所	仏法 / 司・正・Ⅱ				○		○
光妙寺三郎	検事、刑事第二局	仏法 / パリ大	明治＊			○	○	○
倉富勇三郎	判事、東京始審裁判所	仏法/司・速・Ⅰ				○		○
津村　董	判事、東京控訴院	仏法 / 司・速・Ⅰ				○		
内藤　直亮	判事、東京始審裁判所	仏法 / 司・正・Ⅰ	明治			○		○
熊野　敏三	司法省参事官、民事局	仏法 / 司・正・Ⅰ	明治＊				○	○
柳田　直平	判事、東京始審裁判所	仏法 / 司・速・Ⅰ					○	
飯田　宏作	検事、東京始審裁判所	仏法 / 司・正・Ⅰ					○	
山下雄太郎	司法省参事官、民事局	英法 / 東大法						○

註1）『官報』記載の肩書き等を参考にして作表した。
　2）略記例：司法省正則科第１期→司・正・Ⅰ
　3）略記例：司法学→司法省法学校、東京法→東京法学校（官立）、＊→創立者、校員
　4）◎：委員長
　5）網掛け欄：第２回の委員長・委員が重任したと思しきもの、白色：口述試験委員として名の挙がる者

心得」（司法省第一号告示）、八月一一日に試験委員長と委員が決定し（同前表参照）、同月二五日に試験科目が発表される（司法省第三号告示）[53]。そして試験は一一月一日より実施され、翌一二月九日、募集人員三〇名のところ三五名の合格者氏名が発表された（この合格者氏名等については本書巻末の資料編に掲出する）。

そして第三回の判事登用試験だが、これについては前二回には見られた「試験出願人心得」の告示が確認されず、明治二〇年三月一日に試験科目が発表され（司法省第五号告示）、同年八月一日に試験委員長と委員が決定し、一〇月一日に司法省で筆記試験がおこな

われるが、受験者のうちには現任の「判事補、検事補等」がかなりの割合を占めていたと見られ、彼らは東京外の各地の控訴院に集められ、そこで口述試験のみが課せられたと思われる。(54) その結果、第三回判事登用試験は全体で二六八名の合格者を得たが、このうち「司法属判事補検事補勧解吏書記及非職者等」(以下、司法官吏とも総称する)が二一九名、残り四九名が「司法部外」からの合格者、(55) すなわち私立法律学校出身者であったものと推測される。

以上の三回の試験は、いわば「判事登用規則」の制定趣旨に則って、これから司法官職を目指す若き法学徒に門戸を開くものであったはずだが(そのほとんどは私立法律学校所属の者であったろう)、その実際は、第二回においてすでに、第三回においてはさらに多数の、現職の司法官吏を受験生のうちに含んでいたことに注意しておきたい。というのも、次に記述するように、司法省はそうした現任者や司法省法学校速成科生徒を対象とした「判事登用試験」を別途、計二回に亘って催しており、この事実は同試験の性格付けについてかなり大きな意味を持つものと考えられるからである。

・現任司法官吏を対象とした判事登用試験

前述の第二回の判事登用試験実施の告示後、明治一九年五月二一日、「現任判事補検事補及書記試験出願心得」が告示される(司法省第三号訓令)。司法大臣山田顕義の訓令文には「明治一七年太政官百二号達ニ基キ判事登用ノ為メ当省ニ於テ来ル一一月一日ヨリ試験挙行候旨本年五月第一号ヲ以テ告示候ニ付テハ現任判事補検事補及書記ニシテ志願ノ者ハ左ノ心得書ニ拠リ在官ノ儘本省所轄控訴院若クハ始審裁判所ニ於テ筆記試験ヲ受ルコトヲ得但口述試験ハ本省ニ於テ之ヲ行フ」と見え、この現任者を対象とした試験が第二回の判事登用試験の枠内でおこなわれる旨が明示されている。このことは二一日の右「心得」第五条に「此心得書ニ記載セサル廉ハ本年五月司法省第一号告示ニ依ル儀ト心得ヘシ」とあることからも分かるし、試験委員長や委員についての特段の決定も為されていないことから、上述の八月一一日のメンバーが少なくとも筆記試験の出題までは担当したと思われる。

ただしこの試験は現任の司法官吏を対象としていたため、試験地を東京では司法省に定め、それ以外は各地の裁判所において、裁判所長、検事長、上席検事などの監督下に、翌二〇年一月七日に実施された。[56]またその後の口述試験についても、新潟・長野両始審裁判所へ井上正一と江木衷、宮城・函館両控訴院へ山田喜之助と古賀廉造、大阪・名古屋両控訴院へ光妙寺三郎と倉富勇三郎、広島・長崎両控訴院、岡山始審裁判所、山口始審裁判所赤間関支庁へ津村董と内藤直亮が、それぞれ三月一日付で派遣され各地方を巡回した。早いところでは同月下旬、場所によっては翌月中旬に至るまで地方での口述試験は続いたと見える。[57]合格者は、三月七日付、四月九日、同月二九日付の『官報』に人数のみ分載、発表され、合計二九九名を数えた。[58]

現任者を対象としたこの試験は、事柄の性質上、第一回・第二回の判事登用試験で踏まえられた中央官庁直轄の斉一した厳格な試験管理体制を採り得ず、筆記試験問題は司法省から各地に下付され、答案は各地で取り纏められて司法省に送致された。また試験委員も一部の重複が認められるものの、筆記と口述では異なる人員配置を採用せざるを得なかったものと思われる。[59]

・司法省法学校速成科修了予定者を対象とした臨時判事登用試験

前述の第三回の判事登用試験科目が発表された丸一月後、すなわち明治二〇年四月一日付けで、司法大臣山田顕義は、「本省法学生徒修業満期ニ付明治十七年太政官第百二号達ニ基キ本年六月一日ヨリ右生徒ニ対シ臨時ニ判事登用試験ヲ挙行ス」と告示した（司法省告示第七号）。この「生徒」とは、司法省法学校速成科第三期生（明治一六年入学―同二〇年一〇月修了）を指す。早くも同二〇年四月二一日付けで試験委員が決定し（同前表参照）[60]、六月一日より四日まで筆記試験が、その合格者に対し翌月一日から九日まで口述試験がそれぞれおこなわれ、七七名の合格者を得た[61]（この七七名の氏名等は、本書巻末の資料編に掲出する）。

以上概観したとおり、判事登用試験は計五回に亘って施行されたものの、施行主体である司法省の度々の方針の変更の下に、その施行方法は一様ではなかった。なお、「判事登用試験体制」をめぐる総体的な評価は本章の結論にて再論するつもりだが、それらが一貫して近代法学識を問う新しい方法と技術に基づいていたことの意義を、次節において、第一回判事登用試験の実施経緯やその構想準備の分析をふまえ検討してみよう。

（1）　横山鉱太郎は、慶応三年一月三日生まれ。本籍は東京府豊多摩郡。明治二五年に帝国大学法科大学を卒業し、司法官試補として八王子区裁判所に勤務。その後、大阪区裁、地裁の判事、検事を勤め、同三一年、弁護士登録、大正一〇年、東京控訴院検事、同一二年に判事に転じ同院部長に任じられる。同一四年には横浜地裁所長に就任、昭和二年五月に非職扱いとなる（高等官二等）。以上、『帝国法曹大観　改訂三版』（一九二九年）（『日本法曹界人物事典』の第三巻として、ゆまに書房から一九九五年に復刊）、二九二頁。

（2）　横山鉱太郎「忘れたま丶を」（『法曹会雑誌』第一六巻第一二号、一九三八年）、九七頁。

（3）　同右、九四頁。『司法省職員録』（明治一一年三月改）には、松山裁判所判事補として彼の名前を見出すことができる。

（4）　『司法省職員録』（明治一五年二月改）では、安濃津始審裁判所検事補とある。

（5）この上席検事は、武内維積であろう。明治一四年八月二二日に就任し同一六年一月一八日に退任している。司法省編纂『司法沿革誌』（法曹会、一九三九年）、六九六頁。

（6）公布された旧刑法・治罪法の二つの法典は、当時の新聞各紙がその一面で、それぞれ四三〇カ条、四八〇カ条の全条文を余すところなく数回に亘って分載した。当然、当時の一般大衆の目にも触れることとなり、実際にきちんと読まれてもいた。当時、慶應義塾に学ぶ一塾生の日記にそのことが記され（松崎欣一解題『森田勝之助日誌』慶應義塾福澤研究センター資料一、一九八五年、同「明治十年代前半期における慶應義塾の塾生生活（上・下）」『史学』第五二巻第三・四号、一九八三年、第五三巻第一号、一九八四年）、彼は、旧刑法については二日間・計五時間を、治罪法については四日間・計七時間以上をかけて読了している。新法の公布は確かに耳目を集めるニュースであった（拙稿「明治期一塾生と近代法の接点」『慶應法学会ニュース』第二〇号、一九九〇年、五頁以下）。

（7）（8）『法律新聞』第一七七号（一九〇三年一二月五日）、二六頁。

（9）本文引用の回顧談中には、「其内に愛知裁判所が置かれて」とある。芹沢は明治九年五月二九日付けで「愛知裁判所在勤被仰付候事」、同日、併せて「愛知裁判所長被仰付候事」との辞令を受け（『司法省日誌』第六六号、一八七六年、一六頁）、司法省七等判事となる。ここに愛知県の官員を離れ司法省設置の府県裁判所判事としての彼の身分が確立したと言えよう。なお、この芹沢の例もそうだが、司法省が府県毎に設置したという意味での府県裁判所と、府県庁に未だ司法事務が委ねられおりそれを指す府県（の）裁判所でありながら、司法省が便宜上「府県裁判所」と称していたものとが混在していたことは事実である（参照、加藤高「明治前期、司法官任用制の一断面――明治十年、広島裁判所の場合」『修道法学』第二三巻第二号、二〇〇一年、とくに二三七頁以下）。芹沢の言う「愛知裁判所」とはこの後者が前者の位置づけを得たものであると考えられる。

（10）菊山正明『明治国家の形成と司法制度』（御茶の水書房、一九九三年）、二五〇頁以下に詳しい。

（11）この「ボアソナードの二回講義」とは何か。「仏国民法契約編　第二回講義」であろうか。あるいは「法律大意第二回講義」であろうか。前者は、明治九年四月に始まる司法省法学校速成科において、同一一年二月から翌年四月まで全八六回に亘りおこなわれた講義であり、岩野新平他筆記の同一三年四月司法省蔵版の刊本が存在する。また後者は、やはり司法省法学校速成科の第三期生に向けて、同一六年一〇月一〇日から同月三一日までおこなわれた全八回に亘る自然法・フランス民法入門の講義である。同年に一瀬勇三郎他筆記・司法省第七局から出された刊本が残されている。いずれも司法官の短期養成を目指した速成科における講義筆記であり、それらが当時すでに現場に配置されていた司法官たちにも配付され「新しい」法律思想の学識の移植に用いられたことが知られる。

(12) おそらく司法省法学校正則科第一期生に向けて明治七年四月からおこなわれた、自然法・フランス民法への入門講義の筆記を指すものと思われる。同一〇年に井上操筆記・司法省蔵版『性法講義　完』がある。であれば前註で触れた芹沢の言う「ボアソナードの二回講義」とは「仏国民法契約編」の方であろうか。

(13) 芹沢の回顧する対象時期には、明治三年から七年にかけて文部省から刊行された全四〇冊に上る和装本の『仏蘭西法律書』、ならびに同八年四月に大蔵省印書局から出版された刊本上下二巻からなる『仏蘭西法律書』があった(これは同一一年、一三年版があるようである)。以上の二者は憲法以下六法を含む内容となっており、芹沢の言う「仏国六法」とはこれらの資料を指したのであろう。なお、同八年一二月に文部省から和装の『仏蘭西法律書』が出版されるが、こちらには憲法は含まれていない。野田良之「明治初年のフランス法研究」(『日仏法学』第一号、一九六一年)参照。

(14) 明治七年二月二七日の司法省第三号布達には、いわば地方官が裁判事務を兼ねていた時期に、地方官において裁判事務そのものの実務的専門性を担保するために、裁判官の派遣など司法省に助力を願い出たものの聞き入れられず、逆に地方官の役人を裁判の実地訓練に赴かせよとの内容が示されている(「当省官員ノ内訟獄事務慣練ノ者譲受任用致シ度旨諸県ヨリ往々申立ノ向モ有之候処当省ニ於テモ予備ノ官員ハ無之ニ付一々其求ニ応シ兼候乍去聴訟断獄事務ハ固ヨリ当省ノ主任ニ有之上ハ今後右慣練ノタメ掛リ官員差出シ実地事務見習ハセ度者ハ差許シ可申候間別紙規則之通相心得当省へ可申出候条此旨相達候事」)。

ここには、多様な状況下にある裁判の実務的日常性が、各地において、しかも統一的に形成されるためのプログラムが司法省によって提示されているといえよう。それらの実践は、まさにこの直後の時期から本格化する我が国の近代立法の「精神」を盛り込むための、司法のいわば「身体的」環境を意味していたのである。

(15) たとえば、『帝国法曹大観』(一九一五年)(前掲『日本法曹界人物事典』の第一巻、一九九五年として復刊)にあがる、特に「司法省」および「法律取調委員」の項を参照されたい。

(16) 手塚豊『明治法学教育史の研究』(慶應通信、一九八八年)、一〇八頁以下。

(17)(18) 本書、第六章を参照のこと。

(19) 本書、第五章を参照のこと。

(20) 本書、第二章を参照のこと。なお、宮武外骨「裁判官を誹謗すと」(『新旧時代』第一年第八冊、一九二五年)には、高知裁判所が判決文中、「新聞条例」と記すところ「新条例」と誤記し、それをそのまま「土陽新聞」が掲載したところ同裁判所から訂正の連絡が入ったが、同新聞社はその正誤を掲載するについて掲載料を裁判所に求めた、という事例が掲載されている。尤も宮武が指摘する問題は、この事実を評論した「問答新聞」仮編集長がその記事の末尾に「又裁判官モ至重ノ宣告書ニ脱字アルヲモ知ラサルアラハ又或ハ裁判上ニ誤ナキヲ保チ難タシ」と記したことに対し、明治一一年五月三一日に東京裁判所はこれを讒謗第四条の官吏職務に対する譏毀として有罪認定した点にこそあった。

(21) 明治五年八月の「司法職務定制」中「第五章判事職制」には、第二〇条として、「正権大中少」の判事、解部、属がそれぞれ規定された。同条はまたそれらの職掌の内容につき定め、最後者の属は、「事ヲ判事ニ受ケ文案ヲ抄写シ簿書ヲ管主ス」とし、その書記官・事務官的職掌は判然とはするが、前二者のうち判事を「法律ヲ確守シ聴断ヲ掌リ稽滞冤枉無カラシムルノ責ニ任ス」、解部を「各裁判所ニ出張シ聴訟断獄ヲ分掌ス」とそれぞれ規定する。判事、解部とも裁判に直接に関わる職務であることは了解されるが、その職務の厳密な内容的境界がどのようなものであったのかは必ずしも明快ではない。この意味で霞信彦「近代解部考序論」(『法学研究』第七九巻第九号、二〇〇六年)は、近代期の解部(霞氏の言う特に「司法省解部」)の実態解明に先鞭をつけた先駆的業績であるといえよう。

(22) 当時、判事に民事か刑事かの専門の別があったのかは判然としないが、前註で言及した「司法職務定制」の第二〇条には、判事は「各裁判所ニ出張シ事務ノ繁簡ニ因リ聴訟断獄ヲ分課ス」とあり、この限りでは、裁判事務の状況に応じて民、刑双方を担当することもあったのであろう。例えば明治五年九月から司法省七等出仕として東京裁判所に勤務し、同九年から翌年にかけて大審院民事課に所属する判事であった三島中洲の手許には、当時の裁判実務にあたる判事が備忘のために認めた「手控」や「民刑法律聞見随録」といった資料が残された。前者を紹介した福島正夫(「在朝法曹期の三島中洲」『福島正夫著作集・第一巻・日本近代法史』勁草書房、一九九三年)や後者を紹介した村上一博(「明治初期における一裁判官の法意識——三島中洲の『民事法律聞見随録』と質地論」『明治大学社会科学研究所紀要』第三二巻第二号、一九九四年)によれば、それぞれに収録されるメモ類はほとんど民事関連の情報であるが、村上一博「明治初期の裁判基準——二松学舎創立者・三島中洲の『手控』を手掛かりに」(『日本文理大学商経学会誌』第一一巻第一号、一九九二年)、九五—一三五頁に復刻される三島の「手控え」には刑事関係の多くの布告、達類のメモ書きが残されており、霞信彦「新治裁判所在勤・司法権少判事三島毅の一側面」(戸川芳郎編『三島中洲の学芸とその生涯』雄山閣、二〇〇一年)では、府県裁判所裁判官であった三島が、刑事裁判官としても綿密な法適用に勤しんでいた姿が描写されている。

(23) 同条内には、書記官(庶務)や会計官(出納)などに「志」ある者についても、実地に試験がおこなわれる旨が記されている。これは明らかに、明治五年八月の「司法職務定制」にて定められた「府県裁判所分課」において、その事務を「聴訟」「断獄」「庶務」「出納」なる四課に分けたことに遡る裁判所採用人事の種類化・個別化が図られたことを意味するものであろう。また、この技能試験方法が導入されたほぼ三カ月後、明治八年五月四日の太政官第七三号布告により「正権大中少判事及ヒ解部」が廃止され、代わって「判事(一等—七等)」と「判事補(一級—四級)」の職が設置され、さらに一等判事から第四級判事補まで、一等から一二等までの同一の官等体系の内に定められる。すなわち本文で論じた「聴訟」「断獄」の二課についての試験とは、判決案の起草を通して候補者の適性技能を試すというその趣旨から、まさしく「裁判官」——「判事」・「判事補」両職位に通底する——資質を測り出すためのものであったことが分かる。

(24)　「各裁判所定員ノ儀并交代及ヒ試験方法改正之儀決議案」と題するこの文書は、司法省朱の一三行罫紙が用いられ、「(渡辺)驥」「青山(貞)」「早川」「中田」の認印が見られるものの、日付や作成者・作成機関などの記載は存在しない。尤もその内容からの作成時期の考証は可能である。同資料内で裁判官や職員などの「交代」について触れた箇所に、辞令文言は「何裁判所何級判事補」、「何裁判所属及ヒ出仕」とすべきであることが決議されているが、この「何級判事補」の職名は「何等判事」のそれとともに、前註所掲の明治八年五月四日の太政官第七三号布告によって定められ、同一〇年六月二八日の太政官第四六号達によって廃止されたものである(本文に挙げた箇所も試用期間中は等級を定めない旨提言したものである)。また文書内に数回言及される「上等裁判所」も、明治八年五月八日の司法省達第一〇号達、「司法省及検事並大審院諸裁判所職制章程」によって定まることから、本文書の成立時期は、明治八年五月四日を上限とし同一〇年六月二八日を下限とする期間であることが分かる。

(25)　宮武外骨「富籤式の官吏登用法」(『新旧時代』第一年第五冊、一九二五年)、三八—三九頁には、明治九年九月二日発行の『近時評論』第一四号に掲載された「司法省官吏登庸ノ珍聞」と題する記事が取り上げられる。その中には「従来司法省ノ制トシテ新ニ人ヲ用ヰント欲スルニハ予メ其人物ノ履歴ト学業ノ巧拙トヲ試験シテ或ハ欠員アルカ或ハ別ニ人ヲ要スヘキ時ニ逢ヘハ其内ヨリ抜擢シテ之ニ充ツルノ規則定メ」とあり、これはまさしく本文で触れた明治八年二月の司法省第三号達の趣旨であろう。そして同記事は続けて、「人民ノ該省ノ官吏ヲ希望スルモノハ予メ試験ヲ乞フモノ蟻集麕至シ当今ニテ已ニ試験済ミニ成リシモノ数百人ノ多ニ至リシ由」と記すが、これも本文で言及した明治五年や同六年の達発出の背景と重なる。そこで同記事は、「然ルニ近来ノ事ナリシカ該官中一ノ欠員ヲ生シ俄ニ之ニ充ツヘキ人ヲ求メントセシカ其試験ヲ経タル人員夥多ニシテ孰レヲ取リ孰レヲ捨ツヘシトモ定メ難キカ故ニ幸ニ一奇計ヲ設ケ其姓名ヲ書記シタル木札ヲ一箱ニ入レ之ヲ混合交錯シ而シテ後チ箱ノ穴ヨリ錐ノ如キモノヲ以テ之ヲ刺シ其当レルモノヲ以テ採用スヘキモノト定メ之ヲ行フタリ其事ハ恰モ当今厳禁ナル所ノ富興行ノ方法ニ類スト云フ」と書き進むが、この欠員補充の該当者が試験合格者の内から富籤方式で選出されるとの件りが、同九年九月の東京裁判所における讒謗律第四条違反有罪宣告の対象となったのである。尤も同記事の本来の主旨は、下僚官吏の生業を欲する者の増大が、人民の独立の気力を殺ぐことになりはしないかとの記者の危惧感の表明にあったのだが、このことを裏返せば、政府による資格認定試験により官途への門戸が著しく拡張したということであろう。

(26) 外務省調査部監修・日本学術振興会編纂『条約改正関係 大日本外交文書・第二巻』(日本国際協会、一九三二年)、八頁。

(27) 同年六月には「刑法審査修正案」(四編全四三〇か条)が成立しており、井上の上申書が提出されたあたりでは、刑法典そのものではなくむしろその施行にあたっての諸規則や細則などの取調がおこなわれていた。また治罪法も同年一〇月より草案審査が始められていた(浅古弘「刑法草案審査局小考」『早稲田法学』第五七巻第三号、一九八二年、四〇四—四〇六頁参照)。なお、井上の挙げる四点のうち陪審制についてはその関連規定が治罪法草案から削除される。その経緯については、利谷信義「天皇制法体制と陪審制度論」(日本近代法制史研究会編『日本近代国家の法構造』木鐸社、一九八三年)を参照のこと。

(28) 前掲『条約改正関係 大日本外交文書・第二巻』、一〇六頁。

(29) 明治一四年三月一五日付けの駐独公使青木周蔵への訓令の中で、井上馨外務卿は、「裁判官ニ適スベキ人物ニ乏シキ」という点に諸外国の日本裁判権案への反対の起点があるとして、この前年には強く拒否していた混合裁判所を受容する意向を示した(藤原明久『日本条約改正史の研究』雄松堂、二〇〇四年、三六頁)。なお、本章で用いる「混合裁判所」の概念は、「裁判所所在国人たる裁判官と外国人たる裁判官とによって構成される裁判所」ほどの広義において用いる(末川博編『新訂法学辞典』日本評論社、一九五六年)。

(30) 本文以下、前掲『条約改正関係 大日本外交文書・第二巻』、六九九頁からの引用。

(31) 利谷信義「日本資本主義と法学エリート——明治期の法学教育と官僚養成㈠・㈡」(それぞれ『思想』、四九三号・四九六号、一九六五年)。

(32) 前掲『条約改正関係 大日本外交文書・第二巻』、二六二—二六三頁、二八一—二八二頁。

(33)　前掲『条約改正関係　大日本外交文書・第二巻』、五一八頁。なおその経過については、藤原前掲『日本条約改正史の研究』、五百旗頭薫『条約改正史――法権回復への展望とナショナリズム――』（有斐閣、二〇一〇年）なども参照のこと。

(34)　犬塚孝明『森有礼』（吉川弘文館、一九八六年）、二一四―二一五頁。

(35)　前掲『条約改正関係　大日本外交文書・第二巻』、二六三頁。

(36)　『東京大学百年史　部局史二』（東京大学出版会、一九八六年）、二〇―三二頁に挙がる、明治一一年から一五年までの卒業生の総数と、手塚前掲『明治法学教育史の研究』、五四頁に挙がるいわゆる司法省法学校正則科第一期卒業生数。

(37)　明治一六、七年の法学士数計一四名と同一七年の司法省法学校正則科第二期卒業生数のうち法律学士授与者三三名（手塚前掲『明治法学教育史の研究』、八三頁）の合計、四七名を加えた数。

(38)　「判事登用規則制定ノ件」国立公文書館蔵『公文録』（明治一七年・第一六九巻・同年一二月・司法省一）。なお、この「判事登用規則」前後の司法官の任用制度の概観を得るには、新井勉・蕪山嚴・小柳春一郎著『ブリッジブック近代日本司法制度史』（信山社、二〇一一年）、第六章「司法官の養成」（蕪山氏執筆分）が利便である。また、明治初期からの司法官僚制の形成過程を概観する、久保田穣「明治司法制度の形成・確立と司法官僚制」（利谷信義・吉井蒼生夫・水林彪編『法における近代と現代』日本評論社、一九九三年所収）も本論と関わる視点を提示する。

(39)　とはいえ、本「規則」制定の文脈としての西洋諸国からの目は、「規則」各条の政策的背景を為していることは否めない事実である。例えば、本文で後述する判事登用資格要件につき「説明」は、「外国人ノ非議ヲ招キ司法権ニ影響ヲ及ホスノ患」を防ぐために資格要件を厳密に定めることにより、「欧米諸国ノ侮ヲ禦キ以テ司法権ノ独立ヲ隆興スルコトヲ得」と結ぶのである。

(40)　「四善」とは模範となるべき精神やおこないが示され、「操心公正」、「制行廉潔」、「学識博高」、「職務勉励」の四点が挙がる。また「十最」とは、院長・所長、検事長、民事掛判事、刑事掛判事、予審判事、検事、勧解判事、書記、会計属、付属員それぞれの立場において勧奨遂行されるべき倫理的態度が列挙され、例えば院長所長においては「法理ニ精ク事体ニ達シ明断厳粛処務整理シ所部ヲ奨励シ兼テ人望アル」ことを、検事長においては「法令ヲ遵奉シ所部ヲ監視シ明敏勇毅能ク職務ヲ尽シ兼テ人望アル」ことが求められ、さらに民事掛判事は「聴訟聡敏與奪理ニ当リ判文申暢ナル」こと、そして刑事掛判事は「審理情ヲ尽シ裁決法ニ適シ判文申暢ナル」ことなどが勧められる。最後に「三殿」とは戒められるべき態度であり、「愛憎情ニ任セ処断法ニ違フ」、「公ヲ忘レ私ニ徇ヒ職務廃闕アル」、「諂諛名ヲ求メ巧詐貧汚ナル」の三点が明示される。

(41) 一〇項目からなるそれらは、「丁年未満ノ者」「品行方正ナラサル者」「身代限ノ処分ヲ受ケ負債ノ弁償ヲ終ヘサル者」などのほか、懲戒免職を受けた者、刑事犯として処罰された者などを列挙する。

(42) これは東京大学法学部に明治一六年七月に設置された別課法学科のことである。この別課設置の趣旨は、邦語を以て法律学を教授するところにあり、「正規」の課程が外国語で法学教育をおこなっていたこととは異なる編成であった。入学者は同年に三一名、翌一七年に五四名が入学したが、同一八年四月に廃止することが決定され新規募集は停止される。同年一二月の法政学部の設立とともに、当時の別課法学科生徒計六九名(氏名等不詳)は司法省へと転属させられた。なお同一七年一一月より、この別課法学科卒業生にも卒業による代言人の資格授与が為されていた(『東京大学百年史　通史一』(東京大学出版会、一九八四年)、四五九頁以下。

(43) この引用文中に明らかなとおり、司法省法学校正則科を成業(卒業)するだけでは受験免除は与えられず、法律学士号を取得することが要件とされていることに注意したい(ちなみに正則科第二期生は、卒業総数三七名中三三名に法律学士の称号が授与され、残り四名についてはただ「成業証書」のみが授与されたとある。手塚前掲「司法省法学校小史」、八三頁)。この意味で、奥平昌洪『日本弁護士史』(巌南堂書店版、一九七一年)が、「一七年一二月に発布せられたる判事登用規則に拠れば明法寮及び司法省法学校正則成業の者は東京大学法学部卒業の者と同様無試験にて判事に採用せらるることと為りたる」(五七一頁)との理解を示していることには疑問の余地が残る。

(44) 「規則」第一条には「法学士代言人」とあるが、これは本文で既述したように「法学士」と「代言人」に分けられる。ここで「法学士ニシテ代言人」という表現が現れるのであるが、以下これを区別して「法学士の代言人」と称することにする。

(45)「説明」には「今後尚ホ一層其試験ヲ厳密ニシ学識ニ富メル者ヲ得テ代言免許ヲ与ヘント欲ス」との一文が確認される。このような動向に呼応してか、従来代言人試験では、専ら擬律擬判、すなわち「事例」問題が出題されていたところに、明治一八年八月から法理問題（いわゆる一行問題）が加えられ、出題方法に変化が見られた（大阪弁護士会編『大阪弁護士史稿』一九二七年、四一〇頁以下）。こうした変化は、本文にて後述する如くの判事登用試験の内容に呼応して生じたものであることは容易に推測できる（本章第二節で論じる）。なお代言人試験の変遷については、村上一博「試験問題からみた代言人像の変遷」（『民衆史研究』第七八号、二〇〇九年、三―二〇頁）が詳しい。

(46) 蕪山巌『司法官試補制度沿革』（慈学社、二〇〇七年）に制度的観点から詳述される。参照されたい。

(47) 竹中暉雄「帝大法科特権論考」（『桃山学院大学人文科学研究』第一三巻第一号、一九七七年）、同「国家試験制度と『帝大法科特権』」（『帝国議会と教育政策』思文閣、一九八一年）。本章後半部において再論する。なお、結の註（4）も参照のこと。

(48)『法令全書』（明治一二年）、一一三〇頁に挙がる同達文には誤植が見られる。そこでは、本文に挙げた三項目に「係ル検査ヲ須ス」とあるが、この「須ス」は「須サス」か、あるいは「要セス」とされるべきであったと考える。次註に挙げる公文録内に収められる同達制定過程の文書には、「要セス」と明示される。

(49)「東京大学法学卒業生徒へ代言免状授与ノ件」（国立公文書館蔵『公文録』明治一二年・第一二五巻・同年五月・司法省一）。

(50) 奥平前掲『日本弁護士史』、五七一―五七二頁に触れられるように、確かにこの処置についての明文の根拠を現時では見出していない。

(51) 同前、五七三頁。

(52) 安原徹也「明治憲法体制成立期における司法官任用制度の形成」（『史学雑誌』第一二〇編第八号、二〇一一年）

は、明治一〇年代から二〇年代にかけての司法官任用システムの変遷とその確立について、政策論や法学教育史的背景から丹念に叙述した労作である。参照されたい。

(53) この試験の合格者、司法省法学校速成科第三期卒の柳沢重固は、第二回判事登用試験がおこなわれるに際し、「我々生徒一同は在学の儘応募を許された。在学生徒の殆ど全部が試験願を差出した」と述べている（手塚前掲「司法省法学校小史」、一三四頁。なお、同書一三八頁にかけて、判事登用試験の施行経過が合格者の懐旧談や当時の新聞から再現されており、本文以下において適宜参照し用いるが、それらの細かな日付の齟齬については、官報上の日付を公式のものとして採用した）。

(54) 前掲『司法沿革誌』、一〇五―一〇六頁。

(55)『官報』第一三四五号（一八八七年一二月二一日）、二一七―二一八頁。なお、この数値の中に、本文で後述する「私立法律学校特別監督条規」の適用を受けて、いわゆる「監督試験」に及第した一八名に上る私立法律学校卒業生が含まれることを、村上一博「私立法律学校特別監督試験をめぐる紛糾」（『法律論叢』第八〇巻第二・三合併号、二〇〇八年）の考証を踏まえ指摘したのが、安原前掲「明治憲法体制成立期における司法官任用制度の形成」、六六頁、およびそこに挙がる表1である（本章二の註（44）も参照せよ）。尤も右論文の中で安原氏は、この監督試験及第者を対象とした試験を、独立した一回の判事登用のための試験と考えておられるが、本章では、この試験が確かに司法省の臨時の処置として実施されたとはいえ、第三回判事登用試験の施行趣旨・方法・期間の枠内に位置付け得るものとして解釈する。

(56) 前掲『司法沿革誌』、一〇三頁、『万国法律週報』第一〇号、一八八七年、三〇頁。

(57) 各地裁判所の支庁では、上席判事検事による分任をも可能にした（明治一九年一一月一七日司法省第二七号訓令）。

(58)『官報』第一一二〇号（一八八七年三月二九日）、第一一二五号（同年四月四日）には、各地に派遣された試験委員の多くが二四日～二七日に帰京したことが伝えられるが、内藤は翌月一七日に帰京したとある（『官報』第一一四一号、同年四月二二日）。

（59）前掲『司法沿革誌』、一〇三頁。表3に挙げたこの試験の試験委員は、口述試験委員として各地に派遣されたとみえる（表註5参照）。
（60）第三回の現任者に対する口述試験においても、各地の試験会場には「判事、検事、参事官等」が派遣されたとあり、この限りでも、筆記試験の出題者とは異なる陣容が用意されたのである。
（61）前掲『司法沿革誌』、一〇四頁。『官報』第一一四二号（一八八七年四月二三日付）、二三三頁。及第証状は、七月一二日に授与されたとある（『官報』第一二二四号、一八八七年七月一六日付、一六三頁）。

二　第一回判事登用試験施行とその顚末

1　第一回判事登用試験の施行

(一) 試験の実施経過

(1) 新聞の伝える実施状況

明治一七（一八八四）年一二月に太政官より達せられた「判事登用規則」に基づき、翌一八年一月二四日、早速に司法省は「試験出願人心得」（以下、「心得」と略）を告示し、受験願書の受付期限を同年五月一五日までと定め、試験を八月一日から挙行する旨宣言した。

司法省は、「規則」第六条（「心得」第一条）の規定に従い、試験のほぼ二カ月前の五月二七日付けで試験科目を告示した（司法省告示甲第四号）。それらは日本刑法、日本治罪法、財産法、契約法、証拠法の五科目だったが、これらのうち当時の日本の現行法は未だ僅か刑事二法典のみであったので、それ以外はすべて仏法か英法かの選択による外国法の問題が出題されたのである。その内容の紹介や検討は後述する。

七月九日付で『官報』に試験委員が公表されたことをうけ、各紙はそのことを報道するとともに、志願者について、例えば一一日付『東京日日新聞』は「二百名の上に出でたる」ものとし、その二日後の『時事新報』は「二百四五十名に至」るとも述べ、その志願の活況ぶりを書き立てた。もっとも一六日付の『郵便報知新聞』は「其履歴書に就て謂ふるに適当の者ハ僅かに十数名なりと聞く」とも記し、その難関さを印象付けた。その一週間後、二三日付の『時事新報』には、試験委員において「試験問題は最早調へ済」となったこと記し、到来する試験当日への備えが刻一刻と報じられた。

八月一日、とうとう試験の日がやってきた。翌二日の日曜日を除き計五日間、同月六日まで続く長い判事登用試験の幕開けである。会場は「司法省第七局の講義室」(1)（『東京日々新聞』七月三一日付）であり、午前八時に集められた一一六名の志願者たちは「書籍は勿論紙筆」の携行を一切禁じられ（『郵便報知新聞』八月二日付）、極めて厳粛な管理体制下で試験を受けた。

ところが八日付の『時事新報』によれば、当初二百五、六十名にも上った志願者は、「試験の初日より大抵問題の意外に高尚なるに驚き直に願下げたる向も少なからざりしが二三日目と為りては愈々頭痛を悩みて日々三四十名宛も減少し去六日は其終結なりしが同日の受験者は僅々七十余名」にまで減ったと報じた。「高尚」な問題を前にして日を追うごとに脱落する受験生が増えてゆく様が描かれるが、その過程の実際を判事登用試験委員長西成度による「判事登用試験顛末概況（明治一八年八月一九日付）」（以下、「概況」とも略）[2]はどのように記録していたのか。新聞報道の時系列をふまえ次に再現してみよう。

(2)　「判事登用試験顛末概況」の伝える実施報告

まず「概況」はその冒頭で、判事登用試験委員長ならびに委員が選任されたことに言及する。[3]司法卿は「試験ヲ挙行スル毎ニ」、試験委員長及び委員を定めることになっており（「判事登用規則」第五条）、委員長を西成度とし、その他委員として南部甕男、栗塚省吾、菊池武夫、横田国臣、岡村輝彦、加太邦憲の計七名[4]の氏名が挙がる。「判事登用試験」が挙行された明治二〇年に至るまで、この試験委員就任の人物名はそのつど『官報』に公表されたが、それらの一覧は前出の表3に示す通りである。

次に「概況」には、これらの試験委員たちは数回の会議のうちに「試験場屋、試験行方、試験科目、答按書式、答按点検章程、及第証書書式」を決定したとある。七月九日付『官報』で公示された委員により設問が「調べ済」とされた二三日付の新聞に報道される間のことであろう。

また試験会場は、「学務課生徒自修場東西ノ二室」が充てられたとあり、午前八時から一一時に至る試験の開始と終了は「鐸」で知らされた。試験は委員交替による監視下に置かれ、「書籍書類他提携」を禁じ、[5]さらに毎日抽選により着席の席次を改めたとある。「蓋シ相識ル者相接スルノ弊アランコトヲ慮テナリ」。しかも設問は、「梓ノ上スノ例ヲ須ヒス」、すなわち印刷配付されることなく、「日毎ニ緘メ委員附ノ者ニ交付シ之ヲシテ巨箋ニ大書セシメ以テ東西ノ二室ニ掲」げられた。

では実際の試験の日程はどのように展開したのか。設問の内容は後述するが、筆記試験科目の日程は、八月一日、財産法、三日、契約法、四日、証拠法、五日、日本刑法、日本治罪法とされ、それぞれの科目毎に仏法と英法に基づく設問が用意され、受験者はそのどちらかを選択して解答することが求められた。これは「英吉利仏蘭西ニ因テ答フルハ各々其択ム所ニ任ス」とある通りである。また、「同法第一第二ヲ両様ニ因テ答フルヲ許サス」とある。これは、科目として挙がる「契約法」以下の「各法」が、フランス法、英法の別を設けるも、それぞれ二問ずつの問題が出されており、両問とも同一の外国法に準拠して解答すべき旨（＝両様ニ因テ答フルヲ許サス）を定めたものであった。答案は、字体を楷書とし、「文辞精整旨意明暢」が求められた。

さらに採点基準も「概説」の中に記され、七月二七日に裁可されたとある「科目答按点検章程」は次のように定める。

一　労力ノ程度ヲ表スル点数ハ一科目ニ二十点ヲ以テ最上ト為スコト

一　一科目ニ付十二点以上ヲ得ルニ非サレハ及第ト為サヽルコト

但教科目中他ノ科目ハ十二点以上ヲ得只一科目ノミ十二点以下十点以上ヲ得タル者ハ猶ホ合格者ト為ス

一科目二〇点配点の全五科目で計一〇〇点満点。各教科一二点以上の得点が求められるが、場合によっては一〇点でも許される。しかしそれは一科目に限られる。したがって及第するには、ほぼ六割程度の得点が要求されたのである。なお、口述試験についての採点基準は、示されていない。

実施概況の最後として、受験者数に触れておこう。前述した新聞各紙の発表では、志願者の総数はまちまちであったが、「概況」の記録では、志願（総）者は一四六名とあり、そこから、願い下げ者三五名、延着者三名を引いた一〇八名に対し「呼出状」を発したとある。この「呼出状」とは、おそらく書類審査を通過した受験者全員に対して発せられたものであり、『郵便報知新聞』が報じた「召喚状」（一八八五年七月二九日付）と同一のものであると思われるが、同紙はこれを遠隔地からの受験者に限った処置であるとしていた。また各紙は、五日間に及んだ試験日程を追うごとに受験者数が著しく減じた旨伝えたが、これについても「概況」の挙げる左の数値はかなり異なる印象を与えるものとなっている。

八月一日　応試人　九七名
同　三日　応試人　八六名
同　四日　応試人　八三名
同　五日　応試人　八二名
同　六日　応試人　八二名

確かに初日九七名の受験者が二日目には九名減じたものの、それ以降はほぼ横這いであり、報道されたほどの激減ぶりとはいえまい。内容が「高尚」ゆえに受験敬遠されたと新聞は伝えたが、その「高尚」な試験に大部分の受験者が最終日まで挑戦し続け得たのである。

(3)　実施の成果——三名の合格者

八月六日に終了した筆記試験の翌日、試験委員長の西を筆頭に委員一同が「司法省第七局（学務課）に集会して試験書類の取調に着手」した（『郵便報知新聞』（八日付））。尤も、『同紙』（七日付）によれば、「及第者と認めらる丶者の品行財産等を取調へらる丶趣」とあり、「判事登用規則」第三条に列挙される欠格要件の審査が始まるかの記述も見られるが、それが口述試験に進む前の段階で踏まえられるべき手続きであったのかは疑問であろう。

同月一五日、筆記試験結果が公表される。合格者の氏名が学務課講堂に掲示された。その合格者は、岩佐斎吉、加藤重三郎、菅生初雄の僅か三名であった。彼らには、即日一八日の口述試験への出頭が通報された（「概況」）。そして八月一八日、上述の三名は「議事堂第一室」にて口述試験を受け、三名とも「優劣大差ナク皆格ニ合フ」と認定され（「概況」）、翌一九日、及第証書が授与されるに至る。

一八日付の『郵便報知新聞』は、この三名中「加藤岩佐の両氏は明治法律学校の生徒」とし、また「今回の試験ハ英仏両法好む所に依て答案を作りたるに右及第の三氏は皆な仏法にて答案を作りし者なり」と報じた。また二一日付の『東京日日新聞』は、「英の法律の問題にて合格せし者ハ（ママ）一人もなく願人中英法律にて答案を記せし者十名ばかりなりしと亦以て英国法律学の未だ民間に盛ならざるを知るべし」と書き及んでいる[6]。

上述のとおり、日本の近代法学が当時、英、仏両法にリードされていたことに鑑みて、設問には二法の選択肢が用意されていたにもかかわらず、僅か一〇名の解答者で（したがって志願者も少なかった）、しかも合格点に達した者がいなかった――ここに英法準拠の法律学校の教育力が問われる余地も出てこようが、この点については後述することとして、ここでは、第一回判事登用試験合格者の三名について瞥見してみよう。

・岩佐斎(才)吉

岩佐は文久元（一八六一）年三月九日、島根県隠岐国知夫郡美田村に生まれる。判事登用試験合格後、官採用時の彼の「履歴書」(7)によれば、彼は明治三年から同七年まで隠岐別府村にて普通学を宇野忍古彦に(8)、その後鳥取県伯耆国上道村に移り同七年から一〇年まで漢学を山崎嘯雲に、さらに米子町に移り同一〇年から一三年までは歴史学を松本静雄にそれぞれ師事し、同一五年三月から明治法律学校に「通学」する。そして同一八年八月一九日に判事登用試験及第証を司法省から授与された。

ところで、岩佐は同年春期の代言人試験も受験しており(9)、合格率約五％の難関を見事突破し、八月に代言免許を取得している(10)。この意味で明治法律学校は岩佐における法学的素養の修得の場として決定的な意義を有したわけだが、どうやら彼はその卒業生ではなかったらしい(11)。『特別認可私立明治法律学校　校友規則並表』（明治二一年）に綴られる「校友表」の岩佐の項には、「十九年三月交友規則第二条ニ依リ特許」とある。そこで同「規則」の第二条によれば、「（本校の特許を得て交友となる者については）満二ケ年以上本校生徒ノ身分ヲ有シ且ツ法律行政経済ニ関スル事業ニヨリ其身ヲ立ツル者ニ限リ与フル者トス」と示され、岩佐は明治法律学校の卒業者としては扱われていないことが判明する。

岩佐は、明治一八年一二月一六日付で、司法省御用掛（奏任官）として広島始審裁判所詰を命じられ(12)、翌年二月九日付で判事試補に任命されるが(13)、その後健康を害し在任僅か二カ月で依頼免職し帰郷する(14)。帰郷後は美田村他三村の戸長を勤めるが、同二二年九月に病死。享年三一であった。

・加藤重三郎

加藤は、文久二（一八六二）年五月二一日に愛知県尾張国名古屋区三輪町に生まれ[15]、明治三年から六年頃まで旧藩校明倫堂において、その後九年まで野村稲守に、また同年から翌年までは日野友近に、一二年までは鵜殿学友にそれぞれ師事し、漢学を修めた。同一二年から一五年二月まで愛知県の二等巡査として奉職。その職務精励ぶりに賞金が授けられる。この後、一時徳島始審裁判所書記を勤めたこともあったが[16]、同年中に明治法律学校に入学。「十七年十一月三十一日該校全教科卒業」した後は、「法律学経済学研究」に勤しんだという。前述の岩佐と同様、同一八年八月一九日に判事登用試験の及第証状を司法省より受け、同年一二月一六日、司法省御用掛（奏任官）に任じられ、同日浦和始審裁判所詰を命じられる[17]。その後、同一九年より同裁判所の判事試補[18]、同二〇年より同裁判所（明治二三年一一月より浦和地方裁判所に改称）の判事に就任[19]。なお、加藤は岩佐とは異なり、明治法律学校卒業による同校校友資格を取得している[20]。

明治二四年三月、加藤は浦和地裁から転じて新潟地裁に検事正として着任[21]。同年一一月から同二六年前半期まで彼は同地裁の判事として活躍するが、同年後半期以降の去就が不明である。尤も、『台湾総督府民政局職員録』（明治三〇年二月二八日現在）には、「判官・台湾総督府覆院法院長心得」と見え[22]、加藤がこの時期、台湾総督府判官として奉職していたことが判明する。

この後、同三〇年には加藤は官を辞し弁護士に転じ[23]、さらにその翌年市会議員に当選。同三六年から二カ年に亘り市議会議長を勤め[24]、同三九年から四四年まで第六代名古屋市長に選ばれる。大正九年に第一四回衆議院議員選挙に愛知一区から立候補し当選。その後も、昭和二年に至るまで市会議員として活躍する。この一方で、石川鉄道や名古屋電燈（現中部電力）の社長、さらに東海道電気鉄道（現名古屋鉄道）取締役を歴任する[25]。明治法律学校の「校友名簿」上、加藤の記載は昭和七年一二月まで認められ、翌八年六月一九日に七二歳で没した。

・菅生（山本）初雄

菅生については、生没年等不詳である。彼は司法省法学校速成科第二期生である。この速成科第二期生は、明治一三年二月二六日の出仕生徒発令から同一六年七月五日の卒業証書授与式におよぶ約三年数カ月の修学課程を修了している。その卒業時の成績席次表に「菅生（山本）初雄」の名を探すならば、彼が「石川県士族」で、その卒業時席次は三三番（一〇一人中）であったことが判明する。[26] 速成科卒業直後、同期生のほとんどが判事補に任命された中にあって、[27] 菅生も判事補として一時富山始審裁判所に配属されたが、同年中には同裁判所を退いたと思われる。[28]

その後菅生は、翌一七年二月に富山にて大阪代言人組合の服部猛彦[29]や井上敬三郎[30]といった代言人とともに「伸権舎」なる法律事務所を設立した。だが同事務所は、同年中に富山代言人組合所属の代言人から「（改正）代言人規則」第二二条の第九号違反（議会組合外私ニ社ヲ結ヒ号ヲ設ケ営業ヲ為シタル者）として訴えられ、富山軽罪裁判所で六カ月間の代言営業停止判決を受けている。この間の菅生の動静は不明であるが、前述の岩佐と同様彼は、明治一八年八月、同年春期の（地方）代言人試験に及第し代言免許を得て富山で開業したという。この頃菅生は、当時「富山総曲輪の県庁前の角に審法館という詞訟鑑定事務所があり、その中に設けられた北越法学会の法律講義」をも担当していた。[31] そして菅生は同月一九日、岩佐、加藤とともに第一回判事登用試験の及第証を手にする。

司法省法学校速成科卒の菅生であったが、前述のとおり、当時はまだ無試験で代言人免許は得られなかった。そして「（改正）代言人規則」第四条の第五号には「官吏准官吏及公私ノ雇人」を免許欠格の事由の一つに挙げ、さらに判事登用試験の「試験出願人心得」の第八条も、「現ニ官職ニ奉職スル者」を出願欠格者として定めている。こうした条件下の国家資格試験受験に際して菅生は、判事補の官職からすでに離れていたと解釈するのが自然であろう。

菅生は、明治一九年九月に判事試補として広島始審裁判所に着任したことを皮切りに、[32]翌二〇年末には同裁判所判事に昇進し、[33]また、翌二一年から二三年前半期は鳥取始審裁判所米子支庁判事に、[34]同年後半から翌二四年初めまで鳥取始審（地方）裁判所判事として勤務し、[35]その後同年一杯、宇都宮地方裁判所大田原地区判事、[36]宇都宮地方裁判所判事を勤める。[37]同二五年前半期から翌二六年後半期に至るまで大阪控訴院判事に転じ、[38]同二八年後半期からは東京控訴院判事に累進したが、[39]「不祥事」により同二九年には官途を退いたと言われている。[40]

以上、我が国で最初の近代法的学識を問う判事資格試験に合格した三人の人物の横顔を紹介してきた。なによりもこの三者に共通する要素として、近代西欧法教育（特に仏法準拠）を組織的に学んでいることが挙げられよう。加藤と岩佐は私立の、菅生は官立の法律学校の卒業生、もしくはそれに準じる扱いを受けている。このうち岩佐と菅生は、双方とも明治一八年春期の代言人試験と同年八月の判事登用試験両方に合格している。むろんこれは両人の実務法律家への強い志と稀有な高い能力が然らしめた結果ではあろうが、我々は、ここに代言人と判事双方の資格付与にふさわしい「法学識」とは如何なる内容と性質を持つものであったのか、という関心に導かれよう。我が国の「法学識」の構造化は、明治中期の法学教育的状況を所与の前提としながら、資格試験体制を通して一層規範化＝標準化された枠組みの中に進行してゆく。このことの詳細は次節で論じたい。

それにしても、速成科卒ですでに判事補の職にあった菅生が、代言人試験を受けて一度代言人に転じた後に、わざわざ判事登用試験を受けて再び判事の職に戻りついたことは、当時としても極めて異例のコースではなかったか。前述の富山時代に菅生と一緒に代言事務所を開設した服部猛彦は、その頃すでに自由党の活動家であり、その後も中越大同倶楽部幹事も勤め、北陸公論の発行にも尽力した。菅生もそうした政治社会運動に決して無関心であったわけではなさそうである。彼は、富山時代に法律講義をおこない、またその後の広島時代でも「広島法律学校」で教鞭を執ったとされ、またなによりもその広島では、明治二一年九月、肥塚龍（毎日新聞社員）、加藤政之助（郵便報知新聞社員）が広島を訪れた際に開催された政談演説会の懇親会の席上演説し、同年一一月二七日、譴責処分を受け、かつ鳥取始審裁判所米子支庁詰に異動を命じられた、という。菅生は確立されつつあった司法官僚制下の規格化されたキャリアの保持者にはなれなかったわけである。

その意味で判事となって優れた能力を十分に発揮しきれぬまま早世した岩佐は惜しまれるが、だとすれば加藤こそがこの第一回判事登用試験を契機として、後年の栄達を手にした人物であったのではないか。官を辞して在野に下り弁護士となり、政界、実業界に活躍の場を拡大してゆく加藤は、まさしく「国民法曹」（本書、四七五頁参照）と呼ばれるにふさわしい、近代日本社会における新しい法律家の存在態様を知らしめたのである。

(二)　試験をめぐる評価的視点

前項で紹介したとおり、新聞各紙はこの初めての司法官資格試験を、二〇日間の全日程にわたり細かくレポートした。三〇名の定員に対し僅か三名の合格者であったことについて、『東京日日新聞』（一八八五年八月二二日）は次のようにその成果を分析し評価を掲載した。

（又た）方今我国に於てハ刑法治罪法を初として追々諸法の整備するものありと云へども未だ我国に日本法学と称す

べき程のもの無ければ未だ日本法律のみを以て充分の試験と為し学力を検定する能ハず（ママ・以下同）又た現に我国立法官司法官中学識ありと称せらる丶ものを尋ぬれバ仏朗西法に明達の学士に非れバ英吉利法法学士の栄位を享有する輩も其学識の基礎ハ英仏の二法にあり且つ民間設立の法学校に於ても其教課書目ハ概ね英仏二法に非るハなし其状恰も日本法学の知識ハ英仏法学の知識なり日本法学者ハ英仏法学者なりと云ふべき現状なれバ新に試験を用ひて此列に加ハらしめんにハ同く英仏の二法を以て其学力の深浅厚薄を試みざるべからざるハ残念ながらも止むを得ざるの事情なりと云ハざるべからず左れバ吾曹ハ初より能く此試験に合格するもの有るべきや如何と懸念したる程なれバ三名の合格者を得たるハ充分の好結果なりと云ふべきなり

（傍点、傍丸は筆者）

日本の司法官資格試験であるにもかかわらず、「日本法律」、「日本法学」が未整備、未構築のままの状況下でその「学識」を問うとすれば、刑事二法典を除く他の法分野については、英か仏かの外国法からの出題に限定せざるを得ない。出題者の側に置かれた当時の日本の「法学エリート」たち——法学士、法律学士——は、みな「英仏法学者」であるから、判事登用に際し無試験資格の与えられた彼らと同等の「学識」の保持者であるとの認定は、彼らと同一基準、すなわち「英仏法学の知識」に依らざるを得なかった状況を、この論説は巧みに描き出している。

日本の司法官を選抜する基準に外国法を用いるとのこの逆説的状況は、前述した治外法権撤廃の文脈における混合裁判所の暫定的設置を可能とする前提条件とも重なってくる。未だ自立し得ない国法秩序を傍らに、判事登用試験の内容と方法には、当時の過渡的な様相が鏡のように反映していた。新聞は、この条件下で実施された試験に三名の合格者を得たことは、むしろ「充分の好結果」であると称賛したのであった。

ところがこうした新聞による評価に反し、司法省の見解は異なった。『司法省処務報告書　明治十八年』（以下、『報告書』）には次のような一節が見とめられる。

然ニ合格者僅ニ三人ノミ当初ノ思慮スル所徒爾ニ属スト謂ヘシ是ニ由テ此ヲ観レハ現時仏ニ英ニ法律学校東京府内ニ所在興起シ生徒多カラサルニ非スト雖何レモ其創業ニ属シ講学年浅ク実ニ幼稚ノ域ニ在ルカ如シ

当時、東京にあった私立法律学校の実力への思惑がはずれ、司法省はそれらの法律学校を、意外なほど「幼稚ノ域」にあるものとして再認識した様子が看取できよう。ちなみに同『報告書』に挙がる法律学校別の受験者数を示すならば左のとおりである。(41)

明治法律学校	四六名
東京法学校	一八名
専修学校	九名
東京専門学校	六名
泰東法律夜学校(42)	五名
その他	各二—三名

前述のとおり、第一日目の「応試者」は九七名、その約半数を明治法律学校が占め、これに東京法学校と泰東法律夜学校を加えれば、三分の二以上は仏法系の法律学校で学び、あるいは学んだ生徒であった。この割合は、右『報告書』が続けて「筆記試験終結ノ日ニ至ルマテ出頭シ英ニ由テ答ル者二十人仏ニ由テ答ル者六十二人合セテ八十二人内口述試験ヲ経テ及第スル者三人アリ皆仏ニ由ル者ナリ」と記すように、筆記試験最終段階まで残った受験生の割合にほぼ等しいが、結局口述試験に進み合格に至った三名はみな仏法学修者であったことについては、司法省も注視していた。

実はこの直後に「私立法律学校特別監督条規」（明治一九年八月二五日文部大臣森有礼から帝国大学宛訓令）が発出され、翌二〇年一月から施行される。この「条規」は、五つの私立法律学校——専修学校、明治法律学校、東京専門学校、東京法学校、英吉利法律学校——の運営、入学資格や卒業条件、課業内容やその方法、試験や成績評価など、その教育実践の一切が帝国大学総長の監督下に置かれることを定めた。それに帝国大学令は総長が法科大学長を兼ねることを定めていたから、結局は法科大学長による上記の私立法律学校の監督体制が確立したのである。

この「私立法律学校特別監督条規」の目的は、私立法律学校生徒の学力の統一化とその向上に置かれたことは明らかであり[43]、当初はこの監督試験合格者に対して判事登用試験の受験を免除して判事（試補）採用への途を開く内約が文部省と司法省の間で交わされもしていた[44]。だがこの「条規」は施行後間もなく、「文官試験試補及見習規則」（勅令第三七号、明治二〇年七月二五日公布、翌二一年一月施行）によって「無効ニ帰」し[45]、その後の「特別認可学校規則」（文部省令第三号、明治二一年五月五日）によって廃止される[46]。そして、この「特別認可学校規則」によって監督権限は文部大臣に移され、その統制下に置かれる私立法律学校の数は、上掲の五校に独逸学協会学校専修科と東京仏学校法律科の二校を加え、全七校となった。その後さらに同二六年一二月には、「司法省指定校制」（司法省告示第九一号）が施行され、監督権限は司法大臣に移る。この時、日本法律学校、関西法律学校、慶應義塾大学部法律科の三校が新たに統制の枠内に置かれたが、この一方で上掲の七校のうち、東京法学校と東京仏学校が和仏法律学校として併合されたから、指定校は全部で九校を数えることになった。

このように明治中期における法学教育は、高度な職業資格試験体制と密接に結び付く中で国家的に統制され再編を見たのであり、まさしくその出発点に「判事登用規則」が位置付けられる。

そこで実際、第一回の判事登用試験は明治中期の判事に相応しい「学識」を測り出すために、何を、如何に問い、評価する試験であったのか。設問の方法、その形式や内容、及びそれらを決定するに至るまで、試験委員はどのような議論を重ね、また妥協を図ったのか、さらに模範的な答案例なども参照しながら、以下に素描してみよう。

2　問題撰定の技術と思想

㈠「判事登用試験科目撰定委員意見書」解題

⑴　判事登用試験の方法――構想編

ここで、梧陰文庫井上毅文書内に収められる「判事登用試験科目撰定委員意見書」(47)（以下、「意見書」と略）と題する一文書を取り上げよう。この資料は、版心に「制度取調局」の文字のある罫紙に謄写されたもので、明治一七年三月に宮中内に設置され同局に御用掛として出仕していた井上毅の手許に残されたものである。残念なことに、本文書には、その成立の手がかりとなる日付や作成者・機関の名称等は一切記されてはいない。[48] ただし、以下に記すようなこの文書のもともとの性質に鑑みれば、同文書は制度取調局の「法案審閲」を経る手続きにより井上の保管に帰したというよりも、行政官吏の任用方法の制度化に関っていた井上が、[49] 同時期の司法官試験の実施経過に対しても深い関心を寄せていたがために、その入手するところとなったと解する方が自然であろう。この「意見書」全九箇条の内容を、各条の趣旨を摘示する形で目次風に記せば左の通りとなる。

「第一条　日本法律ノミニ依リ試験ヲ行フ可キ哉」
「第二条　然ラハ民法商法ハ外国ノ法律ニ依リテ試験ヲ行フ可キ哉」
「第三条　外国ノ法律トハ何レノ国ノ法律ニ依ル可キ哉」
「第四条　英仏二国ノ法律ニ依リ試験ヲ行フノ方法如何」
「第五条　英仏二国ノ法律ニ依リ各別ニ試験ヲ行フニ方リ科目ヲ定ムルノ方法如何」
「第六条　試験科目ヲ選択スヘキ法律学科左ノ如シ」
「第七条　登用規則第六条ニ依リ二ケ月前ニ告示スヘキ科目ヲ撰定スル方法左ノ如シ」
「第八条　試験ノ際出ス可キ問題ノ性質如何」
「第九条　試験ノ日数時間」

そこで、問題選定をめぐる委員による各条の議論を資料内の表現を用いながら以下に紹介してみよう。

・「第一条　日本法律ノミニ依リ試験ヲ行フ可キ哉」

まず「日本法律」について、判事登用規則制定時に施行されていた旧刑法と治罪法の二法典を除き、「民法商法ノ如キ僅カニ布告布達ノ存在スルニ止マリ固ヨリ完全ノ法律アリト云ヒ難」いとの現状認識が示される。確かに、民・商法の領域は太政官布告等の単行法令の集積が見られたにしても、それらは「受験者ノ学力ヲ知ルニ足ルヘキ試験科目ヲ設ントスルモ到底為スヲ得ヘカラサル」ものとして試験対象から明らかに排除されている。判事登用試験で検査されるべき学力とは、あくまでも「完全ノ法律」とされる法典の形式下に構造化される法知識によって測り出されるべきものであった。

・「第二条　然ラハ民法商法ハ外国ノ法律ニ依リテ試験ヲ行フ可キ哉」

尤も、問われるべき対象たる「法典」とは、本来少なくとも試験時には、日本法として制定・施行されていることは当然であった。だが、民・商法の領域は未だ近代的な法典が備わらない段階にあり、「（日本ノ法律ニシテ）完全ナラサル上ハ」、「日本裁判官ノ登用ヲ為スニ外国ノ法律ヲ以テ試験ヲ行フハ委員ニ於テ遺憾トナス所ナレトモ」、止むを得ない、との判断が示される。前述の第一条と同様の趣旨ではあるが、試験の対象はあくまで既定法典に焦点が絞られるものの、法典が未成のときは、現行の国家法たる布告・布達の類であっても、これを「不完全」なるものとして設問の対象から退け、外国法に替えるとの発想が示されていることは注目に値しよう。

・「第三条　外国ノ法律トハ何レノ国ノ法律ニ依ル可キ哉」

では、いかなる外国法を問うのか。意見書は記す。「方今日本ニ於テ外国ノ法律ノ研究スルモノ英仏二国ノ法律ヲ措テ他ニ完全ナルモノナシ」。明治初年期からの英仏二法の我が国への影響を考慮し、かつ当時の大学や官・私の法律学校における法学教育の内実に鑑みた選択肢が示された。試験に際しては「必ス右二国ノ法律ニ依ラサル可ラス」とされるも、将来的に「法典」を単位とした日本法の完備を理想として掲げている第一条、第二条の趣旨に鑑みれば、少なくともその時点では、我が国の法典化の母法たる仏法の修学者にこそ実益の見返りのある試験ではなかったか。

・「第四条　英仏二国ノ法律ニ依リ試験ヲ行フノ方法如何」

そこで英・仏の異なる法体系を対象とするのであれば、設問の仕方が実際に問題となろう。二つの方法があるという。第一は、英・仏法の「各其長所ヲ採リ」試験をおこなうというものである。つまり、財産法は仏法の、私犯法（不法行為法）は英法のそれぞれ長所（いわゆる特徴的な法分野という意味であろう）であるから、一人の受験生においてそれら双方とも解答させる、というものである。第二は、英法か仏法か、修得した外国法に基づき解答させるという方法である。

ところで、右のうち第一の方法は採り得ないとする。なぜなら、「博ク二国ノ法律ニ通スル学士ナキヲ以テ之ヲ学フノ途ナク」、また「二国ノ法律各固有ノ性質順序区別アリテ之ヲ折衷スルモ到底完備ノ学科ヲ得ルコト難ケレハナリ」。すなわち、我が国において英法、仏法の双方を学び得た「学士」が未だおらず、単なる「折衷」にとどまらない、二つの異質な法体系を同時に視野に収め得る比較法学的見地[50]からの教育方法論が存していないことがその理由であった。とはいえ、英仏両国の法は、体系的、構造的にも著しく相違しており、出題にあたっての科目編成のうえで公平を期し得るものかが次に問われるべき課題となった。

・「第五条　英仏二国ノ法律ニ依リ各別ニ試験ヲ行フニ方リ科目ヲ定ムルノ方法如何」

ここでは科目撰定について、以下の三通りの方法が検討された。

第一は、英仏二法に通用する「大体ノ科目」を設けようとするものであり、「身分法」「財産法」「契約法」「商法」「訴訟法」「証拠法」といった科目が並べられた。だが、それらは余りに「大綱ヲ掲クルニ過キスシテ」、ただ漠然と「英仏二国ノ法律ヨリ問題ヲ出ス可シ」と言うに等しく、受験者には何らの「効能」もない。

また第二は、前項のまさに逆で、両法に通用する「詳細ノ科目」を設定しようというものではあるが、そもそも英法における「衡平法」「私犯法」や、仏法における「契約法」「身分法」などは、それぞれの法体系に固有な法分野であり、それぞれの相手国において学び合うほどの学科にはなっていない。よって「詳細ノ科目」を掲げることは「為スコト能ハス」。

そこで撰定委員会では、第三の方法として、英法、仏法とも、それぞれの法体系内在的な固有の教科目に準拠した設問方法が提唱される。この方針は、前述の第一、第二で試みられた、科目撰定に際して英仏二法に共通するなんらかの等価的法技術を発見し、それを基準とする方法からの転換であった。結局は、英法、仏法、それぞれの法様式ごとに適当な科目群を編成するという極めてオーソドックスなやり方が提唱されたのである。以下、その科目群を示すとしよう。

〔英国法律ノ科目〕

身分法　財産法　契約法　代理法　私犯法　付託法　売買法　結社法　保険法　海上法　流通証書法　破産法　衡平法　証拠法

〔仏国法律ノ科目〕

○民法

第一　人事篇

一般ノ法律ノ公布、効力、及実行ニ関スル法

民法上ノ権利ノ享有及其剝奪ニ関スル法

身分証書ニ関スル法

住所ニ関スル法

失踪ニ関スル法

結婚ニ関スル法

離婚ニ関スル法

親タルコト子タルコトニ関スル法

養子ニ関スル法

父母ノ権ニ関スル法

幼者後見ニ関スル法

丁年者禁治産者ニ関スル法

第二　財産及所有権ノ変体篇

財産ノ区別ニ関スル法
所有権ニ関スル法
入額所得権、使用権、住居権ニ関スル法
地役ニ関スル法

第三　所有権獲得篇

相続ニ関スル法
贈与及遺嘱ニ関スル法
一般ニ約束ヨリ生スル義務即チ契約、約束ナクシテ成立スル義務
夫婦間ノ財産ニ関スル契約
売買ニ関スル法
交易ニ関スル法
賃貸ニ関スル法
結社ニ関スル法
賃借ニ関スル法
委託ニ関スル法
偶生契約ニ関スル法
代理ニ関スル法
保証ニ関スル法

和解ニ関スル法
民事禁錮ニ関スル法
質入ニ関スル法
不動産書入及先取特権ニ関スル法
公用土地買上ニ関スル法
時効ニ関スル法

○商法
商人ニ関スル法
商業帳簿ニ関スル法
会社ニ関スル法
家産分派ニ関スル法
株式取引所及仲買人ニ関スル法
仲買商人ニ関スル法
売買ニ関スル法
流通証書ニ関スル法
海上商法ニ関スル法
破産ニ関スル法

倒産及復権ニ関スル法
商業裁判所構成ニ関スル法
　但シ仏国民法商法ト云ヘハ其細目ヲ含蓄スルヲ以テ別段之ヲ掲クルコトヲ要セサル可シ

右には、フランスの民法典、商法典の編別にほぼ従った「細目」の全目録が示されたのだが、右引用の最後列の但し書きは、それらが法典に組み込まれている以上は、改めて掲出する必要はなく、単に「仏国民法商法」と記しておけばそれで足りようとするものであった。まさに法典の構成こそが、試験において問われる設題の典拠・所在そのものとなり、科目の編成や範囲、さらにはその内容までを構造化する機能を果した。このような「細目化」の組織編制の原理や方法は当然に英法仏法間においては相違する。ここから科目撰定委員においては、「現ニ一国ノ法律ニ於テ定ムル所ノ順序区別ニ従フ」、この第三の方法こそが「試験科目ヲ明確ナラシムル良法ナリ」と結論され、採択されたのである（尤も実施された試験の方式はこれとは異なった。「第六条」にて詳論する）。

・「第六条　試験科目ヲ選択スヘキ法律学科左ノ如シ」

ここで選択すべき試験科目はどのような法領域（＝「法律学科」）に亘るのであろうか。まず冒頭に挙がるのは「日本刑法治罪法」である。判事登用規則制定時の現行近代法典は僅かにこの刑事二法典にとどまったが、それらにあえて「日本」なる識別符が施されたほどに、近代法典の未整備状況、すなわち外国法の学識に依存せざるを得なかった状況が背景として浮かび上がる。「仏国民法商法」、「英国法律（第五条第三項ニ列記セル科目ヲ掲ク）[51]」が日本刑事二法典に続いて挙げられる所以である。なお、その他に、「受験者ノ志願ニ因テ試験」する科目として、「行政法」「憲法」「国際法」「経済学」「法理学」「外国語」が列記されていたことは興味深い(52)。

特記するべきは、すぐ右に述べた「日本刑法治罪法」の但し書きとして、「(但シ)訴訟法ハ日本ニ完備ノモノナク且英仏ノ訴訟法ハ之ヲ学フモ日本ノ訴訟手続ニ対シ効能ナカルヘシ因テ日本訴訟法ノ制定アル迄之ヲ見合スル方可ナラン」とする件であろう。当時司法省では、ドイツ人テヒョーによる「訴訟規則修正案」(明治一八年二月全部脱稿)を基に民事訴訟法典の編纂が進められていたはずであるから(53)、この但し書きはこの時点では、英法でもなく仏法でもない第三の外国法としての独法の立法的影響を顧慮したものと推測できる。また判事登用規則制定時に存した唯一の独法教育機関たる、独逸学協会学校専修科(同一七年一〇月スタート)は未だその卒業生を世に送り出していなかったことも関係してこよう(54)。

・「第七条　登用規則第六条ニ依リ二ケ月前ニ告示スヘキ科目ヲ撰定スル方法左ノ如シ」

「判事登用規則」第六条には「司法卿ハ試験科目ヲ定メ試験二ケ月前ニ之ヲ告示ス可シ」とある。むろん「日本刑法治罪法」については問題ないが、「仏国民法商法」についてはそれらの法典を構成する「各篇《チートル》」の名称を用いて、例えば「人事篇、契約篇」と、また「英国法律」については、前述第五条の「英仏二国ノ法律ニ依リ各別ニ試験ヲ行フニ方リ科目ヲ定ムルノ方法如何」で示された方法にしたがって、「契約法、私犯法」と、それぞれ表記することが検討された。ただし、この司法卿による二カ月前の科目告示に際しては、「口頭筆記ノ別ヲ立テ」ないものとされた。

・「第八条　試験ノ際出ス可キ問題ノ性質如何」

そこで試験内容に関わる討議結果がこの第八条で示されている。筆記と口述の異なる二段階の試験から成り立つこの判事登用試験において（「規則」第七条）、それぞれの形式に見合う設問の内容が検討されているのである。まず冒頭において、

㈠　筆記試験ハ大体ニ亘ル問題ヲ出ス

㈡　口頭試験ハ緻密ノ問題ヲ出ス

という基本方針が確認される。次にこの方針に基づいて作成された想定設問が挙がるが、筆記と口頭のそれぞれについて順次紹介してみよう。まず筆記試験問題についてである。

筆記試験問題

日本刑法

刑法第百五条ニ人ヲ教唆シテ重罪軽罪ヲ犯サシメタル者ハ亦正犯ト為ストアリ其正犯ト為スノ理由ヲ詳述セヨ

仏国民法契約篇

詐欺ヲ以テ契約取消ノ一原因ト為スモノハ其被害者ヲシテ迷誤ニ陥ラシムルニ因ル而シテ迷誤ハ業ニ既ニ法律上契約取消ノ原因タル時ハ別ニ詐欺ヲ以テ契約取消ノ一原因ト認メ之ヲ特記スルヲ要セサルカ如シ然ルニ仏国民法ニ於テ之ヲ特記シタルモノハ何ソヤ

英国契約法
契約解除ノ方法ヲ列挙シ及ヒ其性質ヲ説明ス可シ
幼者ト結婚婦ノ契約ノ能力ノ区別如何
英国私犯法
書議口説ノ性質及其区別ヲ説明スヘシ
意思ヲ必要トスル私犯ノ種類ヲ列挙シ及其性質ヲ説明スヘシ

詳論は避けるが、日、仏、英各法の分野の違いがあるにしても、いずれも内容的には条文の規定趣旨や構成概念の定義的理解、さらに契約や不法行為といった基幹的な法制度の特徴や類同概念との区分を明確にする知識を問うといった、かなり基本的な観点からの設問が想定されている。これが筆記試験で問われる「大体ニ亘ル」内容であった。これに対し筆記試験の合格者のみに課される口頭試験はどのような内容であったにのか。筆記試験との対比から全文を厭わず掲出してみよう。

口頭試験問題
日本刑法
第百六条ノ正犯ノ身分ニ因リ刑ヲ加重ストアリ這ハ如何ナル場合ヲ云フ乎
然ラハ正犯ノ身分ニ因リ刑ノ存スル時ハ如何
然ラハ第三百六十四条ノ罪ヲ教唆シタル者他人ニ係ル時ハ之ヲ無罪視スルノ意乎

仏国民法契約篇

未必ノ条件ノ重ナル区別ハ如何

中止ノ未必ノ条件トハ何ソヤ

解除ノ未必ノ条件トハ何ソヤ

未必ノ条件ト称スルモノハ皆ナ必ス中止ト云フ可キ乎如何

総テ物上権ニ関スル中止ノ未必ノ条件ハ自ラ解除ノ未必ノ条件ヲ含蓄スルカ如シ如何

英国契約法

契約ノ履行トハ何ヲ謂フ乎

孰レノ場合ニ於テモ之ヲ請求スルコトヲ得スヤ

然ラハ如何ナル場合ニ於テ之ヲ請求スルコトヲ得ルヤ

譬ヘハ不動産ノ売買契約ノ履行ハ如何

売主ヨリモ請求シ得ルヤ

売主ノ目的ハ代価ヲ得ルニアレハ強テ契約ノ履行ヲ要セサルニ似タリ如何

土地ノ売買ヲ営業トスル者原告タル時テニモ同断ナルヤ

動産売買契約ニ付テハ如何

請求シ得ル場合モアリヤ

然ラハ例ヲ示スヘシ

英国私犯法

詐欺トハ何ソヤ
必要ナル条件ヲ列挙スヘシ
事実ヲ真実ナリト信シテ表示シタル時ハ如何ナル場合ニ於テモ責任ナキヤ
事実ヲ真実ナルヤ不実ナルヤヲ知ラスシテ表示セル場合ハ如何
相当ノ理由ナクシテ真実ナリト信シテ表示セル場合ハ如何
事実ヲ忘却シ真実ナリト信シテ表示セル場合ハ如何
始メニハ相当ノ理由ニ基キ真実ナリト信シタル事実ニシテ後ニ其不実ナルコトヲ知リタル場合ハ如何
是ノ反対ノ場合ハ如何
本人カ事実ノ不実ナルコトヲ知ルト雖トモ其代人之ヲ知ラスシテ表示セル場合ハ如何
代人不実ナルコトヲ知リテ表示セルモ本人之ヲ知ラサル場合ハ如何

「緻密」の学識が問われるという口頭試験において、法理を問う設問である点は筆記試験と変わるところはないが、質問者と解答者との間に展開するであろう応答を、予め質問者の側からの視点で先取りした設問肢が提示されていよう。唯一既存法典に準拠した出題が可能な刑法については、具体的な条文を挙げつつ共犯と身分に関わる解釈法理が確認され、その一方「仏国民法契約篇」との科目名が証示するように、仏民法典を典拠とした仏契約法の制度の理解度が測られる。大陸法システムに基づく以上の分野では、設問の展開は法典構造に収斂し準拠する概念の抽象的定義付けをめぐり簡潔に系統付けられているといえよう。これに対し英法に関する二題は、契約法や不法行為法の構造的理解全般に関わる設問肢が多数用意され、法概念の外延を画定するについてより具体性の高い論点が突きつけられる。大陸法と英米法のいずれのシステムの方が解答し易いものか即断はできないが、それぞれのシステムの特徴を活かした——換言すれば両者の混淆を回避する——口頭試験が入念に構想されたことが窺えよう。

・「第九条　試験ノ日数時間」

最後に試験に要する日数や時間が決められた。筆記試験については、「日数五日以内」とされ、「一問毎ニ三時間」が与えられ、「一日一問題ニ限ル」ことが、また口頭試験は、「一科目ニ付大凡半時間」とされた。

(2)　判事登用試験の方法——実施編

判事登用試験をどのような方法と技術の下に実施するか。以上に紹介してきた試験科目撰定委員による「意見書」は、その構想段階における設計図を示していたが、実際はいかなる形で実現したのだろうか。梧陰文庫井上毅文書内には、「判事登用試験科目ニ関スル告示[55]」と題する資料がある。それを左に掲げてみよう。

判事登用規則第六条ノ試験科目ハ左ノ法律中ヨリ撰定スヘシ
　但シ日本刑法治罪法ヲ除クノ外英国ノ法学ヲ修メタル者ハ甲号ニ拠リ試験シ仏国ノ法学ヲ修メタル者ハ乙号ニ拠リ
試験ス
　日本刑法
　日本治罪法

甲号　英国法律
　身分法　財産法　契約法　代理法　私犯法　付託法　売買法　結社法
　保険法　海上法　流通証書法　破産法　衡平法　証拠法
乙号　仏国法律
　民法　商法
左ノ学科ハ受験者ノ志願ニ因リ試験ス
　行政法　憲法　国際法　経済学　法理学　外国語

引用の冒頭に明言されるとおり、これは「判事登用規則」第六条に規定される試験実施二カ月前に司法卿によって公表される（第一回判事登用試験の）試験科目の「告示案」とみられる。その内容は、前述の「意見書」の第五、六、七の各条にて検討され決定された事項のすべてが盛り込まれている。このことから、同告示案の起草は撰定委員会の手によって為されたと考えてよかろう。(56)
ところが、前款で紹介した第一回判事登用試験のほぼ二カ月前に、司法卿福岡孝弟が実際に発した告示（甲第四号）には次のようにあった。

明治十七年太政官第百弐号達ニ基キ判事登用ノ為メ当省ニ於テ来ル八月一日ヨリ試験挙行候ニ付テハ同達第六条試験ノ科目ハ左ノ如シ
日本刑法　日本治罪法　財産法　契約法　証拠法

右告示候事

明治十八年五月廿七日　　　　　　　　　　　　　　司法卿子爵福岡孝弟

すなわち右告示文中には、「撰定委員意見書」がその「第六条」で提案した科目表記の仕方――仏民法、仏商法については法典を構成する「各篇」名、英法については同「意見書」の「第五条」で例示した法領域名――が全く反映されていない。むしろ「意見書」が「第五条」であえて採用しなかった、「英仏二法に通用する『大体ノ科目』」が挙がるのみであった。それらは委員によって、「『大綱ヲ掲クルニ過キスシテ』、ただ漠然と『英仏二国ノ法律ヨリ問題ヲ出ス可シ』と言うに等しく、受験者には何らの『効能』もない」（前出）と放棄された方法ではなかったのか。

尤も右の試験科目の告示方法を見れば、「財産法」以下二科目には「英・仏」の別も記されていない。おそらくは、英仏両法の法体系的差異を科目撰定時にそのままに前提にしようとの前述した「撰定委員意見」の「第五条」に従えば、英法選択の受験者と仏法選択の受験者との間で著しい不公平が生じると懸念されたためかもしれない。[57]また、同じく「撰定委員意見」の「第五条」では、英法では「身分法」、仏法では「（民法）人事篇」といった家族法分野からの出題も検討されており、それらは上掲の告示案では削除されなかったものの（「乙号仏国法律」では「民法」の科目名に包括されたと考える）、告示では跡形もなく消え去った。同様に「受験者ノ志願ニ因テ試験」する科目として「第六条」で検討されたはずの、「行政法」「憲法」「国際法」「経済学」「法理学」「外国語」といった科目群も上記告示案には列記されていたが、明治二〇年九月にまで至る、少なくともいわゆる「判事登用試験体制」下においては、これらの科目は――先の家族法分野も含めて――実際に問われたことはなかったの

表4 判事登用試験体制期（明治 18.8 ～ 20.10）の試験科目一覧

第一回判事登用試験	明治 18.8	刑法	治罪法	〔英・仏〕財産法	〔英・仏〕契約法	〔英・仏〕証拠法			
第二回判事登用試験	明治 19.11	刑法	治罪法	〔英・仏〕財産法	〔英・仏〕契約法	〔英・仏〕証拠法	〔英・仏〕民事訴訟手続	〔英・仏〕売買法	
現任判事補検事補書記用判事登用試験	明治 20.1	刑法	治罪法	〔英・仏〕財産法	〔英・仏〕契約法	〔英・仏〕証拠法	民事訴訟手続	〔英・仏〕売買法	
臨時判事登用試験	明治 20.7	刑法	治罪法	財産法	契約法	証拠法		売買法	会社法
第三回判事登用試験	明治 20.10	刑法	治罪法	〔英・仏〕財産法	〔英・仏〕契約法	〔英・仏〕証拠法		〔英・仏〕売買法	〔英・仏〕商事会社法

［参　照］：『司法沿革誌』、『法令全書』、『高等官・判事登用・代言人試験問題集』
註：表内〔　〕は、司法卿による試験科目告示時には付されていなかった。

である。[58] この一方で「第六条」にて検討され見送られた「訴訟法」については、早くも第二回判事登用試験より、「民事訴訟手続」の科目名の下に、英、仏両法からの出題が見られた。

上の表4は、各回の判事登用試験にて出題された試験科目の一覧である。上述のとおり、刑法、治罪法を除き、英、仏両法に共通する各法分野名が繰り返し用いられ、しかも第二回以降科目数が増加している。また司法省法学校速成科生徒を対象とした臨時判事登用試験においては、受験者がみな仏法を修業したものとされ、英法の選択肢は置かれなかった――すなわち「仏法」とも明示されなかった――ものと考えられる。[59]

(二) 設問の技術とその実際

(1) 仏法・英法選択筆記問題の実際

そこで実施された第一回判事登用試験に出題された設問につきその概観を把握してみよう。まず仏法に準拠した問題を以下に掲げる。[60]

財産法　(一)使用権ノ区域如何　(二)使用権ト収実権ト同一ノ点及ヒ差違ノ点如何　(三)使用権ト住居権トノ差異如何　(四)人為ニ依リ設定シタル地役ノ種類ハ何々ヲ指スヤ其各種類ニ付テ説明ス可シ

契約法　㈠仏民法第千百六十八条ニ於テハ未必條件ヲ未来且ツ未定ノ事件ニノミ限リ第千百八十一条ニ於テハ停止ノ条件ヲ契約者双方ノ未タ知ラサル現ニ到来シタル事件ニモ及ホスモノトス右両条ノ相異ナル所如何ニ解釈スヘキヤ適例ヲ挙ケテ説明ス可シ　㈡甲者アリ乙者ノ事務ヲ管スルニ乙者之ヲ拒マサルトキハ代理黙約ナルヤ将タ事務管理ナルヤ之ヲ区別スルノ利益如何

証拠法　㈠公正証書私印証書ノ区別及ヒ之ヲ区別スルノ利益如何　㈡追認証書トハ如何又追証《ママ》ハ如何ナル場合ニ於テ其証拠力ヲ有シ又如何ナル場合ニ於テ其力ヲ有セサルカ

刑法　㈠犯罪構造ノ諸元素中一二ノ元素ノミヲ共ニ犯シタル者正従ノ区別及其理由　㈡偽証罪ヲ構造スル諸元素ニ付テ説明スベシ

治罪法　㈠捜査処分ト予審処分トノ区別及其理由　㈡司法警察官現行犯ノ場合ニ於テ予審処分中仮行スルヲ得可キ事ト得可カラサル事トノ区別及其理由

右の各設問が示すとおり、前出の「撰定委員意見書」第八条にて検討に付された筆記試験問題の例題とその性質——「大体ニ亘ル」——は一見して似通ったものであった。しかも（日本）刑法の設問に至っては、「撰定委員」による検討案（これも「第八条」）と同一の共犯をテーマとしたものであった。明らかに「撰定委員」の示した方向性に沿った出題の内容と方法が認められよう。

例えば、財産法分野で出題された使用権（droit d'usage）の適用範囲をめぐる問題は、なによりも当該の法概念の想定する規範効果の領域を解答者がきちんと理解しているのか否かを見極める趣旨であろう。また、収実権（usufruit＝入額所得権とも当時訳された）や住居権（droit d'habitation）との対比から、それらの近接概念と使用権との類似性と差異性とを明確化させて、同権利の法的性質の正確な理解度を問い質そうとの出題者の意図も極めてベーシックで素直なものと評し得よう。こうした趣旨による出題は、証拠法、治罪法でも踏まえられている。

いずれにしても、右の財産法に関わる設問は、以上の三つの権利の相互関係を定義する仏民法第六二五条を根拠条文としたその解釈論という枠組みの中に位置付けられる性質のものである。本書巻末資料編に収録した当時の各法律関係雑誌に掲載される解答例もこの範囲に収まるものではなかろうか。その意味では、仏民法典中の条文番号を出題文の中に組み入れた契約法の問題も同系列の設問だと言えよう。

以上のように仏法に準拠した問題においては、日本刑法、日本治罪法も含めて、設問者と解答者間には、法典《コード》を媒介にして論点の所在を予めの体系的思考において互いに照応し合える関係性が形成されていた。

次に英法に準拠した設問を以下に掲げてみる。[61] なお、刑法、治罪法については仏法も英法もなく同一設問ゆえ再度の掲出はしない。

財産法　(一)動産贈与ノ種類及其効力ヲ生スルニ必要ナル条件　(二)不動産質入ノ性質及質地受戻ノ権利ヲ普通法及ヒ衡平法ニ依リ説明ス可シ

契約法　(一)幼者及結婚ノ婦契約ノ能力及其区別ヲ説明スヘシ　(二)如何ナル場合ニ於テ契約履行ヲ請求シ得ルヤ普通法及衡平法ニヨリ説明スヘシ

証拠法　(一)伝聞ヲ証ト為スヲ許サヽルノ理由及之ヲ許ス場合ヲ説明スヘシ　(二)推測ノ性質及種類ヲ説明スヘシ

動産贈与、不動産質入および質地受戻といった基本的な法律概念の定義や性質、さらに幼者や妻の契約締結能力などについて、普通法《コモンロー》と衡平法《エクイティ》の観点から解答が求められる。一見して明らかなとおり、その設問の趣意・方法は前述の仏法準拠の設問と大差なく、また契約法の㈠の問題は、「撰定委員」の挙げた例題そのままの出題であり（前掲「第八条」）、英・仏とも問題内容の基本設計は「撰定委員会」の路線が踏襲されたと見てよかろう。

ここで、英法、仏法に分たれた上記のような設問形式は、それぞれの外国法の法様式上相違する性質から見て如何にして可能であったのだろうか。判事登用規則制定当時、東京大学法学部長を務めていた穂積陳重は、「英国の法令の外形不整にして、彙類排列宜を得たる法典なきを以て、英国の法律規則を参考せんとする時は、之を捜索する最も難し」とし、英法における制定法の不備や法典の不在が、法の認識を容易ならしめない状況を記していた。[62] 確かに、法典へのレファレンスという手段を持ち得る大陸法の学習や適用は英法のそれに比較し、当時の日本では好都合であったことは、明治二三年に開設された慶應義塾大学部の法律科で主任教員として丸三年に亘って教鞭を執ったウィグモアも後年記すところであった。[63]

だが、ウィグモアの経験はハーバードロースクールにてラングデルの開発したケースメソッドによる判例教育を、種々の困難を伴いながら、慶應義塾で実践したことから得られたものであることを忘れてはならない。[64] 当時の日本における一般的な英法研究・教育の実際は、むしろ「イギリスの教科書の記述を通じて抽出された法則」の拙速的な摂取にならざるを得ず、それは「教科書の著者が判例からひきだした抽象的な法原則であり、いわば法規範として原則化された法理を、制定法の規定のように借用しようとする態度」であった、と評されているからである。[65] 当時の英法教育の概況はどのようなものだったのか。

例えば、明治一五年に開設された東京専門学校に講師として招かれた法学士岡山兼吉は、「法律大意」の授業ではテリー（Terry）、ブラックストン（Blackstone）、オースチン（Austin）らの理論書を参考にし、「証拠法」はスティーブン（Stephen）の著作を翻訳したと述べているし、同様に法学士砂川雄峻も「契約法」においてはポロック（Pollock）、ラングデル（Langdell）らの著書の大意を教えたと述べている。[66] 彼らの講義は「東京大学で習った英国法をそのまま取り次いだ類」[67]であったとも言われているが、実際に彼らの講義が依拠する英法の理論書は東京大学法学部で用いたものでもあったのだろう。同大学講師グリズビーによれば、明治一一年七月に至る頃、法学部ではオースチン、ベンサム（Bentham）、メイン（Maine）を初め、「列国交際公法」はホィートン（Wheaton）、「列国交際私法」はホアルトン（Wharton）、「結約法（契約法）」はポロック、そして「衡平法」はヘイネス（Haynes）などの理論書が用いられていたが[68]、それらのほとんどは東京専門学校設置時に東京府知事に提出された「参考書表」の中にも見出すことができた。[69] さらにそれらは、同一八年九月に開設される英吉利法律学校でも教科書としても用いられてゆく。[70] とくにこの英吉利法律学校設立に加わった一八名の法学者のうち、東京大学の前身たる開成学校卒業後にイギリスやアメリカに留学した岡村輝彦、穂積陳重、菊池武夫の三名を除く総てが東京大学卒の法学士であり、先の岡村や菊池に加え、山田喜之助（明治一五年卒）、江木衷（同一七年卒）は前表3に見るように、判事登用試験委員としても名を連ねていた。すなわち判事登用試験当時の英法教育の方法は、人的にも素材的にも東京大学法学部を発信元として成立しており（専修学校は別系統ではあったが）、そこでは官私の教育機関の別を超えてほぼ等質の情報が――使用言語は英語か日本語かの別はあったにせよ――提供・共有されていたと推測できよう。

以上のような教育方法やその内容の均質性は、結果的に日本における英法認識の平準化・標準化を伴い、その知識量を測定する試験制度を成り立たせる前提条件を形成したと考えられる。拙速的にならざるを得なかった我が国の近代法化において、英法も仏法も、本来の法様式の相違に起因する性質の違いは、それをいかに摂取し加工し教育するかという継受国の主体的条件において大差のないものとして乗り越えられたのである。[71] この意味で判事登用試験における両法選択の方法は、当時の「日本法学」の過渡的な様相を見事に表象しているのである。

(2)　口述試験の実施態様——宮城浩蔵「試験心得」を通して

第一回判事登用試験では僅か三名が筆記試験に合格し口述試験に進んだが、前述のとおり、その三名すべてが仏法選択者であった。左に挙げる口述試験問題はその時のものだが、仏法に基づく出題であることは明らかである。

契約法　契約ノ効力ハ何人ノ間ニアルヤ　○其例外ノ場合ヲ問フ　○連帯義務ノ効力

証拠法　人証ト書類証ト其効力何レカ勝ルヤ　○百五十フランク以上ノ金額ニ付人証ヲ許ス場合　○法律ノ推測トハ何ヲ曰フヤ其場合其効力如何　○裁判官ノ推測ハ如何ナル場合ニアルヤ

財産法　何人カ財産ヲ有スルヤ　○公領財産ト私領財産トノ区別及ヒ其著シキモノヲ問フ　○入額所得者ノ所得中尽ス可キ義務如何

先の筆記試験と変わりなく、口述試験においても基本的な法律概念を短文で問う出題方法を認めることができよう。尤も、前述した「撰定意見書」の第八条に「口頭試験ハ緻密ノ問題ヲ出ス」とあるが、その「緻密」さとはどのように測られたのだろうか。

第二回、及び現任者を対象とした判事登用試験に試験委員として参画した宮城浩蔵が口述した「試験心得[72]」を繙くならば、当時の試験事情を窺い知ることが可能となろう。宮城は述べる。

口答試撿の問題ハ多くハ其答の短きものなり然れとも其答に対して推問をなすものなると此試撿の性質なれハ屢々推問して以て其学力を撿定し得るものとす

試験冒頭にて発せられた一行形式の設問に受験者が応じ、更なる推問が立てられ、またそれに対する応答が連綿と続いてゆく様が想定されており、上掲した口述試験の設問は展開する議論の筋道上踏まえるべき要点のみが記されたものと理解されよう。宮城は、試験者の不平を誘わぬよう、解答者においては「議論を含むの語気を発すへからす」と注意を促し、この一方で試験者の意を汲もうとするあまり、推問毎に解答の意を翻してはならず、つねに首尾一貫した解答を心がけるよう諭す。そして何よりも次のように釘を刺していることは注目できよう。

試撿者書を著したることあるも其書中の議論を墨守するの意を有すへからす何となれハ強て之れに従ハんとして其説に従ひ答弁をなすも其原因結果に渉り反問を受くるときハ終に其答をなす能ハさるに至るとあり宜く己れの信する所の説を以て貫くに如かす

この「試験心得」を説く宮城自身、その著作が——おそらく『日本刑法講義』であろう——当時の判事登用試験における刑法の模範答案に大いに参考に供されていたこともあり(73)、右の情況は実際の口頭試問試験官としての経験に基づいて語られた受験心得なのであろう。

宮城の『日本刑法講義』はもともと明治法律学校における講義録ではあるが、同書は、旧刑法各条の説明に入る前に「先ヅ編章節ニ関スル理論ヲ述ヘ」、さらに「第一編総則ニ於テハ全編ニ関スル理論ノ蘊奥ヲ反復丁寧ニ講述」しているため、「某所為ハ罪ヲ構造スル原素アルヤ否ヤヲ判定スル実ニ容易」であるとの評判を得ていた(74)。まさに「体系的思考」に裏付けられた講義であったことが分かる。確かに宮城の著作は、村田保『刑法註釈』(一八八〇年)や高木豊三『刑法義解』(一八八〇—一八八一年)などの当時の旧刑法の主だった手引書と同様、逐条解説を旨とした記述方法だったが、なによりも「体系的思考」や「実用的な解釈論」を緻密に展開した点で、従来の手引書の域を大きく超えたものであった(75)。

先の引用で宮城は、解答に際しては、理論書の「墨守」を戒め、「宜く己れの信する所の説を以て貫く」ことを推奨していた。また彼は、「単に教師講する処書中載する所ニ就き種類条件区別等の数のミニ《ママ》注目し之を記憶するに汲々として少しも其基本を研究することを顧みさるの弊」があることも指摘している。逐条的に綴られる情報の字面上の記憶にとどまるならば、「毫も利益なく試撿を終れハ直に遺忘」するであろう。つまり、書籍の中に書かれたことを漫然と受動的に暗記する勉強方法の限界を端的に指摘する。ではどうするべきなのか。宮城は続ける。

> 問題ハ常ニ自ら之を作り自ら之に答ふるとに熟せさるへからす

すなわち、自ら論点を抽出し自らにそれを問い自らがそれに答えてゆくような、主体的、自覚的な勉強方法が奨励されている。それはもはや記憶のみを頼りにした理論書の祖述的再現ではない。宮城の求めた法律(刑法)

学の方法とは、既定法典化した近代的法理の受容的理解にとどまらぬ、外国起源の法理を日本化するという、日本法（学）がその成立時より自らに刻まざるを得なかったはずの、高度に理論的かつ実践的な課題を担う「主体性」に貫かれていた。[76] 法理問題は、前述のとおり、外国法依存的な当時の「日本法学」の過渡的な必要性に応じた能力認定の方法として登場したにせよ、宮城はそこに日本の現実とは直接的には切り結ばない抽象的な規範論理による、文字通りの「一問一答」の内閉した虚構に陥る危険性を嗅ぎとったのではなかろうか。そこで最後に、「法理問題」の登場の意義について一言して本章を閉じよう。

(3) 「法理問題」登場の意義

判事登用試験に登場した一行形式の設問方法——いわゆる法理問題——は、「判事登用規則」制定以前に存した他の唯一の法律専門職資格試験としての代言人試験のあり方にも大きな影響を与えた。それはまず、明治一八年三月二一日に実施された代言人試験に表れた。「東京軽罪裁判所の検事」によって主催された同試験において、[77]「民事ニ於テ一事再理セサルノ理由及ビ其場合如何」、「契約又ハ准契約ヨリ生スル義務ノ性質ト私犯（即チ准犯罪）ヨリ生スル義務トノ性質及其区別如何」といった法理問題が出されたのである。そしてその事実を報じた『明法雑誌』の記者は、「是迄ト違ヒ（中略）大ニ其体裁ヲ改良セラルル」との前評判があったことに言及しつつも、その内容についてはやはり「従前ヨリハ少シク高尚」になったことを認めざるを得なかった。[78]

では、代言人試験の「従前」の形式とはどのようなものだったのか。それは、明治九年二月の「代言人規則」によって初めて「代言検査」が導入されて以来、一貫して事例（事実）問題——擬律擬判——を中心として構成されていた。[79] ただし同様の事例形式の問題とはいえ、同一三年五月の「改正代言人規則」以後、設定される事例が格段に複雑になり、「論点を整理して条文に当て嵌める比較的高度な法適用力が問われる」[80]ようになってゆく。その後、同一五年一月から旧刑法や治罪法が施行されると、試験会場にそれら両法典の条文の携行も認められるようになる。その一方で事例型の出題方式に変化はなかったが、前述のとおり、同一七年一二月の「判事登用規則」による判事登用試験の準備が進む中、翌一八年一月二〇日の代言人試験委員会にて「試験問題に法理を加へ」ることが決定した[81]、ということである。

以上の経緯をふまえ、東京府においては、先に述べた明治一八年春期の代言人試験から法理問題が、それまでの事例問題と共に出題されたわけだが、設問の仕方には判事登用試験とは大きな差異が認められた。前述の『明法雑誌』の記者は次のような苦言を呈する。

平生業ニ就クヤ或ハ英国法ヲ学ヒ或ハ仏国法ヲ修ムル者ニ一旦試験ニ臨ムヤ俄カニ之ヲ弃テ、彼ノ茫然空濶ニシテ異説紛々タル法理論ヲ説クヘシト云フハ受験者ヲシテ頗フル困難ナル地位ニ立タシムル者ト謂フベシ彼ノ法理論ノ六ケ敷事ハ我々ノ云フ迄モナク古来ヨリ之ヲ脳裡ニ包蔵セシ人ヲ聞カザル程ナレハ受験者ノ困難スルモ又無理ナラヌコトナリ

「法理論」を「茫然空濶ニシテ異説紛々」と揶揄し、その「六ケ敷事」を「古来ヨリ之ヲ脳裡ニ包蔵セシ人ヲ聞カザル程」であると誇張して表現するものの、確かに「平生業ニ就ク」者――事実上の代言業務に携わる者であろう――には難度の高い設問であったろうし、また私立法律学校出身者にとっては、英法か仏法かの別が立てられてもおかしくはなかったろう。現に判事登用試験では、前述のとおり、英、仏二法を選択肢とすることを最前提とする条件の下に議論が重ねられていた。だが、同年九月一九日より東京府下で施行された秋期の代言人試

験でも「英仏法ノ区別ナキ問題」が出題され続ける。[82] そしてようやく明治二〇年五月の春期試験から英、仏二法の別を加えることとなったのだが、同時に事例問題が姿を消すこととなった。すなわち法理問題による事例問題のこうした駆逐は、体系理論的な「学識」が、それまでの「実務経験則に基づいた事例処理能力[83]」を凌駕する価値基準として確立したことを意味しよう。前述のとおり、判事登用規則制定時、外国法理に外国語で通じ得た法学士・法律学士の「学識」が（理想的）標準とされたように、代言人資格認定においても、法の「学識」が問われる以上は、外国法の「学識」を問わざるを得ない現実がそこにはあった。つまり事例（＝事実）問題が当時の日本の法実践内在的な視点の上に設定されていたのに対し、法理問題は、編纂途次にはあったものの、結局は未だ日本法典に化体されぬままにあった「外国／異国」起源の抽象的法理を先取りして問い質すという、日本の法現実の中には設定し得ない、外在的視点からの評価を持ち込んだのである。

右に述べてきた、代言人試験における事例問題から法理問題への形式転換は、試験制度施行後約一〇年の時間を経て果たされた。それは確かに「経験に基づいた実務処理を修得した者から、抽象的な西欧法（それを日本的に受容しつつ継受した制定法）の法理論に精通した者へ[84]」と、日本の代言人―在野の法律家像の転換を表象していたといえよう。まさしく「代言活動と代言人養成とは切りはなされることになった[85]」のである。

だが、こうした事例から法理への重心移動のあり方は、判事任用のための試験方法の変化にも表れていた。判事登用規則制定以前の試験は、「技」――擬律擬判――の巧拙の吟味を内容としていたが（本章第一節参照）、同規則制定後は、専ら「法理」に関わる知識の有無を尋ねる内容となった。なによりも判事登用試験は、当初より法理問題のみで構成される設問群を随え、その「高尚さ（＝高度な専門性）」はまさに「従来代言人・医師・教員等の試験に於て未だ曾て其比を見ざる所[86]」であったとも評される。前掲の表2が示すように、司法省の原案では実務の経験性に乏しいはずの、代言人ではない法学士・法律学士には、その「学識性」のゆえに判事補無試験採用の途が備えられた。ここに明らかに、「学識」の「経験」に対する、「理論」の「実務」に対する著しい優位性を認めることが出来よう。

判事登用試験や代言人試験など[87]における「法理問題」の登場は、近代法理が既成法典や法規として示されつつあった外国法継受最盛期のただ中において、未知の外国法理に依拠してゆかざるを得ないその後の近代日本法学の「始まり」をも告げていた。「学識」ある法律家たちによる近代日本法の新たな造形が始まるのである。[88]

（1）その職掌は、「法学校ニ関スル一切ノ事務ヲ整理シ且ツ生徒ヲ監督スルヲ掌ル」（明治一四年一一月二八日司法省達）とある。

（2）国学院大学日本文化研究所編『梧陰文庫総目録』（東京大学出版会、二〇〇五年）、一四九頁。文書番号B―八一七、「判事登用試験概況復命書謄」と題する資料の一部として編綴される。この資料は、版心に「制度取調局」の文字のある朱の一〇行罫紙に謄写されたものである。また梧陰文庫については国学院大学日本文化研究所編『井上毅と梧陰文庫』（汲古書院、二〇〇六年）がある。なお後註（55）も参照のこと。

（3）以下、文中引用の箇所は、とくに断らない限りこの「判事登用試験概況復命書謄」による。

（4）当初七月七日付で、岡村を欠いた六名のメンバーが決定していたが（『官報』第六〇六号、一八八五年七月九日）、及第証授与時には加わっている（『同』第六四二号、同年八月二〇日）。

（5）代言人試験においては、「法律書籍ヲ携行スルモ妨ケナシ」とある。ただし「其問題ニ之ヲ許ササル旨ヲ記セル時」、持ち込みは禁止された（「代言人取扱手順」明治一三年五月一三日司法省丙第八号達第三条）。

（6）この『東京日日新聞』の記事は、施行された今回の判事登用試験の顛末を振り返り、本文で紹介した「概況」の記す受験者数をそのまま掲載している。政府系の新聞の報道として、これまで同紙で挙げた数値とは異なる「概況」

の数値に一本化したことは、「概況」記載の事実がそれだけに「公式」であるとの理解を裏付けよう。

（7）明治一八年一一月三〇日付、司法卿山田顕義から太政大臣三条実美宛の上申書に付された岩佐、加藤両名の「履歴書」。同年一二月一四付で「上申ノ趣聞届候」との回答が見られる（『公文録』明治一八年・第一八七巻・同年八月―一二月・官吏進退（司法省））。

（8）この普通学教育については、熊澤恵里子「学制以前における『普通学』に関する一考察」（『早稲田大学大学院文学研究科紀要　第一分冊（哲学東洋哲学心理学社会学教育学）』第四四号、一九九八年）を参照されたい。

（9）『法律雑誌』第四七三号（一八八五年八月）、二七頁。

（10）奥平前掲『日本弁護士史』、一三七一頁以下の「代言人試験成績略表」には、一八年前期（春期）の出願名総数は八五一名で、ここから「却下・退願」者数七八名を除いた総受験者数七七三名のうち、合格者四一名（五・三％）、不合格者七三二名（九四・七％）という数値が得られる。

（11）尤も、岩佐の生地、現在の隠岐郡西ノ島町にある黒木御所碧風館館長（当時）笠置真凪氏のご教示によれば、岩佐は明治一八年六月に明治法律学校を「卒業」したとのことである。これは、同氏が斎吉の一子、猪太郎の伝記編纂時に収集した資料に基づく情報であるという。また、本文後述の加藤重三郎と併せて、明治法律学校との関わりから、村上一博「明治法律学校出身の代言人群像――至明治二六年――」、同「明治法律学校出身の司法官群像」（それぞれ、『法律論叢』第六八巻第六号、一九九六年、『同』第六九巻第一号、同年）も参照されたい。

（12）前註（7）で言及した履歴書、ならびに、『官報』第七四〇号（一八八五年一二月一七日付）参照。

（13）前註（7）同様、同日付の判事試補任命の辞令書が地元に残されているという。

（14）前註（7）同様、笠置氏からのご教示だが、『官員録』上は、明治一九年九月まで広島始審裁判所判事試補・岩佐の名前を確認できる。免官依願後も直ちに籍は失わなかったと思われる。

（15）以下、前註（7）所掲の「履歴書」、及び名古屋市教育委員会『明治の名古屋人』（一九六九年）より。なお、岩佐の紹介でも用いた明治法律学校の「校友名簿」では彼の生年月を文久元年八月と記すが、前述の「履歴書」（明治一八年一二月一六日現在）に年齢が「二十三年七ケ月」と記されており、逆算すれば、先の『明治の名古屋人』所掲の生年月になる。

(16)『官員録』（明治一五年二月改）、二三二頁。岩佐は卒業による「交友」ではなく、「交友二名以上ノ紹介」（第三条）を要する「特許」による「交友」身分を取得したのである。

(17) 前註（7）に同じ。

(18)『官員録』（明治一九年上三月）、二二三丁。

(19)『官員録』（明治二〇年甲三月）、一一五丁。

(20)『明治法律学校交友規則並表』（明治一八年）。

(21)『官員録』（明治二四年三月改）、一一五丁。なお、『特別認可私立明治法律学校校友規則並表』（明治二三年一二月）には、すでに「検事（職業欄、以下同）新潟地方裁判所（所属欄、以下同）」と見える。

(22)『同書』、四六頁。なお、『明治法律学校校友規則並表　附報告』（明治二九年一二月）には、「判事・台湾覆審法院長心得、台湾総督府民政局覆審法院」とある。

(23) 前掲『明治の名古屋人』、四三二頁、『校友名簿』（明治三一年一二月）。

(24)『明治学報臨時増刊第八十号　明治大学校友会員名簿』（明治三七年一二月）には、「弁護士、破産管財人、市会議員」とある。

(25) ちなみに『明治大学校友会員名簿』（大正九年一二月）には、「衆議院議員、会社重役、弁護士」とある。

(26) 手塚前掲「司法省法学校小史」、一二〇頁。

(27) 手塚前掲「司法省法学校小史」、一二二頁。

(28)『官員録』（明治一六年八月）、二〇〇丁。なお、同官員録には、「金沢始審裁判所富山支庁」と記されるが、同年六月二八日に同支庁は再び本庁扱いとなるので（司法省編『司法沿革誌』法曹会、一九三九年、八九頁）、本文では富山始審裁判所の名称を用いることにする。

(29)服部猛彦については、富山地裁のホームページに掲載される、「富山の裁判所の歴史、富山始審裁判所時代」(富山地方・家庭裁判所長(当時)松本哲泓執筆・二〇〇七年二月更新)に要領を得た説明がある(http://www.courts.go.jp/toyama/about/syokai/pdf/index/sisin_saibansyo_3.pdf)。

(30)井上敬三郎については、山田万作『嶽陽名士伝』(一八九一年)、三七六—三七七頁や、橋本誠一氏(静岡大学)のホームページに掲載される「静岡県代言人・弁護士人名一覧」(http://www.geocities.jp/jlshashi/link/sizuoka_zaiyahoso/daigennin_bengoshi_index.html)に詳細に説明される。

(31)前註(29)に同じ。

(32)前掲「富山の裁判所の歴史、富山始審裁判所時代」、及び『官員録』(明治一九年上一一月)。

(33)『官員録』(明治二〇年甲一一月)—『同』(同年甲一二月)。

(34)『官員録』(明治二一年甲一月)—『同』(同二三年甲四月)。

(35)『官員録』(明治二三年甲五月)—『同』(同二四年甲二月)。官員録上、鳥取始審裁判所判事に就任するあたりから山本姓を用いるようになる。

(36)『官員録』(明治二四年甲四月)—『同』(同二四年甲六月)。

(37)『官員録』(明治二四年甲一〇月)—『同』(同二五年甲一月)。

(38)『官員録』(明治二五年甲三月)—『同』(同二六年甲一〇月)。

(39)『官員録』(明治二八年甲八月)。

(40)前掲「富山の裁判所の歴史、富山始審裁判所時代」を参照のこと。

(41)『司法省処務報告書　明治一八年』、一五五頁には、「著名ナル学校」を挙示したとある。明示される五校の総数は八四名であり、初日の受験者は九七名であった。差し引き一三名が「その他」の法律学校からの受験者であったと思われる。ところで『報告書』には、「其他ノ学校ハ僅々両三人ニ止ル」とあり、ここから「その他」には複数の学校が分類され、学校毎に二、三名の受験者に留まったと解釈し、本文には、「各二—三名」と記した。

(42)　島巨邦らによって、明治一五年一〇月一一日に開校した学校。創設者には矢代操、岸本辰雄、宮城浩蔵の名前も並び、校長の島以外に三名の教員のうち二名は「仏蘭西法律大学法学士」であることが、東京府への開業願に記される。明らかに明治法律学校との類縁性が認められ、教科も仏法を中心としていた。「夜学校」とあるのは、授業が午後七時から九時に開講されていたことによる（西堀昭「明治時代におけるフランス法教授の諸学校」『日仏文化交流史の研究（増訂版）』駿河台出版社、一九八八年、二〇〇—二〇五頁）。

(43)　村上前掲「私立法律学校特別監督試験をめぐる紛糾」、四七〇頁には、「私立法律学校を、帝国大学を頂点とする教育の階層構造の内に取り込み、下級官吏の供給源として積極的に利用する」との明治政府の方針を読み取る。

(44)　寺崎昌男・酒井豊「東京大学所蔵私立法律学校特別監督関係資料」（『東京大学史紀要』第三号、一九八〇年）、一八頁所掲の、「〔2〕私立法律学校特別監督条規第七条ニ拠リ試験及第ノ者判事登用ノ節更ニ試験ヲ要セザル件」（明治一九年一一月一八日付文部省総務局長辻新次から帝国大学総長渡邊洪基宛通知、およびそこに付された同年一一月日欠の司法省総務局長三好退蔵の辻宛回答書）、参照。だがこの内約は、後述の「文官試験試補及見習規則」とも抵触し、「各法律学校や受験生らにとっての暗黙の了解事項ではあっても、確固とした明文上の根拠を欠く」ものと後日認識され、紛糾の種となる（村上前掲「私立法律学校特別監督試験をめぐる紛糾」、四八四頁以下）。なお次註も参照されたい。

(45)　寺崎・酒井前掲「東京大学所蔵私立法律学校特別監督関係資料」、二〇頁所掲の、「〔8〕私立法律学校特別監督条規廃止ニ関スル上申」（明治二〇年一一月一五日送達とある、帝国大学総長から文部大臣宛上申書）内の文言。なお、この「文官試験試補及見習規則」では、「文部大臣ノ認可ヲ経タル学則ニ依リ法律学政治学又ハ理財学ヲ教授スル私立学校ノ卒業証書ヲ有スル者」は、司法官（裁判官・検察官）試補になるための「高等試験」の受験資格が与えられるのみで（「同」第一七条）、無試験では採用されなくなった。「帝国大学ノ監督ヲ受クル私立法学校及司法省旧法学校」の卒業証書を有する者には、判任官見習への無試験採用（「普通試験」免除）の途が備えられた（「同」第四条）。

(46) 寺崎・酒井前掲「東京大学所蔵私立法律学校特別監督関係資料」、二〇頁所掲の、「〔9—1〕十九年八月廿五日及同年十一月私立法律学校特別監督ニ係ル訓令廃止」、「〔9—2〕私立法律学校監督内規の廃止に関する総長の法科大学・監督委員宛通達」、及び「〔9—3〕監督委員(長)職の消滅に関する通知」を参照。

(47) 前掲『梧陰文庫総目録』、一四九頁、文書番号B—八一八。

(48) 当該資料名に挙がる「判事登用試験科目撰定委員」は、三四七頁で言及し、表3にて一覧した「判事登用試験委員」とは別個の職掌であろう。なぜなら後者は、明治一八年七月七日付の任命によるからである(前註(4))。しかしその「試験委員」の顔ぶれは、日本人として西欧法を修めた第一世代であり、また当代において名のとおった英法、仏法のエキスパートたちである。したがって、彼らが「試験科目撰定委員」も勤めたであろうことは十分に推測の可能なことではある。なお、本文で後述するように、「試験科目撰定委員」によって検討され決定された事柄すべてが、そのまま実施に移されたわけではない。そのことがはっきりするのが、同年五月二七日の試験実施日と科目についての告示なのだが(三九一頁、及び後註(56)参照)、おそらくその時点までに「試験科目撰定委員会」の実質的活動は終了しており、当該「意見書」もその頃に作成されたのではなかろうか。

(49) 坂本一登「井上毅と官吏任用制度」(『国学院法学』第四〇巻第四号、二〇〇三年)、三三三頁以下。

(50) 明治一七(一八八四)年一一月、『法学協会雑誌』第九号に、穂積陳重「英仏独法学比較論」が掲載される(『穂積陳重遺文集・第一冊』岩波書店、一九三二年、三三一頁以下所収)。そこでは「英国の法律を学ぶ者は最も適用に敏捷にして、司法官代言人等に適すべく、又た仏独の法律は外形具はれるを以て、之を学修する者は法制官に適すべく(以下略)」(三四六—三四七頁)とあるものの、日本の近代法教育の目指す統一した法律家像は未だ描かれてはいない。本文で述べるように、判事志願者の能力判定に際し、英、仏法の選択肢を分けざるを得なかったのは、穂積の言う「法律は国民の反照なり」とする時代に未だ遠い日本法学の段階が示されたものであろう。

(51) 前述の「第五条」に掲げた〔英国法律ノ科目〕を指す。

(52) これらの科目は、後註(57)に挙がる当時の東京大学法学部(帝国大学法科大学)の科目編成にほぼ重なる。本文で詳論してきたように、「法学士」相当の学識を求める主旨の表れと考えられよう。

(53) 鈴木正裕『近代民事訴訟法史・日本』（有斐閣、二〇〇四年）、六一頁以下にいう、テヒョー起草にかかる「一次案」である。

(54) 三島駒治編『九大法律学校大勢一覧』（東京法友会、一八九八年）、二四六頁によれば、同校は最初の卒業生一三名を明治二一年に送り出している。

(55) 前掲『梧陰文庫総目録』、一四九頁、文書番号B―八二二。この文書も、制度取調局朱の一〇行罫紙が用いられており、本款で紹介した「意見書」、及び前節にて紹介引用した「概況」との資料的一体性を確認できる。

(56) 本文で述べるように、本「告示案」と明治一八年五月二七日付の告示とでは内容が異なる。このことから、この「告示案」の作成日は、「判事登用規則」制定後にして右告示前ということになろう。

(57) 当時、この公示された試験科目が「余リニ狭隘過クル」ことから「法学士ノ卒業シタル科目位イハ試験科目トナサ、レハ明察ノ判事ヲ得難シ」との意見もあったことが、明治法律学校の機関誌『明法雑誌』（明治一八（一八八五）年六月八日発兌）、五八頁に載る。ちなみに、明治一九年九月に施行された「帝国大学分科大学通則」によれば、法科大学は「法律学第一科（仏語）」「法律学第二科（英語）」「政治学科」の三科に分かたれ、前二者のうち第一科のカリキュラムは、第一年―法学通論、契約法、仏国民法、英国憲法、理財学、第二年―法学通論、海上法、保険法、私犯法、刑法、仏民法、羅馬法、国法学、仏語、民法刑法実地演習、第三年―日本行政法、治罪法、不動産法、衡平法、流通証書法、訴訟法、証拠法、国際法、法理学、訴訟演習及刑法民法実地演習、第二科は、第一年―法学通論、民法、刑法、治罪法、英語、第二年―民法、訴訟法、羅馬法、理財学、英語、実地演習、第三年―日本行政法、商法、国際法、法理学、英語、実地演習と定められた（前掲『東京大学百年史　部局史一』、四三頁）。本文にて詳述したように、試験科目の表記をめぐる検討段階で総花的に例示された科目群がそこにはあった。

(58) 『自明治十八年至明治二十二年　高等官・判事登用・代言人試験問題集』（明治二三年）、一―一六頁。

(59) 『法学協会雑誌』第四〇号（一八八七年）に掲載された試験問題にも英法の選択肢は見えない。本来、英法教育を旨としてきた東京大学（帝国大学）の機関誌として、英法に関わる設問をあえて落とすとも考えにくい。仏法、英法を区別立てしない設問が出されたのであろう。

(60) 前註（58）に掲げた『自明治十八年至明治二十二年　高等官・判事登用・代言人試験問題集』を参照しつつ、『法律雑誌』第四七三—四七七号に分載された「判事登用試験問題并ニ意見」に依り設問文を復元した。なお前節で紹介・検討した「判事登用試験概況復命書謄」や当時の新聞などにも第一回試験の設問文を掲載するものもあるが、それぞれ若干の表現、字句レベルでの異同がある（文意に異同はない）。後掲する他の回の設問や解答例との資料的均整を図る趣旨から、本論では『法律雑誌』掲載のものを復刻時の基本として定めることにする。

(61) 第一回判事登用試験を英法で受験したが合格者がいなかったためか、前掲『自明治十八年至明治二十二年　高等官・判事登用・代言人試験問題集』を初めとして、英法の問題を掲載しない新聞雑誌が多い。本章では、前註で記した方針に基づき、『法律雑誌』（第四七四号、一八八五年）所載のものを掲出する。

(62) 穂積前掲「英仏独法学比較論」、三四〇頁。

(63) Wigmore (J. H.), L'avenir du système juridique anglo-américain, in: Introduction à l'étude du droit comparé, 3e partie, Paris, LGDJ, 1938, p.106.

(64) 拙稿「ウィグモアの法律学校——明治中期一アメリカ人法律家の試み」（『法学研究』第六九巻第一号、一九九六年）、二二六—二二八頁を参照されたい。

(65) 伊藤正己「日本における外国法の摂取——イギリス法」（『岩波講座・現代法一四・外国法と日本法』岩波書店、一九六六年）、二六九—二七〇頁。

(66) 早稲田大学大学史編纂所編『早稲田大学百年史　別巻Ⅰ』（早稲田大学、一九九〇年）、二五一—二五二頁。

(67) 同前、二四四頁。

(68) 前掲『東京大学百年史　部局史一』、二〇頁。

(69) 前掲『早稲田大学百年史　別巻Ⅰ』、二四六頁。

(70)　中央大学百年史編纂委員会専門委員会編『東京都公文書館所蔵・中央大学関係史料・第一集』（中央大学出版部、一九八四年）、二二頁以下、山崎俊男『英吉利法律学校覚書――明治前期のイギリス法教育――』（中央大学出版部、二〇一〇年）、六三頁以下参照。

(71)　英法が近代期日本に及んだ影響を、法学教育的場面にとどまらず、法制定や裁判事務といった局面においても丹念に跡付けた、五十川直行「日本民法に及ぼしたイギリス法の影響〈序説〉」星野英一・森島昭夫編『現代社会と民法学の動向・下』（有斐閣、一九九二年）も参照されたい。

(72)　『明法雑誌』第三八号（一八八七年六月二〇日）、六一四―六二一頁。本文引用箇所は、とくに六二〇―六二一頁。

(73)　明治二〇年一月に実施された現任司法官吏を対象とした判事登用試験（本章前節で述べた「いわゆる判事登用試験体制について」を参照）に同年三月、優秀な成績で及第した国分三亥（後の朝鮮総督府司法部長官）は、その答案がパンフレットとなって受験する後輩の司法官たちに配付されたという。瀧川長教（後大審院検事）によれば、その答案は「宮城浩蔵さんの刑法をずっと系統的にお書きになつたものでとてもえらいものでした」という（日本法理研究会『明治初期の裁判を語る』巌翠堂書店、一九四二年、六―七頁）。また国分三亥については、同「往事を追懐して（上、中、下）」『法曹会雑誌』第一六巻第七、八、一〇号、一九三八年）や、野村正男『法窓風雲録・上』（朝日新聞社）、一九六六年を参照されたい。

(74)　『明法雑誌』第二号（一八八五年三月七日発兌）、六〇頁。

(75)　澤登俊雄「宮城浩蔵の刑法理論」（吉川経夫他編『刑法理論史の総合的研究』日本評論社、一九九四年）、拙稿「宮城浩蔵の刑法講義」（前掲『日本近代法学の揺籃と明治法律学校』）、七三―九一頁。

(76)　宮城の主著『刑法正義』にて展開される彼の解釈方法論は、条文の草案段階に遡ってその立案趣旨、とくにボアソナードやその師オルトランなどの立法論や解釈論を、フランス語原文と日本文の表現上の相違に留意しつつ、精査するものであった。宮城のこうした日本刑法典（旧刑法）の編纂過程へのまなざしは、法典を所与のシステムとしてだけではなく、起草者たるボアソナードと日本人編纂者との間での矛盾や対立を孕んだ構成物であるとの理解を根底に置いていた。尤も宮城において、起草者の「意思」は探求され措定されはするものの、「日本」刑法典の解釈的次元においては常に相対化された。宮城にとっての立法的起源への遡及は、規範解釈論的理由付けには直接には結びつかない。筆者は、日本で最初の近代法典としての旧刑法典を対象とした、いわば日本の近代法学生成初期の解釈方法のひとつとして宮城の方法論に注目するものである（前註所掲の拙稿を参照されたい）。

(77)『東京日日新聞』（一八八五年三月二四日）。なお、「代言人取扱手続」（明治一三年五月一三日司法省丙第八号達）には、第一条「代言人ノ免許ヲ願フ者アル時ハ検事（略）其願書及履歴書ヲ査閲シ（以下略）、第二条「試験問題ハ出願定月前司法卿ヨリ各地方ノ検事ニ送付ス」とある。

(78)『明法雑誌』第三号（一八八五年四月七日発兌）、五八頁。

(79)「代言人規則」（明治九年二月二二日司法省甲第一号布達）、「第二条」に挙がる「検査」項目とは、「一　布告布達沿革ノ概略ニ通スル者（か否か、以下同）」、「二　刑律ノ概略ニ通スル者」、「三　現今裁判上手続ノ概略ニ通スル者」、（四、省略）というもので、一は、いわゆる現行の単行法令の沿革的概略、二は、新律綱領や改定律例などの現行刑法典の解釈運用、そして三は、裁判手続、すなわち擬律擬判（事例問題）の解決が課されたということであろう。

(80)村上前掲「試験問題からみた代言人像の変遷」、九頁、本文以下の記述も適宜この村上論文を参照している。なお、同規則施行以前の代言人試験合格率は八七％であったのに対し、施行後は僅か八％にとどまり、新しい制度下での試験の厳格化が知られる（天野郁夫『試験の社会史――近代日本の試験・教育・社会――』東京大学出版会、一九八三年、一四〇頁）。

(81)大阪弁護士会編『大阪弁護士史稿・上』、一九三七年、四一〇頁。

(82)『明法雑誌』第九号（一八八五年一〇月一〇日発兌）、四八頁。

(83)村上前掲「試験問題からみた代言人像の変遷」、一二頁。

(84)村上前掲「試験問題からみた代言人像の変遷」、一九頁。

(85)天野前掲『試験の社会史』、一四一頁。

(86) 奥平前掲『日本弁護士史』、五七九―五八〇頁。
(87) 明治二〇年二月に施行された公証人試験も法理問題で構成されていた（前掲『自明治十八年至明治二十二年　高等官・判事登用・代言人試験問題集』、一〇頁以下。
(88) 大木雅夫『比較法講義』（東京大学出版会、一九九二年）、二八七頁以下、「法秩序造形者の意義」を参照。

結

本章で述べてきた、いわゆる「判事登用試験体制」は、明治二〇年勅令第三七号「文官試験試補及見習規則」によって終わりを迎える。「判事登用規則」そのものの制度的な存続期間は、三年という決して長いものではなかった。

しかし、既述のように「判事登用試験」を通して初めて導入された「学識」認定の制度化、その方法としての法理問題の出題は、その後の司法官任用のための試験制度において当然のごとくに踏襲されてゆく。[1] さらに法学士に対する特権（帝大無試験特権）も、明治二三年二月一〇日公布の「裁判所構成法」（法律第六号）はその第六五条で明認し、[2] また行政官についても「文官任用令」（明治二六年勅令第一八三号、同年一〇月三一公布・一一月一〇日施行）施行下の「文官試験規則」（同年勅令一九七号）もそれを容認した。[3]

尤も、右の特権は、行政科・外交科・司法科の三試験を統合した大正七年一月の「高等試験令」（同年勅令第七号）によって消滅するが、司法科試験関連規定及び当該特権削除についての発効は、同令附則の定めによって五年後の大正一二年まで待たねばならなかった。[4] なお、この大正一二年に、それまで別系統で扱われてきた弁護士試験が高等試験司法科試験に統合される。[5] そして、この「高等試験令」は昭和四年に全部改正の対象となり、同年勅令第一五号として新たに制定されるが、同二三年一二月三日公布（即日施行）の国家公務員法の一部改正（同年法律第二二二号）により廃止された。これにより、翌二四年五月三一日、現行の「司法試験法」（同年法律第一四〇号）が公布されるのである。

以上述べてきたように、明治二三年の「裁判所構成法」の示す戦前の我が国の司法体制において、司法官リクルートの方法の原型を求めて時系列を遡るならば、この「判事登用試験」が極めて大きな意味をもってくることが分かろう。むろん、それは司法官登用の制度的形成の第一歩をしるしたという意義もさることながら、今日では全く一般化された、論述による解答を求める一行形式の設問方法である「法理問題」が、法に関わる能力判定の新たなる技術として原則化してゆく出発点を為したということも、大いに注目すべきであると考えている。その後、「法理問題」と「事例問題」とは、それぞれの出題形式の特徴を前提に、今日の法学教育の目的や技術を、その効用面から議論する際に必ず言及されるトピックの一つとなっている。近時も、学生向けのある法学雑誌がこの二つの設問方式をめぐる特集を組んだ。[6] ここでいかなる解答案を作るかということはとりあえず措くとしても、改めて確認すべきは、「試験とは、その目的に沿った問題の枠組でなされるべき出題者と解答者の問いをめぐるコミュニケーションなのである」との、現代の法学徒に示されたオリエンテーションではなかろうか。[7]

明治一七年における判事登用規則＝試験の成立とは、出題者と解答者とを僅か一行の設問形式において結びつけるそのような「枠組（＝制度）」の成立に他ならなかった。太政官から「判事登用規則」が達せられた直後、東京大学法学部の法律学機関雑誌『法学協会雑誌[8]』は、同規則制定の趣旨を次のように敷衍して伝えていた[9]。

斯く登用規則を定められたる限りハ我国の判事たらんと欲する者ハ平素深く欧米の法理を研究し普く法学に通暁すること最も緊要なり徒に刑法治罪法の正文を誦し訴訟手続を知る位の間に合ひ法律家ハ向後ハ到底日本の「ベンチ」に坐を占むるの望みなかるべし

判事資格の認定に限定はしているが、今後は「欧米の法理を研究し普く法学に通暁すること」が最重要課題となろうとの趣旨は、なにも判事に限った指摘ではなかろう。それに後段の「間に合ひ法律家」には当然に「学識」を備えない判事ばかりではなく、同様の代言人もまた含意されたに違いない。「ベンチ（=bench）」は裁判官席とも読めるが、ここでは法廷と解することの方がむしろ適当であろう。右引用文の記者は、日本近代司法の将来を拓く専門学力のあるべき標準が東京大学法学部における教育にあることを述べたかったのであろう。外国法にも外国語にも通じた法学士が「判事登用規則」により「他人よりハ優等の待遇を受くる[10]」べく定められた事実こそ、そうした自負の裏書ではなかったか。

「法理問題」──抽象的で系統立った法概念の定義や性質をめぐる議論は、それ自体として当時の日本の実務的経験則とはかけ離れた場で提供され成立する言説であった。その場とは、当初はいうまでもなく官・私立の法律学校であった。しかし、大日本帝国憲法の下で五法典が（草案段階のものも含め）ほぼ出揃い、司法も前述のように裁判所構成法の下に再編が果たされる時期、国家のそうした立法作用と司法作用とを媒介する位置に、近代法の学理に通じた深い学識の保持者を創出するという任務が浮上する[11]。

そこに求められた「法理問題」は、まさに（外国や日本の）法理を教授する場としての「学校」――やがては帝国大学法科大学を頂点とした法律高等専門教育の機構[12]――が、法律家養成の主導性を独占し、法に関わるあらゆる知識の供給源となり、また法に携わる者の認識や活動の枠組みを基礎付けてゆく契機を造り出したのである。法典継受が一段落し、明治二〇年代後半から本格化する学説継受の舞台は、なによりもまず法科大学にあったことを想起しておきたい。

（1）「文官試験試補及見習規則ニ関スル細則」（明治二〇年七月二三日閣令第一八号）、第一二条には「高等試験ハ受験人ノ果シテ学理上ノ原則ニ通暁スル」か否かを問うとの件が見え、また同二四年五月一五日司法省令第三号「判事検事登用試験規則」では、その第九条に「試験ハ受験者ノ学識ヲ試験スルヲ以テ目的トシ筆記口述ノ二様トス」との表現が確認される。

（2）同条第二項には、「帝国大学法科卒業生ハ第一回試験ヲ経スシテ試補ヲ命セラル、コトヲ得」とある。この条項の文言は、裁判所構成法の編纂過程にあって、ほぼ最終段階の明治二二年六月一三日から七月九日に至る枢密院審議における、いわゆる「枢密院委員会修正案」の中に初めて現れる（小柳春一郎・蕪山厳編著『裁判所構成法（日本立法資料全集九四）』信山社、二〇一〇年、二四五、四七一頁）。

（3）同規則第一二条には、「帝国大学法科大学、旧東京大学法学部、文学部及旧司法省法学校正則部ノ卒業証書ヲ有スル者ハ予備試験ヲ免ス」とあった。なお、清水唯一郎「文官任用令制定の政治過程――政官関係の制度的序説――」（『法学政治学論究』第五九号、二〇〇三年）は、「文官任用令」制定の細かな政策論的経緯を、「文官試験試補及見習規則」運用の実態分析を踏まえ詳論する。

（4）この帝大法科特権については、竹中前掲「帝大法科特権論考」や、同「国家試験制度と『帝大法科特権』」（一の註（47）所掲）を参照されたい。なお、我が国の司法行政史における「法曹資格・任用制度」の確立とその意義については、三阪佳弘「明治末～大正期の法曹資格・任用制度の展開――改革をめぐる議論とその帰結としての集権化――」（萩谷昌志編著『日本の裁判所――司法行政の歴史的研究――』晃洋書房、二〇〇四年、所収の「第一章」として執筆）に包括的に詳述される。また帝大法科特権の生成と消滅のロジックについても分析が加えられる。

（5）なお、近代期日本における弁護士が、専門職としての自らのプレステージを高める活動に勤しむなか、法廷外の法律事務を独占して固有の職域に収めることに成功する経過を詳細に分析した、林真貴子「日本における法専門職の確立――職域の形成とその独占」（『法の流通』慈学社、二〇〇九年）がある。

（6）「特集・一行問題と事例問題――法律基本科目の学び方と論じ方」（『法学セミナー』第六七八号、二〇一一年六月）。

（7）北居功「民法の学び方と論じ方」（前掲『法学セミナー』第六七八号）、一二頁。

（8）『法学協会雑誌』第一号（一八八四年三月一五日発兌）の例言には、「法学協会ハ東京大学法学部ノ教授講師学士学生々徒其他大学ニ縁故アル法学篤志ノ輩ノ会合ニシテ本誌ハ主トシテ此輩研磨ノ成果及景況ヲ記スモノナリ」とある。

（9）（10）『法学協会雑誌』第一一号（一八八五年一月一七日発兌）、五九―六〇頁。

（11）なお、こうした事例問題から法理問題への移行を、「実学」から「虚学」への移行として捉える視点もある（中山茂『帝国大学の誕生――国際比較の中での東大――』中公新書、一九七八年、一一五頁以降）。それによれば、高等文官試験などで問われる法理問題には、語学や工学技術などのような「実学性」は認められず、それは「『法律的なものの考え方』の訓練によって基礎をやしなうという教養の学であって、パンのための実学とはちがった虚学であった」（同書、一一四頁）とするものである。示唆に富む指摘であろう。ただし、各種の国家官僚試験体制が確立する明治中期の時点において、「教養として（＝虚学）の法律学」とはどのようなイメージなのか。明治初年期には「実学的（＝実務的）」ではあっても「学識性」に乏しいとされた日本の法律家は、輸入された外国法理を媒介にして「学識性」の認定を受けるが、その外国産の学理は法典を解き明かすためには有益でも、当時の日本の法現実に直ちに親和するものではなかったに違いない。法律学が「虚学」として誕生せざるを得なかった日本的風景がそこにはある。

(12) 三阪前掲「明治末~大正期の法曹資格・任用制度の展開」、一〇頁には、「(以上のような) 官吏任用試験・資格付与制度の確立は、同時に法曹資格・任用と一定の「学校」卒業=法学教育課程要件との連関を制度化することに帰結した」とある。試験の制度化は、まさしく法学識の制度化を意味し、同時に国家主導による学校の差別化をもたらしてゆき、近代日本における学歴主義・学歴社会の構造化を条件付けたのである。

第八章

刑事弁護士研究——馬袋鶴之助の場合

序

今日、「司法資料」の歴史史料的価値に対する再評価が試みられている。かつて、裁判所の定める保存年限を超えた民事判決原本が廃棄されるとの報に接し、各方面での議論の後、関係する国立の諸大学が「緊急避難」的に膨大な数にのぼる判決原本を一時保管して、廃棄の「運命」から史料を「救った」ことは記憶にまだ新しい(1)。このこともあってか、明治時代のごく初期から存在する判決書や司法統計などの司法関係資料が、法制度の歴史にとどまらず、より広い社会史的問題の解明にとっても、きわめて有用な道具として再認識されてきたようである(2)。

本章の対象とする馬袋家史料(3)が、司法関係の文書を多く含むことは論を俟たない。そこには民事刑事の両領域に亘って、数多くの訴訟記録や法廷記録を見出せる。尤も、ここで「司法資料」なるものを「国家の司法作用において作成蒐集された記録の全体(4)」と最広義に理解する通説的前提に立つとしても、本史料のように弁護士の手許に残された書類群は、国家作用による直接的な「生産物」とはいえないから、「司法関係資料」とはいえても、判決原本のような「司法資料」と性格づけることは難しくなろう。だが、ここにこそ馬袋家史料の「特徴」があらわれているといえまいか。

本章では、今日、神戸地方検察庁豊岡支部に保管される当時の刑事裁判書（以下、判決原本とも呼称する）を適宜考証のために用いる(5)。判決は、弁護人にとってもその法廷弁護活動のゴールであり、いかなる事件・事実がいかなる法的判断に結びついたのかを端的に示す資料である。以下、弁護人・馬袋の主体的な刑事弁護活動の姿を、できうるかぎり彼の手許に残った史料のなかから復元してみよう。[6]

（1）　当該問題については、林屋礼二・石井紫郎・青山善充編『図説　判決原本の遺産』（信山社、一九九八年）所収の諸論稿、及び同書一〇〇頁以下の「民事判決原本の保存に関する文献」一覧を参照されたい。なお、二〇〇〇年一〇月に施行された国立公文書館法により各国立大学に分散されて保管されていた民事判決原本が、国立公文書館に移管され集中管理されることになった。もっとも、「史料的に重要」なものが選別されて残されるシステムであるから、廃棄される原本も少なくなかろう（『読売新聞』二〇〇〇年一一月五日付）。

（2）　例えば、社会史的手法の下に近時発表された、後藤靖「水子と国家——もう一つの女性史——」京都橘女子大学女性歴史文化研究所編『家と女性の社会史』（日本エディタースクール出版部、一九九八年）、田間泰子「堕胎と殺人のあいだ——戦前における堕胎・嬰児殺判決から——」『近代日本文化論6　犯罪と風俗』（岩波書店、二〇〇〇年）などは、判決文や刑事司法統計などを用いて斬新な見解を披露している。

（3）　本章で取り上げる馬袋《ばたい》鶴之助（元治元〔一八六四〕年—昭和五〔一九三〇〕年）は、明治二〇（一八八七）年に東京法学校（同一三年に東京法学社講法局として開設、翌年改称。その後、同二二年に東京仏学校と合併し和仏法律学校と改称し現在の法政大学の前身をなした）を卒業後、翌二一年春期の代言人試験に合格し代言人免許を取得した。その後、横浜に事務所を開設し代言活動に入り、同二五年には横浜代言組合の会長、翌年の横浜弁護士会発足に際しては副会長に、それぞれ就任する。その間、『市町村制義解　附理由』（時習社、一八八八年）を共著の形で刊行もしているが、横浜で弁護士としての地保を着実に固めつつあったその矢先、馬袋は郷里の兵庫県城崎郡豊岡町（現豊岡市）に居を移し、同地で最初の近代西欧的法学識を備えた弁護士として、以後業務に勤しむことになる（参照、飯田泰三「馬袋鶴之助のこと——明治二十年　東京法学校第三回卒業生——」『法政』第二二巻第一号、一九九五年、三〇—三七頁）。
　平成四（一九九二）年馬袋家から鶴之助に関わる右史料の寄託を受けた法政大学は、膨大な数に上る史料の整理に着手し、同六年より同大学現代法研究所プロジェクトとして「馬袋研究会」が発足する。その成果が、川口由彦編著『明治大正　町の法曹―但馬豊岡　弁護士馬袋鶴之助の日々（法政大学現代法研究所叢書二〇）』（法政大学出版局、二〇〇一年）として結実した。本章は、右研究プロジェクトに加わっていた筆者が、同書第五章として寄稿した「馬袋鶴之助の刑事弁護」を表現等若干修正の上収録したものである。

(4)　浅古弘・岩谷十郎「司法資料保存利用問題」（『法制史研究』第四四号、一九九四年）、一六四頁以下。なお、刑事訴訟記録についての保存法制の整備が遅れていることについては、竹澤哲夫「訴訟記録保存法制の現状と問題点」（『早稲田法学』第六九巻第二号、一九九三年）、九一頁以下。

(5)　昭和一八（一九四三）年以前の民事判決原本については、現在、国立大学に移管されている。本研究グループの調査した、神戸地方裁判所豊岡支部、豊岡区裁判所で言い渡された馬袋の関与する民事事件の判決や、その控訴審たる大阪控訴院での判決などは、大阪大学保管のものを利用している。この一方で、刑事については、昭和六二年に定められた刑事確定訴訟記録法の下、死刑または無期の懲役ないしは禁錮を言い渡した裁判書は、確定後一〇〇年の保管期間に置かれるが、有期の懲役ないしは禁錮の場合は、五〇年、罰金、拘留もしくは科料などの場合は、二〇年と決められている。したがって、本章において参照利用しえた刑事の判決原本は、本来「廃棄」されていてもおかしくない扱いの下にあったことになる。なお、こうした刑事司法資料の歴史史料性や閲覧の問題点などについては、前掲「司法資料保存利用問題」、一七七頁以下参照。さらに寺崎嘉博「刑事手続における情報の管理と公開――訴訟記録保存の過去・現在・未来――」（『ジュリスト』第一一四八号、一九九九年）、一二三頁以下が出された。
　また『刑法雑誌』（第三八巻第三号、一九九九年）では、「特集　刑事司法情報の保存と公開」というテーマが組まれ、とくに公開とプライバシーの法理論的問題が扱われている。

(6)　馬袋家史料全般の内容やその資料的性質については、前掲『明治大正　町の法曹』、四三頁以下の「明治期弁護士活動の概観――馬袋家史料と判決原本による考察」（川口氏執筆分）を参照されたい。また、そこで触れられるように、当時、大阪大学に保管されていた大阪控訴院管轄の諸裁判所で言い渡された民事判決の原本の調査から、馬袋の関係した民事事件は、残されている馬袋家史料の訴訟記録件数を上回っている。このことを前提とすれば、刑事事件についても同じことがありえよう。もっとも、裁判書文面上には、弁護人の氏名は載せられないことから、刑事に関しても、馬袋家史料として残る記録がどの程度の史料的網羅性を有しているのかは論証のしようがない。

一　馬袋家史料における刑事関係史料

法政大学に移管された馬袋家史料は、そのほとんどが民事関係の訴訟書類で占められている。また、同家史料の全体的概観やその性格づけは、民事の弁護士としての馬袋の手許に残った種々の訴訟関係書類を分析の対象としている。だが、本章では、本史料に残る明治期の弁護記録全三七二件のうち、一七件存在する（全体の約五％）刑事関係の訴訟書類に焦点をあて分析することにしたい。

ところで、「序」においても触れたが、刑事司法過程から「生産」される数多くの資料のなかで、判事・検事・弁護人といった法曹のそれぞれの役割の違いはまた、その手許に残る資料の性質にも影響を与えよう。すなわち、裁判書や起訴状、それに予審調書などを併せ用いることによって得られる当該事件の司法手続のプロセスを背景に、本史料に残る諸記録は、彼の刑事弁護人としての「役割」を照射しているとは考えられないだろうか。事件の受任から判決に至る流れを追跡するならば、彼の活動をより能動的なかたちで理解することともなろう。

そこで、表1を見られたい。この表には本章で考察の対象とする刑事関係史料の全容が記されている。以下の叙述において引例される事件番号①～⑰は、本表の分類によるものとする。また表中の表現等については脚注を参照されたい。ここではまず弁護関係の発生時に遡り、公判に至るまでの各史料を時系列的に関連づけてみよう。

1 事件の受任――「弁護委任契約書」の周辺

明治二三（一八九〇）年一〇月七日に法律第九六号として公布され、同年一一月一日より施行されたいわゆる明治刑事訴訟法（以下、単に刑事訴訟法とも呼ぶ）の定める刑事弁護関係の発生原因には大別して二つの場合があった。ひとつが被告人の選任にかかるものと、もうひとつは裁判長の選定にかかるものがこれである。

㈠ 弁護人の選任権はまず被告人にあった。刑事訴訟法第一七九条第一項には「被告人ハ弁論ノ為メ弁護人ヲ用ユルコトヲ得」とあり、その弁護人は「裁判所所属ノ弁護士中ヨリ之ヲ選任ス可シ」（同条第二項）とするもので、馬袋家史料の刑事関係史料のなかでも、表1の①②④⑤⑥⑭⑯の記録において日付の入った「刑事弁護委任契約書」が残されている。ここでは、刑事関係について表2をみられたい。

本表の左欄には弁護委任契約日を事件ごとにまとめ、右欄には予審終結日などを配した。予審終結日が判明しないものについては、それに代わる日付を参考のために掲げた。当時の刑事手続において刑事弁護人がいかなる段階・時点から、被疑者・被告人の訴訟代理人として訴訟手続のなかに参加するのかを、わずか数例ではあるが一瞥しておきたいのである。

まず②⑤⑭については、日付の上から、予審終結後に弁護契約が結ばれていることがわかる。刑事訴訟法第一

表１　馬袋家史料・刑事関係記録一覧

	事件名（袋名）[1] 馬袋家史料番号	依頼人[2]	弁護契約日付[3]	事件 調書等[4]	その他の書類	予審終結日
①	詐欺取財告訴事件 m26-01-02	告訴者	明治 26.10. −	無／(予)	無	明治 26.12. 6.
②	A 被告事件〔詐欺取財〕m26-01-12	被告人◇	明治 26.11.27.	有／予	有 （弁護準備書面）	明治 24.11. 4.[5]
③	屋外窃盗被告事件 m27-01-06	（被告人）	−	無	有 （他弁護士宛書簡）	明治 27. 7.31. −
④	山林盗伐被告事件 m27-01-07	被告人◇	明治 27. 2.20.	無	有 （欠席判決正本等）	−
⑤	B 被告事件〔詐欺取財〕m27-01-16	被告人◇	明治 27.10.30.	無／(予)	有 （『国民新聞』切抜）	明治 27.10.26.
⑥	委託物費消事件 m27-01-17	被告人◇	明治 27.11.27.	有／予	無	明治 27.11.28.
⑦	賭博事件 m27-01-22	被告人◇	（日付無）	有	有 （公判期日連絡状）	−
⑧	C 他八名賭博事件 m27-01-30	被告人◇	（日付無）	有	無	−
⑨	賭博被告事件 m28-01-03	（被告人）	−	有	有 （開廷期日連絡状）	−
⑩	官吏侮辱毀器物事件 m28-01-07	（被告人）	−	有／予	無	明治 28. 3.27.
⑪	D 被告事件〔罪人蔵匿〕m28-01-15	（被告人）	−	有／予	無	明治 28. 5. 6.
⑫	殴打創傷事件 m28-01-18	（被告人）	−	有／予	無	明治 28. 7.23.
⑬	E 他一名被告事件 〔伝染病予防法違反〕 m28-01-19	被告人	（日付無）	無	有 （事件関係書類）	−
⑭	F 被告事件〔詐欺取財〕m28-01-21	被告人◇	明治 28. 7.19.	有／予	無	明治 28. 7.13.
⑮	G 被告事件〔窃盗事件〕m28-01-29	（被告人）	−	有／予	無	明治 28.10.24.
⑯	詐欺取財事件・付帯私訴 m30-01-01	原告	明治 30.11.22.	無	有 （会社登記請求謄本他）	−
⑰	被告人 H ニ係ル 詐欺取財事件 m35-03-01	−	−	無	有 （告訴状他）	−

註：1）「事件名」：馬袋自身が分類したとおぼしき一件ごとの整理袋に記されたもの。〔　〕内は、事件の内容を略記。なお、袋事件名に被告人の名前が使われる場合には、本表ではそれらを、便宜上、A～Hのアルファベットにて示すことにするが、本章二以下で個別事件ごとに考察をふまえる際に用いるアルファベットの指示する人名とは必ずしも一致するものではない。

2）「依頼人」：馬袋に弁護依頼してきた者（私訴の場合は原告）。◇印は、被疑者・被告人の代理人によるもの。括弧を付したものは、弁護委任契約書のないものであるが、内容の解釈上、被告人自身とおぼしきもの。

3）「弁護契約日付」：（日付無）は、弁護依頼契約書、あるいはそれ相当の文書はあるが、日付がないもの。空欄は、契約書自体がないもの。

4）「事件調書等」：予審調書、被告人・関係人尋問調書、予審終結決定書等が含まれる。とくに予審終結決定書の含まれるものについては、予を付し、馬袋家史料にはないが、判決原本上、予審が踏まえられたことが判明するものについては（予）を付している。

5）考証のうえから、明治 26.11.4. の間違いであると考えられる。詳しくは本章二註(3)を参照されたい。

表2　弁護委任契約書の存在する事例群

	弁護契約日	契約当事者	予審終結日 [1]
①	明治 26.10. −	本　人	明治 26.12.6.
②	明治 26.11.27.	代理人	明治 24.11.4. [2]
④	明治 27.2.20.	代理人	明治 27.2.16.（故障申立日）
⑤	明治 27.10.30.	代理人	明治 27.10.26.
⑥	明治 27.11.27.	代理人	明治 27.11.28.
⑦	−	代理人	−
⑧	−	代理人	−
⑬	−	本　人	−
⑭	明治 28.7.19.	代理人	明治 28.7.13.
⑯	明治 30.11.22.	本　人	−

註：1)　予審終結日は、馬袋家史料に手がかりがなく判決原本からとったものもある。
　　2)　明治 24 年とあるが、考証のうえから明治 26 年であると考えられる。本章二註(3)を参照されたい。

七九条に「被告人ハ弁論ノ為メ弁護人ヲ用ユルコトヲ得」とあり、これは当然、予審終結後に開廷される公判における弁論を予定したものである。つまり、公判廷に付されるとは、犯罪の嫌疑が予審手続によって固められたことを意味するのである。

この一方で刑事訴訟法には、その基軸とする糺問主義により、予審段階、あるいはそれ以前の捜査段階における弁護人選任にかかわる規定がみあたらない。このことをもって、同法は弁護人を用いる時期を制限し、捜査（起訴）・予審段階での弁護人の使用を予定していないとの解釈も当時は存在した。例えば豊島直道は、この第一七九条が「公判通則」の章に掲げられたことをもって、「（捜査及び予審の段階では）縦令之（弁護人）ヲ許スモ充分ナル働キヲ為サシムルコト能ハサレハナリ」、そしてその理由は「蓋シ捜査、予審ノ如キハ全ク検事又ハ予審判事ノ手裡ニアリテ事秘密ヲ要シ此時期ニ於テ弁護人ヲ付スルモ唯傍観スルニ止(1)」まるから、と述べる。この意味で、⑥の事例では予審終結の前日に弁護契約が結ばれているが、これは公判に付される可能性が極めて高まった段階で馬袋への依頼がなされたことを示唆するのであろう(2)(3)。

ここで表2内に分類した、「弁護契約当事者」の欄について述べておこう。民事関係においては、弁護依頼人と民事紛争の一方当事者が同一であることが原則であるが、刑事事件においては、被疑者・被告人が身柄拘束などの強制処分を受ける可能性が高く、[4] 弁護を依頼するために馬袋の事務所を訪ねる者は、そのほとんどが「本人」の代理者であることがわかる。史料的制約から馬袋に対し直接に委任契約を結ぶ者と「本人」との関係は詳らかにはできないが、おそらく地縁・血縁筋の者であったことは推測できる。一例のみ記せば、⑭では被疑者・被告人の兄であることが契約書上に明記されている。

また①の事例も先の⑥と同じく、予審終結以前に弁護契約が結ばれ、その期間も二カ月前まで遡る。だがこの場合、依頼人は被疑者・被告人ではなく告訴権者としての「被害者」である。弁護委任契約の内容として「被告甲乙ノ両名ニ係ル詐欺取財告訴一切ノ事」とあり、おそらく馬袋は依頼人の申立てに耳を傾け、「証憑及ヒ事実参考ト為ル可キコト」（刑事訴訟法第五〇条）を書面に認め（第五一条第一項）、検事または司法警察官に代理告訴したものと思われる。①に整理される記録のなかには、依頼人が金銭の貸借証なども馬袋に預けたことを記した「覚え」のようなものも分類され、それによれば告訴者とその被告訴者との間には民事的なトラブルが先行していた模様である。つまり、刑事事件として相手方を告訴するに際しては誣告の危険を避けるため、依頼者は慎重を期して弁護士事務所に足を運んだものと考えられる。

このように弁護依頼が被疑者・被告人（側）からではなく被害者側から出される場合として、もうひとつ⑯の例がある。これは詐欺事件（公訴）に付帯した私訴であり、依頼者は民事原告人として「犯罪ニ因リ生シタル損害ノ賠償、贓物ノ返還」（第二条）を求めたものである。だが残念ながら馬袋家史料には、この事件の結果を窺い知る記録は刑事・民事関係とも存在しない。

以上のように、弁護契約書面の上からは、依頼人が被疑者・被告人側か、あるいは被害者側かによって、馬袋の弁護活動の内容はかなり異なるものとなったであろう、ということが読みとれる。また、表1の⑦⑧⑬には日付のない「弁護委任契約書」が残っているが、これらは前述の推論を前提にすればおそらくは、公判開始直前に馬袋が受任した事件ではなかろうか（後述）。

(二)　次に「弁護委任契約書」の見当らない事件、③⑨⑩⑪⑫⑮⑰について一言しておきたい。これらの事例では、いかなる事情により委任契約書が存在しないのか。

被疑者・被告人が弁護人を選任しない場合には、裁判長の職権によりその裁判所所属の弁護士から弁護人が選ばれることがあった。[5] いわゆる官選弁護人制度である。[6] 例えば、重罪事件の審理には必要的（強制的）に弁護人が付せられた（刑事訴訟法第二三七条第二項、第二六四条第三項）。もっとも、馬袋家史料には重罪事件の記録はない。[7] だとすれば、刑事訴訟法第一七九条ノ二の規定する、被告人が「第一　一五歳未満ナルトキ」、「第二　婦女ナルトキ」、「第三　聾者又ハ唖者ナルトキ」、「第四　精神病ニ罹リ又ハ意識不十分ナルノ疑アルトキ」、そして「第五　被告事件ノ模様ニ因リ裁判所ニ於テ弁護人ヲ必要ナリトスルトキ」の各場合に限られる。これらは、「裁判所ノ意思ニ任スル」[8] 自由弁護を旨とするものであった。ただし、馬袋が担当した前記の各事例のなかに前述の第一から第四に該当する訴訟が問題となる事案はない。したがって裁判所が馬袋に弁護の依頼を出したとすれば、それは前記第五の事由、すなわち「被告事件ノ模様」に鑑みた処置であったことになろう。

いずれにしても、刑事弁護人であれば本来、被告人のために弁護活動をするものではあるが、史料上、馬袋が誰の依頼の下に活動したのかという事実を確定することは案外難しい。前述のように、私訴権者が刑事裁判に付帯して訴えを提起する場合もあったし、告訴権者もまたその手続きのうえで弁護人事務所の扉をたたいた。実はこの問題は、馬袋が関与した刑事裁判の判決が馬袋—依頼者側にとって有利な結論（つまり勝訴）となったのか、あるいはそうではないのか（つまり敗訴）を測り出す基準を定めるために重要な意味をもつ（後述）。表1に弁護委任契約書なしに依頼人を「（被告人）」としているものは、前述の推論に基づき、馬袋の残した記録に止まらず判決原本上より得られる情報をも参照して解釈した結果なのである。(9)

2　公判前準備手続きから公判へ

(一)　公判前準備手続き——「事件調書」の位置付け

(1)　明治期馬袋家史料の刑事関係記録には、筆写された一綴りの「事件調書」が残っていることがある（前掲表1参照）。これは刑事訴訟法第一八〇条の「弁護人ハ裁判所ニ於テ訴訟記録ヲ閲読シ且之ヲ抄写スルコトヲ得」の定めに基づく、公判準備手続きの一環である。馬袋は、ここで初めて——弁護依頼はそれ以前にあったとしても——捜査訴追機関において作成された各調書、及び予審調書などを閲覧筆写することを許され、依頼事件の全容を知るのである。

例えば、⑫は傷害事件であるが、「甲（被告人名）殴打創傷被告事件書類写」とある記録に綴られる調書には、時系列順にこれを並べるならば、まず、村落間における共有山をめぐる争いから喧嘩が発生したことを伝える巡査の報告書（明治二八〔一八九五〕年五月三〇日）、一方の当事者で怪我を負った被害者からの告訴状（同月三一日）、その診断書（三〇日付）、先の巡査による内偵復命書（六月七日付）、被告人訊問調書（六月八日）(10)、被告人予審調書（七月一一日）、証人調書（同）、参考人調書（同）、証人調書（七月一八日）、予審終結書（同月二三日）がみられる。本件の特徴は、被告人が一貫して犯行を否認していることであろう。この事件の詳細については後述する。

ところで、表1の「事件調書」の内容をみると、予審終結決定書が編綴されるものとされないものとがある。予審終結決定書の綴られない事件番号として、③⑦⑧⑨⑬⑰の事例が挙げられる（このうち⑦⑧⑬は日付なしの委任契約書のあるものとして、すでに紹介済みのもの）。おそらくこれらの事案においては、予審が請求されないまま直接に裁判所に起訴されたものと考えうる。刑事訴訟法第六二条には、重罪と思料される事件は予審が必要的に求められるが（同条第一項）、軽罪については「其軽重難易ニ従ヒ予審ヲ求メ又ハ直チニ其裁判所ニ訴ヲ為ス可シ」（第二項）とある。この「軽重難易」とは「事実証明ノ軽重難易」をいう。[11] 前述のとおり、馬袋家史料のなかには重罪案件はないから、軽罪の起訴に際して予審が請求されずに直接に公判に付されたのは、検察において事実・証拠とも明白に有罪の嫌疑が固まっていたのであろう。裏を返せば、軽罪において予審が請求される場合には（前述の①②⑤⑥⑩⑪⑫⑭⑮）、事実認定においていささかなりとも疑義が払拭できず（とくに被疑者・被告人による自白が得られていない場合）、予審判事の調査と判断に委ねようとする検察の不安気な態度が顔をのぞかせているといえまいか。

(2) ここで『司法省刑事統計年報』などから、当時の神戸地方裁判所豊岡支部における起訴と予審の関係についての概略を得ておきたい。次の表3を参照されたい。

本表の主旨は、送検された事件が検察官による処理（予審請求・公判請求・不起訴など）をとおして、手続上どのような結果をもたらすのかを一覧するところにある。データが明治二五年から三〇年（一八九二年から九七年）に至る五、六年に限られているのは、先の表1に明らかなように馬袋家史料のほとんどの刑事関係史料の示す日

表3　神戸地方裁判所豊岡支部・豊岡区裁判所、起訴・予審成果一覧（明治26～30年）

		検事						予審判事						
		受理件数	終局件数					受理件数	受理人員数	終局人員数				
			予審	公判	不起訴	他	計			公判	免訴	管轄違	他	計
明治25年	支部	518	72	302	74	25	473	79	138	71	47	11	2	121
	区裁判所	298	–	215	38	39	292	–	–	–	–	–	–	–
明治26年	支部	514	141	251	80	14	486	151	230	125	77	2	2	206
	区裁判所	318	–	238	43	30	311	–	–	–	–	–	–	–
明治27年	支部	516	178	188	72	30	468	193	308	195	92	0	2	289
	区裁判所	412	–	298	66	25	389	–	–	–	–	–	–	–
明治28年	支部	526	167	204	79	31	481	181	339	223	95	1	1	320
	区裁判所	399	–	297	53	24	374	–	–	–	–	–	–	–
明治29年	支部	527	185	190	82	39	496	201	306	138	141	0	5	284
	区裁判所	465	–	341	107	14	462	–	–	–	–	–	–	–
明治30年	支部	574	113	281	112	19	525	122	226	120	98	0	6	224
	区裁判所	423	–	371	29	22	422	–	–	–	–	–	–	–

［備　考］
［検事］
・「予審」「公判」とあるのは、それぞれ予審請求、公判請求事案を指す。
　支部のほうで、「予審」「公判」とも重罪事案を含む。区裁判所には予審はない。
［予審判事］
・検事のほうが事件数であるのに対し、終局内容はすべて人員数で示される。したがって、受理件数と人員数をすり合わせて理解しなくてはならない（本文参照）。

付が、明治二六～二八年に集中しているためである。

そこで、神戸地方裁判所豊岡支部と豊岡区裁判所[12]の全体に占める各処理態様の平均値を六カ年に亘って概算しておこう。

まず、検察官において「不起訴処分」とされるものは、終局総計数のうち約一六％を占める。これに対し、「起訴」された七八％の内訳は、直接公判が請求されたものは六一％、予審が請求されたものは一七％であった。「各事件ニ付キ捜査ヲ完全ニ為ストキハ予審ヲ不必要ナラシム捜査ヲ或ル程度ニ止ムレハ予審ノ必要ヲ生[13]」ずるといわれていた。だとすれば、六割が検察段階において十分の捜査のうえ公判に付せられ、約二割弱が予審判事の補充的調査に委ねられることになったわけである。ちなみに全国平均では、「不起訴処分」が一八％、公判請求が六四％なので、豊岡のそれはほぼ標準並みといえようが、予審請求については九・八％なので、豊岡のほうが予審請求率はやや高い数値を示していることになる。

さらに、予審結果についても一言しておこう。起訴処分統計が件数で記されるのに対し、予審結果は、処分人員によって示されるので、結局人員の合計数に占める割合から判断するほかない。それによると、豊岡支部では、「免訴」を言い渡されるものが三八%、公判に付されるものが約六〇%を示す。全国平均では、それぞれ約四〇%と五八%であるから、これも概ね標準的な数値であるといえる。

すなわち豊岡において予審が請求されるパーセンテージは、検察官による起訴総件数のうち一七%を占め、これを受けた予審での審理の結果、右数値中約六〇%(つまり起訴総件数に比定すればその約一〇%)[14]が、さらなる有罪の嫌疑を固められ公判に付されたことになる。原理上、弁護人の関与する余地のないとされた検察―予審判事の「協働」ともいうべき糺問的取調べが終了し、それに基づく「中間判決」とも位置づけられる予審決定[15]がなされたこの段階こそが、被告人(側)にとっては、馬袋への弁護依頼を決断する重要な画期となったはずである。

ここで再び表1に戻るならば、馬袋家史料に残される刑事事件全一七例のうち九例において予審がふまえられている。これを公判判決日が集中する明治二七(一八九四)年と同二八(九五)年を基準としてみるならば、史料上、馬袋がかかわったことがはっきりとしている、予審を経て公判に付された被告人の総数は、それぞれ七人と六人であった。それらは確かにわずかな例ではあるが[16]、そこで馬袋はいかなる弁護活動を展開したのだろうか。いやむしろ、「弁護人ハ裁判所ノ機関ニシテ独リ被告人ノ利益ノ為メニ設ケラレタルモノニアラス」[17]と理解される当時にあって、いかなる弁護活動がそもそも可能であったのだろうか。

㈡　公判審理

前述したように公判の手続きは、検事による直接の起訴または公判に付する予審終結決定により開始される。ところで、先に「事件調書」として分類した冊子体の記録には、原則として「予審終結決定」に至るまでの調査記録が綴られている。ところが馬袋家史料中の唯一の例外として、②の事件には「公判始末書」が編綴されている。

この「公判始末書」とは、裁判所書記によって作成され、弁論の内容や被告人の訊問や供述、それに証人や鑑定人の供述や証拠物件など、「一切ノ訴訟手続」が記載される（刑事訴訟法第二〇八条）。そこで、②の「公判始末書」からその展開を素描してみよう（なお本史料については、二にて再論する）。

明治廿六年十二月七日裁判長濱口惟長ハ陪席判事冨田滝《(ママ)》次郎及安井勝次検事増田潤書記宮内弦ノ立会ニテ公庭ヲ開キ被告人A・B・C等カ詐欺取財事件ヲ審判ス

冒頭に右のような一文がみえ、その後に三人の被告人への人定質問（刑事訴訟法第二一八条第一項）の後、検察官が「該一件訴訟記録及ヒ予審決定書ニ就テ審問相成リタシト陳述」し、被告人たちへの訊問が続く（同条第二項）。これを受け、裁判長や陪席判事から被告人らへの訊問が相次ぐ（第二一九条第一項）。その一部を左に抜き出してみよう。

……冨田判事ハ裁判長ニ告ケ被告Aヲ訊問スルコト左ノ如シ

問　壱個ノ値段ハ何程スルモノカ
答　（暫時黙止シテ居タリ）
問　四個ノ塗金代壱円五拾銭貰ヒ居リタルヤ
答　ヘイ
問　何程ノ価カアルカ
答　四ツガ弐円五拾銭カ三円位ノモノデアロウト思ヒマス
問　塗金シテノ値段カ
答　セヌ先ノ値段デス……

これは錺職人である被告人（ここでは二で用いる人名の仮称に準じAと呼ぶ）が、他の関係被告人たちから持ち込まれた偽造の丁銀に鍍金を施したものの、この行為が他の二人による一連の詐欺行為に加功するものなのか否かが争われ、この点について冨田陪席判事がAの受け取った謝金の性質について公判で訊問する様子が窺える。こうして判事全員により被告人全員に対して、証拠物件を前にしての厳しい質問が代わるがわるおこなわれるのだが、弁護人にかかわる記述は、記録の最後のほうでようやく以下のように現れるのである。

検事ハ裁判長ニ対シ弁護士ハ誰ニナルヤト問フ裁判長ハ馬袋弁護士ハＡニ又善積弁護士モＡノ弁護士テアリマスト答フ
善積弁護士ハＢノ弁護ヲ致シ居リマスト申シ立タリ

裁判長ハ善積弁護士ニ対シＢノ弁護ハ解除届ガ出テアルト云
善積弁護士ハ然ラハ更ニＢノ弁護ヲ為スコト口頭ヲ以テ届ケマスト云
裁判長ハ被告Ｂニ向ヒ其方ハ善積弁護士ニ弁護ヲ頼ム乎
被告人Ｂハ頼ミマスト答フ

どのような事情かは詳らかにはできないが、弁護人とその依頼人の関係が錯綜している様子がみえる。被告人Ａの側と馬袋との間での「弁護委任契約書」は残っているし、もう一方の善積弁護士[18]もＡの刑事弁護人として記録内に名を連ねているのである。この二人の弁護人の活躍については、記録はほとんど何も語らない。二人が幾人かの証人喚問を申請し次回公判が期される場面で記録は終わる。刑事訴訟法では、被告人・弁護人の陳述・弁論は、証拠調べが終了し、検察官による「事実及ヒ法律適用ニ付キ意見」の陳述がなされたあとでおこなわれる（第二三〇条）。

本来、「公判始末書」とは、判決が下されてから三日以内に整頓され、裁判長と裁判所書記官の署名捺印を施し（刑事訴訟法第二一〇条）、その原本は訴訟記録に添付して裁判所に保存される（同法第二一一条）。残念ながらこの②の事案には、明治二六（一八九三）年一二月七日付の公判記録しか残っていない。判決原本では翌年一月一六日に「無罪」の言渡しがなされている。少なくとも言渡し当日の公判記録が残っていてもよい。なぜならそこにこそ「無罪」判決を導いた弁護人たちの役割が記されていたに違いないからである。

いずれにしても、前に略説した公判順序のなかで、弁護人の果たす役割は極めて限られていたことは確かであろう。そこで次節では、前記のような公判過程を念頭に置きつつ、各事例の内容的な紹介をおこないながら、馬袋の関与が判決の形成にいかなる影響を及ぼしたのかを吟味してみよう。

（1）　豊島直道『刑事訴訟法新論　全』（有斐閣、一九〇五年）、一八三頁。

（2）　⑦の事例では、明治二七（一八九四）年一月一六日に賭博が発覚し、依頼人は同一八日から被疑者が「入監」したことを伝えるメモ書を残している。また二月二日に公判廷が開かれる旨、神戸地方裁判所豊岡支部書記課からの通知が残っている。予審終結に至るまで被疑者・被告人が平均してどの程度の期間に亘り身柄拘束を受けたものか、本文後述。

（3）　実際、当時、収監される被告人への予審終結以前の弁護人の接見は極めて制限されたものであったらしい。例えば、大阪府監獄所では予審段階での弁護人の接見については、そのつど電話にて担当予審判事に問い合わせ、その許可を得なくてはならなかったという。もっとも、当時の「監獄則」（明治二二年勅令第九三号）第三五条第一項には、「囚人懲治人及刑事被告人ニ接見セント請フ者アルトキハ典獄ノ立会ヲ以テ之ヲ許スヘシ」と規定されていたが、監獄署がその扱いを改めたため、明治二六（一八九三）年、大阪弁護士会が大阪府知事に掛け合い、予審判事からの接見のための事前承認は不要となった経緯がある（『大阪弁護士会百年史』一九八九年、一四一頁）。

（4）　「予審終結決定書」の記載から、被告人が拘留のまま公判に付されることが明らかなのは、③⑤⑥⑩⑪の事件であり、このうち弁護委任契約書が残っており、しかも被告人の代理者によって契約が結ばれているものは、⑤⑥の二件である。また⑦の事件では、被告人が「入監」していることが、日付のない契約書の上に記されている。なお、明治二五年から三〇年（一八九二年から九七年）にかけての各年次ごとの『司法省刑事統計年報』によれば、当時の神戸地方裁判所豊岡支部において予審判事が受理した被告人数の約三分の二から四分の三は予審中拘留を受けている。そのうちおよそ一カ月ほどで予審終結に至るものが半数を占めていた。もっとも、この数値には重罪事件も含まれる。

（5）　弁護士法（明治二六年三月三日公布・法律第七号）には、弁護士として活動するには弁護士名簿に登録されることが必要とされ（同法第七条）、その登録地の地方裁判所の所属とされ（同第八条）、その登録手続きは、所属地方裁判所の検事局においてなされた（同第九条）。なお、当時、豊岡で活動していた弁護士たちについては、前掲『明治大正　町の弁護士』に「第二章」として収められる、村上一博「近代学識法曹の誕生」一、九三頁以下を参照されたい。

（6）弁護士法第一三条には、「弁護士ハ正当ノ理由ヲ証明スルニ非サレハ裁判所ノ命シタル職務ヲ行フヲ辞スルコトヲ得ス」とある。

（7）旧刑法第七条には、死刑、無期・有期徒刑、無期・有期流刑、重・軽懲役、重・軽禁獄といった刑罰を主刑として言い渡される犯罪であると定義される。

（8）豊島、前掲書、一八一頁。

（9）例えば③の事件については、判決原本で被告人名が確定された後、もう一度、以下の領収書記載の事実を解釈するなかではっきりしてくる。

［領収之券］
（大阪）第八十五号
證
一　金　拾円
Ⅰ（被告人名・本章二参照）他三名弁ゴ料
右正ニ領収候也
明治廿七年十一月十五日　春日事務所
馬袋弁ゴ士殿

これは、大阪控訴院へ被告人たちが控訴した事実を判決原本から得られる情報として前提としたときに、初めて理解できる事実である。右領収書日付の四日後に、控訴人すなわち被告人たちは無罪を宣告される。つまり馬袋は、第一審において被告人側の弁護を務めたものの有罪判決を受け、これの控訴審における弁護依頼を春日弁護事務所に対しなしたものであった。本件はさらに上告され、棄却の判決が下され確定するのが、明治二七（一八九四）年一二月一八日のことである。

また⑨や⑪については、弁護活動上の「手控え」の内容からその弁護対象者が判明する。それらは賭博ゆえ、直接の被害者というのは想定しにくい。

そして⑩の場合には、告発人として被告人の養親の可能性もある。しかしこの養親は、告訴を一月一四日に取り下げる。にもかかわらず馬袋家史料には、二月二八日付の養親と隣家の者の聞取書が収められた綴りがある。そこには予審における事実認定の経過を記す被告人本人の調書などが筆写され収められている。判決原本に収められた予審終結決定書の日付が三月七日で、第一審判決が四月一九日に下されるので、馬袋は結局被告人の弁護者として訴訟に加わっていたと推測できる。

(10) 明治刑事訴訟法では、捜査段階から被疑者を「被告人」と呼称していた。例えば、同法第五九条には、「巡査、憲兵卒被告人ヲ逮捕シタルトキハ速ニ之ヲ司法警察官ニ引致ス可シ」とある。本文の訊問調書は、村岡分署警部によって作成されている。司法警察官である。

(11) 豊島、前掲書、四七〇頁。

(12) 明治二三年二月八日公布、同年一一月一日より施行された裁判所構成法によれば、単独判事によって裁判権が行使される区裁判所の刑事裁判における管轄事項とは、「第一　違警罪」、「第二　本刑五〇円以下ノ罰金ヲ付加シ若ハ付加セサル二月以下ノ禁錮又ハ単ニ百円以下ノ罰金ニ該ル軽罪」、「第三　刑法第二編第一章ヲ除キ其ノ他ノ軽罪ニシテ本刑二百円以下ノ罰金ヲ付加シ若ハ付加セサル二年以下ノ禁錮又ハ単ニ三百円以下ノ罰金ニ該リ其情第二ニ掲ケタル刑ヨリ更ニ重キ刑ニ処スルコトヲ要セスト認メ地方裁判所若ハ其ノ支部ノ検事局ヨリ区裁判所ニ移付シタルモノ」（以下、第一六条）とある。また合議制を前提とする地方裁判所は、第一審としては基本的に区裁判所管轄以外のもの、また第二審としては、区裁判所の判決に対する控訴審として機能する（第二七条）。

ところで、区裁判所・地方裁判所とも裁判所構成上異なる職掌権能が付与される二つの裁判所であるが、当時の「職員録」を開けば、判検事の構成からみても、豊岡区裁判所が神戸地方裁判所の支部としても機能したことが明白である。つまり「司法大臣ハ地方裁判所ト其ノ管轄区域内ノ区裁判所ト遠隔ナルカ若ハ交通不便ナルカ為至当ト認ムルトキハ地方裁判所ニ属スル民事及刑事ノ事務ノ一部分ヲ取扱フ為一若ハ二以上ノ支部ノ設置ヲ命スルコトヲ得」（第三一条）という定めがふまえられているわけである。本章の対象とする刑事関係の記録に限っても、区裁判所・支部双方に関わるものもあり、両者の別なく「豊岡」における刑事訴追作用の全体像を把握する必要があろう。

(13)　豊島、前掲書、四八一頁。
(14)　前者の数値に後者の数値を掛け合わせたもの。もっとも、前者は事件件数を、後者は人員数をそれぞれ基数とする。
(15)　石渡敏一『刑事訴訟法　完』（刊行年欠）、三七八頁。
(16)　同右書、一四八頁。
(17)　表3に基づくならば、一八九四年の予審終結時に公判に付された被告人数一九五人と、同様に翌年の二二三人を分母にするならば、各年それぞれ、三％と二％に過ぎない。
(18)　この善積順蔵については、前掲『明治大正　町の法曹』、九五頁を参照されたい。

二　馬袋の弁護活動——刑事関係史料の内容的考察

1　刑事事件の概要

前節では、馬袋の手許に置かれ弁護活動の資料として用いられたであろう刑事関係記録をもとにして、明治刑事訴訟法下の手続きを概観した。そこで本節では、より具体的に訴訟関係記録の示す犯罪事実を検討し、弁護人・馬袋が、それぞれの事件にどのような立場で臨み、その弁護成果はいかなるものであったのか、史料のなかに窺うことにしよう。

前掲表1に示した本章の検討対象たる諸事件を、犯罪の内容別に分類するならば、表4のようになる。彼が取り扱った犯罪は、詐欺取財がもっとも多く、次に賭博、窃盗の順であった。もとよりそれらの分母数は数量的に有意な解釈を十分におこなえるほど多いものではない。だが、それらを神戸地方裁判所豊岡支部・豊岡区裁判所で裁かれた軽罪の内容と比較し、さらに馬袋の刑事関係記録に引き戻り、いま一度検討を加えるならば、案件ごとの「個性」的側面が明らかになろう。

表4　馬袋家史料・刑事事件内容分類

詐欺取財	6 （①②⑤⑭⑯⑰）
賭博	3 （⑦⑧⑨）
窃盗	2 （③⑮）
山林盗伐	1 （④）
委託物費消	1 （⑥）
官吏侮辱	1 （⑩）
罪人蔵匿	1 （⑪）
殴打創傷	1 （⑫）
他（伝染病予防法違反）	1 （⑬）

表5を参照されたい。この表は、明治二五年から三〇年（一八九二年から九七年）にかけて豊岡において審理された軽罪事件の内容を示している。[1] 表中もっとも高い数値を示すのが「風俗ヲ害スル罪」である。この風俗犯のほとんどは賭博（富籤を含む）と考えてよかろう。そしてその次に窃盗、そして詐欺取財という順番である。こうした犯罪の統計上の傾向は、当時の全国的な統計の示すところとは微妙に異なる。[2] したがって、犯罪現象の地域的偏差を考えるにあたっては、やはりその事実の示すところに耳を傾けなければ

表５　豊岡・軽罪事項別審理人員数（無罪事件も含む）

		風俗ヲ害ス	窃盗	詐欺	殴打創傷	放火失火	私印偽造	公務執行妨害	総数[1]	
明治25年	支部	153	178	60	5	0	19	1	/434	(331　76%)[2]
	区裁判所	86	49	2	14	13	0	0	/195	(135　69%)
明治26年	支部	233	150	53	7	0	9	4	/476	(383　80%)
	区裁判所	66	36	1	4	10	0	0	/148	(102　69%)
明治27年	支部	124	160	76	10	0	8	2	/424	(284　67%)
	区裁判所	168	29	3	9	15	0	2	/245	(197　80%)
明治28年	支部	141	151	46	12	0	9	24	/415	(292　70%)
	区裁判所	189	27	0	9	14	0	2	/268	(216　81%)
明治29年	支部	78	143	43	14	0	5	6	/326	(221　68%)
	区裁判所	197	49	0	7	8	0	2	/285	(246　86%)
明治30年	支部	89	175	70	9	0	8	9	/422	(264　63%)
	区裁判所	194	61	2	6	16	0	0	/331	(255　77%)

典拠：各年次の『司法省刑事統計年報』

註：1)　本表には、顕著な数値を示す犯罪類型６つにかぎって掲出してある。したがって、表右端の「総数」とは、６つの類型の合計ではなくその年次の総人員数を記してある。

2)　(　) 内数値、左は「風俗ヲ害スル罪（賭博）」と「窃盗」の合計数、右はそれの総数に占めるパーセンテージである。

適当な歴史的解釈とはなりえまい。

そこで次項では、馬袋家史料に当時の刑事事件の具体的な様相を窺うことにしよう。事件の事実については、主として「予審終結決定書」等の記載を適宜簡略化して記述する。ただし、司法資料、とくに刑事訴訟関係の事実には個人的な情報が多く含まれる。そのため本章では、被告人、被害者、その他の事件関係人はすべてアルファベットにて示し、住所なども郡名までとし、村名は地域的同一性が保たれるかぎりで、甲・乙などにそのつど置き換えてある。これにより犯罪事実についての局地性・地域性を配慮した解釈も減殺される結果ともなるが、これはやむをえまい。

2　馬袋家史料・明治期刑事事件総覧

そこで前項で述べたように、史料内に残る馬袋が扱った刑事事件のなかで、最多の詐欺取財事件、つづけて賭博、窃盗、その他の軽罪事件の順に、事実と判決結果のあらましを紹介したあと、彼の弁護と判決結果との連関性についての私見を示すことにしよう。

(一) 詐欺取財関連

【事件①】

〔事実〕(「予審終結決定書」明治二六(一八九三)年一二月六日付、予審判事・太原孝)

被告人A(兵庫県但馬国気多郡甲村平民農・三一歳)、同B(同国同郡乙村平民農・二九歳)の両名とも、生糸戻買いをしたところ損失が出てしまった。それを補填するために養父郡丙村のC(原告人)から藍を買い入れる約束をしたが代金を払わず六〇〇貫目を騙取した。刑法第三九〇条(詐欺罪)により「処断スベキ軽罪ナルヲ以テ」、公判に付す。

〔判決〕(於 神戸地方裁判所豊岡支部、明治二七(一八九四)年二月五日付、裁判長・濱口惟長、冨田瀧次郎、安井勝次)

有罪 刑法第三九〇条適用・重禁錮五月、罰金一〇円、監視六月、刑法第四七条による連帯償却。

民事「被告両名ハ連帯シテ民事原告人Cカ請求スル金額百九拾九円五拾五銭ニ明治二十六年十月ヨリ判決執行済ニ至ル迄年六ノ□利子ヲ付シ償却致スヘシ」

○ 本事件において馬袋は、告訴者Cの弁護人として関与する。したがって、Cの請求が認められた本判決は馬袋の活動が功を奏したことになろう。

【事件②】

〔事実〕（「予審終結決定書」明治二四[3]（一八九一）年一一月四日付、予審判事・太原孝）

B（七美郡甲町雑業・三二歳）は、被告人A（同郡同町錺職・三七歳・弁護依頼人）に対し、B所持の偽造丁銀に銀液を鍍すことを依頼し、その後、D（七美郡丙村）を欺き売り渡した。Bはさらに後日、事情を明かさず、Eに丁銀三個を付して典物方を委託して甲町のF方に行かせ、質入れさせ金八円をだましとったもの。またC（七美郡甲町乙村平民農業・六七歳）は、Bからもらった丁銀をAに渡し同人に鍍金させ、甲町のG方に赴き同人をだましまして質入れし、二〇円を得たというもの。Aは刑法第三九〇条、三九四条（付加刑としての監視を規定）及び第一〇九条（従犯）によって「処断スベキ軽罪ナルヲ以テ」公判に付す。

〔判決〕（於　神戸地方裁判所豊岡支部、明治二七（一八九四）年一月一六日付、裁判長・濱口惟長、冨田瀧次郎、安井勝次）

全員無罪　理由・証拠不十分（刑訴法第二二四条により[4]）。

○　本事件では、馬袋は被告人Aの弁護人として関与する。無罪判決が下った本件は、馬袋の弁護が積極的な意味をもったことを示唆しよう。

【事件⑤】

〔事実〕（「予審終結決定書」明治二七（一八九四）年一〇月二六日付、予審判事・冨田瀧次郎）

被告人A（兵庫県養父郡甲村平民古物商・二九歳）は、B（丹波国氷上郡乙村生糸商）を欺いて財物を騙取しようと考えて、「メリケン時計」に鍍金したものを同人に見せ、「但馬国養父郡丙村当時海軍軍人にて朝鮮国牙山に出張せしものの所有」で原価一二〇円と偽った。そして金三五円と羅紗の洋服等を交付せしめた。なおAは、明治二七（一八九四）年六月二八日には、同支部にて殴打創傷罪で重禁錮一五日の判決を受けている。刑法第三九〇条及び三九四条（詐欺罪）、また再犯ゆえ同法第九二条を「適用ス可キ軽罪犯ナルヲ以テ」公判に付す。

〔判決〕（於　神戸地方裁判所豊岡支部、明治二七年一一月一三日付、裁判長・濱口惟長、太原孝、濱本庫吉）

有罪　重禁錮四月、罰金六円、六月の監視を付加する。

○　本事件において馬袋は、被告人側の弁護人として関与する。事実認定はともかくとしても宣告された有罪判決の量刑において、どの程度馬袋の弁護活動が意義をもったのかは不明である。

【事件⑭】

〔事実〕（「予審終結決定書」明治二八（一八九五）年七月一三日付、予審判事・小野彦太郎）

被告人A（兵庫県但馬国養父郡甲村平民養蚕業・二七歳）は、Bから桑苗一二〇〇本を買うことを約束し、代金はC（但馬国神東郡乙村宿屋業）方で支払う約束をした。また人力車夫Dを雇い入れ、その代金も同所で支払う約束をした。そして四〇〇本をE、八〇〇本をFのところへ運搬させた。翌日、車夫が代金を請求しに来たところAは逃走した。Aは明治二五年にも詐欺罪の前科がある。刑法第三九〇条、三九四条及び第九二条の適用を受ける「軽罪ナリト思料スル」。

〔判決〕（於　神戸地方裁判所豊岡支部、明治二八（一八九五）年七月三〇日付、裁判長・濱口惟長、太原孝、濱本庫吉）

有罪　重禁錮三月、罰金六円、監視六月に処す。

○　本事件では馬袋は、被告人Aの弁護をおこなう。だが有罪判決が下されたことにより、前例と同様、馬袋の活動はどの程度功を奏したのかは不明である。

【事件⑯】

〔事実〕（原告からの馬袋宛書簡より）

原告が専務取締役を務める倉庫会社（兵庫県播磨国姫路郡所在）に関わる「詐欺取財訴訟事件」。被告人は、兵庫県但馬国朝来郡甲町在住の個人であるが、倉庫会社との関係等の詳細は不明。

【事件⑰】

〔事実及び第一審判決〕（於　神戸地方裁判所豊岡支部、明治三五〔一九〇二〕年六月三〇日付、裁判長・遠山嘉又、岡田多四郎、物集高材）

〔刑事判決〕

被告人A（兵庫県美方郡甲村平民農・四三歳）はB（同郡同村農）の家政整理に関わり、B名義の債務・貸金などを償却することを目的として、その所有の土地を見積額で購入し登記を済ませ自己所有のものとした。そしてその一部をC（同郡乙村）に売却。だがAは、地所売渡証書と所有権移転登記申請代理委任状を交付したものの、Cが登記を済ませていないのを確認するや、それを冒認してD（美方郡甲村）とE（同郡同村）に売却し登記を済ませてしまった。被告人の行為は刑法第三九三条第一項（不動産詐欺）、第三九〇条・三九四条に該当し、重禁錮四月、罰金一四円、監視六月に処す。

〔私訴判決〕

民事原告人　B　兵庫県美方郡甲村平民農

訴訟代理人弁護士　岡田泰蔵(5)

同　馬袋鶴之助

私訴被告人　A　同住所

私訴参加被告人　D　同住所

同　E　同住所

訴訟代理人弁護士　北田新蔵(6)

「請求棄却。土地の所有権は有効にAに移転されている。公訴付帯の私訴による土地返還請求は不当である」

〔第二審判決〕（於　大阪控訴院、明治三五年一二月一三日付、裁判長・三宅長策、谷村甚吉、辻保造、久田済衆、石井清美）

「原判決取消、無罪。被告人が冒認して源三郎らに売却したことについての証拠不十分」

（私訴判決謄本）　控訴申立人　B　代理人弁護士　馬袋鶴之助

相手方　A　D　E　代理人弁護士　北田新蔵

「控訴棄却　申立人は相手方に対し登記書換を請求する。しかし、公訴判決理由に見るようにC、D、Eへの売却は有効なもの。控訴申立人は本訴地所に関し何らの権利を有せさるものなれば被害者の地位に立つべき理由なし」

◯　第一審で馬袋は、私訴原告人Bの弁護を岡田泰蔵と共につとめ、被告人の有罪は宣告されるものの私訴の請求は棄却される。さらに控訴審においては、被告人は一転して無罪判決を受け、馬袋側の主張は容れられなかった。この点で馬袋の弁護は功を奏さなかったことになろう。

(二)　賭博関連

【事件⑦】

〔事実〕（「巡査逮捕告発調書」日付他なし）(7)

朝来郡丁村にてD方に止宿していた被告人A（兵庫県但馬国養父郡甲村平民・四九歳）、B（京都府丹波国天田郡乙村平民木挽・三四歳）、C（兵庫県但馬国養父郡丙村平民苗木商・三七歳）が賭博開帳すると聞知した巡査が、D方二階に踏み込み逮捕。金銭と骨牌を押収した。

〔判決〕（於　神戸地方裁判所豊岡支部、明治二七〔一八九四〕年二月二日付、裁判長・濱口惟長、安井勝次、太原孝）

全員無罪　証拠不十分（刑訴法第二二四条）。

○　本事件において馬袋は、被告人Aの弁護につく。全員無罪の判決ゆえ、馬袋の弁護は判決形成に影響を及ぼしたということになろう。

【事件⑧】

〔事実〕（「逮捕告発調書」明治二七〔一八九四〕年一月一八日付、警部・井田亀太郎以下）

明治二七年一月一八日夜八時頃、H方で賭博を開帳している旨通報が入り、警部・巡査らがH方に潜入。現場の二階に上がろうとしたとき、Hが大声にて合図を出し大混乱となる。被告人A（兵庫県但馬国気多郡甲村平民農・二九歳）、B（城崎郡乙町平民骨櫛職・三〇歳）、C（城崎郡丙村平民無職業・二七歳）、D（城崎郡丁村平民雑商・

四二歳）、E（城崎郡乙町平民飲食店・五二歳）、F（同町平民舟大工・三六歳）、G（同町平民無職・年齢不詳）、H（同町平民菓子商・四九歳）らを逮捕し、骨子・骨牌を押収。

〔判決〕（於 神戸地方裁判所豊岡支部、明治二七年三月六日付、裁判長・濱口惟長、冨田瀧次郎、安井勝次）

Cは、重禁錮三月、罰金二〇円付加、三犯ゆえ刑法第九二条・九八条により一等を加える。

A・Bは、禁錮二月、罰金一四円付加、再犯ゆえ第九二条により一等を加える。

D・E・F・G・Hは、重禁錮一月、罰金五円を付加する。

○ 本事件では馬袋は被告人Dの弁護を引き受けている。だが有罪宣告が下され、Dは重禁錮一月の懲役を科せられる。したがって前数例と同様、量刑の面で馬袋の弁護がどのような影響力をもったのかは不明である。

【事件⑨】

〔事実〕（「賭博犯逮捕告発調書」明治二八（一八九五）年三月一二日付、村岡警察署警部・横山文章、巡査・藤原悦多）

甲村にて賭博開帳があることを聞知した巡査は、三月一一日の午後三時頃、F宅にて「金銭ヲ賭シ手合セル現場ヲ認」めた。現場に踏み込んだところ、AとBを除くほかの者たちは戸を破り逃走。被告人A（七美郡甲村平民下駄職・三一歳）、B（同村平民農・二一歳）、C（同村平民農・四二歳）、D（同村平民農・三七歳）、E（同村平民農・一九歳）、F（同村平民農・二七歳）、G（同村平民農・二一歳）、H（二方郡乙村平民大工職・二三歳）らを逮捕。賭銭と駒札を押収。

〔判決〕（於 豊岡区裁判所、明治二八年四月二日付、裁判長・濱本庫吉）

B・C・Hは、証拠不十分ゆえ無罪。

A・E・Gは、重禁錮一月、罰金五円を付加する。
D・Fは、重禁錮一月一〇日、罰金五円を付加する。
○ 本件では馬袋は被告人側弁護人として関与したものと考えられるが、全八人を数える被告人の一部に無罪判決を得ている。

(三) 窃盗関連

【事件③】
〔事実〕(「予審終結決定書」明治二七(一八九四)年七月三一日付、予審判事・冨田瀧次郎)
被告人A〜Lら(兵庫県但馬国朝来郡甲村平民農)は、朝来郡乙村共有山字高杉及び「ヲマン」山林の二カ所にて、乙村ノ内の乙町の材木商Mから杉檜を買い入れた。だが普請用の良質の材木を目にして、五円相当の杉檜を共謀して窃取したもの。刑法第三六六条・二七六条(窃盗罪)に「該当スベキ軽罪犯ナルニ付」公判に付す。
〔第一審判決〕(於 神戸地方裁判所豊岡支部、一八九四年九月四日付、裁判長・濱口惟長、太原孝、濱本庫吉)
〔刑事判決〕
A・Cは、重禁錮二〇日に処す。
その他被告人には重禁錮一五日。
〔私訴判決〕
民事原告人に対して、各被告人がそれぞれ一円五一銭八厘を賠償するものとする(原告請求の金額は、材木代一一円九〇銭、人夫賃金六円二〇銭、合計一八円一〇銭)。

訴訟費用は、一一分の一ずつ負担すること。

〔第二審判決〕（於　大阪控訴院、明治二七年一一月一九日付、裁判長・近藤巨摩、村田継述、葛葉正道、奥宮彦五郎、大井庸太郎）控訴人は、A・C・E・Iの四名である。

〔刑事判決〕

控訴棄却　無罪（証拠不十分・刑訴法第二五八条・二三六条・二二四条・二六一条）（明治二三年法律第九九号第一条に基づきA、Cを有罪とした原判決は不当）。[8]

〔私訴判決〕（被控訴人はM）

原判決の四名に関する処分の取消、被控訴人の請求棄却。一、二審の訴訟費用は被控訴人の負担とする（刑訴法第二六一条）。

〔第三審判決〕（於　大審院、明治二七年一二月一八日付、裁判長・原田種成、長谷川喬、島田正章、昌谷千里、木下哲三郎、柳田直平、津村董、笹本栄蔵）

私訴上告人はM（刑訴法第二八三条）、私訴上告人はA・C・E・I。

犯罪の事実認定は原審の「事実裁判官」に委ねられている。それを不服としても、「（原審の）認定に対して非難を加ふることを得へきものに非す」として刑事訴訟法第二八五条の上告理由なしとして棄却。確定。

○　本章一で触れたように、本事件第一審において馬袋は、被告人側の弁護人として活動するが、被告人が無罪判決を受ける控訴審における弁護については、馬袋はこれを担当してはいない。

【事件⑮】

〔事実〕（「予審終結決定書」明治二八（一八九五）年一〇月二四日付、予審判事・小野彦太郎）

被告人Ａ（七美郡甲村平民農・三八歳）は同村Ｂ方に買い物をしにゆき、同家居間にあった革製紙入れの中の金一二円を窃取。Ａは明治二四（一八九四）年に窃盗の前科がある。刑法第三六六条及び第三七六条、第九二条を適用して「処断スベキ軽罪ナリト思料スルヲ以テ」公判に付す。

〔判決〕（於　神戸地方裁判所豊岡支部、明治二八年一一月八日付、裁判長・濱口惟長、太原孝、濱本庫吉）

無罪　証拠不十分（刑訴法第二二四条・二三六条）。

○　本事件において馬袋は、被告人の弁護人として関与したと考えられる。無罪判決を得ることから、馬袋の弁護活動が功を奏したものと考えられよう。

(四)　山林盗伐関連

【事件④】

〔事実〕（「欠席判決書」於　神戸地方裁判所豊岡支部・豊岡区裁判所、明治二七（一八九四）年一月一三日付、判事・安井勝次）

被告人Ａ（七美郡甲村平民農・三二歳）は、明治二六（一八九三）年旧九月一五日にＢ（民事原告人）所有の山林に入って、松樹二本、価格にして四円八〇銭を伐採した。明治二三年法律第九九号第二条、第一条[9]により、重禁錮二〇日の有罪に処す[10][11]（なお、Ａは保釈金五円により、同年三月二日に保釈される）。

〔判決〕（「付帯私訴判決」於　神戸地方裁判所豊岡支部・豊岡区裁判所、明治二七年五月八日付、判事・安井勝次）

伐採した事実はあるが、原告所有のものであるという認識を根拠づける証拠は不十分。よって刑事訴訟法第二二四条で無罪。なお、押収した二本の松丸太は民事原告人へ還付。しかし、四円七〇銭の賠償の訴状は相立たず。公訴裁判費用は国庫の負担とする。私訴裁判費用は原・被告で折半とする。

○　本件において馬袋は、被告人に欠席有罪判決が下されたことに対し、明治二七年二月一六日付で故障申立てを申請している。したがって彼の弁護活動は被告人側においてなされたわけで、無罪判決は彼の弁護が奏功したことを意味していよう。

(五)　委託物費消関連

【事件⑥】

〔事実〕（「予審終結決定書」明治二七〔一八九四〕年一一月二八日付、予審判事・冨田瀧次郎）

被告人A（兵庫県但馬国養父郡甲村平民牛馬商業兼川漁業・六七歳）は、Bから京都府丹波国天田郡乙村平民C所有の漁業網一八束を入質として借金の融通を申し込まれた。そこで居村のDに依頼し、同人は同村のEから無抵当にて六円を借り入れ、Dは自分の手元に一七束を置き、Aに六円を交付した。Aはその金をBに渡し、その金はCに渡った。ところがEがDに対して返金、元利合計六円七五銭の催促をしたためDは一七束を入質した。被告人Aは、返済期限内であるにもかかわらずその網を請け出し、これを売却した。委託者費消として刑法第三九五条を「適用スベキ軽罪ナルニ付キ」公判に付す。

〔判決〕（於　神戸地方裁判所豊岡支部、明治二七年一二月一一日付　裁判長・濱口惟長、太原孝、濱本庫吉）

重禁錮一月の有罪に処す。

○　馬袋は被告人側の弁護人として参加。有罪宣告が下されたことから、彼の弁護がどの程度量刑に有利に働いたかは不明。

(六)　官吏侮辱関連

【事件⑩】

〔事実〕（「予審終結決定書」明治二八〔一八九五〕年三月七日付、予審判事・冨田瀧次郎）

被告人A（但馬国城崎郡甲町平民無職・二六歳）は、明治に八〔一八九五〕年元旦にかつての養親B宅に出向いたが、離縁された身ゆえ、同家のBらに冷遇され、怒を発して膳や食器類を壊した。そうした乱暴のため豊岡警察署から駆けつけた巡査に対し、Aは「予審判事又は検事の令状をもって来たか」と詰問したり、「馬鹿」などと暴言をはき逮捕を拒み警官の制服を破損させた。Aの所為は、刑法第四二一条ならびに同第一四一条の二罪倶発として扱うべき「軽罪犯ナルヲ以テ」公判に付す。

〔第一審判決〕（於　神戸地方裁判所豊岡支部、明治二八年四月一九日付、判事長・濱口惟長、太原孝、濱本庫吉）

有罪　重禁錮二月に処し、罰金七円を付加する（刑法第四二一条・毀物損壊、第一四一条・官吏侮辱、二罪倶発・第一〇〇条に照らして重い後者のほうが科せられる）。

〔第二審判決〕（於　大阪控訴院、明治二八年六月二七日付、裁判長・久保僣蔵、高洲速太、谷口励、濱田徳太郎）

原判決を一部取消、重禁錮五月に処し、罰金七円を付加する（第一審の官吏侮辱ではなく官吏抗拒罪・第一三九条を適用する）。

〔第三審判決〕（於　大審院、明治二八年九月二〇日付、裁判長・原田種成、長谷川喬、島田正章、昌谷千里、木下哲

三郎、柳田直平、津村董）
上告の理由なし。棄却する。

○　馬袋家史料によると本件は、被告人Aの養親Bと、両者間に生じた口論を聞きつけた隣家住人の共同告訴（口頭）によって警察の知るところとなる。告訴内容は、B所有の茶器などの器物損壊のみならず、Bの実印を用いた私印盗用、私書偽造・行使、詐欺取財も含まれていたが、後三者については予審にて証拠不十分であるとして、結局、器物損壊、官吏侮辱、官吏抗拒によってAの有罪の根拠とされた。理論的には馬袋は、告訴人側の弁護人であった可能性も考えられるが、予審開始後程なくしてBらは告訴を取り下げたにもかかわらず、馬袋家史料には「予審終結決定書」が残されており、このことは本章一でも確認したように、馬袋の関与が予審終結後に始まったことを示唆する。このことから彼は被告人側の弁護活動をしていたと思われる。大審院まで争われる事件ながら、史料内の記録の残り方から、馬袋の関与は第一審までと考えられる。

(七)　罪人蔵匿関連

【事件⑪】

〔事実〕（「予審終結決定書」明治二八（一八九五）年五月六日付、予審判事・冨田瀧次郎）

被告人A（但馬国城崎郡甲町平民煙草業・三七歳）は、美含郡乙村内鉱山で雇われている、B（秋田県羽後国北秋田郡丁村）と懇意になったが、Bが鉱山にて窃盗の容疑者となり警察による捜査を逃れるため、BがAに蔵匿してくれるよう懇請した。Aは「Bが窃盗の被疑人即ち犯罪人にして官に於いて捜査する事実を弁知しながらBの依頼に応じ同人を隠匿し司法警察官よりB所在の尋問を受けるも更に弁知せず」と答えた。またAの依頼によってCも明治二八年三月一四日から二三日までBを滞在させていた。しかし、Cは情を知っていたとはみられない。Aの行為は、刑法第一五一条に「該当ス可キ軽罪犯ナルニ付」公判に付す。Cについては刑事訴訟法第一六五条で免訴（証拠不十分）が適当である。

〔判決〕（於　神戸地方裁判所豊岡支部、明治二八年六月二八日付、裁判長・濱口惟長、太原孝、濱本庫吉）有罪「重禁錮」一月に処す。罰金三円を付加する（刑法第一五一条による）。

〔再審〕（於　大審院、明治二八年九月二〇日付、裁判長・原田種成、長谷川喬、島田正章、昌谷千里、木下哲三郎、柳田直平、津村董）

神戸地方裁判所豊岡支部の検事からの再審請求。その理由は、原審にて適用された刑法第一五一条は本来軽禁錮を定める。だが「重禁錮」が宣告されたため「不法」な判決であるというもの。しかし、再審のケースは、刑事訴訟法第三〇一条の規定に限る。本件は「擬律の錯誤」であって控訴の対象であり、再審の訴えは棄却する。

○　本件では、馬袋は被告人側の弁護活動をしたものと考えられる。Cは予審段階で免訴の言渡しを受けるが、馬袋の弁護の対象者はAであり、こちらは有罪の宣告を受ける。量刑において馬袋の弁護活動がいかなる意義をもちえたのかはわからない。

(八)　殴打創傷関連

【事件⑫】

〔事実〕（「予審終結決定書」明治二八（一八九五）年七月二三日付、予審判事・小野彦太郎）

被告人A（但馬国二方郡甲村平民農・三九歳）は、同郡乙村にて、同村Bと草刈のことについて口論となる。そして携帯していた鎌の柄でBの右手を殴打創傷し二〇日未満の疾病休業を余儀なくさせた。刑法第三〇一条第二項を適用すべき「軽罪ナリト思料スル」。

〔判決〕（於　神戸地方裁判所豊岡支部、明治二八年七月三一日付、裁判長・濱口惟長、太原孝、濱本庫吉）

証拠不十分ゆえ無罪（刑事訴訟法第二二四条）。

○　翌日、Bからの告訴によって司法警察員・検察官の認知するところとなる。馬袋は、事実を否認する被告人側にて活動したと思われる。無罪判決は、馬袋の活動が功を奏したことを示していよう。

(九)　その他

【事件⑬】

〔事実及び判決〕（於　豊岡区裁判所、明治三〇（一八九七）年九月二四日付、判事・田中汎政）

「伝染病予防法違反事件」[12]。被告人A（兵庫県城崎郡甲村平民農・五三歳）は「腸室扶斯」患者で外出が不可のところ外出し、「交通（の）遮断」[13]を余儀なくさせたもの。一八九五（明治二八）年八月九日には豊岡支部にて窃盗で有罪判決を受けている。伝染病予防法第三一条[14]に該当、しかし、再犯であるので刑法第九二条により一等を加え、罰金五円に処す。

○　本事件では、馬袋は被告人側の弁護をおこなう。馬袋家史料内の記録や、区裁判所における簡易な判決文からは、彼の弁護活動の実際を読み込むことは困難である。本件も、彼の存在がどの程度量刑面で有利に働いたのかは不明といえよう。

そこで、馬袋の弁護が判決形成に与えた影響をまとめれば以下のとおりとなろう。まず依頼人との関係において、彼が原告側（被害者側）にあっては一例、①が有罪判決を受け、被告人側にあっては五例、②④⑤⑦⑮において無罪の言渡しを受ける。そして、⑨⑪については一部ではあるが無罪判決を得ている。以上の場合には、馬袋の弁護活動が奏功し、少なくとも依頼者に対して極めて望ましい成果がもたらされたと解釈できる。

これに対し、その他の事件においては、彼は被告人側弁護人として法廷に立ったとはいえ、無罪判決を得るには至らなかったものである。そもそも、当時の判決書には――これは当時の「通弊」ともいわれているが[15]――犯罪事実が証拠に基づいて認定される経過がきわめて不十分なかたちでしか記されてはいない。さらに、宣告された刑に裁判官による情状の余地がどの程度働いたのかは実証の困難なことではあろう。しかし、各事例において述べたとおり、たとえ馬袋の弁論が、予審で有罪と見込まれた事実認定を覆せず、公判において無罪を獲得できなかったとしても、量刑時における裁判官の情状判断への影響は論理的には否定できないのである。

前述のような、馬袋の存在と判決結果との関係を前提にしつつも、彼の弁論・弁護活動が判決の形成に実際にいかなる影響力をもち得たのかを窺うには、本来「公判始末書」[16]などを用いるのが最適なのだが、それは公判終結後に裁判所書記によって整理される資料ゆえ、その性質上、馬袋の手許に残ることはまずない。また「判決」の原本とともにこの「公判始末書」の原本は訴訟記録に添付され裁判所に保存されてはいたものの（刑事訴訟法第二一一条）、大正七年の「民刑事訴訟記録保存規程」[17]により、裁判書の原本を除いた、いわゆる「刑事記録」の保管年限が一年から一五年という有期に定められたため、今日、それを閲覧することは極めて困難なのである。

そこで次項では、馬袋家史料中、馬袋が公判準備のために記したメモ書きなどが残されている事件があり、これを分析の対象としよう。彼は、実にきめ細かに被告人や関係人の調書を読み込み、その供述の矛盾点を洗い出しているのである。

3　「手控え」の伝える馬袋の弁護戦略

(一)　馬袋家史料に残される刑事事件関係の記録のうち最も古い日付をもつものは、明治二六（一八九三）年一〇月付（日欠）の刑事弁護委任契約書（①の事例）である。彼が横浜から郷里の豊岡に戻ったのが同年の後半とされるから、豊岡で弁護士事務所を開設して間もない頃の事件だった。だがこの事件に馬袋は、告訴した側の弁護人として加わったから、被告人の有罪は依頼者の利益につながった。その意味で、現存の史料の限りでも、彼が豊岡において被告人側の弁護人として初めて無罪を勝ちとった事件として注目すべきは、②の事件であろう。さらに特筆すべきは、この②の事件として分類される記録書面のなかに、馬袋はきわめて詳細な自筆のメモを残していることである。この史料はその内容からみて、彼の法廷活動を準備するための「手控え」として作成されたものだろう。そこで以下、この文書を紹介しつつ、いくつかの論点を提示することにしよう[18]。

(二)　馬袋のメモはB４判の罫紙三葉からなり、すべて墨書されている。このうち一葉は、「問」と頭書された六つの質問事項が記され[19]、これはおそらく法廷での弁護人質問のための「手控え」として作成されたものだろう。他の二葉には、馬袋による、依頼人である被告人Aの無罪の立証が委細に亘って書き留められている。その論調から、これもまた法廷での弁論の原稿であった可能性もある。その内容は、主として「予審終結決定書」、並びに「被告人訊問書」や「関係人調書」などを入念に読み合わせながら、Aの無罪を主張するに足る「事実」を抽出し再構成しているのである。そこで、主に後者の文書（以下、単に「手控え」と称する）から、馬袋による弁護の骨格を抜き出してみることにしよう。

まず彼の「手控え」を繙くと、その冒頭には、「被告ノ共謀者ニアラザルコト」と大書され銘打たれていることが目を引く。そもそもBの「聞取書（取調調書）」にみる彼の供述からは、Bは錺職人Aに自己所有の偽造丁銀に銀鍍金を施させたに過ぎず、これを真正の丁銀と偽りDに売り渡し代金を騙取したのはB自身であることが理解され、一方Aの側も一貫して、Bとの「共謀関係」を否認する供述を繰り返している。にもかかわらず、検察官による「意見書」並びに「予審終結決定書」は、「被告B被告Aノ両名共謀」した事実は「証憑充分ニシテ刑法第三百九十条第三百九十四条」に該当すると断言している。刑法は共犯を正犯に等しく扱う旨規定しているから、[20]Aも当然にB同様、詐欺取財罪の正犯同等として処罰されることになる。

だが、かく断定するに足る証拠は、確かに前掲文書中なにひとつ摘示されていない。馬袋はこの点をつき、Aは「予審決定書ヲ見ルニ毫モ共謀者タルノ事実ヲ明示セス」と指摘し、さらに「予審決定書ニ依ルトBカ以前ヨリ丁銀ヲ所持致シ居ルコトヲ認メラレタリ。而シテBカ兼テヨリ数ケノ丁銀ヲ所持シ居ルコトハ、調書ニ於テモ自白シ居ル處、Bカ今日迄使用シタル丁銀ハAト共謀ノ上製造シタルモノニアラサルコト明白」であると、偽造丁銀の製造にAが関与していなかったことを、Bとの事前的な「共謀関係」性を否定するひとつの論拠として提示する。だとすれば、明治二四（一八九一）年二月中にAがBの依頼に応じて銀液を鍍した行為は、Bによる一連の詐欺行為においてどのような評価を与えられるのか。馬袋は、後述するように、Aはその「営業上依頼ヲ受ケタ」に過ぎないことを強調し、もし「此場合ニ於テ依頼者カ之ニ依リ犯罪ヲ為サントスルノ情ヲ知リ犯罪ヲ容易ナラシムル為メ為シタルノ証憑アル場合ニ於テハ」、「刑法上従犯タルノ責ヲ負フヘキハ正当ナレトモ、本件ニ付テハ被告（A）カ鍍金ヲ為スニ方リBカ詐欺ノ材料ト為スコトヲ知リタリノ証憑ハ毫モ見ルヘキモノナシ」と、Aの従犯の可能性を否定してゆくのである。

ここで、馬袋の筆写した「予審終結決定書」の欄外に残される彼自身による書き込みに注目したい。そこには「従犯ハ重罪軽罪ヲ犯スコトヲ知リテ加効《（ママ）》シタルモノニアラサレハ従犯トナラス単ニ罪犯ヲ想像スルノミニテハ直接ノ関連ナキヲ以テ従犯トスルヲ得ス」と読め、彼のAを弁護するための解釈理論的な視点があらわれている。そのうえ彼によれば、「却ツテ予審其他ノ調書ニ依レハ反対ノ事実ヲ証明スルコトヲ得」とする。というのもBの予審調書を見れば、単に「Aニ四五ケ鍍金シ貰ヒタル」とのみあり、一方のAの申立てもこれに「全ク符合」する。つまり、この極めてわずかな調書上の記載の限りでは、AもBも欺罔の準備過程やその実行における役割分担の意思や事実が示されず、さらに騙取した財物をいかに処分するかの取決めの存否も明確ではない。むしろ二人の供述は、鍍金を申し込みこれに承諾するという、契約上の意思の「一致」を明白に語り出しているのであって、到底虚偽を語りあうものとは思えぬとの心証から、馬袋は「Bヨリ其情ヲ明シタルコトナク又Aカ自ラ其情ヲ知リタリトノコトハ毫モ見ユル處ナシ」と結論づけたのである。したがってAの鍍金した丁銀は結果的に詐欺に利用されたに過ぎず、決してそれに加功する意思からAが行動したのではなく、もっぱらその「職業ノ性質」に由来するものとしてBとの関わりが生じた、と馬袋は続けるのである。

> 被告カ職業ノ性質ヨリ見ルモ、今鍍金ノ依頼者アルニ方リ汝ハ之ヲ以テ詐欺ノ材料ト為スナラント尋ヌルコトハ能ハサルヘシ。且丁銀ノ如キハ以前一ノ通用貨幣タルノ性質アリシヲ以テ人々之ヲ鍍金スルナドノトキハ不思議ノ感覚ヲ起スナラン。然レトモ今日ニ於テハ丁銀大判等ノ如キハ一ノ宝トシテ貯存スル場合ナレハ、或ハ偽造ノモノニテモ真物ト

称シテ人ニ誇ル如キ有様ナレハ、単タ之ヲ貯存スル為メ鍍金ヲ為スモノモアルヘケレハ煙草ノ銀鍍金ヲ為スモ仝一ナリ。然ルニ錺金ノ煙草ノ銀鍍金ヲ為スヲ怪マスシテ丁銀ノ鍍金シタルヲ怪ムノ理由アラス。

錺職人が鍍銀の依頼者に職業上応じること自体、いかなる犯罪も構成しないことを被告人のために熱心に弁ずる馬袋の姿が浮かび上がる。かくして彼は、「以上略言スレハ共謀者トスルニハ如何ニシテ共謀シタルカ。又従犯トスルニハ被告Bカ詐欺ノ材料トナスコトヲ知リテ為シタルノ事実ヲ証明セサルヘカラス。然ルニ本件ニ付テハ一モ其証憑ナシ」と力強く被告人の無罪を主張する。

ただし、被告人にとって常に有利な証言が得られるとは限らない。Aの鍍銀した丁銀を後日（一八九一年九月中）、Bは事情を知らないEを介して質屋Fに質物として預けた際、FがAを訪ねその丁銀の「鑑定」を依頼した事実があった。そしてAが「拾円位ナ価格ハ充分アルモノ」と述べたことから、Fは「八円ナラバ質物ニ取テ置クモ決シテ損耗ハ無之トノコトヲ信ジ」、Bに質金を払ったというのである（以上、Fの「聞取書」より）。これに対しAは、「分析シテ観レハ何程銀ガアルト謂フコトハ判然スルモ何程ノ価格カアルト云フコトハ確信スル能ハス中ハ銅ミタイナモノデアルト答ヘタ」とは供述したが、その金額については「確ト記憶セス」（「被告人聞取書」）と述べている。馬袋はこの点について、「Fヨリ鑑定ノ依頼ヲ受ケタルトキ述ヘタル答弁カ従犯ヲ組成スヘキカ。之亦然リト断言スルヲ得ス」といささか微妙な言い回しを用いて、「単ニ不親切ナル答弁ヲ為シタリト云フニ止ルベシ」と、AがBを幇助したとみられる可能性を否定した。その理由として、まず、「刑法百九条ノ予備ノ處為（ママ・以下同）トハ働キカケノ處為タラサルヘカラス。而シテ被告Aハ進ンテ述ヘタルコトナク且述ヘタル處モ只真前ナレハ何程ノ質アリト述ヘタル意ノミ」であるし、Fは「Aノ陳述ニ重キヲ置キタルモノニアラサルコトハ、其証言ニ拠レハEヲ信用シテ貸シ与ヘタリトアルニ拠リテ明」らかだとするものである。そもそもFは質屋として独自の判断で行動しただろうし、「丁銀ハ果シテ被告ノ鍍金シタルモノナリシヤ。又ムリトスルモ（鍍金した事実を知ることを）、被告カ之ヲ知リテ居リシヤ」といった、Aの幇助意思の存在を立証するための「何等ノ証拠」も挙げられていないことを馬袋は剔抉するのであった。

糺問主義手続の下で、裁判官・検察官と協働して実体的真実の発見をめざす弁護士は、その意味で「無罪者ヲ所罰《ママ》セストノ国家ノ意見ヲ代表スル一ノ機関」[21]として理解された。警察や検察での取調べ、及び予審段階での弁護士の関与が許されなかった当時、彼らの弁護活動の中心は公判に提出された証拠書類の証明力の徹底的な検証に置かれた。馬袋が筆写した被告人や参考人などの聞取調書が綴られる一件書類には、関係当事者の証言相互の矛盾点を鋭く指摘する書込みや目印が随所に残っている。彼（ら）は、明治刑事訴訟法第二二四条の定める、証拠不十分による無罪判決の獲得を弁護活動の最終目標としていたのである。

4　告訴人と村落社会――犯罪の背景的原因論

明治刑事訴訟法には、「何人ニ限ラス犯罪ニ因リ損害ヲ受ケタル者ハ犯罪ノ地若クハ被告人所在ノ地ノ検事又ハ司法警察官ニ告訴スルコトヲ得」（第四九条第一項）と規定している。つまり、被害者が告訴によって加害者を訴えるには、被害者が「犯罪に因る損害」を受けたことが前提とされる。ただし、その「損害」が「犯罪」に起因するものと信じて捜査機関に訴え出るか否かは、「損害」を受けた者のイニシアティブに係るところが大きい。次に挙げる数例には、村落内外の相手方と以前から「紛争」が継続して存しており、当初は当事者間で解決されることが望まれていたにもかかわらず、なんらかの事実が発端となって刑事事件化した経緯が読みとれる。

例えば、④の山林盗伐事件は、被害者側から「盗難届」が提出されたことにより刑事事件として立件された。だが加害者（被告人）Aには、伐採した樹木は、もとより自己所有にかかる境界地内に属するものとの意識があり、当該の伐採行為をめぐっては明治二六年来被害者との間で「争論中」であった。問題の土地は、Aの実父からAと共に被害者Bが譲り受けたのだが、この境界争いは数年来「両名申合セ山林境界争論ノ義ハ村総代ノ指揮ヲ受ケ候コトニ確定」しており、当該の伐採行為についての事実も既に「総代所へ互ニ出願」したというのであった（以上、「欠席裁判故障申立趣意書」）。

ここで注目すべきは、被害者、加害者の間でかねてから土地紛争が存在し、しかもこれについてはすでに七美郡甲村総代の承知するところとなっており、その「指揮」に基づく調停ないし和解等のいわゆる「民事的」な手続きが当然開始されていたであろうことが推測されるのである。にもかかわらず、警察へ「盗難届」が提出されたのは、両当事者が「大和河内国へ酒造出稼」のための留守中に、Bの承諾なしにその実印を用いてB名義の盗難届がBの縁者によって作成されたという特異な事情があった。おそらくは民事訴訟を提起するまでの当事者適格のないBの縁者たちは、刑事手続きに訴えてまでAを問責したかったとみえる。もっとも当事者のA・B間においては、あくまでも総代（所）という第三者機関による村内自治的な手続きに解決を委ねる旨合意が存在したのであり、Bは刑事制裁の発動を求める公法的な秩序維持違反行為としてAの伐採行為を問題化する意図までは有していなかったと考えられる。

また、⑫の傷害事件の背景にもやはり入会地をめぐる当事者間意識の相違が存在した。馬袋家史料中に残る「巡査事件報告書」によれば、「該山林ハ当乙村ノ共有山ナルモ二百年前ヨリ甲村ニ相当ノ年貢ヲ出シテ従来同村ノ自由ニナシ居ル場所ナルモＢハ種々ノ口実ヲ設ケ毎年彼是レ争論ヲナシ抛テ甲村ト打合悪シク何カニ付テ苦情ヲ申込ミ喧嘩ヲシカケル等ノ事実曽テ屢々アリ」とみえる。そして興味深いのは、この巡査が被害者の実兄の「急訴」により現場に駆けつけたときには、「最早喧嘩モ止シ双方現場ニモ居合ハサヾリシモ」、巡査の到着を知るとすぐに喧嘩当事者とその親類、それにそれぞれの村民が集まってきたことである。そこで傷害事件が発生した現場において、村民監視の下、警察官がいかなる事件処理をおこなったのか。

……別ニ他ニ証人トナル者モナク是又互ヒニ水掛論ニ外ナラサル事実ナルモ互ヒニ告訴スル云々ヲ申立ツルモ敢テ其告訴スル云々ニ就テハ勧止スル次第ニ無之モ前記ノ如キ互ヒニ水掛論ノ如キ不利ナル喧嘩等ハ将来ナサヾル様双方ヘ説諭ヲ加ヘ一同帰宅セシ始末ニ有之……。

文中、「水掛論」と指称されるほどに、その地域においてはおそらく周知の争いのなかに暴行・傷害事実の発生＝刑事事件化の契機を認知した巡査は、確かに「告訴スル云々ニ就テハ勧止スル次第ニ無之」と述べながらも、結局は、両当事者一同に「説諭」を加え帰宅させている。すなわち先の④事件同様に、年来の共同体＝相隣的な土地紛争に、この場合、警察官が調停者的介入（内済）をおこなうことによって、「紛争」を一時冷却化していることに注目すべきであろう。だが、この「内済」は対立する甲・乙両村の集団レベルにおいて成立したとも考えられ、当該の傷害事件の解決そのものを意味するものではなかった。なぜなら事件の翌日、つまり前記報告書が記録された翌日に、被害者からの告訴がなされたからである。医師の診断書を添えた「告訴状」冒頭部分には、改めて「元来乙村ノ内丙村共有地ニ有之目下告訴人之実兄Ｃカ支配ヲ為シ来レリ」との慣習法上の権利が高らかに主張されるが、もはや全治二〇日を要する傷害を負わされたとする被害者個人の被害感情＝当罰感情は、非法的な内済手続きによる「利益調整」との妥協を許さぬものであったと解せよう。

この点に関し、⑩の事例では、実父に死なれ身寄りのない妻の弟を引き取り養親として育てたBが、元旦の夜暴れまわるその養子Aを、駆けつけた巡査に「口頭告訴」したことが事件の発端となった。離縁済みとはいえ、Bは義弟のAを刑事告発したわけである。そのときBは、「此ノ告訴ハ何レ迄モ取下ケセザルヤ」との巡査の確認に対し、「決シテ取下ケハセサルナリ」と語気を強め答えている。にもかかわらず、Bはその二週間後に結局、「元来被告ハ告訴人トハ親戚ニシテ従弟ナル者」ゆえに私訴と共に告訴を取り下げる旨、予審判事宛に一筆認めているのである。もっとも、この告訴取下げによってAの訴追自体がなくなるものでもなかった。彼は前述したように器物損壊と官吏侮辱により公判廷に付されてゆくことから、Bの告訴取下げに裁判所の側からの働きかけがあったとは考えられない。

つまり、この一例もまた、本来は家族共同体内で「内済」されるべき事柄について、行為者に対する被害者の一時的でも激しい加罰感情が、いったんは国家的な刑罰権の発動を請求した事件なのである。

以上のような被害者側に刑事事件化のイニシアティブがおかれる事例のなかに、最初は刑事事件として告訴したものの、不起訴となり、今度は民事訴訟の原告として相手を訴えたケースも存在した。これは、明治三五（一九〇二）年七月五日に城崎郡甲村農Aが、隣地小作の同村農Bを「土地侵害掠奪」で告訴した事件だが、馬袋家史料全体では「損害賠償請求事件」として、もともと民事に分類される史料である。この事件もまた、隣接地間で発生した争いであり、「被告Bハ元持主タルヲ口実トシ別紙図面ノ通リ他人ノ持地境界ヲ侵害シ拙者〔つまりA〕ノ所持地タル田四畝拾四歩畑三畝八歩ヲ掠奪シタルモノニ御座候」と「告訴状」には記される。そして、A

のBに対する強い当罰感情は、告訴状末尾の「右被告ノ所為ハ刑法ノ制裁ヲ受クヘキ犯罪者ト相考」との断定的表現となってあらわれている。Aは当初、侵奪者のBに「厳シク掛合ヲ致シ候モ応セサルニ付」、「該地持主Cニ直接交渉」し、Bの行為はCの指図によるものではないことを確認したうえで、Bを告訴するに至った。このCは甲村から少し離れた乙村に在住しており、BはCに土地を売却した後もそのまま小作を続け、この両者間には寄生地主─小作関係が存在したと思われる。またAの土地とBの耕作地は以前より相隣地であり、しかも両者同姓であることから親類縁者筋であることが推測され、このことから当該の侵奪行為以前から両者間の「争い」は長期化してきたものと思われる。同年一一月二四日付の検事局からの不起訴通知を受け(明治刑事訴訟法第六四条第二項、第六条)、翌月に入って、Aは馬袋の事務所を訪ね民事訴訟に切り替えたわけである。

なんらかの「権利侵害」が私人間において生じたとき、損害を被った者はどのような行動にでるのか。④の事例では当事者が従来の村落社会における紛争処理手続に委ねる姿勢を示したが、⑫では傷害結果を重くみた「被害者」が告訴を提起し刑事事件としての立件を求めた。そしてこうした「被害者」が刑事制裁の発動を強く求める意思は、前述の明治三五年の事例でより鮮明にあらわれたが、これに「不起訴」の予審判決が下った事実は、当該問題が「罪ト為ラス」(第六四条第二項)、つまり非刑事手続的に、すなわち民事的手続きのなかで解決されるべきことを教えているのであった。その意味で、⑩の事例において、養子を現場で告訴した養父に対し警察官が告訴の意思を問いただし改めて確認していることは、官憲による非法的手段による紛争の「解消」をめざしたものと解するより、むしろ刑法の二次規範性に鑑みた配慮であったと考えられるのである。

本来、告訴とは、その「紛争」を、私人が刑事事件化する手続であり、その意味では、相手方に民事上の制裁を超えた刑罰を国家に請求する峻烈な当事者意識が脈打っていると思われる。それに附帯私訴が可能であった当時では、刑事の原告は検察官に譲るとしても、民事の原告として刑事裁判への主体的な参加意識は残ったに違いない。また、「犯罪」発生の根底には、時として、当時の村落内ないしは隣接する村落間における慣習法上の土地利用をめぐるトラブルや家庭内的紛争が横たわっていた。そうした「紛争」は、恒常的な生活関係を営む極めて密接な人的関係のなかに発生するがゆえに、抜本的な解決が採られにくく、むしろ長期化することになる。前述のとおり、そのような村落共同体内での鬱積した精神風景が加害者とともに被害者をも生み出す「犯罪」発生の背景となっていることは、十分に推測が可能である。馬袋による刑事弁護記録は、以上のような豊岡およびその近郊村落住民たちの秩序規範意識の相克面をも描き出している。そこにはまた、「犯罪」の発生から国家刑罰権の発動に至るまでの当事者の複雑な生活史的な陰影を読み込むことが課題として残されている。

（1）　各年次の『司法省刑事統計年報』から数値を拾いあげているが、軽犯罪については、各裁判所別の統計表中、有罪宣告を受けた者の数、無罪を含むそれ以外の判断を受けた者の数などの細目が立てられていない。統計数値の中にそれらを窺うことは不可能である。

（2）　高橋正己『本邦犯罪現象の考察』（前野書店、一九六一年）、一三頁以下に挙がる、当時の全国における第一審被告人数の比較から、窃盗、賭博、詐欺の順となる。だが、同書、一〇頁にも指摘されるとおり、当時の犯罪統計を繙く者であれば誰でも、犯罪現象の増減は明治年間に限っても窃盗・賭博の増減に支配され、この両者により実に全刑法犯の三分の二が占められるのであって、残余のわずか三分の一が五〇有余の罪名によって分割されることがわかる。なお、豊岡におけるこの両犯罪の全体に占める割合を表5に載せておいた（表註2参照）。同表によれば全体の約七割から八割がこれらの犯罪で占められていることがわかる。

（3）　この「予審終結決定書」の日付には大きな疑問が残る。まず本件は、神戸地方検察庁豊岡支部保管の刑事判決原本によれば、明治二六年に公判が開始され、翌年に判決が下された。だとすると、予審終結決定＝公判請求決定が明治二四年という事実とどうしても日付のうえで二年のブランクが生じることになる。刑事訴訟法の規定上、予審終結から公判までの期日についてはとくに定めはないが、この二年という期間について合理的な説明がつきにくい。なぜなら、馬袋家史料中の本件記録には、明治二六年付の検事の被告人を有罪と確信する旨の意見書が綴り込まれ、これは刑事訴訟法第一六一条「①予審判事ハ……他ニ取調ヲ要スルコトナシト思料シタルトキハ予審終結ノ処分ニ付キ検事ノ意見ヲ求ムル為メ訴訟記録ヲ送致ス可シ、②検事ハ訴訟記録ニ意見ヲ付シ三日内ニ之ヲ還付ス可シ」との手続きがふまえられたものと解釈される。つまり、これは予審判事による予審終結決定の前段階に位置づけられるべきものなのである。しかもこの手続きがふまえられたとしたら、内容的にみてとくに検事と予審判事の意見が齟齬していない以上、本件は、公判廷が二年先におこなわれるといった特別の事情の認められない通常の事件であったことも予想される。さらに奇妙なことに、「決定書」は明治二四年の日付をもちながら、被告人の罪となるいくつかの事実のうち、同年以降のものをすでに含んでいる。以上のことから、この「明治二四年」は「明治二六年」の間違いであると考えたい。なお、この「決定書」の原本は、神戸地方検察庁豊岡支部保管の判決原本にも綴られており、その期日は「明治二四年」になっている。馬袋家史料の中に残されているものは、この原本の写本である。

（4）その正文には、「犯罪ノ証憑十分ナラス又ハ被告事件罪ト為ラサルトキハ判決ヲ以テ無罪ノ言渡ヲ為」すことが定められている。

（5）（6）この岡田、北田両弁護士については、前掲『明治大正　町の法曹』、九六―九七頁を参照されたい。

（7）刑法第二六一条に規定される賭博罪の成立要件として現行犯であることが求められている。しかし、刑事訴訟法第五六条の規定する「現行犯」には「現ニ行ヒ終リタル際ニ発覚シタル罪」をも含めており、解釈論上疑義の余地が残された（宮城浩蔵『刑法正義・下』明治大学創立百周年記念学術叢書第四巻、一八九三年、五八七―五八八頁）。馬袋家史料に残る賭博関連の記録には、その結果、極めて詳細な「逮捕劇」を綴った警官による「逮捕告発調書」が残される一方で、検察官による「起訴状」並びに「予審終結決定書」がみられない。以下本文の「事実」では、「逮捕告発調書」から抜粋する。

（8）（9）　同法第一条には、「家屋其他ノ建造物外ニ於テ犯シタル窃盗ニシテ未タ遂ケサル者又ハ已ニ遂ケタルモ其贓額五円ニ満サル者ハ十一日以上二月以下ノ重禁錮ニ処ス」、また第二条には「田野、山林、川沢、池沼、湖海ニ於テ其産物ヲ窃取セントシ又ハ牧場ニ於テ其獣類ヲ窃取セント」する者の処罰がそれぞれ規定されるが、いずれも未・既遂の別なく処罰される点が特徴的である。

（10）（11）　刑事訴訟法第二二六条第一項には、呼び出しを受けたにもかかわらず公判の期日に出廷しなかった場合には、検事の請求に基づき欠席判決をおこなうことが規定される。また、欠席判決に対する故障申立期間は、同法第二二九条により三日と定められるが、禁錮（以上）の言渡しを受けている本事件については、「被告人自ラ其送達ヲ受ケ又ハ判決執行ニ因リ刑ノ言渡アリタルコトヲ知リタル日ヲ以テ始マル」。判決日から約一カ月を経て送達されたとも考えがたいので、おそらく私訴判決内容が執行されて初めて被告人はそうした判決が下されたことを知ったのではなかろうか。第二二八条には、欠席判決は、「検事其他訴訟関係人ノ請求ニ因リ」欠席者に送達される。本文に後述するように、本件の背後には、出稼ぎ中で不在の被告人をあえて訴えた「訴訟関係人」の悪意に基づく訴訟工作があった模様である。

（12）　同法は、明治一三年太政官第三四号布告「伝染病予防規則」に代わり、明治三〇年三月三〇日公布（官報記載は翌日付）、同年五月一日施行された。

（13）　右法第一九条の二号には、地方長官による伝染病予防の必要措置として、「市街村落ノ全部又ハ一部ノ交通ヲ遮断スルコト」とある。本件はチフス患者が問題となっているが、当時の豊岡警察署管内の伝染病発生件数には含まれていない模様である（豊岡市史編集委員会編『豊岡市史・下巻』一九八七年、二六三頁）。あるいは本件は、チフス疑似患者が予防法違反者になったのかもしれない。

（14）　同条では、同法の各条項違反、並びに伝染病を診断した医師とは、かつて「警察官吏、市町村長、区長、戸長、検疫委員又ハ予防委員」に届出をしなかったり、あるいはそれを妨げた者、そして「交通遮断ヲ犯シタル者」等が、二円以上二〇円以下の罰金に処せられる。

(15) 例えば、岸本辰雄は、「刑事に於ける宣告書を把て、之を民事の判文と対象せよ、其精粗の隔り実に非常なるものあるを発見すへし」と述べ、証拠法則が明示されないまま有罪判決が下される実務を嘆いている（「大に司法部の刷新を望む」『日本弁護士協会録事』第一号、一八九七年、三八―三九頁）。なお、本書、第六章、及び第九章も参照されたい。

(16) 刑事訴訟法第二〇八条には、「公判始末書」記載の事項として、第一「公ニ弁論ヲ為シタルコト又ハ公開ヲ禁シタルコト及ヒ其事由」、第二「被告人ノ訊問及ヒ其供述」、第三「証人、鑑定人ノ供述及ヒ宣誓ヲ為シタルコト若シ宣誓ヲ為サザルトキハ其事由」、第四「証拠物件」、第五「弁論中異議ノ申立アリタルコト、其申立ニ付キ検事其他訴訟関係人ノ意見及ヒ裁判所ノ裁判」、第六「弁論ノ順序及ヒ被告人ヲシテ最終ニ供述セシメタルコト」とある。

(17) 浅古弘「司法資料保存の歴史と現代的課題」（『早稲田法学』第六九巻第二号、一九九三年）、一四三頁以下参照。

(18) 以下の引用では、原史料の文章に適宜句読点を入れて紹介している。

(19) 以下にその質問を列挙する。これらの質問内容についての「回答」は、ほとんどすべて「予審調書」などをみれば、それぞれの当事者が供述済みの事柄である。しかし馬袋は、法廷にて再度口頭で質問することにより、裁判官の心証に訴える、被告人にとって有利な文脈を紡ぎ出そうと考えていたのではあるまいか。

問　EカF方へ丁銀ヲ質スル前ニ仝人又ハBヨリ質ノコトヲ聞キタリヤ

問　Bハ鍍金料ヲバ用立テオルFヨリ受取金ノ中ヨリ支払タル□（コト?）ト申立アルカ如何

問　Fヨリ丁銀ヲ鑑定セシメタルハ夜カ昼カ

問　Fノ答ヘタル處ハ如何

問　Bヨリ頼レシ丁銀ニ鍍金シテ渡シタルハ何時ナリヤ

問　鍍金料ハ何程掛ルモノナリヤ

(20)　旧刑法第一〇四条には、「二人以上現ニ罪ヲ犯シタル者ハ皆正犯ト為シ各自ノ其刑ヲ科ス」と規定される。
(21)　石渡前掲『刑事訴訟法　完』、一四一頁。

結

当時の糺問主義的刑事手続において、弁護人は、実体的真実発見のための一機関として位置づけられたことは前述した。確かに「真実発見」のためとはいえ、検察官が訴追のため被告人に「不利益ナル方面ニ力ヲ注」ぐことは当時としても周知のことであった。したがって、被告人の「利益ナル方面ニノミ」働く弁護人が求められる理屈は昔も今も異なるところはないのだが、その際、弁護人はあくまで判事・検事が一体となった裁判所の「補助機関」として訴訟に参加することが求められたのである。[1] それだけに本章では、馬袋家史料をとおして、予審制度を備えた当時の刑事司法がいかに展開したのか、その一端の復元を課題のひとつとして設定した。馬袋が限られた条件の下で、懸命な弁護活動をおこなったことは、ある程度窺い知ることができたといえる。

明治三〇年代を迎えると、産業資本主義の確立にともないさまざまな社会的な矛盾も生起するようになる。足尾銅山鉱毒被害民による騒擾事件や日露講話反対騒擾事件、それに拡大する社会主義運動に対する弾圧としての大逆事件などは、大きな刑事事件として社会的耳目を集めた。そしてこうした事件の陰には常に多くの弁護士の活躍がみられ、彼らのうちからはやがて明治末期・大正・昭和戦前期に至るまでの、法律取調委員会、臨時法制審議会といった立法事業にも従事するものも現われた。まさしく在野の法曹としての矜持を得て社会の一線で活躍する「国民法曹」[2]が現われる時代に、馬袋は但馬豊岡の「町の法曹」として地道な弁護士生活を送った。また明治三〇(一八九七)年に設立された全国的な任意弁護士団体、日本弁護士協会の機関誌『日本弁護士協会録事』が、「人権擁護」を旗印に創刊号から刑事裁判への抜きがたい不信と批判に満ちた論説を掲載したことを彼はどのようにみていたのだろうか。[3]彼の担当した刑事事件をみても、ほとんどがごく日常的な取引関係や家族関係を場とした詐欺や器物損壊が、また地縁的関係を前提とした賭博や窃盗、それに暴行・傷害などが扱われているのであり、比較的狭い人間関係を範囲としておこなわれるそうした犯罪自体に、顕著に時代の変化を映し出すような特徴を見出すことはむずかしい。しかし、また、それだけに、「身近な犯罪」に真摯に取り組み、着実に地域に根をおろしていった「町の法曹」の姿が鮮明に浮かび上がる。

明治二四(一八九一)年一二月に、代言人試験に合格した三八名の和仏法律学校卒業生を前に、教頭ボアソナードは代言人・弁護士(avocat)の本分について講演した。彼によれば、弁護士が兼ね備えるべき資質とは、「学識(science)」・「雄弁(éloquence)」・「正直(droiture)」の三つに要約できるという。[4]また、明治二六(一八九三)年から和仏法律学校の機関誌である『明法志叢』に連載された仏国法律博士アルベル・リュービーユ(Albert Liouville, 1836-1893)の論考[5]によれば、「弁護士ノ本分」とは「正直公平謙遜独立」の「四徳義ヨリ必然ノ結果トシテ流出」するものだという。とくに「他人ヲ説服スルヲ以テ其任トナス者」として定義される弁護士においては、ことのほか「正直さ」が求められ、その程度も「極処ニ到達セサルヘカラス」とされる。そしてこの「正直」という徳義は、あらゆる弁護活動を貫流する指導倫理であり、そこから「弁護士タル者事件ノ依頼ヲ受クルトキハ当ニ全力ヲ竭シテ其ノ事件ヲ研究スヘシ事件ヲ研究スルハ時ヲ惜マス書類ト事実トヲ子細ニ点験シテ時ニ或ハ手ツカラ其ノ要領ヲ抜粋スル等ノ労ヲ取ラサルヘカラス」、「弁論ニ当リテハ要領ヲ列挙シテ細大漏スコト勿レ殊ニ自家ニ不利ナル点ニ至リテハ尤モ明ニ之ヲ述ヘ反復丁寧ニ弁明スヘシ」といった行動指針が導かれるのである。

和仏法律学校の前身、東京法学校を明治二〇（一八八七）年に卒業した馬袋は、卒業後の母校でなされた講演を知るよしもなかっただろうし、機関誌の記事に直接影響を受けたとも断定はできない。だが、前述した彼の弁護記録からは、捜査機関によって提出された証拠書面を深く読み込み、「書類ト事実トヲ子細ニ点験」し「時ヲ惜マス」「研究」する彼の姿が彷彿として蘇る。実際に「細大漏スコト」なく記された彼の「手控え」は、馬袋が入念に準備を重ね裁判に立ち向う弁護士であったことを物語ってはいないだろうか。そして当事者（被告人）・依頼人として直接に馬袋とかかわり、自らの身に起ることとして法を直接に感得した人たちこそ、彼の弁護姿勢を間近にして、その誠実さ・実直さをみてとった存在であった。膨大な馬袋家史料は、郷里たる豊岡市の風景のなかで「有ラン限リノ力ヲ尽シテ其ノ職務ヲ全フ(6)」した、我が国近代期に生きたひとりの弁護士の真摯な姿を伝えているのである。

（1）　豊島前掲『刑事訴訟法新論　全』、一七二頁。また既述のとおり、当時は同一建物内に裁判所と検事局が併置され、一方明治二六年の弁護士法では、弁護士会は検事正や裁判所、それに司法大臣らの種々の監督下におかれ、その自治・自律の原則は認められなかったことも併せ考慮すべき事柄である。

（2）　潮見俊隆「日本における在野法曹の系譜」『日本の弁護士』（日本評論社、一九七二年）、一頁以下、また清水誠「戦前の日本社会と法律家」『岩波講座・現代法六・現代の法律家』（岩波書店、一九六六年）、一八頁以下。

(3) 大野正男「職業史としての弁護士および弁護士会の歴史」『講座・現代の弁護士2 弁護士の団体』(日本評論社、一九七〇年)、四一頁以下。三好退蔵は、前掲『日本弁護士協会録事』第一号で、司法制度の改良、とりわけそのもっとも緊要なものは、刑事手続きにあることを指摘して、自白の偏重や、予審段階での弁護人の付き添いが認められないこと、それに在監者への弁護士の接見に官吏の立ち会いをつけることなどを強く批判する(「改正条約実施ト司法制度」四一頁以下)。また後に、日本弁護士協会は、予審制度の廃止をも提案するに至る(一八九七年一一月の同協会評議員会)。また、松井康浩『日本弁護士論』(日本評論社、一九九〇年)八八頁以下。

(4) Lettres de M. Boissonade, in: Revue française du Japon (『仏文雑誌』), 1982, n° 1, (jan.), pp.22 et suiv.

(5)(6) 本論考は、日本法学士・巨鹿野人の翻訳により、『明法志叢』第二一・二二(以上、一八九三年)・二三・二五・二六(以上、一八九四年)の各号に分載された。本文の引用箇所は、第二二号の三四頁以下。

補論 刑事裁判記録と歴史学

(一) 法的な思考の特質を語る際、その過去志向的なありかたがとりあげられることがある。[1] つまり法的なものの考え方の本領が紛争なり事件なりの解決にあるとすれば、法的な実践の端緒は、まずそうした紛争なり事件なりが生じたことを前提として開かれなければならない。むろん、仮設的な法解釈/適用の吟味についても、論理的にはその仮設的紛争状況が所与のものとされ、それの事後的個別的解決という目的の拘束を受けるのである。この過去志向的なありかたは、いうまでもなく歴史の認識につながるものがある。カルロ・ギンズブルグは、ほかでもない『裁判官と歴史家』と題する書物で、裁判官と歴史家のあいだには、「Xをある歴史的事件のたぶん名前のわからない主人公か、それとも刑事訴訟の主体、そしてYをなんらかの行為とすれば、XがYを行ったということを一定の規則にもとづいて証明することが可能であるという確信」が等しく抱かれるという。そして両者間での「事実ひいては証拠の確証作業」という点における共通の活動領域の存在を指摘している。[2]

すでに知らされているように、昭和六三年に施行された「刑事確定訴訟記録法」は、確定した事件の判決原本を永久保存（禁錮以上）とするそれまでの方針を変更し、[3]すべて有期のものとした。この背景には、司法当局の側に、保管を続けるべき文書の「現用性」と、廃棄などの処理対象とすべき文書の「不用性」を判断する基準が働いたものと考えられる。[4]だが実際はこうした措置の経過や現状については不明な点が多く、これまでも疑問や批判が提起されている。[5]もはや歴史的な関心しか示されなくなった資料は、各省庁やその他の部局では現用文書に比して軽視される、との先学の指摘がある。[6]まさにこのことは、昨今の司法資料保存問題に深い関心を寄せる利用者・研究者の共通の実感となった。[7]

そこで本論では、これまでどのような刑事司法関係の資料が、いかなる領域において法史研究者によって用いられてきたのか、という観点からいくつかの先駆的な研究をふりかえりながら検討する。その際、先学が既存のシステム下で研究調査を進めてきた経験に照らしつつ、利用（者）の視点から閲覧時の具体的な問題点などについても私見を述べることにしたい。[8]

(二)　日本の近代史一般の解明に官庁史料が有益であることは、これまでも多くの研究者やその歴史叙述によって自明のこととされてきた。[9]そしてなによりも裁判記録は、各種史料のなかでも、最も信頼が置ける史料であるとの前提から、[10] 主として事件史の領域において、目覚ましい成果が蓄積されてきた。
この領域に関して、まず手塚豊『自由民権裁判の研究（上・中・下）』を挙げることに大方の異論はあるまい。[11] 自由民権運動を裁判過程を中心に分析し再認識するという手法により、それまでの史実に重要な変更が迫られたり、より緻密な史実構成が可能となることが具体的に示された。
ところで、そこで用いられている「司法資料」とはどのようなものなのか。それらの史料はどこに保管され、史料へのアクセスはどのように果たされたのか。例えば手塚氏の「秋田事件」に関わる諸論稿は、まず「秋田県立志社暴動事件判決書（明治十六・七年）」が発表され、次いで「秋田事件裁判考」及び「秋田事件裁判関係資料」（総て前掲本の上に所収）が著された。これらの論稿には、事件関係者の「裁判書」や「法廷調書」並びに「警察調書」が基本資料として用いられる。しかし、こうした資料の作成主体を厳密に考えれば、前二者は裁判所（官）の手になるものであり、最後者は検察官が法廷で提起した捜査上の証拠書類であろう。またこれ以外にも、担当判事から司法卿に宛てた上申書などが引用される。つまりそれらの資料は、それぞれが生み出される――作成・発信され受領される――コンテクストを異にするものなのである。ところが現在の法務省法務図書館には「秋田県立志会員暴動事件」なる資料名の下に、[12] それらがひとつの事件の記録として保管されている。つまり、それらは写本ではあるが、出自を本来異にする諸記録の一括保管が、資料相互の有機的な連環を崩すことなく果たされており、このことも手塚氏の一連の業績を内発的に可能なものとする一条件をなしたと考えられる。[13]
また手塚氏の論稿「自由党高田事件裁判小考」においては、裁判過程を記す直接資料が探索された。前述の「秋田事件」同様、まず旧司法省調査部（現法務図書館）の「高田一件書類」なる資料が求められたが、戦災で焼失したことが確認された。[14] そのため国立国会図書館憲政資料室蔵「大木喬任文書」「三島通庸文書」などの個人文書が当たられたが、その中の直接資料は断片的かつ「きわめて貧弱な分量」ゆえ、地方の新聞報道や回顧談・懐旧録などが駆使された(15)。ところが、後日、国立公文書館所蔵の『公文別録』中に(16)、「新潟県下頸城自由党逮捕一件」なる資料が発見された。新潟県令から内務卿宛の探偵書や報告、内務省派遣官員から本省への報告や、関係検察機関と司法省との往復文書などが、手塚氏の手により、解題され復刻されたのである——尤もこれは行政サイドにおける内部資料であり、厳密な意味で司法過程から生産された記録ではなかろう（「自由党高田事件に関する新資料(17)」）。

このように、ひとくちに「裁判史」といっても、そこで史家により用いられてきた「司法資料」は、実際は各所の保存機関に散在しており、その種類や性格もまことに多様であることがわかる(18)。

そこで、いわゆる純然たる「刑事裁判記録」が用いられた法史研究としては、これもまた手塚氏の手による一連の「不敬罪事件」研究が先駆的業績として挙げられよう。この研究は、明治一五年施行の刑法に規定されたいわゆる「不敬罪」が、同法施行直後にいかに運用されたのか、その頃の不敬罪事件を細かくフォローしたものである。それらは『自由民権裁判の研究（下）』に収められたものでも総計一二三件（有罪事件）に上るが、その内、手塚氏が各地の地方検察庁やその支部に問い合わせ、判決原本の存在が確認され、それらを精査し復刻したものが、一一〇件を数える。

ところで、この地方検察庁への問い合わせとは、今日では平成九年の刑事確定訴訟記録法の第二条にふまえられるように、刑事事件の訴訟記録は、訴訟終結後、当該被告事件について第一審の裁判をした裁判所に対応する検察庁に送られることになっており、そうした刑事確定記録を検事の手許に送致する手続きが、明治二三年の裁判所構成法施行以降ひさしく続けられてきた、という事情による(19)。とはいえ、そうした資料が戦災などを免れて今日まで保管され得たとしても、それらは専ら判決原本に限られる。[20] なぜならば他の訴訟記録類は、判決原本に比し、はるかにその保管年限が短いからであり、先の手続きで問い合わせても「訴訟記録は廃棄した」との回答を無念の気持ちで受け取った研究者は筆者を含めて少なくなかろう。[21] 尤も、手塚氏により「公判始末書」が発見される場合があるが、これもまた地方図書館や公文書館などにたまたま収蔵されるものであり、それ自体稀有な例に属するものといえよう。[22] さらに地方新聞掲載の公判傍聴筆記が「公判始末書」に見立てられて用いられることもある。[23]

また司法記録は、被告人やその弁護人などの手許にも残る。[24] この観点から寺崎修氏は、星亨の官吏侮辱事件を跡づける際に、[25] 星家に所蔵されていた（現在は国会図書館の憲政資料室に委託保管されている）星亨の個人文書にあたり、既存の「自由民権機密探偵史料集」に収められる『公文録』の記録との異同を校合し、それらを併用するなどして、克明にその事件経過を解明した。判決謄本の引用に止まらず、警察などからの「出頭命令書」や「警察訊問調書」、未決監への「勾留状」、それに「送検状」や裁判所からの「呼出状」、星自身が認めた「上告申立書」「同趣意書」、それに検事の作成した「上告答弁書」など、さらには訴追側の司法卿への上申書やそれに対する回答書など、当時の刑事訴訟手続きの全ステップがほぼ完全に採録される。

また刑事事件であれば被告人や被害者が外国人の場合もあろう。特に治外法権の下では、国家の司法作用もまた、微妙な外交上の磁場の中におかれる。今、試みに手許の一九九二年に刊行された外務省外交史料館編『外交史料館所蔵外務省記録総目録』（戦前期・第一巻・明治大正篇）を繙けば、第四門として「司法及警察」が分類され、裁判権や警察権をめぐる記録の他、阿片などの薬物取締りや暴行・殴打・殺傷といった、日常的に生起する犯罪事件記録も収められることがわかる。[26] また、大逆事件をめぐって諸外国で起きた抗議運動を収拾するために、外務省が存外公館や司法省などと交わした往復文書も収蔵され、一九九三年一月、「『大逆事件』関係外務省往復文書」と題して、不二出版より復刻されている。

最後に、政治事件史上著名な人物も見え隠れする「自由民権裁判」研究のかたわら、明治初年に起きた各地の農民騒擾の裁判史研究にも一言しなければなるまい。(27)そこでは、これまで土屋喬雄・小野道雄両氏の『明治初年農民騒擾録』や青木虹二氏『明治農民騒擾の年次的研究』、さらには各地の地方史家によって切り拓かれてきた領域に上述の手法を応用して、いわゆる当時の無名の民衆たちを「被告人」にすえた国家の「刑事司法的解決」の過程が綿密に吟味・検証されている。(28)

(三)　法史家による事件史の叙述には、法律論を用いた詳細な考証が施されることがある。そこでは、ある「事件」そのものの歴史的一回性という個性的な側面に留意しつつも、そこに示された法判断が当時の法システムの下において解釈論的・手続論的に反復して現れる可能性が吟味される。まさに「当時の実定法とその適用についての法律学者独壇場の所見」が展開されるわけである。(29)そして法判断の「反復性」から歴史を再構成する視点は、「事件」そのものの歴史的個性を減殺する効果につながらず、むしろその個性的性格をはっきりと浮き彫りにする背景となるものでもある。(30)

こうして（過去に為された）法的推論の跡付けやそこに現れる判断の反復性を、法現象固有の対象として検証しその変遷を叙述することは、それ自体法史学の特殊な研究領域に属す。つまり当時の司法システムがいわば「日常的」に作動する状況を、それ自体としては歴史上の特殊な「事件」とは直接に評価し得ないような犯罪現象――例えば、大した被害額に上らない窃盗や詐欺事件、無銭飲食・宿泊や器物破損など――についての司法記録を用いて再構成する試みである。

この観点からの研究に資する極めて有益な資料として、法務省法務図書館に「司法省記録」の分類の下に所蔵される、「府県伺留」、「各裁判所伺留」、「諸県口書」及び「三府口書」などの膨大な特殊記録群がある。(31) いずれも府県や各地の裁判所から中央の司法省宛に、被告人の自供調書を添付するなどして、断刑や量刑などについての疑義を記した伺とそれに応える指令を——およそ明治四年くらいから八年までの期間——、一件ずつ綴り込んだ記録である。(32) こうした記録は、歴史認識の上で「書かれた」資料としての成文の法テクストを、実際に運用されていた法規範として、無条件に鵜呑みにする誤謬を避ける意味で貴重である。なぜなら、実定法規が与えられている一方で、いったい何が適用されるべき法であるのかが伺い出されるわけで、本来裁判官こそ解釈などの法実践のエキスパートとみる今日的な常識からすれば、極めて時代特殊的な法運用が為されていたことがわかるからである。

このように中央の司法省に伺を立てそこから指令を受けて裁判をおこなう手続きを、「伺・指令裁判体制」という名の下に網羅的に把握し、その全体像を描き出そうとの試みが着手されている。(33) 未だ大審院も創設される前の（明治八年創設）、まさに我が国の近代司法の黎明期を丹念に描写する試みである。しかし、こうした中央の司法府が現場の裁判官の法適用を「アアセイ・コウセイ」(34) とコントロールするありかたは、立憲政体詔勅以降も、若干形が改められながらも踏襲されてゆき、(35) ここに行政府たる司法省と最高司法官衙たる大審院とが、法令の最終的解釈権限をめぐり微妙な関係に置かれてゆくのである。

このような状況を、司法権が独立する以前の過渡的混沌状況とみることはたやすい。しかしそこに、国権の作用としての司法権限の所在をめぐる「権利問題」と「事実問題」の対立として大審院と司法省を位置付けることは、ひとつの国制史上の重要な論点ともなろう。したがって、司法省によって編纂が始められた頃の大審院の刑事判決録を読むにあたっては、[36]司法判断において同院が当初より揺るぎない地位を確立していた姿を想定してはならない。むしろ事実上、司法省の指令業務などによって培われた同省の経験的〝厚み〟に、当時の最高法衙の判事たちは頼らなくてはならなかったのである。[37]なお、この時期の各地方の裁判所（明治一〇年一〇月までは地方官が兼ねたものもある）での判決記録などの保管状況は全くわからない。偶然にその存在が知られる場合を除いては、[38]大審院に上告されたものについては、同院判決録に引用される原審の判断を通して、そうでないものについては地方・中央の新聞などの裁判記事のみがわずかなてがかりとなるばかりである。

一方、適用の対象である実体法についても、刑事については中国律に範をとった新律綱領・改定律例から、主として一八一〇年のフランス刑法に範をとった西洋型の近代的刑法典（旧刑法、明治一五（一八八二）年施行）への転換が図られる時代である。哲学的背景をおよそ異にする両母法の法的思惟が、一つの法典という鋳型の中に融合したのは、一九世紀後半の東アジアでは我が国の一例のみであろう。それはまた当時の世界的な立法実験でもあった。上述したそれぞれの法典の運用過程は、まさに司法資料の参照を得て初めて可能となることはいうまでもない。例えば中山勝『明治初期刑事法の研究』[39]では、明治初年の新律綱領・改定律例などの刑法典の適用過程で、母法たる清律の（中国での）適用例が直接に引用・参照される事案を、上掲の「口書」や「伺留」などの法務図書館所蔵記録を用いて紹介している。また最高裁判所図書館の明治文庫には、「伺指令録」とか「申明類纂」などの名称を持った数多くの資料が眠っている。重要なことは、こうした資料は当時筆写の上複本が作成され、ある場合には刊行されるなどして、各裁判所に無償ないし有償で送致され、そこで回覧されたことである。それらは裁判官が法を適用するに際しての羅針盤のような役割を果したに違いない。

そして仙台高等裁判所資料課書庫には、民・刑事を問わずに当時の大審院判決録が収められるが、これに止まらず、ボアソナードの司法省法学校などにおける講義録や立法理由書、また明治初期刑法典の母法理解に資する資料として、「大明律例釈義」や「大清律例刑案新纂集成」など、さらに箕作麟祥訳「仏蘭西法律書」や各種の翻訳されたフランス法概説書が多く収蔵されている。(40) それに司法省法学校（速成科）の授業である「擬律擬案」（判決作成練習）のテクストもそこにあることから、これらの資料は、裁判官が手控えを作成し判決を実際に練り上げる過程で参照され用いられたものと考え得よう。

我が国の近代法の生成過程は、太政官布告や布達、それに司法省などの各省より発出された達などの単行法令によってつぎつぎと改定増補される明治初期の刑法典の複雑な態様に追われながら、一方での法典の近代的な展開に呼応するために試行錯誤が重ねられた。いったい何が法であるのかが、法律家にとってもまた民衆にとってもかなり不分明な時代であったといえよう。この意味で、当時の日本人の法生活や法環境を、当時の人々の目の高さから再構成する試みには興味がつきない。司法資料にこそ、そうした当時の法思考の方法を、その生成段階から発展過程を通じて、今日追体験するための最も豊かな可能性が潜在していることは、いささかの疑いも挟む余地はない。(41)

(四)　民衆騒乱の鎮圧や暴圧、戦時中の思想弾圧(42)という事件に端的に示されるように、その裁判過程とは、なによりも国家による犯罪の認定が進められる「刑事事件」化というプロセスであり、(43) 終局的に刑事制裁が正当化され発動が決定される場である。かつてJ・H・ウィグモアは、明治中期の我が国にあって、当時の日本人の誰もが顧みることのなかった資料に着眼し、また夢想だにしなかった計画――徳川時代の民事慣習・判決例の英語訳

——に着手したとき、次のように述べた。

刑事法は、支配者層によって行使される政治的な方便（political expediency）の観念を主として表象するのであって、人と人との間の公正の観念や、市民的権利及び義務という観念を表象するものではない。

刑事法（あるいは刑事裁判）について、歴史現実的視点からのかなり醒めた評価がウィグモアによって語られる[44]。この理由から、彼には、前近代日本の刑事法とその判決例を繙く意欲がとうとう湧いてこなかった。しかしここで彼の言に耳を傾けつつ、筆者は次のようにも考えている。それは、「（刑事）裁判史」研究が単なる個々の裁判（事件処理）過程の時系列的認識にとどまらず、これまでの日本人の国家生活や日常生活における法と人々との相互規定的なありかたなどへの具体的かつ現実的な問いかけを含むことが求められているのではないか、そして、より広い文化的コンテクストの中でその裁判資料の有効性・可能性を積極的に実証することなどが、むしろ果されるべき課題として、（特に法の）歴史家に突きつけられているのではないか[45]、と。

だが、法や裁判を国民の生活史の中でリアルな存在感をもつものとして描写し認識する試みは、ひとり歴史家のみが担う仕事であろうか。過去を顧みる歴史家とて現在に生きる法的主体であり、法律家もまた課題としての現在と未来に向けて歩んでいく者であれば、ともにひとしい歴史的主体でもあろう。

筆者は、歴史叙述にとっての司法資料がもつ「有用性」や「現用性」のみを歴史研究者の立場から訴えたかったのではない。すでに過去のものとなった歴史上の「事件」を、より克明に説き明かすためだけに司法資料が不可欠であるというのではなく（むろんその使用は是非ともされるべきだが）、その司法資料が生み出される不可欠の前提として、なによりもまず「事件」そのものが、我々の「生」というコンテクストに共通に与えられているのではあるまいか。そしてその「事件」を学的なコンテクストにおいて読み解き再構成する営みは、その方法と目的こそ異なるものの、歴史家と法律家にひとしく与えられた仕事だと思うのである。(46)

今日直面する司法資料保存問題（特に刑事司法資料について）は、いわゆる歴史的所与のものとしてこれから発見されることはあっても、もはや生産されることがないという意味で「有限」な「古文書」を保存管理していく方途を論ずる場ではなかろう。(47)つまり、目下実務的な「現用性」を認められている資料が、現用段階から解かれたことを停止条件として、初めて歴史資料として保存対象になるという考え方こそを改めなくてはならない段階に来ている。(48)その意味で、「訴訟記録には歴史的資料としての意義をもともと内在するものである」(49)とは、まことに傾聴に値する指摘ではなかろうか。(50)たとえ歴史的に無名な紛争や事件の判決や記録であっても、過去を知るためのかけがえのない手掛かりとして未来の研究者や利用者に手渡してゆく責務を、現在に生きる我々はひとしく負っているのである。

（1）　田中成明『法的思考とはどのようなものか』（有斐閣、一九八九年）、九頁以下。

（2）　カルロ・ギンズブルグ著、上村忠男・堤康徳訳『裁判官と歴史家』（平凡社、一九九二年）、二三、一二九、一三七頁。尤もその共通性を前提としながら、彼はやがて双方における相違点にこそ重大な問題点を見出してゆくのではあるが。

（3）　永久保存とされたのは、明治一八年の「大審院並裁判所書類保存規程」がはじめてであり、大正七年の「民刑訴訟記録保存規程」を経て、昭和四五年の「検務関係文書等保存事務暫定要領」に受け継がれたものが、死刑又は無期の有罪判決は一〇〇年保管、有期の有罪判決は五〇年保管とされたことを指す。事件記録についての保管期間等、詳しくは、同法に付記される別表を参照されたい。なお、司法資料保存関係の基本法令の参照には、「シンポジウム司法資料保存の歴史と現代的課題」（『早稲田法学』第六九巻第二号、一九九三年）登載の「資料」が、利便である。

（4）津田秀夫『史料保存と歴史学』（三省堂、一九九二年）、一六七、二一八頁。

（5）竹澤哲夫「司法資料の保存と公文書館法の視点」（『地方史研究』第四四巻第一号、一九九四年）、五八頁以下。

（6）津田前掲『史料保存と歴史学』、一六七、一六八頁。

（7）弁護士の竹澤哲夫氏は、早くから「裁判文化の保存」なるキャッチ・フレーズを用い、「不用」司法文書を後世に遺すことを提言していた。竹澤哲夫「裁判文化の保存を」（『自由と正義』第三五巻第一三号、一九八四年）、同「裁判闘争とその資料」（『図書館雑誌』一九八六年八月号）、同「公文書館法からみた司法資料の保存」（『日本史研究』第三八四号、一九九四年）などを参照のこと。

（8）昨今〔本論執筆時〕の保存運動では、各国立大学移管後の民事関係資料についての、「司法資料館構想」を含めての、善後策を講ずることに焦点が絞られているが、刑事関係の裁判記録については未だ議論を積み上げる状況にはない。

（9）例えば、丹羽邦男「近代史料論」（『岩波講座　日本歴史』二五・別巻二、岩波書店、一九七六年）、一七一頁以下。尤も、同論文には、司法史料についての記述はない。

（10）寺崎修「激化民権と裁判記録――官庁文書の読み方――」（『朝日百科　日本の歴史・別冊　歴史の読み方・七――文献史料を読む・近代――』朝日新聞社、一九八九年）、二二頁。

（11）松尾正人「近代史研究と司法資料」（『地方史研究』第二四七号、一九九四年）、六二頁。

（12）司法省調査課『和漢図書目録（昭和一一年末現在）』（一九三七年）、二一四七頁。検索記号　Y300 S1-62。

（13）手塚豊「司法省非常勤嘱託前後の思い出」（『民事研修』第三七一号、一九八八年）、一頁以下参照。また現法務図書館所蔵のこうした資料類の伝存経緯については、法務大臣官房司法法制調査部『J&R』第六号、一九七二年、九〇―九一頁に若干の叙述がある。

（14）前掲『和漢図書目録』、二二九八頁、検索記号　Y400 75-1。法務図書館『法務図書館所蔵貴重書目録（和書）』（一九七三年）所収の「戦災による焼失図書」、六三頁。
（15）手塚前掲『自由民権裁判の研究（上）』、一六五頁、註17及び二五五頁以下。
（16）一九七一年に開館された国立公文書館には、現在（本論執筆時）、その設立の経緯も絡んで、各省庁のいわゆる「行政文書」だけが受け入れ対象とされている（この問題性については、津田前掲『史料保存と歴史学』、一七八頁）。したがって、司法省側に残る事件記録が保管されるわけである。しかし、こうした「公文書」の概念を「行政文書」に限る法的根拠は何もないとして、ここに司法資料を含め考える意見が提起されている（竹澤前掲「公文書館法からみた司法資料の保存」、六一頁）。なお、本論補註も参照されたい。
（17）本記録を含む国立公文書館所蔵の刑事事件関係記録や恩赦関係記録のすべてが、一九八二年頃より、突然プライバシーの保護を理由に閲覧が停止された。法規上の根拠のない、館長の判断に基づくそうした措置の問題性については、寺崎修「閲覧停止の国立公文書館所蔵記録――自由民権運動研究者の一発言――」（『地方史研究』二三七号、一九九二年）、七九頁以下。
（18）浅古弘・岩谷十郎「司法資料保存利用問題」（『法制史研究』第四四号、一九九四年）の第三節、「民事法廷記録の利用」で詳論されるように、現行の司法機関における記録閲覧体制の下で、研究者がいかに苦心を重ねて資料収集にあたったのかを思うべきであろう。なお、松尾正人「近代史研究と司法資料問題」（『明治維新史学会報』第二三号、一九九三年）、二頁、小田康徳「歴史研究と司法資料」（『日本史研究』第三八四号、一九九四年）、六六―六七頁、浅古・岩谷前掲「司法資料保存利用問題」第一節、「司法資料の範囲」を参照。
（19）浅古前掲「序説・裁判記録保存法制の歴史」（『早稲田法学』第六九巻第二号、一九九三年）、七六頁、竹澤哲夫「訴訟記録保存法制の現状と問題点」（『同前』）、九一頁以下。なお、筆者がかつて、明治一五年当時の「無銭飲食」事例を追跡していたとき（本書第五章）、大審院によって原審（山口軽罪裁判所）の判決が破棄され他の裁判所に移送された場合、移送先の裁判所（広島軽罪裁判所）で判決の確定を得たものは、その確定した裁判所に対応する検察庁（つまり現広島地方検察庁）が、判決原本と大審院判決の謄本を保管していることが判明した。

(20) 最高裁判所における、大審院時代からの判決原本を整理・分類し、現在のような閲覧体制が整うまでの過程を記した、荒巻正夫「大審院及び最高裁判所裁判原本の整理を終って」（『法曹』第一六〇号、一九六四年）は興味深い。

(21) 最高裁判所には現在、大審院の下した刑事判決の内、歴史的事件性に優れたものと判断された事件につき、その記録が保管されている。例えば、楠精一郎「明治二五年・司法官弄花事件」（『近代日本史の新研究』Ⅵ）で用いられた大審院での懲戒裁判記録もそのひとつである。また安斎保『大津事件に就て』（思想研究資料特輯六五号、司法省刑事局、一九二九年）では、大審院保管の「大津事件訴訟記録」が用いられている。一九七七年には、大島英三郎氏により『金子文子朴烈裁判記録』（黒色戦線社）が復刻されるが、これもまた最高裁判所保管の事件記録が底本となっている。こうした最高裁の処置は、おそらく「民刑訴訟記録保存規程」（一九一七年）の第四〇条（「重要ナル事件ノ記録ニシテ史料又ハ後日ノ参考ト為ルヘキモノハ保存期間満了ノ後ト雖引続キ之ヲ保存スヘシ」）、ないしその後の「事件記録等保存規程」（一九五三年）の第九条ないしは一〇条が踏まえられたものと考えられ、これらの精神は現在の「事件記録等保存規程」（一九六四年）の第九条のそれぞれ第一項第二項（特別保存規定）にも活かされている。

(22)「門田平三事件」は国立公文書館所蔵『公文類聚』を、「明治十六年・津中学卒業生不敬罪事件の裁判記録」は静岡県立中央図書館所蔵の資料に収録されたものを、それぞれ用いる。むろんそれらは、謄本である。

(23)「有田真平、志賀廣吉、寺田俊吾事件」（手塚豊『自由民権裁判の研究（下）』慶應通信、一九八三年所収）。

(24) 現在における「裁判資料」の多様な残り方については、二村一夫他「座談会・事件記録、貴重本の保存を考える」（『自由と正義』第四一巻第八号、一九九〇年）、五頁以下、及び浅古・岩谷前掲「司法資料保存利用問題」第一節参照。

(25) 寺崎修「明治十七年・星亨官吏侮辱事件の一考察」（『駒澤大学政治学論集』第一六号、一九八二年）、二七頁以下。

(26) 主として、手塚豊編著『近代日本史の新研究』Ⅰ～Ⅸ（北樹出版）に掲載されたものとして、例えば、中山勝「明治七年・函館におけるドイツ領事殺害事件に関する一考察」（『同書』Ⅱ、一九八三年）、藤井徳行「明治七年・海軍兵学寮御雇英人教師対日本人水夫の闘殴事件に関する一考察」(『同書』Ⅲ、一九八四年)、根本敬彦「明治五年・英国人『ジョンソン』斧殺事件小考」(『同書』Ⅸ、一九九一年)などを挙げられよう。

(27) 我妻栄編集代表『日本政治裁判史録』(全五巻)(第一法規、一九六八―七〇年〔初版〕)も、「裁判史」研究の高い水準を示すものであろう。我々は、そこに収められるひとつひとつの「事件」で用いられた「司法資料」の範囲とその限界を見定めることは、すなわち現在の「刑事」司法資料の制度的な利用可能性を再考・反省することにつながると考える。

(28) 手塚豊「明治六年・三重県西山村騒擾に関する裁判史料」(『近代日本史の新研究』Ⅷ)、手塚豊「明治二年・岡藩農民騒動に関する若干の史料」(『同書』Ⅸ)、中山勝「明治四年・岡山県下磐梨郡農民騒擾裁判小考」(『同前』)など。

(29) 家永三郎「書評　手塚豊『自由民権裁判の研究(上・中)』」(『法学研究』第五五巻第八号、一九八二年)、一二三頁。

(30) 大津事件では、外国の皇太子の謀殺未遂事件に、日本の皇室に対する罪(旧刑法一一六条)を適用する可否が論じられた際に、誰しもがその余りに無理な解釈にためらいの色をみせたことを想起されたい。これは、既存の法文適用についての通説的理解が適用派・非適用派双方にかなり浸透しており、それに抗うことに躊躇が示された例であると理解できよう。このことは事件事実そのものの特異性・重大性をいささかも妨げないどころか、逆に司法解決がもたらす当時の社会への影響力を検証するには興味深いものがある。

(31) 司法省調査課前掲『和漢図書目録』、一五一三―一三六〇頁、浅古・岩谷前掲「司法資料保存利用問題」第一節参照。

(32) 厳密に言えば、「伺留」と「口書」は別種の系統に属する資料であって、同じ司法省であっても、前者は「司法省断刑課」を受理・発信機関とし、後者は「明法寮申律課」がそれであるとの考証がなされている。霞信彦「『司法省日誌』考――第一期刊行分を素材として――」(『法学政治学論究』第四号、一九九〇年)。

(33) 沼正也『財産法の原理と家族法の原理〔新版〕』(三和書房、一九八〇年)に収められる論策を前提に、霞信彦『明治初期刑事法の基礎的研究』(慶應義塾大学法学研究会、一九九〇年)が、きめ細かな跡づけをおこなう。

(34) 日本法理研究会『明治初期の裁判を語る』(巖翠堂、一九三二年)、五二頁。
(35) 明治一二年に制定され同二三年まで用いられた、内訓条例など。本書第二章七四頁、及び第三章一四五頁参照。
(36) 「大審院章程」(明治八年五月二四日、太政官第九一号布告)、第一一条には、「大審院判決録ヲ編纂シ上告ヲ破棄シ疑条ヲ弁明シタル者ハ逐項記載シ其議決ノ原由ヲ叙録シテ之ヲ司法省江送致シ刊行セシム」とある。「大審院刑事判決録」の第一巻(明治八年六月―一二月)の発行年が明治一〇年早々であることは、向井健「大審院の創設とボアソナード意見書」(『法学研究』第四四巻第六号、一九七一年)、一〇一頁註4。
(37) 本書第二章参照。
(38) 例えば、最高検察庁総務部長(一九八六年当時)井上五郎氏は、「明治初期の名古屋における刑事裁判書拾い読み」(『法律のひろば』一九八六年三月号、五九頁以下)という論文の中で、かつて同氏が名古屋地方検察庁に勤務していた時に、同庁に保管される「裁判書原本」を閲覧したことを記し、明治四・五年から一一年くらいまでの資料をサンプルとして復刻している。本文中にも触れた「伺・指令裁判体制」の解明には中央に残る文書が用いられるが、その指令が地方にいかに伝達され、かつその地でどのように刑が宣告されたのか、そうした中央―地方の連動関係が読み取れるとしている。尤も、右論文は「刑事確定訴訟記録法」以前の状況下で書かれたものではある。なお、法曹会編『法曹会創立百周年記念写真集　司法の百年』(一九九一年)、四六頁には、明治一一年の日付をもった甲府地裁保管という刑事裁判書が載せられている。ともかくも、「刑事確定訴訟記録法」以降の(本論㈠を参照)保存年限が切れたものについての現状調査を含めて、こうした断片的な情報を結び付け、より幅の広いネット・ワークづくりをしてゆく必要があろう。
(39) 中山勝『明治初期刑事法の研究』(慶應通信、一九九〇年)。
(40) 守屋克彦「明治初期の裁判資料について」(『刑事裁判の理論』日本評論社、一九七九年)、四六七頁以下。
(41) しかしこうした研究は、必ずしも特定の「事件」に限定された断片的な記録ではまかないきれず、ある一定の期間に亘る記録群の網羅的な調査が必要とされる。だが本章二1で展開されるとおり、裁判所や検察庁における法廷記録の閲覧体制は、あくまでも当該の事件関係者を主とした個別的なもので、刑事事件においても特に被告人名や判決日（あるいは上告日）などが特定されない限り、検索・閲覧は極めて困難なものとなる。

(42) 例えば、一九八〇年より始まる奥平康弘編集『昭和思想統制史資料』（生活社）の刊行は、戦中期の思想弾圧・治安統制裁判の実態をなまなましく伝える復刻作業である。

(43) 犯罪社会学的観点から、主として昭和期の刑事司法統計を用いた研究として、那須宗一編著『犯罪統制の近代化』（ぎょうせい、一九七六年）があるが、直接に裁判記録が用いられてはいない。

(44) Wigmore（J. H.）, "Report by the Editor in 1892 to the Council of the Asiatic Society of Japan（Tokyo, November, 1892）", in; Law and Justice in Tokugawa Japan, Part 1, 1969, Tokyo, p.146.

(45) その意味で、小田康徳「歴史研究と司法資料」（『日本史研究』第三八四号）、六八頁の裁判史料の批判的考証についてのコメントは興味深い。

(46) 法律家が冤罪事件や誤判が発生するメカニズムを既存の記録をたよりに探究する営みは、歴史家の営みに似ていよう。こうした研究のために渡部保夫「裁判記録編さんに協力を」（『朝日新聞』一九八五年・九月二〇日・朝刊「論壇」）では、戦後の著名事件についての裁判記録を保存し「読みやすく入手しやすい形」で編纂することを提言する。

(47) 津田前掲『史料保存と歴史学』、一六五頁、一八二頁。保管期間を満了した判決原本については、浅古・岩谷前掲「司法資料保存利用問題」第一節註8参照。

(48) プライバシーを理由に閲覧が制限されることと、廃棄の問題は全く別問題であろう。

(49) 竹澤前掲「公文書館法からみた司法資料の保存」、六〇頁より引用。竹澤氏は、一九八七年公布、翌年施行の刑事確定訴訟記録法の一部（第九条）にはこうした理念が活かされたと評価する。

(50) 津田前掲『史料保存と歴史学』、一八〇頁。

補註　本論は、本論内の註（18）に掲げた、浅古弘・岩谷十郎「司法資料保存利用問題」（『法制史研究』第四四号、一九九四年）の第四節、「刑事司法資料の利用と歴史的『現用性』」（岩谷執筆分）に加筆・修正を施して収録したものである。平成五年（一九九三）年、廃棄予定にあった確定判決後五〇年を経過した民事判決原本の国立大学への移管が決定した時点で、早稲田大学教授浅古弘氏より刑事司法資料の保存・管理・利用について研究者的視点から一文を草するようお誘いを受け、冒頭の初出論稿の一節として組み込んだ次第である。それは当時の状況下で執筆したものだが、底流にある筆者の問題意識は今日まで一貫している。この度の本書への収載にあたっては必要最小限の修正にとどめ、その後の本問題の展開と結末については以下の叙述を併せ参照願えれば幸いである。

周知のとおり、民事判決原本は、その後、平成一一（一九九九）年に国立公文書館法が制定され（同法制定の経緯は、青山善充「民事判決原本の永久保存――廃棄からの蘇生――」林屋礼二・石井紫郎・青山善充編『明治前期の法と裁判』信山社、二〇〇三年に詳しい）、翌一二年度から国立公文書館への移管作業が開始され同二二年度に完了、翌二三年七月より目録が完成、公開され、国立公文書館のデジタルアーカイブからの検索が可能となった。同アーカイブは「司法文書」の資料群の下位階層として、「裁判文書（司法府より移管）」と「民事判決原本（国立大学から移管）」に区分し、後者は昭和一九（一九四四）年に至る各国立大学に移管されていた上述の民事判決原本を整理する（「公文書館ニュース」http://www.archives.go.jp/news/110706_01.html）。これに対し前者は、最高裁判所保管の明治八（一八七五）年から昭和三〇（一九五五）年に至る大審院、最高裁の民事判決原本や事件記録を初め（「同前」http://www.archives.go.jp/news/100701_1.html）、昭和一九年以降同三〇年に至る各地方の下級裁判所の民事判決原本の移管収蔵をおこない順次公開している（「同前」http://www.archives.go.jp/news/110706_02.html）。

以上が民事裁判文書の保存と利用をめぐる近時の状況であり、浅古・岩谷「司法資料保存利用問題」執筆時の資料環境はかなり改善されたとは言えよう。ただし刑事司法資料に関する限り、「刑事確定訴訟記録法」の定める年限を超えて各検察庁にかつて保管されるままにあった判決原本については、その後も文書管理上の必要な措置が講じられたとの報は伝わってこない（なお本章では弁護士馬袋鶴之助による刑事弁護の方法を分析する際に、神戸地方検察庁豊岡支部保管〔平成一一年当時〕の刑事裁判書原本を用いている）。

第九章

明治刑事法廷異聞

明治刑事法廷異聞

弁護士の描く法廷風景再現

「在野法曹が法律問題に関する気焔を呑吐すべき唯一の機関」として、明治三〇（一八九七）年七月一〇日に『日本弁護士協会録事』（以下『録事』）の第一号が世に送られた（参照、三阪佳弘「設立期の日本弁護士協会」『日本弁護士協会録事　別巻』ゆまに書房、二〇〇八年）。「司法制度の利弊、司法官の能力、品位、意気、伎倆」を「直言直筆、気焔万丈、筆鋒嚮う所、天下に敵な」く堂々と公表して（以上、発刊の「抱負」――『録事』第五号までの各号冒頭頁）、裁判官や検察官といった「官」の法曹を相手に廻し、在野の法曹たる弁護士は自らの存在を法廷の中で様々な仕方で主張した。『録事』各号には、明治三〇年以降の法廷の風景が弁護士の目を通して活写されている。

『日本弁護士協会録事』の「雑報」記事を読む

各号の『録事』にはおよそ、協会の各例会で提出された議題とその趣旨説明や討論が「録事」として冒頭に綴られ、その後に「論説」、「判例批評」、「寄書」、「会報」といった各記事欄が続く。それらの記事では堂々たる立法論や解釈論、それに判決例の批判的解釈が展開されるのに対し、これも各号に掲載される「漫録」や「雑報」

においては、むしろどちらかと言えば「三面記事」的な趣向で、実務現場の生々しい情況を報告する記事が扱われる。そこに記される論者の嘆きや憤りは、当時の弁護士たちの共感の下にしたためられたものであろう。我々はそこに『録事』のいわばホンネの部分もかいま見るのである（こうした「雑報」欄の資料的価値の重要性を説いたものとして、三阪佳弘「明治三〇年代初頭における裁判所・裁判官統制強化論の法史的意義」『阪大法学』第四〇巻第一号、一九九〇年がある）。

弁護士職の光と影

裁判官・検察官に次ぐ第三の司法勢力たらんと欲した弁護士にとって、『録事』に収録される立法意見や制度改革提言などは、まさに彼らの、いわば法廷外の社会的存在性を知らしめる効果を伴ったに違いない。だが、法廷内における彼らの扱われ方には未だ旧態依然たるものがあり、『録事』の各号はこぞってその実態を報告し、糾弾し、その改善を求めた。換言すれば『録事』に収録される記事は、まさに当時の弁護士職なる生業の光と影とを照射するものであり、彼らの活発で対社会的な言論活動は、彼らの法廷内における不自由な言論活動の裏返しでもあった。明治三〇年代における『録事』を通覧することにより、設立直後の日本弁護士協会（以下「協会」）が改善の課題とした当時の刑事司法実務の実際を、本章において復元してみる所以である。

弁護士——公事師・代言人への蔑み

明治二六年三月に公布された弁護士法は、通常、我が国における近代的弁護士職の制度的確立を示すものとして考えられている。だが実際は、同法以前から代言人であった者の登録替えを認めたことから、明治初年期に無試験で公事師から代言人になっていた者に対しても弁護士業務の継続を認める結果となった（『東京弁護士会百年史』東京弁護士会、一九八〇年、一六八頁）。したがって弁護士は、在朝の判検事に対してのみならず、自らに対してもまた法律専門職としての能力向上に勤しむべく厳しい努力を課さざるを得ず、鳩山和夫によれば「日本弁護士協会ノ任務」（「論説」・創刊号）とはまさしくその教導役を果たすところにあった。

要するに「弁護士」は、「公事師」→「代言人」と資格・名称が名実共に備わりゆく我が国における訴訟代理人制度の、今や最高の階梯に位置づけられるべきプロフェッションであり、そうした彼らの強い自負心は、次のような鳩山の言葉に集約される。

凡ソ物ノ貴フ所ハ名ニアラスシテ実ニアリ。代言人ヲ改メテ弁護士トシ名ハ甚タ美ナリト雖トモ其実昔時ノ所謂公事師ト何ヲ以テ異ナラン人必ス自ラ侮テ而シテ後人之レヲ侮ル此ノ如クニシテ傲然自ラ弁護士ト称スルモ人誰レカ之レヲ許サンヤ

日本におけるその起源を尋ねて歴史を遡れば、もともとは江戸時代の公事師に発することを認めながらも、弁護士はその公事師的な在り方を侮蔑の対象とすることによって、その「過去」とは切断された新たなる法曹勢力として司法の場に参入する勢いを獲得しようとしたのである。この問題は、やがて弁護士の資格なく弁護士まがいのことをおこなう「三百（代言）」規制の動きに結びつく。大正四（一九一五）年八月号の『録事』がこれを論

じている。

弁護士――在朝法曹への強い同一化願望

弁護士による代言人や公事師への蔑みは、在朝法曹である判検事に対する強い「水平化＝同一化」の意志として次のような表現の中にも示された（塩入太輔「弁護士と判検事と奏任文官」・第二号。なお、以下『録事』からの引用は、「記事名」・号数で略記する）。

> 我か（ママ・以下同）国の風習として、官吏と云へば、大に尊重し、人民と云へば之を卑む、弁護士と判検事は、其学を同ふし、其論する所を同ふし、一転すれば則ち昨日の判検事、今日の弁護士たり、今日の弁護士、明日判検事と為る、其間敢て尊卑の区別を見ず

官尊民卑の世にありながら、学ぶところ、論ずるところを同じくする判検事と弁護士は、今や資格の上でも互換可能な立場にあり（弁護士法第四条、後述の「弁護士と被告人の関係」にて掲げる裁判所構成法の各条）、尊卑の区別ももはやない（はずである）。この同一性はさらにまた、資格認定のための国家試験制度によっても公認されるところとなっている（はずである）。

> 出身の楷梯を尋ぬるも、弁護士試験と云ひ、判検事試験と云ひ、同しく政府委員の試験する所にして、試験の程度に

厳寛の区別あるとなければ、社会に対する品位信用も同一ならざる可からず

右引用に明らかなとおり、在朝在野の別はあるにしても、また当時は「判検事登用試験」と「弁護士試験」の二本立てであったにしても（朝倉外茂鐵「判検事登用試験及弁護士試験並ニ其資格」・第三号）、法曹としての社会的身分が付与されるについては両者間にはもはや優劣の差があるべきではないことが改めて強調されるのであった。

官尊民卑の中の刑事法廷

㈠　明治三一年二月に秋田の湯沢区裁判所で起きた事件である（上原鹿造「判例批評・官吏侮辱事件」・第一一号）。自らが弁護する女性被告人が、法廷内で「靴音高ク進ミ出」た巡査にみだりに手を掛けられ姿勢を矯正されたことに対し、弁護人は「被告人ハ公廷ニ於テ身体ノ拘束ヲ受クルコトナシ」と規定した明治刑事訴訟法第一七七条違反のおそれがあると抗議した。この抗議をこともなげに退けた判事に対し、弁護人が「立憲治下ノ人民ニ対シ身心ノ自由ヲ害シ且ツ訴訟法ヲ無視セシモノト云ハサルヘカラス」「実ニ『野蛮ノ法廷』ナリト云ハサルヘカラス」（『　』は筆者）と陳述したことを以て、官吏侮辱罪にあたるとして弁護人が起訴されたのであった。

この時の検事によれば、この時侮辱された官吏とは「判事」「検事」のみならず、「裁判所書記」「廷内取締のための巡査」「廷丁」など在廷の官吏すべてが侮辱の対象に含まれるとされた。もっとも明治九年の代言人規則、及び同一三年の改正代言人規則では、法廷において「官吏ニ対シ不敬ノ所業ヲ為ス」代言人に対し、譴責・停業・除名などの懲戒処分を規定し、その他の法令違反についても当然にその法令の規定する制裁が及ぶことを銘

記しており、法廷秩序違反については厳しくこれを戒めていた。

(二)　それにしても明治も三〇年代になって、「野蛮ノ法廷」とのことばは、判事を侮辱したことになるのだろうか。『録事』の記者は大いに疑問を呈する。弁護人は、法廷内手続きに対する不服申し立てをおこなったまでで、これはもとより「弁護士ガ特有ナル法廷内ノ権利」のはずである。そもそも官吏侮辱の意思に発する表現ではなかったはずであると主張する。ちなみに右記者が掲載する参考資料には、侮辱を受けたはずの判事が、「被告ノ言ハ、其当時ニ在リテ法廷ヲ指摘シ、直接ニ野蛮ノ法廷ナリト述ヘタルニアラス」と答弁したとされ、当の判事には侮辱された意識はなかった旨記されている。それでも結局この弁護人は、同年五月に宮城控訴院で有罪宣告を受け、重禁錮二月、罰金一〇円を科せられたのだが、この結末は法廷内の弁護士の果たすべき固有の役割についての理解に重大な足かせとなるおそれがあった。

判任官以下の官吏、及び弁護士には、裁判所の門前で人力車から下車することが禁じられた当時、ある「田舎の裁判所」では、法廷の威厳を保つために、判検事が未だに「町奉行的口吻」を以て「こら弁護人、それで分かったか」などと「紳士として宥恕すべからざる野卑の辞を用いる」例が跡を絶たなかったという（「田舎の裁判所」・第二二号・雑報）。また場所は明らかにされないが、「下級裁判所」においても、「コリャ被告人共」あるいは「弁護人等ニモ可成満足ヲ与ヘテ遣リタイガ訊問事項外ノコトハ許スコトガ出来ヌ」などと「貴賤尊卑」の差があるかのように威風を張る風潮が一般的であったことが報告されている（「威厳と無礼」・第二五号・雑報欄）。

法廷とは、まさに官の法曹が一体となって指揮する糺問の儀式の場であった。そこでは在野の法律家は、むろん弁護をする被告人の側にはあったが、裁判手続きを構成する者の一人としては認知され難く、常に法廷侮辱、官吏侮辱といった廉で、自らも法廷の秩序壊乱者として裁かれる危険にさらされていた。

「感情ノ衝突」の中の判検事と弁護士

判検事と弁護士間に存する前述のような「感情ノ衝突」は、塩谷恒太郎によれば、「判検事ノ訴訟事務ヲ所理スルニツキ深切ナラサルコト」に原因があるとされた（「判検事対弁護士」・第三号）。彼が「専制独断」とする刑事裁判の有り様は次のようにスケッチされる。

裁判官ハ判決ニ明示スル所ノ証拠已外ノ証拠ヲ以テ判断シ、明示ノ証拠ニ付テハ判定ノ事実ニ如何ナル関係アルヤヲ示サズ証拠ノ明示ハ恰モ形式ノ如シ、或ハ公判開廷ニ先キタチ既ニ判決文ノ起草セラレ居ル抔ノ奇談ヲ生ス

右のような次第で、被告人の弁護も形式的な聴取に終始し、また反証の申請も当然の如くに却下される刑事裁判において、弁護士の憤りとは、「弁護ヲ軽視」し「貴重ナル生命自由ノ権利ヲ重ンセサルニ帰ス」する判検事の姿勢に向けられたものであると断言する。「一度刑事犯罪者タルノ嫌疑ヲ蒙ルニ至レバ之ヲ以テ一ノ災難ト看做シ法廷ニ於テ其ノ冤ヲ雪クハ素ヨリ稀有ノコト、シテ自ラ其ノ不幸ヲ痛歎スルニ終ル」といった、旧態依然たる権威的な刑事裁判の在り方を否とする、在野からのまさに義憤にも似た異議申し立てであった。さらに、次のような驚くべきことも起こりえた。

明治刑事訴訟法（明治二三年一〇月七日公布・同年一一月一日施行）の第二〇四条第一項には「判決ノ言渡ハ弁

論ヲ終リタル後即日又ハ次ノ開廷日ニ之ヲ為ス可シ」とあるにもかかわらず、公判開廷の当日に弁護人が弁護届を提出し一件記録を閲覧した際、その記録の中にすでに「判決言渡書」が添綴されていたというのである。つまり公判開廷以前に判決が定まっているというのである。したがって公判を開く意味はなく、さらに弁護士が法廷に存在する理由もない。そこにいながらもいないかのように扱われた弁護士たちは、その憤りを刑事裁判そのものの不当性の非難へと高めていった（「先決裁判」・第三号・雑報欄）。

弁護士と被告人の関係

ところで、ここで我々は次のような一文にも注意を向けておくべきであろう。塩入太輔による論説「弁護士と判検事と奏任文官」（第三号）である。

　然るに判検事の状態を見るに、全く之れに反して、弁護士を待つに其法を以てせす、甚たしきに至ては、被告人と同一様の取扱を為すに至る、何ぞ暴戻恣唯礼を知らさるの甚たしきや

　ここでは、判検事による不当な扱いが改まらない現実に憤懣やるかたない弁護人が、「被告人と同一様の取扱を為すに至る」と憤る姿が描かれている。つまり今や判検事と並ぶ資格ある法曹である身分を強調するあまりに、法廷における弁護士のプレゼンスをむしろ要請し正当化する唯一の理由であるはずの「被告人」をかえって蔑む結果となってしまっている。右引用の限りでは、弁護士は明らかに被告人とも「水平的」立場にはいない。

しかも塩入は、裁判所構成法（明治二年二月一〇日公布、同年一一月一日施行）の定めにより弁護士の判検事任用の途は開かれたにせよ（同法第六五・六九・七〇条）、文官任用令（明治二六年一〇月三一日・勅令第一八三号・第一条）の定める奏任文官任用の可能性が判検事のみに開かれ弁護士には閉ざされている点をとりあげ、その不公平さを厳しく論難する。まさしくこの点において、彼らの企図した「弁護士像」のイメージアップが、「等しく司法機関の一なる弁護士」像を求めることに過熱し、司法官僚側（検察も含む）に親和する自己アピールに偏りがちであったことを窺わせる。

「司法機関の一なる」弁護士

被告人と同等の扱いを受けたとして憤る弁護士たち――こうした姿勢は、彼らにとっても決して「意図」したことではなく、弁護士の地位向上をめぐる政治的戦略の上で、むしろ「図らずも」吐露されてしまったことなのかもしれない（ただし、後述の「法廷内着座の位置をめぐる争い2」を参照のこと）。当時、判検事は、弁護士等が公然面会を求めてもこれに応じないのが一般的で、応じたとしても夜間もしくは人のいない時間や場所において会合する傾向があったといわれる（「判検事と弁護士の面会」・第二九号・雑報）。

なるほど、明治九年六月七日の司法省達《（ママ）》第五五号達を見れば、「裁判官ノ輩原被告人ハ勿論並其原被代言人等ヘ対シ其裁判未了中訟廷ノ外私ニ面接対話スル等ノ儀有之候テハ不相済候条此旨相達候事」と記されており、公平の観点から裁判官が原被両告やその弁護人と接見交通することが禁じられてはいるが、もっともこれは公判審理中のことと限定が付されていた。後述のとおり明治三〇年代当時には、検事局の置かれた裁判所庁舎内で判事と検事とが日常的に交流する情況が呈されていた一方で、朝野の法律家の間にはにわかには越えがたい溝が横たわっていたと言わざるを得ない。

この一方で我々は、『録事』の各号が収載する刑事裁判制度をめぐる数多くの改正改良動議を見て、それらがすべて弁護士の社会的立場を高めるためだけにおこなわれたものとも考え難い。司法の一機関を自認する弁護士に対する「不当な扱い」は、当時の刑事法廷が公平な裁きを放棄したことに等しいとの理解の普及浸透こそが、『録事』が刊行されたなによりの目的であった。

刑事裁判官――この世に恐ろしきもの……

本章冒頭に引用した『録事』刊行の趣意書にも明言されていたように、協会は舌鋒・筆法鋭く「司法官の能力、品位、意気、伎倆」を暴き出す。岸本辰雄は『録事』の創刊号に「大に司法部の刷新を望む」を寄せて、その中で、刑事の裁判官を「人間以上の魔力を行用せるに異ならさるの感あり」として厳しく指弾する。だが、それにしても人間扱いされない裁判官とは何なのか。『録事』の記事は次のように続く。

粗略極まりない「刑事裁判の判決書」(後述)や、「被告たる者か、如何なる反証、如何なる弁護の方法を提出あるも裁判官は之れに関せす、何某は殺人犯者なりと認む、其証拠は差押へたる一刀によりて明らかなりとさへ云へは」事足りる散漫な証拠調べにより、「己れと共に等しく天地の生気を呼吸せる人類に向て、死刑を宣告し得る権威」を恣にしている刑事の裁判官とは、まことに「世に恐ろしきもの」である(松の舎操「世に恐ろしきものは刑事裁判官なり」)。刑事訴訟法の定める手続的合理主義の片鱗も理解しない裁判官を、神判時代の非合理な裁きの主宰者として恐懼の対象とするイメージがここに見られよう。

「裁判官ヲシテ人間界ノ人タラシメヨ」――司法の弊害

大日本帝国憲法下では、裁判官に「威権ノ干渉勢利ノ誘惑ヲ離脱シ、政熱時論ノ外ニ立チ、法律ヲ主持シ衡平ノ柄ヲ執ラシメントスル」ことを求め、その独立の地位を保障する。また個々の裁判官は、「不羈ノ心独立ノ身、一切無差別、唯法律ノ命スル処ニ従テ」行動することが要請される。だが、こうした裁判官の超然とした独立不羈の役割は、時として彼らが近寄りがたい存在であるとの雰囲気を醸し出す。

現代にも通じる右のような裁判官印象論は、明治三四（一九〇一）年時の『録事』の論説にすでに「裁判官ヲシテ人間界ノ人タラシメヨ」（井本常治著・第四四号）と題して展開されている。特に親族法や手形法の分野で、「親族自然ノ情義」を顧みず、また「商業上ノ平寧」を破る判決も多く出されているが、それらは皆「法文万能主義」に陥り「徒ラニ空想ニ耽り、奇説ニ迷ヒ、法文ノ末節ヲ追」った結果であるという。

なお、同年『録事』第四九号の石山弥平による論説「立法司法の弊害（其三）」は「司法上の弊害」を論じたものだが、そこに挙げられる当時の司法の問題点とは、「一、司法官の多くは法律と事実との調和を省みさること」、「二、審理に親切を缺き若くは無用の手数を省みさること」、「三、法律の明文に拘泥し若くは之を度外に措くの弊あること」、「四、国民の慣習若くは事情を度外に措き又は誤解するの弊あること」、「五、救済手段の迅速ならさること」の五点である。このうち、一、三、四が先の井本の趣旨と関わってこよう。

当時、司法の現場は、そこを追われる老朽司法官に代わり近代法の学識を備えた若い司法官が新たに配属されつつあった。法に身分を保障され、法の定めた手続きに則り、法を適用する――こうした「法の営み」は自律的ではあるが、しかし世間とは隔絶した世界に内閉しがちになる。彼らにこそ「其職責ノ尊貴ニ顧ミ、大ニ常識ヲ養ヒ、世態ヲ観シ人情ヲ察シ、活ケル人間トシテ法律ノ上ニ立チ之ヲ応用スルニ勉ムルノ決心」（上掲・井本論文）を望みたいというのである。

近寄りがたい裁判官のイメージ――まさに現代日本の司法問題に通底する課題認識の始まりがここに語られている（参照、ダニエル・H・フット著、溜箭将之訳『名もない顔もない司法：日本の裁判は変わるのか』NTT出版、二〇〇七年）。

裁判官――刑事司法の立役者

また、創刊号に寄せた三好退蔵の論説「改正条約実施ト司法制度」では、口供・自白偏重の弊風が予審に遷延しており、このことは条約改正の実施上望ましくなく、予審での被告人の訊問・取調に弁護人を立ち合わせることを要求している。

明治刑事訴訟法施行下にあった当時、予審における証拠事実の調査・取調と免訴の決定、公判における訴訟の指揮から判決の言渡しにいたる一連の刑事手続きの立役者は裁判官であった。だがその采配は、「予審決定書は殆ど確定の効力を有し、公判の開始は単に一儀式に過きさるの観あり」（「先決裁判」・第四号）、また被告人の利益のための弁護人による証人訊問の請求も、検察側の証人訊問請求を聞かずに証人訊問自体を不必要であるとして却下、さらに、「板倉周防守を気取り」（法外居子「法界漫筆」・創刊号）、「弁護人の弁論を為すときは、居眠に取掛り、議論を空過する」裁判官として描かれる。しかも、千葉地方裁判所管内のある区裁判所では判決主文の言渡しには必ず前後に「崇重なる文句」が挿入されたという。たとえば「エヘン判決ヲ言渡ス承ハレ」云々との前置きがまずあり、その後に主文が朗読されるが、最後に「左様心得ベシ」とまるで「御代官所」のような法廷風景が報告される（「封建時代の判決言渡」・二七号・雑報欄）。いずれも刑事裁判官たちは手厳しい批判の的とされている。このように描かれる裁判官像こそが、実は法廷における裁かれる側、すなわち被告人の傍らに身を置く弁護士たちのまなざしそのものに他ならなかった。近代日本における弁護士の登場は、法廷を在朝在野の法曹間の厳しい緊張を孕んだ場としたのである。

予審制度については、協会は明治三〇年一二月一二日開催の評議員会第五例会にて、第六議題「予審制度ヲ廃止スルノ件」（花井卓蔵・原嘉道提出）を、翌三一年二月四日開催の第六例会にて、第七議題「予審ニ弁護人ヲ付スルノ件」（三好退蔵・長島鷲太郎提出）を、それぞれ審議の上可決する（三阪前掲「創立期の日本弁護士協会」、一一四頁以下の付表参照）。特に後者の予審弁護の制度については、明治三二年の刑事訴訟法一部改正をめぐる貴族院の審議で立案が検討されたが否決され、大正一一年の大正刑事訴訟法により導入され実現に至る。

忌避される裁判官

㈠　裁判官の忌避は裁かれる側から申し立てられるばかりではなく、明治三五年にもなると、検察官が裁判官の忌避を求める「珍事件」も発生する（「雑録」・第六〇号）。

退官後弁護士に就くことを表明した判事は「偏頗」した判決を下すのか――静岡裁判の検事局は十分にその疑

いがあるとして、当該判事の忌避申請に踏み切った。

明治三五年一一月の静岡地方裁判所で、ある官公文書偽造等事件が結審し判決の言渡しが待たれていたときである。その判決を合議する陪席判事の一人が、他の事件の訊問のために来庁した際、休憩中に検事正室に立ち寄り検事たちの前で、「自分事ハ今回辞職ヲ為シタル上当地ニ於テ弁護士ト為ルノ準備中ナリ」と語り、すでに辞表は裁判長に提出済みだが、担当事件の取調が終わるまで退職は猶予するようにと言われたなどと述べた、という。この発言をとらえた検事たちは、当該事件の直後に弁護士になるために辞職する判事には「有罪無罪ニ関シ公平」を期せず、さらに判決言渡し日を変更し繰り上げたのは、なによりも「同判事ノ意見本件被告人等ノ利益ヲ先ニシ他日自分ノ弁護士タルノ便宜ヲ慮ルニ出タルモノナルヤヲ疑ハシムル」。ゆえに、忌避の申請に至ったというのである。

(二)　明治刑事訴訟法は判事を忌避する要件として第四〇条の第三に、判事が被告人の法律上の代理人である場合を挙げる。だがこれは同一事件における被告人の代理人を兼ねている場合を指すのであって（石渡敏一講述『刑事訴訟法　完』東京法学院、一八九九年）、決して退官後に弁護士になることを予定している判事を忌避対象にする趣旨ではないことは明白である。

在朝法曹として裁判官と検察官は、刑事法廷にあっては法壇上に同列に並び、壇下の被告人や弁護士らを睥睨する（後述）。しかも判事は被告人や証人の訊問時には「其方」と呼ぶことを常例にしていた（「其方」・第三号・雑報欄）。裁く者と裁かれる者の法廷内の位相は、法壇の上と下に明確に臨界付けられる（後述の「法廷内着座の位置をめぐる争い1・2」を参照のこと）。その壇下に降ることを表明する判事には、もはや「公平」な裁きなど出来ない、というのである。
忌避を申し出た検事の疑念は、他日の弁護士業務の便宜に供すために当該判事が被告人の「利益ヲ先」にする判決を下すかもしれないという点にあった。当時、同じ裁判所庁舎内での判事と検事との間では日常的に「交流」があったとされ、検事は法廷でも判事のすぐ傍らに着座する。検事の目の高さはまた、判事の目の高さでもあり、彼らは判事たちが被告側に「偏向」することについては、「原告」側に立つ者として、ことのほか敏感に察知したに違いない。さらにここには、弁護士という生業に向けた検事の側からの抜きがたい敵愾心や不信をも読み取ることが出来る。

㈢　如上の忌避申請に対して静岡地裁は、「将来ノ弁護士業務ノ便宜ヲ計ルガ為メニ故ラニ不公平ノ判決ヲ下スガ如キハ想像スルコトヲ得サルナリ」とし、そもそも「弁護士ノ業務ハ真正ノ権利ヲ伸暢スルヲ主旨トスルモノニシテ漫リニ私利ヲ希図スルモノニ非サル」ことにも言及し、検事の申請を却下する決定を下した。この判決には、公平な裁きを旨とする刑事の裁判では、弁護士も私利を離れ「真正ノ権利」の実現を図る限りにおいて、等しく法廷を構成する法律家であることが述べられている。石渡敏一が次のように述べていることに注目したい。

弁護人ナルモノハ必スシモ被告人ノ利益ノミノ為メニ設ケタルモノニアラスシテ無罪者ヲ処罰セスト云フ国家ノ意見ヲ代表スル一ノ機関ナリト謂フコトヲ得ヘシ（石渡前掲『刑事訴訟法　完』、一三六―一三七頁）

裁判官の学問――老朽司法官の退場

明治三一年一一月、清浦奎吾が司法大臣の職に就くや、同年の一二月末に至るまで、六一名を数える判事・検事が退職を命じられた。世にいう老朽判検事淘汰の皮切りである（参照、楠精一郎『明治立憲制と司法官』慶應通信、一九八九年）。この時退職した者の多くは大審院や控訴院所属の判事・検事たちであった。判検事登用試験の受験経験なく、いわば「自由任用」された「老朽無能の高級法官」が最初の標的となったのである（判事資格の試験任用化については、本書第七章のほか、蕪山厳『司法官試補制度沿革』慈学社、二〇〇七年、一二九頁以下、拙稿「近代日本法史研究における『学識』判事との遭遇」『日本法曹界人物事典・第九巻』ゆまに書房、一九九六年など）。

控訴院以上の連中にも民法覆義一寸見時代の輩其多数を占め国際法行政法抔は云ふも愚ろか民法商法等に至る迄今日の新式的法理に精通の輩之れあることなし（小山吾郎一「日本弁護士協会の前途」・第一七号）

弁護士による裁判官の厳しい能力査定がメインとなる記事が『録事』誌上に目立って掲載されるようになるのもこの頃である。いわゆる明治民法典については、明治二九年には財産法編が、同三一年には家族法編が、それぞれ公布され、同三一年七月から全編が施行されていた。また明治商法典も、明治三二年三月に公布され同年六月から施行されている。「新式的法理」に貫かれた大部な法典や重要な法律が裁判所に押し寄せてくる。

新民法実施の期も最早遠きに非るへけれは、判官諸公の斯学の研究に従事せらる、ことは偏に希望する所なれとも、公務鞅掌の時間中、裁判所に於ての学問は甚た恐れ入る次第にして、訴訟人の迷惑思ひ遣らる、なり。聞く九州の或る地方裁判所にては、毎日午前中は新民法の研究会を開くの例にて、民刑事件の公判は凡て午後の開廷と定め居るといふ随分虫の善き話といふへし（「裁判官の学問」・第四号・雑報欄）

右の引用は、明治三〇（一八九七）年一一月頃のことである。裁判官は、公判審理を後回しにしてまでも自主的な研究会を開催し、「新民法典」の精通に努めなければならなかったのである。

刑事判決書――この「慨嘆」さるべきもの

㈠　刑事司法はその判決様式の面についても「慨嘆すへきもの」とされた（信岡雄四郎「刑事判決に慨嘆す」・第四号）。

刑事判決書の常套句として用いられる「被告何ノ誰ハ何年何月何日何時頃何々ノ場所ニ於テ何々ヲ窃取シタルモノト認定ス以上ノ事実ハ何ノ誰ノ予審調書及当公廷ニ於ケル被告供述ノ幾部ニ徴シテ其証憑充分ナリ」との表現は、裁判所による判定の結果は記されるものの、なにゆえに、そしてどのような証拠に基づき認定したかの「理由」が明示されていない。確かに、明治刑事訴訟法第二〇三条には「刑ノ言渡ヲ為スニハ事実及ヒ法律ニ依リ其理由ヲ明示シ且犯罪ノ証憑ヲ明示ス可シ」とあるものの、これでは「証拠の明示」とは単なる犯罪事実の証拠としての書類又は物件の名称を列挙するだけで足りるかのような印象を受ける。有罪ないしは無罪となすべき事実認定がいかなる証拠に基づくものなのかが説得的に判決の中で展開されなくてはならない。さもなければその判決は「事実にも依らず、法律にも依らず、又証憑にも依らず、唯判事の胸中に画く所を以て認定断案を下すに在り」というべきものになりかねない。

(二)　そもそも刑事判決書に「理由」を明示すべき法則が確立したのは、治罪法（明治一三年七月一七日公布・同一五年一月一日施行）からである。治罪法以前の刑事判決書は、新律綱領や改定律例といった当時の実体法が中国律型の刑法であったこともあり、「事実」の部分には被告人の供述書である「罪案」をそのまま用い、これに刑罰を宣告する短い「罰文」を添える構成であった。供述書も書法の雛形に沿ってしたためればよく、裁判官はそれをそのまま「罪となる事実」として受取り、法理に基づくなんらの概念操作の媒介なく、直ちに刑罰を科した。そこに事実（証拠）論的にも法律論的にも「理由」の介在する余地はなかった。これに対し治罪法は、その第三〇四条第一項に定めた「裁判所ニ於テ刑ノ言渡ヲ為スニハ事実及ヒ法律ニ依リ其理由ヲ明示シ且一切ノ証憑ヲ明示ス可シ」なる規定により、我が国の刑事司法に近代的な判決様式を初めて導入したのである（本書第六章参照）。もっとも当時は、近代的な法学教育が普及していなかったこともあり、判決の言渡しにあたっては判決書の欄外に裁判所長の検印を必要とした（高橋文之助「私の任官当時の回顧」『法曹会雑誌』第一五巻第一〇号、一三八頁）。右治罪法第三〇四条第一項の文言は、上述した明治二三年からの明治刑事訴訟法第二〇三条にほぼ同文のまま踏襲されたのだが、その「近代法」的精神が実務的に発揮される主体的条件は、未だ整っていなかった、ということである。

㈢　判決（書）とは何のために、また誰のためにしたためられるべきものなのか。自明とも思われるこの問いに対し未だ定見が確立していなかった当時に、花井卓蔵は「刑事判決ノ一案ハ法曹社会ニ於ケル宿題ナリ」と嘆じる。花井は判決を定義して曰く、「判決ハ当事者間ニ於ケル係争事実ニ関シ、其曲直ヲ断ズル裁判所ノ意思表示ニ外ナラズ」（「刑事判決ニ関スル大審院ノ意見」・第一八号）とする。この定義には民事の別も刑事の別もない。「判決ニハ必ズヤ当事者間ニ於ケル係争事実ノ表彰アルヲ要」し、「原告官タル検事ノ主張並ニ之ニ対スル被告ノ抗弁並ニ両々ノ立証方法ヲ明示」しなくては「当事者間ノ争点ハ果シテ那辺ニ在ルヤ、到底之ヲ看取スルニ由ナシ」とする花井の刑事訴訟観は、あくまでも原・被両告の対審的構造からなる弾劾主義的な地平に立つ。さらに「理由」が付されない（刑事）判決は当事者双方から提出される「攻撃防禦ノ方法（事実及ビ証憑ヲ包含ス）」に対し、裁判所の独断を示したに過ぎず、明治刑事訴訟法第二〇三条違背の判決となり上告の理由を構成する（同法第二六九条）。このように、極めて明瞭な花井の第二〇三条解釈論ではあったが、これに対し大審院は同条の趣旨を「犯罪ノ事実及ヒ之ニ対スル証憑」「適用スベキ法条」を明示すれば足りると形式的に解し、花井の説くような「主張抗弁及ヒ双方ノ立証方法ヲ表示スヘシ」との規定文言がない以上は上告理由にあたらないとして、花井ら上告人の主張を真っ向から退けたのであった。

㈣　変化は立法によってもたらされた。明治刑事訴訟法の一部改正法が、明治三二年の法律第七三号として三月二二日に公布され四月一一日から施行された。同改正法の主眼は勾引状や勾留状の発給手続きの改正や、密室監禁制度を廃止することなどに置かれ、第二〇三条の改正案は、政府（司法省）提出時の当初案には見られず、同年二月二一日の貴族院の第二読会に審議が進んだ段階で、同院の「特別委員修正案」として加えられた。これに先立ち日本弁護士協会では、同年一月一一日に開催された評議員会第一七例会にて、「密室監禁廃止の件」（磯部四郎・原嘉道提出）を第一六議題として、「刑事訴訟法第二百三条改正の件」（岸本辰雄提出）を緊急議題として、それぞれ審議し可決していた（第一七号）。貴族院での第一読会はその三日後の同月一四日であったから、協会も極めて切迫した会議日程の中で事を進めたことになる。この慌ただしさは、協会がおそらく帝国議会の審議の動向を睨んだためと考えられるが確証はない。同法案審議は三月三日から衆議院に移ったが、第二〇三条についての修正はなく即日審議は終了した。『録事』の各号は、この経緯を常に怠りなく注視していた。

かくして第二〇三条第一項は、「刑ノ言渡ヲ為スニハ罪トナル可キ事実及ヒ証憑ニ依リテ之ヲ認メタル理由ヲ明示シ且法律ヲ適用シ其理由ヲ付ス可シ」との文言に改められ、この立法を契機として大審院の同条理解にも変化が現れ、実務は着実に刑事判決書の書法を変えていった（島方武夫『刑事判決書の研究』、巌松堂書店、一九四一年、二〇頁以下）。

「判例批評」の視点

㈠　「至正の筆を執り、至公の眼を以」て「判例批評」が『録事』創刊号より連載された。しかし編集者の方針は、「世の滔々たる者流と其撰を殊に」する。法文の解釈や法理の推究の跡を個々の判決例に追うのではなく、判決例そのものの「美醜善悪」を論じるという。しかもいわば「善美なる」模範的な判決例ではなく、「醜悪陋劣非理不法の判決例」こそを掲載紹介し「天下を警鐘せんと欲す」（以上、「雑報」・創刊号）ものであった。判例法理の所在を弁護士業務に携わる人々に周知するのではなく、なによりも悪例を以て反面教師とする趣旨であった。

(二) 大審院判決の「先例」としての拘束性も俎上に乗せられる。上告審の判決が差戻しを受けた裁判所に対する羈束力を持つことには疑いはないにしても、大審院の判例に盲従するあまりに判例の当否についての研究が疎かになっている弊害が指摘される(「盲従と反抗」・第四号・雑報欄)。その一方で、毎回大審院に破棄されながらも自己の法律論に固執し大審院に反抗する下級審の判決もあり、こうした「盲従と反抗とは共に判事たるの資格に欠缺あることを証明するもの」であると批評される。大審院判決の「先例」としてのコントロールの実際が、弁護士の批判的な視点から捉えられてゆくのである。

検察官——もう一人の在朝法律家

明治二三年一一月に施行された裁判所構成法は、検事局は裁判所に付置するものとした(同法第六条第一項)。検事はむろん裁判所に対し独立してその職務をおこなうものであり(同法同条第四項)、法律は判事と検事の間に明らかに隔壁を設けている。したがって、検事局は裁判所と「庁舎其の他の設備を共同にし且つ両者の管轄区域が相一致」するまでのことである(大森洪太「検事」『法律学辞典・第一巻』岩波書店、一九三四年)。だが、「道義的には、裁判所と検事局とが相寄り相扶けて共に公正の大伽藍を擁護する」関係でもあった(大森、同前)。

東京のある裁判所では、「検事自由に判事の合議室に出入し合議の席上に弁論する声往々戸外に漏ることあり」との情報が伝えられる(創刊号・雑報欄)。記者はこれを「訛伝」であると信じたいと付記しているが、こうした付記こそ、時として判事と検事とが「訟廷以外に於て互に協議するか如き弊習」を醸成している（「職務上の畛域」・第四号・雑報欄）との事実の信憑性を裏付ける効果を発揮していよう。刑事判決の「至公至平」性を揺るがしかねない通弊であることが、弁護士の目を通して鋭く問題化されている。

法廷内着座の位置をめぐる争い1

㈠　明治二九年一二月のことである。大阪控訴審による詐欺取財事件付帯の私訴判決で、私訴原告人となった検事に対し裁判長が「民事原告人即チ下段ニ着席シタル上ノ陳述ニアラサレハ民事原告人ノ陳述トシテ聴許セサル旨ノ宣言」をおこなった。しかし、民事原告人としての検事はその宣言に従わずに、裁判官の指定した「相当座席」に着席しなかったことから、「期日ニ出頭セサルモノト為シ遂ニ欠席判決」が下されたのである。また翌三〇年五月にもやはり大阪控訴院で監守盗事件附帯の私訴判決において類似の出来事が起きた。双方の事件の検事とも、公判期日には民事原告人としてきちんと出廷の上、公判立合検事として検事席に着いていたことは公判始末書に明らかであるにもかかわらず、これを「欠席」と扱うのは「事実ヲ捏造」したものであるとして、大審院に上告し控訴院判決の破棄を求めた。だが双方の上告に対して大審院は原審の判断は相当であるとして棄却の判決を下した（「判例批評」・第四号）。

㈡　刑事裁判に付随した私訴はこれを附帯私訴として、明治刑事訴訟法は第二条に「私訴ハ犯罪ニ因リ生シタル損害ノ賠償、贓物ノ返還ヲ目的トスルモノニシテ民法ニ従ヒ被害者ニ属ス」と定めた。また同法は第四条にて、

「私訴ハ其金額ノ多寡ニ拘ハラス公訴ニ付キ第二審ノ判決アルマテ何時ニテモ其公訴ニ付帯シテ」提起できる旨規定する。これは大正刑事訴訟法にも受け継がれ、戦前の刑事訴訟手続きを特徴付ける一制度となっている（なお、平成一九年法律第九五号により、平成二〇年より施行されてきた「犯罪被害者等の保護を図るための刑事手続に付随する措置に関する法律」が改正され、かつての私訴類似の制度が盛り込まれた）。ちなみに治罪法では、私訴が公訴権を発動する場合も規定されていたが（同法第一一〇条一項）、明治刑事訴訟法はこれを否定し、公訴権は検事に一本化され、公訴権の国家帰属性を強調するに至った（小田中聰樹「刑事訴訟理論の歴史的概観」『刑法理論史の総合的研究』日本評論社、一九九四年、七二〇頁以下）。

明治二五年四月の司法省令第五号は、司法官庁が原告となる民事訴訟については、訴訟を受理する裁判所の検事局が国を代表する旨規定する。これは同年一月に出されていた勅令第六号第二条、「各省大臣ハ省令ヲ以テ所属特別地方機関中其司法事務ニ係ル民事訴訟ニ付国ヲ代表スルモノヲ定ムルコトヲ得」を司法省においてふまえたものであった。約言すれば、検察官もまた国の代表者として民事訴訟人として私訴を提起できる場合を定めたのである。そこで刑事法廷の場で民事の原告人としての検事がどのように扱われるべきか、このことが問題になったわけである。

㈢　両事件を上告したそれぞれの検事たちは、明治六年の「断獄則例」（同年一月一三日司法省無号達・判事検事宛）を引用する。法廷内の検事の座席位置の確認のためである。明治三〇年当時の法廷内の机や椅子の配置はこの「断獄則例」に根拠が求められたのである。同則例の第六則は次のように定める。同則例に付された法廷図と併せて参照されたい（図1「断獄庭略図」）。

図1　断獄庭略図

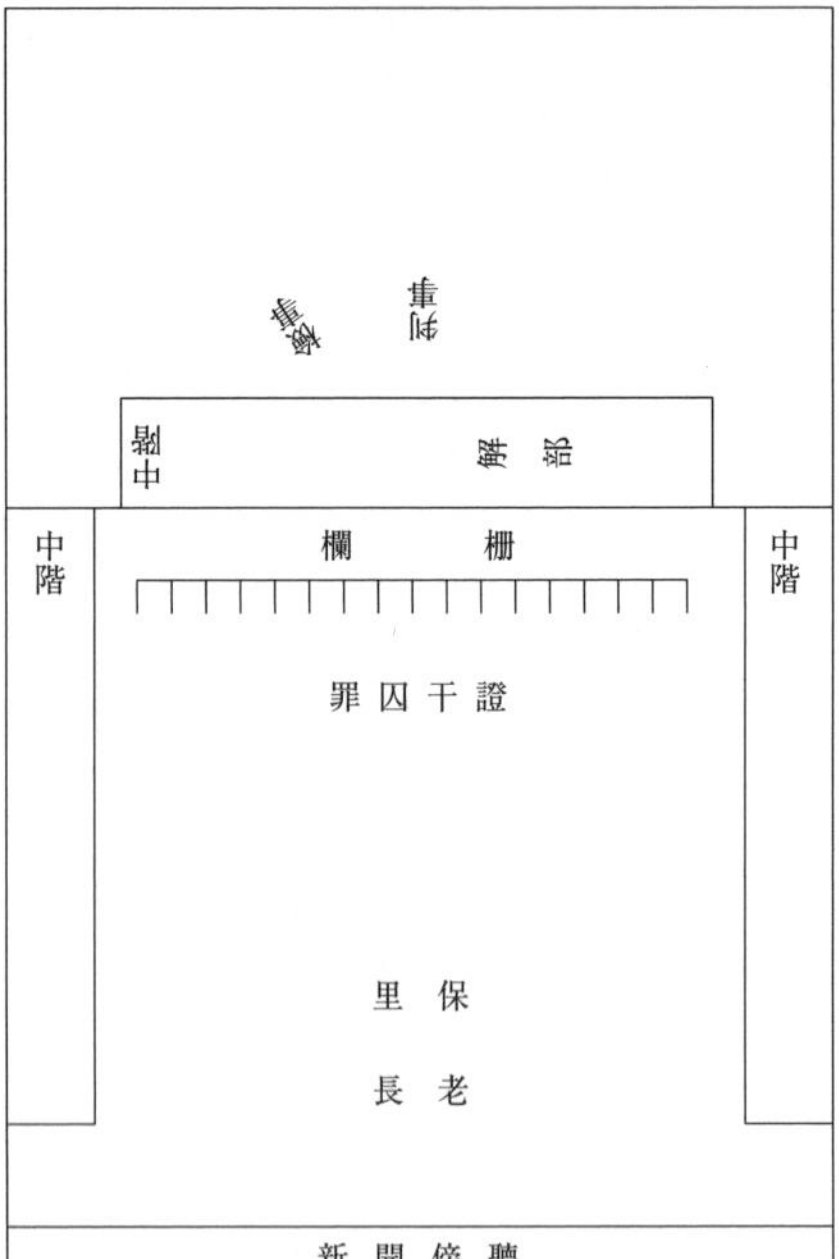

斷獄庭畧圖解

堂ノ正面ヲ裁判官ノ坐位トシ庭中柵欄ノ下ニ一字横列スル者ヲ罪囚干證トシ其後ヲ里老保長トス又其後ニ在ル者ヲ傍聽人新聞發兌人トス禁子囚ノ傍ニ在テ事ニ従フ

断獄ノ位置右ヲ上トシ判事柵欄ヲ距ルコト五尺解部判事ノ左リ中階ニ在リ検事判事ノ右斜メニ面ス各前ニ卓ヲ置キ椅子ニ踞ス解部見座ニ命シテ囚ヲ牽テ柵欄ノ下ニ立タシム判事囚ノ貫趾姓名年齢及ヒ祖父母父母ノ存没妻子ノ有無ヲ問ヒ方纔《ソレカラ》ニ其犯罪ノ顛末ヲ推訊ス解部囚ノ供ニ随テ之ヲ詳記シ案成リテ囚ヲ倉ニ回シ各官房《ツメショ》ニ入ル解部式ニ依リ罪案ヲ草シテ判事ニ呈ス判事之ヲ検事ニ示シ再ヒ堂《シラス》ニ陞リ囚ヲ喚ヒ供ニ照シテ覆審シ反異ナキヲ俟テ解部罪案ヲ読與《ヨミワタ》シ拇印セシム（『法規分類大全第一編』・治罪門一・刑事諸則）

法廷における裁判官の被告人に対する人定質問に始まり、犯罪事実の確認、解部による罪案作成、判検事による確認を経て、もう一度法廷を開き被告人に罪案記載の事実を確認させ、その証として拇印をとる――明治初年期の極めて糺問的な刑事法廷の風景が浮かび上がる（解部については、霞信彦「近代解部考序論」『法学研究』第七九巻第九号、二〇〇六年）。ここで問題の箇所は、冒頭の「判事柵欄ヲ距ルコト五尺解部判事ノ左リ中階ニ在リ検事判事ノ右斜メニ面ス」という部分であろう。

右規定を根拠に、検事たちは自らの着座場所は「判事ノ右辺ニ在テ別ニ之ヲ設置セラレシ以来民刑事ノ訟廷共ニ之ヲ例行シ来」たが、これに反して「下段ナルコトハ曽テ其規定ヲ見ス」と主張する。判事が指定した「下段」を検事の場所とする実定法規は見あたらないというのである。結局彼らは、法廷の構造――「座席ヲ上段下段ニ別チ上段中裁判官検事書記ノ席ヲ定メ下段中人民訴訟人席同傍聴人席ヲ定メ或ハ判事ノ後辺訟廷ノ楼上ニ傍聴席ヲ定ムル等」――は司法大臣の権限において決定されるものであり、裁判長の随意にはかからないと解釈するのである。

これに対し大審院はその判決理由の中で右の「断獄則例」第六則に触れ、同則は検事が検察事務を扱う場合の座席を明示したものであるに過ぎず、民事訴訟人として出廷した場合についてはもとより定めがない。その場合には「一般民事訴訟人ノ座席ニ着席シテ弁論ヲ為スヲ相当トス」と判示し、法壇を降りずに民事訴訟人の陳述をおこなっても認めないとした裁判官の判断は誤っていないと結論付けた。

㈣「着席問題一たひ法曹間の問題となるや、俗人は之を目して、判事と検事の喧嘩と解し、大審院の判事は判事贔負なりと叫ぶ」――大審院の右の判例について石峯居士は、法廷に臨む在野の法曹の視点から批評を加える。

石峯はまず、公廷において検事が判事の右斜めに座すのは「審問の便を計ると同時に威厳維持の方法」であることを述べ、判事と検事に職掌上の権限の高低はないことを明言する。そもそも刑事付帯の私訴であることは、刑事裁判所として私訴の審理を為すものに過ぎず、刑事裁判所が民事裁判所の機能を代替するものではない。しかも欠席裁判を言渡した原審の判決を構成する立合検事として挙がる検事の名前が、不出頭の民事訴訟人としての検事名でもあることとの矛盾の説明がつかない。石峯は「検事は検事なる職務に於て、民事原告人たり、民事原告人たるか故に検事の職務を離るるものと誤解するは失当の太甚しきものなり」と判決批判をおこなう。

法廷内秩序の維持は、裁判所構成法第一〇八条により裁判長の指揮命令権の下に置かれる。当時、弁護人が退廷させられる事件が相次いだが、本件は裁判官の行使する法廷秩序維持権限の濫用が検事にも及ぶ例として、『録事』の取り上げるところとなったと考えられる。法廷における弁護士のまなざしは、判事と検事相互間の関係性を適正に測り得る「客観的」な立場の所在をも示し得たのである。

法廷内着座の位置をめぐる争い2――「弁護士席ヲ高メルカ、検事席ヲ低メルカ」

(一)　法廷内で裁判官席と検察官席が法壇上に位置づけられ、弁護士席が壇下にあることの「不当性」については、当然日本弁護士協会の取り上げる改善課題となった。明治三四年一一月二五日の評議員会第四四例会席上、第五三議題として提案された「検事席ヲ弁護士席ト対等ノ場所ニ設置スルコトヲ司法大臣ニ交渉スルノ件」（『録事」・第四九号）がそれである。

この議案の主眼は、「形ノ上ニ於テ弁護士ノ品位ヲ高メル」ことに置かれ、そのために法廷内の「役人」達と対等の場所を要求するというものであった。法廷内の（刑事）弁護士の姿は――客観的な第三者的視点から――次のように叙述される。

日本ノ法廷ノ有様ヲ見マスルト、殊ニ刑事ノ有様ヲ見マスルト、知ラヌ者ガ這入ツテ居タ時ニハ直チニ斯ウ云フコトヲ感ズルダラウト思フ、裁判所ハ白イ縫ヒノ掛ツタ着物ヲ着タ者ヲ何カ調ベテ居ルダラウト此様ニ見ヘルト思フ、夫レハ何ゼカト云フト裁判官ノ目通リニ控ヘサセテサウシテ睨ミ付ケテ調ベラレテ居リマスルノデサウ云フ様ニ見ヘル

右文中「白イ縫ヒノ掛ツタ着物」とは、弁護士の法服（法冠も含む・以下法服で統一）のことであり、裁判官や検察官の法服と区別されるために、弁護士の法服の刺繍は白と決められていた（ちなみに裁判官は紫、検察官は緋であった。参照、本章補論「法服のシンボリズム」）。つまり、日本の法廷を初めて訪れた人の視点に仮想的に立つならば、法服を着用することにおいて同等扱いされる「身分」表示の傍ら、白い刺繍の法服着用者のみが裁判官に睨みつけられているように見える、というのである。その理由は、「被告人共ト同等ノ場所ニ置イテアル、夫レデアルカラ恰モ弁護士ガ調ベラレテ居ル如ク見ヘルノデアル」と説明される。被告人席の傍らに弁護士席があることがどうやら問題らしい。しかし刑事法廷は弁護人が被告人の弁護という目的のためにこそ、そのプレゼンスを発現する場ではなかったか（前述「弁護士と被告人の関係」の項を参照のこと）。議案の説明は続く。

検事ハ高イ所ニ居ツテ弁護士ヲ見下シテ居ル、素ト検事ハ国家ヲ代表シテ原告ノ地位ニ立ツテ居ル、即チ被告ト対等ノ地位ニ立ツテ居ル

彼らの視線は、あくまでも法壇上の検察官に向けられていたのである。

(二)　検察官と弁護士を原告と被告という弾劾手続き的地平において対等とするならば、今日の法廷の如く、検察官が壇下に降りることを論者は希望したのであろうか。次の引用を読む限り、おそらく答えは「否」であった。

併シ国家ノ代表者若クハ判事ヲ下ニ降ロスト云フコトハ尊厳ヲ欠クノ恐ガアルニ因リ是レハ別ト致シマシテモ、弁護士ヲ引捕マヘテ之ニ懸隔ヲ付ケルト云フハ、余程弁護士ノ職務ヲ軽々敷見テ居ルノデハアリマスマイカト思フ

つまり判事や検事を法壇から降ろすわけにはいかない、その一方で弁護士のみが「被告人共ト同一ニ見ル可キモノデナイ」とする以上は、弁護士もまた法壇の上に並ぶほかなくなる。実際、評議員会席上この議題について、「弁護士席ヲ高メルカ、検事席ヲ低メルカ」の単純な二者択一では済まされないとの意見が提示される。検事と弁護士との着座位置の関係は、法廷内の判事と弁護士、書記と弁護士との位置関係にも波及する。また弁護士が訴訟代理人として臨む民事裁判では、その立場上、法壇の上に弁護士が着座するのはいかにも不自然であるが、それでも弁護士を上げるのであれば、本人も上げざるを得なくなるのではないか、等々。会議はこの議案が実現可能なものか否かを検討するための調査委員を特別に組織することに決した。

㈢　法壇の上と下とは、まさに法廷内における在朝と在野とを分界する局面であった。したがって、在朝在野法曹の水平化とは、法廷の風景の中で実際に可視化されるとすれば、それは法壇の「高さ」を制度的にいかに限界付け、また象徴的にいかに「水平化」するかという方策に向かってゆく。実際に昭和三年の陪審法の施行を目指して、陪審法廷の構造が議論された際に、この法廷内の座席問題は在野法曹を中心として改めてクローズアップされた。

日本弁護士協会は大正一五年一〇月二五日の理事会にて、理事会作成の陪審法廷の構造図（図2「陪審法廷略図」）を満場一致で可決し、翌二六日、同図は司法次官に建議書と共に提出された（『法曹公論』第三二号、一九二六年）。協会案では「座席の段階」が定められ、弁護士席は検事席と陪審席（後列）と同位の階列とされていた。この時、すでに司法省では陪審法廷建築案もほぼ成案段階にあったといわれるが、実際に完成した陪審法廷では検事席と弁護士席とが同等の「高さ」に配置されていた。昭和三（一九二八）年六月に完成した東京地方裁判所の陪審法廷では（『法律新聞』第二八四〇号、一九二八年六月一〇日付）、法壇正面には判事席、向かって左に検事席、さらにその左に弁護士席が設けられ、また判事席に向かって右に書記官席、さらにその右に陪審員席が先の弁護士席と対面する形で設置される。被告人は地階の入口から入廷し柵内の所定の場所に座すが、その位置は弁護士席のすぐ前であった。すなわち法廷は被告人席を囲む形で、コの字型に判事、検事、書記官、弁護士の各座席が同一平面上に並置されるように配された。結局、被告人を除く誰もが壇上に座席を得るという結末に落ち着いたのである。

図２　陪審法廷略図

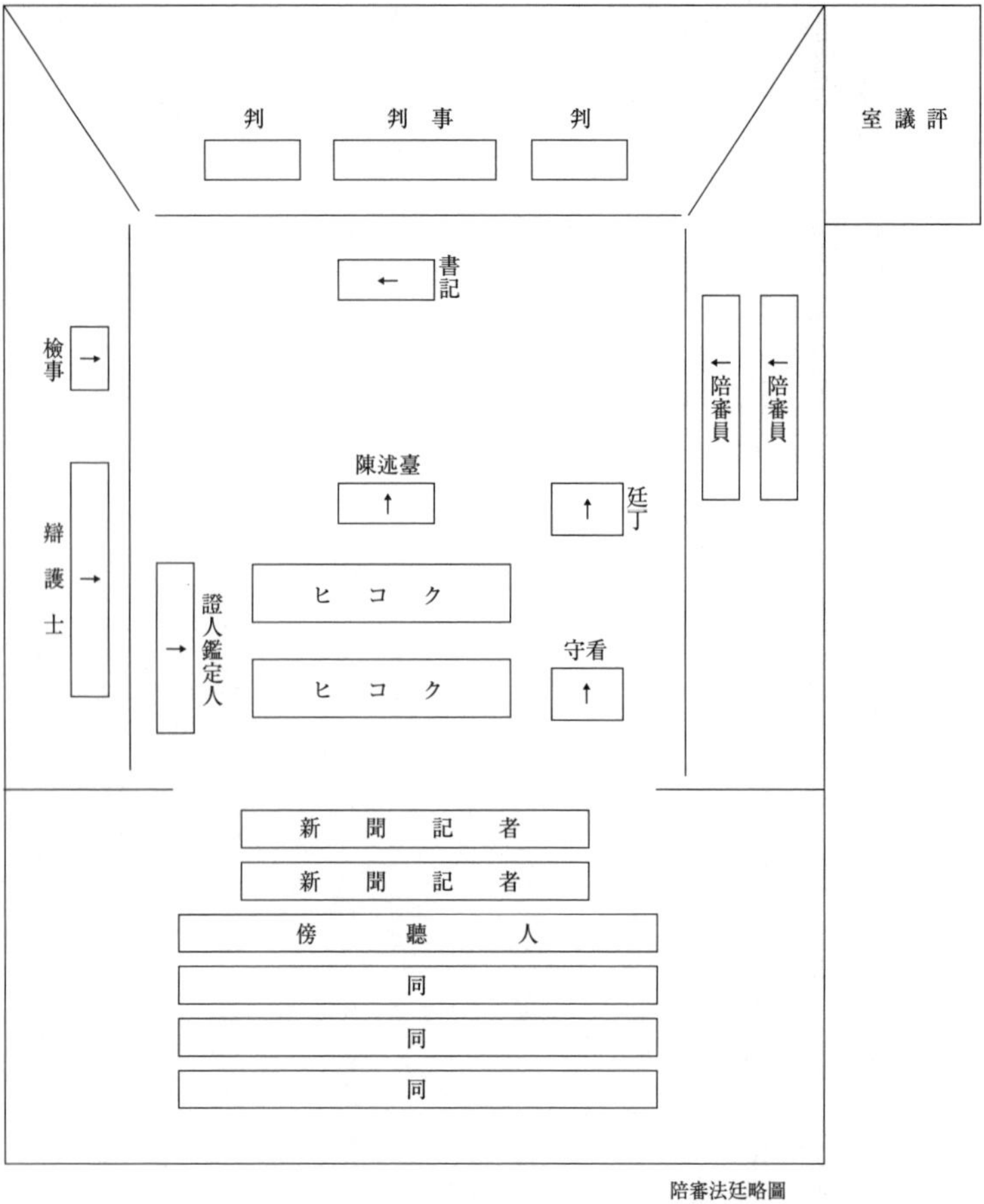

陪審法廷略圖
日本辯護士協會案

座席の段階

一、判事席

二、辯護士席、檢事席、陪審席（後列）

三、書記席、陪審席（前列）、陳述臺

四、鑑定、證人席、被告席其他

司法権への敬意――原嘉道「弁護士道十則」より

(一) 弁護士にとって積年の懸案であった法廷の座席位置の問題は、図らずも陪審制度の登場により陪審法廷に限っては解決を見た。それは、「裁判や法律の民衆化」とか「在朝在野の法曹は車の両輪・鳥の双翼」という時流のスローガンと無縁ではなかったことを意味する。特に後者は、判検事に対する弁護士の地位向上を目指すキャンペーン中に現れた言葉で、大正中期から昭和初期にかけての在野法曹の意気軒昂ぶりを示すと言われる(清水誠「戦前の法律家についての一考察」『岩波講座・現代法六』岩波書店、一九六六年、二五頁以下)。本章は『録事』を明治三〇年の刊行以降数年の期間に亘って拾い読みをしてきただけだが、そこに現れた「根本的」課題は未解決のまま後年の弁護士たちの引き継ぐところとなったのである。

(二) 在野法曹の代表的人物とされていた原嘉道は、昭和二(一九二七)年四月に司法大臣に就任する直前に『法律新報』に連載していた「弁護士道十則」の第一則として(『法律新報』第九七号)、なによりも弁護士は自ら司法権を尊重し、「国民中に司法権を尊重する気風を作ることに努むべき」ことを唱導する。司法権の尊重とは、「形式的」には裁判官に敬意を払うことであるが、原は、「司法権の尊厳を維持することを念とする者は必ず之を守らなければならぬ」、なぜなら「是れ恰かも宗教の尊厳を維持する念ある者が寺院内に入りて其の本尊を礼拝するのと同一である」からだと述べる。これは裁判官を本尊として信仰の対象に据えて敬えと述べているのではない。その趣旨は次の引用に明らかであろう。

物質的に見ると寺院なる建築物自身は敢て敬意を払ふの価値あるものではないし、金彫や木彫の本尊も単純なる芸術品に過ぎないのであるが、此等に依りて表彰されて居る信仰的中心が、精神的に敬意の標的となるのである。裁判官に対する敬意の表示も亦之と同様で裁判官の個人的価値には関係がないので、裁判官の主掌する司法権其ものが敬意の標的である

それでは、法廷をあたかも司法の寺院の如くに見做し、司法権に対する精神的敬意が由来する「信仰的中心」とは何なのか。むろんここで大日本帝国憲法第五七条「司法権は天皇の御名に於て法律に依り裁判所之を行ふ」を想起することはたやすい。現に、当時裁判所に対する恭順、尊敬の態度は、統治権の総覧者たる天皇の名の下の司法権ゆえに必然視され、またそれゆえに法廷での裁判官の尊大な振る舞いは、宮中参賀に訪れた国民に手を振り歓迎の意を示す天皇と引き比べられ厳しい非難の対象とされ得た（望蜀山人「法廷における司法官」『法律新聞』第二五四六号、一九二六年）。そして原もまたこうした時代の傾向の例外者ではなかった（原嘉道「裁判教育ノ急要」天野弘一編『開業二十年記年論文集』第四版、一九二五年）。ただし彼は、弁護士が裁判官に対し敬意を払う「実質的」理由に論を進め、それは裁判官の「純正を保護」することにあるというのである。

㈢　原は次のように続ける。

裁判官は至公至平虚心坦懐何人の威武にも屈せず何等の情実にも捉はれず一に正義の発揚を念とすべきものであつて、又現に斯くして居ると云ふことが国民に信頼せらるるに非ざれば司法権の威信を維持することは出来ぬ

原においては、裁判官の「至公至平」性や「正義の発揚」が国民の信頼を得ていることが、「司法権の威信を維持する」ためのなによりの前提であった。そして「国民をして法律生活に安心せしめ国家の秩序を維持するには、どうしても国民をして裁判官に全腹《ママ》の信頼を措かしめねばならぬ」とする原は、もはや「司法権の威信」の由来を天皇主権に求める形式論理を超え出ている。原は、あくまでも国民が如何にして裁判官に信用を寄せるのかを問い、裁判官の常なる「至公至平」性を国民に「信ぜしめねばならぬ」と主張するのである。

要するに、国民の司法に対する信頼や信用は国民をして「措かしめねばならぬ」ものなのであり、国民の中に自然的に醸成されないことを原は知っていた。そのために、国民の傍らにいる弁護士が率先して範を国民に示し、司法（官）に対する信用態度を体現すべきであるという。たとえば、弁護活動における裁判官への情実接近や、裁判官や当事者と弁護士間の縁故関係利用の禁止などが細かく挙げられるのだが、それらは裁判官の公平で客観的な第三者的立場を維持するために弁護士の側が避けるべき禁則とされるのである。

一方裁判官においても、弁護士や国民からの敬意の的となりながらも、それは裁判官の人格的優秀性や彼らの背後にある「お上」の威光に対してではなく、専ら司法＝裁判という制度やその職務の本質に対して向けられたものであることを知るとき、彼らにもまた「至公至平」性、つまり「正義」のいわば演示者となることが求められた。裁判官――対立する当事者間に裁定を下すその第三者的立場は、原告被告双方から等距離を保つ位置に自らを据えつつ、原告被告相互間にも一定の距離を保障する（Garapon（A.), Bien juger-Essai sur le rituel judiciaire, Editions Odile Jacob, 1997, Paris, pp.99-100)。上述した弁護士と検察官についての法廷内の着座位置問題は、両者の当事者的対等性の実現をめぐるまさに象徴的次元での議論であり、在野法曹時の原もまたその重要性に気付いていたのである（「陪審法廷の構造に付て浦和弁護会の活躍」『法律新聞』第二六八一号、一九五〇年五月三日付）。

明治中期における近代的な弁護士の登場は、法廷を在朝在野の対立性を孕んだものとし、大正、昭和初期の国民参加という新たな契機を迎え、法廷――特に刑事――の構造を大きく変えていった。その変化はまた、法廷という日常を超越した場の主宰者としての裁判官の在り方をも根本的に問い直すはずのものであった。裁判官の体現する「純正」さを司法の内在的価値である「正義」として信奉する、宗教的な信仰心にも擬せられる精神的共同体の形成こそが、近代日本の在朝在野の法曹が直面した歴史的課題なのであった。

補論　法服のシンボリズム

我が国の法服の制度は、明治二三年一〇月の勅令第二六〇号によって定められた。法制の西欧化を進める明治政府は、欧米諸国の法廷で着用される法服にかねてから関心を寄せ、司法官の服制の調査をおこなおうとしていた。これは、同年一一月から施行される裁判所構成法（第一一四条）に先立ち、「法官ノ威厳ヲ保チ其尊重ヲ持スルニ缺クヘカラサル」ための重要な装置としての法服の制定が急がれていたからである。なによりも、治外法権撤廃の暁には、外国人に対する「内国ノ裁判所」の威厳と統合のシンボルとして、法服の着用は極めて実際的な効果を発揮すると考えられていたのである。

司法大臣山田顕義の下命を受け法服を考案した者は、当時、東京美術学校教授の黒川真頼であった。彼は江戸

大審院判事の法服と法帽

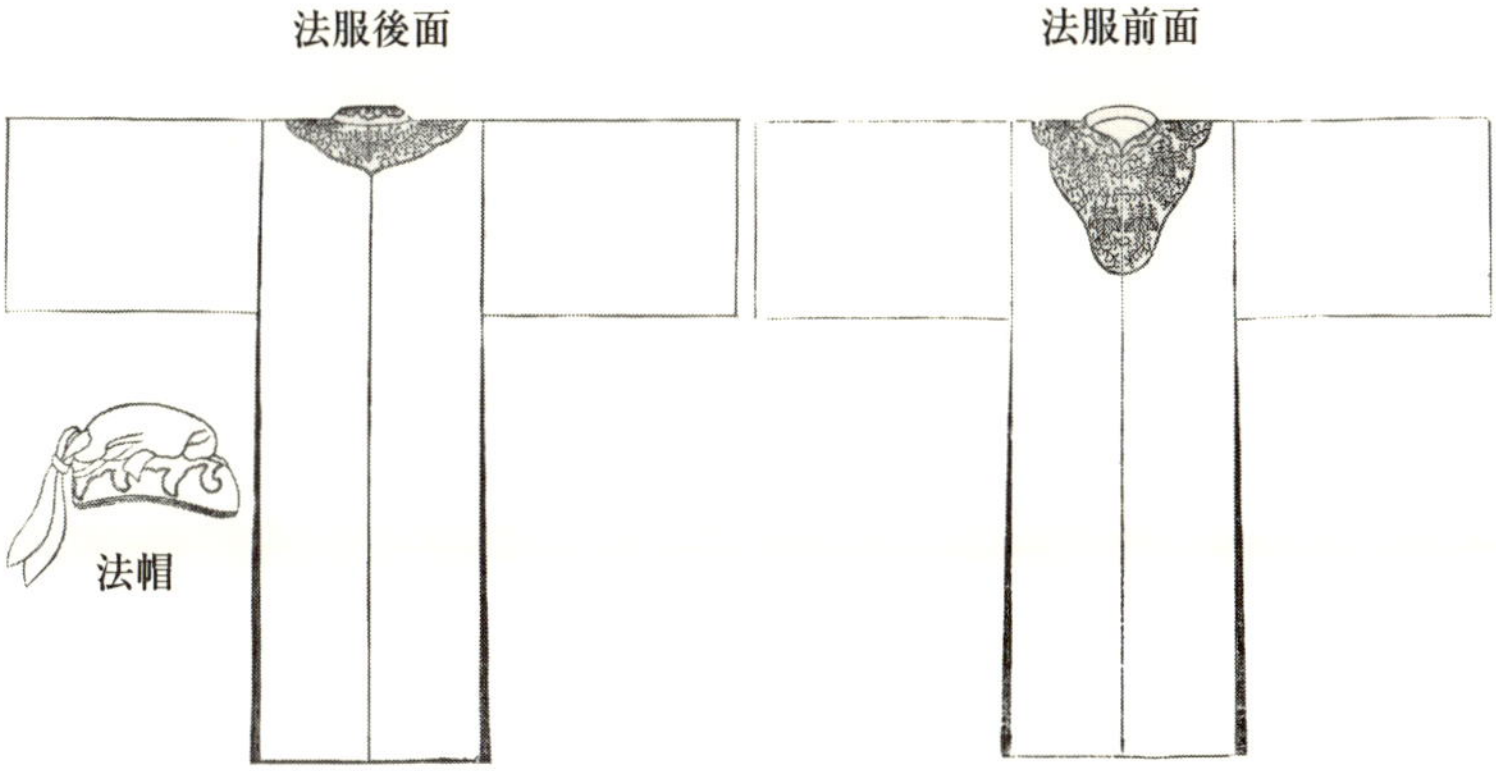

（模写）『法令全書』（1890年）による。

表１　判事制服表

種目　＼　裁判所別		大審院判事	控訴院判事	地方裁判所 区裁判所 判事
上衣	地質	黒地	同左	同左
	飾	桐花七箇及唐草　深紫	桐花五箇及唐草　深紫	桐花三箇及唐草　深紫
	製式	雛形第一図	雛形第三図	雛形第五図
帽	地質	黒地	同左	同左
	飾	雲紋	同左	同左
	製式	雛形第二図	雛形第四図	雛形第六図

の国学者黒川春村に師事し、国語、国文、音韻、和歌を学びその学統を継承し、明治にはいってからは文部省や元老院、内務省といった官途に就くかたわら、学界や美術界で活躍し数多くの著述を遺した。彼の考案した法服は、法帽をともなうものであり、そのカットは「聖徳太子の服に則り之を制し」（河北仙史「司法官服制」『風俗画報』第二二号、一八九〇年一一月）たものだったという。確かに黒川自身の手になる「日本風俗説」（『黒川真頼全集　第四巻』国書刊行会、一九一〇年）を繙けば、推古朝以降の冠位制・服制が委細に研究しつくされている。とくに法服の襟《えり》部分に刺繍された唐草模様の色が、裁判官、検察官、弁護士によって、それぞれ、紫、緋、白と異なっていたのは、推古一一（六〇三）年の冠位十二階が、紫は徳、緋（赤）は礼、白は義といった具合に、位階秩序を色彩によって表象していたことを模したものであろう。尤も、法服全体が黒色とされたのは西欧の例にならったものとされ、これに「我国固有ノ服制ヲ折衷シテ」考案がなされたといわれる。

もともと裁判指揮や実務に直接効用をもたらすことを目的としていない法服は、まさしく「見られる」ためにのみ着用される。そして、その効果は視覚的空間としての法廷に「差別化」をもちこむことである。前述したように、明治時代に生まれた法服は、裁判官、検察官、書記官、そして弁護士といった法廷の登場人物たちを、法服にぬいこまれた文様のデザインや装飾の表象する位階秩序の中に組み込んだ。宮武外骨編『文明開化』中のイラストには、裁判官や検察官がフロックコートを着用しており、法服導入以前の法廷の様子が描かれる。またその頃まで判事は、羽織袴の着用も許されていた。しかし、今や着用が義務づけられた法服の復古的なデザインや色調は、冠位の授与権者としての天皇の古からの権威を現前させながら、大日本帝国憲法下に「天皇の名に於いて」おこなわれる裁判の主催者としての司法官、とくに裁判官を最上位に据える舞台効果を高めていく。それにより法廷はものものしい重厚さを帯びた儀式の場に仕立て上げられていったのである。

明治期の法服導入以前の法廷風景

出典：宮武外骨編『文明開化』4 裁判篇（半狂堂、1926 年）

ところで、法服（弁護士については「職服」と呼ばれた）に身を包んだ弁護士が法廷に現れたのは、裁判官や検察官に遅れること三年、明治二六（一八九三）年のことであった（同年司法省令第四号）。この年に制定された弁護士法により、いわゆる近代的な弁護士制度が確立したのだが、同法の定める弁護士登録の方法は、地元の地方裁判所検事局を介して司法大臣に申請しなくてはならず、彼らは陰に陽に裁判所や検察官の統制を受けた。しかも刑事弁護制度は、我が国では明治一五（一八八二）年の治罪法から初めて導入され、当時の統計資料の限りでは、刑事裁判において代言人・弁護士に弁護を依頼することは必ずしも一般化してはいなかったようである。そればかりか司法官の服制が勅令で定められたのに対し、弁護士に対しては司法省令であったことは、両者間に存した明らかな差別的扱いを裏づけ、これは前述のごとく法服の文様と色彩に象徴され固定化された。

実際、弁護士は、江戸時代から明治初期にかけての公事師の三百代言的イメージを払拭し、いち早く資格試験制度の下に代言人から弁護士へと脱皮を遂げていったが、裁判官は彼らを被告人同様、久しく「其の方」呼ばわりを続け、また治罪法の規定する、刑事弁護人を必要的に付さなければならない事件も、弁護人が法廷に到着する前に審理が終了することもままあったという。あるときなどは、被告人の代人として地方裁判所に出廷した弁護士は、代人である以上は、あくまで被告人の立場にとどまるべきであるとして弁護活動が認められなかった。その際、裁判所はその弁護士の法服を脱がすことによって、彼の弁護資格の所在を「見えない」ものにしてしまった。むろん代人制度が弁護業務のうちに含まれるのか否かが核心となるべき問題点ではあったが、その弁護士の憤りは、むしろ法服を強制的に剝がされたことに発している（「刑事被告人の代人としての弁護士」『日本弁護士録事』第一五号、一八九八年）。

かくして法服は単なる職能服の次元を超え、それをまとう者の権威と誇りをも代弁するようになった。そして法服を着用する者としての矜持を得た弁護士は、近代法学を修めていない老朽判事による問題ある判決を歯に衣着せぬ辛辣な舌鋒で批判し、それまでの法廷などでの不当な扱いを手厳しく糾弾する論戦を堂々と展開するようになった。このように弁護士にとって法服は、それまで司法官によって占拠されていた法廷に参与するために、必要不可欠な通行手形のようなものであった。

参考文献

荒井義蔵「法服について」（『被服文化』七三号、一九六二年）
大木雅夫「法服について」（『異文化の法律家』有信堂高文社、一九九二年）

奥平昌洪『日本弁護士史』（巌南堂書店、一九一四年）
川口由彦編著『明治大正　町の法曹』（法政大学出版局、二〇〇一年）
曲木如長「法官服制考」（『法律雑誌』六九三号、一八八八年）
Garapon (A.), Bien juger, Odile Jacob, Paris, 1997
Hargreaves-Mawdsley (W. N.), A History of Legal Dress in Europe, Oxford Univ. Press, 1963

資料編

〔資料編解説〕

この資料編に挙げる資料の全体は三部からなる。

一　第一部は、「判事登用試験」（自明治一八年八月至同二〇年一〇月）において問われた設問とそれに対する当時の法律系専門雑誌に掲載された「模範解答案」からなる（なお、全五回からなるいわゆる「判事登用試験体制」については、本書三四七頁の表2を参照のこと）。

二　次表「資料・判事登用試験の問題と解答案典拠一覧」に示したように、上記期間に施行された試験の問題に対する総ての「模範解答案」を復元し得たわけではない。仏法系、英法系ともに管見の及ぶ限りの資料を挙げたが、特に英法系については探索に困難が伴った。他日補う機会を俟ちたい。また復刻に際しては、典拠とした法律関係雑誌などの各資料の体裁を基本的に踏襲した。それぞれの試験ごとに多様な記載であるのはそのためである。なお、旧刑法と治罪法については仏法系の方にまとめて掲出した。

三　第二部は、宮城浩蔵口述「試験心得」（『明法雑誌』第三八号、明治二〇年六月二〇日）を復刻する。本記事については、本書三九八頁以下を参照されたい。なお、『明法雑誌』については、村上一博「明治法律学校機関誌の沿革」（同編者『日本近代法学の揺籃と明治法律学校』日本経済評論社、二〇〇七年付録）を参照されたい。

四　第三部は、管見の限りで判明した判事登用試験合格者名を掲げた。第一回（明治一八年八月）、第二回（同一九年一一月）、そして臨時判事登用試験（同二〇年六月）の合格者名を掲げてある。

五　全三部に共通して、復刻に際してはなによりも読み易さを考え、基本的に漢字は旧字体あるいは異体字は採用せず、通行体に改めた。また合字、変体仮名は、現在の仮名に改めてある。句読点などについても、原本通りを優先したが、ない場合には適宜補っている。

資料・判事登用試験の問題と解答案典拠一覧

<table>
<tr><th rowspan="2"></th><th colspan="2">仏法（含刑法・治罪法）</th><th colspan="2">英法</th></tr>
<tr><th>問題</th><th>解答案</th><th>問題</th><th>解答案</th></tr>
<tr><td>第１回 註1)
（明治 18.8 実施）</td><td colspan="2">法律雑誌（473-477 号）</td><td>法律雑誌
（474 号）</td><td>無し</td></tr>
<tr><td>第２回
（明治 19.11 実施）</td><td colspan="2">法律雑誌（564-574 号）</td><td colspan="2">法学協会雑誌（34、35 号）</td></tr>
<tr><td rowspan="2">現任者
（明治 20.1 実施）</td><td colspan="2" rowspan="2">法律専門雑誌（2-6 号）</td><td colspan="2">証拠法のみ
（万国法律週報 12 号）</td></tr>
<tr><td>試験問題集 註２）</td><td>無し</td></tr>
<tr><td>臨　時
（明治 20.6 実施）</td><td>法律雑誌
（609 号）</td><td>無し</td><td></td><td></td></tr>
<tr><td rowspan="2">第３回
（明治 20.10 実施）</td><td colspan="2" rowspan="2">法律雑誌（627-630 号）</td><td colspan="2">契約法・商事会社法のみ
（万国法律週報 34、38 号）</td></tr>
<tr><td>試験問題集</td><td>無し</td></tr>
</table>

註 1）各回の判事登用試験については本書 347 頁の表２を参照のこと。
註 2）『高等官・判事登用・代言人試験問題集（自明治 18 年至明治 22 年）』（明治 23 年）の略。以下同。

第一部

〔第一回判事登用試験〕

○問答之部

○財産法問題並ニ意見

編者曰ク此問題ハ去ル一日判事登用試検ニ出サレタル仏蘭西法ノ問題ナリ

第一問　使用権ノ区域

使用権ト収実権ト同一ノ点及差異ノ点如何

使用権ト住居権トノ差異如何

第二問　人為ニヨリ設定シタル地役ノ種類ハ何々ヲ指スヤ其各種類ニ付テ説明ス可シ

意見

第一　使用権ヲ設定スルニ予メ其区域ヲ定メテ設定スル事アリ此場合ニ於テハ其使用権ヲ得可キ者ノ需用如何ヲ問ハス其予メ規定シタル限内ニ於テ其権ヲ行フヲ得可シ之ニ反シテ予メ其区域ヲ定メサルトキハ法律上之ヲ制限シテ使用権ヲ有スル者ノ需要及ヒ其家族ノ需要トニ必要ナル部分ニ限リ収益スルヲ得可キモノトセリ而シテ其家族ノ区域如何ニ付テハ法律上一々之ヲ明定セサリキ故ニ往々学者ノ間ニ異論ヲ生セシモノヽ如シ余輩ハ其学者ノ説ニ拘ハラス其所謂ル家族トハ尊属親ト卑属親トヲ問ハス又直系親ト傍系親トヲ論セス苟モ其使用権ヲ有スル者ノ供養セサル可カラサル者ハ皆包含スル者ト解釈セリ又自己若クハ家族ノ為メニ必要ナル僕婢ノ如キハ自己若クハ家族ノ需要ニ必要ナルモノトス其他使用権設定ノ当時未タ之ナキ所ノ妻若クハ子ト雖モ亦其家族中ニ列ス可キモノトス是使用権ノ区域ナリ

使用権ト収実権トノ異同ヲ知ラントセハ唯其相異ナル点ノミヲ示スヲ以テ足レリトス何トナレハ其余ハ皆同一ナルコト推シテ知ル可ケレハナリ

仏国民法第六百二十五条ニハ使用権ト収実権トハ同一ノ方法ヲ以テ之ヲ設定シ及ヒ之ヲ失フモノトスト記載スレトモ詳カニ分析スルトキハ自ラ同一ナラサルモノアリ左ニ之ヲ説明セン

使用権ニハ此設定ナシ之レヲ第一ノ差異トナス

〔一〕収実権ニハ法律上ノ設定ナルモノアリ然レトモ使用権ニハ此設定ナシ之レヲ第一ノ差異トナス

又或ル論者ハ消滅ノ方法ニ於テモ差異アリトシ無形人ノ為メニ設定シタル収実権ハ三十年ヲ以テ限リトスレトモ使用権ニハ此制限ナシト云ヘリ然レトモ此事ハ法律上絶テ明言セサルヲ以テ余ハ論者ノ説ニ従フヲ得サルナリ

右ニ述フル所ハ設定方法及ヒ消滅方法ノ異同ナリ其他権利義務ノ点ニ於テモ亦異同アリ左ニ之ヲ列挙セン

〔一〕収実権ヲ有スル者ハ収益ノ全部ヲ所得スルヲ得可シト雖モ使用権ヲ有スル者ハ自己及ヒ家族ノ需要ニ必要ナル部分ノ外之ヲ有スルヲ得ス是第二ノ差異ナリ

〔三〕収実権ハ之ヲ他人ニ譲渡シ賃貸スルコトヲ得レトモ使用権ハ之ヲ人ニ譲渡シ賃貸スルコトヲ得ス是第三ノ差異ナリ

〔四〕収実権ヲ得タル者保証人ヲ立ツル能ハサル時ハ不動産ナレハ之ヲ賃貸シ若クハ附託シ又其他ノ物品ニ付テハ之ヲ益用シ又ハ売却スル等ノ方法ヲ第六百二条及ヒ第六百三条ニ規定シタリト雖モ使用権ニ付テハ此事ヲ規定セス仍テ使用権ニハ此特別ナル方法ナキモノトス是第四ノ差異ナリ

〔五〕遺嘱書ニ由リ収実権ヲ得タル者ニハ死者ノ遺留セシ負債償却ノ義務アレトモ使用者ニハ此義務ナシ是啻ニ法文ナキノミナラス其性質上使用者ノ如キ特定ノ一部分ヲ遺嘱セラレタル者ニ此義務ヲ負担セシム可カラサレハナリ

其他収実権ニハ収実ノ事ニ関スル訴訟ノ費用ヲ担任シ又目的物ヲ保管スルノ義務アルコトヲ明言シタレトモ使用権ニハ之ヲ明言セス然レトモ性質上使用権ニモ亦此義務アルモノト信スルナリ

以下使用権ト住居権トノ差異ヲ説明セン

〔一〕使用権ハ動産ト不動産トヲ問ハス之ヲ設定スルヲ得可シト雖モ住居権ハ家屋ニ付テナラテハ之ヲ設定スルヲ得ス

〔二〕使用権ハ使用ノ外ニ有限ノ収益権ヲ包含スレトモ住居権ハ唯使用ノ権アルノミ収益ノ権アルコトナシ

仏国民法中使用権ノ区域ヲ定ムル条（第六百三十条）ニ使用権設定後ニ挙ケタル子ノ事ヲ記シ而シテ住居権ノ場合ニ之ヲ記セス又住居権ノ区域ヲ定ムル条（第六百三十二条）ニ其権利ヲ附与セラレタル後ニ迎ヘタル妻ノ事ヲ記シ而シテ使用権ノ場合ニ之ヲ定メス仍テ是亦ニ権相異ナル点ナル乎ト疑フモノアラン然レトモ余ハ立法者ニ疎漏ノ批難ヲ与フルモ其精神ニ至テハ決シテ之カ差ヲ為スノ意ニアラサリシコトヲ信スルヲ以テ之ヲ一ノ差異ト認メサルナリ

以上掲クル所ノ差異ハ其主要ナルモノナリ若夫レ細微ノ点ニ着眼セハ仍ホ或ハ脱漏アラン然レトモ主要ノ点

ニ付テハ敢テ脱漏ナキヲ信スルナリ

第二　仏国民法ニハ人為ノ地役種別ノ中市中ノ地役ト田野ノ地役トノ別アレトモ是羅馬法ニ在リテ利益アリシモ仏国民法ニ在リテハ無要ノ区別タリ仍テ今其無要ノ区別ヲ除キ有要ノ区別ノミヲ挙クレハ左ノ如シ

一　継続ノ地役及ヒ不継続ノ地役○継続ノ地役トハ現在人ノ所為ヲ施スヲ要セスシテ自ラ継続ス可キ性質ノモノヲ云フ例ヘハ引水、雨樋、観望ノ地役及ヒ建築培樹ノ禁ノ如キ是ナリ不継続ノ地役トハ之ヲ執行スルニ付必ス人ノ現在ノ所為ヲ必要トスルモノヲ云フ例ヘハ通行権汲水権牧蓄権ノ如キ是ナリ

二　外見ノ地役及ヒ不外見ノ地役○外見ノ地役トハ外部ノ標示ニ依リテ地役ノ存在スルコトヲ知リ得可キ地役ヲ云フ例ヘハ門戸ノ存スル通行権又ハ窓牖アル観望権及ヒ水管アル引水権ノ如キ是ナリ不外見ノ地役トハ外部ノ標示ナキ地役ニシテ例ヘハ造営ノ禁及ヒ培樹ノ禁ノ如キ是ナリ

右ノ区別ヲ再別スルトキハ左ノ四種トナル

一　継続且ツ外見ノ地役○窓牖アル観望ノ地役ノ如キ是ナリ

二　継続且ツ不外見ノ地役○造営培樹ノ禁ノ如キ是ナリ

三　不継続且ツ外見ノ地役○外部ノ標示ナキ通行権ノ如キ是ナリ

四　不継続且ツ不外見ノ地役○外部ノ標示ナキ通行権ノ如キ是ナリ

右ノ種別ハ地役設定ノ方法ニ於テ其利益ヲ顕スモノトス

若シ其地役ノ継続ニシテ且ツ外見ノモノナレハ契約、遺嘱、家父ノ用方及ヒ期満効ノ各方法ニ依リ設定スルヲ得可シト雖モ不継続ナル乎又ハ不外見ナルトキハ契約遺嘱ノ二方法中其一ニ依ルニ非サレハ設定スルヲ得サルモノトス

最後ニ一言ノ注意ス可キ事アリ余ノ上ニ述ヘタル継続ノ地役トハ其執行又ハ使用ヲ継続スルヲ必要トスルモノニアラス唯其性質上継続シ得可キモノナレハ足レリトス夫ノ雨樋ノ如キ降雨ニ間断アルモ其性質上人ノ現在ノ所為ヲ施サスシテ自ラ継続シ得可キモノナレハ継続ノ地役タルニ妨ケナク又観望権ノ如キ人ノ常ニ観望スルコトナキモ何時トナク観望セラル、不便ヲ供役地ニ負担スレハ亦継続ノ地役タルヲ妨ケサルナリ

（法律雑誌第四七三号）

○問答之部

○契約法問題並ニ意見（判事登用試験仏蘭西法問題）

第一問　仏法第千百六十八条ニ於テハ未必約件ヲ未来且未定ノ事件ニノミ限リ第千百八十一条ニ於テハ停止ノ約件ヲ契約者双方ノ未タ知ラサル現ニ到来シタル事件ニモ及ホスモノトス右両条ノ相異ナル所如何ニ解スヘキヤ適例ヲ挙ケテ説明ス可シ

第二問　甲者アリ乙者ノ事務ヲ管スルニ乙者之ヲ拒マサルトキハ代理黙約ナルヤ将タ事務管理ナルヤ之ヲ区別スルノ利益如何

○右意見

第一　仏国民法ニ於テハ第千百六十八条ト第千百八十一条トニケ条ニ於テ未必条件ノ定義ヲ下シ而シテ二ケ条互ニ相矛盾スルモノナリ何トナレハ第千百六十八条ニハ未来且未定ノ事件ニノミ限ルモノナリト云ヒ而シテ第千百八十一条ニハ現ニ到来シタル事件ニモ及ホスモノトシタレハナリ故ニ若第千百六十八条ノ定義ヲ以テ是ナリトセハ第千百六十八条ノ定義ハ非ナリトセサル可カラス於是乎二者其一ニ従ハサル可カラサレハナリ余輩今其未必条件ノ性質ニ従ヒ二者何レカ是ナルヤヲ案スルニ第千百六十八条ノ定義ヲ以テ是ナリトセサル可カラス請フ左ニ之ヲ詳説セン

抑モ其事件ノ既ニ生シタルカ又ハ現ニ生シタル時ハ其事件ハ決シテ未定ノモノト云フ可カラス例ヘハ甲乙相約シテ曰ク仏船ノ現ニ浜港ニ着セシナラハ我此商品ヲ汝ニ売ラント其現ニ着セシヤ否ヤヲ双方ノ知ラサルトキト雖モ決シテ之レヲ未定ノ事ト謂フ可カラス何トナレハ之ヲ浜港ニ問合セ其時既ニ着セシナラハ其契約ノ時ヨリ有効ノモノトナリ又着セサレハ同時ヨリ無効トナル畢竟其実否ヲ知ルマテ契約ヲ確定セサルモノニシテ決シテ義務ヲ停止スルモノト云フヲ得サレハナリ

又其事件ノ未来ナルモ発生ノ未定ナル場合例ヘハ人ノ死去ヲ条件トスル場合ノ如キ即チ人ノ死去ハ未来ナルモ必ス一度ハ死去スルモノナレハ未必ノ条件ト謂フ可カラス故ニ甲乙ニ約シテ丙者死スルトキハ余ハ汝ノ家屋ヲ若干ノ金額ヲ以テ買得ス可シト云ヒ互ニ承諾シタルトキハ有期ノ契約ヲ為セシモノニシテ未必条件ト云フ可カラサルナリ

以上説明セシ如ク未必条件ニハ未来ト未定ノ二ツノ者ハ実ニ欠ク可カラサルモノナレハ仏国民法第千百八十一条ノ定義ハ其宜シキヲ得サルモノニシテ第千百六十八条ノ定義コソ実ニ其当ヲ得タルモノトス而シテ此二

ケ条ノ区別ハ其不注意ノ責ヲ仏国立法者ニ帰スルヨリ他ニ説明ノ途ナキモノト信スルナリ

第二　抑モ代理契約ト管理事務ト相異ナルモノハ一ハ則チ合意ニ由リテ成リ一ハ則チ合意ナクシテ成ルモノナリ故ニ此第二問ヲ決スルニハ乙者承諾ノ上甲者ヲシテ事務ヲ管理セシメタルモノナルヤ否ヤヲ研究セサル可カラス問題ニ於テハ乙者之ヲ拒マストアレハ乙者ノ之レヲ知リシコトハ自ラ明ナリ然ラハ則チ其拒マサルノ一事ヲ以テ直チニ代理黙約リト謂フ可キ乎之ヲ換言スレハ此一事ヲ以テ直ニ乙者ノ暗黙ナル承諾ヲ為シタルモノト謂フ可キ乎余輩ハ未タ直チ之ヲ黙約トナス能ハサルナリ何トナレハ乙者ニ於テ之ヲ知リ而シテ拒マント欲スルモ拒ム能ハサル場合ナキニアラサレハナリ若シ夫レ之ヲ拒マント欲シテ拒ム能ハサル事実アレハ乙者ニ承諾アルモノトスルヲ得ス従テ合意ナキモノト謂ハサル可カラサルナリ

此故ニ此問題ヲ決スルニハ乙者ノ之ヲ拒ムヲ得タルニ拒マサル乎将タ之ヲ拒ムヲ得サリシカヲ区別セサル可カラス其第一ノ場合ナレハ宜シク代理の黙約アリシモノトスヘク第二ノ場合ナレハ宜シク管理事務ナリトスヘキナリ

代理契約ト管理事務トヲ区別スルノ利益ハ左ノ如キ結果ノ差異ヲ生スレハナリ

一　代理者ハ委任者ノ為メ有益トナリシト否トヲ問ハス自ラ委任者ノ為メニ費用セシ入費ノ賠償ヲ求ムルヲ得可シト雖モ管理事務者ハ有益ニシテ且ツ必要ナル費額ニアラサレハ償還ヲ要求スルヲ得ス

二　代理者ハ遅滞ニ於テ危険アル場合ノ外其為シ始メタル事件ヲ委任者ノ死去ノ後仍ホ継続スルノ義務ナシト雖モ管理事務者ハ其成就スル前ニ本人ノ死シタル時其相続人ニ於テ之ヲ管理シ得ルニ至ルマテ必ス其管理ヲ継続セサル可カラス

以上余輩ノ説述セシ所ハ誠トニ簡短ナリト雖モ問題ニ答フルニハ既ニ充分ナリト信スルヲ以テ敢テ蛇足ヲ添ヘサルナリ

（法律雑誌第四七四号）

○問答之部

○証拠法問題（判事登用試検問題）並ニ意見

第一問　公正証書私印証書ノ区別及ヒ之ヲ区別スルノ利益如何

第二問　追認証書トハ如何又追証ハ如何ナル場合ニ於テ其

証拠力ヲ有シ又如何ナル場合ニ於テ其力ヲ有セサルヤ

○意見

第一　公正証書ハ公ケノ役員ノ公務上作リタルモノニシテ私印証書ハ一私人ノ資格ヲ以テ作リタルモノナリ故ニ公正証書ハ公務人ノ見聞セシ事項ヲ記シタルモノナルニ由リ証人証拠ノ性質ヲ有シ私印証書ハ関係人ノ己レニ不利ナルコトヲ書面ニ認メタルモノナレハ自白ノ性質ヲ有ス之ヲ成立及ヒ性質ノ差異トナス

公正ノ証書ハ之ヲ対抗セラレタル者ノ認ムルヲ須タス法律上先ツ推測ヲ下シテ完全ナルモノトスレトモ私印証書ハ之ヲ対抗セラレタル者ニ於テ之ヲ認メタル上ニアラサレハ完全ノ証拠ヲ為サス且ツ公正証書ハ之ヲ作リタル日ヨリ直ニ第三ノ者ニ対シ日附ノ効アリト雖モ私印証書ハ第千三百二十八条ニ記シタル三個ノ日（簿冊ニ記録シタル日、署名者ノ中一人又ハ数人ノ死去シタル日封印又ハ目録ノ如キ公ケノ役員ノ作リタル証書中ニ其本旨ヲ証明シタル日）ヨリ後ニ非サレハ第三ノ者ニ対シテ其日附ノ効ナシ之ヲ其効力ノ差異トナス

公正証書ハ双務ト片務トヲ問ハス唯一通ヲ作ルノミヲ以テ足リ私印証書ハ双務ノ契約ニハ異別ノ利害ヲ有スル者ノ員数ニ准シテ正本数個ヲ作リ且ツ其作リタル正本ノ数ヲ附記シタル上ニ非サレハ其証書ノ効ナク又私印証書ニ在テハ若干ノ変例ヲ除ノ外金額其他評価ス可キ物ヲ目的トスル契約ニ付テハ義務者其全部ヲ手書セサルトキハ其署名ノ外ニ金額又ハ分量ヲ尽ク文字ニテ記シ且認メ済又ハ認可ノ語ヲ手書セサル可カラス公正証書ハ之ニ反シ結約者ノ自ラ署名スル能ハサルトキハ公証人其理由ヲ附記スルヲ以テ足リ又認メ済又ハ認可ノ語ヲ手署スルヲ必要トセス之レヲ法式ノ差異トス

以上列記スル如キ効力及法式ノ差異アレハ公正証書ト私印証書トヲ区別スルノ有益ナルコト論ヲ俟タサルナリ

第二　仏国民法第三百三十七条以下ニ於テ三種ノ証書ノ事ヲ規定シタリ左ノ如シ

一　「アクト、レコニチーフ」（箕作氏之ヲ訳シテ承認証書ト云フ）

二　「アクト、コンフイルマチーフ」（同氏之ヲ訳シテ固定証書ト云フ）

三　「アクト、ラチフイカシヨン」（同氏之ヲ訳シテ認可証書ト云フ）

今問題ニ所謂ル追認証書トハ果シテ右三種中ノ何レヲ指ス乎余輩未タ発題者ノ意思ヲ詳ニセサルヲ以テ以上三個ノ証書ニ付キ其解ヲ下サントス

（一）「アクトレコニチーフ」トハ再度義務ヲ認ムル証書ニシテ新タニ義務ヲ認ムルモノニアラス故ニ義務ノ成立ヲ認ムル証書ハ必ス他ニ存スルモノナリ仍テ原証書ノ全文《テノール》ヲ承認証書中ニ記入スル乎又ハ相符合シタ

ル数個ノ承認証書アリ其一ハ既ニ三十年ヲ経タル場合ノ外承認証書ハ決シテ独立シテ其効ヲ有スルモノニアラス必ス原始ノ証書ヲ出シ以テ義務ノ成立ヲ証明セサル可カラサルナリ果シテ然ラハ承認証書ハ何レノ場合ニ其用ヲ為ス乎ト問ハンニ期満効ノ中断ヲ為スニ付テ其用ヲ為スモノト謂ハサル可カラサルナリ○上ニ述ヘタル如ク承認証書ハ義務ノ成立ヲ証明スルモノニアラサレハ原始ノ証書ヨリ更ニ余分ノ事又ハ更ニ異ナリタル事ヲ記スルモ決シテ其効ナキモノトス

〔二〕「アクト、コンフイルマチーフ」トハ原証書ニ疵瑕アルモノヲ補正スル証書ヲ云フ例ヘハ錯誤、暴行、損失、無能力等ノ原由アリ原証書ニ取消シ得可キ疵瑕ヲ帯ヒタルヲ後ニ補正シ復タ取消スヲ得サラシムルニ至ラシメタルモノヲ云フ而シテ此証書ヲ有効ナラシムルニハ左ノ条件ヲ具備セサル可カラス

一義務ノ本旨ヲ記入スルコト

二廃棄ノ訴ノ縁由ヲ記入スルコト

三其訴ノ基礎タル瑕瑾ヲ補正スルノ意思ヲ記載スルコト

右ニ述フル所ハ明ナル固定ナリ其他暗黙ナル固定アリト雖モ是本問題ノ外ニ渉ルヲ以テ之ヲ略ス固定証書ノ効力ヲ有スルハ取消シ得可キ証書ニシテ之ヲ固定スルモ公安又ハ第三ノ者ヲ害セサル場合ニ限ルモノトス夫ノ不成立ノ契約又ハ公安若クハ第三ノ者ヲ害スルトキハ決シテ之ヲ固定スルヲ得サルナリ

〔三〕「アクト、ラチフイカシヨン」ハ「アクト、コンフイルマチーフ」ト同一ニシテ更ニ異ナルナキヲ以テ別ニ説明セス

以上三種ノ証書ニ付キ其梗概ヲ説明セリ余輩ノ推測スル所ニ拠レハ発題者ノ問題ニ於テ追認証書ト訳シタルモノハ蓋シ第一ノ証書即チ「レコニチーフ」ノ証書ヲ謂フ歟暫ク記シテ読者ノ参考ニ供ス

（法律雑誌第四七五号）

○問答之部

○刑法問題（判事登用試験問題）並ニ意見

第一問　犯罪構造ノ諸元素中一二ノ元素ノミヲ共ニ犯シタル者正従ノ区別及其理由

第二問　偽証罪ヲ構造スル諸元素ニ付テ説明スベシ

編者曰ク右ノ問題ニ対スル記者ノ意見ヲ記載セントスルニ方リ高橋氏及ヒ呑月氏ノ投書アリ其主意ハ記者ノ意見ト同一ナルヲ以テ此問題ニ対スル意見ハ右

ノ投書ニ譲ラントス

○右第一問ニ対スル意見　　高橋藤之亟投書

凡ソ犯罪ヲ構造スルニハ其罪ニ従ヒ各々別異ノ元素ヲ具備スルヲ要ス例ヘハ謀殺犯ヲ構造スルニハ第一予メ謀ル事第二殺人ノ所為ヲ行フ事又強盗罪ニ付テハ第一暴行又ハ強迫ヲ加フル事第二他人ノ財物ヲ奪ヒ又ハ奪ハントスルコト等皆各種ノ犯罪ニ緊要ナル元素ナリ今其犯人ノ一人ナルトキハ寔トニ簡明ニシテ敢テ疑ノ生スル事ナシト雖モ若シ二人以上共ニ犯シ共犯者中ノ一人或ハ其元素中一二ノミヲ共ニシ他ハ之ヲ共ニセサルトキハ其加功ノ度モ従テ同ジキヲ得サルカ故ニ之ニ適用スヘキ刑モ亦自ラ軽重ノ差等ナカルヘカラス乃チ刑罰ハ必ス犯情ト其権衡トヲ同フセサルヘカラサル者ニシテ若シ之ヲ失スルトキハ刑罰ノ原理ニ背戻スヘケレハナリ然リト雖モ立法官有限ノ能力ヲ以テ百般無限ノ罪情ニ応スルコト能ハサレハ其細微ナル差等ニ至テハ専ラ判官ノ所見ニ放任シ唯大体ニ至テハ之カ軽重ヲ定メ正犯従犯ノ区別ヲ設ケタリ然リ而シテ右正従ノ区別タルヤ何ヲ以テ其標準トナス乎ノ問題ニ至テハ大ニ困難ヲ覚フル所ニシテ各国往々其法ヲ異ニセリ日本ニ於テハ現今如何ナル区別ヲ為セシヤト問ハンニ

第百○四条ニ曰ク二人以上現ニ罪ヲ犯シタル者ハ皆正犯トナシ各自ニ其刑ヲ科ス

第百○九条ニ曰ク重罪軽罪ヲ犯スコトヲ知テ器具ヲ給与シ又ハ誘導指示シ其他予備ノ所為ヲ以テ正犯ヲ幇助シ犯罪ヲ容易ナラシメタル者ハ従犯トナシ正犯ノ刑ニ一等ヲ減ス

右ノ如ク現ニ罪ヲ犯ストハ罪トナルヘキコトヲ実行スルノ謂ニシテ之カ区別ヲ為サント欲セハ其所為ノ直接ニ罪ノ実行ニ関スルヤ否ヤヲ探究セサルヘカラス

ボアソナード氏曰ク一犯人ノ正犯ナルヤ将タ従犯ナルヤヲ知ラント欲セハ其犯人ヲ一個ナリト仮定シタル上其所為ハ犯罪ヲ組成スルカ将タ予備ニ過キサルカヲ捜索スヘシ忽チ其正従ノ区別ヲ知ルヲ得ヘシト其区別タルヤ最モ正鴻ヲ得タルモノナリ左ニ一二ノ例ヲ挙ケテ之ヲ証明セン

例ヘハ甲者丙者ヲ殺サント欲シ其方法ヲ計画シ乙者ニ依頼シテ丙者ヲ捉ヘ其身体ヲ自由ナラサラシメ甲者ハ力ヲ以テ其胸部ヲ刺シ竟ニ之ヲ死ニ致セリ此場合ニ於テ甲ノ正犯タルコト勿論乙ハ其予謀ニ于与セサルニ由リ謀殺罪ノ一元素ヲ欠クト雖モ其所為タルヤ直接ニ実行ニ関スル者ナレハ之ヲ正犯トセサルヘカラス若シ之

ニ反シ乙者其方法ノ計画ニ与カリ或ハ毒薬ヲ製造シ或ハ誰某ハ何月何日何所ヲ通行スヘシ等ノコトヲ教示シ毫モ其直接ナル所為ニ于与セサルトキハ亦謀殺ノ一元素ヲ欠クト雖モ其計画ニ于与シタルハ予備ノ所為ナルヲ以テ之ヲ従犯トセサルヘカラス其他強盗ノ場合ニ於テモ暴行強迫或ハ他人ノ所有物ヲ奪取スル等ノ一二ノ元素ノミヲ犯シタル者ハ其実行ニ関スルヲ以テ皆正犯トセサルヲ得ス要スルニ実行ニ関スルヤ予備ニ関スルヤヲ以テ之カ区別ヲ為スノ標準トナスヘキナリ

以上論スル如ク元素中一二ヲ犯シタル者ニシテ予備ニ関スルトキハ之ヲ従犯トナシ一等ヲ減シ同シク一二ヲ犯シタル者ニシテ実行ニ関スルトキハ之ヲ正犯トナスハ抑モ如何ナル理由ニ根拠スル乎

今一人罪ヲ犯サント決意シタル以上ハ仮令一人ノ之ヲ幇助スル者ナシト雖モ百方策ヲ設ケテ之ヲ実行スルナラン又仮令加勢スル者ナシト雖モ如何トモシテ之ヲ遂ケサレハ止マサルナラン其予備ノ所為ヲ以テ之ヲ幇助スト否トハ只其所為ヲ遂クルニ難易ノ別アルノミトス然レトモ予備ノ所為ヲ以テ之ヲ助成スル者ニ至テハ若シ其現ニ犯罪ヲ施行スル者勿カリセハ如何ゾ其意ヲ遂クルヲ得ンヤ固ヨリ従犯ト雖モ悪ハ即チ悪ナリ然レトモ其悪ヤ正犯ノ如ク自ラ下手シテ流血淋漓タル惨状ヲ実見スルモ尚飽カサルノ極度ニ達スル者ニ比スレハ其性質ノ強弱其良心ノ腐敗等自ラ其程度ニ浅深ノ差異アレハ其罪過モ亦従テ異ナラサルヲ得サルナリ

ベカリア氏嘗テ言ヘルコトアリ曰ク二人以上共ニ危険ヲ冒ス場合ニ於テ其危害愈大ナレハ其平等ニ害ヲ被ランコトヲ求ムルノ念益深シ故ニ若シ法律ニ於テ現ニ手ヲ下シ罪ヲ行フ者ヲ罰スルニ単純ナル従犯ノ刑ヨリ重キ刑ヲ以テスルトキハ犯罪ヲ企図スルノ徒輩進ンテ手ヲ下サント欲スル者必ス鮮カルヘシト

我立法者ノ正従ノ区別ヲ設ケ之ニ科スルニ同一ノ刑ヲ以テセサルハ蓋シ此等ノ理由ニ基ク乎聊カ卑見ヲ述ヘテ右問題ノ答案ニ擬ス

○右第二問ニ対スル意見　呑月酔人投書

抑モ偽証ノ罪タルヤ其性質背信ノ罪ナルヲ以テ証人鑑定人又ハ通事トシテ裁判所ニ呼出サレタル者ニ非サレハ之ヲ犯スヲ得ス夫ノ事実参考人トシテ呼出サレタル者又ハ被告人ニ於テ詐偽ノ陳述ヲ為ストモ決シテ偽証罪ヲ組成セサルナリ何トナレハ是等ノ者ノ陳述スル所ハ之レヲ以テ証拠トス可キ信用ヲ有スルモノニアラサレハナリ

又偽証罪ヲ組成スルニハ曲庇又ハ陥害ヲ為サンカ為メ為シタルコトヲ必要トス若シ是等ノ意思ナクシテ為シタル証言偶マ曲庇又ハ陥害ト同一ノ結果ヲ生スルモ決シテ偽証罪ヲ以テ論ス可キモノニアラサルナリ然レトモ又偽証ノ為メ被告人正当ノ罪ヲ免ル、ト不当ノ刑ニ処セラル、トハ犯罪ノ結果ニシテ此罪ヲ組成スルノ元素ニアラサルナリ

此故ニ偽証罪ニ特別ナル元素ヲ約言スレハ左ノ二項ニ帰着スヘシ

一　証人、鑑定人、通事ノ三者中其一トシテ裁判所ニ呼出サレタル者ニ限ルコト

二　被告ヲ曲庇又ハ陥害スルノ意思ヲ以テ詐偽ノ陳述ヲ為スコト

右ノ如ク説明スルトキハ人或ハ難シテ曰ハン刑事ニ付テハ如何ニモ曲庇又ハ陥害ノ意思ヲ以テセサル可カラサルコトハ法文上明ナリト雖モ民事商事又ハ行政裁判ニ関シテ偽証ヲ為シタル者ニ付テハ刑法第二百二十三条中曲庇陥害ノ意思アルコトヲ必要トセサルニアラスヤ然ラハ則チ汝ノ今第二ノ元素トナス所ノモノハ独リ刑事ノ偽証ニ限ル元素ニシテ民事商事行政裁判等ノ偽証ニ付テハ之カ元素トナラサルモノ、如シ如何ト余ハ将サニ謂ハントス第二百二十三条中明カニ曲庇陥害ノ語ナキモ亦等シク証人等ニ原被何レカヲ害スルノ意思アル場合ニアラサレハ決シテ該条ヲ適用ス可カラス若シ原告ヲ害スルノ意ヲ以テ為シタルモノトセン乎即チ被告ヲ曲庇シタルモノナリ又原告ヲ保護スルノ意ヲ以テ為シタリトセン乎即チ被告ヲ陥害シタルモノナリ到底曲庇陥害ノ二者中其一ニ出テサルモノトス是レ余カ曲庇陥害ヲ以テ偽証罪ヲ構造スル第二ノ原素トナセシ所以ナリ

又刑法第二百二十六条ニ於テ裁判宣告以前ニ自首シタル者ニ本刑ヲ免スルノ条文アルヲ見テ或ハ裁判宣告ヲ一ノ構造元素ト誤認スル者アラン然レトモ余ハ決シテ之ヲ一ノ構造元素ト認メサルナリ何トナレハ自首ノ効ニ由リ其刑ヲ免スルモ為メニ其罪ヲ消滅セシムルモノニアラサレハナリ

以上簡説スル所ヲ以テ第二問題ニ答フルニ充分ナリト信スルヲ以テ他ハ敢テ贅言セサルナリ

（法律雑誌第四七六号）

○問答之部

○治罪法問題（判事登用試検問題）並ニ意見

第一問　捜査処分ト予審処分トノ区別及其理由

第二問　司法警察官現行犯ノ場合ニ於テ予審処分中仮行スルヲ得可キ事ト得可カラサル事トノ区別及其理由

○意見

第一　捜査ハ起訴ノ准備ニシテ検察官及ヒ司法警察官ノ職ニ属シ予審ハ証憑ヲ集取判定スルモノニシテ裁判官ノ職ニ属シ捜査予審已ニ其性質及ヒ管掌ヲ同フセス随テ其処分ヲ異ニセサル可カラサルナリ

今ヤ捜査処分ト予審処分トノ区別ヲ明ニセントスルニハ先ツ其処分ニ制裁アルヤ否及ヒ公力ヲ以テ執行スルコトヲ許スヤ否ヲ判別スルヲ必要ナリトス治罪法ヲ閲スルニ予審処分ニ付テハ一トシテ其制裁ヲ設ケサルハ莫ク又概ネ公力ヲ以テ執行スルコトヲ許セリ証人鑑定人呼出ニ応セサレハ罰金ヲ言渡スカ如キハ即チ其不参ノ制裁ナリ令状ヲ以テ人ノ身体ヲ拘束シ或ハ家宅ヲ捜索シ物件ヲ差押フルカ如キハ即チ公力執行ノ処分ニ係ル而シテ捜査処分ニ付テハ一モ其制裁ヲ設ケス又公力ヲ以テ執行スルコトヲ許スノ正条ナシ乃チ知ル制裁公力ノ二者実ニ此両処分ヲ区別スルノ要点ナルコトヲ

何カ故ニ捜査処分ニ制裁ヲ設ケサル乎是レ他ナシ捜査処分ハ固ト法律ノ明ニ命令スル所ニ従ヒ其程式順序ヲ履シテ行フモノニ非サレハナリ例ヘハ証人ヲ訊問スルモ正式ノ呼出状ヲ発スルコトナク又宣誓ノ式ヲ行ハス唯其知ル所ヲ陳述セシメ以テ自家ノ参考ト為スニ過キス其状恰モ常人互相ノ関係ト一般ナリ故ニ出頭セサルモ之ヲ強フルコトヲ得ス陳述セサルモ之ヲ罰スルコトヲ得ス畢竟予審処分ニ於ケルカ如ク法律上服従ノ義務ヲ負担セシメサルニ由ル

何カ故ニ捜査処分ニ公力ヲ用フルコトヲ許サヽル乎是レ他ナシ良民ヲ苦シメ無辜ヲ累ハスノ恐アレハナリ蓋シ起訴以前ニ在テハ犯罪ノ有無猶ホ未タ確的ナラス況ンヤ被告人ノ誰タルコト等ニ於テオヤ此場合ニ於テ仍ホ公力ヲ用フルコトヲ許サンカ或ハ為メニ事実ヲ発見スルノ利益アル可シト雖モ万一失誤アラハ其害実ニ太甚シキモノアラン畢竟人ノ身体財産ハ単ニ法官ニ托ス可シ訴訟関係人ト為ル可キ者ニ托ス可カラサルニ由ル之ヲ要スルニ捜査処分ニ付テハ一定ノ程式ナシ随テ制裁ヲ設ケス人ノ身体財産ニ対スル処分ハ必ス本人ノ承諾アルヲ要ス（但勾留収監ハ承諾アリト雖モ之ヲ行フコトヲ得サルハ勿論ナリ）決シテ公力ニ頼ルコトヲ得ス其ノ予審処分ト異ナルヤ己ニ此ノ如シ其効果亦相同シキコトヲ得ス即チ捜査上収得シタル事物ハ法律上証

憑タルノ効力ナク偏ニ事実ノ参考ト為ルニ過キサルノミ

第二　治罪法第二百五条ニ曰ク第二百三条ニ於テ検事ニ許シタル職務ハ司法警察官モ亦仮ニ之ヲ行フコトヲ得但令状ヲ発スルコトヲ得スト而シテ第二百三条ニ於テハ検事ハ罰金ノ言渡ヲ為シ及ヒ証人鑑定人ノ陳述ヲ聴クニ宣誓ヲ用フルヲ除クノ外予審判事ニ属スル処分ヲ為スコトヲ得可シト定メタリ故ニ治罪法ニ依レハ司法警察官ハ令状ヲ発シ罰金ヲ言渡シ及ヒ宣誓ヲ用フルノ三件ヲ除キ余ハ尽ク予審処分ヲ假行スルノ権アルカ如シ謂フ左ニ其区別アル所以ヲ略述セン

一令状ノ事　現行犯ノ場合ニ於テ被告人犯所ニ在ルトキハ司法警察官直チニ之ヲ逮捕セサル可カラス（第百二条）而シテ其已ニ犯所ヲ去リタル者ニ対シ令状ヲ発スルコトヲ許サヽルハ何ソヤ蓋シ被告人猶ホ現場ニ在ルトキハ其犯人タルコト明瞭ナラスト謂フ可カラス此時ニ際シ袖手傍観其逃走スルニ任センカ彼レ復タ如何ナル罪ヲ犯スヤモ知ル可カラス殊ニ公衆畏怖ノ念ヲ断タス寸時モ其堵ヲ安ンスルコト能ハサルニ至ラン故ニ即時逮捕ス可キモノト定メタリ之ニ反シ被告人已ニ現場ヲ去リタルトキハ官吏親ク之ヲ目撃シタルニ非ス随テ其ノ果シテ何人ナルヤヲ確知スルコト能ハス此場合ニ於テ仍ホ令状ヲ発スルコトヲ許サンカ則チ人違ノ為メ良民ヲ苦シムルノ恐アルコト非現行犯ノ場合ト毫モ異ナルコトナシ彼ノ現場逮捕ノ被告人ト雖モ一応訊問シテ速ニ検事ニ送致ス可シ令状ヲ発シテ永ク留置スルノ必要アルヲ見ス是レ司法警察官ニ令状ヲ発スルコトヲ許サヽル所以ナリ

（附言　十四年第四十六号布告ヲ以テ司法警察官ハ当分ノ内令状ヲ発シ苦シカラスト定メラレタリ是レ蓋シ新法実施ノ当初百事整頓セサルヲ以テ姑ク此便法ヲ設ケラレタルナラント雖モ今日ニ至リテ復タ其必要アルヲ見ス該布告ハ速ニ廃止セラレンコトヲ望ム）

一罰金言渡ノ事　罰金ハ一ノ刑罰ナリ故ニ証人鑑定人呼出ニ応セスト雖モ司法警察官ニ於テ其言渡ヲ為スコトヲ得ス必ス其事件ヲ検事ニ付シ検事ヨリ裁判官ニ請求ス可キハ当然ナリトス

一宣誓ノ事　宣誓ハ裁判所ニ対シ陳述ノ正実ナルコトヲ表スルモノニシテ事実判定ノ権ナキ官吏ニ対シテ行フ可キモノニ非ス故ニ司法警察官証人鑑定人ノ陳述ヲ聴クニ当リ此裁判上ノ法式ヲ用フルコトヲ許サヽルナ

リ
以上三件ヲ除クノ外ハ司法警察官総テ予審処分ヲ施行スルコトヲ得ルカ如シト雖モ其処分ノ性質特ニ裁判官ノ職権ニ属シ（終結ノ言渡ハ勿論証人ニ対シ旅費日当ヲ給与スル言渡ノ類）又ハ検事ノ意見ヲ聴クコトヲ要スルモノ（十四年第四十六号布告令状ヲ発スルコトヲ許スモ収監状ノ如キハ検事ノ意見ヲ聴クコトヲ要スルモノナルヲ以テ之ヲ発スルコトヲ得ス勾留中ハ被告人ヲ保釈スルモ亦同シ）ハ亦之ヲ取除カサル可カラス此他臨検物件差押被告人及ヒ証人ノ訊問鑑定等ノ処分ハ固ヨリ仮行スルコトヲ得可シト雖モ偏ニ其急速ヲ要スルモノニ限リ余ハ成ル可ク正式ニ依ラシムルヲ至当トス是レ実ニ事機緊急已ムヲ得サルノ一理由ニ因リ特例ヲ設ケタルノ旨趣ニ適スルモノナリ

（法律雑誌第四七七号）

○判事登用試験問題　本月一日ヨリ去ル六日マテ判事登用試験ニ出タサレタル問題ノ中仏蘭西法并ニ刑法治罪法ノ分ハ順次問答ノ部ニ掲載スルニ付之ヲ略シ英吉利法ノ問題ヲ左ニ掲ク

財産法（第一問）動産贈与ノ種類及其効力ヲ生スルニ必要ナル条件（第二問）不動産質入ノ性質及質地受戻ノ権利ヲ普通法及ヒ衡平法ニ依リ説明ス可シ

契約法（第一問）幼者及結婚ノ婦契約ノ能力及其区別ヲ説明スヘシ（第二問）如何ナル場合ニ於テ契約履行ヲ請求シ得ルヤ普通法及衡平法ニヨリセ説明スヘシ

証拠法（第一問）伝聞ヲ証ト為スヲ許サヽルノ理由及之ヲ許ス場合ヲ説明スヘシ（第二問）推測ノ性質及種類ヲ説明スヘシ

（法律雑誌第四七四号）

〔第二回判事登用試験〕

○財産法問題ノ三並ニ意見（十一月一日判事登用試検問題）

問　地役即土地ノ義務ハ如何ナル原因ニ因テ消滅スルヤ

答　仏国民法ニ於テ認ムル所ノ地役消滅ノ原因三アリ左ノ如シ

一　其物件ヲ地役ノ用ニ供スル能ハサルニ至リタル時

二　権利地ト供役地ト一人ニ合併シタル時

三　三十年間ノ不使用

仏国民法ニハ以上三個ノ消滅原因ヲ認ムルト雖モ他ニ仍ホ数個ノ補足セラル可カラサルモノアリ即チ左ノ如シ

一　地役ノ設定セラレタル時間ノ経過

二　地役ヲ設定シタル権原又ハ其設定者ノ権利ノ廃止《レヴヲカション》、解除《レゾリユション》又ハ廃業《レシジョン》

三　公用ノ為メ供役地ノ収奪

四　権利地所有者ノ放棄

五　第三ノ者ナル獲得者ノ利益ニ於ケル供役地ノ自由ナル獲得期満効

以上ヲ地役消滅ノ原因トナス

○証拠法問題ノ一並ニ意見（十一月二日判事登用試検問題）

問　公証書ニ記載セル事項ハ総テ同一ノ効ヲ有スルヤ

答　公証書ニ記載セル事項ハ完全ノ証拠ヲ為スモノナリト雖モ此ニ予メ区別セサル可カラサル事アリ即チ公証人自ラ其事実ヲ目撃シテ証書ヲ記シタル場合ト唯其面前ニ於テ嘱託人ノ述ヘタル所ヲ記シタルニ過キサル場合トヲ区別セサル可カラス其第一ノ場合ニハ其証拠ノ力事実ノ有無ニマテ及フト雖モ第二ノ場合ニハ其証拠ノ力唯其陳述ヲ為セシニ相違ナキコトヲ証スルニ過キス仍テ其陳述ハ果シテ事実ト相違ナキヤ否ヤヲ証スルニ足ラス例ヘハ貸借ノ受授ヲ公証人ノ面前ニテ為シ且ツ其貸借証書ヲ公証人ニ作ラシメタル場合ノ如キ公証人ハ其面アタリ授受ヲ為セシコトヲ目撃セシモノナレハ其授受ヲ為セシニ相違ナキコトヲ証スルヲ得レトモ其授受ヲ目撃セシニアラス唯斯々ノ約定ニテ貸借ヲ為ス旨ヲ結約者ヨリ公証人ニ陳述シ公証人其聞取リタル儘ヲ記シタル場合ノ如キ其果シテ授受ヲ為セシヤ又其陳述ニ偽ナキヤハ公証人ノ証スル所ニアラス要之ニ公証書ニシテ完全ノ証拠力ヲ有スルモノハ其公証人ノ見聞セシ所ニ限ルモノトス又公証書中ニ附従ノ記載ヲ為シタル時其記載ノ主要ノ記事ニ直接ノ関係ヲ有スルモノト主要ノ記載ニ関係ナキモノトニ付キ自ラ区別アリ主要ノ記載ニ直接ノ関係ヲ有スルモノトハ例ヘハ甲ヨリ乙ニ三千円ノ代金ヲ以テ毎年二百円ノ畢生間年金ヲ売却シ証書ト共ニ初年ノ賦額ヲ払渡ス旨ヲ記シタル場合ノ如キヲ云フ何トナレハ其初年ノ賦額ヲ払渡ス旨ヲ附記シタルハ其義務ノ一部ヲ尽シタルコトヲ証スルニ足

レハ主要ノ記載ニ直接ノ関係ヲ有スルモノナレハナリ
又主要ノ記載ニ直接ノ関係ヲ有セサルモノトハ例ヘハ同上ノ証書中ニ乙ノ払渡シタル代金三千円ハ乙ヨリ丙ニ財産ヲ売却シテ得タル代金ヲ以テ之レニ充テタリト附記シタル場合ノ如キ主要ノ記載ニ直接ノ関係ヲ有セサルモノトス而シテ其主要ノ記載ニ直接ノ関係ヲ有スルモノハ完全ノ証拠ヲ為スト雖モ主要ノ記載ニ直接ノ関係ヲ有セサルモノハ証拠ノ端緒トシテ用立ツニ過キサルナリ
以上公証書ニ記載セル事項ニ付テ其効力ノ差異ヲ述ヘ為レハ以テ本問ニ答フルニ足ルト信スルニ由リ敢テ其以外ニ論及セサルナリ

（法律雑誌第五六四号）

○証拠法問題ノ二並ニ意見（十一月二日判事登用試検問題）

問　私証書ノ日附ハ如何ナル場合ニ第三者ニ対シ効ヲ生スルヤ

答　仏国民法ニ拠レハ私証書ノ日附ハ左ノ理由ニ由リ確定シタル場合ニ第三者ニ対シテ効ヲ生ス

一　証書ヲ簿冊ニ登記シタル事○是官署ノ簿冊ニ登記スルモノナレハ後日作為シタルモノニ非サルコト明ナリ故ニ其簿冊ニ登記シタル日ヨリ確定シテ第三者ニ効ヲ生ス

二　証書ニ署名シタル者又ハ其中一人ノ死去セシ事○仏国ノ如キ署名ヲ以テ証拠トナス国ニ於テハ署名セシ者ノ中一人タリトモ死去セシトキハ最早ヤ其証書ヲ其後ニ作リタルモノトスルヲ得ス故ニ其死去ノ日ヨリ確定シテ第三者ニ効ヲ生ス

三　封印或ハ目録ノ調書ノ如キ公ケノ役員ノ作リタル証書中ニ其本旨ヲ証明シタル日○此種ノ証書ニ其本旨ヲ記入シタル時ハ亦後日ニ作リタルモノニ非サルコト明ナリ故ニ其日ヨリ其日附ノ確定シテ第三者ニ対シテ其効ヲ生スルモノトス

以上説ク所ニテ仏国民法ニ於テ私書ノ日附ノ第三者ニ其効ヲ及ホス場合ヲ示スニ足レリ然ルニ一言此ニ附加ス可キハ今我邦ノ如キ印形ノミニテ証拠トナスヲ得セシムル邦ニ在テハ第二ノ場合ハ以テ日附ノ確定セシモノトナスニ足ラス何トナレハ印形ハ死後ニ存スルヲ以テ死後其証書ヲ作リタルヤ知ル可カラサレハナリ

○契約法問題ノ三並ニ意見（十一月一日判事登用試

験問題）

問　債主カ自己ノ名義ヲ以テ負債主ノ訴権ヲ行ヒ得ル為メニハ如何ナル条件ヲ要スルヤ

弄月園主人投書

答　債主カ負債主ノ訴権ヲ実行スルヲ斜ノ訴権或ハ間接ノ訴権ト謂フ即チ仏民法第千百六十六条ニ規定スル所ナリ該条ニ於テハ何等ノ明文ナシト雖モ債主負債主ノ訴権ヲ実行セントスルニハ必ス数個ノ条件ヲ具備セサル可カラサルハ識者ノ嘗テ異論ヲ唱ヘサル所ナリ是レ其訴権ノ性質上自然ニ存スルモノナレハナリ請フ左ニ之ヲ列記セン

第一　義務者ニ於テ其権利ヲ実行セサルヲ要ス〇抑モ債主ニ此訴権ヲ与ヘタルハ如何ナル理由ニ基クモノナル乎他ナシ其義務者ノ訴権ハ他ノ有形財産ト同シク一般権利者ノ共同質ト為ルモノナリ然ルニ若シ義務者ニ於テ其訴権ヲ実行セサルトキハ恰モ有形財産ヲ売払フ事ヲ得サルト一般債主ノ共同質権ハ唯名ノミニテ其実ナキニ至レハナリ果シテ然ラハ義務者ニ於テ之ヲ実行スルトキハ共同質権ヲ無効ナラシムルノ恐ナケレハ権利者濫リニ之ニ干渉スルノ理由ナキナリ

第二　期限ノ至リタル事〇之ニ二種アリ一ハ負債主カ他人ニ対シ有スル権利ノ期限ノ至リタルコト一ハ権利者カ負債主ニ対スル権利ノ期限至リタルコト是ナリ今第一ノ条件ヲ要スルハ敢テ喋々ヲ要セスシテ明瞭ナリト雖モ第二ノ条件ヲ要スルハ如何ナル理由ナル乎是皆義務者ノ財産ハ一般債主ノ共同質ナリトノ原理ヨリ流出スル所ノ結果ナリ夫レ債主此訴権ヲ行フハ共同質権ノ実行ナリ共同質権ノ実行ハ期限ニ至ルモ負債主義務ヲ履行セサル時ニ当テ為スモノナリ未タ期限至ラサレハ義務ヲ履行スルニ及ハス義務ヲ履行スルニ及ハサレハ共同質ヲ実行スル能ハサルハ論理ノ然ラシムル所ナリ

第三　権利者ニ正当ノ理由アルヲ要ス〇夫レ此訴権ハ元ト負債主ノ有ニ属スルモノナレハ負債主自由ニ之ヲ処分シ得可キハ元ヨリ其分ナリ然ルニ権利者ヲシテ之ニ干渉セシムルモノナレハ必ス正当ノ理由ナカラサル可カラス正当ノ理由トハ何ソヤ即チ共同質権ヲ実行スルノ必要アルコト是ナリ若シ他ニ権利者ヲ満足セシムルノ方法アルトキハ敢テ権利者ニ此権利ヲ与フルノ必要アラサルナリ故ニ例ヘハ負債主其訴権ヲ実行セサルモ他ニ有形ノ動産不動産アリテ義務ヲ尽スニ充分ナル担保アルトキハ権利者ノ干渉スヘキ必要アラサルナリ

若シ権利者之ニ干渉シテ訴権ヲ実行スルトキハ第三者（第二ノ負債主）ハ先ツ債主ニ属スル他ノ財産ヲ公売ス可シト抗拒スルコトヲ得ル之ヲ称シテ財産取調権と謂フ

第四　義務者承諾セサル時裁判所ノ允許ヲ経ルヲ要ス

○之ヲ名ケテ裁判上ノ代権ト謂フ仏国法典ニテハ権利者ハ裁判所ノ允許ヲ経スシテ当然負債主ノ権利ヲ実行スルヲ得ルカ如シ故ニ学者中往々此条件ヲ無要ナリト論スル者アレトモ是誤レリ何トナレハ元ト此訴権ハ負債主ノ代理ノ各義ヲ以テスルモノナレハナリ若シ債主自由ニ之ヲ為ストセハ之レ代理ニアラス濫リニ他人ノ権利ヲ処分スルモノニテ実ニ不正非理ノ所行ト云ハサル可カラスボアソーナド氏ハ民法草按第三百五十九条第三項ニ於テ裁判上ノ代権ニ依リ云々ト定メタリ是至当ノ法律ト云フ可シ

（法律雑誌第五六五号）

○証拠法問題ノ三並ニ意見（十一月二日判事登用試検問題）

問　自認不可分トハ如何ナル意義乎例ヲ挙ケテ証明ス可シ

答　自認不可分トハ一言ニシテ之レヲ言ヘハ同一ノ人カ同一ノ訴訟中ニ為シタル自認中其一ヲ真実トシテ採用シ他ノ一ヲ偽ナリトシテ排斥スルヲ得スト謂フノ義ナレトモ其自認ノ種類ニ由リ或ハ分ツ可カラサルモノアリ或ハ分ツヲ得可キモノアリ請フ左ニ例ヲ挙ケテ其分ツヲ得可キモノト得可カラサルモノトヲ詳ニセン例ヘハ此ニ無利息ニテ金ヲ借リタルニ相異ナシト認メタル者アリトセヨ此場合ニ於テ其金ヲ借リタルコトノ自認ハ真実ナルモ無利息ナリトノ自認ハ真実ナラスト謂フ如キ則チ自認ヲ分ツモノニシテ法ノ許サヽル所ナリ又例ヘハ金千円ヲ借用シテ内五百円ハ既ニ返済セシコトヲ自認セシ場合ノ如キ其千円ヲ借用セシトノ自認ヲ採用シ五百円返済セシトノ申立ヲ排斥スルヲ得可キ乎ト謂フニ過半ノ学者ハ他ニ拠ル可キノ証左ナク単ニ自認ニノミ基ク場合ニハ斯ノ如ク分割シテ其自認ヲ採用スルヲ得サルモノトセリ

抑モ自認ヲ以テ一ノ証拠トナス所以ハ其陳述ノ真実ナルモノト認ムレハナリ然ルニ其一ハ之レヲ真実ナリトシ他ノ一ハ之レヲ真実ナラストスル如キ道理ハ万々之アラサル可シ今上ニ例スル場合ノ如キ其五百円ヲ返済セシトノ申立ハ則チ千円ノ内五百円丈ハ最早ヤ借用セサルコトヲ申立ツルモノニシテ真正ノ自認ハ唯五百円

丈ニ止マレリ然ルニ其千円ノ借用アルコトヲ採用シ五百円ノ返済ヲ為セシコトヲ排斥スルトキハ自認ナキニ之レヲ一ノ証拠トナスニ至リ甚タ不当ナリ是自認不可分ノ原則ノ由テ起ル所以ナリ

然ルニ自認ノ分ツ可カラサル原則ハ他ニ証拠ナク原告ニ於テ其証拠ヲ自認ニ取ラサル可カラサル場合ニノミ適用ス可キモノトス故ニ例ヘハ原告ヨリ証書ヲ以テ貸金ノ請求ヲ為シタルトキノ如キ被告ニ於テ其借用ヲ為シタルハ真実ナリト雖モ其金ハ既ニ返済シタリト云フニハ必ス其返済セシコトノ証拠ヲ挙ケサルヲ得ス否ラサレハ則チ返済ナキモノトシテ返済ヲ命セラル可シ又自認ノ分ツ可カラサル原則ハ権原ノ相異ナル事柄ニ適用スルヲ得ス故ニ例ヘハ被告ニ於テ原告ヨリ物品ヲ買得シ未タ代金ヲ払ハサルハ真実ナリト雖モ其之レヲ払ハサルハ売主ニ対シ貸金アルヲ以テ之レト相殺センカ為メナリト言立ツルモ別ニ貸金ノ証拠ナキニ於テハ代金返済ノ言渡ヲ受ケサル可カラサルナリ

要之ニ自認不可分ノ原則ハ他ニ其事実ヲ証明スルニ足ル可キ証拠ナク且ツ其二個ノ自認相密着シテ其権原ヲ異ニセサル場合ニノミ適用ス可キモノトス

○売買法問題ノ一並ニ意見（十一月二日判事登用試験問題）

問　担保義務ニ関シ有形物件ノ売買ト債主権ノ売買ニ於テ差異アリヤ

弄月園主人投書

答　担保ニ二個ノ意義アリ一ハ自ラ将来ノ事ヲ防クノ意ヲ有スルモノニシテ則チ買主ヲシテ平穏ニ其物件ヲ保有セシムル事ヲ担保スルニアリ一ハ現在ノ意義ヲ包含スルモノニシテ則チ第一ノ担保ヲ為ス能ハサルヨリシテ生シタル損害ヲ賠償スルモノ是ナリ而シテ今皮相上ヨリ観ルトキハ債主権ノ売買ニ附属セル担保ハ有形物ノ売買ニ附属セル担保ト全ク其性質ヲ異ニスルカ如キヲ以テ学者中往々此説ヲ為ス者アレトモ余ハ少シモ其差異アル所ヲ知ラサルナリ故ニ姑ク左ニ有形物ノ担保ト無形物ノ担保トヲ対比シテ論セントス

第一ノ担保ヲ分テ三トス

第一　物件ノ現存ヲ担保スルコト○是債主権担保ニモ存スルモノニシテ仏民法第千六百九十三条ニ明記セリ即チ債主権ヲ売リタル時ハ別段担保ノ契約ナシト雖モ其売払ノ時其権利ノ現存スルコトヲ担保ス可シト故ニ若シ売買ノ際既ニ権利ノ現存セサルトキ例ヘハ義務者ノ

既ニ義務ヲ尽セシ時ハ売主其責ニ任セサルヘカラス

第二　自己ノ所有物ナルコトヲ担保スル事○此担保タルヤ債主権売買ニハ明文ナシト雖モ道理上必ス附属セサル可カラサルモノナリ故ニ例ヘハ自己ニ属セサル権利ヲ売払ヒシ時ハ売主必ス其責ニ任セサル可カラス

第三　隠レタル瑕瑾ナキコトヲ担保スルコト○或ル学者ハ債主権売買ニハ瑕瑾担保ナシト論スルモノアレトモ決シテ然ラス尤モ債主権ノ瑕瑾担保ハ有形物ノ場合ト少シク其趣ヲ異ニセリ有形物ノ瑕瑾担保ハ其売払フタル物件ヲ当然ノ用法ニ供スルコト能ハサラシム可キ知リ難キ不良ノ所ナキ旨ヲ担保スルモノナリト雖モ債主権担保ハ承諾ノ瑕瑾又ハ能力ノ缺欠ナキ旨ヲ担保スルモノナリ故ニ例ヘハ其債主権ハ暴行錯誤詐欺ニ由リ得タル乎又其義務者ハ幼者有夫ノ婦等ニシテ後ニ取消ヲ訴ヘラル、トキハ売主必ス其責ニ任セサル可カラス

以上論スル所ヲ以テ見レハ第一ノ担保ニ付テハ有形物ト債主権トノ間ニ敢テ異ナルコトナシ然レトモ第二ノ担保ニ至テハ往々異論ヲ唱フル者アリムールロン氏曰ク有形物売買ノ担保ニ付テハ買主ノ被リタル損失ヲ償フ可キ責アルノミナラス其奪取ニ因リ妨遮セラレタル買主ノ得可キ利益モ亦共ニ之ヲ償補セサル可カラスト雖モ債主権ノ担保ハ単ニ買主ノ被リタル損失ノミニ止マルナリ法律ハ単ニ其譲受人自カラ其損失ヲ被ムラサルコトヲ望ムノ外敢テ他ヲ要セサルナリト然レトモ是専横ノ解釈ニシテ全ク解釈者ノ権限ヲ越ヘタルモノト謂ハサル可カラス何トナレハ法文ニ於テハ少シモ斯ノ如キ区別ヲ為サ、レハナリ

（法律雑誌第五六六号）

○売買法問題ノ一並ニ意見（前号ノ続）

前号ニ於テ第一ノ担保ヲ比較シ二個ノ売買間ニ差異ナキコトヲ弁セリ以下第二ノ担保ヲ比較セントス

第二ノ担保ヲ分ツテ四トス

第一　代金ノ返還○是法律ニ明文ナシト雖モ道理上債主権売買ニモ之ヲ適用セサル可カラス否ラサレハ売主ハ不当ノ利得ヲ得ルニ至レハナリ

第二　褫奪スル所ノ所有者ニ果実ヲ返スコトヲ強ラレタル時ハ果実ノ返還○是亦債主権売買ニ適用ス可キモノナリ故ニ買主利息ヲ得テ之ヲ褫奪セラレタルトキハ売主之ヲ返還セサルヘカラス然レトモムールロン氏ノ如ク債主権ノ売主ハ単ニ買主ノ被リタル損失ヲ償フノミニテ足レリトセハ売主ハ之レヲ返還スル

ニ及ハストセサルヘカラス何トナレハ利息ハ奪取ニ因リ受得スルコト能ハサリシ利益ニシテ失フタル損失ニアラサレハナリ

第三　買主ノ為シタル担保ノ訴ニ関スル費用ノ返還○若シ買受ケタル債主権ノ現存セサリシトキ又ハ其債主権売主ノ所有ニ非サルトキハ買主担保ノ訴ヲ為サヽル可カラス此等ノ費用ハ売主ノ過失或ハ悪意ニ職由スルモノナレハ売主之ヲ返還セサルヘカラス

第四　損害賠償○損害ニ二種アリ曰ク奪取ニ因リ被リタル損失曰ク奪取ニ因リ受得スルコト能ハサリシ利益是ナリ而シテ曩キニモ論スル如ク苟モ特別ノ明文ナキ以上ハ一般ノ原則ヲ適用シ債主権ノ売主モ亦此二個ノ損害ヲ補償スヘキモノト決セサル可カラス

以上述フル所ニ因テ見レハ有形物売買ノ担保ト債主権売買ノ担保トノ間ニ差違ナキヲ知ルニ足ル可シト思考ス聊カ管見ヲ述フルコト如斯シ

○治罪法問題ノ一並ニ意見（判事登用試験問題）

鶴陵主人稿

問　大赦特赦ノ性質及ヒ効果ノ差異如何

答　大赦ナル者ハ其性質犯罪事件ヲ消滅スル者ニシテ特赦ナル者ハ其性質刑ヲ消滅セシムル者ナリ蓋シ罪ノ消滅ト刑ノ消滅トハ本末ノ差異アル者ニシテ即チ罪ハ本ナリ刑ハ末ナリ故ニ其効果ニモ亦差異ナカラサルヘカラス請フ是ヨリ其差異ノ存スル所ヲ述ヘン

（第一）刑法第六十四条ニ曰ク大赦ニ因テ免罪ヲ得タル者ハ直チニ復権ヲ得特赦ニ因テ免罪ヲ得タル者ハ赦状中記載スルニアラサレハ復権ヲ得スト然ラハ則チ大赦アル時ハ他ノ条件ヲ要セス一般ノ刑ヲ消滅セシムルト雖トモ特赦ニ至テハ其特赦状中復権ノ事項ヲ掲載スルニアラスンハ公権ヲ復スルコトヲ得サルナリ如斯キ者ハ何ソヤ曰ク大赦ハ罪ヲ消滅セシムル者ナレハ則チ基本原タル罪ナキヲ以テ何等ノ刑ノ存スヘキ理由ナカルヘシ之レニ反シ特赦ナル者ハ罪ヲ消滅セシムルニアラスシテ刑ヲ消滅セシムル者ナレハ則チ特ニ滅免シタル刑而已ニ対シ消滅シ他ノ部分ニ及ハサルナリ

（第二）刑法第九十七条ニ曰ク大赦ニ因テ免罪ヲ得タル者ハ再ヒ罪ヲ犯スト雖トモ再犯ヲ以テ論スルコトヲ得スト是ニ因テ観レハ大赦ニ因テ罪ヲ免セラレタル者ハ再犯加重例ヲ用ヒスト雖トモ特赦ニ因テ刑ヲ免セラレタル者ハ再犯加重例ヲ適用スヘキ者ナリ蓋シ大赦ハ罪ヲ消滅セシムレハ即チ犯罪ナキノ有様ニ復スルヲ以

テ再ヒ犯スコトアルモ法律上ヨリ見ル時ハ始メテ犯シタル者ト異ナルコトナシ故ニ再犯加重例ヲ適用セスト雖トモ特赦ハ然ラス其刑ヲ消滅セシムルニ止リ罪跡ノ存スル者ナルヲ以テ再ヒ犯ス時ハ加重例ヲ適用セサルヘカラス

（第三）治罪法第四百七十七条ニ曰ク特赦ハ刑ノ言渡確定シタル後何時ニテモ検察官又ハ監獄長ヨリ犯人ノ情状ヲ具シ司法卿ニ申立ツルコトヲ得ト然ラハ則チ特赦ハ裁判ノ確定シテ復タ動スヘカラサルノ場合ニ至ラサレハ之レヲ施スヲ得スト雖トモ大赦ハ刑ノ確定スルト否ラサルトヲ問ハス何時ト雖トモ之レヲ施スヲ得ヘシ蓋シ特赦ハ刑ヲ消滅セシムル者ナレハ其刑ノ定ラサルニ之レヲ消滅セシムル能ハス之レニ反シ大赦ハ其罪ヲ消滅セシムル者ナルヲ以テ刑ノ確定スル前後ヲ問フ者ニアラサルヘシ

（第四）大赦ハ其罪ヲ消滅セシムルヲ以テ其事件ニ関与シタル者ハ一々之レヲ施サスト雖トモ総テ其罪ヲ免セラレ反之特赦ハ刑ヲ消滅セシムル者ナレハ其刑ノ言渡シヲ得タル者ニ対シ一々之レヲ施サヽレハ免刑ヲ得ス仮令ハ国事犯事件アリトセンニ大赦ハ其国事犯跡ヲ消滅セシムルヲ以テ之レニ関与シタル犯人ハ一般ニ罪

ヲ存セス然レトモ特赦ハ其事件ニ対セスシテ其人ニ対スルモノナレハ其特赦ヲ受ケタル一人ヨリ外ニ効果ノ及ハサルモノトス

右大赦特赦ノ性質及ヒ其性質ヨリ生スル効果ノ主要ナル四点ノ差異ヲ述フルコト如斯シ

（法律雑誌第五六七号）

○治罪法問題ノ三並ニ意見（判事登用試験問題）

鶴陵主人稿

問　被害者未タ私訴ヲ起サヽル前ニ死亡スルトキハ相続人ハ私訴ヲナシ得ルヤ果シテ私訴ヲナシ得ルトセハ其之ヲナシ得ヘキ場合如何

答　凡ソ相続人ナル者ハ先代ノ地位ヲ継承スル者ナレハ則チ先代ニ属スル一般ノ権利ヲ継承スヘキハ当然ナリ然レトモ其権利先代ノ一身ニ限ル者ハ之レヲ継承スル能ハス其一身ニ限ル権利ト雖トモ既ニ先代ニ於テ其権利ノ実行ヲ裁判所ニ提出スル時ハ其権利ノ外面ニ表出スルヲ以テ縦令ヒ先代ノ死去スルモ亦其相続人ノ其訴権ヲ継承シ得ヘキヤ論ヲ俟タス然レトモ先代未タ其訴権ヲ表出セスシテ死去スル時其相続人ノ権利ヲ継承シ得ヘキハ先代ノ一身ニ属セサル者ナラサルヘカラス然ラ

ハ如何ナル者ヲ以テ一身ニ属スル権利ト謂フ乎曰ク名誉ヲ毀損セラレタルニ付キ生スル損害要求ノ権殴打創傷ニ因リ生スル損害要求ノ権ノ如キ類是ナリ蓋シ是等ノ権利ハ其毀損セラレタル一身ニ属スル者ニシテ他人ノ伝承スヘキ性質ニアラサレハナリ或ハ云ハン先代カ窃盗ヲ為シタリト誹毀セラレ既ニ其名誉ヲ毀損セラレタル時ハ縦令ヒ先代カ其私訴ヲ為サスシテ死去スルモ相続人タル者ハ即チ其窃盗物ヲ所有シ幸福ヲ得ルノ不名誉ヲ来スヲ以テ誹毀者ニ対シ其損害賠償ヲ求ムルノ権アルヘシ又先代カ殴打創傷セラレタル為メ遂ニ死去シタル時ハ其相続人タル者先代ノ死亡ノ為メニ被ル総テノ損害ヲ賠償セシムルコトヲ得ヘシ果シテ然ラハ是等ノ権利ト雖モ被害者私訴ヲ起サスシテ死亡シタル場合ニ於テ猶ホ私訴ヲ為スヲ得ルニアラスヤト然レトモ以上列挙シタル場合ノ如キハ相続人カ被害者ノ有スル私訴権ヲ継承シ得ルニアラスシテ自ラ有スル権利ヲ行フニ過キス蓋シ先代カ窃盗ヲ為シタリト誹毀セラレ為メニ相続人カ其窃盗物ヲ所有シテ幸福ヲ得ルノ不名誉ヲ来タシタルハ則チ己レノ名誉ヲ毀損セラレタル者ナリ又先代カ殴打ニ因リ死亡シタル為メ被ムル損害ハ則チ己レニ属スル損害ナリ然ラハ如何ナル性質ノ権利ハ之レヲ行フヲ得ヘキヤ曰ク被害者ノ私訴ヲ起サスシテ死亡スル時相続人ノ私訴ヲ為シ得ヘキハ財産上ヨリ生スル権利ナラサルヘカラス仮令ハ物件ヲ窃盗セラレタル場合ニ於テ被害者即チ先代カ縦令ヒ其贓物還給ノ私訴ヲ起サスシテ死去スルモ相続人之レカ還給ノ私訴ヲ起スコトヲ得ヘシ又物件ヲ毀損セラレタル時其損害賠償ノ私訴ヲ起サスシテ死亡スルモ亦相続人其訴権ヲ行フヲ得ヘシ蓋シ是等ノ財産ハ其性質ニ於テ相続人ニ移転スヘキ者ナレハナリ

之レヲ要スルニ被害者私訴ヲ起サスシテ死亡スル時相続人ハ財産上ヨリ生スル訴権ニアラスンハ之レヲ行フヲ得スト云フニアリ

（法律雑誌第五六八号）

○売買法問題ノ二並ニ意見（判事登用試験問題）

問　外人ノ所有スル物件売渡ノ契約ハ如何ナル効ヲ生スルヤ

鶴陵主人稿

答　外人ノ所有物売買契約ノ効果如何ヲ知ラント欲セハ先ツ該契約ノ性質如何ヲ論究セサルヘカラス仏民法第千五百九十九条ニ曰ク売主自己ノ所有ニ非サル物件ヲ売

払フタル時ハ其売払ノ効ナカルヘシト然リ而テ此効ナカルヘシトアルハ当然無効ナリト云フ者ナル乎将タ無効ト為シ得ヘキ者ナリト云フ者ナル乎抑モ亦解除シ得ヘキ契約ナリト云フ者ナル乎或ハ曰ク該売買契約ハ売主所有権ヲ移転セシムル能ハサルヲ以テ即チ其義務ヲ履行セサル者ナリ蓋シ双務ノ契約ハ一方ニ於テ其義務ヲ尽サヽル時ハ他ノ一方ハ其契約ノ解除ヲ求ムルコトヲ得ヘキ者ナリ故ニ売主移転ノ義務ヲ履行セサルヲ以テ買主之レヲ解除スルスコトヲ得ルノ性質ナリト或ハ曰ク該契約ハ買主ノ承諾ニ瑕瑾アル者ニシテ所謂ル取消シ得ヘキ者ナリ蓋シ買主ハ売主ヲ以テ真ノ所有者ナリト確信シ以テ結約シタル者ナルヘシ然ルニ売主其物件ノ所有者ニアラサレハ則チ目的ノ主要ニ錯誤アル者ニシテ完全ノ承諾ナケレハナリト然レトモ以上ノ二説ハ何レモ駁撃ヲ免ルヘカラス凡ソ解除ナル者ハ結約後何レカ一方ニ於テ義務ヲ履行セサルニ因リ始メテ発生スル者ニシテ契約ノ萌芽スル当時ヨリ瑕瑾ノ存スルモノニアラス即チ契約成立ノ時ニアリテハ完全無瑕ノ者ナリト雖トモ後ニ生スル原由ニ依リ解除権ヲ生スル者トス外人ノ所有物売買ニ至テハ則チ然ラス其契約ノ成立ト同時ニ瑕瑾ヲ具有スル者ニシテ而テ後ニ生スル原由ニ依テ然ルニアラス何トナレハ売主己レニ有セサル権利ハ契約ノ当初ヨリ人ニ所有権ヲ移ス能ハサレハナリ若シ論者ノ説ノ如クンハ則チ双務ノ契約ハ総テ一方ニ於テ義務ヲ尽サヽル時ハ之レヲ解除スルコトヲ得ルヲ以テ是等ノ契約ハ総テ外人ノ所有物売買ト一般無効ノ契約ト謂ハサルヘカラス豈ニ如斯キ理アランヤ

又錯誤ノ故ヲ以テ取消シ得ヘキ契約ハ其錯誤カ物質上ニアルヲ要ス然ルニ外人ノ所有物ヲ売買シタル時ハ其契約ノ目的物件ノ性質ニ於テ毫モ錯誤シタル所ナケレハ則チ物質上ノ錯誤ト謂フヘカラス其所有者ヲ錯誤シタル如キハ之レヲ契約ノ原因ニ錯誤アリト謂フヘシ

凡ソ契約ノ成立ニハ三ケノ条件ヲ具備セサルヘカラス曰ク結約者双方ノ承諾曰ク定リタル目的物曰ク真実ニシテ且ツ適法ノ原因是ナリ今外人ノ所有物ヲ売買シタル時右三条件ヲ具備スルヤ否ヤヲ探究スルニ結約者双方ノ承諾アリ定リタル目的物アリト雖トモ原因ニ至テハ之レヲ欠缺ス即チ原因ノ空虚ナル者ナリ蓋シ売買契約ノ原因ハ買主ハ其物件ノ所有権ヲ得ントスルニアリ売主ハ其代価ヲ得ントスルニアリ然ルニ売主其物件ノ所有権ヲ買主ニ移ス能ハスンハ則チ買主ノ期シタル原因ヲ欠キタル者ト謂ハサルヘカラス然ラハ則チ外人ノ

所有物売買契約ノ成立ニ要スヘキ条件ヲ欠クヲ以テ当然無効ノ者ナリトス果シテ無効ナリトモ則チ該契約ハ何等ノ効験ヲ生スルコトナカルヘシ論者アリ或ハ謂ハン仏民法第千五百九十九条末項ニ因レハ該契約ヨリ効験ヲ生スルコトナシト云フヘカラス同条末項ニ曰ク「但シ此場合ニ於テ買主其物件売主ノ所有ニ非サルコトヲ知ラサル時ハ其売主ニ対シ損失ノ償ヲ得ント訴フルコトヲ得ヘシ」ト抑モ外人所有物売買ヲシテ当然無効タラシムレハ何ソ其損害賠償ノ効果ヲ生スルヤト然レトモ此効果ハ契約ヨリ生スルニアラスシテ民事犯罪若クハ准犯罪ヨリ生スル者ナリ之レヲ換言スレハ故意又ハ過失ヲ以テ外人ノ所有物ヲ売払ヒ買主ニ損失ヲ加ヘタル時ハ其故意又ハ過失アルノ所為ニ因テ義務ヲ生スル者ナリトス然ラハ則チ余輩カ外人所有物売買ハ当然無効ノモノニシテ何等ノ効果モ生スル者ニアラスト謂ヒシハ敢テ誤謬ニアラサルヲ信ス聊カ管見ヲ付シテ以テ本問ノ答案ヲ試ムコト如斯シ

（法律雑誌第五七〇号）

○刑法問題ノ一並ニ意見（十一月五日判事登用試験問題）

問　未遂犯ト不能犯トノ差違如何

答　未遂犯ト不能犯トハ大ニ其結果ヲ異ニスルモノニシテ未遂犯ハ若干ノ減等アルモ其責罰ハ免カレサルヲ通例トシ不能犯ハ全ク其罪ヲ組成セサルモノナリ故ニ此二者ノ区別ヲ詳ニスルハ最モ必要ナリトス

然ルニ世ノ此区別ヲ説ク者往々其犯人ノ拙劣ニ出テヽ遂ケサル者ト犯人ノ拙劣ニ出テタルニアラスシテ遂クルヲ得サリシモノトヲ以テ之カ区別ヲ為シ其拙劣ニ出テタル者ヲ未遂犯トシ其拙劣ニ出テタルニアラサルモノヲ以テ不能犯トナセリ然レトモ此説ヤ大ニ謬リタルモノト謂ハサルヲ得ス若シ此説ノ如クセハ行害者ニ於テ毫モ拙劣ナルコトナキモ被襲者ニ於テ注意ノ周密ナリシ為メ遂ケサルトキハ之レヲ不能犯トセサル可カラス例ヘハ此ニ甲者アリ正宗ノ名刀ヲ以テ乙者ニ斬付ケタレトモ乙者堅固ナル着込ヲ着セシ為メ遂クルヲ得サリシ場合ノ如キ即チ不能犯トセサル可カラサルナリ是果シテ至当ノ説ト謂フ可キ乎余ハ決シテ之レヲ至当ノ説トナスヲ得サルナリ抑モ不能犯ノ之レニ責罰ヲ負ハシムル能ハサル所以ノモノハ其犯罪ニ着手ヲ為サス所謂ル外部ノ原素ヲ欠クカ為メナリ今余ノ例シタル甲者ノ如キ果シテ犯罪ノ着手ナキ乎何人ト雖モ之レヲ目シ

テ着手ナキモノトセサル可シ然ラハ則チ刑法上責罰ヲ免スルノ理由ハ一モ之アラサル可シ故ニ其拙劣ニ出テタルト否トヲ以テ未遂犯ト不能犯トヲ区別スルノ説ハ実ニ浅見ニシテ今日既ニ陳腐ニ属シタル謬説ト謂ハサルヲ得サルナリ

而シテ余ノ今日信スル所ノ説ハ其所為犯罪ノ着手ニ似ルモ其実犯罪ノ着手ニアラサル場合ニ限リ不能犯トナシ其他ハ総テ未遂犯トナス可シト云フニ在リ而シテ其所謂ル犯罪ノ着手ニ似テ其実犯罪ノ着手ニアラサル場合トハ左ノ二個ノ場合ニ止マルモノトス

一　其所為性質上害ヲ生シ得可キモノニアラサル時

二　其被害ノ目的ヲ全ク欠クトキ

其第一ノ場合ヲ例スレハ毒物ニアラサルモノヲ毒薬ナリト信シテ毒殺ノ用ニ供セントシタル場合ノ如キ是其性質上害ヲ生シ得可キモノニアラス畢竟毒殺ノ着手ハ毒物ヲ行使スルニ由リテ成立ツモノナリ然ルニ其毒物ニアラサル物ヲ行使スル豈ニ之レヲ毒殺ニ着手セシモノト謂ハンヤ又例ヘハ他人ノ所有物ト信シテ自己ノ所有物ヲ持来リシ場合ノ如キ是亦窃盗ノ罪ヲ組成セサルナリ蓋シ窃盗ハ自己ノ所有物ニアラサル物ヲ盗取スルニ由リテ其罪ヲ組成スルモノナリ然ルニ自己ノ所有物ヲ持来ルモ決シテ此罪ニ着手セシモノトスルヲ得サルヤ明ナレハナリ以上例スル場合ヲ以テ推ストキハ其第一ノ場合ニ於テ刑法上責罰ヲ負ハシムル能ハサルコト明ナリ是之レヲ不能犯トナス所以ナリ

次ニ第二ノ場合ヲ例センニ石地蔵ヲ以テ人ト誤認シテ発銃セシ場合ノ如キ畢竟殺人ノ所為ハ人ノ生命ヲ奪ハントスルニ由リテ成立ツモノナリ然ルニ石地蔵ニ向テ発銃スルモ未タ以テ人ノ生命ヲ奪ハントスルノ所為ヲ外ニ顕ハシタルモノトスルヲ得サルヤ明ナリ又懐胎ノ婦女ナリト信シテ堕胎薬ヲ施シタルモ其実懐胎ニアラサリシ場合ノ如キ是亦全ク其目的物ヲ欠キタルモノトス何トナレハ堕胎ノ罪ハ胎児ヲ殺スニ由リテ成立ツモノナルニ其胎児ノアラサルトキハ未タ以テ之レニ着手シタルモノトスルヲ得サレハナリ以上例スル所ヲ以テ推ストキハ其第二ノ場合ニ於テ刑法上責罰ヲ負ハシムル能ハサルコト明ナリ是之レヲ不能犯トナス所以ナリ

右ニ掲クル二個ノ場合ノ外如何ナル事情アルモ之レヲ不能犯トスルヲ得ス故ニ其未タ遂ケサルモノハ皆未遂犯ノ例ニ拠リテ処分セサル可カラサルナリ

（法律雑誌第五七一号）

○刑事問題ノ二並ニ意見（十一月五日判事登用試験問題）

問　正当防衛ノ要件如何

答　此問題ハ本誌第五百十八号以下ニ於テ詳論セシ所ナルヲ以テ今復タ此ニ之レヲ詳説セス唯其要点ヲ掲クルニ止メントス

正当防衛ノ要件ヲ説クニ当リ余ハ之レヲ三段ニ区別シテ説カン

第一段　防衛ヲ為スヲ得可キ暴行ノ性質

正当防衛ノ権ヲ生セシメントスルニハ其暴行ニ左ノ三個ノ性質ヲ具備スルヲ要ス

一　其暴行ノ不正ニ出テタル事

二　其暴行ノ現在ニシテ且ツ害ノ回復ス可カラサル事

三　某暴行ハ腕力ヲ以テスルニ非サレハ之レヲ防ク能ハサル事

請フ右ノ三要件ニ付キ聊カ説明ヲ下サン

〔一〕正当防衛権ヲ生スルニハ其暴行ノ不正ニ出ツルコトヲ必要トスルニ由リ官署ノ正当ナル令状ノ執行ニ対シテ抗拒スルヲ得サルヤ論ヲ俟タス然ルニ若シ其官署ノ命令ニシテ不当ナルトキハ之レヲ抗拒スルヲ得而シテ正当防衛権ノ実行トナル可キ乎此問題ニ付テハ議論四派ニ分カル、ト雖モ余輩ノ賛成スル所ノ説ハ官署ノ命令ニ対シ正当防衛権ヲ行フタルモノトナスニハ左ノ数項ニ記スル所ニ相当スルモノニ限ルト云フニ在リ

其一　其処置ヲ為セシ者ノ掛官ニアラサル時

其二　官吏其職権外ニテ行フタル時

其三　其処置ノ明カニ法律ニ背戻スル時

又他ノ暴行ノ為メニ挑発セラレテ暴行ヲ為セシ者モ亦不正ト見做ス可キ乎トノ問題ニ付テ種々ノ議論アレトモ余ハ其暴行ノ正当ナル権内ノ所為トナスニ足ル可キトキハ最初ノ暴行者ハ決シテ正当防衛ノ権ヲ有セサレトモ正当ノ権外ニ出テタル所為ナレハ最初ノ暴行者ハ縦令些細ナル曲事アルモ為メニ正当防衛権ヲ失フモノニアラストナス然ルニ此ニ一ノ注意ス可キ事アリ即チ余ノ所謂ル正当ノ権内ノ所為ト云ヘル中ニ内部ノ元素ヲ欠クニ由リ無罪トナル可キ者ノ為シタル暴行ヲ包含セス何トナレハ是等ハ畢竟責罰ヲ科ス可カラスト云フマテニテ人ニ暴行ヲ加フルノ権利アルモノト謂フヲ得サレハナリ

〔二〕其暴行ノ未来ニ存スルトキハ唯一ノ脅迫ヲ為セシニ過キサルヤ知ル可カラス従テ防衛ヲ為スノ必要ナシ何トナレハ警察又ハ法衙ニ訴ヘテ之カ予防ヲ為スヲ

得可ケレハナリ又其暴行ノ既ニ去リタルトキハ防衛ヲ為スノ必要既ニ了リタレハ亦正当防衛ノ権ナシ是其暴行ノ現在ナルヲ要スル所以ナリ然リト雖モ其危害ノ切迫セシトキハ必スシモ彼ヨリ手ヲ下スヲ俟ツニ及ハサルナリ又其害ノ回復ス可カラサルヲ必要トスル所以ハ後ニ正当ノ手続ヲ経テ之レヲ回復スルコトヲ得可ケレハ暴ヲ以テ暴ニ報フルノ必要アラサルニ由ル而シテ如何ナル害ヲ以テ回復シ得可キモノトシ如何ナル害ヲ以テ回復シ得可カラサルモノトスル乎ハ事実ノ問題ナレハ今此ニ之レヲ略ス

〔三〕別ニ腕力ヲ用ヒサルモ道理ヲ以テ之レヲ防止スルニ足ル可キ時ニ当リ腕力ヲ以テ防キタル如キハ則チ必要ナキニ之レヲ行フタルモノナレハ正当トスルヲ得サルナリ然ルニ此ニ一問題アリ即チ其逃走ヲ為シ得可キニ腕力ヲ以テ防止シタルトキハ正当防衛トナスヲ得サル乎ノ問題是ナリ此問題ニ付テハ異論アリト雖モ余ハ其危害ノ切迫スル以上ハ縦令ヒ逃走ノ隙アルモ決シテ正当防衛ノ権ヲ失フモノニアラスト思考ス其理由三アリ左ノ如シ

一　其危害ノ切迫シタル場合ニ於テハ必スシモ逃走ヲ為サントシタルカ為メ其機ヲ失シ敵ノ害ニ遭フコト之ナシトセス然ルニ法律ヲ以テ人ニ逃走ヲ命スルハ不正ノ者ヲ保護シ却テ正当ノ者ヲ危難ニ接スルモノト謂フ可ヘシ

二　其襲撃ノ急ナルニ当リテハ人情其身ヲ防クニ急ニシテ他人ノ禍害ヲ顧ミルニ遑アラサルモノナリ此時ニ当リテ逃走ノ事ヲ思ハシメントスルハ難キヲ人ニ責ムルモノト謂フ可シ

三　凡ソ人ニハ其意ノ欲スル所ニ従ヒ動作シ又ハ居止スルノ権アリ苟モ法律ノ禁セサル限リハ決シテ此権ヲ奪ハル、コトナシ然ルニ法律ヲ以テ強テ逃走ス可キコトヲ命スル■《ハか?》不正ノ暴行アルカ為メ正当ノ者ニ一ノ義務ヲ負ハシムルモノト謂フ可シ是豈ニ正理ノ容ルス所ナランヤ　（未完）

○訴訟法問題ノ一並ニ意見（判事登用試験問題）

問　被告人ノ担保者躬カラ訴訟ニ参加シ為メニ被告本人ヲシテ訴訟ヲ脱セシメ得ルヤ

鶴陵主人稿

答　本問ハ担保ノ種類ニ因リ其決ヲ異ニセサルヘカラス蓋シ担保ニハ通常ノ担保アリ法律上ノ担保アリ何ヲカ通常ノ担保ト謂フ曰ク対人ノ訴訟ニ関スル者是ナリ仮令

ハ債主カ保証人ニ係リ弁償ノ訴ヘヲ起シタル時負債主即チ担保者カ其訴訟ニ参加スルカ如キ類ナリ何ヲカ法律上ノ担保ト云フ曰ク物上ノ訴訟ニ関スル者是ナリ仮令ハ物件ノ買主ニ対シ他人カ所有権取戻シノ訴ヘヲ起シタル時其物件ノ売主其訴訟ニ参加スルノ類ナリ然リ而テ通常担保ノ場合ニアリテハ被告本人ヲシテ訴訟ヨリ脱セシムルコトヲ得スト雖モ法律上担保ノ場合ニアリテハ之レヲ脱セシムルコトヲ得ヘシ何トナレハ通常担保ノ場合ハ原告人ノ目的トスル所ハ被告人ニアリト雖モ然レトモ法律上担保ノ場合ハ其目的トスル所被告人ニアラスシテ物件ニアレハナリ故ニ其訴訟ノ目的被告人ニアル時之レヲ脱セシムレハ原告人ノ目的ニ反スルヲ以テ被告本人ヲ訴訟ヨリ脱セシムルヲ得ス而テ其目的物件ニアル時ハ訴訟本人ノ何人ナルヲ択ハサルヲ以テ被告本人ヲ脱セシムルモ原告ノ目的ニ反スル所ナキニ因リ之レヲ脱セシムルコトヲ得ル者ナリト思考ス

（法律雑誌第五七二号）

○刑事問題二ノ意見（前号ノ続キ）

第二段　防衛ヲ為スヲ得可キ暴行ノ目的

其暴行ノ目的トスル所生命ヲ害スルニ在レハ正当防衛ノ権ヲ生スルコトハ何人モ異論ナキ所ナリ然レトモ其暴行ノ目的唯身体名誉若クハ財産ヲ害スルニ止マリ生命ヲ害スルニ至ラサルトキハ如何此場合ト雖モ仍ホ正当防衛ノ権ヲ生スル乎蓋シ身体ノ危害ハ生命ノ危害ト相密接シ其間ニ区別ヲ為シ難キコト往々ニシテ之アリ故ニ苟モ害ヲ身体ニ加フル者アレハ人々自ラ之レヲ防衛スルヲ得セシメサル可カラサルヤ論ヲ俟タサルナリ然レトモ名誉ヲ害スルノ所為ニ付テハ大ニ制限ヲ加ヘサルヲ得ス夫ノ強姦ノ如キ名誉ヲ害スルト同時ニ身体ヲ害スルモノニ付テハ固ヨリ正当防衛ノ権ヲ生スルト雖モ単ニ名誉ヲ害スルニ止マリ身体ニ及ハサルモノハ各国刑法ニ於テ正当防衛権ヲ認ムルモノ幾ト希ナリ現ニ我カ刑法ノ如キ如キモ之レヲ認メサルナリ又財産ニ対スル暴行ニ付キ正当防衛ノ権アルヤ否ヤニ付テハ諸学者ノ議論紛々トシテ未タ一定セサルニ似タリ今我カ刑法ニ於テハ財産ニ対スル暴行ト雖モ已ムヲ得サル場合ニハ正当防衛権ヲ認メタリ

然ルニ此ニ一問題アリ即チ他人ノ為メニ正当防衛ノ権アルヤ否ヤノ問題是ナリ嘗テ羅馬法ニ於テハ近親ノ為メニ限リ之レヲ許シタレトモ仏国古法及ヒ中世ノ法律ニテハ何等ノ区別ナク総テ他人ノ為メ防衛ヲ為スコト

ヲ許シタリ今我カ刑法ニ於テハ身体生命ヲ防衛スル為メニハ他人ノ為メニモ亦正当防衛権アルコトヲ明認セリ然レトモ財産ニ対スル暴行ニ付テハ法文不明ニシテ学者ノ異論ナキニアラスト雖モ余輩ハ財産ニ対スル暴行ト雖モ已ムヲ得サルニ出テタルトキハ他人ノ為メニ亦正当防衛ヲ為スヲ得可キモノトス何トナレハ我カ刑法第三百十五条ニ於テ特ニ自己ノ為メト限ルニアラサレハ第三百十四条ノ精神ヲ受ケテ自己並ニ他人ノ為メヲ包含セシメタルモノト解釈セサルヲ得ス又道理上ヨリ考フルモ人類相救助スルハ人間ノ本分ニシテ決シテ不正ノ所為ト謂フヲ得サレハナリ

第三段　正当防衛ノ程度

防衛ノ程度ハ其暴行ヲ防止スルニ必要ナル程度ニ止メサルヲ得ス若シ其程度ヲ超過スルトキハ正当ノ区域ヲ脱シタルモノトス而シテ其所為果シテ必要ノ区域内ニ止マルヤ否ヤニ事実ノ問題ニシテ今此ニ一定ノ限界ヲ立ツルヲ得スト雖モ今此ニ一二ノ例ヲ挙クレハ虚弱ナル者ノ腕力ヲ以テ暴行ヲ加ヘタルニ虚弱ナル者ノ兵器ヲ以テ防衛スル如キ又一旦暴行者ヲ打倒シ最早暴行ヲ為ス能ハサルニ至リタル後之カ「トヾメ」ヲ指ス如キハ皆必要ノ区域ヲ超過シタルモノトス

以上三段ニ述ヘタル所ハ学説ニ基キ且我カ刑法ヲ参照シテ正当防衛ノ要件ヲ述ヘタルナリ以下我カ刑法ノ条文ニ就テ之カ要件ヲ約載セン

○身体生命ヲ害スル暴行ニ対スル正当防衛ノ要件

一　已ムコトヲ得サルニ出テタルコト
二　暴行人ヲ殺傷シタル事
三　不正ノ所為ニ由リ暴行ヲ招キタルニアラサルコト

○財産ヲ害スル暴行ニ対スル正当防衛ノ要件

一　已ムコトヲ得サルニ出テタル事
二　暴行人ヲ殺傷シタル事
三　財産ニ対シ放火其他暴行ヲ為ス者ヲ防止スルニ出テタル乎盗犯ヲ防止シ又ハ盗贓ヲ返還スルニ出テタル乎夜間故ナク人ノ住居シタル邸宅ニ入リ若クハ門戸牆壁ヲ踰越損壊スル者ヲ防止スルニ出テタル事

以上正当防衛ノ要件ヲ略述シタレハ此ニ筆ヲ擱シテ更ラニ他ノ問題ヲ研究セン

黄樹山人稿

（完）

（法律雑誌第五七三号）

○訴訟法問題ノ三並ニ意見（判事登用試験問題）

問　主タル控訴及ヒ附帯控訴ノ定義並ニ此ノ二控訴間ニ存スル差異如何

答　控訴トハ何ソヤ曰ク控訴トハ下等ノ裁判所ニ出タシタル訴訟ノ敗訴者ニシテ其不正ニ敗訴シタルコトヲ信スル者己レノ利益ヲ保護センカ為メ上等ノ裁判所ニ出テ其裁判ノ覆審ヲ求ムルヲ云フ而シテ其控訴ニ二種アリ即チ主タル控訴ト附帯ノ控訴是ナリ而シテ其控訴ノ他ノ控訴ニ附従セサルモノヲ称シテ主タル控訴ト云ヒ而シテ被控訴者カ主タル控訴ノ審理中ニ為スモノヲ称シテ附帯ノ控訴ト云フ

是ヨリ此二控訴間ニ存スル差異ヲ略述センニ以下ノ三個ニ在リ即チ主タル控訴ハ始審裁判ノ言渡ニ承服シタル後ニ之ヲ為スヲ得スト雖モ附帯ノ控訴ハ其言渡ニ承服シタル後ニ之ヲ為シ得ルモノトス是第二ノ差異トス蓋シ此差異アル所以ノモノハ訴訟人ノ一方ハ始審裁判ノ一部分ニ付テハ不服ナル点アルモ他ノ部分ト差引スルトキハ大ナル損失ナキヲ以テ控訴ヲ為スヨリモ寧ロ之ヲ為サヽルニ若カストシ其控訴ノ権ヲ放棄シタルモノト看做スモノナルニ他ノ一方カ其不利益ノ点ノミヲ挙ケテ控訴ヲ為ストキハ他ノ一方モ亦均シク従タル控訴ヲ為スノ権ヲ復セシムルヲ以テ当然ノ事ト云フ可ケレハナリ故ニ附帯ノ控訴ハ其言渡ニ承服シタル後ト雖モ之ヲ為スヲ得ルト定メシモノナリ

又主タル控訴ニ付テハ千八百三十八年ノ布告ニテ始審裁判所商事裁判所ノ裁判ニ付テハ二ケ月、治安裁判所ノ裁判ニ付テハ一ケ月ト定メラレタルヲ以テ（訴訟法ヲハ改正シタルモノトス）此期限内ニアラサレハ控訴ス可カラス然レトモ附帯ノ控訴ナレハ此期限後ト雖モ猶ホ控訴スルヲ得是第二ノ差異ナリトス蓋シ此差異アル所以ハ訴訟人ノ一方カ控訴ヲ放棄セシハ他ノ一方ニ於テモ亦之ヲ放棄ス可キノ黙諾ヲ以テ為シタルナラント推測スルモノナルニ反テ他ノ一方ヨリ控訴スルトキハ最早之ヲ黙止スルノ理由ナキニ至レハナリ故ニ附帯ノ控訴ハ期限後ト雖モ之ヲ為スヲ許シタルモノト定メタルモノナリ

又主タル控訴ハ召喚状ヲ以テ之ヲ為サヽルヲ得スト雖モ附帯ノ控訴ハ請願書ヲ以テ之ヲ為スヲ得是第三ノ差異ナリトス蓋シ此差異アル所以ノモノハ附帯ノ控訴ハ主タル控訴ノ審判中ニ為スモノナレハ召喚状ヲ以テスルノ必要ナケレハナリ

以上ニ掲クル所ヲ以テ略々本問ノ答ト為スニ足ラン若シ事ノ細目ニ渉リテ之ヲ掲クルトキハ尚ホ其差異ノ存

スルヤモ知ル可カラスト雖モ今ハ只試問ノ答案ニ擬スルノミナレハ普通ノ場合ニ付テ之ヲ異論シタルノミ

（法律雑誌第五七四号）

本年十一月司法省ニ於テ判事登用試験ヲ執行セラル今其英法問題ニ付試ミニ鄙見ヲ陳シ以テ大方ノ教ヲ請ハントス

財産法

（一）地役ハ如何ナル方法ニ由テ生ズルヤ例ヲ挙ケテ説明スベシ

地役ヲ生ズルノ原由ヲ区別スル学者其方法ヲ異ニスト雖トモ余ハ之ヲ大別シテ三トス

第一明意ノ譲与《グラント》　遺嘱《デバイス》

第二暗黙ノ譲与
- （一）必要（ネソセシチー）
- （二）主領供役両地所有者ノ使用処分
- （三）禁交言
- （四）経時効

第三法律

第一　明意ノ譲与

明約ヲ以テ地役ヲ設定スルハ実ニ稀ニ見ル所ニシテ且困難ヲ生ズルコトナシ唯地権ノ大小広狭ニ就キ稍々疑問ヲ来タスコトアリト雖トモ之ヲ判定スル亦以テ難キニ非ズ然レトモ地役ヲ設置スル必ズ捺印《ジイド》証書ヲ以テセザルベカラザルハ英法確固不動ノ原則ニシテ嘗テ之ニ反対スルノ裁判例ヲ見ザルナリ故ニ口頭契約若シクハ捺印セザル証書ヲ以テスルトキハ縦令ヒ義務者ニ於テ之ヲ実行セザルモ訴権ヲ生ゼザルノミナラズ又之ヲ践行シタル後ト雖トモ其結果単ニ許容（ライセンス）ニ過キザルヲ以テ何時トナク追消セラルベシ

明約ヲ以テ地役ヲ生ズルノ場合ニアリ

（一）結約者地役権ヲ他人ニ譲与シ尚其供役地ヲ所有スルコト甲者契約ニヨリ其所有ノ土地上ニ往来権汲水権ヲ乙者ニ付与スル等ノ場合ヲ謂フ

（二）結約者其土地ヲ譲渡シ尚地役ヲ保存《リザーブ》スルコト甲者其所有ノ土地ヲ乙者ニ譲渡スニ当タリ甲者猶其土地上ニ遊猟権ヲ有スベキヲ約スル如キヲ謂フ

何人ト雖トモ自己ノ有スルヨリ以上ノ権利ヲ譲与スル能ハザルハ法律ノ一大原則ニシテ有期借地者ヨリ付与セラレタル地役ハ其借地期限ノ経過ト共ニ消滅シ敢テ復帰権ヲ害スルコトナカルベシ

贈遺ニ由リ創造若シクハ譲与セラレタル地役ハ其例夥多ナレバ特ニ之カ例解ヲ為サズシテ明晰ナラン

第二　暗黙ノ譲与

（一）　必要

必要ニ由リ生ズル地役トハ財産ノ位置ヨリ来ル者ニシテ其之ヲ享得シタル所有者之ト連続隣接セル他人ノ土地ヲ使用スルニ非ザレバ到通スル能ハザルカ或ハ其財産全タク価額ヲ有セザルノ場合ヲ謂フ者ニシテ他人ノ土地ヲ以テ四方囲繞セラレタル土地アリトセバ其所有者ニシテ往来経路ノ権ヲ得ルニ非ザレバ其財産ハ有名無実何等ノ利益ヲモ生ズルナシ例ヘバ甲者其所有セル土地ノ中央ニ在ル家屋ヲ乙者ニ貸与セバ乙者ハ家屋使用ノ目的ヲ以テ甲者ノ土地ヲ往来スルノ権利ヲ附与セラレタルモノナリ然リト雖トモ自己財産ノ利益ヲ享クル能ハザルヲ以テ必ズシモ地役ヲ生ズルニ非ズ譲与ヲ推測スルニ足ルベキ事実ナカルベカラズ例ヘバ甲者其所有ノ沼池ニ於テ捕漁スルノ権利ヲ乙者ニ附与シタリトスルモ之ヲ乾涸セシムルタメ堤防ヲ潰崩シ或ハ伐木スルノ権利アラザルナリ

必要ニヨレル往来権ハ最トモ通常ノ場合ニシテ特別ノ規定アリト雖トモ冗長ニ渉ルノ恐アルヲ以テ爰ニ之ヲ省略スベシ又地役ヲ生ズベキ必要緩急ノ度ニ至リテハ古今判決例相抵触スルヲ以テ細密ニ之ヲ闡究スルハ是小篇ノ能クスベキニ非ズト雖トモ唯必要欠クベカラズト意義ニ解スルモ大過ナカルベシ

（二）　主領供役両地所有者ノ使用処分

仏蘭西民法ニテハ之ヲ称シテ家父ノ意思ト言ヘリパルドッシュ氏其著書地役論ニ曰ク家父ノ意思トハ現今分割セル二箇ノ土地所有者其土地ノ位地状況ニヨリ特段ナル使用ニ供スルタメ為シタル処分ニシテ甲地乙地ヨリ利益ヲ受ケ嘗テ其報償トシテ何等ノ役務ヲモ負荷セザルコトアリ或ハ二地ノ役務相互ナルアリ然レトモ是等ノ差違ハ是分賦ノ性質効果ヲ変更スルコトナシ而シテ譲与若シクハ相続ニヨリ甲乙二地其所有主ヲ異ニシタルトキハ従来単ニ家父ノ意思ニ止マリシ者変ジテ二所有者間地役ノ効果ヲ生ズ然レトモ是地役タル継続ニシテ且外顕ノ性質ヲ具有スルヲ要スト

仏法ニ於テ之ヲ法典ニ載セ頗ブル昭明較著ナリト雖トモ英法ニ於テハ古来学者ノ明解ニ困シム所ニシテ断例ニ至テモ相交叉矛盾シ嘗テ帰着スル所ヲ見ズ然レトモ試ミニ判決学説ヲ参照勘査シ左ニ之ニ関スル一大則ヲ繹求セン

一土地ノ所有主従来ノ慣用ニヨリ其一部ノ利益ノタメ他ノ部分ニ継続シテ且外顕ノ准地役（准地役ト謂フハ未ダ完然ノ地役ニ非ラザルヲ以テナリ）ヲ設定シタリ若シ該所有者其利益ヲ享ケタル主領部分ヲ第三者ニ譲

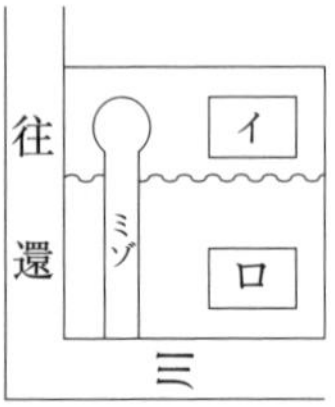

渡シタリトセバ買主ハ特約アルニ非ザレバ暗黙ノ譲与ナリトノ推測ニ基ヅキ地役権アル者トス然レトモ若シ之ニ反シテ供役部分ヲ譲与セバ買主ハ役務ヲ負担セズ売主ハ地役保存ノ特約ヲナサヽルヲ以テ地役権ヲ有セザルモノトス（Pyer V. Carter, 1 H & N. 916; sheffield V. Brown. 33 L. J. ch. 249.）

是ニ所謂継続ノ地役（Coptnuous Easement.）トハ水樋承光ノ権利ノ如キ人為ヲ要セズ使用ノ継続シ或ハ継続シ得ベキモノヲ謂フ又外顕ノ地役（Apparent Easement.）トハ門戸窓牖水渠ノ如キ外部ノ工作ニヨリ外ニ顕ハルヽモノヲ謂フ今甲者上図ノ如キ一大土地ヲ所有シ便宜上悪水疏通ノタメロ部ニ一溝渠ヲ築キタリトセン是准地役ノ継続ニシテ外顕タルノ性質ヲ備フルハ明カナリ故ニ若甲者イ部ヲ乙者ニ譲渡ストキハ特約アラザレバ乙者ハ溝渠使用ノ権利ヲ有スル者ナリ然レトモ若甲者ロ部ヲ乙者ニ譲与セバ甲者是地役権ヲ有セザルモノトス

余輩ハ爰ニ最明瞭解シ易キノ例ヲ挙示セシニ止マルト雖トモ亦以テ原則ノ一斑ヲ知ルニ足ルベシ

（以下次号）

（法学協会雑誌第三四号）

○判事登用試験問題英国財産法答按（承前）

（三）禁反言（Estophil in hair.）

凡ソ一地ノ所有者ニシテ其隣地所有者ノ地役ノ存在ニ憑拠シ且地役ナクンバ全タク徒費ニ属スベキ金額ヲ費ヤスヲ知得スルト雖トモ袖手傍観敢テ之ヲ抗拒セザルトキハ後日必ズ地役ヲ負担スベク決シテ之ヲ防止スル能ハザルナリ是禁反言ノ生ズルハ概シテ空地ニ隣接セル土地ノ所有者其境界上ニ家屋ヲ建築シ其空地ヲ観望スベキ窓牖ヲ造作シタル場合ニシテ其空地所有者十分事実ヲ知リタル後放擲敢テ之ヲ顧ミザルトキニ在リトス例ヘバ甲者口頭契約ヲ以テ乙者ニ観望ノ地役ヲ譲与センニ若シ甲者是地役ノ追消シ得ベキニ拘ハラズ乙者ヲシテ之ニ依頼シ家屋ヲ建築セシメタルトキハ甲者ハ其地役ヲ負担セザルベカラズ然レトモ是地役ヲ生ズルニ第一甲者乙者ノ所為ヲ十分知得スルコト第二甲者之ヲ抗拒セザルコトノ二要件ナカルベカラズ

是禁反言ニ由テ生ズル地役ハ英国衡平法ノ創定物ナルヲ以テ供役地ノ Bona fide purchaser for value. ニ移転スルニ非ラザルヨリハ常ニ之ニ付着スルモノトス

（四）経時効

経時効ニ由リ地役ヲ生ズル左ノ六条件ヲ備具スベキヲ要ス

第一使用「アドベルス」タルベキコト

「アドベルス」トハ許容或ハ合意ニ非ラザルノ謂ニシテ合意上ノ使用ハ幾年ヲ経過スルモ時効ヲ生ゼルナリ例ヘバ借地者ハ時効ニ由リ往来権ヲ得ル能ハズ又甲者乙者ノ承諾ニヨリ乙者所有土地上ノ悪水ヲ除去スルタメ甲者所有ノ土地ニ溝渠ヲ作クリ時効法定ノ期限ヲ経過スルモ乙者土地ノ譲受人ハ時効ニヨリ悪水疏通ノ権利ヲ得ル能ハズ

（参照 Dve d. Jackson V. wickinson, 3 BH 413）又主領地所有者供役地所有者ノ請求ニ応ジ時効期限中其請求セントスル地役権ノ実行ヲ中止スルカ如キアラバ又経時ノ効アラザル者トス

第二使用独占《エキスクルシーブ》タルベキコト

使用独占タルベシトハ必ズシモ其地役ヲ請求スル者単一独行タルベシト云フニ非ズ唯他人ノ同権実行ト独立スベク且自己ノミニ存スル特前ノ理由ナカルベカラザルノ謂ナリ故ニ神社学校公会等ニ通ズル往来ノ権ハ時効ノ目的タル能ハズ

第三使用法定ノ期限中継続シテ間断防碍ナキヲ要ス

時効ヲ生ズルニ必要ナル使用継続ハ請求セラレタル権利ノ性質ニヨリ異ナルモノニシテ継続トハ其使用瞬時ノ間断アルベカラズトノ意ニ非ズ窓牖溝渠ノ権ノ如キ其性質間断ナキ地役ニ至リテハ規則ヲ適用スル稍厳ナリト雖トモ往来権ノ如キ再三再四其之ヲ使用スル毎ニ人為ヲ要スル者ハ唯時々之ヲ使用シ長隔時ナク供役地主ヲシテ之ヲ遺忘セシメザレバ充分ナリトス而シテ使用ノ中止セラレタルハ任意ナルヤ供役地主ノ抗拒ニ出テタルヤ将之ヲ委棄スルノ意ナク只天災若シクハ偶然ノ事変ニ基因シタルヤハ事実論ニシテ陪審官ノ認定ニ任スベキ者トス故ニ左ニ其実例ノ二三ヲ捃摭スルヲ以テ足レリトセン

隣人ノ土地上ニ木材ヲ蓄積スル三十年ナルモ其間十年使用ノ間断ヲ以テ経時ノ効ナシト判決セリ（Pollad V. Barnes, 2 Cush. 191-199.）然レトモ地役ノ性質ニヨリ使用ニ間断アルモ継続ナキニ非ズ例ヘバ一年一回牧場雑草芟鋤ノタメ他人ノ土地ヲ往来スル如キハ二十年ヲ経過スレバ時効ニヨリ地役ヲ得タルモノトセリ又流水疏通ニシテ水車修繕ニヨリ中止シタリトテ敢テ時効ヲ害スベキ間断トセサルナリ

第四使用ハ法定期限内同一ノ方法範囲タルベキコト

凡ソ法律ハ終始使用ニ多少ノ変更ヲ許サヽルニ非ズト雖トモ其方法範囲ニ就キ緊要著大ナル変動ヲナストキハ経時ノ効ヲ生ズルナシ然レトモ時効ニ由リ已ニ得タル地役ハ其使用ノ方法ヲ過マルモ之ヲ失ハザルベシ例ヘバ隣地

上ニ二十年間流水ヲ疏通スルモ其間広袤方向等ニ付キ大変動ヲ為サバ経時ノ効アラズ之ヲ得ントセバ爾後更ニ二十年ヲ経過セザルベカラズ（Corton V. Pocasset my Co. 13 metc. 429）之ニ反シテ往来権ヲ得ルニ同一ノ径路ヲ通過セザル如キ苟々タル変更ハ時効ヲ中断セズ

第五使用ハ公然顕明タルベキコト

夜中或ハ秘密ノ使用ハ時効ヲ生セズ隣人ノ自己土地鑿凹ノ不知ヲ機トシテ其土地ヲシテ家屋ノ重量ヲ負荷セシムルカ如キハ幾年ヲ経過スルモ支持ノ権ヲ得ベキニ非ズ又使用ハ静穏タルベシ法定期限中供役地主ノ抗拒アリタルトキハ時効ノ熟成ヲ防遏ス

第六供役地主ハ使用ヲ抗拒スベキ能力資格ヲ有スベキコト

借地者ニ対スル地役ハ復帰権ヲ害スルコトナシ又使用ハ幾星霜ヲ歴ルモ已婚婦幼者白痴者等ニ対シテハ時効ヲ構成セズ然レトモ使用後ニ起リタル不能力ハ時効ノ完成ヲ中断セズ

第三法律

法律ヲ以テ地役ヲ設定スルノ例ハ実ニ寥シタルモノニシテ又緊要ナラズ英国千八百四十五年鉄道条例諸車往還ニ跨レル線路上ヲ通行スルヲ許セリ其他尚二三アレトモ法律上ノ問題ヲ生ゼザルヲ以テ茲ニ之ヲ略ス

（三）所有権ニ習慣上衡平法上ノ区別アリ之ヲ例解スベシ

所有権習慣上衡平法上ノ別ヲ覈明セント欲セバ衡平法信托法ノ起源沿革ヲ探究セザルベカラズ然リト雖トモ之ヲ詳説スルハ極メテ冗長ニ渉リ且問題ヲ踰越スルノ恐アルヲ以テ茲ニ唯簡単ニ二者間ニ存スル差異ヲ例解スルノミ

今甲者アリ其所有ノ土地ヲ丙者利益ノタメニ乙者ニ信托スルトキハ歴史上ノ理由ニヨリ普通法裁判所ハ乙者ヲ以テ純然タル所有者トシ決シテ丙者ノ権利ヲ承諾セザリシ然レトモ丙者ヲ度外視スルハ条理正義ニ悖トリ且結約者ノ意思ト背馳スルヲ以テ衡平法裁判所ハ甲者ヲ以テ単ニ被托者《トラスチー》トシ丙者コソ正当ノ所有者ナリトセリ故ニ通常乙者ノ権利ヲ称シテ習慣上ノ所有権ト言ヒ丙者ノ権利ヲ名ヅケテ衡平法上ノ権利ト謂フフンダアヒル氏曰ク習慣上ノ所有権トハ昔時（千八百七十五年前）普通法裁判所ノ承認セシ単一ノ権利ニシテ之ヲ獲得スルモ普通法ノ有要ナリトスル外形上ノ法式履行ヲ要シ且衡平法上ノ権利ヲ有セザルニモ拘ハラズ端式ヲ経他人ニ移転シ得ベキ者ヲ謂ヒ衡平法上ノ所有権トハ唯衡平法裁判所ヨリ認知セラレタル者ニシテ今日ニテハ之ヲ承認セザル裁判所ナシト雖トモ其基礎トスベキ原則ニ至リテハ全タク裁判上ノ条理ニ依リタル者ニシテ普通法ニ取リシモノニアラズト

氏ノ言タルヤ頗ブル剴切ニシテ其深意ヲ尽シタルニ非ズト雖トモ簡固ニシテ肯綮ニ中ル者ト謂フベシ左ニ二例ヲ挙ケ以テ二者権利ノ差別ヲ示サン

甲者其所有ノ土地ヲ乙者ニ売渡スベキヲ約シ既ニ代価ヲ受取リタリトセン英国法律ニヨリ引渡（コンベイヤンス）ヲ完了スルニ非ザレバ甲者ハ尚習慣上ノ所有権ヲ有ス然レトモ既ニ売渡ノ契約ヲ結ビタルヲ以テ衡平法上ノ所有者ニ非ス若甲者其契約ヲ履行セズ再タビ其土地ヲ Bona fide purchaser for qalue ニ譲渡シ法定ノ手続ヲ経タルトキハ其買主ハ純然タル所有者ナリトス然レトモ衡平法ハ乙者ヲ以テ受利者（Ceatri gru trust）トシ甲者ヲ以テ単ニ暗黙ノ被托者（Prrstic.）ト見做シ乙者ハ衡平法上正当ノ所有者タルヲ以テ若シ甲者土地ノ引渡ヲ拒ムトキハ乙者契約履行ノ訴権ハ衡平法裁判所ニ提出セザルベカラズ又甲者前売買ヲ知ルカ或ハ報償ヲ為サゞル第三者ニ売渡スコトアルモ乙者ノ権利ハ決シテ害セラレザル者ニシテ充分之カ実行ヲ求ムルヲ得ベキ者トス

（法学協会雑誌第三五号）

〔現任判事補検事補書記用判事登用試験〕

○在官判事登用試験問題　去ル七日より十日迄に東京にては各裁判所及大審院控訴院等の判事補検事補書記等を司法省講義室に於て控訴院所在地に在てハ控訴院ニ於テ其他ハ始審裁判所及支庁ニ於テ行ハれたる判事登用試験問題ハ左の如くなりと云ふ

仏財産法（七日午前）第一問　動産不動産区別の利益如何○第二問　物権人権の定義及其間の差異如何○第三問　入額所得権と使用権との差異如何

同契約法（七日午后）第一問　錯誤ハ契約に如何なる影響を及す乎○第二問　引渡前契約の目的物消滅したる場合に於て其損害を負担すへきものハ誰そ○第三問　連帯義務の権利者ハ如何なる利益を有する乎

同売買法（八日午前）第一問　売買取消と売買解除との区別如何○第二問　確定物売買の効果と不確定物売買の効果との差異如何○第三問　買主代価を弁済せさる場合に於て売主の有する権利如何

同証拠法（八日午后）第一問　如何なる公正証書は執行力を有する乎　第二問　法律上の推測に反証を許すものと否らさるものとあり例を挙て之を詳述せよ○第三問　自認ハ如何なる場合に於て取消す事を得へきや

訴訟法、英仏日本を問ハす（九日午前）第一問　対審裁判と欠席裁判との区別如何○第二問　控訴と上告との差異如何○第三問　訴訟入費の負担は如何に定むへきか

日本刑法（九日午后）第一問　犯人控訴して敗訴の上告にて減刑したる場合に於て刑期計算方法は如何理由を述て答ふへし○第二問　盗罪に必要なる源素ハ如何○第三問　父の証書を偽造して他人より父の領収すへき金額を請取りたるもの、処分如何理由を詳述して之を判断すへし

日本治罪法（十日午前）第一問　附帯犯と附帯にあらさる犯罪との区別及び其の之を区別する理由如何○第二問　現行犯と現行に非ざる犯罪との区別及び其之を区別する理由如何○第三問　被害者又ハ親属の告訴を待つて受理すべき事件に於いてハ親属中何人の告訴を以て有効なりと為すか

○〔告訴と告発との区別及其区別より生する差異〕　告訴告発の性質は均しく犯罪ある事を官に告るものにして只其告くる人の異なるにより其名を異にし又其名称の異なるに従ひ其手続結果に多少の差異を生するものなり告訴とハ犯罪に因り害を被むりしもの、犯罪あることを官に告くるものなり告発とハ官吏と常人とを問ハす犯罪事件を官に告くるものを云ふ又告発ハ之を区別して公の告発（官吏の告発）私の告発（常人の告発）となすことい得れとも此小別は今之を研究するの暇なしとす今まより右の区別より生する手続及結果の差異を示すこと大概左の如し

第一　告訴ハ被害者に取りて多少の利益あるべけれハ犯罪の地若くハ被告人所在地の予審判事検事又ハ司法警察官に限り為すべきものなれども反之告発ハ告発者に取りて利する処なけれハ其所在地若くハ犯罪地の予審判事検事司法警察官に為すことと許し犯罪の発覚を容易ならしむ

第二　違警罪ハ告訴することを得れとも反之官吏を除く外ハ告発すること得す

第三　告訴ハ被害者にあらされハ為す事を得されハ無能力者たるときハ法律上の代人之を為すも効あれとも告発ハ何人為すとも効あれ法律上の代人為すことを得す

第四　告訴人にハ告訴を受けたるの証書を渡さ、るを得されとも告発人にハ之を渡すに及ハす

第五　被告事件告訴に係るとき検事治罪法第百七条ノ処分を為したるとき其旨を告訴人に通知すへきものなるも告発に係るときハ其処分を為すに及ハす

（法律専門雑誌第二号）

○在官判事登用試験財産法問題ノ意見

○第一問　動産不動産区別ノ利益如何

動産不動産ノ区別ハ仏国法ヲ支配スル重要ノ事柄ニシテ之レニ関スル所ノ条項頗ル多シ今其主要ナル区別ノ利益ヲ列挙スル大概左ノ如シ

第一　差押ノ法式ニ付キ利益アリ○不動産差押ノ法式ハ動産差押ノ法式ヨリ鄭重ニシテ且長キ時間ヲ要ス

第二　書入質ニ付キ利益アリ○不動産ハ書入質ト為スコトヲ得レトモ動産ハ決シテ書入質ト為スコトヲ得ス

第三　期満効ニ付利益アリ○不動産ニ関スル期満効ハ多少ノ時間即チ十年、二十年若クハ三十年ヲ経過スルコトヲ要スレトモ動産ニ関スル期満効ハ本主義ニ於テハ時間ノ経過ヲ要セサルナリ（即時ノ期満）

第四　所有権移転ニ付利益アリ○後見人ハ親属会議若クハ裁判所ノ許可ヲ得ルニ非サレハ不動産ノ所有権ヲ移転スルコトヲ得サレトモ動産ノ所有権ヲ移転スルニハ此等ノコトヲ要セス又夫ト財産ヲ分チタル婦ハ不動産ノ所有権ヲ移転スルコトヲ得サレトモ動産ハ随意ニ処分スルコトヲ得ル又夫ハ共通財産中ノ動産ハ無償ニテ処分スルコトヲ得レトモ不動産ハ有償ニアラサレハ処分スルコトヲ得ス

第五　共通財産法ニ付利益アリ○共通財産ヲ以テセシ夫婦ハ結婚ノ時ニ有スル動産ハ悉ク共通財産ニ入ルヘシト雖モ不動産ハ尚ホ各自ノ有タリ

第六　所有権移転ノ税額ニ付利益アリ○不動産ノ所有権移転税ハ其額高ケレトモ動産ノ所有権移転税ハ其額頗る寡シ

第七　裁判官轄ニ付利益アリ○不動産ニ関スル物上ノ訴訟ハ其所在地裁判所ノ管轄タリ反之動産ノ訴訟ハ被告人所在地ノ裁判所之ヲ管轄ス

以上七個ノ利益ヲ列挙スレハ本問ニ対スル意見ハ十分ナリト信ス

○第二問　物権人権ノ定義及其間ノ差異如何

物権及ヒ人権ノ定義ヲ下タスモノ少ナカラス然レトモ学者間ニ多少ノ見解ヲ異ニスルアレハ今マ此ニ吾輩カ最モ確信スル所ノ定義ヲ下サントス

物権トハ直接ニ物品上ニ行ヒ且ツ各人ニ対抗スヘキ権利ヲ云フ今之ヲ詳解センニ其之ヲ有スル人ト其目的タル物トノ間ニ何人ノ干渉ヲモ要セス其物件ヲ処分シ利用スルコトヲ

得ヘキモノナレハ何人ト雖モ其権利ノ実行ヲ妨クルコトヲ得ス故ニ此権利ニ対シテハ社会一般ノ人民ハ積極ノ義務ヲ負フモノトス

反之人権トハ特定ノ人カ法律上ノ原由ニ因リ担任スル物件ノ供給又ハ事ヲ為シ若クハ為サヽル義務ノ執行ヲ得ンカ為メニ行フ権利ヲ云フ又之ヲ詳解センニ物上権トハ大ニ差異アリテ其権利ヲ有スル者ト其目的タル物件トノ間ニ特定ノ紹介人アリテ始メテ物件ヲ利用スルコトヲ得ヘキモノナレハ直接ニハ人ニ対シ物件トハ間接ノ干係アルモノナリ而して其権利ヲ有スルモノヲ債主又ハ権利者ト云ヒ其紹介人ヲ負債主又ハ義務者ト云フ

以上論述スル定義ニ因ルトキハ其二者ノ区別ハ権利ノ実行ニ在ルコト判然ナリトス即チ物権ハ社会公衆ニ対シ行フコトヲ得ルモノナレトモ反之人権ハ特定ノ人ニ対スルニアラサレハ行フコトヲ得ス」次ニ一ノ物権ト人権トノ区別ト為スヘキ一点アリ是レ物権ノ効力強大ナルヨリ生スルモノニテ仏民法ノ如キハ此区別判然セス即チ物権ハ種類ニ限リアリ従テ其設定効果消滅等ノ方法モ各々異ナレトモ反之人権ハ如何ナル原因ヨリ生スルモ其効果及ヒ消滅ハ皆ナ一体様ナリトス其他余輩ハ一ノ区別アルヲ知ラサルナリ

○入額所得権ト使用権トノ差異如何

仏民法第六百二十五条ニ依レハ使用権ハ其効果ノ外設定ノ方法及消滅ノ方法ハ凡テ入額所得権ト同一ナルカ如ク規定アレトモ決シテ然ラス以下効果ノ区別ヲ列挙スルノ後設定及ヒ消滅ノ区別ヲ指示スルアラントス

第一　入額所得権ハ其物件ヨリ生スル総テノ利益ニ附キ権利ヲ興ヘシ者ナレトモ反之使用権ハ之ヲ有スル者及ヒ其家族ノ需要ヲ以テ限度トスレハ凡テノ利益ニ付権利ナキモノトス

第二　入額所得権ハ他人ニ譲渡シ又ハ賃貸スルコトヲ得ス

第三　入額所得権ヲ不動産上ニ設定セシトキハ之ヲ書入質ト為スコトヲ得レトモ反之使用権ヲ不動産上ニ設定セシト雖トモ書入質ト為スコトヲ得ス

第四　入額所得権ハ或ル場合ニ於テハ法律上ニテ直チニ之ヲ設定スルコトアリ之ヲ名ケテ法律上ノ入額所得権ト云フ反之使用権ハ法律上ニテ設定スルコトナシ故ニ法律上ノ使用権ナルモノハ存セサル所ナリ（原因）

第五　入額所得権ハ物権全部ニ付キ権利ヲ有スルモノナレト若シ之ヲ都、邑、又ハ会社等ノ如キ無形人ニ設定セシトキニ其継続スヘキ時間引続クヘキモノトセハ単所有権ハ蓋シ無益ニ属スヘキニ因リ其期限ハ三十年ヲ以テ限度トセシモ反之使用権ハ其物件ヨリ生スル利益ヲ盡ク消費スヘキモノニアラサレハ都、邑又ハ会社等ノ如キ無形人ノ為メニ設定シ其継続時間引継クヘキモノトスルモ単所有権ハ更ニ無益ノモノト云フヲ得サレハ三十年ニテ消滅スルコトヲ得ス（消滅）

以上五個ノ外更ニ区別アルヲ見サルヘシ次号ニハ契約法ノ問題ニ付キ意見ヲ述ヘンコトヲ期ス

（法律専門雑誌第三号）

在官判事登用試験契約法　問題意見

第一問　錯誤ハ契約ニ如何ナル影響ヲ及ホスヤ

凡ソ人ハ其天性完全ナラス契約ハ千状萬種其之ヲ結フヤ之カ判断ニ多少ノ錯誤ナキヲ免カレス故ニ仏国立法者ハ錯誤ノ契約ニ干スル軽重大小ヲ斟酌シテ以テ契約ニ及ホス所ノ影響ヲ区別セリ若シ錯誤ニシテ承諾ヲ除去スル勢力アラン乎契約ノ成立ヲ防クルモノトシ契約ナキト一般何等ノ効果ヲモ生セサルナリ例ヘハ契約ノ性質、目的物、原因等ニ錯誤アルトキ是レナリ何トナレハ結約者ノ意思カ合同セサレハナリ若シ錯誤ニシテ承諾ヲ瑕瑾ニスル威力アラン乎契約ノ完成ヲ防クルモノトシ契約ニ病アルト同シ之ヲ補成スルモ可ナリ又之レヲ廃棄スルモ可ナリ其補成セシトキハ健全無瑕ノ契約トナリ廃棄セシトキハ契約ヲ無ニスルモノトス例ヘハ物ノ本質上、及人（目的カ人ヲ以テ主トセシトキ）ニ付テノ錯誤ノ如シ若シ又錯誤カ承諾ニ瑕瑾ヲ興フルノ勢力ナキ乎此場合ハ契約ニ何等ノ影響ヲ及ホサヽルナリ若シ此僅少ノ錯誤ト雖モ契約ニ瑕瑾ヲ及ホストセハ人ハ天性完全ナラサルヲ以テ何事ヲ為スニモ判断ニ多少ノ錯誤ナキヲ免カレサレハ天下ノ契約一トシテ取消サレサルハナシ故ニ遠因又ハ非本質ノ錯誤ノ如キハ立法者ハ取消シ得ヘカラサルモノトセリ要スルニ錯誤ハ契約ヲ無効ニスルモノト取消シ得ヘキモノトノ二個ノ影響ヲ及ホスモノナリトス

第二問　引渡前契約ノ目的物消滅シタルトキ何人ニ於テ其損害ヲ負担スヘキヤ

此問題ニ答フルニハ先ツ問題ノ区域ヲ画定セサルヘカラス若シ其消滅ノ原由カ一方ノ者過失ナル時ハ其損害ハ過失者ノ負担タルコトハ論ヲ俟タス故ニ本問ハ専ラ其消滅ノ天災事変ニ原因スル場合ニ関スルモノトス而シテ尚又場合ヲ区別セサルヘカラス蓋シ其目的物ノ特定ナルト不特定ナルトニ依テ其論決ヲ異ニスレハナリ

（第一）特定ノ場合○此場合ニ於テハ其所有権ノ譲渡人ニ在ルト譲受人ニ存スルトヲ論セス総テ権利者即チ譲受人ニ於テ其消滅ノ損失ヲ負担セサルカヘラス何トナレハ譲受人ノ権利ハ物件消滅ノ為ニ消滅スレハナリ例ヘハ甲乙間ニ或

物ノ売買ヲ約シ（但シ所有権ハ特約ニヨリ依然売主甲ニ存セリ）而シテ其物件天災ニヨリ消滅セリ此場合ニ於テ売主ノ引渡ノ義務ハ物件消滅ノ原由ニヨリテ消滅シ従テ買主ノ引渡ヲ受クヘキ権利モ亦消滅ス然レトモ買主ハ尚ホ其代価ヲ払ハサルヘカラス何トナレハ買主ノ義務（代価引渡）ハ消滅セサレハナリ

（第二）不特定ノ場合○物件未タ特定セサルトキハ譲。渡。人。ニ於テ其消滅ノ損失ヲ負担サセルヘカラス何トナレハ譲渡人ノ義務ハ特定物ノ上ニ存セサルカ故ニ其引渡スヘキ物件消滅シタルニアラス従テ引渡ノ義務ノ消滅スヘキ原由ナケレハナリ例ヘハ甲ハ乙ニ生糸若干ヲ売ルコトヲ約シ而シテ其引渡サント欲セシ生糸焼失セリ然レトモ其焼失シタル生糸ハ唯甲カ引渡サント欲セシニ過キスシテ何レノ生糸ニテモ乙ニ於テハ択フ所ナシ故ニ甲カ或生糸ヲ渡スヘキノ義務ハ消滅スヘキモノニアラサルナリ故ニ甲其焼失ノ損害ヲ負担セサルヲ得サルモノトス

（法律専門雑誌第四号）

在判事登用試験証拠法問題意見

第一問　如何ナル公正証書ハ執行力ヲ有スル乎

抑モ公証人ノ作ル所ノ証書ニ数種アリ曰ク原本《ミニユート》曰ク大字《クロース》ノ騰本（我公証人規則ニテハ之ヲ正本ト云フ）曰正式騰本等是レナリ蓋シ原本ハ公証人、立会人及結約者双方ノ署名アルモノニシテ他日ノ証拠ニ供スル為メ公証人之ヲ保存シ結約者ニ渡スヘキモノニアラサルナリ又正式騰本ハ関係人ノ請求ニ因リ渡スヘキモノナレトモ其目的原本ノ滅失消尽スルコトヲ恐レ証拠ノ消失ヲ防ク為メニ作ルモノナリト故ニ此二証書ハ執行力アルモノニアラス左レハ公正証書中執行力アルモノハ大字ノ騰本即チ契約ノ如ク執行フヘキコトヲ証書ノ末尾ニ附記シタル原本ノ写書是ナリ然レトモ此写書ノ執行力アルニハ仏国ニ於テハ左ノ二条件ノ具備スルヲ必要トス

第一　其写書ノ法律ニ等シキ前書ヲ記シ且其例文ニハ該証書ノ執行ニ附キ司法官吏及ヒ政府ノ吏卒ニ助力スヘキ命令ノ語アルヲ要ス

第二　控訴院所在ノ市府ニ住スル公証人ノ発附シタル写書ヲ該院ノ管轄外ニ又其他ノ公証人ノ発附シタル写書ヲ其管轄外ニ差出シ執行スルトキハ公証人住所ノ始審裁判所長又ハ始審裁判官カ其写書ノ紙尾ノ署名ハ正ニ公証人の署名ナルコトヲ検認スル証状ヲ興フルヲ要ス

（法律専門雑誌第五号）

在官判事登用試験証拠法問題意見　（承前）

○第二問　法律上ノ推測ニ反証ヲ許スモノト否ラサルモノトアリ例ヲ挙ケテ之ヲ詳述セヨ

法律上ノ推測ハ一般ニ反証ヲ許ス者アリ特別ニ自由ト宣誓ノミノ反証ヲ許スモノアリ一般ニ反証ヲ許ス場合其数少ナカラス一例ヲ挙ケテ之レヲ説明セン例ヘハ茲に権利者大字ノ副本ヲ義務者ニ渡シタル時ハ義務ヲ釈放シタルコトヲ推測スト雖モ若シ反之証拠アレハ之レヲ抗撃スルコトヲ得ル場合ノ如ク法律ニ於テ総テ反証ヲ挙クルコトヲ得ヘキ旨ヲ明記シタル場合ヲ云フ（仏民法第千二百八十三条）其他婚姻間ノ子ハ夫ヲ以テ父トスル推測モ其一例ナリ（同第三百十二、三条）

次ニ特別ニ自由ト宣誓トノミノ反証ヲ許ス場合ハ尤モ希レニ見ル処ニシテ殆ント絶無トモ云フヘシ僅カニ法律ハ民法及商法ニ一アルノミ即チ民法第二千二百七十五条及ヒ商法第百八十九条ノ六ケ月一ケ年五ケ年ノ小期満効ニ反証ヲ許スニ誓ノミト明言セリ然レトモ或ル学者ハ自白モ亦許容スヘキトキノ説ナリ其他或ル学者ハ第千三百五十条ノ医者ニ仮装ノ贈興ノ推測ニ此種ノ推測ニ属スト明言セシト雖モ法律ノ反証ヲ許スコトヲ明言セサル推測ナレハ絶対ノモノト決セサルヲ得ス法律上ノ推測ニ総テ反証ヲ許サヽル場合ハ左ノ三個ナリトス

第一　仮装ノ贈興トノ推測（第九百十一条第千九十九条第千百条）

第二　天期満効

三　既判件

第一例贈興者ヨリ直接ニ受贈ヲ得サル人ノ親属ニ興シタルトキハ仮装贈興タルモノト法律上之レヲ推測シ取消サシムルカ如シ

第二例茲ニ不動産ヲ三十年間占有シタルトキノ正当ニ権利ヲ得タルモノト推測シ又三十年間義務弁済ノ請求ヲ受ケサルトキハ正当ニ義務ヲ免カレタルトノ推測ノ如シ又三十年間義務弁済ノ請求ヲ受ケサルトキハ正当ニ義務ヲ免カレタルトノ推測ノ如シ

第三例原被告双方裁判ヲ受ケ控訴セサルカ又ハ上告セサルカ若シ上告セサルカ若シ上告ノ裁判アリタルトキハ勝訴ノ一方ハ正当ノ権利者タルノ推測ヲ受クルカ如シ

○第二問　自白ハ如何ナル場合ニ於テ取消スコトヲ得ヘキヤ自白ハ相手方ノ陳述ヲ正当ナリト認ムル陳述ヲ云ヒ自己ニ不利ナル申立テヲ為スモノナレハ証拠中其性質第一等ニ位シ其効力モ従ツテ強ク自己ニ不利ナルカ為メ濫リニ其陳述ノ取消ヲ許スヘキモノニアラス然レトモ自白カ事実ヲ錯誤セシトキハ之レヲ取消サシメサル可ラス何トナレハ事実

上ノ錯誤セシトキハ其自白ハ真実ノモノニアラサレハナリ例ヲ上テ之レヲ詳解センニ甲アリ乙ヨリ金千円ヲ借リ之レヲ返却セシ後チ乙ヨリ訟求ヲ受ケタルトキニ甲其返却セシコトヲ遺忘セシカ為メ借用セシコトヲ自白シ敗訴シタル後チ其受取書ヲ発見セシトキハ夫ノ敬慎願書ヲ以テ其裁判ヲ取消サシムルカ如ク若シ之レヲ取消スコトヲ得サルモノトセハ乙ハ不当ノ利益ヲ得ルノミナラス甲ハ真実ノ自白ニアラサルニ不正ノ損害ヲ受クレハナリ然リト雖トモ法律上ノ錯誤ハ毫モ自白ヲ取消スニ足ラサルナリ何トナレハ其陳述者ノ不注意ニ出テ其自白ハ真実ニ適スレハナリ

（法律専門雑誌第六号）

○明治二十年一月判事補検事補書記ノ為メ挙行セシ判事登用試験（英法〔証拠法を除く〕の部分のみ――筆者註）

財産法〔英〕（一）何人ト雖トモ完全ナル土地所有権ヲ有スルコトヲ得ルヤ（二）所有権ト占有権トノ区別如何（三）土地ノ生産物ハ動産ナリヤ不動産ナリヤ例ヲ挙ケ説明スヘシ

契約法〔英〕（一）提供（申込）ハ如何ナル場合ニ於テ効力ヲ失フヤ（二）約因（報償）ハ其多寡当否ヲ問ハストノ規則アリ例ヲ挙テ之ヲ説明スヘシ（三）為シ能ハサル契約即チ不能契約ノ種類ヲ挙ケ且其差違ヲ説明スヘシ

売買法〔英〕（一）売買ノ成立ニ必要ナル条件如何（二）売買ト売買契約ノ区別如何（三）売主ヨリ買主物品ヲ受取リタル後チ買主其物品ニ瑕瑾アルコトヲ発見シタル時ハ買主ハ売主ニ対シテ如何ナル権利ヲ有スルヤ

（『高等管・判事登用・代言人試験問題集』（自明治一八年至明治二一年）

○私擬判事登用試験問題答案（英国証拠法）攻法会員　藤井乾介

（参考）第一問　伝聞証拠トハ如何ナルモノヲ指スヤ

証拠ハ之レヲ種々ニ区別スルコトヲ得ルト雖モ就中一ノ区別ハ見聞証拠ト伝聞証拠トノ区別是ナリ而シテ見聞証拠トハ証自カラ目撃セシ事実ヲ陳述スルコトナレトモ本問ニ関セサレハ詳述セス之レニ異リテ伝聞証拠トハ如何ナルモノナルヤヲ探尋スルニ伝聞証拠トハ或ル事実ノ存在如何ニ対シ証人トシテ召喚ヲ受ケタルモノニ非サル人ノ陳述シタル

モノヲ云フ語ヲ換テ之レヲ云ヘハ証人トシテ召喚セラレタル人ハ絶テ該事実ヲ目撃セシモノニ非ラスシテ証人ハ該事実ヲ目撃シタル第三者ヨリ聞知シタル事ヲ陳述スル場合ニシテ仮令ハ甲ハ乙ヲ謀殺シタルヤ否ヤノ事件ニ関シ丙ハ証人トシテ召喚セラレタル場合丙ハ甲カ乙ヲ謀殺スルヲ目撃シタリト丁。ヨリ聞キタリトノ証言等ハ即チ伝聞証拠タルニ過サルナリ而シテ伝聞証拠ハ之ヲ細別シテ左ノ四種トナスヲ得ヘシ即チ

第一　他人ヨリ聞キタル口証ヲ口頭ニテ陳述スル場合

第二　文書ニ記載シタル事実ヲ他人ヨリ伝聞シテ之ヲ文書ニ認メタル場合

第三　他人ヨリ聞キタル口証ヲ文書ニ認メタル場合

第四　文書ニ記載シタル事実ヲ他人ヨリ聞キテ之ヲ法廷ニ於テ口述シタル場合

以上陳述スル所ニテ伝聞証拠ノ性質ヲ説明シ尽シタリ而シテ伝聞証拠ハ証拠中最モ効力ノ薄弱ナルモノニシテ或場合ヲ除ク外ハ争点ヲ証明スルニ足ラストシテ法庭ニ呈出スルヲ許サヽルモノナリ然トレモ其効果如何及ヒ如何ナル種類ノ伝聞証拠ハ争点ヲ証明スルニ足ル事実トシテ呈出シ得ヘキカハ本問ノ問フ所ニ非サレハ敢テ其詳細ヲ弁論スルノ労ヲ取ラサルヘシ

（参考）第二問　推測トハ如何ナルコトヲ指スヤ其種類如何

推測トハ法庭及ヒ判事ニ於テ他ニ其酌量推定ノ真実ナラサルコトヲ証スヘキ反証ノ事実アラサル時ハ或ル特別事実若クハ証拠ヨリシテ或ル特別ノ酌量推定ヲ為スヘキ法律ノ規則ナリトハ英国法学大家斯丁文氏ノ下シタル定義ニシテ之レヲ換言セハ或ル反証ヲ以テ該事実ヲ打消サヽル迄ハ裁判官ハ該事実ヲ以テ正当ナルモノナリト想定スルヲ云フモノナリ推測ハ之ヲ大別シテ三種トス曰ク法律ノ推測曰ク事実ノ推測曰ク法律事実ノ推測是レナリ

法律ノ推測ハ之レヲ細別シテ完結推測不完結推測ノ二トス完結推測ハ一ニ不可駁的推測ト称シ推測中最モ効力ヲ有スルモノニシテ法律上一度推測ヲ下シタル以上ハ如何ナル強キ反対ノ証拠ヲ呈出スルト雖モ該推測ヲ反駁スルヲ得サルモノナリ仮令ハ日本刑法ニ十二歳未満ノ幼年者ハ犯罪ヲ行フニ適セサル者ト推測スルヲ以テ如何ニ強力ナル証拠ヲ呈出シテ悪意ノ存在ヲ証明スルモ之レヲ採用セサルカ如シ之レニ反シテ不完結推測ハ可駁的ナル推測ニシアレハ反対ノ証拠アル迄ハ之レヲ正当ノモノト推測スルヲ云フ即チ夫婦間ノ子ハ其反証アル迄ハ正当ノ子ナリト見做シ約束手形及ヒ為替手形ハ常ニ約因アルモノト推測スルカ如シ

事実ノ推測モ亦タ之ヲ細別シテ二トス曰ク薄弱推測曰ク強固推測ニシテ薄弱推測トハ最モ効力ノ薄弱ナル場合ニシテ単一ノ推測ノミヲ以テハ効力ナキモノトスヘク数多ノ事実集合シテ初メテ充分ノ証拠トモ推測トモナルヘシポシエー氏羅馬法中ニ此場合ノ例ヲ掲ケタリ即チ兄妹二人アリ妹ハ兄ヨリ金銭ヲ借リタル時ニ於テ間モナク其兄ハ死シタリ然ルニ尚妹ハ兄ノ相続人ニ対シテ償却ノ義務アルヤ否ヤノ問題ニ於テ兄ハ妹ノ仕払ヲ免除シタルモノト推測セサルヘカラス而シテ其推測ヲナスニハ三箇ノ事情ヲ存スルアリ第一兄妹間ニ成立スル和合第二兄カ其生存間ニ久シク其金銭ノ仕払ヲ請求セサリシ事第三其他兄妹間ニ多クノ取引アリシモ別ニ厳格ニ之カ仕払ヲナシタルコトナキコト之ナリ此等ヲ個々ニ区別シ去レハ此推測タルヤ薄弱ニシテ些少ノ証拠タモナキモノナリ強固推測トハ法律ノ不完結推測ト相類似シテ其効果タルヤ唯反証アル迄ハ之ヲ有効ナルモノト看做スノ点ハ同一ナルモノナリ仮令ハ窃盗サレタル后間モナク被告カ該物品ヲ所持セル時ニ於テハ被告カ反証ヲ以テ窃取セシニ非サルコトヲ証明スル迄ハ被告ヲ窃盗ナリト推測スルカ如キ強固ノ効力アルモノナリ法律事実混合ノ推測ハ推測中他ノ推測ニ比較セハ其範囲広シ之レヲ細別シテ三トス第一普通人ノ為ス如キ推理ヲナスニ適シタル事実第二其事実ニ人為ノ効力ヲ附加スルトキ第三政略上ヨリシテ全ク人為ノ推理ヲナストキ是レナリ而シテ経時効ノ場合現時占有者ヲ以テ正当ナル所有者ナリト見做スカ如キハ即チ混合推測ノ一例トナスヘシ

参考第三問　証拠ヲ要セサル事実ノ種類如何

証拠ヲ要セサル事実トハ仮令ハ法庭内ノ犯罪ノ如キ類ニシテ法官自カラ他ノ証明ヲ待タツシテ事実ノ存在ヲ認知スルモノニシテ英法大家倍斯徳氏ハ之レヲ二箇ニ区別セリ即チ

第一　裁判所ニ於テ見認タル事実

第二　明白ナル事実ト思考シタル事実

第一　裁判所ニ於テ見認タル事実トハ政治上司法上等ニ関スル事実ナリ此等ノ事実ノ視認ヲ為スヘキハ裁判官ノ義務ニアレハ其事実ノ存在ヲ主張スル一方ノモノ即チ挙証ノ責任アルモノヨリ別段証拠ヲ呈出シ之レヲ証明スルヲ待タスシテ該事実ヲ裁判スルモノナリ倍斯徳氏ハ日時ニ関スル疑問ハ裁判官ハ暦ニ由テ之レヲ判決スルモノナレハ亦此種ノ事実ナリト云ヘリ

第二　明白ナル事実ト思考シタル事実トハ如何ナルモノナルカト云フニ訴訟双方若クハ其代人カ審問ノ前若クハ審問ノ時ハ許容スルコトヲ共諾シタル事実ノ如キモノヲ指称スルナルヘシ

（万国法律週報第一二号）

〔臨時判事登用試験〕

○判事登用試験問題　過般司法省法学生徒ニ行ハレタル臨時判事登用試験ノ問題ハ左ノ如シ

○日本刑法問題

（一）新旧法ヲ比照スルニ当リ二三ノ旧法アルトキハ数法中最モ軽キ刑ヲ適用スヘキヤ将タ単ニ犯時ノ法律ト新法トヲ比較シ軽キニ従フヘキモノナルヤ

（二）仮出獄ト特赦トハ其性質上如何ナル区別アリヤ又仮出獄及特赦ハ確定裁判ノ効力ヲ破ルモノニ非サル乎

（三）貨幣偽造ト変造トハ如何ナル点ニ於テ其区別アリヤ

○日本治罪法問題

（一）法律ニ於テ被告事件ノ模様ニヨリ有罪タルノ推測ヲ定ムルコトナシトノ規則ハ如何ナル理由ニ基クヤ

（二）告訴告発願下ノ効果如何

（三）期満免除ノ軽過ヲ停止スルノ場合アリヤ

○財産法問題（仏法及日本民法草案ノ一ニヨリ答フ）

（一）量定物消費物及得替物ハ其性質及適用ニ如何ナル差異アルヤ

（二）賃借権ヲ物上権ト為シタルハ学理上如何ナル利益アルヤ又実際上賃借ノ規則ニ如何ナル変更ヲ生シタルヤ

（三）地役ノ性質及効果如何

○契約法問題（前同断）

（一）契約ハ如何ナル人ノ間ニ其効ヲ生スルカ

（二）択一義務ト過代ノ契約トノ異同如何

（三）義務釈放ノ効果及釈放ノ無効ナル場合如何

○証拠法問題

（一）公正証書ハ何等ノ方法ニヨリ之ヲ攻撃スルヲ得ルヤ且此攻撃ハ公正証書ノ証拠力ニ何等ノ影響ヲ及スヤ

（二）百五十フラン以上ハ人証ヲ許サヽル原則ニ係ル例外ヲ示スヘシ

（三）決審ノ宣誓ハ何人ノ間ニ其効力ヲ生スルヤ

○売買法問題（仏法及日本民法草案ノ一ニヨリ答フ）

（一）売買ニ特別ナル無能力者アル乎若シアリトセハ其理由効果ヲ示セヨ

（二）一部ノ追奪アルトキ買主ハ如何ナル権理ヲ有スルヤ之ヲ詳論スヘシ

（三）債主権ノ売主ハ何等ノ担保ヲ負ヒ又ハ負フコトアル

ヤ

○会社法問題

〔一〕法律カ差金社員ニ会社ヲ支配スルヲ禁シタルノ理由如何

〔二〕株式ト債券トノ差異如何

〔三〕無名会社ハ如何ナル条件ノ完備シタル時確然創立スルモノナルヤ

（法律雑誌第六〇九号）

〔第三回判事登用試験〕

○刑法問題三

○罪ヲ犯スノ意ナキ所為ト罪ト為ル可キ事実ヲ知ラスシテ犯シタル所為トハ如何ナル区別アル乎

刑法第七十七条第一項ニ曰ク罪ヲ犯ス意ナキノ所為ハ其罪ヲ論セス但法律規則ニ於テ別ニ罪ヲ定メタル者ハ此限ニ在ラスト又同条第二項ニ曰ク罪ト為ル可キ事実ヲ知ラスシテ犯シタル者ハ其罪ヲ論セスト意フニ問題ノ疑点ハ我カ刑法ニ於テ相似タル事ヲ二項ニ別載シタルニ存スルナラン

今学理上ヨリ考フルトキハ罪ト為ル可キ事実ヲ知ラスシテ犯シタル者モ亦罪ヲ犯スノ意ナキモノトセサル可カラス蓋シ罪ヲ犯スノ意トハ法律ニ禁止シ命令シタル所ニ背キタル所為ヲ為スノ意ナリ而シテ罪トナル可キ事実ヲ知ラスシテ犯シタル所為トハ例ヘハ自己ノ所有物ナリト誤信シテ他人ノ物品ヲ持来リタル場合ノ如キ其犯罪組成ノ原素トナル可キ事実ヲ誤リタルニ由リ此所為ヲ為シタルモノニシテ若シ其事実ヲ知リシナラハ為サヽリシ事明ナル場合ヲ云フモノナリ此故ニ罪トナル可キ事実ヲ知ラスシテ犯シタル所為ハ亦法律ニ禁止シ命令スル所ニ背クノ意アリテ為シタルモノトナスヲ得サルコト明ナリ然ラハ則チ我カ刑法ニ於テ之レヲ二項ニ別載シタルモノハ何ソヤ此事ニ付テハ多少異説ナキニアラサレトモ余ノ解釈スル所ニ拠レハ第七十七条ノ第一項ハ広ク犯意ナキ者ハ其罪ヲ論セサル原則ト或ル場合ニハ変例トシテ罪ヲ組成スルコトアル可キ旨ヲ示シタルモノニシテ一ノ綱領ヲ掲ケタルモノナリ而シテ第二項以下ハ寝ヤ疑ハシキ場合ノ為メ右ノ原則ヲ適用ス可キ場合ト之レヲ適用ス可カラサル場合トヲ列記シタルニ過キス故ニ我カ立法者モ全ク別種ノ事ヲ規定センカ為メニ二項ニ別載スルノ精神ニ出テタル者ニアラスト解釈セサルヲ得サルナリ

然レトモ今日刑法ヲ実際ニ適用スルニ当リテ罪ト為ル可キ事実ヲ知ラスシテ犯シタル者トシ不論罪ノ言渡ヲ為サントスルニハ第七十七条ノ第一項ニ拠リテ此言渡ヲ為ス可キ乎

将タ第二項ニ拠リテ此言渡ヲ為ス可キ乎将又第一項及ヒ第二項ニ拠リテ此言渡ヲ為ス可キ乎此問題ニ対シテハ該条ノ第二項ニ拠リテ不論罪ナリトノ言渡ヲ為ス可キコト勿論ナリトス何トナレハ原則中ヨリ特ニ選抜シテ或事項ヲ明示シタル条文アルトキハ其条文ハ尤モ直接ノ関係ヲ有スルモノナレハ之レヲ適用ス可キコト勿論ナレハナリ果シテ然ラハ該条第一項ハ毫モ之レヲ適用ス可キ場合ナキ乎曰ク否ラス該条第二項以下ニ列記セサル場合ニシテ犯意ナキ場合アリ例ヘハ甲アリ歩行ノ際偶然石ニ躓ツキ倒レタルニ由リ路傍ニ在リシ乙者ノ器物ヲ毀壊セシ場合ノ如キ其物品を毀壊スルノ非ナルコトハ甲者固ヨリ之レヲ知ルモ事全ク偶然ニ出テ、絶テ意思ノ其所為ヲ支配セシコトナシ此場合ノ如キ第二項以下ニ列記シタル条目中ニ入ラサルヲ以テ第一項ヲ適用セサル可カラサル也要之ニ罪ヲ犯スノ意ナキ所為ト云ヒ罪ト為ル可キ事実ヲ知ラスシテ犯シタル所為ト云ヒ其性質上ヨリ言ヘハ等シク犯意ナキモノナレトモ事実ヲ知ラサル場合ニハ意思ノ其所為ヲ支配シタルモノアルニ相違ナシ故ニ或ハ犯意ナシトス可カラサル乎ノ疑ヲ生スル者アランコトヲ恐レテ特ニ之レヲ明示シタル者ナリ而シテ特別ナル明文アル場合ニハ適用上其特別ノ明文ヲ其事実ニ適用ス可キモノナレハ適用上ヨリ言ヘハ第七十七条ノ第一項ハ意思ノ絶ヘテ之ナキ場合ニ適用ス可ク第二項ハ所為ヲ支配シタルノ意思アルモ犯罪組成ノ元素トナル可キ事実ヲ知ラサリシ場合ニ適用ス可キモノトス

○犯罪ニ因テ得タル物件ヲ没収スルノ理由如何

犯罪ニ因リテ得タル物件ヲ没収スルノ理由ハ一ニハ正義ヲ維持シ一ニハ刑ノ効験ヲ補助スルニ在リ請フ暫ク之レヲ詳説セン

凡ソ不正ノ利得ヲ得ルノ所為タル正義ノ許サヽル所ナリ今犯人ノ犯罪ニ因テ得タル物件ナルコト明ナルニ被害者ノ請求ナキノ故ヲ以テ之レヲ犯人ニ下附セン乎是犯人ヲシテ不正ノ利得ヲ得セシムルモノナリ是実ニ正義ノ容ル、所アランヤ

又財産ニ対スル罪ヲ犯ス者ハ主トシ貪欲心ノ為メニ良心ヲ迷ハサレタル者ナリ然ルニ被害者ノ請求ナキトキハ其犯罪ニ因リテ得タル物件ヲ自己ノ有ト為スコトヲ得ルモノトセハ貪欲ノ徒ハ利ノ為メニ名ヲ顧ミス其所有者ヲ殺害シテ之カ財物ヲ得ルノ弊ヲ生スルニ至ラン之レニ反シテ其犯罪ニ因テ得タル物件ヲ没収スルニ於テハ犯人其己レノ危険ヲ侵シテ得タル物件ハ悉ク没収セラレ且其身ハ相当ノ刑ニ処セラレ啻ニ労シテ効ナキノミナラス却テ痛苦ヲ受ケサル可カラサルニ至レハ犯人自ラ其犯罪ノ復タ犯ス可カラサルヲ覚

悟スルニ至ラン是此種ノ没収ハ刑ノ効験ヲ補助スルノ効アル所以ナリ

○人ヲ脅迫シテ財物ヲ強取スル者ト人ヲ恐喝シテ財物ヲ騙取スル者トハ如何ナル点ニ於テ之ヲ区別スル乎

此二個ノ区別ハ主トシテ強取ト騙取ト自ラ其趣ヲ異ニスルニ在リ抑モ強取トハ物主ノ絶テ承諾ノ存セサルモノヲ奪掠スルノ所為ニシテ騙取ハ奸策ヲ以テ彼ヨリ財物ヲ提供セシメテ奪掠スルノ所為ナリ此故ニ其目的ヲ達センカ為メ行フ所ノ方法自ラ相異ナレリ蓋シ強取ノ目的ヲ達センカ為メニ用フル所ノ脅迫ハ専ラ犯人又ハ共犯者ノ所為ニ由リ身体又ハ財産ニ暴行ヲ加フ可キ事実ヲ述ヘテ畏懼セシメ敢テ奸策ノ其間ニ加ハルコトナシ之レニ反シテ騙取ノ目的ヲ達センニハ目前彼レヲシテ敬服セシムルヲ要スルニ由リ多クハ他ヨリ危害ノ来ル事実ヲ以テ畏懼ヲ生セシムルノ奸策ヲ施スモノナリ故ニ一ハ脅迫ト云ヒ一ハ恐喝ト云ヒ以テ其文字ヲ区別シタリ然レトモ其畏懼ヲ起サシムルノ方法ハ此二個ノ犯罪主要ノ区別ニアラス故ニ余ハ此問題ニ対シテハ強取ト騙取トノ差異アルコトヲ示メスヲ以テ足レリト信スルナリ

○治罪法問題三

○裁判官ノ心証トハ如何ナル事ヲ云フヤ

心証トハ一言以テ之レヲ解スレハ良心ニ得ル所ノ確信ナリ凡ソ裁判ノ要ハ其事実ト之レヲ信スルノ心ト相符合スルニ在リ然ルニ法律上一定ノ証拠法ヲ定メ裁判官ハ必ス其証拠ニ束縛セラレサル可カラサルモノトセハ或ハ其良心ニ信セサル場合ト雖モ其証拠ニ検束セラレサル可カラサルニ至リ却テ真実ニ背クノ結果ヲ生スルニ至ルコトアリ於是乎刑事ノ裁判ハ裁判官ノ心証ヲ以テ之カ基礎トナシ縦令ヒ如何ナル証拠物アリ又如何ナル証言アルモ裁判官ノ良心ニ於テ信ヲ置クニ足ラスト認ムル場合ニハ其証拠ニ拠ラサルヲ得ルモノトセリ然ルニ此ニ一ノ研究セサル可カラサルコトアリ今我カ治罪法ノ下ニ在リテ裁判官ノ心証ハ毫モ制限ヲ受クルコトナキ乎ノ事是ナリ熟ラ治罪法第百四十六条ヲ案スルニ曰ク法律ニ於テハ被告事件ノ模様ニ因リ有罪ナルノ推測ヲ定ムルコトナシ○被告人ノ白状官吏ノ検証調書証拠物件証人ノ陳述鑑定人ノ中立其他諸般ノ徴憑ハ裁判官ノ判定ニ任スト夫レ此二項ニ掲ケタル証拠アル場合ト雖モ其取捨ハ之レヲ裁判官ノ判定ニ委ネタリ而シテ裁判官ノ之レヲ判定スルニハ心証ヲ以テ之カ基礎トセサル可カラサルコト明ナリ然レトモ該条ノ第一項ニ於テ被告事件ノ模様ニ因リ有罪ノ推測ヲ定ムルコトヲ禁シタルニ由リ裁判官ニ於テ被告事

件ノ模様ヲ見テ如何ニ其心中有罪ナルコトヲ信スルモ拠ル可キノ証拠ナケレハ復タ奈何トモスルヲ得ス故ニ今日現行治罪法ノ下ニ在リテ裁判官ノ心証如何ヲ解スレハ裁判官外来ノ証拠ニ依リ其良心ニ得ル所ノ確信ヲ云フモノトシテ大過ナカル可シト信スルナリ

○共犯人中ノ一人ニ公訴消滅ノ原由アル時ハ他ノ共犯人ニ如何ナル影響ヲ及ホスヤ

我治罪法第九条ニ依レハ公訴消滅ノ原因ニ六個アルコトヲ知ル可シ而シテ之ヲ分析スル時ハ其原因中人ニ対スルモノト事ニ対スルモノ、二種アリ事ニ対スルモノハ共犯人ノ多少ヲ問ハス其消滅ハ一般ニ及フ所ノモノナリ即チ刑ノ廃止、大赦、期満免除ノ如キ是ナリ人ニ対スルモノハ只其一身ニノミ消滅ス可キモノナレトモ亦延テ他ノ共犯人ニ及フモノナキヤノ疑アリ被告人ノ死去、確定裁判ノ点ニ付テ殊ニ然リトス又夫ノ被害者ノ棄権私和ノ如キモ人ニ対スルモノナルヤ否ヤノ点ニ付種々ノ議論アレハ余ハ此三個ノ原因ニ付キ其影響ノ及フ所ヲ論セントス

原則上ヨリ論スレハ共犯者中ノ一人ニ対シ公訴消滅ノ原因アルモ他ノ共犯人ニハ如何ナル影響ヲモ及ホサヽルモノトス故ニ共犯者中ノ一人ニシテ死去スルカ又ハ確定裁判ヲ受クルモ他ノ正犯又ハ従犯ニ付公訴ノ消滅ス可キモノニアラス然レトモ茲ニ学者ノ例外トシテ一人ニ付消滅スレハ他ノ共犯人ニ対シテモ亦消滅スト為スモノアリ

第一　姦通ノ場合ニ於テ姦婦ノ死去ハ姦夫ノ公訴ヲ消滅セシム

此説タル仏国ニ於テモフォスタンエリー氏ヲ始メ一時学者ノ唱道スル所ニシテ我邦ニ於テモ亦此説ヲ祖述スル者アリシカ余輩ハ之ニ服スル能ハサルモノナリ論者ノ理由ニ曰ク姦通ハ共犯タリト雖モ他ノ共犯ト異ナリ二人相集ラサレハ構造セサル犯罪ナルカ故ニ不可分ノモノナリ従テ其利害モ亦不可分ナリ且ツ姦婦ノ死シタル時猶ホ姦夫ニ対シ公訴ヲ起ストセハ死セル姦婦ハ弁護ナクシテ地下ニ入ルカ故無罪ヲ以テ死セリトノ推測ヲ破ルト云フニ在リ然レトモ此理由タル寧ロ事実論タルニ過キス若シ姦通罪ハ不可分ナリ故ニ利害亦不可分ナリトセハ姦夫ノ死シタル時モ亦姦婦ニ対シ起訴ス可カラサル理ナルニ論者ト雖モ此場合ニハ姦婦ヲ起訴スルヲ得ルト論シテ異議ヲ唱ヘス然ラハ姦夫ノ死去スル時ハ姦通罪モ可分ノモノト見ル可ク姦婦ノ死去スル時ハ不可分ナリト見ルカ如シサレハ論者ハ証拠ノ点ヨリ此区別ヲ為シタル者ナリ故ニ曰ク事実論タルニ過キスト加之我立法者ハ姦所ニ於テ姦夫姦婦ヲ殺傷シタル本夫ニ宥恕ヲ与ヘタルモ論者ノ説ニ従ヘハ姦婦ヲ殺シタル時ノ如キハ姦夫ニ対

スル公訴ハ消滅スルカ故ニ本夫ノ姦夫ニ対シテ為シタル所為ハ無罪人ニ為シタルト同シキヲ以テ本夫ハ法律ノ宥恕ヲ受ク可カラサルニ至ル酷モ亦甚シ且ツ斯ノ如キ説ハ立法者ノ執ラサル所ナリ又姦婦ハ無罪ヲ以テ死セリトノ推測ヲ破ルト云フモ是亦採ルニ足ラス姦婦ニ対シテハ罪ヲ言渡スニアラス猶ホ無罪ナリト推測シ姦夫ニ対シテ姦通罪ヲ言渡ス可キノミ姦婦ヲ無罪ト推測スルハ或ハ強姦セラレタルヤモ知ル可カラサレハナリ然カモ生ケル姦夫ハ挙証ノ方法弁護ノ自由アルモノナレハ其姦通ニアラサルコトヲ証明スル迄ハ之ヲ姦罪ト看做スモ敢テ不当ニアラス且ツ姦通ノ事実ヲ撞見スルカ如キハ往々之レアルモノナルニ此時スラ尚ホ且ツ姦夫ノ公訴ヲ消滅セシム可シト云ハ、人其レ之ヲ何トカ曰ハン

右ノ理由ナルヲ以テ第一ノ点ハ他ノ共犯人ニ及フモノニアラス

第二　検察官前ニ共犯者中ノ一人ニ対シテ公訴ヲ起シテ確定裁判アリタル時

此場合ニ於テフォスタンエリー氏ハ区別ヲ為シテ論シタリ即チ同一事件ニ付共犯者ニ対シ公訴相踵テ起リタルニ方リ前後被告人ノ弁護ノ方法同一ナルトキハ共犯者中一人ニ対スル確定裁判ヲ申立テ、後ノ公訴ヲ棄却セシムルヲ得可シ故ニ第一ノ被告人一身ニ止マル弁護即チ窃盗ニ付親属ナルコト又ハ犯意ナキコト、知覚精神ノ喪失シタルト云フカ如キ方法ヲ申立テ、無罪トナルカ又或ハ第一被告人ハ本犯ニアラス又ハ証拠不充分ナリトシテ無罪トナリシカ如キ場合ニ於テハ他ノ共犯者ハ之ヲ利用スル能ハスト雖モ若シ前後弁護ノ方法同一ナルトキ即チ法律上罪ト為サヽル所ノ所為ニ係ルヲ以テ無罪ヲ言渡シ又ハ犯罪ヲ成立セストノ理由ニテ裁判アルトキハ他ノ共犯人之ヲ利用スルヲ得可シ何トナレハ一方ニ向テハ被告事件ナク又ハ刑法ノ罰セサル所為ナリト言渡シ他ノ一方ニ向テハ被告事件アリ又ハ刑法ノ罰スル所為ナリト言渡スカ如キハ不道理ノコトナレハナリト是レ其要旨ナリ然レトモ此第二ノ場合ヲ以テ確定裁判ノ効力ニ由テ然ルモノナリト云フニ至リテハ不可ナリ何トナレハ確定裁判ノ一条件タル前後被告人ヲ同クスルモノニアラサレハナリ故ニ只確定裁判其者ノ効力ニ拠ルニアラス只之ヲ援用シテ以テ無罪タル証拠ト為ス可キノミ是レ今日一般学者ノ与論なり（尤モオルトラン氏ハ此説ハ一般ノ場合ニ適用ス可カラスト論スレトモ冗長ニ渉ルカ故ニ之ヲ論セス）

之ヲ要スルニ第二ノ後段ノ場合ハ他ノ共犯人ニ及フモノトス

第三　親告罪ニ付被害者ノ棄権私和

此点ニ付或解釈者ハ区別ヲナシテ棄権ハ事件ニ関シ私和ハ人ニ関スルモノト為スモノトセリ（尤モ棄権私和ハ議論アレトモ問題外ナルヲ以テ略ス）然レトモ余輩ハ一概ニ斯ク決スル可カラスト思考ス若シ棄権ニシテ事件全体ニ関スルコトハ甚タ多カル可キモ人ノミニ関スルコトモ亦無キニアラサル可シ故ニ是等ハ実際ニ付被害者ノ意思即チ棄権ノ範囲如何ヲ見テ其影響ノ他ノ共犯人ニ及フヤ否ヤヲ定ム可キノミ又私和ハ棄権ノ一ナレトモ契約ニ成立ツモノナルカ故ニ実際上人ノミニ関スルコト多カラン

以上論スル所ヲ以テ略々本問ノ要点ヲ摘ミタリト思考ス又事ニ関スル消滅ノ原因ノ如キハ他ノ共犯人総体ニ及フモノナルカ故ニ別ニ縷々之ヲ論スルノ必要ナキト信スレハ姑ク此ニ筆ヲ擱ス

○予審ヲ設クルノ必要並ニ検事ヲシテ之ヲ為サシメサルノ理由如何

予審トハ重罪又ハ繁難ナル軽罪事件ニ付公判ニ移ス前ニ為ス所ノ取調ニシテ被告事件ノ証憑ヲ蒐集スルヲ云フ而シテ今此予審ヲ設クルノ必要ハ之ヲ二個ノ点ヨリ観察スルヲ得可シ即チ一ハ社会ノ点ヨリ見ンニ若シ予審ヲ設ケテ証憑ヲ蒐集スルコトヲ為サスンハ有罪者ハ巧ミニ法網ヲ免レントスルニ至ル可シ然ルニ予審ヲ設ケテ精密ニ証拠ヲ蒐集スルトキハ此弊ヲ防クニ足ル且ツ人、各々能不能アリ故ニ直ニ之ヲ公判ニ移サスシテ予メ予審判事ヲシテ証拠ヲ蒐集セシムルトキハ亦裁判ヲ容易ナラシムルノ益アリ又他ノ一ハ被告人ノ点ヨリ見ンニ若シ僅ニ犯罪ノ嫌疑アル者ヲシテ公然刑事法廷ニ致ストキハ審理ノ末之ヲ放免スルモ奈何セン既ニ其栄誉財産ニ莫大ノ損害ヲ蒙ムラシメ復タ之ヲ償フ能ハサルヲ故ニ予審ニ於テ密行ノ方法ヲ以テ其証拠ノ有無ヲ取調ヘテ公然之ヲ世ニ知ラシメサレハ大ニ其人ノ信用ヲ維クニ足ル又告訴告発ノ真偽ヲ検シ悪意若クハ過失ニ因リ為シタル訴ハ公判ニ移ス以前ニ之ヲ遏ムルモ亦予審ノ利益ナリ何トナレハ不実ノ訴ヲ受ケタル者直チニ公判ニ付セラル、ニ於テハ幾分カ法式ニ拘束セラレ充分ニ其弁解ヲ為ス能ハスシテ竟ニ冤枉ニ陥ルコトアルモ予審ハ密行ナルカ故斯ル憂モ亦少ナカル可シ是レ予審ヲ設クル所以ノ必要ナリ又検事ヲシテ予審ヲ為サシメサルノ理由ハ検事ハ刑事ノ訴訟ニ在テハ原告タルノ職ヲ行フ可キヲ以テ自ラ其申立ツ可キ所ノモノニ付証拠ヲ準備スルコトヲ得可カラストスルハ当然ナリ何トナレハ検事如何ニ公平ナルモ社会ヲ思フノ極遂ニ事実ヲ過大ニシ又ハ自己ノ過失ヲ弥縫セン為メ強テ証拠ヲ求ムルカ如キコトナキニアラサレハナリ

此他現行犯ノ予審アレトモ這ハ例外ニ過キス亦本問ノ要点

ト思考セサルヲ以テ之ヲ略ス

（法律雑誌第六二七号）

○財産法問題三

○公領財産ト私領財産トノ間ニハ如ナル差異アル乎

公領財産ト私領財産トハ其性質ニ於テ差異アリ即チ公領財産トナル可キ物ハ其本質上公ケノ秩序及全国ノ利益ト相連接シタル用方ヲ受クル物ニシテ私ノ得有ト毫モ併行スル能ハサルモノヲ云ヒ私領財産トハ之レヲ所有スル者ノ国府県郡区等ノ官衙ニ在ルモ其本質上、上ニ掲ケタル如キ用方ヲ受ケサル物ヲ云フ夫レ此二種ノ財産ハ斯ノ如ク基本質ヲ異ニス故ニ其結果ニ於テ左ノ如キ差異ヲ生ス

第一　公領財産ハ之ヲ売買譲渡スルコトヲ得サレトモ私領財産ハ売買譲渡スルコトヲ得ル

第二　公領財産ハ期満効ヲ得ル能ハサレトモ私領財産ハ期満効ヲ得ルニ妨ナシ

抑モ公領財産ヲ以テ売買譲渡ヲ為ス能ハサルモノトシタル所以ハ此種ノ財産ヲシテ一個人ノ資産中ニ入レ随意ニ処分スルヲ得セシメン乎其国ノ保証ハ絶テ之ナキニ至レハナリ又此種ノ財産ヲシテ期満効ヲ得ル能ハサルモノトシタル所以ハ其物ノ性質上売買譲渡ヲ為シ得サルモノナレハ其最初正当ノ権原ニ由リテ得タルモノナリトノ推測ハ之レヲ下スヲ得ス（是期満効ヲ以テ一ノ法律上ノ推測ト為シタル説ニ従ヒ下シタル理由ナリ）又売買譲渡スヲ禁シタルモノナルニ年限ノ経過ニ由リ所有権移転ノ効果ヲ生ス可キ謂ハレナケレハ縦令ヒ期満効ヲ以テ一ノ所有権獲得ノ方法トナスモ仍ホ期満効ヲ得ル能ハサルコトヲ証スルニ足ル可シ

○虚有権ト入額所有権ト同一人ニ帰シタル場合ニ於テ入額所所得権ハ真ニ消滅スル乎

虚有権ト入額所得権ト同一人ニ帰スル場合ニ二権アリ一ハ則チ所有者ノ手ニ此二権ノ合併スル場合ニシテ二ハ則チ入額所得者ノ手ニ此二権ノ合併スル場合ナリ請フ此二個ノ場合ヲ区別シテ左ニ之レヲ説明セン

其一　此第一ノ場合ニ付テハ仏国ノ学者中既ニ二説アリト雖モ其説ノ相分レル所ハ身分ノ合併ヲ以テ別ニ一ノ消滅原由トナスヲ得可キヤ否ヤニ存スルノミ其入額所得者ノ手ニ入額所得権ノ消滅スルト云フニ至テハ敢テ異論ナキ所ナリ

其二　此第二ノ場合ニ付テハ之ヲ消滅ノ原由トナスヲ非トスルノ説アリ其理由ニ拠レハ入額所得者ノ其権利ヲ人ニ譲与シ賃貸又ハ書入質トナシタル場合ニ於テ身分ノ合併ヲ一ノ消滅原由トナストキハ頗ル不都合ナル結果ヲ生スルニ至ル可シ何トナレハ入額所有者ノ依然トシテ其権利ヲ保存ス

ルニモ拘ハラス自己ノ譲与シ賃貸シ又ハ書入ト為シタル対手人ノ手ニハ其権利ヲ消滅セシムルニ至レハナリ故ニ此場合ニハ消滅ノ原由トナスヲ得スト然レトモ是レ一ノ立法論タルニ過キス仏国民法第六百十七条ニ拠レハ明ニ之レヲ一ノ消滅原由トナシタレハ縦令ヒ如何ナル不都合ナル結果ヲ生スルモ解釈上ハ奈何トモスル能ハス総テ入額所得権ハ一旦消滅シ現ニ入額ヲ所得スルノ実アルモ這ハ所有権ノ実行ニシテ入額所得権ノ存在スルモノトナスヲ得ス蓋シ入額所得権ノ称ハ虚有者ノ外ニ此権ヲ有スル者アルニ由ルナリ

以上掲ケタル二個ノ場合ニ於テ仏国民法ノ解釈上ハ身分ノ合併ヲ以テ一ノ消滅原由トセサル可カラス然レトモ其目的物ヲ使用シ収益スルノ権ハ所有権ノ内ニ包含シテ存在スルモノナレハ絶対的ノ消滅ト謂フヲ得ス唯入額所得権ノ名ヲ失フノミトス

○人為ニ因テ地役ヲ設定スルニ付キ遵守スヘキ制限如何

法定ノ地役ニハ法律上其場合ヲ限定シタリト雖モ人為ヲ以テ設定スル地役ニハ敢テ制限ノ存セサルニ由リ所有者ノ随意ニ之カ制定ヲ為スコトヲ得可シ然レトモ公安ヲ害シ風儀ヲ紊ス如キ地役ハ之レヲ設定スルヲ得ス是一般行為ノ自由ニ受ク可キ普通ノ制限ナリ其他地役ノ性質上二個ノ制限ヲ受ケサル可カラス即チ人ニ付テ地役ヲ制定スルヲ得サルコト及ヒ人ノ為メニ地役ヲ設定スルヲ得サルコト是ナリ抑モ地役ハ其性質上之カ利益ヲ得之カ不便ヲ負フハ其不動産ニ在リ其人ニアラス故ニ例ヘハ隣地ニ住スル者ハ我カ土地ニ来リテ毎年十日間使役ヲ受ケサル可カラスト謂フ如キ役務ヲ設クルヲ得ス是地役ヲ人ニ付テ設定スルヲ得サル一例ナリ又例ヘハ予カ土地ニ住スル者ハ隣地ニ遊猟スルノ権アリト云フ如キ権利ヲ設定スルヲ得ス是人ノ為メニ地役ヲ設定スルヲ得サル一例ナリ然レトモ不為事ノ義務トシテ人ノ行為ヲ制限シ又為事義務トシテ人ノ行為ヲ約スルコトヲ得可シ是対人ノ義務ナレハ結約者間ニ其効力ヲ制限シ敢テ外人ニ及ハサレハ毫モ人ノ自由ヲ害ルスコトナシ之ニ反シ地役トナレハ其土地ノ存スル限リ所有者ノ変更スルモ遵奉セサル可カラサルモノナレハ大ニ人ノ自由ヲ害スルニ至ルノ恐アレハナリ尤モ人ノ為メニ地役ヲ設定シタル場合ニハ絶テ人ノ自由ヲ害セサルコトアリト雖モ法律上地役ト称スルモノハ土地ノ便益ノ為メニ設定スルモノナレハ単ニ人ノ便益ノ為メノミニ設ケタルモノハ地役ノ本質ニ反スルヲ以テ之レヲ禁セサル可カラサルナリ

以上説明シタル理由アルヲ以テ人為ニ因リテ地役ヲ設定スルニハ左ノ三個ノ制限ヲ受ケサル可カラサルナリ

一　人ニ付テ之レヲ設定スルヲ得ス
二　人ノ為メニ之レヲ設定スルヲ得ス
三　公安ヲ害ス可キ地役ヲ設定スルヲ得ス

○契約法問題三

○利息ヲ元金ニ引直シ更ニ利息ヲ生セシムルニハ如何ナル条件ヲ要スル乎

人民ノ自由ニ任セ猥リニ利息ニ利息ヲ生セシムル時ハ浅見ナル義務者若クハ金銭ニ必迫シタル者ヲシテ貸借契約ヲ為スニ当リ日毎ニ利息ヲ元金ニ引直ス等ノ如キ契約ヲ為シ遂ニ義務高ヲ多額ニ至ラシメンコトヲ恐レ法律ハ之レニ条件ヲ付シ其条件ヲ具備シタル場合ニアラサレハ利息ヲ元金ニ引直シ以テ利息ヲ生セシムルコトヲ得サル者トセリ要スルニ義務者ヲ保護セントスルニ基キタル者ナリトス即チ其条件ハ左ノ如シ

第一　其利息ハ現ニ払フヘキ者即チ権利者カ訟求ヲ為シ得ルノ場合ニ至リタルコト

第二　其利息ハ一年間以上ノ弁済ノ為メナルコト

右ノ如キ条件ヲ具備スル者ニアラサレハ即チ利息ヲ元金ニ加ヘ利息ヲ生スルコトヲ得ストセハ猥リニ利息ノ加重シテ義務高ノ多額ニ至ルノ愁ヒナシ是レ右ノ二条件ヲ要スル所以ナリ

○適法ニ成立シタル契約ハ契約者間ニ於テ法律ニ均シト云フノ義如何

法律ハ吾人カ任意ニ締結シタル意思ノ投合ヨリ生スル関係ヲ認メ之レニ法鎖ヲ生セシムルニ過キス然レトモ公安風儀秩序ニ害アル事柄ハ以テ法鎖ノ関係ヲ生セシメス故ニ法律ノ禁セサル範囲内即チ適法ニ締結シタル契約ハ法律ノ規定ト同一ナル価格ヲ有スル者ナリ

斯ノ如ク法律ノ禁セサル範囲ニ於テ自由ニ契約スルコトヲ得ルト雖モ之レヲ関係外即チ他人ニ其効ヲ及ホスヲ得ス故ニ法律ニ均シキ効ヲ有スルハ契約者間ニ於ケル而巳ナリ蓋シ法律ノ禁セサル限リハ契約自由ナリトノ原則アリト雖トモ其自由ニ締結シタル契約ヲ法律ノ認メテ以テ保護ヲ与ヘラレシハ之レヲ如何トモスル能ハス故ニ適法ニ成立シタル契約ハ契約者間ニ於テ法律ニ均シト云フハ契約自由ノ原則ヨリ自然ニ生スヘキ結果ナリト思考ス

○更改ノ場合ニ於テ権利者カ第一義務者ノ財用上ニ有スル特権及ヒ書入質権ハ第二義務者ノ財産上ニ之レヲ移スコトヲ得ル乎其理由ヲ詳説スヘシ

義務者ノ更改シタル場合ニ於テ第一義務者ノ財産上ニ負担シタル担保即チ特権書入質ハ之レヲ第二ノ義務者ニ移スコ

トヲ為スト論スル者ノ説ニ曰ク凡ソ第一義務者ノ財産上ニ負担シタルモノヲ第二ノ義務者ノ財産上ニ移ス時ハ第二義務者ノ債主ヲ害スト云フニアレトモ余輩ノ意見ハ之レニ異ナリ元来本問ノ場合ニ於テ其特権及ヒ書入質ヲ性質上第二義務者ノ財産上ニ移ス能ハサルナリ抑々特権ナル者ハ法律ノ規定ヲ俟テ始メテ生スル者ナルヲ以テ曾テ第一義務者ニ負フタル特権ハ其関係ノ異ナル第二義務者ノ財産上ニ移スコトヲ得ス論者或ハ云ハン本問ノ場合ニ於テ当然第二義務者ノ財産上ニ移ス能ハサルハ論ヲ俟タスト雖トモ之レカ承諾セル時ハ如何ト然トモ特権ハ承諾ヲ以テ設立スル能ハス法律ノ規定スルヲ要ス故ニ第二義務者ノ承諾アルモ特権ノ担保ヲ移スヲ得ス又書入質特定シタル不動産上ニ設クヘキ者ナルヲ以テ第二義務者ノ財産上ニ新タニ書入質ヲ設クルニアラサレハ則チ第一義務者ノ財産上ニ曾テ有シタル書入質ヲ移スヲ得サルハ理ノ最モ看易キ者ナリトス

○売買法問題一

○担保ハ可分ノ義務ナル乎将タ不可分ノ義務ナル乎

売買ノ担保ハ売買契約ノ履行ヲ確保スルノ謂ヒナルカ故ニ売主ハ買主ニ向テ力メテ損害ヲ生セサランコトヲ期シ終ニ之ヲ生シタルトキハ其損害ヲ賠償ス可シ故ニ売主ハ買主ヲシテ安穏ナル占有ヲ得セシメ又有益ナル供用ヲ享ケシム可シ因テ奪取担保瑕疵担保ノ二個ヲ生ス然レトモ瑕疵担保ノ如キハ蓋シ此ニ之ヲ論スルホトノ必要ナシト思考スルヲ以テ直ニ奪取担保ニ就テ論セン尚ホ一言ス可キコトハ奪取担保中ニテモ問題ノ疑点ハ当然（又ハ自然ト云フ）ノ担保ニ存スルノミ世人概ネ当然ノ担保ヲ左ノ三段ニ分チテ論スルヲ例トス

（一）売主自ラ売与シタル物ヲ妨害スルヲ得サル義務

妨害ハ奪取ノ前兆トモ云フ可キモノニシテ売主ハ自ラ其売与ヘタル物ニ付妨害ヲ為ス可カラス蓋シ此義務タル妨害ヲ為サヽルニ在リ即チ不為事ノ義務ナルカ故ニ其性質不可分ナリ何トナレハ為サヽルノ義務ハ之ヲ為サヽル間ニ存シ之ヲ為セハ直ニ之ヲ破ルニ至ルカ故ニ到底有形上ト無形上トヲ問ハス之ヲ為スト為サヽルトノ間分別ス可カラサルモノナレハナリ是一般学者ノ唱道スル所ナリ然レトモ余輩ノ愚見ニ依レハ斯ノ如キハ売主ノ本分トコソ云フ可キモ之ヲ義務ト云フハ未タ其可ヲ知ラサルナリ

（二）買主他人ヨリ起訴セラレシ時売主之ヲ弁護スルノ義務（或ハ訴訟ヲ引受クルコトアリ）

弁護ノ義務ハ不可分ナリ蓋シ義務ノ可分不可分ヲ決スルノ必要ハ義務其者ニ就テ云フニアラス只義務者数人アル場合ニ於テ之レカ必要ヲ感スルノミ故ニ可分不可分ハ義務ノ目

的タル事物又ハ意思ニ依リテ之ヲ決セサル可カラス今此弁護ノ義務ヲ不可分トスルハ取リモ直サス目的タル所為ノ不可分ナルカ故ナリ之ヲ換言セハ売主ハ売物ノ一半ニ付テハ之ヲ弁護シ他ノ一半ニ付テハ之ヲ弁護セスト云フヲ得ス又売主ニ相続者数人アランニ各相続人只巳レノ部分ノミヲ弁護スト云フヲ得ス是其目的タル所為即チ弁護ヲ分ツ可カラサルニ由ル若シ之ヲ分タン乎弁護ハ其目的ヲ達スル能ハサルニ至ル尚ホ不可分ヨリ生スル数多ノ利益アレトモ之ヲ略ス

(三) 奪取セラレタル時売主損害ヲ賠償スルノ義務

若シ買主ニシテ其物件ヲ奪取セラレン乎売主ハ或ル例外ヲ除クノ外代価ヲ還付シ損害ヲ賠償セサル可カラス蓋シ此義務タル金員ニ在ルモノナルカ故ニ其性質分ツヲ得可キ物ナリ故ニ数人ノ義務者ハ其分担ノ部分ニ義務アルノミ故ニ可分ナリトス

右ニ論スル所ヲ以テ担保ノ義務ノ可分ナル場合ト不可分ナル場合トヲ明カニスルニ足ラン然レトモ是只其担保ノ全豹ニ付其一斑ヲ摘述シタルノミ

(法律雑誌第六二八号)

○売買法問題二

○買戻契約ヲ設クルノ必要及ヒ此契約ヲ執行シタル場合ニ於テ生スル効果如何

余ハ本問題ヲ分ツテ左ノ二段ト為サン

第一段　買戻契約ヲ設クルノ必要

買戻契約トハ売主カ代価其他附従ノ償還ニ因テ売買ヲ解除スル権ヲ貯存スル合意ヲ云フモノニシテ此契約ノ必要ハ永ク物件ノ所有権ヲ失フヲ欲セスシテ金円ノ調達ヲ欲スル時ノ方法ト為スニ在リ然レトモ斯ノ如キ必要アルノミナレハ書入質ト為セハ以テ其欲望ヲ達シ得可シトノ非難アラン然レトモ書入質ハ不動産ノミニ限リ又端式ノ契約ナリ加之ナラス其得ル所ノ金高ハ甚タ多カラサルノミナラス質入主ハ其得タル金員ノ負債主ナリ之ニ反シ買戻契約ハ動産ニモ為シ得可ク又不端式契約ナリ且ツ売主ノ得ル金高ハ書入質ニ比スレハ概ネ多キモノナルノミナラス売主ハ其得タル金員ノ負債主ニアラス又書入質トハ異ナリテ売主ハ物件滅尽ノ危険ヲ免ル、等其便否霄壌モ啻ナラサルナリ又之ヲ質ニ比較セン乎質置主ハ負債主ナルカ故ニ期限ノ来ル時、債主ヲシテ強テ其物ヲ受ケシムルヲ得ス且ツ物件ノ滅尽モ亦自己ノ負担ナリ之ニ反シテ買戻条件付ノ売主ハ負債主ニアラサルカ故ニ期限ノ来ル時、其物ヲ買戻スヲ欲セサル時ハ之ヲ受クルニ及ハス且ツ物件ノ滅尽ハ自己ノ負担ニアラスシテ

買主ニアル等一々枚挙ニ遑アラサルモ其便否亦同日ノ論ニアラス是レ書入質及ヒ質ノ外尚ホ買戻契約ノ必要ナル所以ナリ

第二段　買戻契約ヲ執行シタル場合ニ生スル効果如何

此契約ヲ執行シタルヨリ生スル効果ハ解除条件ノ効果即チ致反ノ効果ヲ生スト云フニ在リ買主ニ就テ其効果ヲ挙クレハ初メヨリ買物ノ所有者タラサル者ト看做スニ在リ故ニ其結果トシテ買主カ売買アリシ後解除アル迄ニ他人ノ与ヘタル一切ノ権利ハ凡テ無効タル可シ何トナレハ其物件ハ恰モ他人ノ所有物ト同一ニ帰スレハナリ然レトモ法律ハ茲ニ一ノ例外ヲ設ケタリ即チ売主ハ買主カ詐欺ナクシテ為シタル土地賃貸ノ契約ヲ遵奉セサル可カラサルコト是ナリ蓋シ此例外ハ便宜ヨリ出テタル者ナラン又売主ニ就テ其効果ヲ挙クレハ売主ハ始メヨリ断ヘス其物ノ所有者タル者ト看做スニ在リ故ニ其結果トシテ（一）売主ハ代価ヲ返還セサル可ラス（利息ハ買主カ物件保有中ニ収メタル入額ト相殺スルカ故ニ之ヲ返スニ及ハス）（二）始メヨリ売買アラサリシト見ルカ故ニ売買契約ノ諸費用ヲ返還セサル可カラス（三）買主ノ物件ニ為シタル必要ノ修繕費及ヒ有益ノ費用ノ増加額ヲ返還セサル可カラス（小補理ノ費用ハ買主ノ収メタル入額ヲ以テ補填ス可キ者ナレハ之ヲ返スニ及ハス）（四）売主カ売渡後、買戻迄ニ設ケタル一切ノ物件ノ負担ヲ維持ス（五）買主保有中ニ生シタル漸積地ノ如キ自然ノ原因ニヨレル物件ノ増加ヲ取戻ス等幾多ノ効果ヲ生スルモノトス是レ此契約ヲ執行シタルヨリ生スル効果ノ大要ナリ

○動産ノ売買ハ物件引渡ノ前第三者ニ対シテ如何ナル効力ヲ生スル乎

余ハ本問ニ答フルニ先チテ問題ノ区域ヲ定ムルノ必要ヲ感セリ第一ニ問題ノ冒頭ニ動産ト記セリ此語ノ中ニハ有形動産ノミナラス亦無形動産即チ債主権等ノ如キモ包含スルヤ否ヤト云フニ其下文ニ物件ノ文字アルヨリ見レハ無形動産ハ物件ト云フ語中ニ包含セサルニ似タリ縦シ此中ニ包含スルト仮定スルモ無形動産ハ其移転ノ旨ヲ義務者ニ通知スルカ又ハ義務者ヲシテ証書ニ其移転ノコトヲ承認セシムレハ第三者ニ対シテ全然其効力ヲ有スルコトハ載セテ民法第千六百九十条ニ在リ故ニ引渡（証書ノ引渡）ノ有無ニ就テ疑団ヲ生スル所アラサルナリ且無記名証券ノ如キハ仏法上之ヲ有形動産ト同視スルノ精神ナルカ故ニ尚更疑団ノ生スル謂レナシ然ラハ本問ハ有形動産ニ関スル者ナラン尚ホ一言ス可キハ不確定動産物ノ如キモ蓋シ本問ノ区域外ナラント思考ス尤モ不確定物ト雖モ確定ノ方法ヲ尽セハ引渡ノ有無ヲ論セスシテ所有権移転等ノ効果ヲ生スルモノナレハ余ハ本問ニ

対シ疑点ノ存スル所ハ確定セル有形動産ノ売買ノ時ニアルモノト断定セン

仏民法第千百三十八条ニ於テ確定物ノ所有権ハ合意ノミニテ双方間ニ移転ノ効アリト定メ其第千百四十一条ニ於テ「相続テ二人ニ所有権ヲ移シ又ハ引渡スノ義務ヲ己レニ負ヒタル物カ純粋ニ動産タル時ハ右二人中ニテ其物ノ現実ノ占有ヲ得タル物ハ仮令其権原ノ日附ノ後レタルトキト雖モ撰取セラレテ其物ノ所有者タル可シ然レトモ之カ為メニハ其占有ノ善意ノモノタルコトヲ必要トス」ト定メタルカ故ニ動産ノ所有権ヲシテ第三者ニ対シテ移転ノ効アラシメンニハ物件ノ引渡ヲ要スルモノナリトノ説ヲ生スルニ至レリ今其説ノ理由ヲ列記シテ駁撃セントスルモ事、陳腐ニ属スルカ故ニ直ニ余輩ノ信スル所ヲ述ヘン蓋シ第千百四十一条ハ第二千二百七十九条ニ明記セル即時効ノ原則ヲ適用シタルモノナリ故ニ動産ノ売買ハ其物引ノ引渡ノ有無ニ拘ハラス第三者ニ対シテモ亦所有権移転ノ効アルモノナリ然ルニ現ニ占有ヲ得タル物ニ所有権ヲ属セシムルハ即チ売買契約ノ効ニ由ルニアラスシテ占有ノ効果ナリ今其証拠ヲ示サハ第千百四十一条ニハ純粋ノ動産ト云ヒ現実ノ占有ト云ヒ又善意ト云ヒ皆即時効ノ条件ト同一ナリ若シ反対説ノ如ク引渡カ移転ノ効アルモノナラシメハ第二買主ノ善意ナルトキハ所有権ヲ得テ悪意ナルトキハ所有権ヲ得サルノ理ナシ何トナレハ第一買主ニシテ未タ引渡ヲ得サレハ第三者ニ対シテハ未タ所有者タラサルモノナリ従テ第二買主ハ其契約アリシコトヲ知ルモ（即チ悪意ナルモ）真正ノ所有者ト契約スルモノナレハ其物件ノ所有者トナラサルノ理ナシ然ルニ第一買主アルコトヲ知ラハ善意ノ条件ヲ欠クヲ以テ所有者タラスト定メシハ此一点ノミニテモ既ニ引渡ノ為メ所有者トナルニアラスシテ占有ノ為メナルコト知ル可キナリ果シテ然ラハ動産ノ売買ハ引渡前ニテモ第三者ニ対シ所有権移転ノ効アルモノト決セサル可カラス而シテ第千百四十一条ハ占有法ノ適用ナリトセハ第一買主ハ物件ノ引渡ヲ得サル前ト雖モ第二千二百七十九条ノ条件ヲ欠ク物ニ対シテハ所有権取戻ヲ行フヲ得ルモノナリ故ニ悪意ノ買主又ハ遺失窃盗シタル動産ヲ買ヒ取リシ者ニ対シテ取戻ヲ訴ヘ得可ク又売主仍ホ其物件ヲ占有スルトキハ売主ノ普通債主ヲシテ有効ノ差押ヲ為ス能ハサラシムル等ノ結果ヲ生ス是本題ノ問ハント欲スル所ナラン然レトモ果シテ余ノ断定其当ヲ得タルヤ否ヤハ請フ之ヲ読者ノ明断ニ委ネン

○証拠法問題一

○公正証書トシテ無効ナル証書ハ如何ナル場合ニ於

テ其信憑力ヲ有スル乎

公正証書トシテ無効ナル証書ノ効力ニ付テハ之レヲ区別シテ論セサル可カラス何トナレハ其公正ノ効力ヲ失ハシメタル疵瑕如何ニ由リテ自ラ効力ヲ異ニスレハナリ

今公正ノ効力ヲ失フタル証書ノ効力ヲ別テ左ノ三種トナスヲ得可シ

一　公正ノ証書タル効力ヲ有セサルモ私書ニ特別ナル条件ヲ要セス唯署名ノミヲ以テ私書ノ効アル証書

二　私会ニ特別ナル条件ヲ備フルニアラサレハ私書ノ効ダモ之ナキ証書

三　私書ノ効ダモ之ナキ書面

以上三個ノ場合ヲ左ニ詳説セン

〔一〕仏国民法ニ拠レハ私書ニシテ有効ナラシメントスルニハ結約者ノ署名アルヲ要スルノミナラス仍ホ若干ノ特別ナル条件ヲ必要トスルコトアリ即チ双務ノ契約ニハ異別ノ利害ヲ有スル者ノ数ニ准シテ正本数個ヲ作ルニアラサレハ無効トナシ且ツ其作リタル正本ノ数ヲ附記スルコトヲ必要トシ（第千三百二十五条）又片務契約ニ在テハ金額又ハ評価ス可キ物ヲ弁済スルノ約務ヲ負フコトヲ目的トスル証書ニハ少クモ其義務者ノ署名ノ外ニ金額又ハ物ノ分量ヲ尽ク文字ニテ記載シ且ツ認メ済又ハ認可ノ語ヲ本人手書スルコトヲ必要トスル（第千三百二十六条）如キ是ナリ然レトモ其証書ニシテ公正証書トナル可キ外見ヲ備ヘタルトキハ縦令法式ノ要件ヲ欠クニ由リ公正ノ効力ヲ失フモ是等ノ特別ナル条件ヲ要セス唯義務者ノ署名ノミヲ以テ私書ノ効力ヲ有セシメサル可カラス此事ニ付テハ法文上明言セシモノアラスト雖モ学者一般ノ解釈上是認スル所ナリ

〔二〕公正証書ノ外形ヲ備ヘサル書面例ヘハ使吏等ノ如キ公証人ニアラサル者ノ契約証書ヲ記シタル場合又ハ公証人ノ署名ナキ書面ノ如キハ公証人ノ記シタル証書トナスヲ得サルニ由リ通常一般ノ私書ト同視セサル可カラス従テ唯結約者ノ署名アルヲ以テ足レリトセス必ス私書ニ特別ナル要件ヲ具備セサル可カラサルナリ

〔三〕公正証書ノ要件ヲ具備セス又結約者ノ署名ナキ書面ニ付テハ毫モ信憑力ヲ有セサルモノニシテ私書ノ効力タモ之レヲ有セシムルヲ得サルナリ

以上公正証書トシテ無効ナル証書ニ付テ信憑力如何ヲ区別シテ掲ケタリ然ルニ此ニ一言附記セサル可カラサルハ問題ノ記載明瞭ヲ欠クニ由リテ或ハ他ニ解釈ヲ為スモノアルヤ知ル可カラサルコト是ナリ今文法上ヨリ問題ヲ一覧スルトキハ信憑力ナル語ノ上ニ置キタル其ノ字ハ公正証書ナル語ヲ受ケタルモノニ似タリ果シテ然ラハ其問フ所ハ如何ナル

場合ニ於テ公正証書ノ信憑力ヲ有スル乎ト言フニ在ルモノ、如シ然レトモ公正証書トシテ無効ナルモノナルコトヲ明言シタル書面ニシテ公正証書タルノ信憑力ヲ有スルコトアルノ理由ナキヲ以テ余ハ問題ノ趣旨ハ上ニ述ヘタル所ヲ問ハント欲スルニ有ルコトト解シテ此答案ヲ下タリシ読者幸ニ諒焉

（法律雑誌第六二九号）

○証拠法問題二

○人証ヲ用フルコトヲ得可キ場合、之ヲ用フルコトヲ得サル場合及ヒ法律ニ斯ク之ヲ規定シタル理由如何

仏国民法ニ拠レハ其金額ノ些少ナル場合即チ百五十「フランク」未満ノ訴訟ニ付テハ証人証拠ヲ用フルコトヲ許スヲ原則トシタレトモ証書ニ記載シタル所ニ反スル事証書ニ記載シタル所ヨリ以外ノ事及証書ヲ記スル時又ハ其前後ニ言説シタリト述フル事及ヒ法律上特別ニ禁止シタル場合ニハ百五十「フランク」未満ト雖モ証人証拠ヲ許サ、ルモノトセリ法律上特別ニ禁止シタル場合トハ第千七百十五条第二千四十四条ノ如キ即チ是ナリ又百五十「フランク」以上ニ付テハ証人証拠ヲ用フルコトヲ許サ、ルヲ原則トスレトモ書面ニ拠レル証拠ノ端緒アル場合及ヒ事実上証書ヲ取ルヲ得サル場合ニハ証人証拠ヲ用フルコトヲ許シタリ事実上証書ヲ取ルヲ得サル場合トハ第千三百四十八条ニ列記シタル場合ニシテ契約ナクシテ生シタル義務、意外ノ事故ヨリ生シタル義務及ヒ意外ノ事故ヨリ証券ヲ失ヒシ場合ノ如キ是ナリ

以上述ヘタル所ニ従ヒ証人証拠ヲ用フルコトヲ得可キ場合ト之ヲ用フルコトヲ得サル場合トヲ列記スレハ左ノ如シ

其一　証人証拠ヲ用フルコトヲ得可キ場合

第一　訴訟ノ金額又ハ物件ノ価額百五十「フランク」未満ノ場合

第二　書面ニ拠レル証拠ノ端緒アル場合

第三　事実上書面ヲ取ルコトヲ得サリシ場合

其二　証人証拠ヲ用フルコトヲ得サル場合

第一　訴訟ノ金額又ハ物件ノ価額百五十「フランク」以上ノ場合

第二　証書ニ記載シタル所ニ反スル事証書ニ記載シタル所ヨリ以外ノ事及証書ヲ記スル時又ハ其前後ニ言説シタリト述フル事

第三　法律上特別ニ証人証拠ヲ禁スル場合

右ノ外対手人ニ於テ証人ノ証言ヲ承諾シタル場合ニハ通常

之レヲ用フルコトヲ許サヽル場合ト雖モ証人証拠ヲ用フルコトヲ得可キヤ否ヤニ付テハ仏国ニ於テ一ノ問題トナリ裁判所ニテ之レヲ用フルコトヲ許スト云ヘル説ヲ採用セシコト屢ハ之アリシト云フ然レトモ右ノ制限ハ公益ノ為メ設ケタルモノトスレハ縦令ヒ対手人ノ承諾アルモ之レヲ許スコトヲ得サルモノト決定セサル可カラス故ニ此問題ノ決ハ仏国民法ニ証人証拠ヲ制限シタル理由如何ヲ研究スレハ自ラ決スルモノトス仍テ余ハ先ツ其理由如何ヲ研究セン

第一　百五十「フランク」前後ヲ以テ証人証拠ノ許否ヲ定メタル理由

仏国民法ニ於テ百五十「フランク」ヲ標準ト為シタルハ之ヨリ以下ニ在テハ其金額ノ些少ナルモノト見做シタルモノニシテ這ハ全ク立法者の全権ニ存スルモノナレハ深キ理由ナルコトナシ而シテ其些少ノ金額ニ付テハ証人証拠ヲ許シ巨多ノ金額ニ付テハ之レヲ許サヽルモノトシタルハ如何ナル理由ニ基ク乎此問題ニ付テハ仏国学者ノ説ク所大約左ノ三説ニ岐レタリ

其一　凡ソ人ニハ情欲アリ聖人君子ニアラサルヨリハ之レヲ避クルヲ得ス故ニ或ハ利欲ニ迷ヒ或ハ私情ニ徇ヒ真実ノ陳述ヲ為サヽルヤ知ル可カラス是レ其重大ナル事件ニ証人証拠ヲ許サヽル所以ナリ

其二　凡ソ人ノ記憶ハ散スルニ易キモノニシテ又往々思違ナルモノアリ然ルニ何等ノ制限モナク之レヲ許ストセハ為メニ対手人ノ利益ヲ害スル甚シキニ至ラン是其重大ナル事件ニハ証人証拠ヲ許サヽル所以ナリ

其三　証人証拠ニ毫モ制限ヲ置クコトナケレハ人皆万一ノ僥倖ヲ欲シテ之レカ訴訟ヲ為シ訴訟濫起ノ弊甚シカラン是証人証拠ニ制限ヲ為シタル所以ナリ

以上三説各其主張スル所ヲ貫カントスレトモ余ヲ以テ見レハ別ニ其一説ニ限ラサル可カラサルノ必要ナキヲ以テ以上三説共ニ皆証人証拠ヲ制限シタル理由ナリトシテ毫モ妨ナキモノト信スルナリ右ノ三説共ニ之カ理由トシテ採用スルモ第三説ノ言ヘル訴訟濫起ノ弊ヲ矯メントシタル公益上ノ理由ハ尤モ主トセサル可カラス故ニ上ニ述ヘタル対手人ノ承諾アルモ之カ制限ヲ破ルヲ得サルモノト論決スルヲ至当トナスナリ

右ニ述ヘタル理由ヲ束ネテ云ヘハ証人証拠ハ書面証拠ニ比スレハ不確実ナルモノニシテ又書面証拠ノ如ク予メ備ヘサルモ臨時ニ其人ヲ作出スコトノ難キニアラサルモノナレハ人或ハ万一ノ僥倖ヲ望ンテ不確定ナル訴訟ヲ起スコトアラン故ニ成ル可ク此証拠ヲ用ヒサル事ニセント欲スルモ些少ノ金額又ハ価額ヲ有スル物件ノ取引ニ一々証書ヲ要スルト

ナセハ実際ノ不便尠少ナラサルヲ以テ些少ノ取引ニ限リ之レヲ許スモノトシタルナリ

第二　書面ニ拠レル証拠ノ端緒アル場合ニ証人証拠ヲ許ス理由

既ニ書面ニ拠リ其端緒ヲ開クニ足ル時ハ全ク口頭ノ証言ニ止マルモノトハ漸ヤ確実ナルモノニシテ万一ノ僥倖ヲ希望シテ出訴スルモノト謂フヲ得ス況ンヤ其場合ノ希ナルニ由リ訴訟濫起ノ弊ヲ生スルノ恐ナキオヤ是其金額ノ如何ニ拘ハラス之レヲ許シタル所以ナリ

第三　事実上書面ヲ取ルコトヲ得サリシ場合ニ証人証拠ヲ許ス理由

此理由ハ寔トニ明了ナル事ナリ何トナレハ実際取ルコトノ能ハサリシ場合ニ之レヲ取ラサリシハ其者ノ過失ナリト謂フヲ得ス而シテ証書ナキノ故ヲ以テ其権利ヲ伸暢スルヲ許サヽルハ難キヲ人ニ責ムルモノニシテ不正ナレハナリ

第四　証書ニ記載シタル所ニ反スル事等ニ付キ証人証拠ヲ許サヽル理由

此等ノ場合ニハ書面ニ記シタル証拠アルニ口頭ノ陳述ヲ以テ之レニ対抗セントスルモノナレハ其信憑力ノ点ヨリ観察スルモ同一ノ効力ヲ有セシム可キモノニアラス且ツ既ニ証書ニ記シタル所ニ反シ又ハ之レヲ左右セントスルニハ通常書面ヲ記ス可キモノナルニ之レヲ記セサリシハ其事実ノ之アリシコトヲ信シ難シ斯ノ如ク一般ノ推測上信ヲ置クニ足ラサル事ナルニ証人証拠ヲ許ストキハ亦万一ノ僥倖ヲ希望シテ訴訟ノ落着ヲ妨クル者之アランコトヲ恐レテ此制限ヲ設ケタルモノナリ

第五　法律上特別ニ証人証拠ヲ禁スルノ理由

此理由ハ其各所ニ於テ自ラ相異ナリ今一々此ニ説明スレハ冗長ニ渉ルノ恐アレハ其一二ヲ挙クルニ止メン

第千七百十五条ニ於テ証人証拠ヲ禁シタルハ全ク此種ノ訴訟ハ実際屢ハ之アル場合ニシテ而モ往々事実ノ曖昧ナルコト多キニ由リ寧ロ法律上之レヲ禁シテ初メヨリ証書ヲ記サシメントナシタルニ過キス又第二千四十四条ニ於テ和解ニ証人証拠ヲ禁シタルモノハ蓋シ和解ハ争訟ヲ結了ス可キモノナルニ之レヲ曖昧ニ付スルトキハ再ヒ訴訟ヲ起スノ思アレハ予メ書面ヲ作ラシメント欲シタルニ由ルナリ

○連帯義務者中ノ一名ニテ為シタル決審ノ誓ハ他ノ連帯義務者ニ如何ナル効力ヲ及ホスヤ

誓ノ効力ハ第三者ニ及ハサルヲ通例トスレトモ連帯義務者中ノ一名ニテ決審ノ誓ヲ為シタルトキハ仏国民法ニ之カ例外法ヲ設ケ其誓ヲ為サヽリシ共義務者ノ利益トナルトキハ其効ヲ及ホスモ不利益ナル場合ニハ其効ヲ及ホサヽルモノ

トセリ其利益ナル場合ハ畢竟一ノ管理事務ヲ為シタルモノト見做シタルナリ然レトモ此ニ一ノ注意ス可キコトアリ即チ其連帯義務者ノ為シタル誓ハ其負債ノ点ニ付テ為シタル場合ニアラサレハ他ノ共義務者ニ其効ヲ及ホスコトナシ故ニ連帯ノ有無ニ付キ為シタル誓ハ之カ為メ其利益ヲ共義務者ニ及サヽルナリ

○商事会社法問題三

○差金会社ノ性質及ヒ社員ノ責任如何

差金会社ノ性質ハ（第一）人ト物トノ混同ヨリ成立スルニ在リ之ヲ換言レハ差金ヲ受クル社員ハ恰モ合名会社社員ノ如ク差金社員ハ猶ホ無名会社ノ社員ノコトシ故ニ混同ノ性質ヲ有スルモノナリ（第二）此会社ハ社名（レーゾンソシアール）ヲ有セサル可カラス又（第三）ニ差金社員ハ代理者ノ資格ヲ以テスルモ猶ホ社務ニ干与ス可カラサルコト他ノ会社ト異ナルカ故ニ是亦一ノ性質ナリト云フ者アリ然レトモ之ヲ以テ会社其者ノ性質ト云フハ妥当ナラサルニ似タリ何トナレハ這ハ只第三者ヲ保護センカ為メニ出シタリ便法ニ過キスシテ其会社ノ性質ヨリ生スル結果ト云フ可カラサレハナリ

又社員ノ責任ハ（第一）差金ヲ受クル社員ハ其名ヲ顕ハス者ナレハ無限連帯ノ責任ヲ負フ者トス（第二）差金社員ハ其名ヲ顕ハサス只一ノ金主タルニ過キサレハ其責任ハ醵出物ニ止マルモノトス故ニ有限責任ナリ

是レ股分差金会社株式差金会社ノ二者ニ普通ナル性質及社員ノ責任ナリ其詳細ハ之ヲ略ス

○商事会社ノ資本ト為スコトヲ得可キモノハ会社ノ種類ニ因テ区別アリヤ否之ヲ説明ス可シ

商事会社ニハ数種アレトモ之ヲ学理上ヨリ区別スルトキハ物ノ会社及ヒ人ノ会社ノ二種ニ過キス物ノ会社ハ其責任タル醵出物ニ止マルモノニシテ人ノ会社ハ其責任タル特リ醵出物ニ止マラサルノミナラス其社員ノ財産ニ及フ可キモノナリ然ラハ此二者ノ相異ナルニヨリテ其資本ト為ス可キモノニ差異ヲ生スルモ亦当然ナリ

若シ人ヨリ組成スル会社ナリトセン乎金銭其他有価物件及ヒ工芸労力皆其醵出物ト為シ得可キハ一般ノ是認スル所ナリ（民法第千八百三十二条参照）又一般ノ説ニ従ヘハ商業上ノ信用（即チ商業上ニ効験アリテ之カ為メ他ヨリ資本ヲ借入ルヽヲ得可キモノ）モ亦醵出物ト為スヲ得可シトセリ然レトモ金銭上ノ価額ナキモノ即チ単純ノ名義ノミヲ出スモ決シテ醵出物ト同視シテ其物ニ附スルニ社員ノ名ヲ以テス可カラサルナリ若シ物ヨリ組成スル会社ナリトセン乎金

銭ハ勿論其他有価物件労力ハ之ヲ醸出物ト為スヲ得可キナリ然レトモ金銭外ノ醸出物ナレハ其者自体ヲ以テ社資ナリト云フニアラス之ヲ評価シタル後ニ為スモノトナレハ恰モ金銭ヲ出シタルト一般ナリ然レトモ信用ノ一事ニ至リテハ甚タ疑フ可キモノアリ蓋シ人ヨリ組成スル会社ナレハ其責任無限ナルカ故ニ之ヲ醸出物ト為スモ敢テ妨ケアラサルノ理ナレトモ若シ物ヨリ組成スル会社ナランニハ其責任タル物ニ止ルモノナレハ之ヲ醸出物ト為ストキハ或ハ世人ヲ欺瞞スルノ危険ナキニアラス且ツ性質上之ヲ以テ資本ト為スハ不都合ナリ何トナレハ信用ヲ以テ物ノ代用ヲ為ス可キニアラサレハナリ故ニ余ハ物ヨリ組成スル会社（即チ無名会社及ヒ株券差金会ノ差金社員）ハ信用ヲ以テ資本ニ充用ス可カラサルモノト信スルナリ

○商事会社解散ノ原因ヲ詳述スヘシ

商事会社解散ノ原因ハ商法ニ明定セサルヲ以テ民事会社ノ法則ヲ仮借シテ以テ之ヲ論セン

第一　会社継続期限ノ終リタル時

第二　会社ノ目的トシタル事業ノ完結

此二者ハ別ニ説明ヲ要セス

第三　物件ノ滅尽

此原因中ニハ会社ノ目的ト為ス所ノ物件消滅シタル時及ヒ会社ノ資本皆無ニ帰シタル時ヲ包含ス

第四　醸出物ノ滅尽

此原因ハ社員カ猶ホ醸出物ノ損失ヲ担当ス可キ場合ノミニ限ル即チ連続質ノ醸出ヲ為ス時ニ之ヲ為サヽル乎又ハ或ル物ヲ醸出ス可キヲ約シ確定物ニシテ其所有権ノ会社ニ移ラサル時其物ノ滅尽シタル時ヲ云フ若シ通常確定物ナラン乎合意ノミニテ所有権ノ移転アルヲ以テ其物件ノ滅尽ハ第三ノ原因中ニ加フ可シ又不確定物ナラン乎種類ハ消滅セサルヲ以テ滅尽ト云フ事実ナシ故ニ此場合ハ例ヘハ他人所属ノ物件ヲ醸出スルコトヲ約シ未タ之ヲ醸出セサルニ当リ其物ノ滅尽シタル時（所有権未タ会社ニ移ラス）又ハ製造物ヲ出サント約シタリシニ製造中其物ノ滅尽シタルカ如キヲ云フ（此点ハ仏法学者間大議論アレトモ枝葉ニ渉ル故ニ之ヲ略ス）

第五　社員中一人ノ死去

第六　一社員ノ禁治産家資分散又ハ身代限

此第五第六ノ原因ハ人ヨリ組成スル会社ニ限リ消滅ス差金会社ノ差金社員ニ此原因ヲ生スルトキハ如何此問題ニ付二説アリ然レトモ余ハ解散ノ原因トナラスト信ス又資本不定会社ハ通常此原因アルモ解散セス

第七　社員ノ中一人又ハ数人ヨリ会社ヲ退カントスルノ意

思

此原因ハ株券会社即チ物ノ会社ニ適用ス可カラス資本不定会社モ亦然リ

第八　株券会社ニ在テハ一人ノ株主カ総株券ヲ買ヒタル時

第九　株券会社ニ在テハ資本四分ノ三以下ニ減少シタル時

第十　無名会社ニ在テハ社員七人以下ニ下リタル時

第十一　会社創立契約ノ義務ヲ履行セサル時暗黙解除条件ノ適用

第十二　会社創立後ノ事実例ヘハ或ル社員カ不治ノ病ニ罹リテ管理ヲ為ス能ハサル乎又社員間ノ不和等ノ如キ民法第千八百七十一条ニ列記セル如キ場合

此第九第十第十一第十二ノ原因ハ解散ノ請求アルヲ要ス

以上商事会社解散ノ概略ナリ

（法律雑誌第六三〇号）

○明治二〇年九月判事登用試験（英法〔契約法・商事会社法を除く〕の部分のみ—筆者註）

財産法〔英〕（一）地役《イーズメント》ト収益権《プロセットアプラントル》トノ区別如何（二）質入《モーゲーシ》ト差留権《リエン》トノ區別如何（三）法律上ノ財産権ト信託財産《ツラストプロバーチー》トノ区別如何

証拠法〔英〕（一）被告人ノ品行ニ関スル事実ハ如何ナル場合ニ於テ証明スルコトヲ得ルヤ（二）手跡《ハントライチンク》ハ如何ナル方法ニ依リテ証明セラルヘキモノナルヤ（三）法律上ト事実上ノ推測《プリサムフシヨン》ノ区別及其効果如何

賣買法〔英〕（一）手附《アー子スト》ト内払トノ区別及之ヲ区別スルノ効果如何（二）物品ノ引渡《デリバリー》ハ如何ナル場合ニ於テ結了スルヤ（三）物品送状《ビルユフレイナンク》ハ物品受取人ヨリ其譲渡ヲ受ケタル債主ニ如何ナル権利ヲ与フルヤ

商事会社法〔英〕（一）組合員ハ組合ノ負債ニ対シ如何ナル義務アリヤ（二）退社シタル組合員及ヒ新ニ加入セル組合員ノ責任如何（三）私犯ニ対スル組合員ノ責任如何

（『高等管・判事登用・代言人試験問題集』（自明治一八年至明治二一年））

○擬判事登用試験問題答案〔英契約法〕　藤井乾助君

●第一問　申込ノ効力ヲ有スル期限如何

契約ヲシテ成立ナサシメントセハ必ラスヤ合意ナカルヘカラス而シテ合意ヲシテ完全ナラシメント欲セハ申込ト承諾トノ二者相符号セスンバアルベカラス然レハ契約ノ成立スル以前ニ於テ第一着ニ発生スルモノハ申込ナリ而シテ一ノ対手カ申込ヲ為スニ当リテヤ他一方ノ対手之ニ対シテ承諾

シ始メテ合意完全シ契約成立スルモノタル余ノ言ヲ俟タサルヘシ此ニ於テカ承諾ハ申込アリタル後如何ナル日ニ於テ之ヲ為シ得ルヤノ疑問生スルナリ語ヲ換テ言ヘハ申込ノ効力ハ何時迄存在スルヤトノ問題ナリ承諾也者申込ノ効力アル期限内ニ之ヲ為セハ合意ヲ完全ナラシム而シテ申込ニ対シ承諾アリテ合意ヲ完全ナラシムヘキ申込ノ効力ハ左ニ列記スル期限ニ過キサルナリ

第一　申込人ノ定ムル期限間

第二　法律ニ於テ定ムル期限間

第一　申込人ニ於テ定ムル期限トハ如何ナルヤト云フニ此期限ハ申込人ニ於テ申込ヲナスト同時ニ於テ其申込ニ対シ承諾ヲ表スヘキ日限ヲ申込ム場合ナリ而シテ此日限ヲ経過スルニ於テハ仮令ヒ一方ノ対手ニシテ承諾ヲナスト雖モ最早其承諾タル合意ヲ完全ナラシムルモノニアラス之レ必竟スルニ申込ノ効力消滅シタル後ナレハナリ例之甲アリ乙ニ書ヲ寄セテ曰ク拙者所有セル文晁ノ書幅金二十円ニテ売却致スヘク右書幅ハ兼テ御所望モアリシコトナレハ右代価ニテ御引取ノ御所存ナレハ来週火曜日午後迄ニ御回答有之タシト此場合ニ於テ甲ノナセシ申込ノ効力ハ甲カ申込タル時ヨリ次週火曜日ノ午後迄ニシテ水曜日ニ至リ乙引取ルヘシトノ回答書ヲ送ルモ無効ナリトス

第二　申込人ノ申込ヲナスヤ必ラス第一ノ場合ノ如ク之ヲ明定スルモノト謂フヘカラス多数ノ場合ニ於テハ単ニ申込ミノミナスモノナリ如此時ニ於テハ申込ノ効力ハ何時迄現在スルヤ疑ノ存スル処ナリ而シテ此場合ノ期限ヲ定ムルハ法律ニテ定ムルモノニシテ相当時間内効力アルモノトス而シテ其相当時間也者漠然タル範囲ニシテ果シテ何日ヲ以テ相当時間トナスヤハ預カシメ一定シ難ク一ツニ認定ヲ裁判官ノ意思ニ任セサルヘカラス或ル判例ニ於テ甲ハ乙ナル会社ニ向ヒ六月某日株ノ買入ヲ申込ミタリ然ルニ其後会社ヨリハ何等ノ回答ヲモナサスシテ時ヲ過コシ漸ク十一月ニ至リ申込ニ応スヘキ回答ヲナシタレトモ此時ハ既ニ甲ニ於テ株購求ノ意ヲ断チタルモノナレハ会社ノ配附を拒絶シタリ於此乎会社ハ甲ヲ相手取違約ノ訴ヲ起シタリシニ既ニ申込ハ相当時間ヲ経過シタルモノニシテ会社カ承諾セシトキハ申込ハ消滅シ終リタル後ナレハ甲ハ之ヲ拒絶シ得ルモノナリトテ終ニ原告会社ノ敗訴トナリタリ

●第二問　有式契約ト単純契約トノ区別如何

余ハ左ニ区別ヲ図示シ而シテ順次説明ヲ加フヘシ

第一　禁反言ノ有無

第二　効力の厚薄

第三　約因ヲ推測スルト否トノ別

第四　出訴期限ノ長短
第五　先取特権ノ有無

第一　禁反言ノ有無

有式契約ハ一定ノ式ヲ履ミテナサレタルモノナレハ其契約ノ事実ハ正当ノモノナリト推測スルナリ故ニ口頭ノ反証ヲ挙ケテ以テ該契約ノ事実ハ相違セリト証明スルコトヲ得サルモ単純契約ノ場合ニ於テハ随意ニ事実ノ相違ノ点ヲ攻撃スルコトヲ得ヘシ

第二　効力の厚薄

単純契約ヨリハ有式契約ノ方ノ効力広大ナリ故ニ同事件ニシテ単純契約ト有式契約ト二種アリタルトキニハ常ニ有式契約ヲ以テ正当ナルモノトシテ単純契約ハ有式契約ノ為メニ解除セラル、モノナリ此場合ヲ呼ンテ埋没（マージヤー）ト云フ（埋没ノ事ハ第三問法律ノ効力ニヨリ契約ヲ解除スル場合ノ一ナレハ第三問ニテ詳述スヘシ）

第三　約因ヲ推測スルト否トノ別

契約ヲ成立セシムルニハ約因ナカルヘカラサルハ英法ノ原則ナリトス雖然有式契約ノ場合ニ於テハ約因ハ正当ニ成立セルモノナリト推測スルヲ以テ時ニ或ハ約因ナキモ尚ホ有式契約ハ有効ナリトス例ヘハ彼ノ恩恵契約ノ如キモ約因ナキヲ以テ単純契約ニテハ無効ナレトモ之ヲ有式契約トナス時ニハ効力アルモノトス反之単純契約ニハ如何ナル場合ニテモ約因アリタルコトヲ証明シ得ルニアラサルヨリハ契約ハ成立スルモノニアラサルナリ

第四　出訴期限ノ長短

有式契約ノ出訴期限ハ二十年ニシテ単純契約ノ出訴期限ハ六年ナリトス而シテ此出訴期限ノ区別アル所以タルヤ有式契約ノ場合ニ於テハ捺印証書ノアルアレハ之ヲ単純契約ニ比スルニ証拠ノ湮滅スルノ恐ナキヲ以テ其期限ヲ単純契約ヨリ長期トナセシモノタルヤ明ラカナリ

第五　先取特権ノ有無

有式契約ノ権利者ハ単純契約ノ権利者ヨリハ優等ノ権利ヲ有スルナリ先取特権ノ如キ即チ其一ナリ例ヘハ負債主カ破産シタル場合ノ如キ有式契約ノ債主ハ単純契約ノ債主ヨリハ先キニ負債主ヲシテ其負債ヲ償却ナサシムルノ権利アリ而シテ其ノ時間ノ前後ヲ問ハサルナリ即チ有式契約ヨリハ前ニ単純契約カ成立スルモ亦タ有式契約カ最初ニ成立シタルニハ関セサルナリ我邦ニ於テモ書入質ノ場合登記ヲ受ケタル債主ト登記ヲ受ケサル債主トノ間ニ差違アルカ如シ

●第三問　法律ノ効力ヲ以テ契約ヲ解除スル場合如何

契約ハ対手ノ所為ニ依テ解除セラルヘキハ勿論ノ事ナレト

モ時ニ法律ノ作用ニテ解除セシムルコトアリ其場合ハ大略左ニ掲クル三場合ニ過キサルヘシ

一　埋没（マージャー）

二　成文契約ノ変更

三　身代限

一　埋没

同一ノ事件ニシテ有式契約ト単純契約との両種ノ契約ヲ締結セラレ而シテ両契約相抵触スル場合ニハ単純契約ハ有式契約ニ埋没セラレテ法律ノ作用ニヨリ解除セラレ独リ有式契約ノミ成存スルモノナリ雖然有式契約カ単純契約ヲ埋没シ得ルニハ必ラスヤ左ノ三条件ヲ具備セルモノタラサルヘカラス

一　両契約中効力ニ差異ノ点ナカルヘカラス

二　両契約トモ同一事件ナラサルヘカラス

三　両契約ノ対手同一ナラサルヘカラス

雖然単純契約ト有式契約ト両存スヘカラサルヨリシテ効力ノ薄弱ナル単純契約カ埋没セラル、モノナレハ両契約アルモ以上ノ条件其一ヲ欠クニ於テハ両存シテ単純契約モ有式契約ノ為メニ埋没セラル、モノニアラサルナリ

二　成文契約ノ変更

捺印証書若クハ其他ノ契約書ヲ変更増減シタル場合ニ於テハ法律ノ作用ニヨリ其契約ハ解除セラル、モノナリ雖然如此法律上ノ作用ヨリ解除セラル、ニハ必ラス要スヘキノ条件ナカラサルヘカラス而シテ其条件左ノ如シ

一　変更ハ結約対手ニ於テ変更セル者カ若クハ第三者ニ於テ結約対手ノ占有中結約対手ノ為メニ変更シタル者ナラサルヘカラス事変若クハ天変ニヨリテ意ナクシテ為シタル変更ハ証書ヲ無効ナラシムル者ニアラス

二　変更ハ反対ノ結約対手ノ承諾ヲ得スシテ加ヘタルモノナラサルヘカラス反対々手ノ承諾ヲ経テ変更シタル時ニモ元ノ契約ヲ消滅セシメ更ニ新ラシキ契約ヲ生セシムヘシト雖モ其此ノ如キ結果ヲ生スル原因ハ約束ニアリテ法律ノ効力ニアラサルナリ

三　変更ハ重要ノモノナラサルヘカラス如何ナル変更ヲ以テ重要ノモノトシ如何ナル変更ヲ以テ重要トセサルカハ各場合ニ付テ論スヘキモノニシテ預メ之ヲ定メ得ヘキ法律規則ナシ

三　身代限

身代限ノ処分ヲ受ケタル場合ニ於テハ倒産者ハ身代限前ノ義務ヲ脱カラ該負債ハ消滅スルモノナリ

因ニ云フ日本ノ身代限法ハ至極不完全ノモノナレハ仮令ヒ身代限ノ処分ヲ受クルモ倒産者ハ義務ヲ脱カレス

シテ負債ハ消滅セサルナリ如何トナレハ裏書ヲ以テ子孫ニ迄モ該負債仕払ノ義務ヲ負ハシムレハナリ

（万国法律週報第三四号）

○判事登用試験問題答案（英国商事会社法）　小林　直君

第一問　組合員ハ組合ノ負債ニ対シ如何ナル義務アリヤ

組合員カ組合ノ負債ニ対シ負担スル義務ヲ分テ二種トナス

第一組合員カ債主ニ対スル義務

第二組合員カ組合員ニ対スル義務

第一　組合員カ債主ニ対スル義務ニ亦二種アリ

甲　普通法ノ定ムル所ノ義務

乙　債主トノ特約ニ依テ定ムル義務

甲　普通法ノ定ムル義務トハ組合ノ性質上法律ノ定ムル所ノ義務ニシテ組合ナル者ハ相互ノ契約ニ依テ成立スル者ナレハ如何ナル名義ヲ以テ負債ヲ為スモ債主ト特約ナキ以上ハ其義務タル通常十人以上ノ負債主カ債主ニ対スル義務ト異ナルコトナシ即チ組合員ハ組合共同財産ノ有無ニ関セス各自債主ニ対シテ組合負債ノ全部ヲ支払フノ義務ヲ負フト同時ニ共同シテ負債ヲ支払フノ義務ヲ負担スル者ナリ而シテ組合員中或一人又ハ数人ニ負債ノ全部ヲ償却セシムルト組合共同シテ償却セシムルトハ偏ニ債主ノ撰択ニ一任スルモノナリ故ニ普通法上組合員ハ組合ノ負債ニ対シテハ連帯義務ヲ負ブヘキナリ

乙　組合ノ負債ニ対シテハ組合員タル者普通法上連帯シテ義務ヲ負ブ可キコト前陳ノ如シト雖モ何レノ場合ニ於テモ然ルニアラサルナリ即チ組合若クハ組合員カ債主ト特別ノ契約ヲ為シタルトキハ或ハ共同義務ヲ負フコトアリ或ハ各自ノ引受高ヲ定メテ格別義務ヲ負ブコトアリ或ハ特定財産ヲ以テ支払フヘキ有限義務ヲ負担スルコトアリ或ハ又組合員ノ或者ハ債主ト特約シテ自己ニ対スル義務履行ノ訴訟ヲ免レタルトキノ如キ組合員ノ或者ハ債主ニ対シテ全ク義務ヲ負バサル場合モアリ蓋シ適法ノ契約ハ契約相手間ニハ法律ニ等シキ効力ヲ有スルニ依ル者ナリ併シナガラ此等ノ場合ニ於テモ組合若シクハ組合員ガ其特約ニ関スル義務ヲ尽サヾルコトアルトキハ債主ハ還タ普通法ニ依リ組合員ヲ連帯義務者トノ訴フルコトヲ得ルハ勿論ナル可シ其ハ兎モ角モ組合ノ負債ニ対スル組合員ノ義務ハ債主トノ特約ヲ以テ定ムルコトヲ得ル者ナリ但シ無形人ヲ作出スルコトヲ得ズ

第二　組合員ガ組合員ニ対スル義務ヲ論ズ

組合ノ利益損失ハ各組合員其株高ニ応シテ平等ニ配当分担セザル可カラス故ハ普通法ニ依リ又ハ特約ニ依リ組合ノ或ル一人又ハ数人ガ組合負債ノ全部ヲ償却シ若クハ自己株高

ノ比格ニ超過シタル部分ヲ支払フタルトキハ他ノ組合員ハ其一人又ハ数人ニ対シ各自ノ株高ニ相当スル負債割合金ヲ償ハザル可ラス且又組合員ノ或者ハ債主ト特約シテ自己ニ対スル義務履行ノ訴訟ヲ免レタル時ト雖モ其契約ハ唯債主ニ対シテ効アルノミニシテ組合員相互ノ間ニハ何等ノ効力ダモアルモノニアラザレバ組合間ノ計算ノ時ニハ自己ノ株高相当ノ出金ヲ為サヾル可ラズ是レ組合ノ負債ニ就キ組合員ハ債主ニ対シテ義務ナキ場合ト雖モ組合員ニ対シテハ義務アル所以ナリ

第二問　退社シタル組合員及新タニ加入セル組合員ノ責任如何

組合ハ相互ノ契約ヲ以テ成立ツ者ナレハ若シ組合員ノ中一人退社シタルトキハ此ニ組合ノ解散ヲ来シ若シ又一人加入スルトキハ従来ノ組合此ニ解散シ新組合此ニ組成スル者ナリ蓋シ退社員アルトキハ契約ノ相手ヲ失ヒタルヲ以テ契約解除トナリ加入者アリタルトキハ加入者ヲ相手トシテ新タニ契約ヲ為スヲ以テ自然旧契約ノ解除ヲ来スニ依ル者ナリ而シテ一人退社シ其代リニ一人ヲ加入シタルトキト雖ドモ亦旧組合解散シ新組合組成スル者ナリ何トナレハ契約ノ相手各異ナレバナリ又退社員最初新加入者ノ代理トノ旧組合ヲ組成シタル者ニアラザレバ加入者ハ退社員ノ契約ヲ追認スルコトヲ得ザルニ由ルナリ

夫レ組合ノ組織此ノ如シ然レハ則チ退社員加入者タル者各々新旧組合ニ就テ如何ナル責任アルカ以下之ヲ論ゼン

一、退社員ハ旧組合ニ就テハ組合員トシテハ更ニ責任ナシ然レトモ其残務ノ処分即チ旧組合ニ関スル負債ノ償却買物代価ノ仕払借用物の返還雇人ノ給料等ニ就テハ共ニ連帯責任ヲ負バサル可ラス又旧組合ニ於テ他ヨリ仕払又ハ返還ヲ受クベキ者アリテ未ダ請ケサル中ニアリシトキハ其請取方ニ就テ相互ニ代理権アル者トス（尤モ組合継続間ニ限リ仕払ヲ受クベキ者ハ格別）而シテ此等ノ事ハ以前ニ組合員タルノ故ヲ以テ責任アリ代理権アル者ニアラズシテ事実連帯シテ負債ヲ為シタルニ由リ連帯責任ヲ負ヒ又自己ノ為ス可キコトヲ黙諾シテ他人ニ為サシムルニ因リ代理権生ズル者ナリトス故ニ新タニ手形ヲ振出シ物品ヲ買入レ又ハ借入レ其他人ヲ雇ヒ入ル、等ノ事ハ組合残務処分ニ必要ナル方法ナリトシテ為シタルトキト雖モ已ニ組合ヲ解散シタル以上ハ新タニ契約ヲ為スニアラザレバ代理権ノ生ズルコトナク又之レニ依テ他ノ旧組合員ハ責任ヲ負フコトナシ是ヲ以テ退社員ハ旧組合ニ就テハ組合員トシテ責任ナク唯自己ノ負ビタル義務ヲ尽シ自己ノ為スベキコトヲ為スノ責任アルノミナリトス

二、新組合ニ就テハ退社員責任アルコトナシ何トナレバ他人ノ契約ニ依テ責任ヲ負フヘキ理由ナケレバナリ併シナガラ退社員自己ノ所為ニ依リ事実組合契約ヲ為サヾルモ契約アリタル者ト法律上推測サレ退社以後即チ新組合ニ関シテ責任ヲ負ブ場合ナキニアラズ即チ組合員退社シタルトキハ其退社シタル旨若シクハ組合解散シタル旨ヲ取引先へ通知シ及ヒ世間一般へ広告セザル可ラザルニ（通知広告ノ方法ハ此ニ論セズ）退社員此等ノ事ヲ為サヾルニ依リ社外人ガ退社シタルコトヲ知ラスシテ新組合ト契約取引シタルトキ又ハ已ニ退社ノ通知及ビ広告ヲ為シタリト雖モ自ラ人ヲシテ組合員ナリト思意セシムル丈ケノ所為ヲ行フタルニ依リ社外人ガ従前ノ通リ組合員タリト思意シテ組合ト契約取引シタルトキノ如キ場合ニハ退社員組合ニ対シテハ責任ナキモ其契約取引シタル社外人ニ対シテハ新組合員ト共ニ連帯義務者トシテ責任ヲ負バザル可ラズ是レ蓋シ社外人ヲシテ組合員ナリト思意セシメタルハ偏ニ退社員ノ不注意ニ帰スレハナリ但シ退社又ハ解散ノ原因如何ニ依テハ通知及広告ヲ為スコトヲ要セザル場合アリ左ニ之ヲ示サン

第一　組合員ノ死去ニ依テ解散シタル時

第二　組合身代限ノ処分ヲ受ケテ退社シタル時

第三　非役組合員ノ退社シタル時

右第一死去ハ国民ノ一員ヲ失ヒ第二身代限ノ処分ハ或ル場合ニ臨ンデ負債主ノ為メニ特ニ与ヘラレタル主権者ノ恩典ナレバ共ニ一国ノ公事タルヲ以テ国民タル者何人モ通知ヲ俟タズシテ知リ居ル者ト法律ハ推測シ第三非役組合員ハ組合へ名前ヲ現ハサヾル者ナルニ依リ社外ニ在テハ最初ヨリ組合員タルコトヲ知ラザル者ナレバ其退社シタルトキト雖モ故ラニ通知及ビ広告ヲ要セザル者ナリ尤モ非役組合員ト雖モ已ニ社外ノ者ニ組合員トシテ知ラレタルトキハ必ズ通知広告セザル可ラザルコトハ勿論ナリトス

次ニ加入者ノ責任ヲ論ゼンニ加入者ハ新組合ニ付テハ其加入ノ時ニ他ノ者ト共ニ新タニ組合ヲ組成シタル一人ナレハ唯普通組合員タルノ責任アルノミニシテ特別ノ責任ヲ負ブコトナシ又加入以前即チ旧組合ニ就テハ曾テ自分ノ関係セザル所ナレハ是亦何等ノ責任モ負バザルナリ併シナガラ加入者自ラ好ンデ責任ヲ負ブ場合ハ格別ナリトス即チ加入者旧組合員ト契約シタルトキハ旧組合員ニ対シテ責任ヲ負ビ旧組合ノ債主ト契約シタルトキハ債主ニ対シテ責任アルハ論ヲ俟タザルナリ但シ加入者ガ自己ノ不注意ニ依リ一年或ハ六ケ月目ノ組合計算時期ニアラザル中途ニ加入シタルトキハ其計算回度即チ一年或ハ六ケ月丈ケニ関スル者ハ加入以前ノ分ト雖モ通常組合員間ハ責任ヲ負ブ者ナリ是唯計算

上ノ便宜ニ基キタル組合ノ習慣ニシテ従前ノ組合員ニ於テ詐偽アリタルニアラザル以上ハ新加入者ノ黙諾ニ出テタル者ト見做シタル者ナリ併シ社外ニ対シテハ此責任アルコトナシ

第三問　私犯ニ対スル組合員ノ責任如何

組合員ハ相互ニ代理権アルヲ以テ組合員ノ私犯ハ通常組合員連帯シテ責任ヲ負フ者ナリ然リト雖モ組合員ガ組合規約ニ背キタル事ヲ為シ或ハ組合ノ為メニアラズシテ自分一己ノ為メニ事ヲ為シテ私犯アリタルトキハ他ノ組合員其責ニ任ゼザルナリ併シナガラ組合員ノ私犯ガ苟モ規約ニ反セズ唯不注意或ハ事務執行ノ方法拙劣ナルノミニ因テ生ジタル者ナルトキハ各組合員其責ヲ辞スルコトヲ得ズ何トナレハ斯ル不注意又ハ拙劣ナル者ト共ニ組合ヲ組成シタル者モ亦不注意アレハナリ且組合員規約ニ反キ事ヲ行ヒ又ハ自己ノ為メニ事ヲ為シタリト雖モ組合ガ之ヲ知リツヽ其由テ得タル所ノ利益分配シタルトキハ其事ヲ行ヒ事ヲ為シタルニ因ヲ生ジタル私犯ノ責任ニ就テハ各組合員連帯シテ之ヲ負ハザル可ラズ何トナレハ其知リツヽ利益ヲ分配シタル事実ハ規約外ノ所為ニ対シテハ追認トナリ自己ノ為メニシタル所行ニ対シテハ共犯トナレハナリ

夫レ組合員ノ責任ハ以上述ブルカ如シト雖ドモ英国古代ノ習慣法ニ於テハ私犯ニ対スル責任ト違約ニ対スル責任トヲ区別シ前者ハ連帯責任ヲ負ヒ後者ハ共同責任ヲ負フ者トセリ故ニ今尚組合員ノ所有セル土地ノ所有権ニ関スル私犯ニ付テハ組合員共同責任ヲ負ヒ連帯責任ヲ負ハス蓋シ所有権アラサル者ヲ所有権アリトスルハ違約ナリト云フノ因習タルニ止リ他ニ深キ理由アルニ非サルベシ是レ則チ一ノ例外ナリトス

（万国法律週報第三八号）

第二部

左の一篇ハ本校講師宮城浩蔵先生が本校生徒の心得までに口述せられたるを筆記せしものなれども筆記不完全にして十分に先生の意を表する能ハざるのミならず或ハ誤記もあるべけれバ読者幸ひに之を諒せられよ　筆記者

○試験心得

諸君ハ目下定期試検（ママ・以下同）を受け居らるゝとなるが凡そ本校の試検なり代言試検なり判事登用試検なり又本校卒業の後受くる処の大学の試問なり諸君に取て甚た大切なることハ今更云ふ迄もなきことなり何となれハ巨多の資金を放ち数年の精神を労して学び得たる成績を検試発表する処のものなれ

ハなり殊に試検なるものハ一たび落第するときハ永く其人の癖となるものなれハ最も謹慎を加へさるへからす而して屢々落第の不幸に遭遇するときハ為めに畢生の目的を誤り消費と苦辛とハ悉く水泡に帰し諸君の名誉ハ勿論本校予輩の名誉にまで関係を及ほすこと少からす予か今諸君に向て試検心得を一言するも亦偶然にあらさるなり

凡て試検を受けんとする者の須らく服膺せさるへからさる心得あり是れ畢竟予の老婆心に出るものなりと雖も平素勉強せられ相当に学力を有する所の諸君にして不幸にも及第するを得さるか如きハ実に遺憾に耐へさる処あり不勉強なる者の落第することあるハ自ら招くの不幸なれハ如何ともすへからされハ予ハ是等の不勉強者に向て御話するも毫も其効なきを信す唯勉強家にして僅々たる事故よりして落第することあるハ遺憾に堪へさる所なり

試検を区別して二種となす学力検定試検（エキザマン）競争試検（コンクール）是なり

競争試検とハ例へハ茲に教師二名を要し之を募らんとするに当り之に応する者数十名ありとせん此場合に於てハ其志願者に就き各自の学力を試検し其中最も優等なるもの二名を採らさるへからす是此の試検の性質に於て自ら学力競争の試検とならさるを得さるものとす

然るに本校に於て行ふ所の試検、代言試検、判事登用試検大学試問の如きハ決して競争試検にあらすして学力検定試検即ち各自学力の証明を受くる処の試検なり故に是等の試検を受くへき人ハ唯自己固有の学力の証明を受くるに止るか故に決して他人と競争するの精神を懐くへからす而して受検者にして悉く良好なる成績を得れハ悉く及第し之に反すれハ悉く落第すべく及第すると落第するとの人員に限りあることなし

検定試検の性質如此なるを以て其答案ハ敢て議論に渉るを要せす又論理、文章、筆法等の巧拙を検査することなし然らハ唯講師の講する処書物の載する処を記臆するを以て足れりとするか決して然らす各問題に付てハ必す先哲の議論もあるへきか故に予て其可否を決定するの用意なかるへからす

試検の方法二あり筆記試検、口答試検、是れなり此二種の試検に通用すへき心得を述るに先ち試検者に種々の弊害あることを一言すべし

第一試検者に於て甚た奇なる問題を発することあり受検者の為め最も不幸なる弊害と云ふべし是或ハ試検者自己の学力を表示し衆人をして喫驚せしめんとするに出ることある歟予も此弊に陥りしことあり嘗て刑事に於て大審院の職務

と裁判所の職務と分るの処如何との問ひを発したり此問題の旨趣ハ裁判所ハ事実上より有罪無罪の判決をなし法律上の裁判ハ大審院の職務なりと答へしめんとするに在りて敢て奇なる問題とも覚へさりしか後ち同僚中より最も奇問を発せりとの咎めを受けたり其受検者ハ優等者なりしか故に満足にハあらさりしと雖も難なく答弁を為したり
第二試検者甚た難問を発することあり之れ徒らに受検者を苦めんとするものにて受検者の困難するを見されハ満足せず容易く答弁を了るときハ兎角試検を為したるの心地せさるもの丶如し実に愚の至りと云ふべし而して其甚しきに至てハ試検者其人も之を判決すること能ハさるか如き奇談なきにあらす
第三競争試検と検定試検とを誤ることあり即ち試検者自己の主持する議論を強て答へしめんとする如き之なり
第四試検者法律の正文のミに拘例すること例へハ一の定義を与へんとするに当り正文に適せされハ満足せさること又ハ毫も正文に関せさること之なり
此二者ハ全く相反対する者にして受検者の学力を発表するを妨くるものなり
又口答試検を行ふに当り受検者答を発し一言の誤りあれハ直に之を押ふることあり是亦一の弊害にして受検者答弁中屢々此詰問に逢ひ為めに狼狽して遂に完全なる答へを為し能ハさるに至る固より法律の解釈なるものハ一言一句を誤ることなきを緊要とすと雖も一言を誤る毎に直に之れを反問するハ却て学力の実蹟を発表する能ハさらしむるものなり
又一問題を発するに当り屢々語を変して前後左右より問ひを掛くることあり是亦一の弊害と云ふべし何となれハ受検者最初の一言を聴き脳裡既に考案を巡らすに当り更に第二第三の問を掛けらる丶に逢ハ丶其問題の旨趣を覚るを得すして遂に完全なる答を為し能ハさるに至る
又一問を発して之に答ふる能ハさるときハ更に他を顧みさること是亦一の弊害にして若し其一問に答ふる能ハさるときハ直に落第となるに至らしむるハ未た学力を完全に試検したりと為すを得す
右の外試検者の弊害を穿鑿するときハ尚ほ之に止まざる可し而して此等ハ皆受検者の幸不幸を来すこと大にして固有の学力を発表せしむること能ハさらしむるものなり然りと雖も是等試検者の弊害ハ受検者に於て如何ともすること能ハす実に遺憾と云ハさるを得す唯受検者に於て予め之に注意するに於てハ実地試検に臨ミ多少此弊害を避くるの道もあらんか

是より受検者の為し得へき所に就き一言すべし
受検前にハ必す多少予備の日子あり此時に当り試検を受くるの目的を以て温習すへからす何となれハ試検の目的を以てする時ハ単に教師講する処書中載する所に就き種類条件区別等の数のミに注目し之を記臆するに涙々として少しも其基本を研究することを顧みさるの弊あれハなり如此其基本を究めすして其結果のみを記臆せんとするハ実際毫も利益なく試検を終れハ直に遺忘するものなり
問題ハ常に自ら之を作り自ら之に答ふることに熟せさるへからす単に書物にのみ依拠するときハ実際事に当て困難することと多し
試検に切迫するときハ非常に勉強することあり此ハ得策となすを得ず何となれば為めに身心を疲労し実施試場に出て用をなさゝるに至ることあれハなり故に試検に切迫したるときハ余り精神を労せさるに注意せさるへからす
試検を受くるに当てハ飲食物を撰び殊に大食せさるに注意せさるへからす大食するときハ自然精神を鈍からしむること生理学上に於て明かなり又精神を刺撃せしむる茶、酒、コーヒーの類を飲用すへからす予曾て仏国巴里に在りしとき友人コーヒーに牛乳を混して飲用し大に困難を感したることあり
試検を受くるに当てハ決して不安心を懐くへからす己れの学び得たる処の問ひに願ひ之に答ふるハ即ち及第するものなれハ実に之より確かなるものなし落第することある等の恐れを懐くハ不可なり
受検者落第することあるも試検者に対して怨ミを懐くへからす試検者不正の意を以て遇するに於てハ格別なれとも苟も不正の意なき以上ハ決して怨むへからす固より数人の試検者あるに当てハ人に依り採点等に多少の不同なきを得す同一の人と雖も朝に於てすると夕に於てするとに依り自ら不同なきを保せす是等の幸不幸ハ止むを得さるの結果なり然れとも是等の為め決して大差を生するものにあらす予ハ屢々試検委員に従事したるを以て同僚三人或ハ四人の間に於て試みに一答案に就き最初一人之に点数を付し而して之を示すことなくして次きの一人に送り順次採点を終り最後に之を比較したる事ありしか其点数殆んと同一にして大差あるも僅かに二三点を出ることなし左れハ或ハ幸不幸を見ることあるも其結果ハ実に些々たるものなれハ決して試検者を怨むことあるへからす
試検に臨みてハ筆記試検にても口答試験にても一問題に付二派以上の議論ありて之を駁するに過激の語を以てすへからす何となれハ若し試検者にして其反対の説を主持する者

なるときハ為めに感情を傷くるの憂あり又一にハナマイキなりとの感覚を発せしむるに至るべし故に可及的穏当なる語を用ひさるへからず

答弁をなすにハ可成問題に直接の答へを為さゝるへからす不直接なる語を用ひ或ハ迂回なる答へを為すハ一時をゴマかさんとするものにて卑劣の甚しきものなり否らさるも試検者をして学力浅薄なる者なりとの感覚を起さしむるに至るべし

全く答へを為さゝることハ最も謹まさるへからす答へをなせハ迚其最も不可なるものハ零点となることあるも全く答へをなさゝれハ常に零点たるを免かれす然れとも到底其問題に答ふる能ハさるを知らハ全く答へをなさゝるに如かず何となれハ僥倖を希望し濫りに答へをなすときハ為めに他の答案に影響を及ほすの憂あれハなり

問題に答ふるに当り例外あることに注意せさるへからす故に答弁中決して、必す、常に等の語を謹むべし法律上一の原則ある毎に例外の之に附従せさることなし故に例外なきことを明知する場合に於てハ格別苟も然らさる以上ハ動すへからさるの語を以て答へを為すへからさるなり

答へを為すに当り己れの信する処を答ふるに決し躊躇すへからす試検者より反問を受くるときハ之に理由を付して其答弁を貫くべく之か為め説を変することをなすへからす若し反問に逢ふ毎に説を変するときハ遂に正常なる答へも其旨趣を貫かさるに至らん

答弁をなすに当り最初より例を挙くるハ不可なり試検者をして学識の短なるを感せしむ

区別、種類、或ハ差異を挙くるに其数を限るへからす何となれハ初めより其数を挙くるときハ必す之を数へさるへからす而して必す其数に充てんとして精神を労すること甚しく又不幸にして其数を充たすこと能はさるときハ自ら其答案の不完全を来すものなるべし

例を掲くるにハ其例に出つへき人数を減するに注目せさるへからす若し其人数多きに渉るときハ自ら之を混用するの恐あるのみならす試検者をして混雑せしむるの憂あり

又金額若くハ期限等に関する例を挙くるにハ其数の大なるを要す何となれハ法律学に従事する者ハ多くハ数学に拙きか故に小数の例にして分数を生するときハ其計算上理解に困むことあれハなり又数ハ可成偶数を用ひ奇数を避くるを要す例へハ軽罪の刑に就き加減例の例を示すにハ四ケ月以上四年以下若くハ四円以上四十円以下等の数を用ひるか如し

法律の正文ハ可成注意して遺忘せさるを務めさるへからす

何となれハ正文を暗せさるときハ認許法と命合法とを誤り試検者をして学識狭きものと感せしむることあれハなり

是より事記試験と口答試験とに特別なる心得を述べんとす

筆記試検に付問題を発するハ甚た困難なるものなり何となれハ答案の短簡なる問題を発するときハ其数を増さゝるへからす然るに問題の数を増すときハ煩に耐へさるの憂あるか故に其中庸を得さるへからされハなり而して筆記試検ハ試検者に於て反問するを得さるか故に充分に学力を試検するの効を奏せす要するに筆記試検の問題に付てハ其答案長きを要するものと心得べし

筆記試検を受くるに当り決して文章を飾るへからす何となれハ為めに時間を徒費し精神を労するのミにて毫も其効を見されハなり

筆記試検の答案を作るに当り数問題あるとき其内己れに最も容易なる問題を先きにし困難なるものを後にするハ試検者の通弊なり宜く此弊を避けさるへからす何となれハ容易なる問題を先きにし其答案に着手するときハ他の困難なる問題の考案脳裏を去らす為めに容易なる問題の答案も完全ならさるに至る可し故に問題の順序に従ひ時間に比例して一問題に要する時間を定め整然其順を逐ふて答案を作る可し蓋し数個の答案中其一ハ甚た長く其一ハ甚た短きときハ試検者をして其長く細密なる答案ハ偶然之を作り得たるものなりとの感情を起さしむるに至るを以て答案ハ長短大凡か平均なるを要す

問題に対して決して不平を鳴らす可からす問題の不平を唱ふるハ決して其効なく自然其答案不完全のものなることあり

抑も試検者問題を発するハ決して易々たるの業にあらす然るに之を思ハずして問題に不平を懐くハ或ハ己れの学力の足らすして茲に至ることもあるへく或ハ問題を誤解して其不平を鳴らすこともあらん謹まさるへからす

口答試検の問題ハ多くハ其答の短きものなり然れとも其答に対して推問をなすものなること此試験の性質なれハ屢々推問して以て其学力を検定し得るものとす

問題を発するに当り語て誤りあるも之を咎むへからす何となれハ試検者の感情を傷くるの憂あれハなり又議論を含むの語気を発すへからす何となれハ試検者の不平を誘ふに至れハなり

試検者の意を迎さることなきを謹まさるへからす試検者より反問を受くるに当り其意を察し其意に応して答弁を変し又更に推問を受けて再ひ其意を迎ふるか如きハ終に其底止する処なきに至るへし

試検者書を著したることあるも其書中の議論を墨守するの意を有すへからす何となれハ強て之れに従ハんとして其説に従ひ答弁をなすも其原因結果に渉り反問を受くるときハ終に其答をなす能ハさるに至ることあり宜く己れの信する所の説を以て貫くに如かす

第三部

※　族籍、氏名、出身学校、修了期・年の順に掲げる。なお出身学校の略号は以下のとおりである。また氏名表記などは官報記載のものを優先するが、適宜括弧で補った。なお判明しない事項については空欄にしている。

司法省法学校速成科第三期→司速Ⅲ、東京大学法学部別課法学科→東別、明治法律学校→明、東京専門学校→東専

・第一回判事登用試験合格者

島根県平民	岩佐　斎(才)吉	明
愛知県士族	加藤　重三郎	明17
石川県士族	菅生(山本)初雄	司速Ⅱ

・第二回判事登用試験合格者

長野県平民	百瀬　武策	明15
福岡県士族	庄野　弘毅	明17
山形県士族	柳沢　重固	司速Ⅲ
大分県士族	津ノ末豊三郎	司速Ⅲ
群馬県士族	斎藤　金一郎	
大分県士族	村上　米太	明19？
山口県士族	石川　正	司速Ⅲ
秋田県士族	石井　冠八郎	明
愛媛県平民	藤沢　繁	司速Ⅲ
茨城県平民	瀬端　善一郎	東専18
大分県平民	田原　小文司	司速Ⅲ
愛媛県士族	白岩　景行	東別
福島県平民	松浦　亀蔵	司速Ⅲ
高知県士族	林田　好雄	司速Ⅲ
鹿児島県士族	日高　実容	司速Ⅲ
岡山県平民	杉原　佐一郎	司速Ⅲ
長野県平民	牛山　松蔵	明
東京府士族	折原　吉之助	司速Ⅲ
青森県士族	奈良　猶興	司速Ⅲ
兵庫県平民	谷村　甚吉	司速Ⅲ

埼玉県平民　藤間　幸司
宮城県士族　佐藤　郁二郎　司速Ⅲ
青森県士族　長尾　与吉　司速Ⅲ
東京府士族　勝浦　徳二(次)郎　司速Ⅲ
石川県士族　小塚　方勝　東専17
愛媛県平民　池田　覚三　司速Ⅲ
岡山県士族　庄(荘)田　要三郎　司速Ⅲ
茨城県平民　中島　松次郎　司速Ⅲ
千葉県平民　布施　文四郎　司速Ⅲ
福島県士族　佐々木　綱治　司速Ⅲ
東京府平民　杉本　織之助　司速Ⅲ
和歌山県平民　田中　英太郎　司速Ⅲ
栃木県平民　石川　文之助　明
兵庫県士族　大槻　貞夫　(代言人)
茨城県平民　福田　正己　司速Ⅲ

・臨時判事登用試験合格者

新潟県士族　黒田　英雄　司速Ⅲ
岡山県士族　松本　強二　司速Ⅲ
山形県士族　大橋　鉄之助　司速Ⅲ
佐賀県士族　鐘ケ江　高顕
広島県士族　丹治　貫　司速Ⅲ
長崎県平民　高丘　守恒　司速Ⅲ
山口県士族　羽仁　詳一　司速Ⅲ
岐阜県平民　高田　鍬吉　司速Ⅲ
鳥取県平民　妹沢　政雄　司速Ⅲ
宮崎県士族　安井　璞　司速Ⅲ
長崎県士族　田中　圭三　司速Ⅲ
静岡県士族　松波　佳作　司速Ⅲ
愛媛県平民　高橋　四郎　司速Ⅲ
熊本県士族　桜田　正彦　司速Ⅲ
三重県平民　西岡　喜代松　司速Ⅲ
長野県士族　松島　柳三　司速Ⅲ
長野県士族　土屋　為太郎　司速Ⅲ
福岡県士族　三木　熊雄　司速Ⅲ
広島県士族　杉江　彦三郎　司速Ⅲ
宮城県士族　勅使河原健之助　司速Ⅲ
山形県平民　工藤　仙太郎　東別
鹿児島県士族　牧　龍太　司速Ⅲ
千葉県士族　高橋　昇　司速Ⅲ
群馬県士族　柳沢　佐五郎　東別
神奈川県士族　三木　登明　司速Ⅲ

三重県平民　村山　勝次(治)郎　司速Ⅲ
千葉県平民　遠山　重義　東別
愛媛県平民　重岡　薫五郎　東別
新潟県士族　田中　浪江　司速Ⅲ
三重県平民　三浦　順太郎　東別
広島県平民　足利　義泉　司速Ⅲ
三重県士族　小河内　鉄吾　司速Ⅲ
青森県士族　桜庭　棠陰　司速Ⅲ
茨城県士族　鷹野　鋭太郎　司速Ⅲ
広島県平民　永野　法城　東別
茨城県平民　黒田　文八郎　司速Ⅲ
青森県士族　鳴海　清洪　司速Ⅲ
新潟県平民　勝沼　保一郎　司速Ⅲ
茨城県平民　井沢　威　司速Ⅲ
岩手県平民　阿部　義彰　司速Ⅲ
長野県平民　橋爪　米重　司速Ⅲ
福島県士族　佐々木源之進　司速Ⅲ
熊本県士族　沢村　勝　東別
長野県士族　沢柳　友一郎　司速Ⅲ
愛知県士族　柴田　言一　司速Ⅲ
愛知県士族　岩堀　俊太郎　司速Ⅲ

埼玉県平民　戸口　茂里
東京府士族　坪山　高尚　司速Ⅲ
東京府平民　伊藤　善次郎　司速Ⅲ
佐賀県士族　高島　佐一郎　東別
福岡県士族　大石　健太郎　司速Ⅲ
岡山県士族　河野　卓治　司速Ⅲ
三重県士族　玉置　直矩　司速Ⅲ
福井県士族　小泉　久時　司速Ⅲ
秋田県平民　高橋　亮佑　司速Ⅲ
大分県平民　宮田　英太郎　司速Ⅲ
東京府平民　土肥　大次郎　司速Ⅲ
福島県平民　長谷川八二郎　司速Ⅲ
広島県平民　増成　茂三郎　司速Ⅲ
山口県士族　国吉　亮之助　東別
鳥取県士族　小林　茂　司速Ⅲ
富山県士族　津田　銀太郎　司速Ⅲ
京都府平民　吉岡　藤次郎　司速Ⅲ
北海道平民　長谷川重四郎　司速Ⅲ
東京府士族　牧村　央　司速Ⅲ
東京府士族　高橋　吉五郎　司速Ⅲ
熊本県士族　宮崎　喜代熊

愛知県平民　平岩　精一　司速Ⅲ
静岡県平民　前島　清三郎　司速Ⅲ
東京府平民　秋場　格太郎　司速Ⅲ
鹿児島県士族　千田　貞茂　東別
鳥取県士族　西野　文市　東別
秋田県士族　東海林　民治　司速Ⅲ
福岡県平民　池尻　巻之助　司速Ⅲ
福岡県平民　蜂谷　和輔　司速Ⅲ
愛媛県士族　西原　義任　東別
熊本県士族　平原　末雄　司速Ⅲ

おわりに

いつの時代においても、「擬律ノ錯誤」＝法適用の誤りはあってはならないものだが、これまでそのような法の誤操作がなぜ生じるのかという観点からの研究は、ほとんど為されてこなかったように思われる。法解釈学が複雑で精緻な体系を構築し、法適用の手法や技法の構造化を果たしている今日であれば、もはや単純な法条の誤操作など起こり得ず（事実認定の瑕疵は生じるにしても）、また仮に起きたとしても、多様に存在する可能な解釈の一態様として処理されるのかもしれない。

だが、本書の対象とした「擬律ノ錯誤」は、国家実定法秩序がその基幹的部分から西欧型に変造され、法解釈の有効な方法も未だ確立されていない状況下で生じたものである。

博士課程の院生であった私は、ある日、本書第五章で紹介した「裁判ノ理由書」を、井上毅文書（梧陰文庫）のマイクロフィルムの中に発見した。断片的な文書ゆえ、そこに記されたことがどのような意味を持つものなのか、当初は皆目見当がつかなかった。しかし様々な史料との突合せから、やがてその文書がむしろ書かれざるを得なかったコンテクストが浮かび上がってきた。それは相克する原理から組成される二つの法秩序間を、断絶と連続の相で切り分ける臨界面に成立するものだったのである。

しかし、「錯誤」に導かれた擬律操作の推論過程を追跡することは骨の折れる仕事であった。また解釈や適用に躊躇し発せられた伺、請訓、問合の中に記される「疑義」を、その発生の背景的な文脈から理解することも煩瑣を極めた。ただ、こうした「しくじり行為」の解釈につき、フロイトの『精神分析学入門』（中公文庫・懸田克躬訳）は、あらゆる可能性のなかから、わざわざこのしくじり方を選ばせるなにものかがあるのかと問いかけ、本来の正しい行いとしくじった行いの対立する相互間には、実は意味のうえからは強い親近性があり、心理的連想として非常に近い関係があると指摘している。私は、ここに制度転換をその「内側」から見つめていた司法官のまなざしのリアリティーを覚え、それを歴史叙述の対象とする方法のヒントを見出した。

罪刑法定主義は条文の根拠がなければ処罰できないとの原則。これに対し不応為・断罪無正条は、条文の直接的な根拠がなくても処罰できるとの法理。こうした刑法の近代的原則と前近代的法理とが、規範論理のうえからたとえ氷炭相容れない関係であっても、心理的連想のうえからは「近接」した機序の下に置かれるというのである。だとすると本書で扱う「擬律ノ錯誤」というしくじり行為——及びそれを回避するための事前の「伺—指令」「請訓—内訓」などの確認行為——は、西欧型刑法（旧刑法）と中国律型刑法（新律綱領・改定律例）の「相違」にではなく、その「類似（＝比較可能性）」にこそ発生の誘引があったというべきなのだろう。

本書で論じたように（第五章補論）、実際旧刑法は、一八一〇年のフランス刑法と明治初年期の新律綱領・改定律例とのアマルガムである。旧刑法と中国律型刑法との立法事実的な近縁性・近似性については、また別の機会で論じなくてはなるまい。いずれにしても、本書に収めた諸論考の出発点を語るには、私の大学院での修業時代へと慌しく遡行しなくてはならなかった。この度大幅に手を入れて増補改正を施しつつ、本書に大学院時代の拙論二編を組み込んだ所以である。

ここで、本書に収録した論考の初出一覧を左に掲げる。それぞれ本書を編むに際し、各章を通しての細かな文章表現上の統一を出来得る限り図り、さらに少しでも読みやすくするための便宜として論文構成を大きく組み換えたものもあった。尤も内容については、原則として発表当時のままとしたが、時の経過に応じて変更を加える必要が認められた場合には、適宜補正を加えたことをお断りしておきたい。なお、第七章については、初出論考（旧稿）を併記したが、私とすれば新稿の位置づけで今回全面的に書き改めた。ただし論述の対象とする範囲は必ずしも旧稿のそれとぴったりと一致するものではない。ご関心を抱かれた読者には新旧双方の論考をご参照賜れば幸いである。

初出一覧

第一章　明治太政官期法令の世界

・「明治太政官期法令の世界」国立国会図書館調査及び立法考査局編『日本法令索引〔明治前期編〕データベース利用のために』所収（国立国会図書館、二〇〇七年）

第二章　訓令を仰ぐ大審院

・「訓令を仰ぐ大審院」法学研究第六六巻第八号（一九九三年）

第三章　司法官の近代法適用をめぐる逡巡

・「明治期司法官の近代法適用をめぐる逡巡」杉山晴康編『裁判と法の歴史的展開』（敬文堂、一九九二年）

第四章　不応為条廃止論考

・「不応為条廃止論小考」慶應義塾大学大学院法学研究科論文集第二八号（一九八八年）

第五章　「擬律ノ錯誤」をめぐる試論的考察

・「『擬律ノ錯誤』をめぐる一試論」慶應義塾大学大学院法学研究科論文集第二九号（一九八九年）、「旧刑法の編纂における『旧なるもの』と『新なるもの』」法制史研究第四七号（一九九七年）

第六章　判決文の近代化――「冗長」と批判された判決書の分析

おわりに

・「司法省により『冗長』と批判された判決文をめぐる一考察」法学研究第六八巻第四号（一九九五年）

第七章　近代日本法史における「学識」判事の登場——第一回判事登用試験顛末

・「近代日本法史研究における『学識』判事との遭遇」『日本法曹界人物事典　別巻』（ゆまに書房、一九九六年）を大幅に加筆・修正

第八章　刑事弁護士研究——馬袋鶴之助の場合

・「馬袋鶴之助の刑事弁護」川口由彦編著『法政大学現代法研究所叢書20　明治大正町の法曹——但馬豊岡 弁護士馬袋鶴之助の日々——』（法政大学出版局、二〇〇一年）、「司法資料保存利用問題」（岩谷十郎執筆部分「第四節　刑事司法資料の利用と歴史的『現用性』」）法制史研究第四四号（一九九四年）

第九章　明治刑事法廷異聞

・「明治刑事法廷異聞」『日本弁護士協会録事　明治編　別巻』（ゆまに書房、二〇〇八年）、「明治時代の罪と罰」（所収コラム「法服と刑事裁判」）『新体系日本史2　法社会史』（山川出版社、二〇〇一年）

最後に謝辞を記して本書を閉じよう。

私の学部、大学院を通じての指導教授であった向井健先生は、終始和やかで自由な雰囲気の中で私の研究を導いて下さった。また森征一先生には、法制史・法文化についての奥深い含蓄あるお話をとおして、快活で明朗な研究者としてのあり方を教えてくださった。そして霞信彦先生からは、慶應義塾大学の法制史教室を現在先導するお立場から、日々温かい

ご指導を頂戴している。三先生よりこれまで賜ったご教導に対し、深甚の感謝の意を表したい。

また大学院時代から、故勝田有恒先生（一橋大学名誉教授）には比較法史的観点からの多くのヒントを頂戴し、上原行雄先生（一橋大学名誉教授）や大木雅夫先生（上智大学名誉教授・現聖学院大学教授）からは今もなお、それぞれ法哲学、比較法学的観点からのご指導を賜っている。前述のフロイトの示唆は上原先生に、また、異法秩序間のマクロ的比較の方法については大木先生に学んだものである。こうした基礎法学上の基本的な方法視角の上に本書は成り立っているはずだが、私の力不足でそれらを十分に表現し得たかは心許ない限りである。三先生には、私の相変わらずの不勉強をお赦し頂きたい。

学会関係では、日本近代刑法史研究について、吉井蒼生夫先生（神奈川大学教授）、藤田正先生（北海学園大学教授）、そして浅古弘先生（早稲田大学教授）から久しくご指導を頂戴してきた。最近は、水林彪先生（東京都立大学名誉教授・現早稲田大学教授）を中心とした日曜研究会、また川口由彦先生（法政大学教授）や村上一博先生（明治大学教授）とご一緒に組織した近代日本法制史研究会にて、後進の若手研究者とともに学ぶ恵まれた機会を与えられている。山中永之佑先生（大阪大学名誉教授）や中尾敏充先生（大阪大学教授）には本書を纏めるにあたって有益なご教示と激励のお言葉を頂戴した。三阪佳弘氏（大阪大学大学院高等司法研究科教授）とは研究の対象領域が近いこともあり、パリ留学時から懇意にさせて頂き、その綿密で説得的なご研究は私の決して届き得ぬ目標を示している。さらに青木人志氏（一橋大学大学院法学研究科教授）とは、ともに院生の頃、澤登俊雄先生（国学院大学名誉教授）と新倉修先生（青山学院大学大学院法務研究科教授）を中心に開催されていたフランス刑法研究会で知り合い、それ以降、屈託のない穏やかで自由な時間の中でお互いの学問の成長を見守ってきた仲である。彷徨して遅々として進まぬ研究の路にあって、同世代の研究者との邂逅はなによりの励みともなる。中野目徹氏（筑波大学教授）が国立公文書館に勤務されていた時に、来館閲覧者であった私をお誘い下さった明治政治史研究会も、私にとって砂漠のオアシスのような場所であった。

なによりも、私の法制史研究と教育の歩みは、実定法を専攻される先生方との日々の学問的交流により支えられている。法科大学院が設立され、三田山上の法学教育の風景は随分と変った。しかし、多くの先輩に導かれ、同僚たちと出会い、学び、受け継ぐ三田法学の伝統にはなんらの変更も加わってはいない。豊かな土壌で育まれたはずだが、このような未完のままの研究書を、長い歴史を誇る塾の法学部法学研究会叢書の一冊として数えて下さった法学研究編集委員会の先生方に深くお礼を申し上げたい。

そして、慶應義塾大学出版会の編集担当の岡田智武氏は、仕事の遅い私と読みにくい私の原稿とに実に辛抱強くお付き合い下さった。本書を作るにあたってその始まりから終わりまで、岡田氏のサポートが伴わなかった箇所はない。そのご尽力に対し、心よりの謝意を表す次第である。

また、本書「資料編」に収録した判事登用試験関係の資料は、小沢奈々君（現慶應義塾大学大学院法学研究科助教）の手を借りて収集したものである。ここに記して感謝を申し上げたい。

最後に、いつも私を支えてくれる家族にお礼を述べたい。ありがとう。

なお、本書の校正段階にて、父が他界した。本を出すと言ったら、「まだ早い」との父の声が耳に残る。この遅すぎた書を亡き父の霊前に捧げることをお許し頂きたい。

平成二四年二月

岩谷十郎

ま行

や行

ら・わ行

人名索引

あ行

か行

ま行

や行

ら・わ行

な行

た行

さ行

事項索引

あ行

か行

跋

学問的価値の高い研究成果であつてそれが公表せられないために世に知られず、そのためにこれが学問的に利用せられずして、そのまま忘れられるものは少なくないであろう。又たとえ公表せられたものであつても、口頭で発表せられたために広く伝わらない場合があり、印刷公表せられた場合にも、新聞あるいは学術誌等に断続して載せられた場合は、後日それ等をまとめて通読することに不便がある。これ等の諸点を考えるならば、学術的研究の成果は、これを一本にまとめて出版することが、それを周知せしめる点からも又これを利用せしめる点からも最善の方法であることは明かである。この度法学研究会において法学部専任者の研究でかつて機関誌「法学研究」および「教養論叢」その他に発表せられたもの、又は未発表の研究成果で、学問的価値の高いもの、または、既刊のもので学問的価値が高く今日入手困難のものなどを法学研究会叢書あるいは同別冊として逐次刊行することにした。これによつて、われわれの研究が世に知られ、多少でも学問の発達に寄与することができるならば、本叢書刊行の目的は達せられるわけである。

昭和三十四年六月三十日

慶應義塾大学法学研究会

著者紹介
岩谷　十郎　いわたに じゅうろう
慶應義塾大学法学部教授。1961年生まれ。慶應義塾大学法学部法律学科卒業、慶應義塾大学大学院法学研究科公法学専攻後期博士課程単位取得退学。
専攻領域：日本法制史、法文化論。
著書に、『時事小言　通俗外交論』(共編、慶應義塾大学出版会、2003年)、『福澤諭吉の法思想』(共編著、慶應義塾大学出版会、2002年)、『新体系日本史2　法社会史』(共著、山川出版社、2001年)、『法と正義のイコノロジー』(共編著、慶應義塾大学出版会、1997年) ほか。

慶應義塾大学法学研究会叢書　83

明治日本の法解釈と法律家

2012年3月30日　初版第一刷発行

著　者――――岩谷十郎
発行者――――慶應義塾大学法学研究会
　　　　　　代表者　大沢秀介
　　　　　　〒108-8345　東京都港区三田2-15-45
　　　　　　TEL 03-5427-1842
発売所――――慶應義塾大学出版会株式会社
　　　　　　〒108-8346　東京都港区三田2-19-30
　　　　　　TEL 03-3451-3584　FAX 03-3451-3122
装　丁――――鈴木　衛
組　版――――株式会社キャップス、萩原印刷株式会社
印刷・製本――萩原印刷株式会社
カバー印刷――株式会社太平印刷社

Printed in Japan ISBN978-4-7664-1917-7